HANDY DICTIONARY

**English-Polish
Polish-English**

Jan J. Kałuża

SŁOWNIK
PODRĘCZNY

angielsko-polski
polsko-angielski

Ex Libris
Galeria Polskiej Książki

Editing and proofreading:
Iwona Szlańszok
Beata Saganowska

Readers and consultants:
Maciej Widawski
John Wojnar

Cover design:
Roman Postek

Composing and manufacturing:
Polish Book Fair, Inc., Chicago

Published by:
Ex Libris — Polish Book Gallery
Pl. Trzech Krzyży 16
00-499 Warszawa, Poland
Tel.: (2) 628-3107 ; Fax: (2) 628-3155

ISBN 83-87071-94-3

Ex Libris, 2000

SPIS TREŚCI — CONTENTS

Przedmowa

Ostatnie lata doprowadziły do radykalnej zmiany nastawienia polskiego rynku edukacyjnego i wydawniczego. Obserwuje się wyraźnie zwiększone zainteresowanie wydawnictw publikacją edycji słownikowych. Opublikowane ostatnio słowniki polsko-angielskie i angielsko-polskie to niestety wznowienia wydań z lat pięćdziesiątych lub w najlepszym razie sześćdziesiątych, choć szczęśliwie pojawiają się już opracowania nowe. Nie zawsze jednak satysfakcjonują one użytkowników początkujących czy średnio zaawansowanych, ani odbiorców korzystających z nich w celach czysto praktycznych. Oczekują oni bowiem kompendium leksykograficznego uwzględniającego zmiany zachodzące w nowoczesnej angielszczyźnie, która wyraźnie wciąż aktualizuje i rozwija swój zasób leksykalny.

Oczekiwanie na nowy słownik tego rodzaju jest szczególnie wyraźnie widoczne wśród Polaków podróżujących po świecie, gdzie w zetknięciu z innymi realiami obyczajowymi dogodność i szybkość komunikacji niejednokrotnie decyduje o osiągnięciu zamierzonego celu. Biznesmeni, studenci, pracownicy kontraktowi, a nawet turyści przyjmą słownik zawierający kompetentny dobór najczęściej używanych wyrazów i zwrotów z prawdziwą satysfakcją. Dla wielu z nich jest on bowiem równie niezbędny jak środek transportu czy miejsce zakwaterowania.

Dodatkową zaletą tej publikacji, która może stanowić o jej sukcesie, jest decyzja dotycząca wyboru sposobu transkrypcji fonetycznej. Istniejące słowniki operują systemem międzynarodowego zapisu fonetycznego, który niejednokrotnie dla nieprofesjonalnego odbiorcy jest zupełnie niezrozumiały. Kwestię tę poruszył już przed wielu laty jeden z najwybitniejszych polskich fonetyków — profesor Wiktor Jassem — który w swoich wykładach propagował ideę wprowadzenia znaków fonetycznych zrozumiałych dla polskich użytkowników.

Słownik angielsko-polski, spełniający warunki bezstresowej używalności oraz wiarygodnego i nowoczesnego doboru leksyki, zgodnego z obyczajem językowym oraz specyfiką żywego języka, może stać się popularnym i skutecznym narzędziem w ręku Polaka ruszającego w świat na przełomie drugiego i trzeciego tysiąclecia.

Prof. dr hab. Piotr Fast

O słowniku

Hasła w poniższym dwujęzycznym słowniku są wymienione w porządku alfabetycznym i zostały zapisane tłustym drukiem. W Części I — po każdym haśle angielskim i jego uproszczonej sylabicznej wymowie — następują polskie odpowiedniki. Cyfry oznaczają różne — ale nadal codzienne — znaczenia. Odwrotnością Części I jest Część II, ułożona dzięki wykorzystaniu technik komputerowych. W części polsko-angielskiej niektóre formy dokonane i niedokonane zostały ujęte niezależnie. Słownik ten powstał praktycznie od zera, a zatem w zamierzeniu autora powinien zawierać najczęściej współcześnie używane słowa i ich znaczenia w obydwu językach.

About this Dictionary

The entries in this bilingual dictionary are listed in alphabetical order and appear in bold faced type. In Part I — following each English entry and its simplified syllabic pronunciation — are Polish synonyms. Numbers indicate different — but still very common — meanings. The reverse of Part I is Part II, composed by the utilization of computer techniques. Imperfective and perfective verbs may be listed separately as far as the Polish-English part is concerned. This dictionary was written from scratch, thus it is supposed to contain the most contemporary and common words and their meanings in both languages.

English-Polish
Dictionary

Jan J. Kaluza

HANDY DICTIONARY

English-Polish
Polish-English

Ex Libris
Polish Book Gallery

A

a /e/ 1. rodzajnik nieokreślony 2. jakiś (jeden) 3. jeden

aback /e-beek/ 1. wstecz 2. w tył 3. do tyłu

abacus /e-bee-kes/ liczydło

abaft /e-baaft/ na rufie

abandon /e-been-dn/ 1. porzucić 2. zaniechać

abase /e-beis/ 1. poniżyć 2. upokorzyć

abashed /e-beeszt/ 1. zmieszany 2. speszony

abate /e-beit/ 1. anulować 2. stracić ważność 3. ścinać

abbess /ee-bys/ matka przełożona

abbey /ee-by/ opactwo

abbot /ee-bet/ opat

abbreviation /e-bri-wy-ei-szn/ skrót

ABC /ci bi ci/ 1. alfabet 2. ABC

abdicate /eeb-dy-keit/ abdykować

abdication /eeb-dy-kei-szn/ abdykacja

abdomen /eeb-de-men/ 1. brzuch 2. odwłok

abduct /eeb-dakt/ 1. uprowadzać 2. porywać

abduction /eeb-dak-szn/ 1. porwanie 2. uprowadzenie

aberration /ee-be-rei-szn/ 1. zboczenie 2. odchylenie

abet /e-bet/ podżegać

abide /e-baid/ 1. znosić 2. wytrzymywać 3. czekać

ability /e-by-lyty/ 1. zdolność 2. umiejętność 3. zręczność

ablaze /e-bleiz/ 1. w ogniu 2. płonący

able /ei-bl/ 1. zdolny 2. zdatny

ablutions /e-bluu-sznz/ 1. ablucje 2. obmycie

abnormal /eeb-noo-ml/ 1. nienormalny 2. anormalny

aboard /e-bood/ na pokładzie

abode /e-bełd/ 1. siedziba 2. → **abide**

abolish /e-bo-lysz/ 1. obalać 2. znosić

A-bomb /ei-bom/ bomba atomowa

abominable /e-bo-my-nebl/ 1. ohydny 2. wstrętny

abort /e-boot/ poronić

abortion /e-boo-szn/ 1. aborcja 2. poronienie 3. przerwanie ciąży

abound /e-bałnd/ obfitować

about /e-bałt/ 1. około 2. o 3. mniej więcej 4. wokół 4. dookoła

above /e-baw/ 1. powyżej 2. ponad 3. nad 4. u góry

abracadabra /eebreke-dee-bre/ 1. abrakadabra 2. zaklęcie

abrasion /e-brei-żn/ otarcie

abridge /e-brydż/ 1. skracać 2. streszczać

abroad /e-brood/ za granicą

abrupt /e-brapt/ 1. nagły 2. stromy

absence /eeb-sens/ 1. nieobecność 2. brak

absent /eeb-sent/ nieobecny

absent-minded /eeb-sent main-dyd/ roztargniony

absolute /eeb-selut/ 1. absolutny 2. prawdziwy

absolutely /eeb-selutly/ 1. całkowicie 2. bezwarunkowo 3. absolutnie 4. oczywiście

absolution /eeb-se-luu-szn/ 1. rozgrzeszenie 2. przebaczenie 3. odpuszczenie

absolve /eb-zoolw/ 1. rozgrzeszyć 2. oczyścić

absorb /eb-soob/ 1. pochłaniać 2. absorbować

absorption /eb-<u>soop</u>-szn/ 1. wchłanianie 2. absorpcja

abstain /eb-<u>stein</u>/ powstrzymywać się

abstinence /<u>eeb</u>-stynens/ 1. abstynencja 2. wstrzemięźliwość

abstract /<u>eebs</u>-treekt/ 1. skrót 2. wyciąg 3. abstrakcyjny

abstraction /ebs-<u>treek</u>-szn/ 1. abstrakcja 2. oddzielenie

absurd /eb-<u>serd</u>/ 1. niedorzeczny 2. absurdalny

abundance /e-<u>ban</u>-dens/ 1. obfitość 2. dostatek

abundant /e-<u>ban</u>-dent/ 1. obfity 2. liczny 3. płodny

abuse /e-<u>bjuz</u>/ 1. nadużywać 2. znieważać 3. obrażać

abuse /e-<u>bjus</u>/ 1. zniewaga 2. nadużycie

abysmal /e-<u>byz</u>-ml/ 1. bezdenny 2. fatalny 3. beznadziejny

abyss /e-<u>bys</u>/ 1. przepaść 2. otchłań

academic /eeke-<u>de</u>-myk/ akademicki

academy /e-<u>kee</u>-demy/ akademia

accelerate /eek-<u>se</u>-lereit/ przyspieszać

accelerator /ek-<u>se</u>-le-reite/ 1. pedał gazu 2. katalizator

accent /<u>eek</u>-sent/ akcent

accept /ek-<u>sept</u>/ 1. przyjmować 2. akceptować

acceptance /ek-<u>sep</u>-tens/ 1. akceptacja 2. zgoda

access /<u>eek</u>-ses/ 1. dostęp 2. dojście 3. przystęp

accessary /eek-<u>se</u>-sery/ współsprawca

accessible /ek-<u>se</u>-sebl/ 1. dostępny 2. przystępny 3. osiągalny

accessory /eek-<u>se</u>-sery/ 1. dodat-

kowy 2. pomocniczy

accident /<u>eek</u>-sydent/ 1. wypadek 2. przypadek

accidental /eeksy-<u>den</u>-tl/ 1. przypadkowy 2. uboczny

acclimatize /e-<u>klai</u>-me-taiz/ 1, zaaklimatyzować 2. przyzwyczaić się

accommodate /e-<u>koo</u>-medeit/ przystosować

accommodation /ekome-<u>dei</u>-szn/ 1. zakwaterowanie 2. przystosowanie 3. akomodacja

accompany /e-<u>kam</u>-peny/ towarzyszyć

accomplish /e-<u>kam</u>-plysz/ 1. dokonywać 2. osiągać 3. realizować

accomplishment /e-<u>kam</u>-plyszment/ 1. dokonanie 2. osiągnięcie

accord /e-<u>kood</u>/ 1. porozumienie 2. współbrzmienie 3. akord

according /e-<u>koo</u>-dynn/ 1. według 2. stosownie do

accordion /e-<u>koo</u>-dyjen/ akordeon

account /e-<u>kał</u>-nt/ 1. ocenić 2. obliczyć 3. konto 4. zestawienie 5. relacja

accountant /e-<u>kałn</u>-tent/ księgowy

accumulate /e-<u>kjuu</u>-mju-leit/ 1. gromadzić 2. narastać

accumulation /ekjuumju-<u>lei</u>-szn/ 1. nagromadzenie 2. akumulacja

accuracy /<u>ee</u>-kjuresy/ 1. ścisłość 2. dokładność

accurate /<u>ee</u>-kjuryt/ 1. precyzyjny 2. dokładny

accusation /eekju-<u>zei</u>-szn/ 1. oskarżenie 2. zarzut

accuse /e-<u>kjuuz</u>/ 1. oskarżać 2. zarzucać

accustomed /e-<u>kas</u>-temd/ 1. przyzwyczajony 2. zwyczajny 3. zwykły

ace /<u>eis</u>/ as

acetylene /e-<u>se</u>-tylin/ 1. acetylen 2. karbid
ache /eik/ 1.boleć 2. ból
achieve /e-<u>cziw</u>/ 1. osiągać 2. zdobywać 3. dokonywać
achievement /e-<u>cziw</u>-ment/ 1. osiągnięcie 2. zdobycz
acid /ee-syd/ 1. kwas 2. kwaśny
acknowledge /ek-<u>no</u>-lydź/ 1. uznawać 2. potwierdzać 3. przyznawać
acknowledgement /ek-<u>no</u>-lydź-ment/ 1. potwierdzenie 2. uznanie
acne /ee-kny/ trądzik
acorn /ei-koon/ żołądź
acoustic /e-<u>kuus</u>-tyk/ akustyczny
acquaint /e-<u>kłei</u>-nt/ 1. zaznajamiać 2. zapoznawać
acquaintance /e-<u>kłein</u>-tens/ 1. znajomy 2. znajomość
acquire /e-<u>kła</u>-yje/ 1. nabywać 2. przyswajać sobie 3. rozwijać
acquit /e-<u>kłyt</u>/ 1. uniewinniać 2. uiszczać
acre /<u>ei</u>-ke/ akr
acrimony /ee-krymeny/ 1. gorycz 2. zjadliwość
acrobat /ee-krebeet/ 1. akrobata 2. linoskoczek
acronym /ee-krenym/ akronim
across /e-<u>kros</u>/ 1. przez 2. w poprzek 3. na krzyż
act /ee-kt/ 1. działać 2. zachowywać się 3. grać 4. akt 5. czyn
action /eek-szn/ 1. działanie 2. akcja 3. czyn
active /eek-tyw/ 1. czynny 2. aktywny
activity /eek-<u>ty</u>-wyty/ 1. działalność 2. czynność
actor /eek-te/ aktor
actress /eek-tres/ aktorka
actual /eek-czuel/ 1. rzeczywisty 2. faktyczny 3. bieżący

actually /<u>eek</u>-czuely/ 1. rzeczywiście 2. faktycznie
acupuncture /ee-kjuu-<u>pan</u>-kcze/ akupunktura
ad /eed/ 1. ogłoszenie handlowe 2. reklama
adapt /e-<u>deept</u>/ 1. przystosowywać 2. dostosowywać 3. adoptować
adaptation /eedeep-<u>tej</u>-szn/ 1. przystosowanie 2. adaptacja
add /eed/ 1. dodawać 2. dołączyć 3. powiększać
addendum /e-<u>den</u>-dm/ uzupełnienie
addict /ee-dykt/ 1. nałogowiec 2. entuzjasta
addiction /e-<u>dyk</u>-szn/ nałóg
addition /e-<u>dy</u>-szn/ 1. dodatek 2. dodawanie
additional /e-<u>dy</u>-szenl/ 1. dodatkowy 2. dalszy
address /e-<u>dres</u>/ 1. adresować 2. przemawiać 3. adres 4. przemówienie
addressee /eedre-<u>si</u>/ adresat
adequate /<u>ee</u>-dykłet/ 1. odpowiedni 2. adekwatny 3. wystarczający
adhere /ed-<u>hyje</u>/ 1. przylegać 2. obstawać 3. stosować się
adhesive /ed-<u>hi</u>-syw/ 1. lepki 2. przylepny
adjacent /e-<u>dżei</u>-sent/ 1. przyległy 2. sąsiedni
adjective /<u>ee</u>-dżyk-tyw/ przymiotnik
adjoin /e-<u>dżoin</u>/ przylegać
adjourn /e-<u>dżern</u>/ odraczać
adjudge /e-<u>dża</u>-dż/ osądzać
adjunct /<u>ee</u>-dżankt/ 1. przydawka 2. dopełnienie
adjust /e-<u>dżast</u>/ 1. dostosować 2. modyfikować 3. przystosowywać się 4. regulować

adjustment /e-dżast-ment/ 1. dostosowanie 2. przystosowanie się 3. regulacja

adjutant /ee-dżutent/ adjutant

administer /ed-my-nyste/ 1. administrować 2. aplikować

administration /edmyny-strei-szn/ 1. zarząd 2. administracja

admirable /eed-me-rebl/ godny podziwu

admiral /eed-merel/ admirał

admiration /eedme-rei-szn/ podziw

admire /ed-ma-yje/ 1. podziwiać 2. uwielbiać

admission /ed-my-szn/ 1. wstęp 2. dostęp

admit /ed-myt/ 1. przyznawać 2. wpuszczać 3. przyjmować

admittance /ed-my-tens/ 1. dostęp 2. wstęp

admonish /ed-mo-nysz/ upominać

admonition /eedme-ny-szn/ 1. upomnienie 2. ostrzeżenie

ado /e-duu/ 1. zamieszanie 2. hałas 3. ceregiele

adolescent /ee-de-le-sent/ 1. młodociany 2. nastolatek

adopt /e-dopt/ 1. przyjmować 2. adoptować

adoption /e-dop-szn/ adopcja

adore /e-doo/ 1. wielbić 2. adorować 3. oddawać cześć

adorn /e-doon/ 1. ozdabiać 2. przystrajać

adulation /ee-dju-lei-szn/ 1. pochlebstwa 2. schlebianie

adult /ee-dalt/ dorosły

adultery /e-dal-tery/ cudzołóstwo

adulthood /ee-dalt-hud/ dorosłość

advance /ed-waans/ 1. posuwać się 2. czynić postępy 3. wypłacać z góry 4. postęp 5. zaliczka

advanced /ed-waan-st/ zaawansowany

advancement /ed-waans-ment/ 1. polepszenie 2. wspieranie 3. awans

advantage /ed-waan-tydż/ 1. przewaga 2. korzyść 3. zaleta

advent /eed-went/ adwent

adventure /ed-wen-cze/ przygoda

adverb /eed-werb/ przysłówek

adversary /eed-wesery/ przeciwnik

adverse /eed-wers/ 1. przeciwny 2. niepomyślny

advertise /eedwe-tajz/ 1. reklamować 2. ogłaszać

advertisement /ed-wer-tysment/ 1. reklama 2. ogłoszenie

advice /ed-wais/ 1. rada 2. porada

advise /ed-waiz/ 1. radzić 2. doradzać

adviser /ed-waj-ze/ doradca

advocate /eed-we-ket/ 1. poplecznik 2. obrońca 3. adwokat

advocate /edd-we-keit/ 1. popierać 2. zalecać

aerial /ee-ryjel/ 1. antena 2. powietrzny

aerodynamics /ee-roł-dai-nee-myks/ aerodynamika

aeroplane /ee-replein/ samolot

aesthete /i-sfhit/ esteta

aesthetic /is-fhe-tyk/ estetyczny

affable /ee-febl/ uprzejmy

affair /e-fee/ 1. sprawa 2. romans 3. kwestia

affect /e-fekt/ 1. oddziaływać 2. udawać 3. pozować

affection /e-fek-szn/ 1. uczucie 2. miłość 3. afekt

affectionate /e-fek-sze-net/ czuły

affidavit /eefy-dei-wyt/ pisemne oświadczenie

affiliate /e-fy-lyjeit/ przystępować do organizacji

affinity /e-fy-nyty/ powinowactwo

affirm /e-ferm/ stwierdzać

affirmative /e-fer-metyw/ twierdzący

afflict /e-flykt/ dotykać

affluent /ee-fluent/ 1. zamożny 2. zasobny

afford /e-food/ pozwalać sobie

affray /e-frei/ awantura

affront /e-frant/ robić afront

afraid /e-freid/ 1. przestraszony 2. obawiający się

Africa /ee-fryke/ Afryka

Afro-American /ee-freł-e-me-ry-kan/ 1. Czarny Amerykanin 2. Afro-Amerykanin

aft /aaft/ na rufie

after /aaf-te/ 1. po 2. za 3. potem 4. po tym, jak

afternoon /aafte-nuun/ popołudnie

afterwards /aafte-łedz/ 1. następnie 2. potem

again /e-gen/ 1. znowu 2. ponownie

against /e-genst/ 1. przeciw 2. o 3. z 4. w stosunku do

age /eidż/ 1. wiek 2. starzeć się

aged /eidżd/ w wieku

agency /ei-dżensy/ 1. agencja 2. urząd

agenda /e-dżen-de/ 1. agenda 2. program 3. porządek

agent /ei-dżent/ 1. agent 2. pośrednik 3. przedstawiciel

agglomeration /egloome-rei-szn/ 1. aglomeracja 2. skupisko

aggravate /ee-greweit/ 1. pogarszać 2. denerwować

aggression /e-gre-szn/ agresja

aggressive /e-gre-syw/ 1. agresywny 2. napastliwy

aggressor /e-gre-se/ 1. agresor 2. napastnik

agile /ee-dżail/ 1. zwinny 2. sprawny

agitate /ee-dży-teit/ wstrząsać

agnosticism /eeg-nos-tysyzm/ agnostycyzm

ago /e-geł/ temu

agony /ee-geny/ 1. agonia 2. udręka

agree /e-gri/ 1. zgadzać się 2. uzgadniać

agreeable /e-gri-yjebl/ 1. miły 2. przyjemny

agreement /e-gri-ment/ 1. porozumienie 2. umowa 3. zgoda

agricultural /ee-gry-kal-czu-rel/ rolniczy

agriculture /ee-grykalcze/ rolnictwo

ahead /e-hed/ 1. z przodu 2. z wyprzedzeniem 3. na przód 4. przed siebie

aid /eid/ 1. pomagać 2. pomoc

ail /eil/ 1. dolegać 2. boleć

aim /eim/ 1. celować 2. dążyć 3. cel

air /eer/ 1. przewietrzać 2. powietrze

air-conditioning /eerken-dysznynn/ klimatyzacja

aircraft /eer-kraft/ samolot

airfare /eer-feer/ bilet lotniczy

airline /eer-lain/ linia lotnicza

airmail /eer-meil/ poczta lotnicza

airport /eer-poot/ lotnisko

airstrike /eer-straik/ atak lotniczy

aisle /ail/ 1. przejście 2. nawa boczna

ajar /e-dżar/ uchylony

alabaster /ee-lebaaste/ alabaster

alarm /e-larm/ 1. alarmować 2. niepokoić 3. alarm 4. niepokój

alas /e-<u>lees</u>/ niestety!

alb /eelb/ komża

albino /eel-<u>bi</u>-noł/ albinos

album /<u>eel</u>-bm/ album

alchemist /<u>eel</u>-kymyst/ alchemik

alchemy /<u>eel</u>-kymy/ alchemia

alcohol /<u>eel</u>-kehol/ alkohol

alcoholic /eel-ke-<u>ho</u>-lyk/ 1. alkoholik 2. alkoholowy

alcoholism /<u>eel</u>-ke-ho-lizm/ alkoholizm

alcove /<u>eel</u>-kołw/ alkowa

alderman /<u>ool</u>-de-men/ radny

alert /e-<u>lert</u>/ czujny

alga /<u>eel</u>-ge/ alga

algebra /<u>eel</u>-dżibre/ algebra

alibi /<u>ee</u>-lybai/ alibi

alien /<u>ei</u>-lyjen/ 1. obcy 2. cudzoziemiec

alienation /eilyje-<u>nei</u>-szn/ 1. alienacja 2. odstręczenie

align /e-<u>lain</u>/ 1. wyrównać 2. wyprostować

alignment /e-<u>lain</u>-ment/ wyrównanie

alike /e-<u>laik</u>/ 1. podobny 2. podobnie 3. jednakowo

alimony /<u>ee</u>-lymeny/ alimenty

alive /e-<u>laiw</u>/ 1. żywy 2. żwawy

alkali /<u>eel</u>-kelai/ zasada chemiczna

all /ool/ 1. wszystko 2. wszyscy 3. zupełnie 4. cały

Allah /<u>ee</u>-le/ Allah

allegation /eely-<u>gei</u>-szn/ 1. domniemanie 2. zarzut

allegory /<u>ee</u>-lygery/ alegoria

allergic /e-<u>ler</u>-dżyk/ 1. uczulony 2. alergiczny

allergy /<u>ee</u>-ledży/ 1. alergia 2. uczulenie

alleviate /e-<u>li</u>-wyjeit/ 1. ulżyć 2. złagodzić

alley /<u>ee</u>-ly/ 1. alejka 2. uliczka

alliance /e-<u>la</u>-yjens/ 1. przymierze 2. sojusz

allied /e-<u>laid</u>/ sprzymierzony

alligator /<u>ee</u>-lygeite/ aligator

allocate /<u>ee</u>-lekeit/ 1. przydzielać 2. wyznaczać

allow /e-<u>lał</u>/ 1. pozwalać 2. uwzględniać

allowance /e-<u>la</u>-łens/ 1. przydział finansowy 2. kieszonkowe

alloy /<u>ee</u>-loi/ stop metalu

allude /e-<u>luud</u>/ napomykać

allusion /e-<u>luu</u>-żn/ 1. aluzja 2. napomknienie

ally /<u>ee</u>-lai/ 1. sprzymierzeniec 2. sojusznik

almanac /<u>ool</u>-meneek/ 1. almanach 2. kalendarium

almighty /ool-<u>mai</u>-ty/ 1. wszechmocny 2. wszechmogący

almond /<u>aa</u>-mend/ migdał

almost /<u>ool</u>-mełst/ 1. nieomal 2. prawie 3. niemal

alone /e-<u>lełn</u>/ 1. samotnie 2. samotny 3. sam

along /e-<u>lonn</u>/ wzdłuż

alongside /elonn-<u>said</u>/ 1. obok 2. przy

aloof /e-<u>luuf</u>/ z daleka

aloud /e-<u>lałd</u>/ głośno

alpha /<u>eel</u>-fe/ alfa

alphabet /<u>eel</u>-febet/ alfabet

alphabetical /eelfe-<u>be</u>-tykl/ alfabetyczny

alpine /<u>eel</u>-pain/ alpejski

already /ool-<u>re</u>-dy/ już

also /<u>ol</u>-seł/ 1. również 2. także 3. też

altar /<u>ool</u>-te/ ołtarz

alteration /oolte-<u>rei</u>-szn/ 1. przeróbka 2. zmiana

alternate /ool-<u>ter</u>-net/ przemienny

alternative /ool-<u>ter</u>-netyw/ 1. alternatywa 2. wybór 3. alternatywny
although /ool-<u>dheł</u>/ 1. pomimo że 2. chociaż 3. choć
altitude /<u>eel</u>-ty-tjuud/ wysokość
altogether /ool-te-<u>ge</u>-dhe/ 1. całkowicie 2. zupełnie
altruism /<u>eel</u>-tru-yzm/ altruizm
aluminium /ee-lju-<u>my</u>-ny-jem/ aluminium
always /<u>ool</u>-łeiz/ zawsze
am /em/ → be
amateur /<u>ee</u>-me-te/ 1. amator 2. amatorski
amateurish /ee-me-<u>te</u>-rysz/ amatorski
amaze /e-<u>meiz</u>/ zdumiewać
amazement /e-<u>meiz</u>-ment/ 1. zdumienie 2. osłupienie
Amazon /<u>ee</u>-mezn/ Amazonka
ambassador /eem-<u>bee</u>-sede/ ambasador
amber /<u>eem</u>-be/ bursztyn
ambidextrous /eem-by-<u>dek</u>-stres/ oburęczny
ambience /<u>eem</u>-byjens/ 1. atmosfera 2. otoczenie 3. środowisko
ambiguity /eem-by-<u>gju</u>-ety/ 1. dwuznaczność 2. niejasność
ambiguous /eem-<u>by</u>-gjues/ dwuznaczny
ambition /eem-<u>by</u>-szn/ ambicja
ambitious /eem-<u>by</u>-szes/ ambitny
ambivalence /eem-<u>by</u>-welens/ 1. ambiwalencja 2. dwojakość
ambivalent /eem-<u>by</u>-welent/ ambiwalentny
amble /<u>eem</u>-bl/ kłusować
ambrosia /eem-<u>broł</u>-zyje/ ambrozja
ambulance /<u>eem</u>-bjulens/ 1. karetka 2. ambulans
ambush /<u>eem</u>-busz/ 1. zasadzka 2. pułapka 3. czaty

ameliorate /e-<u>mi</u>-lyje-reit/ 1. ulepszać 2. poprawiać
amen /ei-<u>men</u>/ amen
amend /e-<u>mend</u>/ wnosić poprawki
amendment /e-<u>mend</u>-ment/ poprawka
America /e-<u>me</u>-ryka/ Ameryka
American /e-<u>me</u>-rykn/ 1. amerykański 2. Amerykanin
Americanism /e-<u>me</u>-rykenyzm/ amerykanizm
amethyst /<u>ee</u>-myfhyst/ ametyst
amicable /<u>ee</u>-my-kebl/ 1. przyjazny 2. polubowny
amid /e-<u>myd</u>/ 1. wśród 2. pośród
amir /e-<u>myje</u>/ emir
amiss /e-<u>mys</u>/ na opak
ammonia /e-<u>moł</u>-nyje/ amoniak
ammunition /eemju-<u>ny</u>-szn/ amunicja
amnesia /eem-<u>ni</u>-zyje/ 1. amnezja 2. utrata pamięci
amnesty /<u>ee</u>-mnesty/ amnestia
amoeba /e-<u>mi</u>-be/ ameba
among /e-<u>mann</u>/ 1. pomiędzy 2. między 3. wśród
amoral /ee-<u>mo</u>-rl/ amoralny
amorphism /e-<u>moo</u>-fyzm/ amorfizm
amount /e-<u>małnt</u>/ 1. kwota 2. suma 3. ilość 4. wartość
ampere /<u>eem</u>-pee/ amper
amphibian /eem-<u>fy</u>-byjen/ amfibia
amphitheatre /eem-fy-<u>fhyje</u>-te/ amfiteatr
ample /<u>eem</u>-pl/ 1. obfity 2. hojny 3. obszerny
amplifier /<u>eem</u>-ply-faje/ 1. wzmacniacz 2. amplifikator
amplify /<u>eem</u>-ply-fai/ 1. powiększać 2. rozszerzać 3. wzmacniać
amputate /<u>eem</u>-pju-teit/ am-

putować
amulet /ee-mju-let/ amulet
amuse /e-mjuuz/ 1. zabawiać 2. śmieszyć
amusement /e-mjuuz-ment/ 1. rozrywka 2. zabawa 3. wesołość
an /en/ → a (przed samogłoską lub niemym "h")
anachronism /e-nee-kre-nyzm/ anachronizm
anaconda /eene-kon-de/ anakonda
anaemia /e-ni-myje/ anemia
anaemic /e-ni-myk/ anemiczny
anagram /ee-negreem/ anagram
anal /ei-nl/ odbytniczy
analogous /e-nee-leges/ analogiczny
analogy /e-nee-ledży/ analogia
analyse /ee-nelaiz/ analizować
analysis /e-nee-lesys/ 1. analiza 2. rozbiór
analyst /ee-ne-lyst/ analityk
analytic /eene-ly-tyk/ analityczny
anarchist /ee-ne-kyst/ anarchista
anarchy /ee-neky/ anarchia
anathema /e-nee-fhy-me/ klątwa
anatomy /e-nee-temy/ anatomia
ancestor /een-ses-te/ przodek
anchor /eenn-ke/ 1. kotwica 2. zakotwiczać
anchorage /eenn-ke-rydż/ miejsce zakotwiczenia
ancient /ein-sznt/ starożytny
ancillary /een-sy-lery/ 1. podrzędny 2. podporządkowany
and /end/ 1. i 2. a
anecdote /ee-nek-dołt/ anegdota
anemia /e-ni-myje/ anemia
anesthesia /ee-nys-fhy-zyje/ znieczulenie
angel /ein-dżl/ anioł
angelic /een-dże-lyk/ anielski

anger /eenn-ge/ 1. gniew 2. złość 3. gniewać 3. złościć
angle /eenn-gl/ 1. łowić na wędkę 2. kąt geometryczny 3. róg
angler /eenn-gle/ wędkarz
Anglo-Saxon /eenn-gleł-seek-sn/ anglosaski
angry /eenn-gry/ 1. rozgniewany 2. zły
anguish /eenn-głysz/ cierpienie
angular /eenn-gjule/ narożny
animal /ee-nyml/ 1. zwierzę 2. zwierzęcy
animate /ee-nymeit/ 1. ożywiać 2. ożywiony
animosity /ee-ny-mo-syty/ 1. uraza 2. animozja
anise /ee-nys/ anyż
ankle /eenn-kl/ kostka
annex /ee-neks/ załącznik
annihilate /e-na-yje-leit/ 1. unicestwiać 2. zniweczać
annihilation /ena-yje-lei-szn/ 1. unicestwienie 2. anihilacja
anniversary /ee-ny-wer-sery/ rocznica
annotation /ee-noł-tei-szn/ 1. adnotacja 2. przypis
announce /e-nał-ns/ ogłaszać
announcement /e-nałns-ment/ 1. ogłoszenie 2. zapowiedź 3. oświadczenie
announcer /e-nałn-se/ 1. spiker 2. konferansjer
annoy /e-noi/ 1. irytować 2. drażnić
annoying /e-noi-ynn/ irytujący
annual /ee-njuel/ doroczny
annuity /e-njue-ty/ 1. renta roczna 2. opłata roczna
annul /e-nal/ anulować
anode /ee-nołd/ anoda
anoint /e-noint/ namaszczać

anomalous /e-<u>no</u>-meles/ niepra-widłowy

anomaly /e-<u>no</u>-mely/ 1. anomalia 2. nieprawidłowość

anonymity /eene-<u>ny</u>-myty/ anoni-mowość

anonymous /e-<u>no</u>-nymes/ anoni-mowy

another /e-<u>na</u>-dhe/ 1. inny 2. drugi 3. jeszcze jeden

answer /<u>aan</u>-se/ 1. odpowiadać 2. odpowiedź 3. rozwiązanie

ant /ent/ mrówka

antagonism /een-<u>tee</u>-ge-nyzm/ antagonizm

antagonist /een-<u>tee</u>-ge-nyst/ 1. an-tagonista 2. oponent

antagonize /een-<u>tee</u>-genaiz/ 1. an-tagonizować 2. sprzeciwiać się 3. wzbudzać wrogość

antarctic /een-<u>taak</u>-tyk/ an-tarktyczny

antecedent /eenty-<u>si</u>-dent/ 1. po-przednik 2. poprzedni

antediluvian /eentydy-<u>luu</u>-wyjen/ przedpotopowy

antelope /<u>een</u>-tylełp/ antylopa

antenatal /eenty-<u>nei</u>-tl/ przed-porodowy

antenna /een-<u>te</u>-ne/ 1. antena 2. czułek

anterior /een-<u>tyje</u>-rje/ 1. poprze-dzający 2. uprzedni

anthem /<u>een</u>-fhm/ hymn

ant-hill /<u>eent</u>-hyl/ mrowisko

anthology /een-<u>fho</u>-ledży/ antolo-gia

anthropology /een-fhre-<u>po</u>-ledży/ antropologia

antibiotic /een-ty-bai-<u>o</u>-tyk/ anty-biotyk

antibody /<u>een</u>-ty-body/ przeciw-ciało

anticipate /een-<u>ty</u>-sy-peit/ 1. prze-widywać 2. czekać na

anticipation /een-tysy-<u>pei</u>-szn/ 1. przewidywanie 2. antycypacja

antidote /<u>een</u>-ty-dełt/ 1. odtrutka 2. antidotum

antifreeze /<u>een</u>-ty-friz/ niezama-rzający

antipathy /een-<u>ty</u>-pefhy/ 1. antypa-tia 2. niechęć

antique /enn-<u>tik</u>/ 1. antyk 2. zabyt-kowy

antiquity /een-<u>ty</u>-kłyty/ 1. staro-żytność 2. antyk

antiseptic /eenty-<u>sep</u>-tyk/ 1. anty-septyczny 2. bakteriobójczy

antithesis /enn-<u>ty</u>-fhe-sys/ antyte-za

antonym /eente-<u>nym</u>/ antonim

anus /<u>ei</u>-ns/ odbyt

anvil /<u>een</u>-wyl/ kowadło

anxiety /eenn-<u>za</u>-yjety/ 1. niepokój 2. obawa 3. trwoga

anxious /<u>eenn</u>-szes/ 1. zaniepoko-jony 2. niespokojny

any /<u>e</u>-ny/ 1. jakiś 2. trochę 3. jaki-kolwiek 4. każdy 5. żaden 6. ani trochę 7. → some

anybody /<u>e</u>-nybody/ 1. ktokolwiek 2. ktoś 3. każdy 4. nikt → some-body (Także: anyone)

anyhow /<u>e</u>-nyhał/ 1. jakkolwiek 2. tak czy owak

anything /<u>e</u>-nyfhynn/ 1. cokolwiek 2. coś 3. wszystko 4. nic → so-mething

anyway /<u>e</u>-nyłei/ w każdym razie

anywhere /<u>e</u>-nyłee/ 1. gdziekolwiek 2. gdzieś 3. nigdzie

aorta /ei-<u>oo</u>-te/ aorta

apart /e-<u>part</u>/ 1. oddzielnie 2. osob-no

apartheid /e-<u>par</u>-theit/ 1. segrega-

cja rasowa 2. apartheid
apartment /e-part-ment/ mieszkanie
apathy /ee-pefhy/ apatia
ape /eip/ 1. małpować 2. małpa
aperitife /e-pe-retyf/ aperitif
aphrodisiac /ee-freł-dy-zy-eek/ afrodyzjak
apiece /e-pis/ 1. za sztukę 2. na osobę 3. po
apologetic /e-pole-dże-tyk/ przepraszający
apologize /e-po-ledżaiz/ przepraszać
apology /e-po-ledży/ przeprosiny
apoplectic /eepe-plek-tyk/ apoplektyczny
apostle /e-po-sl/ 1. orędownik 2. apostoł
apostolic /eepes-to-lyk/ apostolski
apostrophe /e-pos-trefy/ apostrof
appal /e-pool/ 1. przerażać 2. zatrwożyć
apparatus /eepe-rej-tes/ 1. aparat 2. przyrząd 3. narząd
apparent /e-pee-rent/ 1. oczywisty 2. widoczny 3. pozorny
apparently /e-pee-rently/ 1. najwyraźniej 2. widocznie 3. pozornie
appeal /e-pil/ 1. odwoływać się 2. apelacyjny
appear /e-pyje/ 1. wydawać się 2. ukazywać się 3. pojawiać się
appearance /e-pyje-rens/ 1. wygląd 2. wystąpienie 3. pojawienie się
appease /e-piz/ 1. uspokajać 2. łagodzić
appendicitis /e-pen-de-sai-tys/ zapalenie wyrostka robaczkowego
appendix /e-pen-dyks/ 1. wyrostek robaczkowy 2. ślepa kiszka 3. przydatek

appetite /ee-pe-tait/ apetyt
appetizer /ee-pe-tai-ze/ 1. przystawka 2. aperitif
applaud /e-plood/ 1. klaskać 2. bić brawo
applause /e-plooz/ 1. oklaski 2. aplauz
apple /ee-pl/ jabłko
apple-pie /ee-pl-pai/ szarlotka
appliance /e-pla-yjens/ 1. urządzenie 2. przyrząd
applicable /ee-plykebl/ 1. odpowiedni 2. mający zastosowanie
applicant /e-ply-kent/ 1. aplikant 2. kandydat 3. reflektant
application /eply-kei-szn/ 1. zastosowanie 2. podanie 3. zgłoszenie 4. aplikacja
apply /e-plai/ 1. zastosować 2. ubiegać się
appoint /e-point/ 1. mianować 2. wyznaczać 3. obierać
appointment /e-point-ment/ 1. umówione spotkanie 2. wizyta 3. mianowanie
appraisal /e-prei-zl/ oszacowanie
appraise /e-preiz/ 1. szacować 2. oceniać
appreciate /e-pri-szy-jeit/ doceniać
appreciation /epri-szy-ei-szn/ uznanie
apprehension /ee-pry-hen-szn/ 1. pojętność 2. zrozumienie 3. pojmanie
approach /e-prełcz/ 1. zbliżać się 2. nadchodzić 3. zwracać się 4. nadejście 5. podejście
appropriate /e-preł-pryjet/ 1. odpowiedni 2. stosowny
approval /e-pruu-wl/ 1. aprobata 2. uznanie
approve /e-pruuw/ 1. zatwierdzać 2. pochwalić

approximately /e-<u>pro</u>-ksy-metly/ 1. w przybliżeniu 2. około
apricot /<u>ei</u>-prykot/ morela
April /<u>ei</u>-prl/ kwiecień
apron /<u>ei</u>-prn/ fartuch
apt /eept/ 1. trafny 2. odpowiedni
aptitude /<u>eep</u>-ty-tjuud/ 1. zdolność 2. uzdolnienie
aquarium /e-<u>klee</u>-ryjem/ akwarium
Aquarius /e-<u>klee</u>-ryjes/ Wodnik (w Zodiaku)
aqueduct /<u>ee</u>-kły-dakt/ akwedukt
Arab /<u>ee</u>-reb/ 1. Arab 2. koń arabski
Arabic /<u>ee</u>-rebyk/ arabski
arbitrary /<u>aa</u>-by-czrery/ 1. rozjemczy 2. arbitralny
arbitration /aa-by-<u>czrei</u>-szn/ arbitraż
arbitrator /<u>aa</u>-by-czrei-te/ 1. arbiter 2. rozjemca
arbour /<u>aa</u>-be/ altana
arc /aak/ łuk
arcade /aa-<u>keid</u>/ arkada
arch /arcz/ 1. sklepienie łukowe 2. łuk 3. przęsło
archaeology /arky-<u>o</u>-le-dży/ archeologia
archaic /aa-<u>kei</u>-yk/ archaiczny
archangel /<u>aak</u>-eindżl/ archanioł
archbishop /arcz-<u>by</u>-szep/ arcybiskup
archer /<u>ar</u>-cze/ łucznik
archery /<u>ar</u>-czery/ łucznictwo
archipelago /arky-<u>pe</u>-lygoł/ archipelag
architect /<u>ar</u>-kytekt/ architekt
architectural /arky-<u>tek</u>-czerl/ architektoniczny
architecture /<u>ar</u>-kytekcze/ architektura
archives /<u>ar</u>-kajwz/ archiwum
archivist /<u>ar</u>-kywyst/ archiwista

arctic /<u>ark</u>-tyk/ arktyczny
ardent /<u>ar</u>-dent/ 1. płonący 2. ognisty 3. gorliwy
are /aar/ → be
area /<u>ee</u>-ryje/ 1. obszar 2. rejon 3. teren 4. dziedzina
arena /e-<u>ri</u>-ne/ arena
Argentine /<u>ar</u>-dżentin/ Argentyna
arguable /<u>ar</u>-gjuebl/ sporny
argue /<u>ar</u>-gju/ 1. spierać się 2. kłócić się
argument /<u>ar</u>-gju-ment/ 1. kłótnia 2. argument
aria /<u>ar</u>-ryje/ aria
arid /<u>ee</u>-ryd/ 1. wypalony 2. jałowy
Aries /<u>ee</u>-riz/ Baran
arise /e-<u>raiz</u>/ 1. powstawać 2. pojawiać się
arisen /e-<u>ry</u>-zn/ → arise
aristocracy /eerys-<u>to</u>-kresy/ arystokracja
aristocrat /<u>ee</u>-rystekreet/ arystokrata
aristocratic /eeryste-<u>kree</u>-tyk/ arystokratyczny
arithmetic /e-<u>ryfh</u>-metyk/ arytmetyka
ark /ark/ arka
arm /arm/ 1. ręka 2. ramię 3. poręcz 4. zbroić
armada /ar-<u>maa</u>-de/ 1. armada 2. flota
armour /<u>ar</u>-me/ zbroja
arms /armz/ 1. broń 2. herb
army /<u>ar</u>-my/ armia
aroma /e-<u>reł</u>-ma/ aromat
aromatic /eere-<u>mee</u>-tyk/ aromatyczny
arose → arise
around /e-<u>rałnd</u>/ 1. dookoła 2. wokół 3. koło
arrange /e-<u>rein</u>-dż/ 1. układać 2. załatwiać 3. organizować

arrangement /e-rein-dż-ment/ 1. układ 2. porozumienie 3. rozmieszczenie

array /e-rei/ 1. szeregi 2. szyk 3. procesja 4. wystawa

arrears /e-ryjez/ zaległości płatnicze

arrest /e-rest/ 1. aresztować 2. aresztowanie

arrival /e-rai-wl/ 1. przybycie 2. przyjazd 3. przylot

arrive /e-raiw/ 1. przybywać 2. przyjeżdżać 3. nadchodzić

arrogance /ee-regens/ arogancja

arrogant /ee-regent/ 1. arogancki 2. wyniosły

arrow /ee-reł/ 1. strzała 2. strzałka

arsenal /ar-synl/ 1. arsenał 2. zbrojownia

arsenic /ar-snyk/ 1. arszenik 2. arsen

arson /ar-sn/ podpalenie

art /art/ 1. sztuka 2. rzemiosło

artery /ar-te-ry/ 1. tętnica 2. arteria

arthritis /ar-fhrai-tys/ artretyzm

article /ar-tykl/ 1. artykuł 2. towar

articulate /ar-ty-kju-lyt/ 1. artykułować 2. mówić wyraźnie

artificial /arty-fy-szl/ 1. sztuczny 2. symulowany

artillery /ar-ty-lery/ artyleria

artist /ar-tyst/ artysta

artistic /ar-tys-tyk/ artystyczny

as /ez/ 1. równie 2. jako 3. kiedy 4. gdy 5. ponieważ

asbestos /ees-bes-tes/ azbest

ascent /e-sent/ 1. wzniesienie 2. wspinaczka

ascetic /e-se-tyk/ 1. asceta 2. ascetyczny

ascorbic /e-skoo-byk/ askorbinowy

ascribe /es-krajb/ przypisywać

aseptic /ee-sep-tyk/ aseptyczny

asexual /ee-sek-szłel/ 1. aseksualny 2. bezpłciowy

ash /eesz/ 1. popiół 2. jesion

ashamed /e-szeimd/ zawstydzony

ashen /ee-szn/ 1. popielaty 2. jesionowy

ashore /e-szoo/ 1. na brzegu 2. na ląd

ashtray /eesz-trei/ popielniczka

Asia /ei-sze/ Azja

Asian /ei-szn/ azjatycki

aside /e-said/ na uboczu

ask /aask/ 1. pytać 2. prosić 3. zaprosić

askew /es-kjuu/ krzywo

aslant /e-slaa-nt/ 1. na ukos 2. ukośnie

asleep /e-slip/ uśpiony

asparagus /es-pee-reges/ szparag

aspect /ees-pekt/ 1. wygląd 2. aspekt

asphalt /ees-feelt/ asfalt

aspic /ees-pyk/ żmija

aspirant /es-pa-yjerent/ 1. aspirant 2. kandydat

aspiration /eespe-rei-szn/ 1. dążenie 2. aspiracja

aspire /e-spa-yje/ 1. dążyć 2. mieć aspiracje

aspirin /ees-pryn/ aspiryna

ass /ees/ 1. osioł 2. głupek 3. dupa

assail /e-seil/ 1. napadać 2. rzucać się

assassin /e-see-syn/ 1. zamachowiec 2. zabójca

assault /e-soolt/ 1. napad 2. atak 3. napadać 4. atakować

assemble /e-sem-bl/ 1. gromadzić 2. montować

assembly /e-sem-bly/ 1. zgromadzenie 2. montaż

assent /e-sent/ 1. sankcjonować 2. uznawać

assert /e-<u>seet</u>/ 1. zapewnać 2. potwierdzać

assertion /e-<u>see</u>-szn/ 1. twierdzenie 2. zapewnienie

assess /e-<u>ses</u>/ otaksować

assessor /e-<u>se</u>-se/ taksator

assets /e-<u>sets</u>/ 1. dobra materialne 2. aktywa

assign /e-<u>sain</u>/ 1. wyznaczać 2. przydzielać 3. przypisywać

assignment /e-<u>sain</u>-ment/ 1. zadanie 2. wyznaczenie

assimilate /e-<u>sy</u>-my-leit/ 1. wchłaniać 2. asymilować 3. przyswajać

assist /e-<u>syst</u>/ pomagać

assistance /e-<u>sys</u>-tens/ 1. pomoc 2. wsparcie

assistant /e-<u>sys</u>-tent/ 1. pomocnik 2. asystent

associate /e-<u>seł</u>-szyeit/ 1. zrzeszać się 2. kojarzyć

association /esełszy-<u>ei</u>-szn/ 1. stowarzyszenie 2. związek 3. skojarzenie

assort /e-<u>soot</u>/ 1. dobierać 2. zaopatrywać

assorted /e-<u>soo</u>-tyd/ różnorodny

assortment /e-<u>soot</u>-ment/ asortyment

assume /e-<u>sjum</u>/ 1. zakładać 2. przypuszczać 3. pozorować 4. przybierać

assumption /e-<u>samp</u>-szn/ 1. założenie 2. przypuszczenie 3. udawanie

assurance /e-<u>szue</u>-rens/ 1. zapewnienie 2. przekonanie

assure /e-<u>szue</u>/ upewniać

aster /<u>ees</u>-te/ aster

asterisk /<u>ees</u>-te-rysk/ 1. asterysk 2. odsyłacz

asteroid /<u>ees</u>-te-rojd/ asteroida

asthma /<u>ees</u>-me/ astma

astonish /e-<u>sto</u>-nysz/ 1. zadziwiać 2. zdumiewać

astonishing /e-<u>sto</u>-ny-szynn/ 1. zadziwiający 2. zdumiewający

astound /es-<u>tałnd</u>/ zdumiewać

astral /<u>ees</u>-trl/ astralny

astray /e-<u>strei</u>/ zabłąkany

astride /e-<u>strajd</u>/ 1. okrakiem 2. rozkraczony

astrologer /es-<u>tro</u>-ledże/ astrolog

astrology /e-<u>stro</u>-ledży/ astrologia

astronaut /<u>ee</u>-strenoot/ kosmonauta

astronomy /e-<u>stro</u>-nemy/ astronomia

asylum /e-<u>sai</u>-lm/ 1. azyl 2. schronienie 3. szpital psychiatryczny

at /et/ 1. przy 2. na 3. w 4. u 5. o 6. po

ate → eat

atheism /ei-<u>fhy</u>-yjzm/ ateizm

atheist /ei-<u>fhy</u>-yst/ ateista

athlete /<u>ee</u>-fhlyt/ 1. atleta 2. sportowiec

athletic /eefh-<u>le</u>-tyk/ 1. sportowy 2. wysportowany 3. lekkoatletyczny

athletics /eefh-<u>le</u>-tyks/ 1. lekkoatletyka 2. sport

atlas /<u>eet</u>-ls/ atlas

atmosphere /<u>eet</u>-mesfyje/ 1. atmosfera 2. nastrój

atoll /<u>ee</u>-tol/ atol

atom /<u>ee</u>-tm/ 1. atom 2. odrobina

atomic /e-<u>to</u>-myk/ atomowy

atone /e-<u>tołn</u>/ pokutować

atrocious /e-<u>troł</u>-szes/ 1. okrutny 2. okropny

atrocity /e-<u>tro</u>-syty/ okrucieństwo

attach /e-<u>teecz</u>/ 1. przyłączać 2. przymocowywać 3. przyczepiać

attachment /e-<u>teecz</u>-ment/ 1. przywiązanie 2. więź 3. uzupełnienie

attache /e-<u>tee</u>-szei/ 1. attache 2.

urzędnik dyplomatyczny

attack /e-<u>teek</u>/ 1. atakować 2. napadać 3. atak

attain /e-<u>tein</u>/ 1. osiągać 2. zdobywać 3. docierać

attempt /e-<u>tempt</u>/ 1. usiłować 2. próbować 3. próba

attend /e-<u>tend</u>/ 1. uczęszczać 2. brać udział

attendance /e-<u>ten</u>-dens/ 1. obecność 2. frekwencja 3. obsługa

attendant /e-<u>ten</u>-dent/ 1. pomocnik 2. osoba z obsługi

attention /e-<u>ten</u>-szn/ 1. uwaga 2. baczność

attentive /e-<u>ten</u>-tyw/ 1. uważny 2. troskliwy

attest /e-<u>test</u>/ 1. potwierdzać 2. świadczyć

attic /<u>ee</u>-tyk/ 1. strych 2. poddasze

attire /e-<u>ta</u>-yje/ strój

attitude /<u>ee</u>-tytjud/ 1. postawa 2. nastawienie 3. pogląd

attorney /e-<u>tee</u>-ny/ 1. pełnomocnik 2. adwokat 3. prawnik

attract /e-<u>treekt</u>/ 1. przyciągać 2. zwabiać

attraction /e-<u>treek</u>-szn/ 1. atrakcja 2. powab

attractive /e-<u>treek</u>-tyw/ 1. atrakcyjny 2. przyciągający

attribute /<u>ee</u>-trybjut/ 1. atrybut 2. cecha

auburn /<u>oo</u>-bn/ 1. kasztanowaty 2. ciemnobrązowy

auction /<u>oo</u>-kszn/ 1. licytacja 2. aukcja

audible /<u>oo</u>-debl/ słyszalny

audience /<u>oo</u>-djens/ 1. widownia 2. publiczność 3. audiencja

audio-visual /<u>o</u>-djeł-<u>wy</u>-żuel/ 1. audiowizualny 2. słuchowo-wzrokowy

audit /<u>oo</u>-dyt/ 1. rewizja ksiąg 2. sprawdzanie rachunków

audition /oo-<u>dy</u>-szn/ 1. przesłuchanie aktorskie 2. próba głosu

auditorium /oody-<u>too</u>-ryjem/ 1. sala wykładowa 2. audytorium 3. słuchacze

auditory /<u>oo</u>-dytery/ słuchowy

August /<u>oo</u>-gest/ sierpień

aunt /aant/ ciotka

auntie /<u>aan</u>-ty/ ciocia

aura /<u>oo</u>-re/ 1. aura 2. nastrój

aurora /oo-<u>roo</u>-re/ 1. zorza 2. jutrzenka

auspicious /oos-<u>py</u>-szes/ auspicje

Australia /oo-<u>strei</u>-lyje/ Australia

Australian /oo-<u>strei</u>-lyjen/ australijski

Austria /<u>oos</u>-tryje/ Austria

Austrian /<u>oos</u>-tryjen/ austriacki

authentic /oo-<u>fhen</u>-tyk/ autentyczny

author /<u>oo</u>-fhe/ autor

authoritative /oo-<u>fho</u>-rytetyw/ 1. miarodajny 2. autorytatywny

authority /o-<u>fho</u>-ryty/ 1. władza kierownicza 2. autorytet

authorization /oofherai-<u>zei</u>-szn/ 1. autoryzacja 2. upoważnienie

authorize /<u>oo</u>-fheraiz/ 1. upoważniać 2. aprobować

autobiography /oote-bai-<u>o</u>-grefy/ autobiografia

autocracy /oo-<u>to</u>-kresy/ 1. autokracja 2. samowładztwo

autograph /<u>oo</u>-tegraf/ autograf

automatic /oote-<u>mee</u>-tyk/ automatyczny

automobile /<u>oo</u>-temebil/ 1. auto 2. samochód

autonomous /oo-<u>to</u>-nems/ autonomiczny

autonomy /oo-<u>to</u>-nemy/ 1. autonomia 2. samorząd

autopsy /<u>oo</u>-tepsy/ 1. autopsja 2. sekcja zwłok

autumn /<u>oo</u>-tem/ jesień

auxiliary /oog-<u>zy</u>-lyjery/ pomocniczy

available /e-<u>wei</u>-lebl/ 1. dostępny 2. osiągalny

avalanche /<u>ee</u>-welansz/ lawina

avant-garde /eewon-<u>gard</u>/ awangarda

avenge /e-<u>wen</u>-dż/ pomścić

avenue /<u>ee</u>-wenju/ aleja

average /<u>ee</u>-werydż/ 1. przeciętny 2. średnia

aversion /e-<u>we</u>-szn/ 1. niechęć 2. awersja 3. odraza

avert /e-<u>wert</u>/ 1. odwracać 2. zapobiegać

aviation /ei-wi-<u>ei</u>-szn/ lotnictwo

avid /<u>ee</u>-wyd/ chciwy

avocado /ee-we-<u>kaa</u>-doł/ 1. awokado 2. gruszka

avoid /e-<u>woid</u>/ 1. unikać 2. omijać

await /e-<u>łeit</u>/ 1. oczekiwać 2. czekać

awaken /e-<u>łei</u>-kn/ przebudzony

awakening /e-<u>łei</u>-kenynn/ przebudzenie

award /e-<u>łood</u>/ 1. nagradzać 2. nagroda 3. odszkodowanie

aware /e-<u>łee</u>/ 1. świadomy 2. zorientowany

awash /e-<u>łosz</u>/ zalany wodą

away /e-<u>łei</u>/ 1. oddalony 2. daleko 3. z dala 4. w odległości

awe /oo/ 1. trwoga 2. strach 3. groza

awful /<u>oo</u>-fl/ straszny

awhile /e-<u>łail</u>/ przez chwilę

awkward /<u>oo</u>-kłed/ niezręczny

awl /<u>oo</u>-l/ szydło

awning /<u>oo</u>-nynn/ 1. markiza 2. zadaszenie

awry /e-<u>rai</u>/ 1. krzywo 2. niewłaściwie

axe /eeks/ 1. siekiera 2. topór

axiom /<u>ee</u>-ksyjem/ 1. aksjomat 2. pewnik

axis /<u>ee</u>-ksys/ oś

axle /<u>eek</u>-sl/ ośka

azure /<u>ee</u>-że/ 1. lazur 2. błękit

B

babble /<u>bee</u>-bl/ 1. paplać 2. bełkotać 3. paplanina

babe /beib/ 1. dziecko 2. dzieciątko

babel /<u>hei</u>-bl/ harmider

baboon /be-<u>buun</u>/ pawian

baby /<u>bei</u>-by/ 1. niemowlę 2. kochanie

baby-hood /<u>bei</u>-by-hud/ niemowlęctwo

babyish /<u>bei</u>-bysz/ dziecinny

baby-sitter /<u>bei</u>-by-syte/ opiekunka do dziecka

bachelor /<u>bee</u>-czele/ 1. kawaler 2. bakałarz

bacjelor's degree /<u>bee</u>-cze-lez-de-<u>gri</u>/ licencjat

bacillus /be-<u>sy</u>-les/ bakcyl

back /beek/ 1. popierać 2. cofać się 3. plecy 4. tył 5. grzbiet 6. tylny 7. do tyłu

backache /<u>beek</u>-eik/ ból krzyża

backbone /<u>beek</u>-bołn/ kręgosłup

background /<u>beek</u>-grałnd/ 1. tło 2. pochodzenie 3. wykształcenie

backing /<u>bee</u>-kynn/ poparcie

backlog /<u>beek</u>-log/ zaległości w pracy

backpack /<u>beek</u>-peek/ plecak

backside /<u>beek</u>-said/ 1. zadek 2.

tyłek
backstreet /beek-strit/ 1. zaułek 2. uliczka
backward /beek-łed/ 1. do tyłu 2. wsteczny
backwards /beek-łedz/ 1. do tyłu 2. wstecz
backyard /beek-jard/ 1. podwórko 2. ogródek przydomowy
bacon /bei-kn/ boczek
bacterial /beek-tyje-rjel/ bakteryjny
bacterium /beek-tyje-rjem/ 1. bakteria 2. zarazek
bad /beed/ 1. zły 2. niedobry 3. zepsuty 4. marny 5. lichy
bade /beed/ → bid
badge /beedż/ odznaka
badger /bee-dże/ borsuk
badminton /beed-myntn/ 1. badminton 2. kometka
baffle /bee-fl/ 1. zawodzić 2. udaremniać 3. wprawiać w zakłopotanie
bag /beeg/ 1. torba 2. worek
baggage /bee-gydż/ bagaż
baggy /bee-gy/ 1. workowaty 2. luźny
bail /beil/ kaucja
bailiff /bej-lyf/ 1. pomocnik szeryfa 2. strażnik sądowy
bait /beit/ przynęta
baize /beiz/ 1. sukno 2. ryps
bake /beik/ 1. wypiekać 2. piec
baker /bei-ke/ piekarz
bakery /bej-kery/ piekarnia
balance /bee-lns/ 1. równoważyć 2. waga 3. saldo
balcony /beel-keny/ balkon
bald /boold/ 1. łysy 2. jawny
bale /beil/ 1. bela 2. niedola
balk /book/ 1. miedza 2. zawada 3. przeszkoda
ball /bool/ 1. piłka 2. kula 3. bal

ballad /bee-led/ ballada
ballade /bee-laad/ ballada poetycka
ballast /bee-lest/ 1. balast 2. zrównoważenie
ballerina /bee-le-ri-ne/ balerina
ballet /bee-lei/ balet
ballistic /be-lys-tyk/ balistyczny
balloon /be-luun/ balon
ballot /bee-let/ 1. głosowanie tajne 2. karta wyborcza
ballot-box /bee-let-boks/ urna wyborcza
ball-pen /bool-pen/ długopis
balm /baam/ 1. balsam 2. pociecha
balneology /beelny-o-ledży/ balneologia
balsam /boo-sm/ balsam
baluster /bee-leste/ słupek w balustradzie
balustrade /bee-les-trejd/ balustrada
bamboo /beem-buu/ bambus
bamboozie /beem-buuz/ okpić
ban /been/ 1. zakazywać 2. zakaz
banal /be-neel/ banalny
banana /be-naa-ne/ banan
band /beend/ 1. taśma 2. orkiestra 3. banda 4. towarzystwo
bandage /been-dydż/ 1. bandażować 2. bandaż
bandit /been-dyt/ bandyta
bandy /been-dy/ 1. przerzucać 2. krzywy
bang /beenn/ 1. trzask 2. huk
banish /bee-nysz/ 1. skazywać na banicję 2. wygnać
banishment /bee-nysz-ment/ 1. banicja 2. wygnanie
banister /bee-nyste/ 1. poręcz 2. balustrada
banjo /been-dżoł/ banjo

bank /beennk/ 1. bank 2. brzeg 3. nasyp 4. wał 5. zaspa

bank-account /beennk-e-kałnt/ konto bankowe

banknote /beennk-nełt/ banknot

bankruptcy /beennk-rep-sy/ bankructwo

bankrupt /beennk-rapt/ bankrut

banner /bee-ne/ 1. transparent 2. sztandar

banquet /been-kłyt/ bankiet

bantam /been-tm/ koguci

banter /been-te/ 1. kpiny 2. przekomarzać się

baobab /be-yje-beeb/ baobab

baptism /beep-tyzm/ 1. chrzciny 2. chrzest

baptize /beep-taiz/ chrzcić

bar /bar/ 1. bar 2. sztaba 3. tabliczka czekolady 4. krata 5. zakaz 6. zagradzać 7. zakazywać

barbarian /baa-bee-ryjen/ barbarzyńca

barbaric /baa-bee-ryk/ barbarzyński

barbarism /baa-be-ryzm/ barbaryzm

barbecue /bar-by-kju/ 1. rożen 2. ruszt 3. barbecue 4. grill

barber /bar-be/ 1. fryzjer męski 2. golibroda

barbiturate /ba-by-czuret/ 1. środek nasenny 2. barbiturat

bard /baad/ 1. bard 2. słonina

bare /beer/ 1. nagi 2. goły 3. obnażać

barefoot /beer-fut/ 1. bosy 2. boso

bargain /bar-gyn/ 1. targować się 2. okazja 3. transakcja 4. targ

barge /baadż/ barka

baritone /bee-ry-tołn/ baryton

bark /bark/ 1. szczekać 2. szczekanie 3. kora

barley /bar-ly/ jęczmień

barn /barn/ stodoła

barometer /be-ro-myte/ barometr

baron /bee-rn/ 1. baron 2. magnat

baroness /bee-renys/ baronowa

baroque /be-rołk/ 1. barok 2. barokowy

barracks /bee-reks/ koszary

barrage /bee-raż/ 1. zapora 2. ogień zaporowy

barrel /bee-rl/ 1. beczka 2. baryłka 3. lufa

barren /bee-rn/ 1. nieurodzajny 2. jałowy

barricade /beery-keid/ 1. barykada 2. barykadować

barrier /bee-rje/ 1. szlaban 2. bariera 3. przeszkoda 4. ogrodzenie

barrister /bee-ryste/ 1. adwokat 2. obrońca

barrow /bee-roł/ 1. kurhan 2. kopiec

bartender /bar-lende/ 1. barman 2. barmanka

barter /bar-te/ 1. wymieniać 2. handel wymienny

base /beis/ 1. podstawa 2. baza 3. zasada

baseball /beis-bool/ 1. palant 2. baseball

baseless /beis-les/ nieuzasadniony

basement /beis-ment/ 1. suterena 2. piwnica

bashful /beesz-fl/ 1. wstydliwy 2. nieśmiały

basic /bei-syk/ 1. podstawowy 2. zasadniczy

basil /bee-zyl/ bazylia

basilica /be-zy-lyke/ bazylika

basin /bei-sn/ 1. miednica 2. zagłębie

basis /bei-sys/ 1. podstawa 2. baza 3. zasada

bask /baask/ wygrzewać się na słońcu
basket /baas-kyt/ kosz
basketball /baas-kyt-bool/ koszykówka
bass /beis/ 1. bas 2. basowy
bass /bees/ okoń
basset /bee-syt/ jamnik
bastard /baas-ted/ bękart
baste /beist/ fastrygować
bastion /bees-tyjen/ bastion
bat /beet/ 1. nietoperz 2. kij baseballowy 3. rakietka
batch /beecz/ 1. porcja 2. paczka 3. plik 4. grupa
bath /bafh/ 1. kąpać 2. kąpiel
bathe /beidh/ 1. przemywać się 2. kąpać się
bathing-costume /bei-dhynn-kos-tjum/ strój kąpielowy
bathing-suit /bei-dhynn-suut/ kostium kąpielowy
bathroom /bafh-rum/ 1. łazienka 2. toaleta
bathtub /bafh-tab/ wanna
batman /beet-men/ ordynans
baton /bee-tn/ 1. batuta 2. pałka
battalion /be-tee-lyjen/ batalion
batter /bee-te/ 1. walić 2. tłuc 3. gruchotać 4. ostrzeliwać z armat
battery /bee-te-ry/ 1. bateria 2. akumulator
battle /bee-tl/ 1. bitwa 2. walka 3. walczyć
battle-dress /bee-tl-dres/ mundur polowy
battlefield /bee-tl-fild/ pole walki
battleship /bee-tl-szyp/ okręt wojenny
battue /bee-tju/ nagonka
batty /bee-ty/ 1. zwariowany 2. postrzelony
bauble /boo-bl/ 1. błahostka 2. ozdóbka
bawd /bood/ rajfurka
bawl /bool/ 1. wykrzykiwać 2. wrzeszczeć 3. wrzask
bay /bei/ 1. zatoka 2. wysepka 3. przęsło 4. wnęka
bayonet /be-yje-nyt/ bagnet
bazaar /be-zaa/ bazar
bazooka /be-zuu-ke/ 1. pancerzrownica 2. bazooka
be /bi/ być
I am /eem/ ja jestem
he/she/it is /yz/ on/ona/to/ono jest
you/we/they are /ar/ ty/wy/my/oni są
I/he/she/it was /łoz/ ja/on/ona/to było
you/we/they were /łee/ ty/wy/my/ oni byli
beach /bicz/ plaża
beachwear /bicz-łee/ strój plażowy
beacon /bi-kn/ 1. sygnał świetlny 2. boja świetlna 3. latarnia morska
bead /bid/ 1. koralik 2. paciorek 3. kropla
beak /bik/ dziób
beam /bim/ 1. snop 2. wiązka 3. dźwigar 4. rozpromieniać się
bean /bin/ 1. ziarnko 2. fasolka
bear /beer/ 1. znosić 2. rodzić 3. cierpieć 4. wytrzymywać 5. niedźwiedź
beard /by-jed/ 1. broda 2. zarost
bearer /bee-re/ 1. posiadacz 2. okaziciel 3. wspornik
bearing /bee-rynn/ 1. wytrzymałość 2. łożysko
beast /bist/ 1. zwierzę 2. bestia 3. potwór
beat /bit/ 1. bić 2. uderzać 3. pokonywać 4. bicie 5. rytm
beaten → beat
beater /bi-te/ 1. kijanka 2. naga-

niacz
beatification /by-ee-tyfy-<u>kei</u>-szn/ beatyfikacja
beatify /by-<u>ee</u>-ty-fai/ beatyfikować
beating /<u>bi</u>-tynn/ 1. pobicie 2. lanie 3. porażka
beautician /bjuu-<u>ty</u>-szn/ kosmetyczka
beautiful /<u>bjuu</u>-ty-ful/ piękny
beauty /<u>bjuu</u>-ty/ 1. piękno 2. piękność
beauty-parlour /<u>bjuu</u>-ty-parle/ salon kosmetyczny
beauty-salon /<u>bjuuty</u>-see-ln/ salon kosmetyczny
beauty-spot /<u>bjuu</u>-ty-spot/ 1. pieprzyk 2. uroczy zakątek
beaver /<u>bi</u>-we/ bóbr
became → become
because /by-<u>koz</u>/ 1. ponieważ 2. dlatego że
become /by-<u>kam</u>/ 1. stać się 2. zostawać
bed /bed/ 1. łóżko 2. nocleg 3. koryto rzeki 4. podstawa 5. podkład
bed-clothes /<u>bed</u>-klełdhz/ pościel
bedevil /by-<u>dewl</u>/ 1. poniewierać 2. dokuczać
bedlam /<u>bed</u>-lm/ 1. wrzawa 2. zamieszanie 3. dom wariatów
bedpan /<u>bed</u>-peen/ basen szpitalny
bedroom /<u>bed</u>-rum/ sypialnia
bedsore /<u>bed</u>-soe/ odleżyna
bedspread /<u>bed</u>-spred/ narzutka
bedtime /<u>bed</u>-taim/ pora snu
bee /bi/ pszczoła
beech /bicz/ buk
beef /bif/ wołowina
beefsteak /<u>bif</u>-steik/ befsztyk
beefy /<u>bi</u>-fy/ muskularny
beekeeper /<u>bi</u>-kipe/ pszczelarz
been → be

beep /bip/ 1. piszczeć 2. nadawać na pager 3. piszczenie
beer /byje/ piwo
beeswax /<u>biz</u>-łeeks/ wosk
beet /bit/ burak
beetle /<u>bi</u>-tl/ chrząszcz
before /by-<u>foo</u>/ 1. przed 2. zanim 3. na przedzie 4. na przeciwko 5. kiedyś
beforehand /by-<u>fo</u>-heend/ 1. uprzednio 2. z góry
befriend /by-<u>frend</u>/ 1. zaprzyjaźnić się 2. okazywać przyjaźń
beg /beg/ 1. błagać 2. żebrać
began /by-<u>geen</u>/ → begin
beggar /<u>be</u>-ge/ żebrak
begin /by-<u>gyn</u>/ 1. zaczynać 2. rozpocząć 3. zapoczątkowywać
beginning /by-<u>gy</u>-nynn/ początek
begun /by-<u>gan</u>/ → begin
behave /by-<u>heiw</u>/ 1. zachowywać się 2. postępować
behaviour /by-<u>hei</u>-wje/ 1. zachowanie 2. postępowanie
behead /by-<u>hed</u>/ ściąć głowę
behind /by-<u>haind</u>/ z tyłu
beige /beiż/ beżowy
being /<u>bi</u>-ynn/ 1. istota 2. stworzenie 3. istnienie 4. byt
belated /by-<u>lei</u>-tyd/ spóźniony
belch /belcz/ 1. beknąć 2. beknięcie
Belgian /<u>bel</u>-dżn/ belgijski
Belgium /<u>bel</u>-dżm/ Belgia
beleaguer /by-<u>li</u>-ge/ oblegać
belfry /<u>bel</u>-fry/ dzwonnica
belief /by-<u>lif</u>/ 1. wiara 2. przekonanie
believe /by-<u>liw</u>/ 1. wierzyć 2. przypuszczać
bell /bel/ 1. dzwon 2. dzwonek
bellboy /<u>bel</u>-booy/ goniec hotelowy
belligerent /by-<u>ly</u>-dże-rent/ 1. stro-

na walcząca 2. walczący
bellow /be-loł/ 1. ryczeć 2. wyć
bell-ringer /bel-rynn-ge/ dzwonnik
belly /be-ly/ brzuch
belong /by-lonn/ należeć
belongings /by-lo-nnynz/ 1. mienie 2. dobytek
beloved /by-lawd/ ukochany
below /by-leł/ 1. poniżej 2. pod 3. pod spodem
belt /belt/ 1. pas 2. pasek 3. strefa
bench /bencz/ ławka
bend /bend/ 1. schylać się 2. zginać 3. zakręt 4. wygięcie
beneath /by-nifh/ poniżej
benediction /beny-dyk-szn/ błogosławieństwo
benefactor /beny-feek-te/ dobroczyńca
benefice /be-ny-fys/ beneficjum
beneficent /by-ne-fy-sent/ dobroczynny
beneficial /beny-fy-szl/ korzystny
benefit /be-ny-fyt/ 1. korzyść 2. przywilej 3. zasiłek
benevolent /by-ne-we-lent/ 1. życzliwy 2. łaskawy
benign /by-nain/ łagodny
bent /bent/ 1. żyłka 2. wygięty 3. → bend
bequeath /by-kłidh/ zapisać w testamencie
bereave /by-riw/ 1. pozbawić 2. zabrać
bereft → bereave
beret /be-rei/ beret
berry /be-ry/ jagoda
berth /beefh/ 1. koja 2. prycza
beset /by-set/ 1. otoczyć 2. okrążyć
besetment /by-set-ment/ 1. obsesja 2. oblężenie
beside /by-said/ 1. obok 2. przy 3. oprócz

besides /by-saidz/ 1. poza tym 2. oprócz tego 3. poza
besiege /by-sidż/ 1. oblegać 2. napastować
besmirch /by-smee-cz/ 1. poplamiać 2. zabrudzać
besotted /by-so-tyd/ ogłupiały
bespattered /by-spee-tyd/ obryzgany
best /best/ najlepszy
bestial /bes-tjel/ bestialski
bestow /by-steł/ 1. nadawać 2. przyznawać
bet /bet/ 1. zakładać się 2. zakład
betray /by-trei/ 1. zdradzać 2. zwodzić
better /be-ter/ lepszy
between /by-tłin/ pomiędzy
bevel /be-wl/ 1. stożek 2. ukos
beverage /be-wrydż/ napój
beware /by-łee/ strzec się
bewilder /by-łyl-de/ 1. oszołoamiać 2. zdezorientowywać
bewitch /by-łycz/ 1. zaczarowywać 2. oczarowywać
beyond /by-jond/ 1. poza 2. ponad 3. dalej
bias /ba-yjes/ 1. uprzedzenie 2. skłonność 3. ukos
bib /byb/ śliniaczek
Bible /bai-bl/ Biblia
bibliography /bybly-o-grefy/ bibliografia
bibliophile /by-błyje-fail/ bibliofil
bicentenary /bai-sen-ti-nery/ dwóchsetletni
bicentennial /beej-sen-te-nyjel/ dwuwiekowy
biceps /bai-seps/ biceps
bicycle /bai-sykl/ rower
bid /byd/ 1. licytować 2. oferować 3. oferta

bidden /by-dn/ → bid
bifocal /bai-fol-kl/ dwuogniskowy
big /byg/ 1. duży 2. wielki
bigamist /by-gemyst/ bigamista
bigamy /by-gemy/ bigamia
bight /bait/ zatoka
bigot /by-get/ 1. bigot 2. świętoszek
bike /baik/ 1. rower 2. motor
bikini /by-ki-ni/ bikini
bilateral /bai-lee-terl/ obustronny
bile /bail/ żółć
bilingual /bai-lynn-głeł/ dwujęzyczny
bill /byl/ 1. rachunek 2. banknot 3. projekt ustawy
billet /by-lyt/ kwaterunek
billiards /by-ljedz/ bilard
billion /by-lyjen/ 1. bilion 2. miliard (USA)
billy-goat /by-ly-gołt/ 1. kozioł 2. cap
bin /byn/ 1. skrzynia 2. kosz
binary /bai-nery/ dwójkowy
bind /baind/ 1. przywiązywać 2. zobowiązywać
bingo /bynn-geł/ 1. bingo 2. loteryjka
binoculars /by-no-kju-lez/ lornetka
binominal /bai-noł-mjel/ dwumian
biochemistry /bajoł-ke-mystry/ biochemia
biographer /bai-o-grefe/ biograf
biography /bai-o-grefy/ biografia
biological /bayje-lo-dżykl/ biologiczny
biologist /bai-lo-dżyst/ biolog
biology /bai-o-ledży/ biologia
bipartisan /bai-paty-zeen/ dwupartyjny
biped /bai-ped/ dwunożne stworzenie
biplane /bai-plein/ dwupłatowiec
birch /bercz/ 1. brzoza 2. rózgi

bird /berd/ ptak
bird-cage /berd-keidż/ klatka dla ptaków
biro /ba-yjereł/ długopis
birth /berfh/ 1. narodziny 2. poród 3. ród
birth-control /berfh-ken-troul/ zapobieganie ciąży
birthday /berfh-dei/ 1. urodziny 2. urodzinowy
birthmark /berfh-mark/ znamię
birthplace /berfh-pleis/ miejsce urodzenia
birthrate /berfh-reit/ przyrost naturalny
biscuit /bys-kyt/ herbatnik
bisect /bai-sekt/ przepołowić
bishop /by-szep/ 1. biskup 2. goniec 3. laufer
bison /bai-sn/ 1. bizon 2. tur
bistro /bi-streł/ 1. bistro 2. bar
bit /byt/ 1. kawałek 2. odrobina 3. trochę 4. → bite
bitch /bycz/ suka
bite /bait/ 1. gryźć 2. ugryźć 3. odgryźć 4. ukąszenie
bitten /by-tn/ → bite
bitter /by-te/ 1. gorzki 2. zgorzkniały 3. przenikliwy
bittern /by-tn/ bąk
bitumen /by-tju-myn/ 1. smoła 2. bitum
biweekly /bai-ti-kly/ dwutygodnik
bizarre /by-zaa/ dziwaczny
blab /bleeb/ paplać
black /bleek/ czarny
blackberry /bleek-be-ry/ 1. jeżyna 2. ożyna
blackbird /bleek-berd/ kos
blackboard /bleek-bood/ tablica szkolna
blacken /blee-kn/ 1. czernić 2. oczernić 3. pociemnieć

blackhead /bleek-hed/ wągr
blacklist /bleek-lyst/ czarna lista
blackmail /bleek-meil/ 1. szantażować 2. szantaż
blackout /bleek-ałt/ zaciemnienie
blacksmith /bleek-smyfh/ kowal
blackthorn /bleek-fhoon/ tarnina
bladder /blee-de/ pęcherz
blade /bleid/ 1. ostrze 2. źdźbło
blame /bleim/ 1. obwiniać 2. wina
blanch /blaancz/ bielić
bland /bleend/ 1. dobrotliwy 2. łagodny 3. łaskawy
blank /bleennk/ 1. nie zapisany 2. pusty
blanket /bleenn-kyt/ koc
blare /blee/ 1. huczeć 2. trąbić 3. wrzasnąć
blase /blaa-zei/ zblazowany
blaspheme /bless-fim/ bluźnić
blast /blaast/ podmuch
blatant /blei-tent/ 1. rażący 2. krzykliwy
blaze /bleiz/ 1. płonąć 2. świecić 3. płomień 4. ogień
blazer /blei-ze/ 1. blezer 2. kurtka
blazon /blei-zn/ 1. herb 2. tarcza herbowa
bleach /blicz/ wybielać
bleak /blik/ 1. ponury 2. smutny 3. zimny
bleary /blyje-ry/ 1. niewyraźny 2. zamglony
bleat /blyt/ beczenie
bled /bled/ → bleed
bleed /blid/ 1. krwawić 2. farbować
blemish /ble-mysz/ 1. skaza 2. wada 3. plama
blench /blencz/ blednąć
blend /blend/ 1. mieszanka 2. mieszać
bless /bles/ błogosławić
blessed /blest/ błogosławiony

blessing /ble-synn/ błogosławieństwo
blest /blest/ → bless
blew /bluu/ → blow
blind /blaind/ 1. ślepy 2. niewidomy 3. żaluzja 4. stora 5. oślepiać
blindfold /blaind-feuld/ 1. zawiązywać oczy 2. przepaska na oczy
blindness /blaind-nes/ ślepota
blink /blynnk/ 1. mrugać 2. migać
blinkers /blynn-kez/ ślepia
bliss /blys/ 1. rozkosz 2. błogość
blister /bly-ste/ 1. bąbel 2. pęcherz
blitz /blyts/ nalot
blizzard /bly-zed/ zamieć śnieżna
bloated /bloł-tyd/ nadęty
blob /blob/ kleks
bloc /blok/ blok polityczny
block /blok/ 1. blokować 2. kloc 3. zespół budynków
blockade /blo-keid/ 1. blokować 2. blokada
blockage /blo-kydż/ 1. przeszkoda 2. blokada
blockhead /blok-hed/ dureń
blonde /blond/ blondynka
blood /blad/ krew
blood-donor /blad-dełne/ krwiodawca
bloodless /blad-lys/ bezkrwawy
bloodshed /blad-szed/ rozlew krwi
bloodstream /blad-strim/ przepływ krwi
blood-thirsty /blad-fher-sty/ krwiożerczy
blood-type /blad-taip/ grupa krwi
bloody /bla-dy/ krwawy
bloom /bluum/ 1. kwiat 2. zakwitać
bloomer /bluu-me/ gafa
blossom /blo-sm/ kwitnąć
blot /blot/ 1. plama 2. skaza 3. kleks
blotch /blocz/ 1. krosta 2. plama

blouse /blałz/ bluzka

blow /bleł/ 1. dmuchać 2. wiać 3. cios
  blow out zdmuchiwać
  blow up 1. wybuchać 2. nadmuchiwać

blown → blow

blubber /bla-be/ tran

bludgeon /bla-dżn/ 1. maczuga 2. pałka

blue /bluu/ 1. niebieski 2. siny 3. przygnębiony

blueprint /bluu-prynt/ projekt

bluff /blaf/ 1. blefować 2. blef

blunder /blan-de/ 1. omyłka 2. gafa

blunt /blant/ tępy

blur /blee/ 1. rozmazywać 2. zamazywać

blurb /bleeb/ notka na obwolucie

blurt /bleet/ 1. wygadywać się 2. zdradzać sekret

blush /blasz/ 1. czerwienić się 2. rumieniec

bluster /blas-te/ 1. rozbijać się 2. szaleć

boa /bo-łe/ boa

boar /boor/ 1. odyniec 2. knur

board /bood/ 1. wchodzić na pokład 2. tablica 3. deska 4. pokład 5. komitet 6. tektura

boast /bołst/ 1. chwalić się 2. chełpić się

boat /bełt/ 1. łódź 2. statek

boathouse /bełt-hałs/ przystań

boatswain /boł-sn/ bosman

bob /bob/ 1. spławik 2. wahadło

bobby /bo-by/ angielski policjant

bodily /bo-dyly/ cielesny

body /bo-dy/ 1. ciało 2. karoseria 3. kolegium 4. grupa 5. główna część

bodyguard /body-gard/ ochroniarz

bog /bog/ 1. moczary 2. bagno

boggle /bo-gl/ uchylać się

bogus /boł-ges/ 1. podrabiany 2. zmyślony

bogy /boł-gy/ straszydło

boil /boil/ 1. gotować 2. wrzeć 3. czyrak

boiler /boi-ler/ kocioł

boisterous /boi-steres/ 1. niesforny 2. gwałtowny

bold /beuld/ odważny

bolster /boul-ste/ 1. zagłówek 2. podgłówek

bolt /beult/ 1. rygiel 2. zasuwa

bomb /bom/ 1. bombardować 2. bomba

bombard /bom-bard/ bombardować

bomber /bo-me/ bombowiec

bombing /bo-mynn/ bombardowanie

bond /bond/ 1. więź 2. obligacja

bondage /bon-dydż/ niewola

bone /bołn/ 1. kość 2. ość

boneless /bołn-lys/ bez kości

bonnet /bo-nyt/ 1. czepek 2. czapeczka

bonny /bo-ny/ 1. sympatyczny 2. urodziwy

bonus /beł-nes/ premia

bony /boł-ny/ kościsty

boo /buu/ 1. wygwizdywać 2. (odgłos dezaprobaty)

boob /bub/ 1. cycek 2. wpadka

booby /buu-by/ tępak

booby-trap /buu-by-czreep/ pułapka

book /buk/ 1. rezerwować 2. książka

bookcase /buk-keis/ biblioteczka

bookkeeper /buk-kipe/ księgowy

booklet /buk-let/ 1. broszura 2. książeczka

bookstore /buk-stoo/ księgarnia

boom /buum/ 1. huk 2. dobra koniunktura 3. grzmieć

boomerang /buu-me-renn/ bumerang

boon /buun/ 1. dar 2. łaska

boor /bue/ gbur

boost /buust/ 1. ożywienie 2. wzrost 3. zwiększać

booster /buu-ste/ 1. propagator 2. detonator

boot /buut/ 1. wysoki but 2. bagażnik

bootee /buu-ti/ pantofelek

booth /buudh/ 1. kabina 2. stragan

booty /buu-ty/ 1. łup 2. zysk 3. zdobycz

booze /buuz/ 1. trunek 2. popijać

boozer /buu-ze/ 1. pijus 2. knajpa

boozy /buu-zy/ 1. podpity 2. nabuzowany

border /boo-de/ 1. graniczyć 2. granica

borderline /boo-de-lain/ linia graniczna

bore /boor/ 1. nudzić 2. zanudzać 3. wiercić → bear

bored /boord/ znudzony

boring /boo-rynn/ nudny

born → bear

borne → bear

borough /ba-re/ 1. okręg wyborczy 2. miasto

borrow /bo-reł/ 1. pożyczać 2. wypożyczać

borrower /bo-ro-łe/ 1. pożyczający 2. dłużnik

borstal /bo-stl/ dom poprawczy

bosom /bu-zm/ 1. pierś 2. łono

boss /bos/ szef

botanical /be-tee-nykl/ botaniczny

botanist /bo-te-nyst/ botanik

botany /bo-teny/ botanika

botch /bocz/ partactwo

both /bełfh/ 1. obaj 2. oba 3. oboje 4. zarówno

bother /bo-dhe/ 1. niepokoić 2. przeszkadzać 3. trudzić się

bottle /bo-tl/ 1. butelka 2. flaszka 3. wiązka

bottom /bo-tm/ 1. dno 2. spód 3. siedzenie

bottomless /bo-tem-les/ bezdenny

bough /bał/ konar

bought /boot/ → buy

boulder /boul-de/ 1. głaz 2. okrąglak

bounce /bał-ns/ 1. odbijać 2. odbicie

bound /bałnd/ 1. ograniczać 2. skok 3. → bind

boundary /bałn-dry/ granica

boundless /bałnd-lys/ nieograniczony

bounteous /bałn-tjes/ 1. szczodry 2. hojny 3. obfity

bounty /bałn-ty/ 1. szczodrość 2. hojność 3. premia

bouquet /bu-kei/ bukiet

bourbon /ber-bn/ burbon

bourgeois /bue-żła/ burżuazyjny

boutique /bu-tik/ butik

bow /beł/ 1. łuk 2. kabłąk

bow /bał/ 1. kłaniać się 2. zginać się 3. ukłon

bowdlerize /bał-dle-raiz/ 1. okrajać 2. ocenzurowywać

bowels /baa-łelz/ jelita

bowl /beul/ 1. miska 2. czarka 3. stadion

box /boks/ pudełko

boxer /bok-se/ bokser

boxing /bok-synn/ boks

box-office /boks-o-fys/ kasa kinowa

boy /booy/ chłopiec

boycott /boi-ket/ 1. bojkotować 2. bojkot
boyfriend /booy-frend/ przyjaciel
boyhood /booy-hud/ wiek chłopięcy
bra /braa/ stanik
brace /breis/ 1. klamra 2. nawias
bracelet /brei-slet/ bransoletka
brackets /bree-kyts/ nawiasy
brag /breeg/ przechwalać się
Brahmin /bra-myn/ bramin
braid /breid/ 1. warkocz 2. splot
Braille /breil/ alfabet Braille'a
brain /brein/ 1. mózg 2. umysł
brain-storm /brein-stoom/ 1. konstruktywna dyskusja 2. burza mózgów
braise /breiz/ dusić potrawę
brake /breik/ 1. hamulec 2. hamować
bran /breen/ otręby
branch /braancz/ 1. filia 2. gałąź 3. oddział
brand /breend/ 1. marka 2. odmiana 3. znakować
brandish /breen-dysz/ 1. wywijać 2. wymachiwać
brand-new /breend-nju/ zupełnie nowy
brandy /breen-dy/ 1. winiak 2. koniak
brash /breesz/ zuchwały
brass /braas/ mosiądz
brassiere /bree-zyje/ biustonosz
brat /breet/ berbeć
brave /breiw/ 1. dzielny 2. odważny
bravery /brei-wery/ 1. męstwo 2. dzielność
brawl /brool/ 1. sprzeczka 2. bijatyka
brawn /broon/ tężyzna
bray /brei/ 1. ryczeć 2. ryk

brazen /brei-zn/ 1. mosiężny 2. brązowy
Brazil /bre-zyl/ Brazylia
Brazilian /bre-zy-lyjen/ 1. brazylijski 2. Brazylijczyk
breach /bricz/ 1. wyłom 2. pogwałcenie 3. robić wyłom
bread /bred/ chleb
breadboard /bred-bood/ deska do krojenia
breadth /bredfh/ 1. szerokość 2. rozpiętość
break /breik/ 1. tłuc (się) 2. łamać (się) 3. rozbijać (się) 4. przerwa 5. załamanie
 break down 1. załamać się 2. zepsuć się
 break into włamywać się
 break out wybuchać
 break through przedzierać się
 break up 1. rozpadać się 2. zrywać związek
breakable /brei-kebl/ łamliwy
breakdown /breik-dałn/ 1. awaria 2. rozpad 3. załamanie
breakfast /brek-fest/ śniadanie
breakthrough /breik-fhruu/ 1. wyłom 2. przełom
breakwater /breik-łoo-te/ falochron
bream /brim/ leszcz
breast /brest/ pierś
breast-bone /brest-bołn/ mostek
breath /brefh/ oddech
breathe /bridh/ oddychać
bred /bred/ → breed
breech /bricz/ zamek karabinu
breeches /bry-czyz/ 1. bryczesy 2. spodnie
breed /brid/ 1. hodować 2. rozmnażać
breeder /bri-de/ hodowca
breeze /briz/ 1. wietrzyk 2. bryza
brevity /bre-we-ty/ 1. krótkotrwa-

łość 2. zwięzłość
brew /bruu/ warzyć piwo
brewery /bru-e-ry/ browar
briar /bra-yje/ dzika róża
bribe /braib/ 1. przekupywać 2. łapówka
brick /bryk/ cegła
bricklayer /bryk-leje/ murarz
bridal /brai-dl/ 1. ślubny 2. weselny
bride /bra-id/ panna młoda
bridegroom /braid-gruum/ pan młody
bridesmaid /braidz-meid/ druhna
bridge /brydż/ 1. most 2. mostek 3. brydż
bridle /brai-dl/ 1. uzda 2. cugle
brief /brif/ 1. krótki 2. akta
briefcase /brif-keis/ aktówka
briefs /brifs/ 1. spodenki 2. majtki
brigade /bry-geid/ brygada
brigadier /bryge-dyje/ dowódca brygady
brigand /bry-gend/ zbój
bright /brait/ 1. jasny 2. bystry 3. pogodny
brighten /brai-tn/ 1. rozjaśniać 2. oczyszczać 3. wypolerować
brilliant /bry-ljent/ 1. brylant 2. wspaniały 3. błyskotliwy
brim /brym/ rondo
brine /brain/ solanka
bring /brynn/ 1. przynosić 2. sprowadzać
  bring back przywracać
  bring down 1. obalać 2. obniżać
  bring out 1. ośmielać 2. wypuszczać
  bring up 1. wychowywać 2. podnosić
brisk /brysk/ energiczny
bristle /bry-sl/ szczecina
Britain /bry-tn/ Brytania

British /bry-tysz/ 1. brytyjski 2. Brytyjczycy
brittle /bry-tl/ 1. kruchy 2. łamliwy
broad /brood/ szeroki
broadcast /brood-kast/ 1. emitować 2. nadawać audycję
broadways /brood-łeiz/ wszerz
broccoli /bro-kely/ brokuły
brochure /breł-szue/ broszura
brock /brok/ borsuk
brogue /brołg/ irlandzka angielszczyzna
broil /broil/ opiekać
broke /brełk/ 1. bez grosza 2. → break
broken /breł-kn/ 1. złamany 2. zepsuty 3. rozbity 4. → break
broker /broł-ke/ 1. pośrednik 2. makler 3. broker
bronchi /bronn-kai/ oskrzela
bronchitis /bronn-kai-tys/ 1. bronchit 2. zapalenie oskrzeli
bronze /bronz/ brąz
brooch /brełcz/ broszka
brood /bruud/ 1. wyląg 2. stado 3. rasa
brook /bruk/ strumyk
broom /bruum/ miotła
broth /brofh/ rosół
brothel /bro-fhl/ burdel
brother /bra-dhe/ brat
brotherhood /bra-dhe-hud/ braterstwo
brother-in-law /bra-dhe-yn-loo/ szwagier
brought /broot/ → bring
brow /brał/ brew
brown /brałn/ 1. brązowy 2. brąz
browse /brałz/ 1. paść się 2. przeglądać
bruise /bruuz/ 1. siniak 2. posiniaczyć
brunch /brancz/ późne śniadanie

brunette /bruu-<u>net</u>/ brunetka
brush /brasz/ 1. szczotka 2. pędzel 3. zamiatać 4. szczotkować
brusque /brusk/ obcesowy
brut /bruut/ wytrawny
brutal /<u>bruu</u>-tl/ brutalny
brutality /bruu-<u>tee</u>-lyty/ brutalność
brute /bruut/ 1. bydlę 2. nieokrzesany
bubble /<u>ba</u>-bl/ 1. bulgotać 2. bańka
buck /bak/ 1. kozioł 2. dolec
bucket /<u>ba</u>-kyt/ wiadro
buckle /<u>ba</u>-kl/ 1. zapinać 2. sprzączka
bud /bad/ 1. pączek 2. zarodek
Buddhism /<u>bu</u>-dyzm/ buddyzm
buddy /<u>ba</u>-dy/ kumpel
budget /<u>ba</u>-dżyt/ budżet
buff /baf/ polerować
buffalo /<u>ba</u>-fe-loł/ bawół
buffer /<u>ba</u>-fe/ bufor
buffet /<u>bu</u>-fei/ bufet
buffoon /ba-<u>fuun</u>/ 1. bufon 2. błazen
bug /bag/ 1. robak 2. wada 3. wirus komputerowy 4. ukryty mikrofon 5. wkurzać 6. gryźć 7. zakładać podsłuch
bugle /<u>bjuu</u>-gl/ 1. róg 2. trąbka
build /byld/ 1. budować 2. budowa
builder /<u>byl</u>-de/ budowniczy
building /<u>byl</u>-dynn/ 1. budynek 2. budowa
built → build
bulb /balb/ 1. żarówka 2. cebulka
Bulgaria /bal-<u>ge</u>-ryje/ Bułgaria
Bulgarian /bal-<u>ge</u>-ryjen/ 1. bułgarski 2. Bułgar
bulge /baldż/ 1. wybrzuszenie 2. przewaga
bulk /balk/ 1. masa 2. hurt
bull /bul/ byk

bulldog /<u>bul</u>-dog/ buldog
bulldozer /<u>bul</u>-deł-ze/ 1. spychacz 2. buldożer
bullet /<u>bu</u>-lyt/ 1. kula 2. pocisk
bulletin /<u>bu</u>-le-tyn/ biuletyn
bullfight /<u>bul</u>-fait/ walka byków
bullock /<u>bu</u>-lek/ wół
bull's-eye /<u>bulz</u>-ai/ środek tarczy
bulwark /<u>bul</u>-łek/ 1. wał 2. bastion
bum /bam/ 1. włóczęga 2. żebrak 3. zadek
bumblebee /<u>bambl</u>-bi/ trzmiel
bump /bamp/ 1. zderzać się 2. uderzać
bumper /<u>bam</u>-pe/ zderzak
bumpkin /<u>bamp</u>-kyn/ 1. prostak 2. gamoń
bun /ban/ 1. słodka bułka 2. kok
bunch /bancz/ 1. wiązka 2. pęk 3. grupa
bundle /<u>ban</u>-dl/ 1. tobołek 2. wiązka 3. plik 4. zawiniątko
bung /bann/ 1. szpunt 2. bujda
bungalow /<u>bann</u>-geleł/ 1. bungalow 2. parterowy dom
bungle /<u>bann</u>-gle/ niezdara
bunk /bannk/ koja
bunker /<u>bann</u>-ke/ bunkier
bunny /<u>ba</u>-ny/ króliczek
buoy /boi/ boja
bur /ber/ rzep
burble /<u>ber</u>-bl/ mamrotać
burden /<u>ber</u>-dn/ 1. ciężar 2. obciążenie 3. brzemię
bureau /<u>bjue</u>-reł/ biuro
bureaucracy /bjue-<u>ro</u>-kresy/ biurokracja
bureaucrat /<u>bjue</u>-roł-kreet/ biurokrata
burglar /<u>ber</u>-gle/ włamywacz
burglar-alarm /<u>ber</u>-gle-e-<u>larm</u>/ alarm przeciwwłamaniowy
burglary /<u>ber</u>-glery/ włamanie

burgle /ber-gl/ włamywać się
burial /be-ryjel/ 1. pochówek 2. pogrzeb
burlesque /ber-lesk/ 1. burleska 2. farsa
burn /bern/ 1. palić (się) 2. spalać (się) 3. parzyć 4. oparzenie
burner /ber-ne/ palnik
burnt → burn
burp /berp/ beknięcie
burrow /ba-reł/ 1. nora 2. ryć
bursar /ber-se/ kwestor
burst /berst/ 1. przebijać 2. pękać 3. wybuchać
bury /be-ry/ 1. zakopywać 2. chować
bus /bas/ autobus
bush /busz/ 1. krzak 2. krzew
bushel /bu-szl/ buszel
bushman /busz-men/ Buszmen
business /byz-nes/ 1. biznes 2. sprawa 3. interes 4. przedsiębiorstwo
businessman /byz-nes-men/ biznesmen
bust /bast/ 1. biust 2. popiersie
bustle /ba-sl/ krzątać się
busy /by-zy/ 1. zajęty 2. ruchliwy
but /bat/ 1. ale 2. lecz 3. oprócz
butcher /bu-cze/ 1. rzeźnik 2. zarzynać
butler /ba-tle/ główny lokaj
butt /bat/ 1. niedopałek 2. dupa
butter /ba-te/ masło
butterfly /bate-flai/ motyl
buttermilk /ba-te-mylk/ maślanka
buttock /ba-tek/ 1. pośladek 2. zad
button /ba-tn/ 1. guzik 2. przycisk 3. zapinać (się)
buy /bai/ kupować
buzz /baz/ 1. bzykać 2. burczeć 3. furczeć
by /bai/ 1. przy 2. obok 3. przez 4. za 5. werdług

bye-bye /bai-bai/ 1. do widzenia 2. cześć
by-gone /bai-gon/ 1. miniony 2. przeszły
by-law /bai-loo/ 1. przepisy 2. regulamin
by-pass /bai-paas/ 1. obwodnica 2. omijać
by-product /bai-pro-dekt/ produkt uboczny
bystander /bai-steen-de/ 1. widz 2. świadek

C

cab /keeb/ taksówka
cabaret /kee-be-rei/ kabaret
cabbage /kee-bydż/ kapusta
cabin /kee-byn/ 1. chata 2. dacza 3. kajuta
cabinet /kee-bynet/ 1. gabinet 2. gablotka 3. szafka
cable /kei-bl/ 1. kabel 2. depesza 3. przewód
cablegram /kei-bl-greem/ depesza
cacao /ke-kał/ nasiona kakaowca
cache /keesz/ 1. schowek 2. ukryte zapasy
cactus /keek-ts/ kaktus
cadence /kei-dens/ 1. takt 2. rytm 3. kadencja
cadet /ke-det/ kadet
cadge /keedż/ żebrać
Caesarian /si-zee-ryjen/ cesarski
cafe /kee-fei/ kawiarnia
cafeteria /keefy-ty-rje/ 1. stołówka 2. bufet
caftan /keef-tn/ kaftan
cage /keidż/ klatka
cajole /ke-dżoul/ przymilać się
cake /keik/ 1. ciastko 2. ciasto
calabash /kee-le-beesz/ 1. kalaba-

sa 2. bania

calamity /ke-<u>lee</u>-myty/ 1. niedola 2. klęska

calcium /<u>keel</u>-sjem/ wapń

calculable /<u>keel</u>-kju-lebl/ obliczalny

calculate /<u>keel</u>-kju-leit/ 1. obliczać 2. przypuszczać

calculation /keel-kju-<u>lei</u>-szn/ 1. obliczenie 2. kalkulacja

calculator /<u>keel</u>-kju-lei-te/ kalkulator

calendar /<u>kee</u>-lyn-de/ kalendarz

calender /<u>kee</u>-lyn-de/ 1. magiel 2. walec

calf /kaaf/ 1. cielę 2. łydka

calibrate /<u>kee</u>-ly-breit/ kalibrować

calibre /<u>kee</u>-ly-be/ kaliber

caliph /<u>kee</u>-lyf/ kalif

call /kool/ 1. nazywać 2. wołać 3. telefonować 4. wzywać 5. wołanie 6. rozmowa 7. wezwanie

  call back 1. odwołać 2. oddzwonić

  call by wpadać z wizytą

  call for wymagać

  call in przywoływać

  call off odwoływać

  call out 1. wzywać 2. krzyczeć

caller /<u>koo</u>-le/ 1. gość 2. dzwoniący

calligraphy /ke-<u>ly</u>-gre-fy/ kaligrafia

calling /<u>koo</u>-lynn/ 1. powołanie 2. zawód 3. fach

callipers /<u>kee</u>-ly-pez/ 1. macki 2. cyrkiel kalibrowy

callous /<u>kee</u>-les/ zrogowaciały

callow /<u>kee</u>-loł/ 1. niedoświadczony 2. nieopierzony

callus /<u>kee</u>-les/ zgrubienie

calm /kaam/ 1. uciszać 2. spokojny 3. opanowany 4. spokój

calorie /<u>kee</u>-le-ry/ kaloria

calumny /<u>kee</u>-lem-ny/ 1. oszczerstwo 2. potwarz 3. kalumia

calvary /<u>keel</u>-we-ry/ kalwaria

Calvinism /<u>keel</u>-wy-ny-zm/ kalwinizm

calypso /ke-<u>lyp</u>-seł/ kalipso

camber /<u>keem</u>-be/ 1. wygięcie 2. wypukłość

came → come

camel /<u>kee</u>-ml/ wielbłąd

cameo /kee-<u>my</u>-oł/ kamea

camera /<u>kee</u>-mre/ 1. aparat fotograficzny 2. kamera

camouflage /<u>kee</u>-mu-flaaż/ 1. maskowanie 2. kamuflaż

camp /keemp/ 1. obozować 2. obóz 3. obozowisko

campaign /keem-<u>pein</u>/ kampania

campus /<u>keem</u>-pes/ 1. obręb uniwersytetu 2. kampus

can /keen/ 1. móc 2. potrafić 3. umieć 4. puszka 5. kanister

Canada /kee-nede/ Kanada

Canadian /ke-<u>nei</u>-dyjen/ 1. kanadyjski 2. Kanadyjczyk

canal /ke-<u>neel</u>/ kanał

canary /ke-<u>nee</u>-ry/ kanarek

cancel /<u>keen</u>-sl/ 1. odwoływać 2. anulować

cancer /<u>keen</u>-se/ rak

Cancer /<u>keen</u>-se/ Rak (w Zodiaku)

candid /<u>keen</u>-dyd/ 1. szczery 2. otwarty 3. bezstronny

candidate /<u>keen</u>-dydet/ kandydat

candle /<u>keen</u>-dl/ świeczka

candlestick /<u>keendl</u>-styk/ świecznik

candour /<u>keen</u>-de/ 1. szczerość 2. otwartość 3. bezstronność

candy /<u>keen</u>-dy/ 1. cukierek 2. słodycze

cane /kein/ 1. laska 2. trzcina

canister /<u>kee</u>-nyste/ kanister

cannabis /kee-nebys/ 1. konopie indyjskie 2. marihuana

cannibal /kee-ny-bl/ 1. kanibal 2. ludożerca

cannibalism /kee-ny-be-lyzm/ 1. kanibalizm 2. ludożerstwo

cannon /kee-nen/ 1. armata 2. działo

cannonade /kee-ne-neid/ kanonada

cannot = can not → can

canoe /ke-nuu/ 1. kajak 2. czółno

canon /kee-nen/ kanon

canonical /ke-no-nykl/ kanoniczny

canonization /kee-ne-nai-zei-szn/ kanonizacja

canonize /kee-ne-naiz/ kanonizować

canopy /kee-ne-py/ baldachim

cant /keent/ 1. biadolić 2. skamleć

can't /kaant/ = cannot → can

cantaloup /keen te luup/ kantalupa

cantata /keen-taa-te/ kantata

canteen /ken-tin/ stołówka

canter /keen-te/ cwał

cantilever /keen-ty-liwe/ 1. wspornik 2. podpora

canvas /keen-wes/ 1. płótno 2. kanwa

canyon /keen-jen/ kanion

cap /keep/ 1. czapka 2. czepek 3. pokrywka

capability /kei-pe-by-lyty/ zdolność

capable /kei-pebl/ 1. zdolny 2. uzdolniony

capacity /ke-pee-syty/ 1. pojemność 2. udźwig

cape /keip/ 1. przylądek 2. peleryna

capital /kee-pytl/ 1. stolica 2. duża litera 3. kapitał 4. kapitalny

capitalism /kee-pyte-lyzm/ kapitalizm

capitulate /ke-py-tju-leit/ skapitulować

capon /kei-pn/ kapłon

caprice /ke-pris/ kaprys

capricious /ke-pry-szes/ rozkapryszony

Capricorn /kee-pry-koon/ Koziorożec (w Zodiaku)

capsule /kee-psjul/ kapsułka

captain /keep-tyn/ 1. kapitan 2. wódz

caption /keep-pszyn/ 1. podpis pod zdjęciem 2. napis

captivate /keep-ty-weit/ 1. ująć 2. zniewalać

captive /keep-tyw/ 1. jeniec 2. pojmany

captivity /keep-ty-wyty/ niewola

captor /keep-te/ zdobywca

capture /keep-cze/ 1. pojmać 2. opanowywać 3. wychwytywać 4. pojmanie

car /kar/ 1. samochód 2. wóz 3. wagon

caramel /kee-re-mel/ karmel

carapace /kee-re-peis/ 1. pancerz 2. skorupa

carat /kee-ret/ karat

caravan /kee-re-veen/ 1. przyczepa kempingowa 2. karawana

carbon /kar-bn/ 1. kalka 2. kopia 3. węgiel

carburettor /karbju-rete/ gaźnik

carcass /kaa-kes/ 1. padlina 2. ścierwo

card /kard/ 1. karta 2. wizytówka 3. pocztówka

cardboard /kard-bod/ 1. karton 2. tektura

cardigan /kar-dygn/ zapinany sweter

cardinal /kar-denl/ 1. kardynał 2.

casual

główny

care /kee/ 1. troszczyć się 2. przejmować się 3. troska 4. opieka

career /ke-<u>ryje</u>/ 1. kariera zawodowa 2. zawód 3. galop

carefree /<u>kee</u>-fri/ beztroski

careful /<u>kee</u>-ful/ 1. ostrożny 2. uważny 3. staranny

careless /<u>kee</u>-les/ 1. nieostrożny 2. niedbały 3. rozrzutny

caress /ke-<u>res</u>/ 1. pieścić 2. pieszczota

cargo /<u>kar</u>-geł/ 1. ładunek 2. kargo

caricature /kee-ry-ke-<u>czue</u>/ karykatura

caries /<u>kee</u>-ryz/ próchnica

carnage /<u>kar</u>-nydż/ rzeź

carnal /<u>kaa</u>-nl/ 1. zmysłowy 2. cielesny

carnation /kar-<u>nei</u>-szn/ goździk

carnival /<u>kar</u>-ny-wel/ 1. karnawał 2. wesołe miasteczko

carnivora /kar-<u>ny</u>-we-re/ zwierzęta mięsożerne

carol /<u>kee</u>-rl/ kolęda

carp /karp/ karp

carpenter /<u>kar</u>-pyn-te/ 1. cieśla 2. stolarz

carpentry /<u>kar</u>-pyn-try/ stolarka

carpet /<u>kar</u>-pyt/ 1. wykładzina 2. dywan

carriage /<u>kee</u>-rydż/ 1. wagon 2. wóz 3. przewóz 4. kareta

carrier /<u>kee</u>-ryje/ 1. przewoźnik 2. roznosiciel

carrot /<u>kee</u>-ret/ marchewka

carry /<u>kee</u>-ry/ 1. nosić 2. przewozić

  carry about roznosić

  carry off uprowadzać

  carry on 1. prowadzić 2. kontynuować

  carry out wykonywać

cart /kart/ 1. wóz 2. wózek 3. furmanka

cartographer /kar-<u>to</u>-gre-fe/ kartograf

cartography /kar-<u>to</u>-gre-fy/ kartografia

carton /<u>kar</u>-tn/ karton

cartoon /kar-<u>tuun</u>/ 1. komiks 2. film animowany 3. karykatura

cartridge /<u>kar</u>-trydż/ 1. magazynek 2. nabój 3. rolka 4. głowica 5. kaseta

carve /<u>kar</u>-w/ 1. rzeźbić 2. kroić 3. wycinać

cascade /kees-<u>keid</u>/ kaskada

case /keis/ 1. sprawa 2. przypadek 3. skrzynka 4. futerał

cash /keesz/ 1. spieniężać 2. gotówka 3. pieniądze

cash-desk /<u>keesz</u>-desk/ kasa

cashier /kee-<u>szyje</u>/ kasjer

casing /<u>kei</u>-synn/ 1. obramowanie 2. oprawa

casino /ke-<u>si</u>-neł/ kasyno

cask /kaask/ beczułka

casket /<u>kaas</u>-kyt/ 1. szkatułka 2. trumna

cassava /ke-<u>saa</u>-we/ kasawa

cassette /ke-<u>set</u>/ kaseta

cassock /<u>kee</u>-sek/ sutanna

cast /kaast/ 1. ciskać 2. zarzucać 3. oddawać głos 4. wytapiać 5. obsada filmowa

castanets /kees-te-<u>nets</u>/ kastaniety

castaway /kaas-te-<u>łei</u>/ rozbitek

caste /kaast/ kasta

castigate /<u>kees</u>-ty-geit/ 1. karać 2. karcić

castle /<u>kaa</u>-sl/ zamek

castrate /kee-<u>streit</u>/ 1. kastrować 2. kastrat

casual /<u>kee</u>-żuel/ 1. przypadkowy 2. doraźny

casualty /kee-żuel-ty/ 1. ofiara 2. poszkodowany 3. nieszczęście

cat /keet/ kot

cataclysm /kee-te-klyzm/ kataklizm

catacombs /kee-te-kumz/ katakumby

catafalque /kee-te-feelk/ katafalk

catalepsy /kee-te-leosy/ katalepsja

catalogue /kee-te-log/ 1. katalog 2. seria 3. katalogować

catamaran /kee-te-me-reen/ katamaran

catapult /kee-te-palt/ katapulta

cataract /kee-te-reekt/ 1. katarakta 2. wodospad

catarrh /ke-tar/ katar

catastrophe /ke-tees-trefy/ katastrofa

catastrophic /ke-tee-stro-fyk/ katastrofalny

catch /keecz/ 1. łapać 2. chwytać 3. zarażać się 4. łowić 5. trafiać 6. kruczek

catch up with doganiać

catching /kee-czynn/ 1. uchwyt 2. tryby 3. zaraźliwy

catchy /kee-czy/ 1. podchwytliwy 2. zdradliwy 3. pociągający

catechism /kee-ty-kyzm/ katechizm

categorical /kee-ty-go-rykl/ 1. kategoryczny 2. stanowczy

categorize /kee-tyge-rajz/ klasyfikować

category /kee-ty-gery/ kategoria

cater /kei-te/ zaopatrywać

caterpillar /kee-tepyle/ gąsienica

catharsis /ke-fhar-sys/ 1. wypróżnienie 2. oczyszczenie

cathedral /ke-fhi-drel/ katedra

cathode /kee-fhołd/ katoda

Catholic /kee-fhelyk/ 1. katolicki 2. katolik

Catholicism /ke-fho-ly-syzm/ katolicyzm

cattle /kee-tl/ bydło

cat-walk /keet-łook/ pomost

caucus /koo-kes/ komitet wyborczy

caught /koot/ → catch

cauliflower /ko-ly-fla-łe/ kalafior

causality /koo-zee-lty/ przyczynowość

cause /kooz/ 1. powód 2. przyczyna 3. powodować 3. wywoływać

caustic /koos-tyk/ 1. kaustyczny 2. żrący

caution /koo-szn/ 1. ostrożność 2. przezorność 3. ostrzegać

cautious /koo-szes/ 1. ostrożny 2. roztropny

cavalcade /kee-wel-keid/ kawalkada

cavalry /kee-welry/ 1. kawaleria 2. konnica

cave /keiw/ 1. jaskinia 2. grota

caviar /kee-wiar/ kawior

cavity /kee-wety/ 1. ubytek 2. dziura 3. otwór

cavort /ke-woot/ brykać

cease /sis/ 1. zaprzestawać 2. przerywać

cease-fire /sis-fa-je/ zawieszenie broni

ceaseless /sis-les/ nieustanny

cedar /si-de/ cedr

cede /sid/ odstąpić

ceiling /si-lynn/ 1. sufit 2. pułap

celebrate /se-lebreit/ 1. świętować 2. celebrować

celebration /sele-brei-szn/ 1. uroczystość 2. świętowanie

celebrity /sy-le-bre-ty/ 1. osobistość 2. sława

celery /se-lery/ seler

celestial /sy-les-tjel/ niebiański

celibacy /<u>se</u>-ly-besy/ celibat
cell /sel/ 1. cela 2. komórka 3. ogniwo
cellar /<u>se</u>-le/ piwnica
cello /<u>cze</u>-loł/ wiolonczela
cellular /<u>se</u>-ljule/ komórkowy
Celsius /<u>sel</u>-syjes/ stopień Celsju-
sza
cement /sy-<u>ment</u>/ cement
cemetery /<u>se</u>-me-try/ cmentarz
censor /<u>sen</u>-se/ cenzor
censorship /<u>sen</u>-ser-szyp/ cenzura
census /<u>sen</u>-ses/ spis ludności
cent /sent/ cent
centaur /<u>sen</u>-too/ centaur
centenary /sen-<u>ti</u>-nery/ 1. stulecie
2. setna rocznica
centennial /sen-<u>te</u>-njel/ 1. stulecie
2. stuletni
centigrade /<u>sen</u>-ty-greid/ stustop-
niowy
centimetre /<u>sen</u>-ty-mlte/ centymetr
central /<u>sen</u>-trel/ 1. centralny 2.
środkowy 3. główny
centralization /sen-tre-lai-<u>zei</u>-szn/
centralizacja
centralize /<u>sen</u>-tre-laiz/ scen-
tralizować
centre /<u>sen</u>-te/ 1. centrum 2. środek 3. ośrodek
centrifugal /sen-<u>try</u>-fjugl/ odśrod-
kowy
century /<u>sen</u>-cze-ry/ 1. wiek 2. stulecie
ceramic /sy-<u>ree</u>-myk/ ceramiczny
cereal /<u>syje</u>-ryjel/ płatki zbożowe
cerebral /<u>se</u>-ry-brl/ mózgowy
ceremonial /sery-<u>moł</u>-njel/ 1. ce-
remonialny 2. uroczysty 3. obrzędowy
ceremony /<u>se</u>-re-meny/ ceremonia
certain /<u>ser</u>-tn/ 1. pewny 2. wiarygodny 3. niezawodny 4. pewien
certainly /<u>ser</u>-ten-ly/ 1. na pewno
2. oczywiście!
certificate /se-<u>ty</u>-fyket/ 1. świadectwo 2. metryka 3. akt
certify /<u>ser</u>-tyfai/ zaświadczać
cervical /<u>ser</u>-wykl/ szyjny
cervix /<u>ser</u>-wyks/ szyjka
cesspit /<u>ses</u>-pyt/ kloaka
chafe /czeif/ 1. trzeć 2. rozcierać
chaff /czaaf/ plewy
chagrin /<u>czee</u>-gryn/ smutek
chain /czein/ 1. łańcuch 2. łańcu-
szek
chain-smoker /<u>czein</u>-smoł-ke/
nałogowy palacz
chair /czeer/ 1. krzesło 2. katedra
3. przewodniczący 4. przewodniczyć
chairman /<u>czeer</u>-men/ przewodniczący
chalet /<u>szee</u>-lei/ domek letni
chalice /<u>czee</u>-lys/ kielich
chalk /czok/ kreda
challenge /<u>czee</u>-lendż/ 1. wyzwanie 2. kwestionowanie
challenger /<u>czee</u>-lyn-dże/ wzywa-
jący do współzawodnictwa
chamber /<u>czeim</u>-be/ 1. komnata 2.
izba
chamber-pot /<u>czeim</u>-be-pot/ nocnik
chameleon /ke-<u>mi</u>-ljen/ kameleon
chamois /<u>szee</u>-my/ ircha
champ /czeemp/ 1. chrupać 2.
mistrz
champagne /szeem-<u>pein</u>/ szampan
champignon /czeem-<u>pyn</u>-jen/ pieczarka
champion /<u>czeem</u>-pjen/ 1. rekordzista 2. mistrz
championship /<u>czeem</u>-pjen-szyp/

mistrzostwo

chance /czaans/ 1. szansa 2. prawdopodobieństwo 3. okazja 4. ryzyko 5. zaryzykować 6. przypadkowy

chancellor /czaan-se-le/ 1. kanclerz 2. rektor

chancy /czaan-sy/ 1. ryzykowny 2. niepewny

chandelier /szeende-lyje/ żyrandol

change /czeindż/ 1. zmieniać (się) 2. zamieniać (się) 3. wymieniać (się) 4. przesiadać się 5. przebierać się 6. zmiana 7. drobne 8. reszta

changeable /czein-dże-bl/ 1. zmienny 2. niestały

channel /czee-nl/ kanał

chaos /kei-os/ chaos

chaotic /kei-o-tyk/ chaotyczny

chap /czeep/ 1. pękać 2. pęknięcie 3. facet

chapel /czee-pl/ 1. kaplica 2. zbór

chaplain /czee-plym/ kapłan

chapter /czeep-te/ rozdział

character /kee-ryk-te/ 1. charakter 2. postać 3. dziwak 4. znak

characteristic /kee-ryk-te-rys-tyk/ 1. charakterystyczny 2. cecha

characterize /kee-ryk-te-raiz/ charakteryzować

charade /sze-raad/ szarada

charcoal /czaa-koul/ węgiel drzewny

charge /czardż/ 1. opłata 2. zarzut 3. oskarżenie 4. pobierać opłatę 5. ładować

chargeable /czar-dże-bl/ podlegający opłacie

chariot /czee-ryjet/ rydwan

charisma /ke-ryz-me/ charyzma

charitable /czee-ry-tebl/ 1. charytatywny 2. dobroczynny

charity /czee-rety/ 1. dobroczynność 2. miłosierdzie

charlatan /szaa-le-tn/ szarlatan

charm /czarm/ 1. urok 2. czar

charming /czar-mynn/ 1. czarujący 2. uroczy

chart /czart/ 1. wykres 2. mapa 3. tabelka

charter /czar-te/ 1. frachtować 2. czarter 3. wynajmować

chary /czee-ry/ ostrożny

chase /czeis/ 1. ścigać 2. gonić 3. pościg

chasm /kee-zm/ 1. próżnia 2. otchłań 3. rozpadlina

chassis /szee-sy/ podwozie

chaste /czeist/ 1. cnotliwy 2. nieskażony

chasten /czei-sn/ 1. ukarać 2. utemperować

chastise /czees-taiz/ ukarać srogo

chastity /czees-tyty/ 1. niewinność 2. czystość

chat /czeet/ 1. gawędzić 2. pogawędka

chattel /czee-tl/ manatki

chatter /czee-te/ 1. świergotać 2. trajkotać 3. paplanie

chauffeur /szeł-fer/ szofer

chauvinism /szoł-wy-nyzm/ szowinizm

cheap /czip/ 1. tani 2. tandetny 3. ulgowy

cheapen /czi-pn/ 1. tanieć 2. obniżyć cenę

cheat /czit/ 1. oszukiwać 2. ściągać (lekcje) 3. oszust

check /czek/ 1. sprawdzać 2. kontrolować 3. nadawać bagaż 4. rachunek 5. czek

checkers /cze-kez/ warcaby

checkmate /czek-meit/ szach i mat

cheek /czik/ 1. policzek 2. zuchwalstwo

cheep /czip/ 1. piszczeć 2. pisk

cheer /czyje/ 1. dodawać otuchy 2. wiwatować

cheerful /czyjefl/ 1. radosny 2. zadowolony 3. wesoły

cheerio /czyje-ry-oł/ wiwat!

cheerless /czyje-lys/ posępny

cheery /czyje-ry/ wesoły

cheese /cziz/ ser

cheesecake /cziz-keik/ sernik

cheetah /czi-te/ gepard

chef /szef/ szef kuchni

chemical /ke-mykl/ chemiczny

chemist /ke-myst/ 1. chemik 2. aptekarz

chemistry /ke-mystry/ chemia

cheque /czek/ czek

cherish /cze-rysz/ 1. miłować 2. wysoko cenić 3. żywić

cherry /cze-ry/ 1. wiśnia 2. czereśnia

cherub /cze-reb/ cherubin

chess /czes/ szachy

chest /czest/ 1. klatka piersiowa 2. skrzynia

chestnut /czes-nat/ kasztan

chew /czuu/ 1. żuć 2. przeżuwać

chic /szik/ szyk

chick /czik/ pisklę

chicken /czy-kn/ kurczak

chicken-pox /czy-kn-po-ks/ ospa wietrzna

chicory /czy-kery/ cykoria

chide /czaid/ besztać

chief /czif/ 1. szef 2. wódz 3. główny

chieftain /czif-tn/ herszt

chignon /szin-njon/ kok

child /czaild/ dziecko

childbirth /czaild-berfh/ poród

childhood /czaild-hud/ dzie-

ciństwo

children /czyl-drn/ dzieci

Chile /czy-le/ Chile

Chilean /czy-lyjen/ 1. chilijski 2. Chilijczyk

chill /czyl/ 1. chłód 2. ziąb 3. dreszcz

chilli /czy-ly/ 1. czerwony pieprz 2. chili

chilly /czy-ly/ 1. chłodny 2. zimny

chime /czaim/ kurant

chimney /czym-ny/ komin

chimp /czymp/ szympans

chimpanzee /czym-peen-zi/ szympans

chin /czyn/ podbródek

China /czai-ne/ Chiny

china /czai-ne/ porcelana

Chinese /czai-niz/ chiński

chink /czinnk/ 1. szpara 2. szczelina

chip /czyp/ 1. strugać 2. wyszczerbić 3. wiórek 4. drzazga 5. element mikroelektroniczny

chiromancy /ka-yjeroł-meensy/ 1. chiromancja 2. wróżenie z dłoni

chiropodist /ky-ro-pedyst/ pedicurzysta

chirp /czerp/ 1. ćwierkanie 2. ćwierkać

chirpy /czer-py/ żwawy

chirrup /czy-rep/ cmokać

chisel /czi-zl/ dłuto

chit /czyt/ 1. dziecko 2. dzierlatka

chit-chat /czyt-czeet/ ploteczki

chivalry /szy-wel-ry/ rycerskość

chloroform /klo-re-foom/ chloroform

chlorophyll /klo-re-fyl/ chlorofil

chocolate /czo-klet/ 1. czekolada 2. czekoladowy

choice /czoi-s/ 1. wybór 2. najlepszy

choir /kła-yje/ chór
choke /czełk/ 1. dławić się 2. udławić 3. zatkać
cholera /ko-lere/ cholera
choose /czuuz/ 1. wybierać 2. obierać
choosy /czuu-zy/ grymaśny
chop /czop/ 1. siekać 2. rąbać 3. kotlet 4. sznycel
chopper /czo-pe/ tasak
choppy /czo-py/ 1. zmienny 2. niepewny
chopsticks /czop-styks/ chińskie pałeczki
choral /koo-rl/ chóralny
chord /kood/ 1. struna 2. cięciwa
chore /czoo/ 1. robota 2. zadanie
choreography /kory-o-gre-fy/ choreografia
chorus /koo-res/ 1. chór 2. refren
chose /czełz/ → choose
chosen /czeł-zn/ → choose
Christ /kraist/ Chrystus
christen /kry-sn/ ochrzcić
Christendom /kry-sn-dm/ chrześcijaństwo
Christian /krys-czn/ 1. chrześcijanin 2. chrześcijański
Christianity /krysty-ee-nyty/ chrześcijaństwo
Christmas /krys-mes/ Boże Narodzenie
Christmas-tree /krys-mes-tri/ choinka
chrome /krołm/ chrom
chromium /kroł-myjem/ 1. chrom 2. chromowy
chromosome /kroł-me-sołm/ chromosom
chronic /kro-nyk/ chroniczny
chronicle /kro-nykl/ kronika
chronological /krone-lo-dżykl/ chronologiczny

chronology /kre-no-ledży/ chronologia
chronometer /kre-no-myte/ chronometr
chrysalis /kry-selys/ poczwarka
chrysanthemum /kry-seen-fhemem/ chryzantema
chubby /cza-by/ 1. pucołowaty 2. papuśny
chuck /czak/ 1. gdakać 2. cmokać 3. gdakanie
chuckle /cza-kl/ 1. chichotać 2. chichot
chug /czag/ sapać
chum /czam/ 1. kolega 2. kumpel
chump /czamp/ 1. kloc 2. połeć
chunk /czannk/ 1. pajda 2. kromka
church /czercz/ 1. kościół 2. religia 3. stan duchowny
churn /czern/ maślica
chute /szuut/ 1. pochylnia 2. zjeżdżalnia
chutney /czat-ny/ ostry sos
cicada /sy-kaa-de/ cykada
cider /sai-de/ 1. cydr 2. jabłecznik
cigar /sy-gar/ cygaro
cigarette /syge-ret/ papieros
cinch /syncz/ popręg
cinder /syn-de/ żużel
Cinderella /syn-de-re-le/ Kopciuszek
cinema /sy-neme/ kino
cinnamon /sy-nemen/ cynamon
cipher /sai-fe/ szyfr
circa /ser-ke/ około
circle /ser-kl/ 1. krąg 2. okrąg 3. obwód 4. koło 5. krążyć
circuit /ser-kyt/ 1. obwód elektryczny 2. objazd
circuitous /se-kju-y-tes/ okrężny
circular /se-kju-le/ 1. okólnik 2. okrężny 3. kolisty

circulate /se-kju-leit/ 1. krążyć 2. obiegać 3. kursować

circulation /se-kju-lej-szn/ 1. obieg 2. krążenie 3. nakład pisma

circumcise /se-kem-saiz/ obrzezywać

circumference /se-kam-fe-rens/ obwód

circumfuse /se-kem-fjuuz/ oblewać

circumnavigate /se-kem-nee-wygeit/ 1. opływać 2. okrążać

circumstances /se-kem-sten-sys/ 1. okoliczności 2. warunki 3. sytuacja

circumstantial /se-kem-steen-szl/ 1. poszlakowy 2. uboczny

circumvent /se-kem-went/ 1. okpić 2. podejść 3. wyprowadzić w pole

circus /se-kes/ 1. cyrk 2. rondo 3. plac

cirrus /sy-res/ chmura pierzasta

cistern /sys-ten/ cysterna

cite /sait/ 1. cytować 2. wzywać

citation /sai-tej-szn/ 1. cytat 2. wezwanie sądowe

citizen /sy-tyzn/ 1. obywatel 2. mieszkaniec

citizenship /sy-tyzn-szyp/ obywatelstwo

citric /sy-tryk/ cytrynowy

citron /sy-tren/ cedrat

citrous /sy-tres/ cytrusowy

citrus /sy-tres/ cytrus

city /sy-ty/ miasto

civic /sy-wyk/ obywatelski

civics /sy-wyks/ nauka o prawie miejskim

civil /sy-wl/ cywilny

civility /sy-wy-lyty/ uprzejmość

civilian /sy-wy-lyjen/ 1. cywil 2. cywilny

civilization /sy-wy-lai-zej-szn/ cy-wilizacja

civilize /sy-wy-laiz/ cywilizować

clack /kleek/ 1. klekotać 2. klekot

claim /kleim/ 1. domagać się 2. twierdzić 3. żądanie

claimant /klei-ment/ pretendent

clairvoyant /klee-wo-yjent/ jasnowidz

clam /kleem/ mięczak

clamber /kleem-be/ wspinać się

clammy /klee-my/ 1. lepki 2. wilgotny

clamour /klee-me/ 1. wrzask 2. wrzawa

clamp /kleemp/ 1. klamra 2. imadło

clan /kleen/ 1. klan 2. klika

clandestine /kleen-des-tyn/ 1. tajny 2. skryty

clang /kleenn/ 1. brzęczeć 2. dzwonić

clank /kleennk/ brzęk

clannish /klee-nysz/ 1. oddany 2. lojalny 3. klanowy

clap /kleep/ 1. klaskać 2. klepnąć 3. klaśnięcie

clarify /klee-ry-fai/ 1. wyjaśniać 2. oczyszczać 3. klarować

clarinet /klee-ry-net/ klarnet

clarion /klee-ryjen/ 1. trąbka 2. róg

clarity /klee-ryty/ 1. jasność 2. czystość 3. klarowność

clash /kleesz/ 1. zderzenie 2. szczęk 3. starcie 4. sprzeczność

clasp /klaasp/ 1. klamra 2. sprzączka

class /klaas/ 1. klasa 2. kurs 3. lekcja

classic /klee-syk/ 1. klasyczny 2. klasyka

classical /klee-sykl/ klasyczny

classicist /klee-sy-syst/ klasyk

classicism /klee-sy-syzm/ klasycyzm

classification /klee-syfy-<u>kei</u>-szn/ klasyfikacja

classify /<u>klee</u>-syfai/ klasyfikować

classmate /<u>klaas</u>-meit/ kolega szkolny

classroom /<u>klaas</u>-rum/ 1. sala lekcyjna 2. klasa

clatter /<u>klee</u>-te/ 1. stukot 2. łoskot 3. klekot

clause /klooz/ klauzula

claustrophobia /kloostre-<u>fel</u>-byje/ klaustrofobia

clavichord /<u>klee</u>-wy-kood/ klawikord

clavicle /<u>klee</u>-wykl/ obojczyk

claw /kloo/ szpon

clay /klei/ glina

clean /klin/ 1. czysty 2. przyzwoity 3. czyścić 4. zupełnie
  clean up sprzątać

cleaner /kli-ne/ 1. czyścik 2. czyściciel

cleanly /<u>klen</u>-ly/ schludny

cleanse /<u>kle</u>-nz/ 1. przeczyszczać 2. przemywać

clear /klyje/ 1. jasny 2. wyraźny 3. zrozumiały 4. czysty

clearance /<u>klyje</u>-rens/ 1. oczyszczenie 2. przejazd 3. wyprzedaż 4. odprawa dokumentów

clearing /<u>klyje</u>-rynn/ polana

clearly /<u>klyje</u>-ly/ 1. jasno 2. wyraźnie

cleavage /<u>kli</u>-wydż/ 1. szczelina 2. rozłam

cleave /kliw/ 1. rozłupać 2. rozciąć

clef /klef/ klucz muzyczny

cleft /kleft/ 1. rozpadlina 2. szczelina

cleft → cleave rozszczepiać

clematis /<u>kle</u>-metys/ powojnik

clemency /<u>kle</u>-mensy/ ułaskawienie

clement /<u>kle</u>-ment/ łaskawy

clench /klencz/ ściskać

clergy /<u>kler</u>-dży/ 1. duchowieństwo 2. kler

cleric /<u>kle</u>-ryk/ duchowny

clerical /kle-rykl/ 1. biurowy 2. klerykalny

clerk /klark/ 1. urzędnik 2. ekspedientka

clever /<u>kle</u>-we/ 1. sprytny 2. zdolny

cliche /kli-<u>szei</u>/ 1. frazes 2. komunał

click /klyk/ 1. mlaskać 2. trzaskać 3. klikać 4. pstrykać 5. kliknięcie

client /<u>kla</u>-jent/ klient

clientele /<u>kly</u>-jen-tel/ klientela

cliff /klyf/ klif

climactic /klai-<u>meek</u>-tyk/ szczytowy

climate /<u>klai</u>-myt/ klimat

climatic /klai-<u>mee</u>-tyk/ klimatyczny

climax /<u>klai</u>-meeks/ 1. szczyt 2. szczytowanie

climb /klaim/ wspinać się

clinch /klyncz/ 1. przymocować 2. zaczep

cling /klynn/ 1. przylgnąć 2. trzymać się

clinic /<u>kly</u>-nyk/ klinika

clink /klynnk/ 1. brzęczeć 2. brzęk

clip /klyp/ 1. przycinać 2. przypinać 3. spinacz

clipper /<u>kly</u>-pe/ obcinacz

clippers /<u>kly</u>-pez/ cążki

clique /klik/ klika

cloak /klołk/ 1. osłaniać 2. osłona 3. płaszcz

cloakroom /<u>klełk</u>-rum/ 1. szatnia 2. toaleta

clock /klok/ 1. zegar 2. licznik

clod /klod/ gruda

clog /klog/ 1. zapychać 2. zatykać 3. zawada

cloister /kloi-ster/ krużganek

close /kleuz/ 1. blisko 2. zamykać 3. kończyć się 4. koniec

closet /klo-zyt/ szafa wnękowa

close-up /kleuz-ap/ przybliżenie

closure /kloł-że/ 1. zamknięcie 2. zakończenie

clot /klot/ sukno

cloth /klofh/ 1. tkanina 2. materiał

clothes /klełdhz/ 1. ubranie 2. ubrania

cloud /klałd/ 1. chmura 2. obłok

cloudy /klał-dy/ pochmurny

clove /klołw/ goździk

clove → **cleave**

clover /kleł-we/ koniczyna

clown /klałn/ klown

club /klab/ 1. pałka 2. klub 3. kij golfowy

cluck /klak/ cmokać

clue /kluu/ 1. wskazówka 2. ślad 3. klucz

clump /klamp/ kępa

clumsy /klam-zy/ 1. niezdarny 2. pokraczny

clung → **cling**

clunk /klannk/ brzęczeć

cluster /klas-te/ 1. pęk 2. kiść 3. gromadka

clutch /klacz/ 1. uścisk 2. ściskać 3. sprzęgło

coach /kełcz/ 1. trener 2. autokar 3. wagon

coagulate /koł-ee-gju-leit/ 1. krzepnąć 2. tężeć

coagulation /koł-ee-gju-leiszn/ 1. krzepnięcie 2. tężenie

coal /keul/ węgiel

coal-gas /keul-gees/ gaz koksowniczy

coalition /kołe-ly-szn/ 1. koalicja 2. przymierze

coalmine /keul-main/ kopalnia węgla

coaltar /keul-tar/ smoła

coarse /koos/ 1. szorstki 2. ordynarny

coast /kełst/ wybrzeże

coastline /kełst-lain/ linia brzegowa

coat /kełt/ 1. płaszcz 2. warstwa

coating /keł-tynn/ 1. okrycie 2. warstwa

coax /kołks/ przymilać się

cob /kob/ 1. kucyk 2. łabędź

cobra /koł-bre/ kobra

cobweb /kob-łeb/ pajęczyna

Coca-Cola /kełke-keu-la/ Coca-Cola

cocaine /keł-kein/ kokaina

cochlea /kok-lyje/ ślimak uszny

cock /kok/ kogut

cock-a-doodle-doo /ko-ke-duudl-duu/ kukuryku!

cockatoo /ko-ke-tuu/ kakadu (papuga)

cockerel /ko-ke-rel/ kogucik

cock-eyed /kok-aid/ zezowaty

cockney /kok-ny/ gwara londyńska

cockpit /kok-pyt/ kabina pilota

cockroach /kok-rełcz/ karaluch

cocktail /kok-teil/ koktajl

cocoa /keł-keł/ kakao

coconut /keł-kenat/ orzech kokosowy

cocoon /ko-kuun/ kokon

cod /kod/ dorsz

code /kełd/ 1. kodeks 2. szyfr 3. kod

codeine /koł-din/ kodeina

codify /ko-dy-fai/ kodyfikować

co-ed /keł-ed/ 1. koedukacyjny 2. studentka

co-education /kełedżu-kei-szn/

koedukacja

coerce /koł-<u>ers</u>/ przymuszać

coercive /koł-<u>er</u>-syw/ przymusowy

coexist /keł-yg-<u>zyst</u>/ 1. współistnieć 2. koegzystować

coexistence /koł-yg-<u>zys</u>-tens/ 1. współistnienie 2. koegzystencja

coffee /<u>ko</u>-fy/ kawa

coffee-pot /<u>ko</u>-fy-pot/ maszynka do kawy

coffer /<u>ko</u>-fe/ skrzynia

coffin /<u>ko</u>-fyn/ trumna

cog /kog/ zębatka

cogency /<u>koł</u>-dżen-sy/ siła przekonywania

cogitate /<u>ko</u>-dży-teit/ rozmyślać

cognac /<u>kon</u>-jeek/ koniak

cognate /kog-<u>neit</u>/ pokrewny

cohere /keł-<u>hyje</u>/ 1. łączyć 2. wiązać się 3. przystawać

coherence /keł-<u>hyje</u>-rens/ 1. spójność 2. zgoda

coherent /keł-hyje-rent/ 1. spoisty 2. zgodny

coiffeur /kłaa-<u>fer</u>/ fryzjer damski

coiffure /kłaa-<u>fjue</u>/ fryzura

coil /koil/ 1. spirala 2. sprężyna

coin /koin/ 1. moneta 2. bilon 3. ukuć

coincide /kełyn-<u>said</u>/ zbiegać się

coincidence /keł-<u>yn</u>-sy-dns/ zbieg okoliczności

coincidental /keł-ynsy-<u>den</u>-tl/ przypadkowy

coke /kełk/ 1. koks 2. Coca-Cola

col /kol/ przełęcz

cold /keuld/ 1. zimny 2. chłodny 3. oziębły 4. zimno 5. przeziębienie 6. katar

coldness /<u>keuld</u>-nys/ 1. chłód 2. oziębłość

collaborate /ke-<u>lee</u>-be-reit/ 1. współpracować 2. kolaborować

collaboration /ke-leebe-<u>rei</u>-szn/ 1. kolaboracja 2. współpraca

collaborator /ke-<u>lee</u>-be-reite/ kolaborant

collage /<u>ko</u>-laż/ 1. collage 2. kompozycja plastyczna

collapse /ke-<u>leeps</u>/ 1. runąć 2. zwalać się 3. załamywać się 4. upadać 5. rozpad 6. upadek 7. zapaść

collar /<u>ko</u>-le/ 1. kołnierz 2. obroża

collate /ko-<u>leit</u>/ 1. zestawić 2. porównać

collateral /ko-<u>lee</u>-terl/ 1. równoległy 2. poboczny

colleague /<u>ko</u>-lig/ kolega

collect /ke-<u>lekt</u>/ 1. kolekcjonować 2. inkasować

collection /ke-<u>lek</u>-szn/ 1. zbiór 2. kolekcja 3. odbiór długu 4. kwesta

collective /ke-<u>lek</u>-tyw/ 1. zbiorowy 2. kolektyw

college /<u>ko</u>-lydż/ 1. kolegium 2. uczelnia

collide /ke-<u>laid</u>/ zderzać się

collision /ke-<u>ly</u>-żn/ zderzenie

collocate /<u>ko</u>-le-keit/ rozmieszczać

colloquial /ke-<u>leł</u>-kłyjel/ potoczny

colloquialism /ke-<u>leł</u>-kłyje-lyzm/ 1. kolokwializm 2. wyrażenie potoczne

collusion /ke-<u>luu</u>-żn/ zmowa

colon /<u>keł</u>-ln/ 1. dwukropek 2. okrężnica

colonel /<u>kee</u>-nl/ pułkownik

colonial /ke-<u>loł</u>-njel/ kolonialny

colonialism /ke-<u>loł</u>-nyje-lyzm/ kolonializm

colonist /<u>ko</u>-le-nyst/ 1. kolonista 2. osadnik

colonization /ko-le-nai-<u>zei</u>-szn/ kolonizacja

colonize /<u>ko</u>-le-naiz/ kolonizować

colonnade /ko-le-neid/ kolumnada

colony /ko-le-ny/ kolonia

colossal /ke-lo-sl/ 1. kolosalny 2. olbrzymi

colour /ka-le/ 1. farbować 2. kolor 3. barwa 4. kolorowy

colour-blind /kale-blaind/ daltonista

colourful /kale-fl/ kolorowy

colouring /ka-le-rynn/ 1. karnacja 2. barwnik

colourless /ka-le-lys/ bezbarwny

colt /keult/ 1. źrebak 2. kolt

column /ko-lm/ 1. kolumna 2. słup 3. rubryka

coma /keł-me/ śpiączka

comb /kełm/ 1. czesać 2. grzebień

combat /kom-beet/ 1. walka 2. walczyć

combination /komby-nei-szn/ 1. kombinacja 2. połączenie 3. szyfr

combine /kem-bain/ łączyć (się)

combustible /kem-bac-tebl/ palny

combustion /kem-bas-czen/ spalanie

come /kam/ 1. przychodzić 2. przyjeżdżać 3. przybywać

  come across natknąć się

  come by 1. zdobyć 2. znaleźć

  come down 1. zawalić się 2. spaść

  come from pochodzić

  come in wchodzić

  come off odpadać

  come out 1. wychodzić 2. schodzić

  come over przychodzić

comedian /ke-mi-dyjen/ komik

comedy /ko-medy/ komedia

comet /ko-myt/ kometa

comfort /kam-fet/ 1. pocieszyć 2. pociecha 3. komfort

comfortable /kamf-tebl/ 1. wygodny 2. komfortowy

comic /ko-myk/ 1. komiczny 2. komik

comical /ko-mykl/ 1. komiczny 2. zabawny

comma /ko-me/ przecinek

command /ke-maand/ 1. rozkaz 2. dowództwo 3. znajomość 4. dowodzić 5. rozkazywać

commander /ke-maan-de/ 1. dowódca 2. komendant

commandment /ke-maand-ment/ przykazanie

commando /ke-maan-doł/ 1. komando 2. jednostka specjalna

commemorate /ke-me-me-reit/ 1. uczcić 2. upamiętnić

commemoration /ke-me-me-rei-szn/ uczczenie pamięci

commemorative /ke-me-mero-tyw/ pamiątkowy

commence /ke-mens/ rozpoczynać

commend /ke-mond/ polecić

comment /ko-ment/ 1. komentować 2. komentarz

commentate /ko-men-teit/ skomentować

commentator /ko-men-teite/ komentator

commerce /ko-mers/ handel

commercial /ke-mer-szl/ 1. komercyjny 2. handlowy 3. reklama

commission /ke-my-szn/ 1. komisja 2. komis 3. prowizja

commissioner /ke-my-szene/ 1. komisarz 2. pełnomocnik

commit /ke-myt/ 1. zobowiązać się 2. popełnić

committee /ke-my-ty/ 1. komitet 2. komisja

commodity /ke-mo-dyty/ artykuł handlowy

commodore /<u>ko</u>-me-doo/ komandor

common /<u>ko</u>-men/ 1. pospolity 2. powszechny 3. wspólny 4. zwykły

commonplace /<u>ko</u>-men-pleis/ 1. zwykły 2. codzienny

commonwealth /<u>ko</u>-men-łelfh/ 1. wspólnota 2. federacja

commotion /ke-<u>meł</u>-szn/ 1. poruszenie 2. zamieszanie

communal /<u>ko</u>-mju-nl/ komunalny

commune /<u>ko</u>-mjuum/ komuna

communicable /ke-<u>mju</u>-nikebl/ zaraźliwy

communicate /ke-<u>mju</u>-ny-keit/ 1. komunikować 2. porozumiewać się

communication /kemjuny-<u>kei</u>-szn/ 1. porozumiewanie się 2. wiadomość

communion /ke-<u>mju</u>-njen/ komunia

communism /<u>ko</u>-mju-nyzm/ komunizm

communist /<u>ko</u>-mju-nyst/ komunista

community /ke-<u>mju</u>-nety/ 1. społeczność 2. środowisko

commute /ke-<u>mjuut</u>/ zamieniać

commuter /ke-<u>mjuu</u>-te/ pasażer z biletem okresowym

compact /kem-<u>peekt</u>/ 1. niewielkich rozmiarów 2. kompaktowy

companion /kem-<u>pee</u>-nyjen/ towarzysz

company /<u>kam</u>-peny/ 1. kompania 2. towarzystwo

comparable /<u>kom</u>-perebl/ porównywalny

comparative /kem-<u>pe</u>-re-tyw/ 1. porównawczy 2. względny

compare /kem-<u>pee</u>/ porównywać

comparison /kem-<u>pee</u>-rysn/ po-

równanie

compartment /kem-<u>part</u>-ment/ 1. przedział kolejowy 2. przegródka

compass /<u>kam</u>-pes/ 1. kompas 2. cyrkiel

compassion /kem-<u>pee</u>-szn/ współczucie

compatible /kem-<u>pee</u>-tebl/ przystosowany

compatriot /kem-<u>pee</u>-tryjet/ rodak

compel /kom-<u>pel</u>/ zmuszać

compensate /<u>kom</u>-pen-seit/ 1. rekompensować 2. wynagradzać 3. wyrównywać

compensation /kom-pen-<u>sei</u>-szn/ odszkodowanie

compensatory /kem-<u>pen</u>-se-tery/ wyrównujący

compete /kem-<u>pit</u>/ 1. konkurować 2. współzawodniczyć

competence /<u>kom</u>-py-tens/ 1. kompetencja 2. fachowość

competent /<u>kom</u>-py-tent/ 1. kompetentny 2. fachowy

competition /kom-pe-<u>ty</u>-szn/ 1. współzawodnictwo 2. konkurs 3. zawody

competitive /kem-<u>pe</u>-ty-tyw/ konkurencyjny

competitor /kem-<u>pe</u>-tyte/ 1. konkurent 2. zawodnik

compilation /kom-py-<u>lei</u>-szn/ kompilacja

compile /kem-<u>pail</u>/ 1. kompilować 2. opracować

complacence /kem-<u>plei</u>-sens/ samozadowolenie

complain /kem-<u>plein</u>/ 1. skarżyć się 2. narzekać 3. reklamować

complaint /kem-<u>pleint</u>/ 1. reklamacja 2. skarga 3. zażalenie

complement /<u>kom</u>-ply-ment/ uzupełnienie

complementary /kemply-<u>men</u>-tery/ uzupełniający

complete /kem-<u>plit</u>/ 1. ukończyć 2. uzupełniać 3. wypełniać 4. kompletny

completely /kem-<u>plit</u>-ly/ całkowicie

completion /kem-<u>pli</u>-szn/ ukończenie

complex /<u>kom</u>-pleks/ 1. kompleks 2. złożony

complexion /kem-<u>plek</u>-szn/ cera

compliance /kem-<u>pla</u>-yjens/ zastosowanie się

complicate /<u>kom</u>-ply-keit/ 1. komplikować 2. gmatwać

complication /komply-<u>kei</u>-szn/ 1. komplikacja 2. powikłanie

compliment /<u>kom</u>-plyment/ komplement

complimentary /komply-<u>men</u>-try/ 1. grzecznościowy 2. darmowy

comply /kem-<u>plai</u>/ 1. zastosować się 2. dostosować się

component /kem-<u>peł</u>-nent/ składnik

compose /kem-<u>peł</u>z/ 1. składać się 2. komponować

composer /kem-<u>peł</u>-ze/ kompozytor

composite /<u>kom</u>-pezyt/ złożony

composition /kompe-<u>zy</u>-szn/ 1. wypracowanie 2. kompozycja 3. skład

compositor /kem-<u>po</u>-zyte/ 1. zecer 2. składacz tekstu

compost /<u>kom</u>-post/ kompost

composure /kem-<u>peł</u>-że/ opanowanie

compound /kem-<u>pałnd</u>/ 1. łączyć 2. składać

compound /<u>kom</u>-pałnd/ złożony

comprehend /kompry-<u>hend</u>/ pojmować

comprehensible /kompry-<u>hen</u>-sebl/ zrozumiały

comprehension /kompry-<u>hen</u>-szn/ zrozumienie

comprehensive /kompry-<u>hen</u>-syw/ wszechstronny

compress /kom-<u>pres</u>/ 1. ściskać 2. sprężać 3. kondensować

compress /<u>kom</u>-pres/ okład

comprise /kem-<u>praiz</u>/ 1. składać się 2. stanowić

compromise /<u>kom</u>-pre-maiz/ 1. kompromitować 2. kompromis 3. iść na kompromis

compulsion /kem-<u>pal</u>-szn/ przymus

compulsive /kem-<u>pal</u>-syw/ przymusowy

compulsory /kem-<u>pal</u>-sery/ 1. obowiązkowy 2. przymusowy

compunction /kem-<u>pank</u>-szn/ skrupuły

computer /kem-<u>pju</u>-te/ komputer

computerize /kem-<u>pju</u>-teraiz/ skomputeryzować

comrade /<u>kom</u>-reid/ towarzysz

concave /<u>konn</u>-keiw/ wklęsły

concavity /kon-<u>kee</u>-wyty/ wklęsłość

conceal /ken-<u>sil</u>/ ukrywać

concede /ken-<u>sid</u>/ ustępować

conceit /ken-<u>sit</u>/ zarozumiałość

conceited /ken-<u>si</u>-tyd/ zarozumiały

conceive /ken-<u>siw</u>/ 1. wpaść na pomysł 2. począć

concentrate /<u>kon</u>-sen-treit/ 1. skupiać (się) 2. koncentrat

concentration /kon-sen-<u>trei</u>-szn/ 1. skupienie 2. koncentracja 3. koncentracyjny

concentric /kon-<u>sen</u>-tryk/ koncentryczny

concept /<u>kon</u>-sept/ pojęcie

conception /ken-<u>sep</u>-szn/ 1. poczęcie 2. zajście w ciążę 3. pomysł 4. pojęcie

concern /ken-<u>sern</u>/ 1. sprawa 2. obawa 3. troska 4. koncern 5. martwić się 6. dotyczyć

concerned /ken-<u>sernd</u>/ 1. zaniepokojony 2. dotyczący

concerning /ken-<u>ser</u>-nynn/ 1. odnośnie do 2. dotyczą

concert /<u>kon</u>-set/ koncert

concertina /kon-se-<u>ti</u>-ne/ harmonia

concerto /ken-<u>czer</u>-toł/ koncert

concession /ken-<u>se</u>-szn/ 1. koncesja 2. ustępstwo

conciliate /ken-<u>sy</u>-lyeit/ 1. przebłagać 2. zjednać 3. pojednać się

conciliation /ken-syly-<u>ei</u>-szn/ 1. pojednanie 2. pogodzenie

concise /ken-<u>sais</u>/ 1. zwięzły 2. krótki 3. treściwy

conclave /<u>konn</u>-kleiw/ 1. konklawe 2. tajne zebranie

conclude /ken-<u>kluud</u>/ 1. wnioskować 2. wnosić 3. zakończyć 4. zawierać

conclusion /ken-<u>klu</u>-żn/ 1. wniosek 2. zakończenie 3. konkluzja

conclusive /ken-<u>kluu</u>-syw/ 1. decydujący 2. rozstrzygający

concoction /ken-<u>kok</u>-szn/ 1. wymysł 2. wywar

concord /<u>konn</u>-kood/ 1. zgoda 2. jedność

concordance /ken-<u>koo</u>-dens/ 1. jedność 2. zgodność

concourse /<u>konn</u>-koos/ 1. hala dworcowa 2. droga dojazdowa 3. zgromadzenie

concrete /<u>konn</u>-krit/ 1. beton 2. betonowy 3. konkretny

concubine /<u>konn</u>-kjuu-bain/ konkubina

concur /ken-<u>ker</u>/ 1. schodzić się 2. współdziałać

concurrent /ken-<u>ka</u>-rent/ 1. równoczesny 2. zbieżny

concussion /ken-<u>ka</u>-szn/ wstrząs

condemn /ken-<u>dem</u>/ 1. potępiać 2. skazywać

condemnation /kondem-<u>nei</u>-szn/ potępienie

condense /ken-<u>dens</u>/ 1. zagęszczać 2. skondensować

condition /ken-<u>dy</u>-szn/ 1. warunek 2. stan 3. kondycja 4. formować

conditional /ken-<u>dy</u>-szenl/ warunkowy

condolences /ken-<u>deł</u>-len-syz/ kondolencje

condone /ken-<u>dołn</u>/ wybaczać

conduct /<u>kon</u>-dakt/ 1. zachowanie 2. prowadzenie

conduct /ken-<u>dakt</u>/ 1. prowadzić 2. dyrygować 3. przewodzić

conductive /ken-<u>dak</u>-tyw/ przewodzący

conductor /ken-<u>dak</u>-te/ 1. dyrygent 2. konduktor

cone /kełn/ szyszka

confection /ken-<u>fek</u>-szn/ 1. słodycze 2. konfekcja

confectioner /ken-<u>fek</u>-sze-ne/ cukiernik

confectionery /ken-<u>fek</u>-szen-ry/ cukiernia

confederacy /ken-<u>fe</u>-de-resy/ 1. sprzymierzenie 2. konfederacja

confederate /ken-<u>fe</u>-de-ryt/ 1. konfederat 2. sprzymierzony

confederation /ken-fede-<u>rei</u>-szn/ konfederacja

confer /ken-<u>fe</u>/ 1. nadawać 2. przyznawać

conference /<u>kon</u>-frens/ 1. konferencja 2. narada

confess /ken-<u>fes</u>/ 1. przyznawać się 2. spowiadać się

confession /ken-<u>fe</u>-szn/ 1. wyznanie 2. spowiedź

confessional /ken-<u>fe</u>-szenl/ konfesjonał

confessor /ken-<u>fe</u>-se/ spowiednik

confetti /ken-<u>fe</u>-ty/ confetti

confidant /kon-fy-<u>deent</u>/ powiernik

confide /ken-<u>faid</u>/ 1. zwierzać się 2. powierzać

confidence /<u>kon</u>-fy-dens/ 1. zaufanie 2. pewność siebie

confident /<u>kon</u>-fy-dent/ 1. ufny 2. przekonany

confidential /kon-fy-<u>den</u>-szl/ poufny

confine /kon-<u>fain</u>/ 1. ograniczać 2. poprzestawać

confines /<u>kon</u>-fainz/ ograniczenia

confirm /ken-<u>ferm</u>/ 1. potwierdzać 2. umacniać 3. bierzmować

confirmation /kon-fe-<u>mei</u>-szn/ 1. zatwierdzenie 2. bierzmowanie

confiscate /<u>kon</u>-fyskeit/ konfiskować

confiscation /kon-fys-<u>kei</u>-szn/ konfiskata

conflict /<u>kon</u>-flykt/ 1. konflikt 2. zatarg 3. ścierać się

conform /ken-<u>foom</u>/ 1. zastosować się 2. dostosowywać

conformist /ken-<u>foo</u>-myst/ konformista

comformity /ken-<u>foo</u>-myty/ 1. zgodność 2. dostosowanie

confound /ken-<u>fałnd</u>/ 1. pomieszać 2. zawieść

confront /ken-<u>frant</u>/ skonfrontować

confrontation /<u>kon</u>-fren-<u>tei</u>-szn/ konfrontacja

confuse /ken-<u>fjuz</u>/ 1. gmatwać 2. mylić 3. żenować

confusion /ken-<u>fju</u>-żn/ 1. zamieszanie 2. zakłopotanie

confute /ken-<u>fjuut</u>/ odpierać

congeal /ken-<u>dżil</u>/ 1. krzepnąć 2. zamrażać

congenial /kon-<u>dżi</u>-njel/ pokrewny

congenital /kon-<u>dże</u>-nytl/ wrodzony

congested /ken-<u>dżes</u>-tyd/ 1. zatłoczony 2. przeciążony

congestion /ken-<u>dżes</u>-czn/ przeciążenie

conglomerate /ken-<u>glo</u>-meryt/ 1. konglomerat 2. zlepek 3. zlepiony

conglomeration /ken-glome-<u>rei</u>-szn/ konglomeracja 2. zlepienie

congratulate /ken-<u>gree</u>-czuleit/ gratulować

congratulations /ken-gree-czu-<u>lei</u>-szns/ 1. gratulacje 2. powinszowania

congregate /<u>konn</u>-gry-geit/ zebrać się

congregation /konn-gry-<u>gei</u>-szn/ 1. zgromadzenie 2. zebranie 3. kongregacja

congress /<u>konn</u>-gres/ kongres

congressman /<u>konn</u>-gres-men/ kongresmen

congruent /<u>konn</u>-gru-ent/ 1. stosowny 2. podobny

conical /<u>ko</u>-nykl/ stożkowaty

conifer /<u>ko</u>-nyfe/ drzewo iglaste

conjecture /ken-<u>dżek</u>-cze/ 1. domysł 2. przypuszczenie

conjugal /<u>kon</u>-dżugl/ małżeński

conjugate /<u>kon</u>-dżu-gyt/ 1. sprzężony 2. połączony

conjugation /kon-dżu-<u>gei</u>-szn/ 1. koniugacja 2. odmiana

conjunction /ken-<u>dżank</u>-szn/ spójnik

conjuncture /ken-<u>dżank</u>-cze/ koniunktura

conjure /ken-<u>dżue</u>/ zaklinać

connect /ke-<u>nekt</u>/ 1. łączyć 2. podłączać

connection /ke-<u>nek</u>-szn/ 1. połączenie 2. koneksja 3. związek

connective /ke-<u>nek</u>-tyw/ łączący

connive /ke-<u>naiw</u>/ pobłażać

connoisseur /ko-ny-<u>ser</u>/ 1. koneser 2. znawca

connote /ke-<u>nołt</u>/ oznaczać

connotation /konoł-<u>tei</u>-szn/ konotacja

conquer /<u>konn</u>-ke/ 1. podbijać 2. zdobywać

conquest /<u>konn</u>-kłest/ podbój

conscience /<u>kon</u>-szens/ sumienie

conscientious /konszy-<u>en</u>-szes/ sumienny

conscious /<u>kon</u>-szes/ 1. świadomy 2. przytomny

consciousness /<u>kon</u>-sze-snes/ 1. świadomość 2. przytomność

conscript /<u>kon</u>-skrypt/ 1. poborowy 2. rekrut

conscription /ken-<u>skryp</u>-szn/ pobór

consecrate /<u>kon</u>-sykreit/ poświęcać

consecration /kon-sy-<u>krei</u>-szn/ 1. konsekracja 2. poświęcenie

consecutive /ken-<u>se</u>-kju-tyw/ 1. kolejny 2. nieprzerwany 3. konsekutywny

consensus /ken-<u>sen</u>-ses/ 1. zgoda 2. jednomyślność

consent /ken-<u>sent</u>/ 1. zezwalać 2. zgoda

consequence /<u>kon</u>-sy-kłens/ konsekwencja

consequent /<u>kon</u>-sy-kłent/ 1. wynikający 2. następujący

conservation /kon-<u>ser</u>-wei-szn/ 1. ochrona 2. konserwacja

conservatism /ken-<u>ser</u>-we-tyzm/ konserwatyzm

conservative /ken-<u>ser</u>-wetyw/ konserwatywny

conserve /ken-<u>serw</u>/ 1. konserwować 2. przechowywać

consider /ken-<u>sy</u>-de/ 1. uważać za 2. rozważać 3. rozpatrywać

considerable /ken-<u>sy</u>-de-rebl/ znaczny

considerate /ken-<u>sy</u>-de-ryt/ 1. uważny 2. rozważny

consideration /ken-sy-de-<u>rei</u>-szn/ 1. namysł 2. rozwaga 3. wzgląd

considering /ken-<u>sy</u>-de-rynn/ 1. zważywszy 2. biorąc pod uwagę

consign /ken-<u>sain</u>/ 1. powierzać 2. przekazywać

consignment /ken-<u>sain</u>-ment/ 1. wysyłka 2. przekazanie 3. konsygnacja

consist /ken-<u>syst</u>/ składać się

consistence /ken-<u>sys</u>-tens/ konsystencja

consistent /ken-<u>sy</u>-stent/ 1. konsekwentny 2. zgodny 3. spójny

consolation /kon-se-<u>lei</u>-szn/ pociecha

consolatory /ken-<u>sol</u>-le-tery/ pocieszający

console /ken-<u>soul</u>/ pocieszać

console /<u>kon</u>-soul/ konsola

consolidate /ken-<u>so</u>-ly-deit/ 1. wzmacniać 2. konsolidować

consolidation /ken-so-ly-<u>dei</u>-szn/ 1. konsolidacja 2. wzmocnienie

consonant /<u>kon</u>-se-nent/ spółgłoska

consort /<u>kon</u>-soot/ współmałżonek

consortium /ken-<u>soo</u>-tyjem/ konsorcjum

conspicuous /ken-spy-kjues/ wyraźny

conspiracy /ken-spy-re-sy/ 1. spisek 2. zmowa 3. konspiracja

conspirator /ken-spy-rete/ konspi-
rator

conspire /ken-spa-yje/ spiskować

constable /kan-stebl/ 1. posterun-
kowy 2. policjant

constancy /kon-sten-sy/ 1. stałość
2. niezmienność

constant /kon-stent/ 1. stały 2. niezmienny

constellation /kon-ste-lei-szn/ 1.
gwiazdozbiór 2. konstelacja

consternation /kon-ste-nei-szn/
przerażenie

constipation /kon-sty-pei-szn/ zatwardzenie

constituency /ken-sty-tjuensy/
okręg wyborczy

constituent /ken-cty-tjuent/ 1. skła-
dowy 2. składnik

constitute /kon-sty-tjuut/ 1. stanowić 2. tworzyć

constitution /konsty-tju-szn/ 1.
konstytucja 2. skład

constitutional /kon-sty-tjuu-szenl/
konstytucyjny

constrain /ken-strein/ przymusić

constraint /ken-streint/ 1. przymus
2. przemoc

constrict /ken-strykt/ zaciskać

construct /ken-strakt/ budować

construction /ken-strak-szn/ 1.
budowa 2. konstrukcja

constructive /ken-strak-tyw/ 1.
konstruktywny 2. konstrukcyjny 3.
twórczy

constructor /ken-strak-te/ budowniczy

construe /ken-stru/ tłumaczyć

consul /kon-sl/ konsul

consular /kon-sju-le/ konsularny

consulate /kon-sju-let/ konsulat

consult /ken-salt/ 1. radzić się 2.
poradzić 3 konsultować

consultant /ken-sal-tent/ 1. kon-
sultant 2. doradca

consultation /kon-sel-tei-szn/ 1.
konsultacja 2. porada

consultative /ken-sal-te-tyw/ 1.
konsultatywny 2. doradczy

consume /ken-sjum/ 1. spożywać
2. zużywać

consumer /ken-sju-me/ konsument

consummate /kon-se-meit/ 1.
dopełnić 2. uwieńczyć

consummation /kon-se-mei-szn/
1. spełnienie 2. uwieńczenie

consumption /ken-samp-szn/ 1.
konsumpcja 2. spożycie 3. zużycie

contact /kon-teekt/ 1. kontaktować
się 2. styczność 3. kontakt

contagion /ken-tej-dżen/ 1. zakażenie 2. zaraza

contagious /ken-tei-dżes/ 1. za-
każny 2. zaraźliwy

contain /ken-tein/ zawierać

container /ken-tei-ne/ zbiornik

contaminate /ken-tee-my-neit/ 1.
skazić 2. zanieczyszczać

contamination /ken-tee-my-nei-
szn/ zanieczyszczenie

contemplate /kon-tem-pleit/ 1. rozważać 2. rozmyślać 3. kontemplo-
wać

contemplation /kon-tem-plei-szn/
1. kontemplacja 2. rozmyślanie

contemplative /kon-tem-ple-tyw/
kontemplacyjny

contemporary /ken-tem-pe-rery/
współczesny

contempt /ken-tempt/ pogarda

contemptible /ken-<u>temp</u>-tebl/ podły

contemptuous /ken-<u>temp</u>-czues/ pogardliwy

contend /ken-<u>tend</u>/ 1. współzawodniczyć 2. walczyć

contender /ken-<u>ten</u>-de/ 1. przeciwnik 2. rywal

content /<u>kon</u>-tent/ 1. zawartość 2. treść

contention /ken-<u>ten</u>-szn/ 1. spór 2. walka

contentious /ken-<u>ten</u>-szes/ sporny

contest /<u>kon</u>-test/ 1. zawody 2. walka 3. konkurs

context /<u>kon</u>-tekst/ kontekst

continent /<u>kon</u>-tynent/ kontynent

continental /kon-ty-<u>nen</u>-tl/ kontynentalny

contingency /ken-<u>tyn</u>-dżensy/ 1. przypadkowość 2. ewentualność

contingent /ken-tyn-dżent/ 1. kontyngent 2. przypadkowy

continual /ken-<u>ty</u>-njuel/ 1. ciągły 2. bezustanny

continually /ken-<u>ty</u>-njuely/ 1. ciągle 2. nieustannie

continuance /ken-<u>ty</u>-njuens/ 1. trwanie 2. ciągłość 3. ciąg dalszy

continuation /ken-tynju-<u>ei</u>-szn/ 1. kontynuacja 2. przedłużenie 3. ciąg dalszy

continue /ken-<u>ty</u>-nju/ 1. kontynuować 2. trwać

continuity /kon-ty-<u>nju</u>-yty/ 1. ciągłość 2. następowanie

continuous /ken-<u>tyn</u>-jues/ 1. ciągły 2. stały

contort /ken-<u>toot</u>/ skrzywić

contortion /ken-<u>too</u>-szn/ skrzywienie

contour /<u>kon</u>-tue/ kontur

contraband /kon-tre-<u>beend</u>/ kontrabanda

contraception /kontre-<u>sep</u>-szn/ 1. antykoncepcja 2. zapobieganie ciąży

contraceptive /kon-tre-<u>sep</u>-tyw/ środek antykoncepcyjny

contract /<u>kon</u>-treekt/ kontrakt

contractor /ken-<u>treek</u>-te/ 1. przedsiębiorca budowlany 2. kontrahent

contradict /kon-tre-<u>dykt</u>/ zaprzeczyć

contradiction /kontre-<u>dyk</u>-szn/ sprzeczność

contradictory /kon-tre-<u>dyk</u>-tery/ sprzeczny

contrary /<u>kon</u>-trery/ 1. odwrotny 2. przeciwstawny 3. przeciwieństwo

contrast /<u>kon</u>-traast/ 1. kontrast 2. przeciwieństwo

contrast /kon-<u>traast</u>/ 1. kontrastować 2. przeciwstawiać

contravene /kon-tre-<u>win</u>/ 1. przekraczać 2. naruszać

contravention /kon-tre-<u>wen</u>-szn/ przekroczenie

contribute /ken-<u>try</u>-bjut/ 1. przyczyniać się 2. współpracować

contribution /kon-try-<u>bjuu</u>-szn/ 1. udział 2. wkład 3. współpraca 4. kontrybucja

contributor /ken-try-<u>bju</u>-te/ 1. współpracownik 2. udziałowiec 3. kontrybutor

contributory /ken-<u>try</u>-bju-tery/ przyczyniający się

contrite /<u>kon</u>-trait/ skruszony

contrition /ken-<u>try</u>-szn/ 1. skrucha 2. żal

contrivance /ken-<u>traj</u>-wens/ 1. pomysł 2. plan

contrive /ken-<u>trajw</u>/ wymyślać

control /ken-<u>treul</u>/ 1. kontrolować

2. kontrolka 3. władza

controller /ken-<u>trou</u>-le/ 1. rewident księgowy 2. zarządca

controversial /kontre-<u>wer</u>-szl/ kontrowersyjny

controversy /<u>kon</u>-tre-we-sy/ kontrowersja

convalescence /kon-we-<u>le</u>-sens/ rekonwalescencja

convalescent /kon-we-<u>le</u>-snt/ rekonwalescent

convection /ken-<u>wek</u>-szn/ konwekcja

convene /ken-<u>win</u>/ 1. zbierać 2. zwoływać

convenience /ken-<u>wi</u>-ny-jens/ 1. wygoda 2. udogodnienie

convenient /ken-<u>wi</u>-njent/ dogodny

convent /<u>kon</u>-went/ klasztor

convention /ken-<u>wen</u>-szn/ 1. konwencja 2. zjazd

conventional /ken-<u>wen</u>-szenl/ 1. konwencjonalny 2. typowy

converge /ken-<u>wer</u>-dż/ zbiegać się

convergence /ken-<u>wer</u>-dżens/ zbieżność

conversant /ken-<u>wer</u>-sent/ 1. obeznany 2. biegły

conversation /konwe-<u>sei</u>-szn/ 1. rozmowa 2. konwersacja

conversational /kon-we-<u>sej</u>-szenl/ konwersacyjny

converse /<u>kon</u>-wers/ odwrotny

conversion /ken-<u>wer</u>-szn/ 1. przemiana 2. konwersja

convert /ken-<u>wert</u>/ 1. nawracać 2. zamieniać

convert /<u>kon</u>-wert/ 1. neofita 2. nawrócony

convertible /ken-<u>wer</u>-tebl/ zmienny

convex /<u>kon</u>-weks/ wypukły

convey /ken-<u>wei</u>/ 1. przenosić 2. przewozić

convict /<u>kon</u>-wykt/ 1. więzień 2. skazany

conviction /ken-<u>wyk</u>-szn/ 1. przekonanie 2. przeświadczenie

convince /ken-<u>wyns</u>/ przekonywać

convincing /ken-<u>wyn</u>-synn/ przekonywujący

convocation /kon-we-<u>kei</u>-szn/ 1. zgromadzenie 2. synod

convoke /ken-<u>wołk</u>/ 1. zwołać 2. gromadzić

convolute /<u>kon</u>-we-luut/ 1. zwinięty 2. skręcony

convoy /<u>kon</u>-woi/ konwój

convulse /ken-<u>wals</u>/ 1. wstrząsać 2. przyprawiać o konwulsje

convulsion /ken-<u>wal</u>-szn/ 1. spazm 2. konwulsja

cook /kuk/ 1. gotować 2. kucharz

cooker /<u>ku</u>-ke/ kuchenka

cookery /<u>ku</u>-kery/ sztuka kulinarna

cookery-book /<u>ku</u>-kery-buk/ książka kucharska

cool /kuul/ 1. ochładzać 2. chłodny 3. opanowany

coolness /<u>kuul</u>-nys/ 1. chłód 2. opanowanie

coop /kuup/ kojec

co-op /koł-<u>oop</u>/ spółdzielczy

cooper /<u>kuu</u>-pe/ bednarz

co-operate /keł-<u>o</u>-pereit/ 1. współdziałać 2. współpracować

co-operation /keł-ope-<u>rei</u>-szn/ współpraca

co-operative /keł-<u>o</u>-pre-tyw/ spółdzielnia

co-ordinate /keł-<u>oo</u>-deneit/ 1. koordynować 2. współrzędna

co-ordination /koł-oody-<u>nei</u>-szn/ koordynacja

coot /kuut/ łyska

cop /kop/ 1. gliniarz 2. policjant

co-partner /koł-part-ne/ wspólnik

cope /kołp/ 1. zmagać się 2. przykryć 3. kapa 4. osłona

copier /ko-pyje/ kopiarka

coping /keł-pynn/ zwieńczenie

copious /koł-pyjes/ obfity

copper /ko-pe/ 1. miedź 2. gliniarz

copse /kops/ zagajnik

copulate /ko-pju-leit/ 1. kopulować 2. spółkować

copulation /ko-pju-lei-szn/ 1. kopulacja 2. spółkowanie

copy /ko-py/ 1. kopiować 2. kopia 3. egzemplarz

copyright /ko-py-rajt/ prawa autorskie

coral /ko-rl/ koral

cord /kood/ 1. struna 2. przewód

cordial /koo-dyjel/ serdeczny

cordially /koo-dyje-ly/ serdecznie

cordon /koo-dn/ kordon

core /koo/ 1. rdzeń 2. jądro 3. ogryzek

cork /kook/ korek

corkscrew /kook-skruu/ korkociąg

corn /koon/ 1. zboże 2. kukurydza

corner /koo-ne/ 1. róg 2. kąt 3. narożny

corner-stone /koo-ne-stołn/ kamień węgielny

cornet /koo-nyt/ kornet

cornice /koo-nys/ gzyms

corny /koo-ny/ zbożowy

corollary /ke-ro-lery/ następstwo

coronary /ko-re-nery/ wieńcowy

coronation /kore-nei-szn/ koronacja

coroner /ko-rene/ koroner

coronet /ko-renyt/ diadem

corporal /koo-prel/ kapral

corporate /koo-peryt/ 1. zbiorowy 2. korporacyjny

corporation /koope-rei-szn/ 1. spółka akcyjna 2. korporacja

corporeal /koo-poo-ryjel/ cielesny

corps /koo/ korpus

corpse /koops/ 1. zwłoki 2. trup

corpulent /koo-pju-lent/ 1. korpulentny 2. tęgi

corpus /koo-pes/ ciało

corral /koo-raal/ zagroda

correct /ke-rekt/ 1. poprawić 2. poprawny

correction /ke-rek-szn/ 1. poprawka 2. korekta

correctness /ke-rekt-nys/ poprawność

corrective /ke-rek-tyw/ poprawczy

correlate /ko-re-leit/ być współzależnym

correlation /kory-lei-szn/ 1. korelacja 2. współzależność

correspond /kory-spond/ 1. być odpowiednim 2. odpowiadać 3. korespondować

correspondence /kory-spondens/ 1. zgodność 2. korespondencja

corridor /ko-rydoo/ korytarz

coroborate /ke-ro-be-reit/ potwierdzać

corrode /ke-rełd/ 1. rdzewieć 2. korodować

corrosion /ke-reł-żn/ korozja

corrosive /ke-reł-syw/ żrący

corrugate /ko-ru-geit/ 1. fałdować 2. karbować

corrugation /ko-ru-gei-szn/ 1. fałdowanie 2. karbowanie

corrupt /ke-rapt/ skorumpować

corruption /ke-rap-szn/ korupcja

corset /koo-syt/ gorset

cortex /koo-teks/ kora mózgowa

co-sign /keł-sain/ żyrować

cosigner /keł-<u>sai</u>-ne/ żyrant
cosmetic /koz-<u>me</u>-tyk/ 1. kosmetyk 2. kosmetyczny
cosmic /<u>koz</u>-myk/ kosmiczny
cosmonaut /<u>koz</u>-me-noot/ kosmonauta
cosmopolitan /koz-me-<u>po</u>-lytn/ kosmopolityczny
cosmos /<u>koz</u>-mos/ kosmos
cost /koost/ 1. kosztować 2. koszt
costly /<u>koos</u>-tly/ kosztowny
costume /<u>ko</u>-stjuum/ kostium
cosy /<u>keł</u>-zy/ 1. przytulny 2. wygodny 3. miły
cot /kot/ szałas
cote /kołt/ szopa
cottage /<u>koo</u>-tydż/ domek
cotton /<u>koo</u>-tn/ bawełna
cotton-wool /kotn-<u>łul</u>/ wata
couch /kałcz/ 1. tapczan 2. kanapa
cougar /<u>kuu</u>-ge/ kuguar
cough /koof/ 1. kaszleć 2. kaszel
could /kud/ → can
council /<u>kałn</u>-sl/ 1. rada 2. narada 3. sobór
counsel /<u>kałn</u>-sl/ 1. porada 2. narada
counsellor /<u>kałn</u>-sele/ 1. doradca 2. adwokat
count /kałnt/ 1. liczyć 2. wyliczać 3. liczba 4. hrabia
  count down odliczać
  count up podliczać
countable /<u>kałn</u>-tebl/ 1. wyliczalny 2. obliczalny
counter /<u>kałn</u>-te/ 1. lada 2. kasa 3. okienko 4. licznik
counter-attack /<u>kałnte</u>-e-teek/ 1. kontratak 2. przeciwuderzenie
counterbalance /<u>kałnte</u>-bee-lens/ przeciwwaga
counterfeit /<u>kałnte</u>-fyt/ podrobić

counter-intelligence /<u>kałnte</u>-yn-<u>te</u>-ly-dżens/ kontrwywiad
counteroffer /<u>kałn</u>-te-ofe/ kontroferta
counterpart /<u>kałn</u>-te-part/ odpowiednik
counter-revolution /kałn-te-rewe-<u>luu</u>-szn/ kontrrewolucja
countersign /<u>kałn</u>-te-sain/ 1. żyrować 2. kontrasygnować
countess /<u>kałn</u>-tys/ hrabina
countless /<u>kałn</u>-tles/ niezliczony
countrified /<u>kan</u>-try-fajd/ wiejski
country /<u>kan</u>-try/ 1. kraj 2. wieś
countryman /<u>kan</u>-try-men/ 1. rodak 2. mieszkaniec wsi
countryside /<u>kan</u>-try-sajd/ okolica
county /<u>kałn</u>-ty/ 1. powiat 2. hrabstwo
coup /kuu/ zamach stanu
couple /<u>ka</u>-pl/ 1. para 2. łączyć
couplet /<u>ka</u>-plyt/ dwuwiersz
coupon /<u>kuu</u>-pon/ 1. kupon 2. talon
courage /<u>ka</u>-rydż/ odwaga
courageous /ke-<u>rei</u>-dżes/ odważny
courier /<u>ku</u>-ryje/ 1. kurier 2. goniec
course /koos/ 1. kurs 2. bieg 3. tok 4. danie
court /koot/ 1. sąd 2. dwór
courteous /<u>ker</u>-tyjes/ 1. uprzejmy 2. kurtuazyjny
courtesy /<u>ker</u>-tesy/ 1. grzeczność 2. kurtuazja
courtly /<u>koo</u>-tly/ wytworny
court-martial /koot-<u>maa</u>-szl/ sąd wojenny
courtyard /<u>koot</u>-jard/ 1. dziedziniec 2. podwórze
cousin /<u>ka</u>-zn/ kuzyn
cove /kołw/ zatoczka
covenant /<u>ka</u>-wy-nent/ 1. konwen-

cja 2. umowa

cover /ka-we/ 1. zakrywać 2. ubezpieczać 3. obejmować 4. omawiać 5. pokrowiec 6. okładka 7. schronienie 8. przykrywka

coverage /ka-we-rydż/ sprawozdanie

covering /ka-we-rynn/ 1. pokrycie 2. futerał

covert /ka-wet/ 1. schronienie 2. ukryty

covet /ka-wyt/ pożądać

cow /kaał/ 1. krowa 2. samica

coward /kaa-łed/ tchórz

cowardice /ka-łe-dys/ tchórzostwo

cowardly /ka-łedly/ tchórzliwy

cowboy /kaał-boy/ kowboj

cowl /kaul/ kaptur

cowman /kał-men/ pastuch

cowpox /kał-poks/ krowianka

coxswain /kok-słein/ sternik

coy /koi/ 1. skromny 2. nieśmiały

coyote /ko-jołt/ kojot

crab /kreeb/ krab

crab-apple /kreeb-eepl/ dzika jabłoń

crabbed /kreebd/ cierpki

crack /kreek/ 1. pękać 2. trzaskać 3. trzask 4. pęknięcie 5. szczelina

cracker /kree-ke/ petarda

crackle /kree-kl/ trzeszczeć

cradle /krei-dl/ kołyska

craft /kraaft/ kunszt

craftsman /kraaft-smen/ rzemieślnik

crafty /kraaf-ty/ przebiegły

crag /kreeg/ turnia

cram /kreem/ wpychać

cramp /kreemp/ skurcz

cranberry /kreen-bry/ 1. żurawina 2. borówka

crane /krein/ 1. żuraw 2. dźwig

cranium /krei-nyjem/ czaszka

crank /kreennk/ korba

cranny /kree-ny/ 1. szczelina 2. rysa

crap /kreep/ bzdura

crash /kreesz/ 1. trzask 2. kraksa 3. krach 4. rozbijać (się)

crass /krees/ 1. całkiem głupi 2. tępy

crate /kreit/ krata

crater /krei-te/ krater

cravat /kre-weet/ krawat

crave /kreiw/ błagać

craving /krei-wynn/ 1. żądza 2. pragnienie

crawl /krool/ 1. pełzać 2. czołgać się 3. kraul

crayon /kre-yjen/ 1. kredka 2. pastel

craziness /krei-zy-nys/ szaleństwo

crazy /krei-zy/ 1. szalony 2. pomylony 3. zwariowany

creak /krik/ skrzypieć

creaky /kri-ky/ skrzypiący

cream /krim/ 1. śmietanka 2. śmietana 3. krem

creamery /kri-me-ry/ mleczarnia

crease /kris/ 1. fałda 2. zmarszczka

create /kry-eit/ 1. tworzyć 2. wywoływać

creation /kry-ei-szn/ 1. stworzenie 2. tworzenie

creative /kry-ei-tyw/ twórczy

creator /kry-ei-te/ 1. twórca 2. Stwórca

creature /kri-cze/ 1. twór 2. zwierzę 3. człowiek 4. kreatura

credence /kri-dens/ wiara

credentials /kry-den-szelz/ dokumenty uwierzytelniające

credible /kre-debl/ wiarygodny

credibility /kre-de-by-łyty/ wiarygodność

credit /kre-dyt/ 1. zaufanie 2. kredyt

creditor /kre-dy-te/ wierzyciel

credulity /kry-djuu-lyty/ łatwowierność

credulous /kre-dju-les/ łatwowierny

creed /krid/ 1. kredo 2. wiara

creek /krik/ strumień

creep /krip/ czołgać się

creepy /kri-py/ wywołujący gęsią skórkę

cremate /kry-meit/ poddawać kremacji

crematorium /kre-me-too-rjem/ krematorium

crematory /kre-me-tery/ krematorium

crepe /kreip/ krepa

crept → creep

crescendo /kry-szen-deł/ crescendo

crescent /kre-sent/ półksiężyc

cress /kres/ rzeżucha

crest /krest/ 1. grzebień 2. grań 3. pióropusz

cretin /kre-tyn/ kretyn

crevasse /kry-wees/ pęknięcie

crew /kruu/ 1. załoga 2. obsada 3. ekipa

crib /kryb/ 1. łóżeczko 2. żłobek 3. plagiat

cricket /kry-kyt/ 1. świerszcz 2. krykiet

crime /kraim/ 1. zbrodnia 2. przestępstwo

criminal /kry-mynl/ 1. przestępca 2. przestępczy 3. kryminalny

criminology /kry-my-no-ledży/ kryminologia

crimson /krym-zn/ purpura

cringe /kryndż/ 1. przycupnąć 2. kulić się

crinkle /krynn-kl/ 1. miąć 2. marszczyć

cripple /kry-pl/ 1. kaleka 2. ułomny 3. okaleczać

crisis /krai-sys/ kryzys

crisp /krysp/ 1. chrupiący 2. kruchy

crisscross /krys-kros/ krzyżujący się

criterion /krai-tyje-ryjen/ kryterium

critic /kry-tyk/ krytyk

critical /kry-tykl/ krytyczny

criticism /kry-ty-syzm/ 1. krytyka 2. krytycyzm

criticize /kry-ty-saiz/ krytykować

critique /kry-tik/ recenzja

croak /krełk/ 1. krakać 2. rechotać

crochet /kroł-szei/ szydełkować

crock /krok/ 1. skorupa 2. grat

crockery /kro-kery/ porcelana stołowa

crocodile /kro-ke-dail/ krokodyl

croft /kroft/ zagroda

croissant /kroo-sont/ rogalik

crook /kruk/ 1. kanciarz 2. zgięcie

crooked /kru-kyd/ 1. krzywy 2. oszukańczy 3. nieuczciwy

croon /kruun/ 1. nucić 2. zawodzić

crop /krop/ 1. roślina uprawna 2. zbiór 3. plon

croquet /kroł-kei/ krokiet

crosier /kroł-ze/ pastorał

cross /kros/ 1. przekraczać 2. zakreślać 3. krzyżować 4. krzyż 5. krzyżyk

crossbar /kros-baa/ poprzeczka

crossbeam /kros-bim/ belka poprzeczna

crossbow /kros-boł/ kusza

cross-check /kros-czek/ weryfikować

crosscountry /kros-kan-try/ przełajowy

cross-division /kros-dy-wyżn/ podział według współczynników

cross-examination /kros-ygzeemy-nei-szn/ krzyżowy ogień pytań

crosseyed /kros-aid/ zezowaty

crossfire /kros-faje/ ogień krzyżowy

crossing /kro-synn/ przejście

crossreference /kros-re-ferens/ odsyłacz

crossroad /kros-rełd/ skrzyżowanie

cross-section /kros-sek-szn/ przekrój

cross-wise /kros-łaiz/ w poprzek

crossword /kros-łerd/ krzyżówka

crotch /krocz/ 1. krocze 2. rozwidlenie

crotchet /kro-czyt/ 1. zachcianka 2. ćwierćnuta

crouch /krałcz/ 1. przykucnąć 2. skulić się

croup /kruup/ krup

croupier /kruu-pyje/ krupier

crow /kreł/ wrona

crowd /krałd/ 1. tłoczyć się 2. tłum

crowded /krał-dyd/ zatłoczony

crown /krałn/ korona

crucial /kruu-szl/ 1. decydujący 2. kluczowy

crucible /kruu-sybl/ tygiel

crucifix /kruu-sy-fyks/ krucyfiks

crucifixion /kruu-sy-fyk-szn/ ukrzyżowanie

crucify /kruu-sy-fai/ ukrzyżować

crude /kruud/ 1. surowy 2. brutalny

crudity /kruu-de-ty/ szorstkość

cruel /kruuel/ okrutny

cruelty /kruu-el-ty/ okrucieństwo

cruise /kruuz/ 1. krążyć 2. rejs

cruiser /kruu-ze/ 1. krążownik 2. łódź motorowa

crumb /kram/ okruszyna

crumble /kram-bl/ rozkruszyć

crumbly /kram-bly/ kruchy

crumpet /kram-pyt/ placek

crumple /kram-pl/ 1. miąć 2. gnieść

crunch /krancz/ chrupać

crusade /kruu-seid/ krucjata

crush /krasz/ 1. gnieść 2. kruszyć 3. wyciskać 4. tłum

crust /krast/ skorupka

crustacean /kras-tei-szn/ skorupiak

crusty /kras-ty/ kruchy

crutch /kracz/ 1. kula 2. laska

crux /kraks/ trudność

cry /krai/ 1. płakać 2. krzyczeć 3. krzyk

crying /krai-ynn/ 1. wołanie 2. płacz

crypt /krypt/ krypta

crystal /krys-tl/ kryształ

crystallize /krys-te-laiz/ krystalizować

crystallization /krys-te-lai-zei-szn/ krystalizacja

cub /kab/ 1. kociątko 2. szczeniak

cubby-hole /kaby-houl/ zacisze

cube /kjuub/ 1. sześcian 2. kostka

cubic /kjuu-byk/ sześcienny

cubicle /kjuu-bykl/ nisza

cubism /kjuu-byzm/ kubizm

cuckoo /ku-kuu/ kukułka

cucumber /kjuu-kambe/ ogórek

cuddle /ka-dl/ 1. przytulać 2. pieścić

cue /kjuu/ 1. naprowadzać 2. wskazówka

cuff /kaf/ mankiet

cuisine /kły-zin/ 1. kuchnia 2. styl gotowania

cul-de-sac /kal-de-seek/ ślepa uliczka

culinary /ka-ly-nery/ kulinarny
cull /kal/ 1. wybierać 2. selekcjonować
culminate /kal-my-neit/ osiągać szczyt
culpable /kal-pebl/ winny
culprit /kal-pryt/ sprawca
cult /kalt/ kult
cultivate /kal-ty-weit/ 1. uprawiać 2. kultywować
cultivation /kal-ty-wej-szn/ 1. uprawa 2. kultywowanie
cultivator /kal-ty-wei-te/ kultywator
cultural /kal-cze-rl/ 1. kulturalny 2. kulturowy
culture /kal-cze/ 1. uprawa 2. kultura
culvert /kal-wert/ przepust
cumbersome /kam-be-sm/ nieporęczny
cumulative /kjuu-mju-lei-tyw/ 1. kumulacyjny 2. łączny
cumulus /kjuu mju los/ chmura kłębiasta
cunning /ka-nynn/ 1. przebiegły 2. podstępny 3. sprytny
cup /kap/ 1. filiżanka 2. kubek 3. puchar
cupboard /ka-bed/ kredens
Cupid /kjuu-pyd/ amorek
cupola /kjuu-pele/ kopuła
cur /ker/ 1. szelma 2. kundel
curable /kjue-rebl/ uleczalny
curacy /kjue-re-sy/ wikariat
curate /kjue-ryt/ wikary
curative /kjue-re-tyw/ leczniczy
curator /kju-rei-te/ 1. opiekun 2. kustosz
curb /kerb/ 1. powściągać 2. krawężnik
curd /kerd/ twaróg
curdle /ker-dl/ zsiadać się
cure /kjue/ 1. leczyć 2. lekarstwo

3. kuracja
curfew /ker-fju/ godzina policyjna
curiosity /kju-ry-o-se-ty/ 1. ciekawość 2. osobliwość
curious /kjue-ryjes/ 1. ciekawy 2. osobliwy
curl /kerl/ 1. zwijać 2. skręcać w loki 3. lok 4. zwój
curly /ker-ly/ kędzierzawy
currant /ka-rent/ porzeczka
currency /ka-rensy/ waluta
current /ka-rent/ 1. prąd 2. bieżący 3. aktualny
currently /ka-ren-tly/ aktualnie
curriculum /ke-ry-kju-lm/ 1. program 2. przebieg
curry /ka-ry/ curry
curse /kers/ 1. przeklinać 2. przekleństwo
cursed /ker-st/ przeklęty
cursive /ker-syw/ pisany kursywą
cursor /ker-se/ 1. kursor 2. okienko suwaka
cursory /ker-sery/ pobieżny
curt /kert/ 1. zwięzły 2. szorstki
curtail /ker-teil/ 1. skrócić 2. uciąć
curtain /ker-tn/ 1. zasłona 2. kurtyna
curtsey /ker-tsy/ 1. ukłon 2. dyg
curvature /ker-we-cze/ 1. krzywizna 2. zagięcie
curve /kerw/ 1. zginać 2. zagięcie
cushion /ku-szn/ poduszka
cushy /ku-szy/ 1. wygodny 2. intratny
cusp /kasp/ szpic
cuss /kas/ przekleństwo
custard /kas-ted/ krem jajecznomleczny
custodian /ke-steł-dyjen/ 1. kustosz 2. dozorca 3. kurator
custody /kas-te-dy/ 1. nadzór 2. opieka nad dzieckiem 3. areszt

custom /kas-tm/ 1. zwyczaj 2. obrzęd 3. obyczaj

customary /kas-te-mery/ 1. zwykły 2. tradycyjny

customer /kas-te-me/ 1. konsument 2. klient

customs /kas-temz/ urząd celny

cut /kat/ 1. ciąć 2. kroić 3. obcinać 4. przycinać 5. ograniczać 6. skaleczenie 7. cięcie
  cut across pójść na skróty
  cut away odcinać
  cut down 1. ścinać 2. ograniczać
  cut off 1. odcinać 2. rozłączać
  cut out 1. wycinać 2. usuwać
  cut up pociąć

cute /kjut/ 1. śliczny 2. bystry 3. fajny

cutlass /kat-les/ 1. kord 2. nóż

cutler /kat-le/ nożownik

cutlery /kat-lery/ 1. sztućce 2. nożownictwo

cutlet /kat-lyt/ kotlet

cutter /ka-te/ kamieniarz

cut-throat /kat-fhrołt/ 1. zbój 2. rzezimieszek

cutting /ka-tynn/ 1. cięcie 2. sadzonka

cuttlefish /katl-fysz/ mątwa

cyanide /sa-yje-naid/ cyjanek

cycle /sai-kl/ 1. jeździć na rowerze 2. cykl 3. rower

cyclone /sai-kłoń/ cyklon

cylinder /sy-lynde/ 1. cylinder 2. wałek 3. walec

cylindrical /sy-lyn-drykl/ cylindryczny

cymbal /sym-bl/ talerz perkusyjny

cynic /sy-nyk/ cynik

cynical /sy-nykl/ cyniczny

cypress /sai-pres/ cyprys

cyst /syst/ cysta

czar /zar/ car

czarina /zaa-ri-ne/ caryca

Czech /czek/ 1. Czech 2. czeski

D

dab /deeb/ 1. dotknąć 2. maznąć 3. przyłożyć

dabble /dee-bl/ 1. zamoczyć 2. pluskać się

dad /deed/ tato

daddy /dee-dy/ tatuś

daffodil /dee-fedyl/ żonkil

daft /daaft/ 1. głupi 2. zwariowany

dagger /dee-ge/ sztylet

daily /dei-ly/ 1. dziennik 2. codzienny 3. dzienny

dainty /dein-ty/ 1. delikatny 2. filigranowy

dairy /dee-ry/ mleczarnia

dairymaid /dee-ry-meid/ 1. mleczarka 2. krowiarka

dairyman /dee-ry-men/ mleczarz

dairy products /dee-ry-pro-dakts/ nabiał

dais /dei-ys/ podium

daisy /dei-zy/ stokrotka

dally /dee-ly/ marudzić

dam /deem/ 1. grobla 2. tama

damage /dee-mydż/ 1. uszkadzać 2. uszkodzenia 3. szkody

damaged /dee-mydżt/ 1. zepsuty 2. uszkodzony 3. zniszczony

dame /deim/ 1. pani 2. starsza kobieta

damn /deem/ 1. potępiać 2. przeklina 3. cholera

damned /deemnd/ 1. potępiony 2. przeklęty

damp /deemp/ zwilżać

damson /deem-zn/ 1. śliwkowy 2. śliwka damaszka

dance /daans/ 1. tańczyć 2. taniec

dancer /daan-se/ tancerz

dancing-teacher /daan-synn-ti-cze/ nauczyciel tańca

dandelion /deen-dy-la-yjen/ 1. mlecz 2. mniszek lekarski

dandruff /deen-draf/ łupież

dandy /deen-dy/ strojniś

danger /dein-dże/ 1. niebez-pieczeństwo 2. zagrożenie

dangerous /dein-dżeres/ niebez-pieczny

dangle /deenn-gl/ 1. wisieć 2. zwi-sać

Danish /dei-nysz/ duński

dank /deennk/ wilgotny

dapple /dee-pl/ 1. pstrokaty 2. cent-kowany

dare /dee/ 1. ośmielić się 2. śmieć

dare-devil /dee-dewyl/ śmiałek

daring /dee-rynn/ śmiały

dark /dark/ 1. zmrok 2. ciemny 3. mroczny

darkness /dark-nes/ 1. ciemność 2. mrok

darling /dar-lynn/ 1. ukochany 2. kochanie

darn /darn/ 1. cerować 2. cera

dart /dart/ 1. strzałka 2. rzutka 3. rzucać

dash /deesz/ 1. obryzgać 2. roz-trzaskać 3. walnąć 4. myślnik

dash away odrzucać

dash down zrzucać

dash out wykreślać

dash-board /deesz-bood/ 1. tabli-ca rozdzielcza

data /dei-te/ dane

date /deit/ 1. data 2. randka 3. dak-tyl

dative /dei-tyw/ celownik

daub /doob/ 1. tynk 2. gips

daughter /doo-te/ córka

daughter-in-law /doote-yn-loo/ synowa

daunt /doont/ 1. zniechęcać 2. stra-szyć

dawdle /doo-dl/ wałkonić się

dawn /doon/ 1. świtać 2. świt

day /dei/ 1. dzień 2. doba

day-break /dei-brejk/ brzask

day-dream /dei-drim/ 1. marzyć 2. mrzonka

daylight /dei-lait/ światło dzienne

day-long /dei-lonn/ całodzienny

daze /deiz/ oszałamiać

dazzle /dee-zl/ 1. oślepać 2. olśnie-wać

deacon /di-kn/ diakon

dead /ded/ 1. martwy 2. nieżywy 3. wymarły 4. zdechły 5. zepsuty 6. całkowicie

deaden /de-dn/ 1. łagodzić 2. tłu-mić

deadline /ded-lain/ ostateczny ter-min

deadlock /ded-lok/ 1. impas 2. martwy punkt

deadly /de-dly/ śmiertelny

deaf /def/ głuchy

deaf-aid /def-eid/ aparat słuchowy

deafen /de-fn/ ogłuszać

deafness /def-nys/ głuchota

deal /dil/ 1. transakcja 2. interes 3. porozumienie 4. układ 5. handlo-wać 6. radzić sobie 7. dotyczyć

dealer /di-le/ 1. kupiec 2. handlarz

dealt /delt/ → deal

dean /din/ dziekan

deanery /di-ne-ry/ dziekanat

dear /dyje/ 1. drogi 2. szanowny 3. kochanie

dearth /der-fh/ niedostatek

deary /dyje-ry/ kochanie

death /defh/ 1. śmierć 2. zgon

death-certificate /defh-se-ty-fykyt/ świadectwo zgonu

deathly /defh-ly/ śmiertelny

death-roll /defh-roul/ spis ofiar
debar /di-baa/ zakazywać
debase /dy-beis/ 1. poniżać 2. deprecjonować
debatable /dy-bei-tebl/ sporny
debate /dy-beit/ 1. debata 2. debatować
debater /dy-bei-te/ dyskutant
debauch /dy-boocz/ wypaczyć
debilitate /dy-by-ly-teit/ osłabić
debility /dy-by-lyty/ 1. niemoc 2. słabość
debit /de-byt/ debet
debrief /dy-bryf/ wziąć raport
debris /dei-bri/ 1. szczątki 2. gruzy
debt /det/ dług
debtor /de-te/ dłużnik
debut /dei-buu/ debiut
debutante /de-bju-tant/ debiutant
decade /de-keid/ 1. dziesięciolecie 2. dekada
decadence /de-ke-dens/ 1. dekadencja 2. schyłek
decadent /de-ke-dent/ 1. dekadent 2. dekadencki
decaf /di-keef/ 1. kawa bezkofeinowa 2. bezkofeinowy
decant /dy-keent/ zlewać wino
decapitate /dy-kee-py-teit/ ściąć głowę
decathlon /dy-kee-fhlon/ dziesięciobój
decay /dy-kei/ 1. rozkład 2. rozpad 3. niszczenie 4. próchnica 5. gnić 6. psuć się
decease /dy-sis/ 1. umrzeć 2. zgon
deceased /dy-sist/ zmarły
deceit /dy-sit/ oszustwo
deceitful /dy-sit-ful/ 1. oszukańczy 2. podstępny
deceive /dy-siw/ 1. oszukiwać 2. okłamywać

deceiver /dy-si-we/ oszust
December /dy-sem-be/ grudzień
decency /di-sen-sy/ przyzwoitość
decent /di-sent/ przyzwoity
decentralization /di-sen-tre-lai-zei-szn/ decentralizacja
decentralize /di-sen-tre-laiz/ decentralizować
deception /dy-sep-szn/ 1. oszustwo 2. podstęp
deceptive /dy-sep-tyw/ 1. zwodniczy 2. złudny
decibel /de-sybl/ decybel
decide /dy-said/ 1. decydować 2. postanawiać 3. rozstrzygać
decided /dy-sai-dyd/ 1. zdecydowany 2. stanowczy
decimal /de-syml/ 1. dziesiętny 2. ułamek dziesiętny
decimate /de-sy-meit/ zdziesiątkowywać
decipher /dy-sai-fe/ odszyfrować
decision /dy-sy-żn/ 1. decyzja 2. postanowienie
decisive /dy-sai-syw/ 1. rozstrzygający 2. stanowczy
deck /dek/ 1. pokład 2. talia kart 3. piętro
deck-chair /dek-czee/ leżak
declaim /dy-kleim/ deklamować
declamation /dekle-mei-szn/ deklamacja
declamatory /dy-klee-metery/ deklamatorski
declaration /dekle-rei-szn/ 1. oświadczenie 2. deklaracja 3. wyznanie
declare /dy-klee/ 1. oświadczać 2. deklarować 3. oznajmiać 4. wypowiadać
declassify /dy-klee-syfai/ 1. zwolnić z tajemnicy 2. deklasyfikować
declassification /dy-klee-syfy-kei-

szn/ deklasyfikacja

declension /dy-<u>klen</u>-szn/ 1. odchylenie 2. deklinacja

decline /dy-<u>klain</u>/ 1. spadek 2. nie przyjmować 3. podupadać 4. zanikać

declutch /di-<u>klacz</u>/ wyłączyć sprzęgło

decode /di-<u>kołd</u>/ 1. rozszyfrowywać 2. dekodować

decompose /di-kem-<u>pełz</u>/ rozkładać się

decomposition /di-kempe-<u>zy</u>-szn/ rozkład

decorate /<u>de</u>-kereit/ 1. ozdabiać 2. dekorować

decoration /deke-<u>rei</u>-szn/ 1. ozdoba 2. dekoracja

decorative /<u>de</u>-kere-tyw/ dekoracyjny

decorator /deke-<u>rei</u>-te/ dekorator

decoy /<u>di</u>-koi/ 1. zwabić 2. wabik

decrease /<u>dy</u>-kris/ zmniejszanie się

decrease /dy-<u>kris</u>/ zmniejszać się

decree /dy-<u>kri</u>/ 1. rozporządzenie 2. wyrok 3. dekret 4. zarządzać

decry /dy-<u>krai</u>/ oczernić

dedicate /<u>de</u>-dykeit/ 1. dedykować 2. poświęcić

dedication /dedy-<u>kei</u>-szn/ 1. poświęcenie 2. dedykacja

deduce /dy-<u>djuus</u>/ dedukować

deduct /dy-<u>dakt</u>/ 1. potrącać 2. odciągać

deduction /dy-<u>dak</u>-szn/ 1. potrącenie 2. dedukcja

deed /did/ czyn

deep /dip/ 1. głęboki 2. wnikliwy 3. poważny

deepen /<u>di</u>-pn/ pogłębiać

deeply /<u>di</u>-ply/ głęboko

deepness /<u>dip</u>-nes/ 1. głębokość 2. głębia

deer /dyje/ 1. jeleń 2. sarna

defame /dy-<u>feim</u>/ zniesławić

defamation /defe-<u>mei</u>-szn/ zniesławienie

defamatory /dy-<u>fee</u>-me-czry/ 1. oszczerczy 2. szkalujący

default /dy-<u>foolt</u>/ 1. zaniedbać 2. uchybienie 3. walkower

defeat /dy-<u>fit</u>/ pokonać

defect /<u>di</u>-fekt/ 1. wada 2. defekt

defect /di-<u>fekt</u>/ 1. przejść na stronę wroga 2. uciec

defection /dy-<u>fek</u>-szn/ 1. odstępstwo 2. zdrada

defective /dy-<u>fek</u>-tyw/ wadliwy

defector /dy-<u>fek</u>-te/ odstępca

defence /dy-<u>fens</u>/ obrona

defend /dy-<u>fend</u>/ bronić

defendant /dy-<u>fen</u>-dent/ 1. pozwany 2. oskarżony

defender /dy-<u>fen</u>-de/ obrońca

defensive /dy-<u>fen</u>-syw/ 1. defensywny 2. obronny

defer /dy-<u>fer</u>/ ulegać

deference /<u>de</u>-fe-rens/ 1. wzgląd 2. uleganie

deferential /defe-<u>ren</u>-szl/ uległy

defiance /dy-<u>fa</u>-yjens/ bunt

defiant /dy-<u>fa</u>-yjent/ oporny

deficiency /dy-<u>fy</u>-szen-sy/ niedobór

deficient /dy-<u>fy</u>-szent/ niekompletny

deficit /<u>de</u>-fy-syt/ deficyt

defile /di-<u>fail</u>/ 1. zanieczyszczać 2. kalać

define /dy-<u>fain</u>/ 1. określać 2. definiować

definite /<u>de</u>-fy-nyt/ 1. wyraźny 2. określony

definitely /<u>de</u>-fy-ny-tly/ oczywiście!

definition /defy-<u>ny</u>-szn/ 1. definicja 2. rozdzielczość definitive /dy-fy-ny-tyw/ 1. rozstrzygający 2. ostateczny

deflate /di-fleit/ wypuszczać powietrze

deflect /dy-flekt/ 1. odchylać się 2. zbaczać

deflection /dy-flek-szn/ 1. odchylenie 2. zagięcie

deform /dy-foom/ 1. deformować 2. zniekształcać

deformation /di-foo-mej-szn/ 1. zdeformowanie 2. zniekształcenie

deformity /dy-foo-myty/ deformacja

defraud /dy-frood/ 1. oszukiwać 2. pozbawiać

defray /dy-frei/ opłacać

defrost /di-frost/ rozmrażać

deft /deft/ zręczny

defuse /dy-fjuz/ wyjąć zapalnik

defy /dy-fai/ przeciwstawić się

degenerate /dy-dże-ne-ryt/ 1. zwyrodniały 2. zdegenerowany

degenerate /dy-dże-ne-reit/ 1. zwyrodnieć 2. pogarszać się

degradation /de-gre-dej-szn/ degradacja

degrade /dy-greid/ 1. degradować 2. poniżać

degree /dy-gri/ stopień

dehydrate /di-hai-dreit/ odwadniać

deify /dy-y-faj/ ubóstwiać

deign /dein/ 1. raczyć 2. robić łaskę

deity /dij-y-ty/ bóstwo

deject /dy-dżekt/ przygnębiać

delay /dy-lei/ 1. odwlekać 2. opóźniać 3. opóźnienie 4. zwłoka

delectable /dy-lek-tebl/ przemiły

delegacy /de-ly-gesy/ wydelegowanie

delegate /de-ly-geit/ 1. delegować 2. delegat

delegation /dely-gei-szn/ delegacja

delete /di-lit/ 1. usuwać 2. kasować

deletion /di-li-szn/ 1. usunięcie 2. skasowanie

deliberate /de-ly-be-reit/ 1. zastanawiać się 2. naradzać się

deliberate /dy-ly-be-ret/ 1. umyślny 2. zamierzony

deliberation /dy-lybe-rei-szn/ 1. rozważanie 2. obrady

delicacy /de-ly-kesy/ 1. delikatność 2. przysmak

delicate /de-ly-ket/ delikatny

delicatesen /de-lyke-te-sn/ sklep spożywczy

delicious /dy-ly-szes/ 1. pyszny 2. przemiły

delight /dy-lait/ 1. rozkosz 2. zachwyt 3. cieszyć 4. zachwycać

delightful /dy-lait-fl/ zachwycający

dellmlt /dy-ly-myt/ ogranlczać

delinquency /dy-lynn-kła-nsy/ 1. wykroczenie 2. przestępczość

delinquent /dy-lynn-kłent/ 1. winny 2. zaległy 3. przestępczy

delirious /dy-ly-ryjes/ 1. deliryczny 2. bredzący

delirium /dy-ly-ryjem/ 1. delirium 2. bredzenie

deliver /dy-ly-we/ 1. dostarczać 2. doręczać

delivery /dy-ly-we-ry/ 1. dostawa 2. poród

dell /del/ dolina

deluge /del-juudż/ 1. potop 2. zalew

delusion /dy-luu-żn/ 1. ułuda 2. zwodzenie

delusive /dy-luu-syw/ 1. zwodniczy 2. iluzoryczny

delve /delw/ 1. kopać 2. ryć

demagogue /de-me-gog/ dema-

gog
demand /dy-<u>maand</u>/ 1. domagać
się 2. żądać 3. żądanie 4. popyt
demarcate /<u>di</u>-maa-keit/ rozgraniczać
demarcation /di-maa-<u>kei</u>-szn/ roz-
graniczenie
demean /dy-<u>min</u>/ poniżać
demeanour /dy-<u>mi</u>-me/ 1. postępowanie 2. zachowanie
demented /dy-<u>men</u>-tyd/ obłąkany
demilitarize /di-<u>my</u>-lyte-rajz/ zde-
militaryzować
demo /<u>de</u>-meł/ pokaz
demobilize /dy-<u>meł</u>-be-laiz/ demobilizować
demobilization /di-moł-bylaj-<u>zei</u>-
szn/ demobilizacja
democracy /dy-<u>mo</u>-kresy/ demokracja
democrat /<u>de</u>-me-kreet/ de-
mokrata
democratic /deme-<u>kree</u>-tyk/ demokratyczny
demolish /dy-<u>mo</u>-lysz/ 1. burzyć 2.
obalać
demolition /deme-<u>ly</u>-szn/ 1. roz-
biórka 2. wyburzenie
demon /<u>di</u>-men/ demon
demonstrate /<u>de</u>-men-streit/ 1. demonstrować 2. manifestować 3.
wykazywać
demonstration /<u>de</u>-men-<u>strei</u>-szn/
1. demonstracja 2. pokaz
demonstrative /dy-<u>mon</u>-stre-tyw/
dowodowy
demonstrator /de-mens-<u>trei</u>-te/
demonstrator
demoralize /dy-<u>mo</u>-relaiz/ 1. deprawować 2. demoralizować
demote /dy-<u>mołt</u>/ degradować
demotion /dy-<u>moł</u>-szn/ 1. degradacja 2. obniżenie stopnia

demur /dy-<u>mee</u>/ sprzeciwiać się
demure /dy-<u>mjue</u>/ rozważny
den /den/ 1. nora 2. legowisko 3.
melina
denationalize /di-<u>nee</u>-szne-laiz/ 1.
reprywatyzować 2. wynarodawiać
deniable /dy-<u>na</u>-yjebl/ zaprze-
czalny
denial /dy-<u>na</u>-yjel/ 1. zaprzeczenie
2. odmowa
denim /dy-<u>nym</u>/ drelich
Denmark /<u>den</u>-mark/ Dania
denomination /dy-nomy-<u>nei</u>-szn/
1. określenie 2. nazwa
denominator /dy-nomy-<u>nei</u>-te/
mianownik
denote /dy-<u>nołt</u>/ oznaczać
denounce /dy-<u>nałns</u>/ zade-
nuncjować
dense /dens/ gęsty
density /<u>den</u>-sety/ gęstość
dent /dent/ 1. wklęśnięcie 2.
szczerba
dental /<u>den</u>-tl/ 1. dentystyczny 2.
zębowy
dentist /<u>den</u>-tyst/ dentysta
dentistry /<u>den</u>-tys-try/ dentystyka
denture /<u>den</u>-cze/ sztuczna szczęka
denunciation /dy-nan-sy-<u>ei</u>-szn/ 1.
denuncjacja 2. doniesienie
deny /dy-<u>nai</u>/ 1. zaprzeczać 2. odmawiać 3. wypierać się
deodorant /di-<u>eł</u>-derent/ dezodorant
deodorize /di-<u>oł</u>-de-raiz/ usuwać
woń
depart /dy-<u>part</u>/ odjeżdżać
department /dy-<u>part</u>-ment/ 1. dział
2. departament 3. ministerstwo 4.
wydział
departmental /di-part-<u>men</u>-tl/ wy-
działowy

departure /dy-par-cze/ 1. odjazd 2. odlot

depend /dy-pend/ 1. zależeć 2. polegać

dependable /dy-pen-debl/ niezawodny

dependence /dy-pen-dens/ 1. zależność 2. zaufanie

dependent /dy-pen-dent/ 1. osoba na utrzymaniu 2. zależny

depict /dy-pykt/ 1. opisywać 2. przedstawiać

deplete /dy-plit/ 1. wypróżnić 2. usuwać

deplorable /dy-ploo-rebl/ godny ubolewania

deplore /dy-ploo/ 1. ubolewać 2. opłakiwać

deploy /dy-ploi/ rozwijać front

depopulate /di-po-pju-leit/ wyludnić

depopulation /di po pju-lei-szn/ wyludnienie

deport /dy-poot/ 1. deportować 2. przesiedlać

deportation /dy-poo-tei-szn/ deportacja

depose /dy-połz/ 1. zeznawać 2. poświadczać

deposit /dy-po-zyt/ 1. lokata 2. zadatek 3. kaucja 4. złoże 5. deponować

depot /de-peł/ 1. skład 2. magazyn 3. dworzec

deprave /dy-prejw/ deprawować

depravity /dy-pree-wyty/ deprawacja

depreciate /dy-pri-szyjeit/ tracić na wartości

depreciation /dy-pri-szy-ei-szn/ 1. dewaluacja 2. deprecjacja

depress /dy-pres/ 1. dociskać 2. przygnębiać

depression /dy-pre-szn/ 1. przygnębienie 2. depresja 3. kryzys

deprivation /de-pry-wei-szn/ 1. pozbawienie 2. utrata

deprive /dy-praiw/ 1. pozbawiać 2. odebrać

depth /depfh/ 1. głębokość 2. otchłań

deputation /de-pju-tei-szn/ 1. poselstwo 2. delegacja 3. deputacja

depute /dy-pjuut/ 1. wydelegować 2. upełnomocnić

deputy /de-pjuty/ 1. zastępca 2. delegat

derail /dy-reil/ wykolejać się

derange /dy-rein-dż/ 1. psuć 2. rozstrajać

derelict /de-ry-lykt/ 1. bezpański 2. opuszczony

deride /dy-raid/ szydzić

derision /dy-ry-żn/ pośmiewisko

derisive /dy-raj-syw/ 1. drwiący 2. szyderczy

derivation /dery-wei-szn/ 1. pochodzenie 2. derywacja

derive /dy-raiw/ 1. wywodzić 2. wyprowadzać

dermatologist /der-me-to-le-dżyst/ dermatolog

dermatology /der-me-to-ledży/ dermatologia

derogate /de-ro-geit/ 1. uwłaczać 2. umniejszać

derogatory /dy-ro-ge-tery/ uwłaczający

derrick /de-ryk/ dźwig ładunkowy

derv /derw/ ropa napędowa

descant /des-keent/ dyszkant

descend /dy-send/ 1. opadać 2. schodzić 3. obniżać

descendant /dy-sen-dent/ potomek

descent /dy-sent/ 1. zejście 2. spadek 3. desant

describe /dy-<u>skraib</u>/ 1. opisywać 2. określać

description /dy-<u>skryp</u>-szn/ 1. opis 2. rysopis

descriptive /dys-<u>kryp</u>-tyw/ opisowy

desecrate /<u>de</u>-sy-krejt/ zbezcześcić

desegregate /dy-<u>se</u>-gry-geit/ znosić segregację

desegregation /dy-se-gry-<u>gei</u>-szn/ znoszenie segregacji

desert /<u>de</u>-zet/ pustynia

desert /dy-<u>zert</u>/ 1. porzucić 2. zdezerterować

deserter /dy-<u>zer</u>-te/ dezerter

deserve /dy-<u>zerw</u>/ zasługiwać

desiccate /<u>de</u>-sy-keit/ suszyć

design /dy-<u>zain</u>/ 1. projektować 2. projekt 3. wzór

designate /<u>de</u>-zyg-neit/ wyznaczać

designation /de-zyg-<u>nei</u>-szn/ 1. mianowanie 2. określenie

designer /dy-<u>zai</u>-ne/ 1. projektant 2. rysownik

designing /dy-<u>zai</u>-nynn/ projektowanie

desirable /dy-<u>za</u>-yjerebl/ pożądany

desire /dy-<u>za</u>-yje/ 1. pragnąć 2. pożądać 3. pragnienie 4. ochota 5. pożądanie

desist /dy-<u>zyst</u>/ zaniechać

desk /desk/ 1. biurko 2. ławka 3. recepcja

desolate /<u>de</u>-se-leit/ 1. pustoszyć 2. odludny

desolation /dese-<u>lei</u>-szn/ 1. spustoszenie 2. dewastacja 3. pustkowie

despair /dy-<u>spee</u>/ 1. rozpaczać 2. rozpacz

desperate /<u>des</u>-peret/ 1. zdesperowany 2. rozpaczliwy

desperation /des-pe-<u>rei</u>-szn/ 1. desperacja 2. rozpacz

despicable /des-<u>py</u>-kebl/ podły

despise /dy-<u>spaiz</u>/ wzgardzać

despite /dy-<u>spait</u>/ 1. wbrew 2. pomimo

despondency /dys-<u>pon</u>-den-sy/ zniechęcenie

despot /<u>des</u>-pot/ despota

despotic /des-<u>po</u>-tyk/ despotyczny

dessert /dy-<u>zert</u>/ deser

destination /des-ty-<u>nei</u>-szn/ 1. miejsce przeznaczenia 2. cel 3. adresat

destiny /<u>des</u>-ty-ny/ 1. los 2. przeznaczenie

destitute /<u>des</u>-ty-tjut/ bez środków do życia

destroy /dy<u>stroi</u>/ niszczyć

destroyer /dys-<u>tro</u>-yje/ niszczyciel

destruction /dy-<u>strak</u>-szn/ 1. zagłada 2. zniszczenie

destructive /dys-<u>trak</u>-tyw/ niszczycielski

detach /dy-<u>teecz</u>/ odłączyć

detachment /dy-<u>teecz</u>-ment/ odłączenie

detail /<u>di</u>-teil/ szczegół

detain /dy-<u>tein</u>/ 1. aresztować 2. zatrzymywać

detainee /di-<u>tei</u>-ni/ aresztowany

detect /dy-<u>tekt</u>/ 1. wyczuwać 2. wykrywać

detective /dy-<u>tek</u>-tyw/ 1. detektyw 2. śledczy

detector /dy-<u>tek</u>-te/ detektor

detention /dy-<u>ten</u>-szn/ areszt

deter /di-<u>ter</u>/ 1. odstraszać 2. powstrzymywać

detergent /dy-<u>ter</u>-dżent/ środek czyszczący

deteriorate /dy-<u>tyje</u>-rje-reit/ pogarszać się

determination /dy-ter-my-nei-szn/
1. zdecydowanie 2. determinacja
3. określenie

determine /dy-ter-myn/ 1. ustalać
2. określać 3. zadecydować

detest /dy-test/ 1. nienawidzić 2.
nie cierpieć

dethrone /dy-fhro-łn/ zdetro-
nizować

detonate /de-teneit/ detonować

detonation /de-te-nei-szn/ 1. wybuch 2. detonacja

detonator /de-te-nei-te/ detonator

detour /di-tue/ objazd

detract /dy-tree-kt/ ujmować

detriment /de-try-ment/ 1. ujma 2.
szkoda

deuce /djuus/ 1. dwójka 2. równowaga

devaluation /di-weelju-ei-szn/ dewaluacja

devalue /di-wee-lju/ dewaluować

devastate /de-westeit/ 1. rujnować
2. dewastować

devastation /de-wes-tei-szn/ 1.
ruina 2. dewastacja 3. spustoszenie

develop /dy-we-lep/ 1. rozwijać
(się) 2. wywoływać

development /dy-we-lep-ment/ 1.
rozwój 2. wzrost 3. wydarzenie

deviate /di-wy-eit/ 1. zbaczać 2.
odchylać się

deviation /di-wy-ei-szn/ odchylenie

device /dy-wais/ 1. urządzenie 2.
przyrząd

devil /de-wl/ diabeł

devious /di-wyjes/ kręty

devise /dy-wajz/ obmyślać

devolution /di-we-luu-szn/ 1. dziedzictwo 2. sukcesja

devolve /dy-wolw/ przekazywać

devote /dy-węłt/ poświęcać

devoted /dy-woł-tyd/ 1. poświęcający się 2. oddany

devotion /dy-węł-szn/ 1. poboż-
ność 2. oddanie

devour /dy-wa-łe/ pożreć

devout /dy-wałt/ 1. gorliwy 2. pobożny

dew /djuu/ rosa

dexterity /deks-te-ryty/ zręczność

dexterous /dek-ste-res/ zręczny

diabetes /daie-by-tyz/ cukrzyca

diabetic /daie-be-tyk/ cukrzycowy

diabolic /daie-bo-lyk/ diaboliczny

diagnose /daie-gnołz/ 1. rozpoznawać 2. stawiać diagnozę

diagnosis /daieg-neł-sys/ diagnoza

diagnostic /daieg-nos-tyk/ 1. objaw 2. diagnostyczny

diagonal /dai-ee-genl/ 1. przekątna
2. ukośna

diagram /daie-greem/ 1. wykres 2.
diagram

dial /daiel/ 1. wykręcać numer 2.
tarcza telefonu

dialect /daie-lekt/ dialekt

dialogue /daie-log/ 1. dialog 2. porozumienie

diameter /dai-ee-myte/ średnica

diamond /daie-mend/ 1. diament
2. brylant 3. romb

diarrhoea /daie-ryje/ biegunka

diary /daie-ry/ pamiętnik

dice /dais/ 1. kości do gry 2. kroić
w kostkę

dicey /dai-sy/ ryzykowny

dichotomy /dai-ko-temy/ dychoto-
mia

dictate /dyk-teit/ dyktować

dictation /dyk-tei-szn/ dyktando

dictator /dyk-tei-te/ dyktator

dictatorship /dyk-tei-te-szyp/ dyk-
tatura

diction /dyk-szn/ dykcja
dictionary /dyk-szenry/ słownik
did → do
didactic /dy-deek-tyk/ dydaktyczny
diddle /dy-dl/ okpić
die /dai/ 1. umierać 2. ginąć 3. zdychać
diesel /di-zl/ 1. napędzany ropą 2. olej napędowy
diet /daiet/ dieta
differ /dy-fe/ różnić się
difference /dyf-rens/ różnica
different /dyf-rent/ 1. różny 2. inny
differential /dyfe-ren-szel/ 1. różniczka 2. zróżnicowany
differentiate /dyfe-ren-szy-eit/ rozróżniać
difficult /dy-fykelt/ trudny
difficulty /dy-fykelty/ trudność
diffidence /dy-fy-dens/ 1. brak zaufania 2. nieśmiałość
diffident /dy-fy-dent/ nieśmiały
diffuse /dy-fjuuz/ szerzyć
diffusion /dy-fjuu-żn/ 1. dyfuzja 2. rozprzestrzenianie się
dig /dyg/ 1. kopać 2. szturchaniec
digest /dai-dżest/ trawić
digestion /dai-dżes-czn/ trawienie
digestive /dy-dżes-tyw/ trawienny
digger /dy-ge/ kopacz
digit /dy-dżyt/ cyfra
dignify /dyg-ny-fai/ uszlachetniać
dignitary /dyg-ny-tery/ 1. dostojnik 2. dygnitarz
dignity /dyg-nety/ 1. godność 2. dostojeństwo
digress /dai-gres/ robić dygresję
digression /dai-gre-szn/ dygresja
dike /daik/ grobla
dilapidated /dy-lee-py-dei-tyd/ zniszczony
dilate /dai-leit/ rozciągać
dilatory /dy-le-tery/ opieszały

dilemma /dy-le-me/ dylemat
diligence /dy-ly-dżens/ pilność
diligent /dy-ly-dżent/ 1. pilny 2. pracowity
dill /dyl/ koper
dilute /dai-ljut/ rozcieńczać
dim /dym/ 1. przyćmiony 2. niewyraźny 3. ponury
dime /daim/ dziesięciocentówka
dimension /dy-men-szn/ 1. rozmiary 2. wymiar
diminish /dy-my-nysz/ 1. maleć 2. zmiejszać (się)
diminutive /dy-my-nju-tyw/ zdrobnienie
din /dyn/ 1. wrzawa 2. łoskot
dine /dain/ jeść obiad
diner /dai-ne/ 1. gość obiadowy 2. wagon restauracyjny
dingy /dyn-dży/ obskurny
dining-room /dai-nynn-rum/ 1. jadalnia 2. pokój jadalny
dinner /dy-ne/ 1. obiad 2. kolacja 3. przyjęcie
dinner-jacket /dy-ne-dżee-kyt/ smoking
dinosaur /dai-nesoo/ dinozaur
diocese /da-yje-sys/ diecezja
dip /dyp/ zanurzać
diptheria /dyf-fhyje-ryje/ dyfteryt
diphthong /dyf-fhonn/ dwugłoska
diploma /dy-pleł-me/ dyplom
diplomacy /dy-ploł-mesy/ dyplomacja
diplomat /dy-ple-meet/ dyplomata
diplomatic /dy-ple-mee-tyk/ dyplomatyczny
dire /da-yje/ 1. straszny 2. okropny
direct /dy-rekt/ 1. kierować 2. bezpośredni
direction /dy-rek-szn/ kierunek
directive /dy-rek-tyw/ 1. zarządzenie 2. dyrektywa

directly /dy-rek-tly/ bezpośrednio
director /dy-rek-te/ 1. dyrektor 2. reżyser
directory /dy-rek-tery/ 1. książka telefoniczna 2. katalog
dirge /der-dż/ pieśń pogrzebowa
dirt /dert/ 1. brud 2. błoto
dirty /der-ty/ 1. brudny 2. nieprzyzwoity
disability /dyse-by-le-ty/ 1. inwalidztwo 2. kalectwo
disable /dys-ei-bl/ 1. unieszkodliwiać 2. obezwładniać
disabled /dys-ei-belt/ 1. inwalida 2. kaleka 3. upośledzony umysłowo
disadvantage /dysed-waan-tydż/ 1. ujemna strona 2. wada
disadvantageous /dyseed-waan-tei-dżes/ niekorzystny
disagree /dyse-gri/ nie zgadzać się
disagreeable /dise-gri-ebl/ nieprzyjemny
disagreement /dyse-gri-ment/ 1. nieporozumienie 2. niezgodność
disallow /dyse-lał/ zakazywać
disappear /dyse-pyje/ 1. znikać 2. zanikać
disappearance /dyse-pyje-rens/ zniknięcie
disappoint /dyse-point/ 1. rozczarowywać 2. zawodzić
disappointed /dyse-poin-tyd/ rozczarowany
disappointment /dyse-point-ment/ 1. zawód 2. rozczarowanie
disapproval /dyse-pruu-wl/ dezaprobata
disapprove /dyse-pruuw/ nie pochwalać
disarm /dys-arm/ rozbrajać (się)
disarmament /dys-ar-me-ment/ rozbrojenie
disarray /dyse-rei/ zamęt

disaster /dy-zaas-te/ 1. klęska 2. nieszczęście 3. katastrofa
disastrous /dy-zaas-tres/ katastrofalny
disband /dys-beend/ rozchodzić się
disbelief /dys-by-lif/ niedowierzanie
disbelieve /dys-by-liw/ nie wierzyć
disburse /dys-bers/ wypłacać
disbursement /dys-bers-ment/ płatność
disc /dysk/ 1. dyskietka 2. płyta 3. dysk 4. krążek
discard /dys-kard/ zarzucać
discern /dy-sern/ 1. rozróżniać 2. dostrzegać
discharge /dys-czar-dż/ 1. zwalniać 2. wypisywać 3. wydalać 4. wypełniać 5. emisja 6. wyładowanie 7. wydzielina
disciple /dy-sal-pl/ uczeń
disciplinary /dy-syply-nery/ dyscyplinarny
discipline /dy-se-plyn/ 1. dyscyplina 2. karać
disclaim /dys-kleim/ zrzekać się
disclose /dys-klełz/ 1. odsłaniać 2. ujawniać
disclosure /dys-kloł-że/ 1. ujawnienie 2. odsłonięcie
discolour /dys-ka-le/ odbarwiać
discomfort /dys-kam-fet/ 1. niedogodność 2. dolegliwość
disconnect /dys-ke-nekt/ 1. rozłączać 2. odłączać
disconsolate /dys-kon-se-lyt/ 1. strapiony 2. ponury
discontent /dys-ken-tent/ niezadowolenie
discontinue /dys-ken-ty-nju/ przerywać
discontinuous /dys-ken-ty-njues/

przerywany
discord /dys-kood/ niezgoda
discotheque /dys-ke-tek/ dyskoteka
discount /dys-kałnt/ 1. zniżka 2. rabat
discount /dys-kałnt/ udzielać rabatu
discourage /dys-ka-rydż/ 1. zrażać 2. zniechęcać
discourse /dys-koos/ 1. dyskusja 2. rozprawa
discourteous /dys-ker-tyjes/ niegrzeczny
discover /dys-ka-we/ odkrywać
discovery /dys-ka-wery/ 1. odkrycie 2. odnalezienie
discredit /dys-kre-dyt/ 1. dyskredytować 2. przynosić ujmę
discreet /dys-krit/ 1. dyskretny 2. taktowny 3. rozważny
discrepancy /dys-kre-pen-sy/ 1. sprzeczność 2. rozbieżność
discrepant /dys-kre-pent/ sprzeczny
discrete /dy-skrit/ 1. nieciągły 2. odosobniony
discretion /dys-kre-szn/ 1. dyskrecja 2. osąd 3. uznanie
discriminate /dys-kry-my-neit/ 1. dyskryminować 2. rozróżniać
discrimination /dys-kry-my-nei-szn/ 1. dyskryminacja 2. rozróżnianie
discus /dys-kes/ dysk sportowy
discuss /dys-kas/ 1. dyskutować 2. omawiać
discussion /dys-ka-szn/ 1. dyskusja 2. debata
disdain /dys-dein/ gardzić
disease /dy-ziz/ choroba
disembark /dysym-bark/ wyładowywać

disenchant /dys-yn-czant/ rozwiać złudzenia
disengage /dys-yn-gei-dż/ oddzielać
disfavour /dys-fei-we/ nieprzychylność
disfigure /dys-fy-ge/ zniekształcać
disgorge /dys-goodż/ 1. wymiotować 2. zwracać
disgrace /dys-greis/ hańba
disgraceful /dys-greis-ful/ haniebny
disguise /dys-gaiz/ 1. przebierać się 2. maskować 3. przebranie
disgust /dys-gast/ 1. odraza 2. wstręt
disgusting /dys-gas-tynn/ 1. wstrętny 2. odrażający
dish /dysz/ 1. danie 2. półmisek 3. potrawa
dishcloth /dysz-klofh/ ścierka do naczyń
dishonest /dys-o-nyst/ nieuczciwy
dishonesty /dys-o-nysty/ nieuczciwość
dishonour /dys-o-ne/ 1. hańbić 2. hańba
dishonourable /dys-o-nere-bl/ 1. haniebny 2. nikczemny
dishwasher /dysz-ło-sze/ zmywarka do naczyń
dishwater /dysz-łoo-te/ pomyje
disillusion /dysy-luu-żn/ 1. rozczarowywać 2. zawodzić 3. rozczarowanie
disinclination /dys-ynkly-nei-szn/ niechęć
disinclined /dys-yn-klaj-nd/ niechętny
disinfect /dys-yn-fekt/ odkażać
disinfectant /dys-yn-fek-tent/ środek odkażający
disinherit /dys-yn-he-ryt/ wydzie-

dziczać
disintegrate /dys-<u>yn</u>-ty-greit/ 1. rozdrabniać 2. rozkładać się
disintegration /dys-yn-ty-<u>grei</u>-szn/ 1. rozpad 2. rozkład 3. rozdrobnienie
disinter /dy-syn-<u>ter</u>/ odgrzebywać zwłoki
dislike /dys-<u>laik</u>/ 1. nie lubić 2. niechęć
dislocate /<u>dys</u>-le-keit/ 1. przemieszczać 2. zwichnąć
dislocation /dys-le-<u>kei</u>-szn/ zwichnięcie
dislodge /dys-<u>lodż</u>/ 1. usuwać 2. wysiedlać
disloyal /dys-<u>loo</u>-yjel/ nielojalny
disloyalty /dys-<u>lo</u>-yjety/ niewierność
dismal /<u>dyz</u>-ml/ posępny
dismantle /dys-<u>meen</u>-tl/ demontować
dismay /dys-<u>mei</u>/ 1. przerażać 2. konsternacja
dismiss /dys-<u>mys</u>/ 1. odprawiać 2. zwalniać z obowiązku
dismissal /dys-<u>my</u>-sl/ 1. dymisja 2. odprawa
dismount /dys-<u>maint</u>/ zsiadać
disobedience /dyse-<u>bi</u>-dyjens/ nieposłuszeństwo
disobedient /dyse-<u>bi</u>-dy-jent/ nieposłuszny
disobey /dyse-<u>bei</u>/ nie słuchać się
disorder /dys-<u>oo</u>-de/ 1. nieporządek 2. zaburzenie 3. nieład
disorganize /dys-<u>oo</u>-ge-naiz/ dezorganizować
disorientate /dys-<u>oo</u>-ryjen-teit/ dezorientować
disown /dys-<u>ołn</u>/ wypierać się
disparge /dys-<u>pee</u>-rydż/ 1. ubliżać 2. uwłaczać

disparate /<u>dys</u>-peryt/ 1. odmienny 2. różny
disparity /dys-<u>pee</u>-ryty/ różnica
dispassionate /dys-<u>pee</u>-szenet/ obojętny
dispatch /dys-<u>pecz</u>/ 1. wysyłać 2. nadawać 3. wysyłka
dispensable /dys-<u>pen</u>-sebl/ zbyteczny
dispense /dys-<u>pens</u>/ rozdzielać 2. udzielać
disperse /dys-<u>pers</u>/ 1. rozpędzać 2. rozpraszać
displace /dys-<u>pleis</u>/ 1. przesuwać 2. przenosić
displacement /dys-<u>pleis</u>-ment/ 1. przesunięcie 2. przestawienie
display /dys-<u>plei</u>/ 1. wystawa 2. pokaz 3. wyświetlacz 4. wystawiać 5. okazywać
displease /dys-<u>pliz</u>/ 1. urażać 2. irytować
disposable /dys-<u>poł</u>-zebl/ jednorazowy
disposal /dys-<u>poł</u>-zl/ 1. rozmieszczenie 2. usunięcie
dispose /dys-<u>pełz</u>/ 1. pozbywać się 2. rozmieszczać
disposition /dyspe-<u>zy</u>-szn/ 1. zarządzenie 2. rozkład
disprove /dys-<u>pruuw</u>/ obalać zarzuty
disproven → disprove
disputable /dys-<u>pjuu</u>-tebl/ 1. sporny 2. wątpliwy
dispute /dys-<u>pjut</u>/ 1. spierać się 2. sprzeczać się 3. spór
disqualification /dys-kło-lyfy-<u>kei</u>-szn/ dyskwalifikacja
disqualify /dys-<u>kło</u>-ly-fai/ dyskwalifikować
disregard /dys-ry-<u>gard</u>/ 1. lekceważyć 2. ignorować 3. lekce-

ważenie

disreputable /dys-<u>re</u>-pju-tebl/ haniebny

disrespect /dys-ry-<u>spekt</u>/ brak szacunku

disrespectful /dys-ry-<u>spek</u>-tfl/ 1. lekceważący 2. obraźliwy

disrupt /dys-<u>rapt</u>/ rozerwać

disruption /dys-<u>rap</u>-szn/ 1. rozerwanie 2. rozdział

dissatisfaction /dys-see-tys-<u>feek</u>-szn/ niezadowolenie

dissatisfy /dys-<u>see</u>-tys-faj/ powodować niezadowolenie

dissect /dy-<u>sekt</u>/ robić sekcję

dissection /dy-<u>sek</u>-szn/ sekcja zwłok

dissent /dy-<u>sent</u>/ mieć odmienne zapatrywania

dissertation /dyse-<u>tei</u>-szn/ rozprawa naukowa

disservice /dys-<u>ser</u>-wys/ 1. szkoda 2. uszczerbek

dissident /<u>dy</u>-sy-dent/ 1. dysydent 2. odmienny

dissimilarity /dy-symy-<u>lee</u>-ryty/ odmienność

dissipate /<u>dy</u>-sy-peit/ 1. trwonić 2. rozganiać

dissipation /dy-sy-<u>pei</u>-szn/ 1. roztrwonienie 2. rozgonienie

dissociate /dy-<u>soł</u>-szy-eit/ rozdzielać

dissoluble /dy-<u>sol</u>-jubl/ rozpuszczalny

dissolute /<u>dy</u>-se-ljut/ rozwiązły

dissolution /dy-se-<u>luu</u>-szn/ 1. rozkład 2. rozpad

dissolve /dy-<u>zolw</u>/ 1. rozpuszczać (się) 2. rozwiązywać

dissolvent /dy-<u>zol</u>-went/ rozpuszczalnik

dissonance /<u>dy</u>-se-nens/ dysonans

dissuade /dys-<u>łeid</u>/ odradzać

distance /<u>dys</u>-tens/ 1. odległość 2. odstęp 3. dystans

distant /<u>dys</u>-tent/ odległy

distaste /dys-<u>teist</u>/ wstręt

distasteful /dys-<u>teist</u>-ful/ 1. wstrętny 2. przykry

distil /dys-<u>tyl</u>/ destylować

distillation /dysty-<u>lei</u>-szn/ destylacja

distinct /dys-<u>tynn</u>-kt/ wyraźny

distinction /dys-<u>tynnk</u>-szn/ rozróżnienie

distinctive /dys-<u>tynnk</u>-tyw/ 1. charakterystyczny 2. wyróżniający

distinctly /dys-<u>tynnk</u>-tly/ 1. wyraźnie 2. jasno

distinguish /dys-<u>tynn</u>-głysz/ 1. wyróżniać 2. odróżniać 3. rozpoznawać

distinguished /dys-<u>tyn</u>-głyszt/ wybitny

distort /dys-<u>toot</u>/ 1. wykrzywiać 2. zniekształcać się

distortion /dys-<u>too</u>-szn/ 1. wykrzywienie 2. spaczenie

distract /dys-<u>tree</u>-kt/ odrywać

distraction /dys-<u>treek</u>-szn/ 1. oderwanie 2. rozstrój

distress /dys-<u>tres</u>/ 1. rozpacz 2. cierpienie 3. sprawiać ból

distribute /dys-<u>try</u>-bjuut/ 1. rozdzielać 2. rozprowadzać

distribution /dystry-<u>bjuu</u>-szn/ dystrybucja

distributor /dys-<u>try</u>-bjute/ dystrybutor

district /<u>dys</u>-trykt/ 1. okręg 2. dzielnica 3. region

distrust /dys-<u>trast</u>/ 1. nieufność 2. nie ufać

disturb /dys-<u>terb</u>/ 1. przeszkadzać

2. niepokoić

disturbance /dys-<u>ter</u>-bens/ 1. niepokój 2. niepokoje 3. zaburzenia 4. burda

disunity /dys-<u>ju</u>-nety/ brak jedności

disuse /dys-<u>juus</u>/ nieużywanie

ditch /dycz/ 1. rów 2. kanał

dither /<u>dy</u>-fhe/ dygotać

ditty /<u>dy</u>-ty/ śpiewka

dive /daiw/ 1. skok do wody 2. nurkowanie 3. speluna 4. skakać do wody 5. nurkować

diver /<u>dai</u>-we/ nurek

diverge /dai-<u>wer</u>-dż/ odchylać się

diverse /dai-<u>wers</u>/ odmienny

diversify /dai-<u>wer</u>-sy-faj/ urozmaicać

diversion /dai-<u>wer</u>-szn/ 1. odwrócenie 2. dywersja

diversity /dai-<u>wer</u>-syty/ różnorodność

divert /dai-<u>wert</u>/ 1. odwracać 2. zawracać

divest /dai-<u>west</u>/ 1. pozbawiać 2. uwalniać

divide /dy-<u>waid</u>/ dzielić

dividend /<u>dy</u>-wy-dend/ dywidenda

dividers /<u>dy</u>-<u>wai</u>-des/ cyrkiel

divine /dy-<u>wain</u>/ boski

diviner /dy-<u>waj</u>-ne/ 1. różdżkarz 2. wróżbita

divinity /dy-<u>wy</u>-nyty/ 1. teologia 2. religia 3. boskość

divisible /dy-<u>wy</u>-zebl/ podzielny

division /dy-<u>wy</u>-żn/ 1. podział 2. dzielenie 3. dywizja 4. dział 5. liga

divorce /dy-<u>woos</u>/ 1. rozwodzić się 2. rozwód

divorced /dy-<u>woost</u>/ rozwiedziony

divorcee /dy-woo-<u>si</u>/ rozwodnik

divulge /dai-<u>wal</u>-dż/ wyjawiać

dizzy /<u>dy</u>-zy/ 1. oszołomiony 2. zawrotny

do /duu/ 1. robić 2. czynić 3. sprawiać 4. (czasownik pomocniczy)
  do up naprawiać
  do over przerabiać

docile /<u>doł</u>-sail/ 1. potulny 2. pojętny

dock /dok/ 1. dok 2. ława oskarżonych 3. szczaw

doctor /<u>dok</u>-te/ 1. lekarz 2. doktor 3. fałszować

doctorate /<u>dok</u>-te-ryt/ doktorat

doctrine /<u>dok</u>-tryn/ doktryna

document /<u>do</u>-kju-ment/ 1. dokument 2. opisywać

documentary /do-kju-<u>men</u>-tery/ dokumentalny

dodge /dodż/ wymykać się

doe /doł/ 1. łania 2. królica

doer /<u>du</u>-e/ 1. wykonawca 2. sprawca

doesn't /<u>da</u>-znt/ = does not → do

dog /dog/ 1. pies 2. chodzić za

dogged /dogd/ 1. zawzięty 2. uparty

doghouse /<u>dog</u>-hałs/ psia buda

dogma /<u>dog</u>-me/ dogmat

dogmatic /dog-<u>mee</u>-tyk/ dogmatyczny

dogmatism /<u>dog</u>-me-tyzm/ dogmatyzm

doings /<u>du</u>-ynnz/ 1. uczynki 2. poczynania

dole /doul/ jałmużna

doll /dol/ lalka

dollar /<u>do</u>-le/ dolar

dolly /<u>do</u>-ly/ 1. laleczka 2. tłuczek

dolphin /<u>dol</u>-fyn/ delfin

domain /deł-<u>mein</u>/ 1. domena 2. dziedzina

dome /dełm/ kopuła

domestic /de-<u>mes</u>-tyk/ 1. domowy 2. krajowy

domesticate /de-<u>mes</u>-ty-keit/ 1. udomowić 2. oswoić

domicile /<u>do</u>-my-sail/ miejsce zamieszkania

dominance /<u>do</u>-my-nens/ 1. dominacja 2. przewaga

dominant /<u>do</u>-my-nent/ dominujący

dominate /<u>do</u>-my-neit/ 1. przeważać 2. panować

Dominican /de-<u>my</u>-ny-ken/ dominikanin

dominion /de-<u>my</u>-nyjen/ zwierzchnictwo

domino /<u>do</u>-myneł/ domino

donate /<u>doł</u>-neit/ 1. podarować 2. wnieść dotację

donation /deł-<u>nei</u>-szn/ 1. dotacja charytatywna 2. darowizna

done → do

donkey /<u>donn</u>-ky/ osioł

donor /<u>deł</u>-ne/ dawca

don't /dełnt/ = do not → do

doom /duum/ 1. skazywać 2. zatracenie

Doomsday /<u>dumz</u>-dei/ Dzień Sądu

door /doo/ drzwi

doorman /<u>doo</u>-men/ 1. odźwierny 2. portier

doormat /<u>doo</u>-met/ wycieraczka

dope /dełp/ 1. narkotyk 2. odurzać

dormitory /<u>doo</u>-my-try/ 1. akademik 2. internat

dosage /<u>doł</u>-sydż/ dawkowanie

dose /dełs/ 1. dawka 2. aplikować

dossier /<u>do</u>-sy-ei/ akta personalne

dot /dot/ kropka

dotage /<u>doł</u>-tydż/ zdziecinnienie

dote /dołt/ być zaślepionym

dotty /<u>do</u>-ty/ kropkowany

double /<u>da</u>-bl/ 1. podwajać 2. podwójny

double-check /<u>dabl</u>-czek/ dokład-

nie sprawdzać

double-cross /<u>dabl</u>-kros/ wystawiać do wiatru

double-talk /<u>dabl</u>-tok/ zwodzić słowami

doubt /dałt/ 1. wątpić 2. wątpliwość

doubtful /<u>dałt</u>-fl/ wątpliwy

doubtless /<u>dałt</u>-les/ niewątpliwie

dough /deł/ 1. ciasto 2. forsa

doughnut /<u>deł</u>-nat/ pączek

dour /<u>du</u>-e/ srogi

douse /dałs/ zanurzać się

dove /daw/ gołąbek pokoju

dowager /<u>da</u>-łe-dże/ wdowa-dziedziczka

dowdy /<u>dał</u>-dy/ zaniedbany

dowel /<u>da</u>-leł/ kołek

down /dałn/ 1. w dół 2. dolny

downfall /<u>dałn</u>-fool/ upadek

downhearted /dałn-<u>har</u>-tyd/ przygnębiony

downhill /<u>dałn</u>-hyl/ 1. nachylenie 2. opadający

download /<u>dałn</u>-łołd/ kopiować do pamięci komputera

downpour /<u>dałn</u>-poo/ ulewa

downstairs /dałn-<u>steez</u>/ 1. parter 2. na dole 3. piętro niżej

downtown /<u>dałn</u>-tałn/ śródmieście

downward /<u>dałn</u>-łeed/ 1. w dół 2. pochyły

dowry /<u>da</u>-łery/ posag

doze /dełz/ drzemać

dozen /<u>da</u>-zn/ tuzin

draft /draaft/ 1. zarys 2. szkic 3. weksel 4. pobór

draftsman /<u>draaft</u>-smen/ kreślarz

drag /dreeg/ 1. wlec (się) 2. nudziarz 3. męka 4. opór

dragon /<u>dree</u>-gn/ smok

dragonfly /<u>dree</u>-gn-flai/ ważka

drain /drein/ 1. studzienka ściekowa 2. odpływ 3. drenować 4. osu-

szać
drainage /drei-nydż/ drenowanie
drainpipe /drein-paip/ rura odpływowa
drake /drejk/ kaczor
drama /draa-me/ dramat
dramatic /dre-mee-tyk/ dramatyczny
dramatist /dree-me-tyst/ dramaturg
dramatization /dree-metai-zei-szn/ dramatyzacja
dramatize /dree-me-taiz/ dramatyzować
drank /dreenk/ → drink
drape /drejp/ 1. zasłona 2. firana
drastic /dree-styk/ drastyczny
draught /dreeft/ 1. przeciąg 2. podmuch
draw /droo/ 1. rysować 2. ciągnąć 3. zaciągać 4. wyciągać 5. wzbudzać 6. podejmować 7. remisować 8. remis
  draw back cofać się
  draw up 1. kreślić 2. przysuwać
drawbridge /droo-brydż/ most zwodzony
drawer /droo/ szuflada
drawing /droo-ynn/ 1. rysunek 2. ciągnienie
drawing-room /droo-ynn-rum/ salon
drawn /droon/ → draw
dread /dred/ 1. przerażenie 2. lęk 3. bać się
dreadful /dred-fl/ straszny
dream /drim/ 1. marzyć 2. śnić 3. sen 4. marzenie
dreamt → dream
dreamy /dri-my/ 1. marzycielski 2. senny
dreary /dryje-ry/ ponury
dredge /dre-dż/ bagrownica

dregs /dregz/ 1. osad 2. męty
drench /dren-cz/ przemoczyć
dress /dres/ 1. ubierać (się) 2. sukienka
dresser /dre-se/ toaletka
dressing /dre-synn/ 1. opatrunek 2. sos sałatkowy
drew → draw
dribble /dry-bl/ kapać
drier /dra-yje/ suszarka
drift /dryft/ 1. dryfować 2. dryf 3. prąd
drill /dryl/ 1. wiertarka 2. wiertło 3. musztra 4. wiercić
drink /drynnk/ 1. pić 2. drink 3. napój 4. łyk
drinker /drynn-ke/ pijak
drinking /drynn-kynn/ pijaństwo
drip /dryp/ 1. kapać 2. ściekać
drive /draiw/ 1. jechać 2. prowadzić 3. napęd 4. przejażdżka
drivel /dry-wl/ ślinić się
driven → drive
driver /drai-we/ kierowca
driveway /draiw-łej/ podjazd
drizzle /dry-zl/ 1. mżyć 2. mżawka
dromedary /dra-me-dery/ dromader
drone /droń/ truteń
droop /druup/ zwisać
drooping /druu-pynn/ 1. nachylony 2. obwisły
drop /drop/ 1. kropla 2. spadek 3. zrzut 4. upuszczać 5. zniżać
  drop in wpadać z wizytą
  drop off 1. odpadać 2. zasypiać
  drop out 1. wycofywać się 2. porzucać
droppings /dro-pynnz/ łajno
drought /drałt/ susza
drove → drive
drown /drałn/ 1. topić (się) 2. tonąć

drowse /draiz/ drzemać
drowsy /<u>drai</u>-zy/ senny
drudge /dradż/ harować
drug /drag/ 1. lekarstwo 2. narkotyk
druggist /<u>dra</u>-gyst/ aptekarz
drugstore /<u>drag</u>-stoo/ 1. apteka 2. drogeria
drum /dram/ bęben
drumstick /<u>dram</u>-styk/ pałeczka perkusyjna
drunk /drannk/ 1. pijany 2. → drink
drunkard /<u>drann</u>-ked/ pijak
drunken /<u>drann</u>-kn/ 1. pijacki 2. pijany
dry /drai/ 1. suchy 2. wyschnięty 3. wytrawny 4. suszyć 5. schnąć
dry-cleaning /drai-<u>kli</u>-nynn/ pranie chemiczne
dryer /<u>dra</u>-yje/ suszarka
dual /<u>dju</u>-el/ podwójny
dub /dab/ 1. pasować na rycerza 2. przezywać 3. dubbingować
dubious /<u>dju</u>-byjes/ wątpliwy
duchess /<u>da</u>-czys/ księżna
duchy /<u>da</u>-czy/ księstwo
duck /dak/ 1. kaczka 2. robić unik
duckling /<u>dak</u>-lynn/ kaczuszka
duct /dakt/ 1. kanał 2. przewód
dud /dad/ niedołęga
due /dju/ 1. należny 2. płatny 3. stosowny
duel /<u>dju</u>-el/ pojedynek
dues /djuuz/ 1. opłaty 2. należności
duet /dju-<u>et</u>/ duet
dug → dig
duke /djuuk/ książę
dulcet /<u>dal</u>-syt/ melodyjny
dull /dal/ 1. nudny 2. tępy 3. stępiać
duly /<u>djuu</u>-ly/ 1. w porę 2. należycie

dumb /dam/ 1. niemy 2. głupi
dummy /<u>da</u>-my/ manekin
dump /damp/ 1. wysypisko śmieci 2. wyrzucać
dumpling /<u>dam</u>-plynn/ 1. knedel 2. pyza
dumpy /<u>dam</u>-py/ pękaty
dunce /dans/ nieuk
dune /djun/ wydma
dung /dann/ 1. nawóz 2. gnój
dungeon /<u>dan</u>-dżn/ loch
duologue /<u>dju</u>e-log/ dialog
dupe /djuup/ 1. naciągać 2. nabierać 3. naiwniak
duplicate /<u>dju</u>-plyket/ 1. kopia 2. duplikat 3. dodatkowy 4. kopiować
duplication /djuu-ply-<u>kei</u>-szn/ 1. podwojenie 2. kopiowanie
duplicity /djuu-<u>ply</u>-syty/ obłuda
durable /<u>dju</u>e-rebl/ trwały
duration /djue-<u>rei</u>-szn/ czas trwania
during /<u>dju</u>e-rynn/ podczas
dusk /dask/ 1. zmierzch 2. zmrok
dusky /<u>das</u>-ky/ 1. mroczny 2. śniady
dust /dast/ 1. kurz 2. pył 3. odkurzać
dustbin /<u>dast</u>-byn/ pudło na śmieci
dustcart /<u>dast</u>-kart/ wóz na śmieci
dustpan /<u>dast</u>-peen/ śmietniczka
dusty /dasty/ zakurzony
Dutch /dacz/ holenderski
Dutchman /<u>dacz</u>-men/ Holender
dutiable /<u>djuu</u>-tyje-bl/ podlegający ocleniu
dutiful /<u>djuu</u>-ty-ful/ 1. obowiązkowy 2. sumienny
duty /<u>djuu</u>-ty/ 1. obowiązek 2. opłata celna
duty-free /<u>djuuty</u>-fri/ bezcłowy
duvet /<u>djuu</u>-wei/ pierzyna

dwarf /dłoof/ karzeł
dwell /dłel/ mieszkać
dweller /<u>dłe</u>-le/ mieszkaniec
dwelt →dwell
dwindle /<u>dłyn</u>-dl/ kurczyć się
dye /dai/ 1. barwić 2. farbować 3. farba
dynamic /dai-<u>nee</u>-myk/ dynamiczny
dynamics /dai-<u>nee</u>-myks/ dynamika
dynamite /<u>dai</u>-nemait/ dynamit
dynamo /<u>dai</u>-ne-moł/ 1. prądnica 2. dynamo
dynastic /dy-<u>nees</u>-tyk/ dynastyczny
dynasty /<u>dy</u>-nesty/ dynastia
dysentery /<u>dy</u>-sentry/ 1. dyzenteria 2. czerwonka

E

each /icz/ każdy
eager /<u>i</u>-ge/ 1. gorliwy 2. podniecony
eagerly /<u>i</u>-ge-ly/ gorliwie
eagerness /<u>i</u>-ge-nys/ 1. zapał 2. gorliwość 3. pragnienie
eagle /<u>i</u>-gl/ orzeł
eaglet /<u>i</u>-glyt/ orlątko
ear /yje/ 1. ucho 2. kłos
earache /<u>yje</u>-eik/ ból ucha
earl /erl/ hrabia
early /<u>er</u>-ly/ 1. wczesny 2. wcześnie 3. pierwszy
early-warning /erly-<u>lo</u>-rynn/ wczesne ostrzeganie
earn /ern/ 1. zarabiać 2. utrzymywać się 3. zyskiwać
earnest /<u>er</u>-nyst/ szczery
earnings /<u>er</u>-nynnz/ 1. zarobki 2. płaca
earring /<u>yje</u>-rynn/ kolczyk

earth /erfh/ 1. ziemia 2. Ziemia 3. uziemienie
earthenware /<u>er</u>-fhn-łee/ gliniany
earthly /<u>er</u>-fhly/ 1. doczesny 2. ziemski
earthquake /<u>erfh</u>-kłeik/ trzęsienie ziemi
ease /iz/ 1. beztorska 2. wygoda 3. spokój
easel /<u>i</u>-zl/ sztaluga
east /<u>i</u>-st/ wschód
Easter /<u>is</u>-te/ Wielkanoc
eastern /<u>is</u>-tn/ wschodni
easy /<u>i</u>-zy/ 1. łatwy 2. swobodny
easygoing /izy-<u>ge</u>-łynn/ 1. spokojny 2. opanowany
eat /it/ 1. jeść 2. zjeść
eaten → eaten
eaves /iwz/ okap
ebb /eb/ odpływ
ebony /<u>e</u>-beny/ heban
ebullience /y-<u>ba</u>-ljens/ wrzenie
ebullient /y-<u>ba</u>-ljent/ wrzący
eccentric /<u>yk</u>-sen-tryk/ ekscentryczny
eccentricity /ek-sen-<u>try</u>-syty/ ekscentryczność
ecclesiastic /y-kli-zy-<u>ees</u>-tyk/ duchowny
ecclesiastical /y-kli-zy-<u>ees</u>-tykl/ kościelny
echo /<u>e</u>-keł/ 1. echo 2. odgłos
ecological /y-ke-<u>lo</u>-dży-kl/ ekologiczny
ecology /y-<u>ko</u>-ledży/ ekologia
economic /ike-<u>no</u>-myk/ 1. ekonomiczny 2. gospodarczy
economical /ike-<u>no</u>-mykl/ 1. oszczędny 2. ekonomiczny
economist /i-<u>ko</u>-no-myst/ ekonomista
economize /i-<u>ko</u>-ne-maiz/ oszczędnie gospodarować

economy /i-<u>ko</u>-ne-my/ 1. gospodarka 2. oszczędność

ecstasy /<u>ek</u>-stesy/ ekstaza

ecstatic /eks-<u>tee</u>-tyk/ 1. ekstatycz-
ny 2. zachwycony

ecumenical /ikju-<u>me</u>-nykl/ ekume-
niczny

eczema /<u>ek</u>-syme/ egzema

eddy /<u>e</u>-dy/ wir

edge /edż/ 1. krawędź 2. ostrze 3.
brzeg 3. skraj

edging /<u>e</u>-dżynn/ lamówka

edible /<u>e</u>-debl/ jadalny

edict /i-dykt/ edykt

edification /edy-fy-<u>kei</u>-szn/ poprawa moralna

edifice /<u>e</u>-dy-fys/ 1. gmach 2. budowla

edify /<u>e</u>-dy-fai/ 1. pouczać 2. dobrze wpływać

edit /<u>e</u>-dyt/ 1. wydawać 2. redagować

edition /y-<u>dy</u>-szn/ wydanie

editor /<u>e</u>-dy-te/ 1. redaktor 2. mon-
tażysta filmowy

editorial /edy-<u>to</u>-ryjel/ 1. artykuł
wstępny 2. wydawniczy

educate /<u>e</u>-dżu-keit/ 1. kształcić 2.
szkolić 3. edukować

education /edżu-<u>kei</u>-szn/ 1. edukacja 2. wykształcenie 3. oświata

educational /edżu-<u>kei</u>-szenl/ 1.
edukacyjny 2. wychowawczy 3.
oświatowy

eel /il/ węgorz

eerie /<u>vie</u>-ry/ niesamowity

efface /y-<u>feis</u>/ 1. wycierać 2. zma-
zywać

effect /y-<u>fekt</u>/ 1. efekt 2. skutek

effective /y-<u>fek</u>-tyw/ 1. skuteczny
2. efektywny

effervesce /efe-<u>wes</u>/ musować

efficiency /y-<u>fy</u>-szen-sy/ skutecz-

ność

efficient /y-<u>fy</u>-szent/ 1. wydajny 2.
sprawny

effigy /<u>e</u>-fy-dży/ wizerunek

effluent /<u>e</u>-flu-ent/ odpływ

effort /<u>e</u>-fet/ wysiłek

effrontery /e-<u>fran</u>-tery/ bezczelność

effusion /y-<u>fjuu</u>-żn/ 1. wydzielanie
2. rozlew

effusive /y-<u>fjuu</u>-syw/ wylewny

egalitarian /y-gee-ly-<u>tee</u>-ryjen/
egalitarny

egg /eg/ jajko

egg-cup /<u>eg</u>-kap/ kieliszek do jaj

egg-head /<u>eg</u>-hed/ jajogłowy

egg-shell /<u>eg</u>-szel/ skorupka jajka

egg-whisk /<u>eg</u>-łysk/ trzepaczka do
jaj

ego /<u>e</u>-goł/ 1. jaźń 2. ego

egocentric /egoł-<u>sen</u>-tryk/ egocen-
tryczny

egoism /<u>e</u>-geł-yzm/ egoizm

egoist /<u>e</u>-geł-yst/ egoista

egoistic /egeł-<u>y</u>-styk/ 1. egoistycz-
ny 2. samolubny

egotism /<u>e</u>-goł-tyzm/ egotyzm

Egypt /i-dżept/ Egipt

Egyptian /i-<u>dżyp</u>-szn/ 1. egipski 2.
Egipcjanin

eight /eit/ osiem

eighteen /ei-<u>tin</u>/ osiemnaście

eighth /eitfh/ ósmy

eightieth /<u>ei</u>-tyjefh/ osiemdziesiąty

eighty /<u>ei</u>-ty/ osiemdziesiąt

either /<u>ai</u>-dhe/ 1. obojętnie który 2.
jeden i drugi 3. obaj 4. żaden 5.
ani

ejaculate /y-<u>dżee</u>-kju-leit/ 1. wytry-
skiwać 2. wyrzucać 3. wykrzyki-
wać

ejaculation /y-dżee-kju-<u>lei</u>-szn/ 1.
wytrysk 2. okrzyk

eject /y-dżekt/ 1. buchać 2. wyrzucać 3. wydalać
ejection /y-dżee-szn/ 1. wyrzuce-
nie 2. wydalenie 3. wytrysk
eke /ik/ uzupełniać
elaborate /y-lee-be-reit/ 1. rozwijać
2. dopracowywać
elaborate /y-lee-be-ret/ 1. złożony
2. zawiły
elaboration /y-lee-be-rei-szn/
opracowanie
elapse /y-leeps/ przemijać
elastic /y-lees-tyk/ 1. elastyczny 2.
guma
elate /y-leit/ 1. uniesiony 2. podniecony
elbow /el-beł/ łokieć
elder /el-de/ starszy
elderly /el-de-ly/ 1. starszy 2. ludzie starsi
elect /y-lekt/ 1. wybierać 2. wybrany
election /y-lek-szn/ wybory
elective /y-lek-tyw/ 1. elekcyjny 2.
wyborczy 3. obieralny
elector /y-lek-te/ wyborca
electoral /y-lek-te-rl/ wyborczy
electorate /y-lek-teryt/ elektorat
electric /y-lek-tryk/ elektryczny
electrical /y-lek-try-kl/ elektryczny
electrician /y-lek-try-szn/ 1. elek-
tryk 2. elektrotechnik
electricity /y-lek-try-syty/ elektryczność
electrification /y-lek-tryfy-kei-szn/
elektryfikacja
electrify /y-lek-try-fai/ elek-
tryfikować
electrocardiogram /y-lek-troł-kar-
dyjeł-greem/ elektrokardiogram
electromagnet /y-lek-troł-meeg-
nyt/ elektromagnes
electrocute /y-lek-tre-kjud/ zabijać

prądem
electrode /y-lek-trełd/ elektroda
electron /y-lek-tron/ elektron
electronic /y-lek-tro-nyk/ elektrono-
wy
electronics /y-lek-tro-nyks/ elektro-
nika
elegance /e-lygens/ 1. szyk 2. elegancja
elegant /e-lygent/ wytworny
elegy /e-ly-dży/ elegia
element /e-lement/ 1. pierwiastek
2. składnik
elementary /ele-men-try/ podstawowy
elephant /ele-fent/ słoń
elevate /e-ly-weit/ 1. podnosić 2.
podwyższać
elevation /ely-wei-szn/ 1. podnie-
sienie 2. wzniesienie 3. elewacja
elevator /e-le-weite/ winda
eleven /y-lewn/ jedenaście
elf /elf/ elf
elicit /y-ly-syt/ ujawniać
eligible /ely-dżebl/ 1. uprawniony
2. odpowiedni
eliminate /y-ly-myneit/ 1. likwidować 2. eliminować
elimination /y-lymy-nei-szn/ eliminacja
elite /ei-lit/ elita
elixir /ei-lit/ eliksir
Elizabethan /y-lyze-bi-fhn/ elżbie-
tański
elk /elk/ łoś
ellipse /y-lyp-sys/ elipsa
elm /elm/ wiąz
elocution /ele-kjuu-szn/ 1. krasomówstwo 2. dykcja
elongate /i-lonn-geit/ wydłużać
eloquence /e-le-kłens/ elokwencja
eloquent /e-le-kłent/ elokwentny
else /els/ 1. w dodatku 2. oprócz 3.

inaczej
elsewhere /els-<u>lee</u>/ gdzie indziej
elucidate /y-<u>luu</u>-sy-deit/ 1. wyjaśniać 2. naświetlać
elude /y-<u>luud</u>/ 1. zwodzić 2. unikać
elusive /y-<u>luu</u>-syw/ 1. zawodny 2.
wykrętny
emaciate /y-<u>mei</u>-szy-eit/ 1. wycień-
czać 2. wyjaławiać
E-mail /i-meil/ poczta elektroniczna
emanate /<u>e</u>-me-neit/ emanować
emanation /eme-<u>nei</u>-szn/ emana-
cja
emancipate /y-<u>meen</u>-sy-peit/
emancypować
emancipation /y-meen-sy-<u>pei</u>-szn/
1. emancypacja 2. wyzwolenie
embalm /ym-<u>baam</u>/ balsamować
embankment /ym-<u>beenk</u>-ment/
grobla
embargo /ym-<u>bar</u>-gel/ embargo
embark /ym-<u>bark</u>/ 1. zaokrętować
2. załadowywać
embarrass /ym-<u>bee</u>-res/ wprawić
w zakłopotanie
embarrassed /ym-<u>bee</u>-rest/ zakłopotany
embarassment /ym-<u>bee</u>-res-ment/
1. zakłopotanie 2. zażenowanie 3.
kłopot
embassy /<u>em</u>-besy/ ambasada
embed /ym-<u>bed</u>/ 1. osadzać 2.
wbijać 3. wmurowywać
embellish /ym-<u>be</u>-lysz/ upiększać
ember /<u>em</u>-be/ żar
embezzle /ym-<u>be</u>-zl/ sprzeniewierzać
embezzlement /ym-<u>be</u>-zel-ment/
malwersacja
embitterment /ym-<u>by</u>-te-ment/ rozgoryczenie
emblem /<u>em</u>-blem/ godło
embody /ym-<u>bo</u>-dy/ 1. wcielać 2.

uosabiać
emboss /ym-<u>bos</u>/ 1. tłoczyć 2. ryć
embrace /ym-<u>breis</u>/ 1. obejmować
2. uściskać się
embroider /ym-<u>broi</u>-de/ haftować
embroidery /ym-<u>broi</u>-dery/ haft
embryo /<u>em</u>-bryjeł/ embrion
emend /y-<u>mend</u>/ poprawiać
emerald /<u>em</u>-reld/ szmaragd
emerge /y-<u>merdż</u>/ wyłaniać się
emergency /y-<u>mer</u>-dżen-sy/ 1.
stan zagrożenia 2. nagły wypadek
emery /<u>e</u>-me-ry/ szmergiel
emigrant /<u>e</u>-my-grent/ emigrant
emigrate /<u>e</u>-my-greit/ 1. emigrować
2. wyemigrować
emigration /emy-<u>grei</u>-szn/ emigracja
eminence /<u>e</u>-my-nens/ 1. wzniesienie 2. eminencja
eminent /<u>e</u>-my-nent/ 1. wybitny 2.
znakomity
emir /e-<u>myje</u>/ emir
emirate /e-<u>myje</u>-reit/ emirat
emission /e-<u>my</u>-szn/ 1. wydzielanie 2. wydalanie 3. emisja
emit /y-<u>myt</u>/ wydzielać
emotion /y-<u>meł</u>-szn/ 1. wzruszenie
2. uczucie 3. emocja
emotional /y-<u>meł</u>-szenl/ 1. emocjonalny 2. uczuciowy
emotive /y-<u>moł</u>-tyw/ emocjonalny
empathy /<u>em</u>-pe-fhy/ empatia
emperor /<u>em</u>-pere/ cesarz
emphasis /<u>em</u>-fe-sis/ nacisk
emphasize /<u>em</u>-fe-saiz/ uwypuklać
empire /<u>em</u>-pajje/ 1. cesarstwo 2.
imperium
empiric /em-<u>py</u>-ryk/ empiryczny
empiricism /em-<u>py</u>-ry-syzm/ empi-
ryzm
empiricist /em-<u>py</u>-rysyt/ empiryk
employ /ym-<u>ploi</u>/ zatrudniać

employee /emploi-i/ pracownik
employer /ym-plo-je/ pracodawca
employment /ym-ploi-ment/ zatrudnienie
emporium /em-poo-ryjem/ centrum handlowe
empower /ym-pa-łe/ upoważniać
empress /em-prys/ cesarzowa
emptiness /em-pty-nys/ 1. pustka
2. próżnia
empty /em-pty/ 1. pusty 2. gołosłowny 3. opróżniać (się) 4. pusto-
szeć
emu /i-mjuu/ emu
emulate /e-mju-lejt/ 1. rywalizować
2. naśladować
emulation /emju-lei-szn/ 1. rywali-
zacja 2. współzawodnictwo
emulsion /y-mal-szn/ 1. emulsja 2.
zawiesina
enable /y-nei-bl/ 1. umożliwiać 2.
upoważniać
enact /y-neekt/ 1. wydawać zarządzenie 2. odtwarzać
enamel /y-nee-ml/ emalia
encase /yn-keis/ 1. obramowywać
2. zamykać
enchant /yn-czaa-nt/ oczarowywać
enchantment /yn-czaan-tment/
oczarowanie
encircle /yn-ser-kl/ otaczać
enclave /en-kleiw/ enklawa
enclose /yn-kleuz/ 1. zawierać 2.
otaczać 3. załączać (w przesyłce)
enclosure /yn-kleł-że/ 1. ogrodzenie 2. załącznik
encompass /yn-kam-pes/ 1. okrążać 2. obejmować
encore /onn-koo/ 1. bis! 2. bisowa-
nie
encounter /yn-kałn-te/ 1. napoty-
kać 2. spotykać
encourage /yn-ka-rydż/ 1. ośmie-

lać 2. zachęcać
encouragement /yn-ka-rydż-ment/
1. zachęta 2. poparcie
encroach /yn-krol-cz/ 1. naruszać
2. wdzierać się
encrust /yn-krast/ inkrustować
encumber /yn-kam-be/ 1. utrudniać 2. zawadzać
encumbrance /yn-kam-brens/ 1.
utrudnienie 2. zawada
encyclical /en-sy-kly-kl/ encyklicz-
ny
encyclopedia /yn-saikle-pi-dyje/
encyklopedia
encyclopedic /yn-saikle-pi-dyk/
encyklopedyczny
end /end/ 1. kończyć (się) 2. koniec 3. kres 4. resztka
endanger /yn-dein-dże/ zagrażać
endeavour /yn-de-we/ usiłować
endemic /en-de-myk/ 1. miejscowy 2. endemiczny
ending /en-dynn/ zakończenie
endless /end-les/ 1. bez końca 2.
ustawiczny
endorse /yn-doos/ popierać
endorsement /yn-doos-ment/ poparcie
endow /yn-dał/ fundować
endowment /yn-dał-ment/ fundacja
endurance /yn-dju-rens/ wytrzymałość
endure /yn-djue/ 1. znosić 2. cierpieć 3. trwać
enemy /e-ne-my/ 1. wróg 2. nieprzyjaciel
energetic /e-ne-dże-tyk/ energiczny
energy /e-ne-dży/ energia
enervate /e-ner-weit/ osłabiać
enfold /yn-fould/ zawijać
enforce /yn-foos/ wymuszać

enforcement /yn-<u>foos</u>-ment/ 1. przestrzeganie 2. wykonywanie

engage /yn-<u>gei</u>-dż/ 1. angażować 2. najmować

engaged /yn-<u>gei</u>-dżd/ 1. zaręczony 2. zaangażowany

engagement /yn-<u>gei</u>-dż-ment/ 1. zaręczyny 2. zobowiązanie

engender /yn-<u>dżen</u>-de/ 1. wywoływać 2. rodzić

engine /<u>en</u>-dżyn/ 1. silnik 2. motor 3. parowóz

engineer /endży-<u>nyje</u>/ 1. inżynier 2. mechanik

engineering /en-dży-<u>nyje</u>-rynn/ 1. mechanika 2. inżynieria

England /<u>ynn</u>-glend/ Anglia

English /<u>ynn</u>-glysz/ angielski

Englishman /<u>ynn</u>-glysz-men/ Anglik

Englishwoman /<u>ynn</u>-glysz-łu-men/ Angielka

engrave /yn-<u>greiw</u>/ grawerować

engraving /yn-<u>grei</u>-wynn/ 1. sztych 2. rytownictwo

engross /yn-<u>grołs</u>/ 1. monopolizować 2. pochłaniać

engulf /yn-<u>galf</u>/ 1. porywać 2. pochłaniać

enhance /yn-<u>hans</u>/ 1. wzmagać 2. uwydatnić

enigma /y-<u>nyg</u>-me/ zagadka

enigmatic /enyg-<u>mee</u>-tyk/ zagadkowy

enjoin /yn-<u>dżoin</u>/ nakazywać

enjoy /yn-<u>dżoi</u>/ 1. cieszyć się 2. mieć przyjemność

enjoyment /yn-<u>dżoi</u>-ment/ 1. przyjemność 2. uciecha

enlarge /yn-<u>lardż</u>/ powiększać

enlighten /yn-<u>laj</u>-tn/ oświecać

enlist /yn-<u>lyst</u>/ 1. werbować 2. zaciągać

enlistment /yn-<u>lyst</u>-ment/ 1. pobór 2. zaciąg

enliven /yn-<u>laj</u>-wn/ ożywiać

enmity /<u>en</u>-myty/ wrogość

enormity /y-<u>noo</u>-myty/ ogrom

enormous /y-<u>noo</u>-mes/ ogromny

enough /y-<u>naf</u>/ 1. wystarczający 2. dosyć

enrage /yn-<u>reidż</u>/ rozwścieczać

enrapture /yn-<u>reep</u>-cze/ zachwycać

enrich /yn-<u>rycz</u>/ wzbogacać

enrichment /yn-<u>rycz</u>-ment/ wzbogacenie

enrol /yn-<u>roul</u>/ 1. rejestrować się 2. zapisywać (się) 3. angażować

enrollment /yn-<u>roul</u>-ment/ 1. zarejestrowanie 2. wpis

enshrine /yn-<u>szrain</u>/ 1. umieścić w sanktuarium 2. czcić

ensign /en-<u>sain</u>/ insygnia

enslave /yn-<u>sleiw</u>/ 1. zniewolić 2. ujarzmić

ensnare /yn-<u>snee</u>/ usidlić

ensue /yn-<u>sjuu</u>/ wyniknąć

ensure /yn-<u>szue</u>/ 1. zapewniać 2. zagwarantować

entail /yn-<u>teil</u>/ wymagać

entangle /yn-<u>teen</u>-gl/ gmatwać

enter /<u>en</u>-te/ 1. wchodzić 2. wstępować 3. zgłaszać się

enterprise /<u>en</u>-te-praiz/ 1. przedsięwzięcie 2. przedsiębiorstwo

entertain /ente-<u>tein</u>/ zabawiać

entertainer /ente-<u>tei</u>-ne/ 1. artysta rozrywkowy 2. komik

entertainment /en-te-<u>tein</u>-ment/ rozrywka

enthral /yn-<u>fhrool</u>/ oczarowywać

enthrone /yn-<u>fhroun</u>/ intronizować

enthusiasm /yn-<u>fhjuu</u>-zy-ezm/ entuzjazm

enthusiast /yn-<u>fhjuu</u>-zy-est/ entuzjasta

enthusuastic /yn-fhjuu-zy-<u>ees</u>-tyk/ entuzjastyczny

entice /yn-<u>tais</u>/ 1. wabić 2. kusić

entire /yn-<u>ta</u>-yje/ cały

entirely /yn-<u>ta</u>-yjely/ 1. całkowicie 2. wyłącznie

entitle /yn-<u>tai</u>-tl/ tytułować

entity /<u>en</u>-tyty/ 1. jednostka 2. byt

entomological /ente-me-<u>lo</u>-dżykl/ entomologiczny

entomologist /ente-<u>mo</u>-le-dżyst/ entomolog

entomology /ente-<u>mo</u>-le-dży/ entomologia

entourage /on-tu-<u>raaż</u>/ otoczenie

entrails /<u>en</u>-treilz/ wnętrzności

entrance /<u>en</u>-trens/ 1. wejście 2. wjazd 3. wstęp

entreat /yn-<u>trit</u>/ błagać

entreaty /yn-<u>tri</u>-ty/ błaganie

entrench /yn-<u>trencz</u>/ otaczać

entrepreneur /aan-tre-pre-<u>ner</u>/ 1. przedsiębiorca 2. handlowiec

entrust /yn-<u>trast</u>/ powierzyć

entry /<u>en</u>-try/ 1. wejście 2. wjazd

enumerate /y-<u>nju</u>-mereit/ wyliczać

enunciate /y-<u>nan</u>-sy-eit/ ogłaszać

envelope /<u>en</u>-we-lełp/ koperta

enviable /<u>en</u>-<u>wy</u>-jebl/ godny pozazdroszczenia

envious /<u>en</u>-wyjes/ zazdrosny

environment /yn-<u>wa</u>-yjer-ment/ 1. środowisko naturalne 2. otoczenie

environmental /yn-wa-yjer-<u>mentl</u>/ środowiskowy

environs /en-<u>wy</u>-renz/ okolica

envisage /yn-<u>wy</u>-zydż/ stanąć w obliczu

envoy /<u>en</u>-woi/ wysłannik

envy /<u>en</u>-wy/ 1. zazdrościć 2. zazdrość

enzyme /<u>en</u>-zaim/ enzym

epaulet /<u>e</u>-pe-let/ 1. epolet 2. naramiennik

ephemeral /y-<u>fe</u>-merl/ efemeryczny

epic /<u>e</u>-pyk/ epiczny

epidemic /e-py-<u>de</u>-myk/ epidemiczny

epidermis /epy-<u>der</u>-mys/ naskórek

epigram /<u>e</u>-pi-greem/ epigram

epilepsy /<u>e</u>-pi-lep-si/ padaczka

epileptic /e-pi-<u>lep</u>-tyk/ 1. chory na padaczkę 2. epileptyk

epilogue /<u>e</u>-pi-log/ epilog

episode /<u>e</u>-pysełd/ epizod

epistle /<u>i</u>-pi-sil/ epistoła

epitaph /<u>e</u>-pi-taaf/ epitafium

epithet /<u>e</u>-pi-fhet/ epitet

epitome /i-<u>py</u>-te-my/ skrót

epoch /<u>i</u>-pok/ epoka

equal /<u>i</u>-kłeł/ równy

equality /i-<u>kło</u>-lety/ równość

equalize /i-<u>kłe</u>-laiz/ wyrównywać

equate /i-<u>kłejt</u>/ równać z czymś

equation /i-<u>kłej</u>-szn/ 1. równanie 2. zrównoważenie

equator /y-<u>kłei</u>-te/ równik

equestrian /y-<u>kłes</u>-tryjen/ 1. jeździec 2. jeździecki

equilateral /y-kły-<u>lee</u>-terel/ równoboczny

equilibrium /y-kły-<u>ly</u>-briem/ równowaga

equinox /<u>i</u>-kły-noks/ zrównanie dnia z nocą

equip /y-<u>kłyp</u>/ wyposażać

equipment /y-<u>kłyp</u>-ment/ 1. sprzęt 2. wyposażenie

equitable /<u>e</u>-kły-tebl/ słuszny

equity /<u>e</u>-kły-ty/ sprawiedliwość

equivalent /y-<u>kły</u>-welent/ równowartość

equivocal /y-<u>kły</u>-wekl/ dwuznaczny

era /<u>yje</u>-re/ era

eradicate /y-<u>ree</u>-dy-keit/ wykorze-
niać

erase /y-<u>reiz</u>/ 1. wymazywać 2. kasować

eraser /y-<u>rei</u>-ze/ gumka

erect /y-<u>rekt</u>/ 1. wznosić 2. wyprostowany

erection /y-<u>rek</u>-szn/ erekcja

ermine /<u>eer</u>-myn/ gronostaj

erode /y-<u>rołd</u>/ 1. żłobić 2. wygryzać

erosion /y-<u>roł</u>-żen/ 1. erozja 2. żło-
bienie

erotic /y-<u>ro</u>-tyk/ erotyczny

err /er/ błądzić

errand /<u>e</u>-rend/ 1. posyłka 2. zlecenie

erratic /y-<u>ree</u>-tyk/ 1. wędrujący 2.
nieobliczalny

erroneous /y-<u>reł</u>-njes/ błędny

error /<u>e</u>-re/ błąd

erudite /<u>e</u>-ru-dajt/ erudyta

erupt /y <u>rapt</u>/ 1. wybuchać 2. wy-
sypywać się (na skórze)

eruption /y-<u>rap</u>-szn/ 1. wybuch 2.
wysypka

escalade /es-ke-<u>leid</u>/ 1. szturm 2.
wedrzeć się szturmem

escalation /es-ke-<u>lei</u>-szn/ wzmo-
żenie

escalator /<u>es</u>-ke-leite/ schody ruchome

escapade /es-ke-<u>peid</u>/ eskapada

escape /y-<u>skeip</u>/ 1. ucieczka 2.
wyciek 3. uciekać 4. wyciekać

eschew /es-<u>czuu</u>/ unikać

escort /y-<u>skoot</u>/ 1. towarzyszyć 2.
eskortować

escort /<u>es</u>-koot/ eskorta

esoteric /ese-<u>te</u>-ryk/ ezoteryczny

especially /y-<u>spe</u>-szly/ 1. specjalnie 2. szczególnie 3. zwłaszcza

espionage /<u>es</u>-pyje-naaż/ szpiegostwo

espouse /y-<u>spauz</u>/ poślubić

esquire /y-<u>skła</u>-yer/ tytuł towarzyski

essay /<u>e</u>-sej/ esej

essence /<u>e</u>-sens/ 1. istota rzeczy
2. wyciąg

essential /y-<u>sen</u>-szl/ 1. zasadniczy
2. niezbędny

establish /y-<u>stee</u>-blysz/ 1. zakładać 2. ustalać

establishment /y-<u>stee</u>-blysz-ment/
1. założenie 2. placówka

estate /ys-<u>tejt</u>/ 1. stan 2. posiadłość

esteem /y-<u>stim</u>/ 1. cenić 2. szacunek

estimate /<u>es</u>-ty-myt/ kosztorys

estimate /<u>es</u>-ty-meit/ 1. szacować
2. wyceniać

estimation /es-ty <u>mei</u>-szn/ 1. ocena 2. opinia

estrange /y-<u>strejn</u>-dż/ 1. zrażać
sobie 2. separować

estuary /<u>es</u>-czuu-ry/ ujście rzeki

et cetera /yt-<u>se</u>-tre/ i tak dalej

etch /ecz/ ryć (w metalu)

eternal /y-<u>ter</u>-nl/ wieczny

eternity /y-<u>ter</u>-nety/ wieczność

ethereal /y-<u>fhje</u>-riel/ lotny

ethic /<u>e</u>-fhyk/ etyczny

ethical /<u>e</u>-fhykl/ etyczny

ethics /<u>e</u>-fhyks/ etyka

ethnic /<u>efh</u>-nyk/ etniczny

ethnographer /efh-<u>no</u>-gre-fer/ et-
nograf

ethnography /efh-<u>no</u>-gre-fy/ etno-
grafia

ethnologist /efh-<u>no</u>-le-dżist/ etno-
log

ethnology /efh-<u>no</u>-le-dży/ etnolo-
gia

etiquette /<u>e</u>-ty-ket/ etykieta

etymological /e-ty-me-<u>lo</u>-dżykl/
etymologiczny

etymologist /e-ty-<u>mo</u>-le-dżyst/ etymolog

etymology /e-ty-<u>mo</u>-le-dży/ etymologia

eucalyptus /juu-ke-<u>lyp</u>-tes/ eukaliptus

Eucharist /<u>juu</u>-ke-ryst/ Komunia święta

eulogy /<u>juu</u>-le-dży/ 1. mowa pochwalna 2. panegiryk

euphemism /<u>juu</u>-fy-myzm/ eufemizm

euphoria /juu-<u>foo</u>-ryje/ euforia

Europe /<u>juu</u>-rep/ Europa

European /juure-<u>pyjen</u>/ 1. europejski 2. Europejczyk

euthanasia /juu-fhe-<u>nei</u>-zyje/ eutanazja

evacuate /y-<u>wee</u>-kju-eit/ ewakuować

evacuation /y-wee-kjuu-<u>ejszn</u>/ ewakuacja

evacuee /y-wee-kju-<u>i</u>/ wysiedleniec

evade /y-<u>weid</u>/ 1. wymykać się 2. pomijać

evaluate /y-<u>wee</u>-lju-ejt/ 1. oceniać 2. analizować

evaluation /y-wee-lju-<u>ei</u>-szn/ 1. ocena 2. analiza

evangelic /y-ween-<u>dże</u>-lyk/ 1. ewangeliczny 2. ewangelicki

evangelist /y-ween-<u>dże</u>-lyst/ ewangelista

evaporate /y-<u>wee</u>-pe-reit/ wyparowywać

evasion /y-<u>wej</u>-żn/ 1. uniknięcie 2. wymówka

evasive /y-<u>wej</u>-syw/ wymijający

eve /iw/ wigilia

even /<u>i</u>-wn/ 1. równy 2. nawet

evening /<u>iw</u>-nynn/ wieczór

evenness /<u>i</u>-wn-nys/ 1. równość 2. spokój 3. bezstronność

event /y-<u>went</u>/ wydarzenie

eventful /y-<u>went</u>-fl/ brzemienny w wypadki

eventual /y-<u>wen</u>-czuel/ 1. ewentualny 2. ostateczny

eventuality /y-wen-czu-<u>ee</u>-lety/ ewentualność

eventually /y-<u>wen</u>-czuu-ly/ ostatecznie

ever /<u>e</u>-we/ 1. kiedykolwiek 2. zawsze

evergreen /<u>ewe</u>-grin/ wiecznie zielony

everlasting /<u>ewe</u>-laas-tynn/ 1. wieczny 2. stały

every /<u>e</u>-wry/ 1. każdy 2. wszelki

everybody /<u>e</u>-wry-body/ 1. wszyscy 2. każdy

everyday /<u>e</u>-wry-dei/ codzienny

everything /<u>e</u>-wry-fhynn/ wszystko

everywhere /<u>e</u>-wry-<u>łee</u>/ wszędzie

evict /y-<u>wykt</u>/ eksmitować

evidence /<u>e</u>-wy-dens/ 1. dowód 2. dowody 3. zeznania

evident /<u>e</u>-wy-dent/ 1. ewidentny 2. oczywisty

evil /<u>i</u>-wl/ 1. zło 2. zły

evince /y-<u>wyns</u>/ przejawiać

evocative /y-<u>woł</u>-ke-tyw/ wywołujący

evoke /y-<u>wołk</u>/ 1. wywoływać 2. wydobywać

evolution /i-we-<u>luu</u>-szn/ ewolucja

evolve /y-<u>wolw</u>/ 1. rozwijać się 2. ewoluować

ewe /juu/ owca

exacerbate /yg-<u>zee</u>-ser-beit/ 1. pogarszać 2. rozjątrzyć

exact /yg-<u>zeekt</u>/ dokładny

exactly /yg-<u>zeekt</u>-tly/ dokładnie

exactness /yg-<u>zeekt</u>-nys/ dokładność

exaggerate /yg-<u>zee</u>-dże-reit/ przesadzać

exaggeration /yg-zee-dże-<u>rej</u>-szn/ przesadzanie

exalt /yg-<u>zelt</u>/ 1. wywyższać 2. potęgować

exaltation /yg-zel-<u>tejszn</u>/ zachwyt

exam /yg-<u>zeem</u>/ egzamin

examination /yg-zee-my-<u>nej</u>-szn/ 1. egzamin 2. przesłuchanie 3. badanie

examine /yg-<u>zee</u>-myn/ 1. badać 2. egzaminować

example /yg-<u>zaam</u>-pl/ 1. przykład 2. wzór

exasperate /yg-<u>zee</u>-spe-reit/ irytować

excavate /<u>eks</u>-ke-wejt/ wykopywać

excavator /<u>eks</u>-ke-wei-te/ koparka

exceed /yk-<u>sld</u>/ 1. przewyższać 2. przekraczać

excellence /<u>ek</u>-se-lens/ 1. doskonałość 2. wyższość

Excellency /<u>ek</u>-se-len-sy/ Ekscelencja

excellent /<u>ek</u>-se-lent/ 1. doskonały 2. wyborny

except /yk-<u>sept</u>/ 1. oprócz 2. z wyjątkiem 3. poza

exception /yk-<u>sep</u>-szn/ wyjątek

exceptional /yk-<u>sep</u>-sznl/ wyjątkowy

excerpt /yk-<u>serpt</u>/ wyciąg

excess /yk-<u>ses</u>/ nadmiar

excessive /yk-<u>se</u>-syw/ nadmierny

exchange /yks-<u>czein</u>-dż/ 1. wymieniać 2. wymiana 3. giełda

exchangeable /yks-<u>czein</u>-dżbl/ wymienialny

excise /<u>ek</u>-saiz/ akcyza

excite /<u>yk</u>-sait/ pobudzać

excited /yk-<u>sai</u>-tyd/ podniecony

excitement /yk-<u>sait</u>-ment/ podniecenie

exclaim /yk-<u>skleim</u>/ 1. zawołać 2. wykrzyknąć

exclamation /eks-kle-<u>mei</u>-szn/ 1. krzyk 2. okrzyk

exclamatory /eks-<u>kle</u>-me-tory/ wykrzyknikowy

exclude /yk-<u>skluud</u>/ wyłączać

exclusion /yk-<u>skluużn</u>/ wykluczenie

exclusive /yk-<u>skluu</u>-syw/ 1. wyłączny 2. ekskluzywny

excommunicate /eks-ke-<u>mjuu</u>-ni-keit/ ekskomunikować

excommunication /eks-ke-mjuu-ni-<u>kei</u>-szn/ ekskomunika

excrement /<u>eks</u>-kre-ment/ 1. kał 2. odchody

excrete /eks-<u>krit</u>/ wydzielać

excruciating /eks-<u>kruu</u>-szy-ejtyn/ dręczący

excursion /yk-<u>sker</u>-szn/ wycieczka

excusable /yk-<u>skjuu</u>-zbl/ usprawiedliwiony

excuse /yk-<u>skjuuz</u>/ 1. usprawiedliwiać 2. wybaczać

execute /<u>ek</u>-sy-kjut/ 1. wykonywać 2. egzekwować

execution /ek-sy-<u>kju</u>-szn/ 1. egzekucja 2. wykonanie

executioner /ek-sy-<u>kju</u>-szyne/ kat

executive /yg-<u>ze</u>-kju-tyw/ wykonawczy

executor /yg-<u>ze</u>-kju-te/ wykonawca

exemplary /yg-<u>zem</u>-ple-ry/ wzorowy

exemplify /yg-<u>zem</u>-ply-fai/ 1. stanowić przykład 2. ilustrować

exempt /yg-<u>zemp</u>/ zwolniony

exercise /<u>e</u>-kse-saiz/ 1. ćwiczyć 2. ćwiczenie

exert /yg-<u>zeet</u>/ wytężać

exertion /yg-<u>zee</u>-szn/ 1. wysiłek 2. stosowanie

exhalation /ekse-lei-szen/ 1. parowanie 2. wydech
exhale /eks-heil/ 1. parować 2. wydychać
exhaust /yg-zoost/ 1. pompować 2. wypróżniać 3. tłumik
exhausted /yg-zoos-tyd/ wyczerpany
exhaustion /yg-zoost-szn/ 1. opróżnienie 2. zużycie 3. ssanie
exhaustive /yg-zoos-tyw/ wyczerpujący
exhibit /yg-zybyt/ 1. dowód sądowy 2. eksponat 3. wystawiać
exhibition /eksy-by-szn/ 1. wystawa 2. pokaz
exhibitionism /ek-sy-by-szenyzm/ ekshibicjonizm
exhibitionist /ek-sy-by-sze-nyst/ ekshibicjonista
exhilarate /yg-zy-lereit/ rozweselać
exhort /yg-zet/ 1. upominać 2. namawiać 3. popierać
exhumation /eks-hjuu-mei-szn/ ekshumacja
exhume /eks-hjum/ ekshumować
exile /eg-zail/ 1. wygnanie 2. emigracja
exist /yg-zyst/ 1. egzystować 2. istnieć
existence /yg-zys-tens/ 1. egzystencja 2. istnienie
exit /e-ksyt/ wyjście
exonerate /yg-zo-ne-reit/ usprawiedliwiać
exorbitant /yg-ze-by-tent/ nadmierny
exorcism /ek-sor-syzm/ 1. zaklęcie 2. egzorcyzm
exorcist /ek-sor-syst/ 1. zaklinacz 2. egzorcysta
exorcize /ek-sor-saiz/ 1. zaklinać 2. egzorcyzmować

exotic /eg-zo-tyk/ egzotyka
expand /yk-speend/ 1. rozszerzać (się) 2. rozwijać (się)
expanse /yk-speens/ 1. przestrzeń 2. obszar
expansion /yk-speen-szn/ 1. ekspansja 2. rozwój
expansive /yk-speen-syw/ 1. ekspansywny 2. rozległy
expect /yk-spekt/ 1. spodziewać się 2. oczekiwać 3. przypuszczać
expectation /ek-spek-tej-szn/ 1. oczekiwanie 2. nadzieja
expedience /yks-pi-djens/ 1. stosowność 2. oportunizm
expedient /yks-pi-djent/ 1. korzystny 2. wygodny
expedite /eks-py-dait/ 1. szybki 2. przyspieszać (sprawę)
expedition /ekspy-dy-szn/ 1. ekspedycja 2. wyprawa
expel /yk-spel/ wypędzać
expend /yk-spend/ 1. wydawać pieniądze 2. zużywać
expenditure /yk-spen-dy-cze/ 1. wydatki 2. strata
expense /yk-spens/ 1. koszt 2. wydatek
expensive /yk-spen-syw/ 1. kosztowny 2. drogi
experience /yk-spyje-ry-jens/ 1. doświadczenie 2. przeżycie 3. doświadczać 4. doznawać
experiment /yk-spe-ry-ment/ 1. eksperyment 2. próba
experimental /yk-spery-men-tl/ eksperymentalny
expert /ek-spert/ 1. znawca 2. ekspert 3. biegły
expertise /ek-sper-tiz/ ekspertyza
expiration /ek-spy-rejszn/ 1. wydech 2.upływ
expire /yks-pa-yje/ 1. wydychać 2.

upływać

expiry /yks-pa-yjery/ wygaśnięcie (umowy)

explain /yk-splein/ 1. wyjaśniać 2. tłumaczyć

explanation /eks-ple-nei-szn/ wyjaśnienie

explanatory /ek-splee-ne-czry/ wyjaśniający

explicable /ek-spli-kebl/ wytłumaczalny

explode /yk-spleld/ 1. wybuchać 2. rozsadzać

exploit /yk-sploit/ 1. eksploatować 2. wyzyskiwać

exploitation /eks-ploi-tei-szn/ eksploatacja

explore /yk-sploo/ badać

explosion /yk-spleł-żn/ 1. wybuch 2. eksplozja

explosive /yk-spleł-syw/ wybuchowy

exponent /eks-poł-nent/ przedstawiciel

export /ek-spool/ eksport

export /yk-spoot/ 1. eksportować 2. wywozić

expose /yk-spełz/ 1. odsłaniać 2. wystawiać

exposition /eks-pe-ży-szn/ 1. wystawa 2. ekspozycja

exposure /yk-speł-że/ 1. wystawienie 2. narażenie się

expound /yks-pałnd/ 1. tłumaczyć 2. wyjaśniać

express /yks-pres/ 1. wyrażać 2. pośpieszny

expression /yks-pre-szn/ 1. wyrażenie 2. wyraz 3. zwrot

expressive /yks-pre-syw/ 1. wyrazisty 2. pełen wyrazu

expropiate /eks-preł-pryjet/ 1. wywłaszczać 2. zabierać

expulsion /yks-pal-szn/ 1. wygna-

nie 2. wydalenie

expurgate /eks-pe-geit/ 1. oczyszczać 2. okrawywać

exquisite /eks-kły-zyt/ 1. wyborny 2. znakomity

extant /eks-teent/ 1. zachowany 2. istniejący jeszcze

extempore /eks-tem-pery/ improwizując

extend /yks-tend/ 1. przedłużać 2. powiększać

extension /yks-ten-szn/ 1. przedłużenie 2. przedłużacz

extensive /yks-ten-syw/ 1. rozległy 2. obszerny

extent /yks-tent/ rozmiar

extenuate /eks-te-nju-eit/ 1. umniejszać 2. osłabiać

exterior /ek-styje-ryje/ 1. zewnętrzny 2. fasada

exterminate /yk-ster-my-neit/ 1. tępić 2. niszczyć

extermination /yk-ster-my-neiszn/ zagłada

external /eks-ter-nl/ zewnętrzny

extinct /yks-tynnkt/ 1. wymarły 2. wygasły

extinction /yks-tynnk-szn/ 1. wygaszenie 2. zanik

extinguish /yks-tynn-głysz/ 1. gasić 2. tłumić

extinguisher /yks-tynn-głysze/ gaśnica

extol /yk-stol/ wychwalać

extort /yk-stet/ wymuszać

extortionate /yks-te-sze-net/ wygórowany

extra /ek-stre/ dodatkowy

extract /eks-treekt/ 1. ekstrakt 2. wyciąg

extract /yks-tree-kt/ 1. wyciągać 2. wydobywać

extradite /eks-czre-dait/ 1. wydać

2. ekstradować

extradition /eks-tre-<u>dyszn</u>/ 1. wydanie przestępcy 2. ekstradycja

extraneous /eks-<u>trej</u>-nyjes/ 1. obcy 2. uboczny

extraordinary /yk-<u>stroo</u>-denery/ 1. nadzwyczajny 2. niezwykły 3. zadziwiający

extrapolation /yks-tree-<u>polei</u>-szn/ ekstrapolacja

extravagance /yk-<u>stree</u>-we-gens/ 1. ekstrawagancja 2. rozrzutność 3. przesada

extravagant /yk-<u>stree</u>-wegent/ 1. rozrzutny 2. ekstrawagancki

extreme /yk-<u>strim</u>/ 1. skrajność 2. skrajny

extremely /yk-<u>strim</u>-ly/ 1. niezmiernie 2. ekstremalnie

extremity /yks-<u>tre</u>-myty/ 1. skrajność 2. ostateczność

extricate /<u>eks</u>-try-keit/ 1. wyplątać 2. wyzwolić

extrovert /<u>eks</u>-tre-wert/ ekstrawertywny

exuberant /yg-<u>zjuu</u>-bi-rent/ 1. bujny 2. płodny

exude /yg-<u>zjuud</u>/ wydzielać

exult /yg-<u>zalt</u>/ 1. unosić się radością 2. triumfować

eye /ai/ 1. oko 2. ucho igielne 3. przypatrywać się

eyebrow /<u>ai</u>-brał/ brew

eyelash /<u>ai</u>-leesz/ rzęsa

eyelid /<u>ai</u>-lyd/ powieka

eyesight /<u>ai</u>-sait/ wzrok

eye-witness /<u>ai</u>-łyt-nes/ świadek naoczny

F

fable /<u>fei</u>-bl/ bajka

fabric /<u>fee</u>-bryk/ tkanina

fabricate /<u>fee</u>-bry-keit/ 1. wytwarzać 2. fałszować

fabulous /<u>fee</u>-bju-les/ 1. bajeczny 2. legendarny

facade /fe-<u>saad</u>/ fasada

face /feis/ 1. stawiać czoła 2. twarz 3. oblicze 4. grymas

face-card /<u>fejs</u>-kard/ figura w kartach

face-cream /<u>fejs</u>-krim/ krem do twarzy

face-lift /<u>fejs</u>-lyft/ usuwanie zmarszczek

face-powder /<u>fejs</u>-pał-de/ puder do twarzy

faceless /<u>fejs</u>-les/ bez oblicza

facet /<u>fee</u>-syt/ 1. strona 2. faseta

facetious /fee-<u>sy</u>-szes/ żartobliwy

facial /<u>fej</u>-szl/ twarzowy

facile /<u>fee</u>-sail/ łatwy

facilitate /fe-<u>sy</u>-lyteit/ ułatwiać

facility /fe-<u>sy</u>-lyty/ 1. udogodnienie 2. łatwość

facing /<u>fej</u>-synn/ okładzina

facsimile /feek-<u>sy</u>-mly/ 1. faksymile 2. kopia

fact /feekt/ 1. fakt 2. okoliczność 3. rzeczywistość

faction /<u>feek</u>-szn/ 1. frakcja 2. odłam

factor /<u>feek</u>-te/ czynnik

factory /<u>feek</u>-tery/ 1. fabryka 2. wytwórnia

factual /<u>feek</u>-czuel/ 1. rzeczowy 2. faktyczny

faculty /<u>fee</u>-kel-ty/ 1. wydział 2. wykładowczy

fad /feed/ przelotna moda

fade /feid/ 1. zanikać 2. blaknąć 3. gasnąć

faeces /<u>fi</u>-zis/ 1. osad 2. kał

fag /feeg/ 1. harówka 2. pedał 3. fajka

farewell

faggot /<u>fee</u>-get/ wiązka
Fahrenheit /<u>fee</u>-ren-hait/ skala pomiaru temperatury
fail /feil/ 1. nie zdawać 2. zawodzić 3. nie zdołać
failling /<u>fei</u>-lynn/ 1. brak 2. niepowodzenie
failure /<u>fei</u>-lje/ 1. niepowodzenie 2. uszkodzenie
faint /feint/ 1. mdleć 2. słaby 3. omdlenie
fair /fee/ 1. targi 2. jarmark 3. sprawiedliwy 4. uczciwy 5. jasny
fairly /<u>fer</u>-ly/ 1. słusznie 2. zupełnie 3. wyraźnie
fairway /<u>fee</u>-łej/ 1. szlak żeglowny 2. tor wodny
fairy /<u>fee</u>-ry/ 1.wróżka 2. duszek 3. bajeczny
fairyland /<u>fee</u>-ry-lend/ kraina baśni
fairytale /<u>fee</u>-ry-teil/ bajka
faith /feifh/ 1. wiara 2. zaufanie
faithful /feifh-ful/ 1. wierny 2. lojalny 3. oddany
fake /feik/ 1. fałszować 2. fałszerstwo 3. szwindel 3. podrabiany
fakir /<u>fei</u>-ke/ fakir
falcon /<u>fool</u>-kn/ sokół
fall /fool/ 1. spadać 2. przewrócić się 3. spadek 4. jesień
  fall among znaleźć się pomiędzy
  fall behind pozostawać w tyle
  fall for dać się zauroczyć
  fall off wypadać
fallacy /<u>fee</u>-le-sy/ złudzenie
fallacious /fe-<u>lei</u>-szes/ złudny
fallen /<u>foo</u>-ln/ 1. upadły 2. → fall
fallible /<u>fee</u>-le-bl/ omylny
fall-out /<u>fool</u>-aut/ pył radioaktywny
fallow /<u>fee</u>-loł/ ugór
false /fools/ fałszywy
falsehood /<u>fols</u>-hud/ 1. fałszywość 2. kłamstwo
falsetto /<u>fel</u>-se-teł/ falset
falsify /<u>fool</u>-sy-fai/ 1. fałszować 2. podrabiać
falsity /<u>fool</u>-se-ty/ fałszywość
falter /<u>fool</u>-te/ 1. chwiać się 2. jąkać się 3. wahać się
fame /feim/ sława
familiar /fe-<u>my</u>-lje/ 1. znany 2. znajomy 3. poufały
familiarity /fe-myly-<u>ee</u>-ryty/ 1. obznajomienie 2. familijność
familiarize /fe-<u>my</u>-lyje-raiz/ 1. obznajamiać 2. spoufalać
family /<u>fee</u>-my-ly/ 1. rodzina 2. rodzinny
famine /<u>fee</u>-myn/ głód
famish /<u>fee</u>-mysz/ głodować
famous /<u>fci</u>-mcs/ sławny
fan /feen/ 1. wachlarz 2. wentylator 3. fan 4. kibic 5. wachlować
fanatic /fe-<u>nee</u>-tyk/ fanatyk
fanaticism /fe-<u>nee</u>-ty-sy-zym/ fanatyzm
fancier /<u>feen</u>-sje/ 1. miłośnik zwierząt 2. hodowca
fanciful /<u>feen</u>-sy-fel/ 1. fantastyczny 2. kapryśny
fancy /<u>feen</u>-sy/ 1. fantazja 2. upodobanie 3. fantazyjny
fanfare /<u>feen</u>-fer/ fanfara
fang /feenn/ 1. kieł 2. korzeń zęba
fantastic /feen-<u>tees</u>-tyk/ 1. fantastyczny 2. dziwaczny
fantastically /feen-<u>tees</u>-ty-kely/ fantastycznie
fantasy /<u>feen</u>-tesy/ 1. wyobraźnia 2. fantazja
far /far/ 1. daleki 2. odległy
faraway /fars-e-<u>łei</u>/ daleki
farce /fars/ farsa
fare /fee/ opłata za przejazd
farewell /fer-<u>łel</u>/ pożegnanie

farfetched /far-fe-czd/ wyszukany

farflung /far-flann/ rozległy

farm /farm/ 1. gospodarstwo rolne 2. farma

farmer /far-me/ 1. rolnik 2. farmer

farmyard /farm-jard/ dziedziniec gospodarski

far-reaching /far-ri-czynn/ 1. o szerokim zastosowaniu 2. brzemienny w następstwa

far-sighted /far-sai-tyd/ dalekowzroczny

farther /far-dhe/ 1. dalej 2. drugi

farthing /faa-fhynn/ dawna moneta angielska

fascinate /fee-sy-neit/ fascynować

fascination /fee-sy-nejszn/ fascynacja

Fascism /fee-szyzm/ faszyzm

Fascist /fee-szyst/ faszysta

fashion /fee-szn/ 1. styl 2. moda 3. fason

fashionable /fee-sze-nebl/ modny

fast /faast/ 1. szybki 2. mocno 3. post 4. pościć

fasten /faa-sn/ 1. przymocowywać 2. zapinać (się)

fastener /faa-sne/ 1. spinacz 2. złącze

fastidious /fe-sty-dyjes/ 1. wybredny 2. skrupulatny

fastness /faast-nys/ 1. twierdza 2. solidność 3. szybkość

fat /feet/ 1. tłuszcz 2. tłusty 3. gruby

fatal /fei-tl/ śmiertelny

fatally /fei-teli/ śmiertelnie

fatalism /fei-te-ly-zm/ fatalizm

fatalist /fei-te-lyst/ fatalista

fatality /fe-tee-lyty/ 1. nieszczęście 2. fatalizm

fate /feit/ 1. los 2. przeznaczenie

fateful /feit-ful/ 1. doniosły 2. loso-wy

father /faa-dhe/ ojciec

fatherhood /faa-dher-hud/ ojcostwo

father-in-law /faa-dher-yn-loo/ teść

fatherland /faa-dher-lend/ ojczyzna

fathom /fee-fhem/ sążeń

fatigue /fe-tig/ zmęczenie

fatish /fe-tysz/ fetysz

fatten /fee-tn/ tuczyć

fatty /fee-ty/ tłusty

fatuity /fe-tju-y-ty/ bezmyślność

fatuous /fee-czues/ bezmyślny

faucet /foo-syt/ 1. kurek 2. kran

fault /foolt/ 1. wada 2. usterka 3. wina

faulty /fool-ty/ wadliwy

faun /foon/ faun

fauna /foo-ne/ fauna

favour /fei-we/ 1. przysługa 2. przychylność

favourable /fei-we-rebl/ 1. sprzyjający 2. życzliwy

favourite /fei-we-ryt/ 1. faworyt 2. ulubiony

fawn /foon/ 1. sarenka 2. kolor brunatny 3. przymilać się

fear /fyje/ 1. bać się 2. strach 3. obawa 4. lęk

fearful /fyje-fl/ 1. okropny 2. straszny

fearless /fyje-les/ nieustraszony

feasible /fi-ze-bel/ wykonalny

feast /fist/ uczta

feather /fe-dhe/ pióro

featherweight /fe-dhe-łeit/ waga piórkowa

feature /fi-cze/ 1. cecha 2. rys 3. film pełnometrażowy

February /fe-bru-ery/ luty

fed → feed

federal /fe-drel/ federalny

federate /fe-de-reit/ 1. jednoczyć 2. konfederacja

federation /fe-de-rei-szn/ federacja

fee /fii/ 1. opłata 2. wpisowe 3. honorarium

feeble /fi-bl/ słaby

feed /fid/ 1. karmić 2. żywić 3. zasilać

feedback /fid-beek/ 1. sprzężenie zwrotne 2. pomyłka w adresie

feeder /fi-de/ 1. zasilacz 2. dopływ 3. podbródek dziecięcy

feeding-bottle /fi-dynn-botl/ butelka do karmienia

feel /fil/ 1. czuć (się) 2. odczuwać 3. dotykać

feel like być w nastroju do

feeler /fi-ler/ 1. wywiadowca 2. czułek

feeling /fi-lynn/ 1. uczucie 2. wrażenie

feet /fit/ stopy

feint /feyjnt/ udany atak

felicity /fe-ly-syty/ szczęśliwość

feline /fi-lain/ koci

fell /fel/ → fall

fellow /fe-leł/ 1. kolega 2. członek 3. facet

fellow-citizen /fe-leł-sy-ty-zn/ rodak

fellowship /fe-leł-szyp/ 1. członkostwo 2. stypendium

felon /fe-len/ przestępca

felonious /fy-leł-njes/ kryminalny

felony /fe-leny/ 1. zbrodnia 2. przestępstwo

felt /felt/ → feel

female /fi-meil/ 1. samica 2. kobieta 3. żeński

feminine /fe-my-nyn/ rodzaju żeńskiego

feminism /fe-my-nyzm/ feminizm

feminist /fe-my-nyst/ feminista

femur /fi-me/ kość udowa

fen /fen/ moczary

fence /fens/ 1. płot 2. ogradzać 3. uprawiać szermierkę

fencing /fen-synn/ szermierka

fend /fend/ 1. bronić 2. zaspokajać potrzeby

fender /fen-de/ błotnik

ferment /feer-ment/ 1. ferment 2. niepokój

fermentation /feer-men-tei-szn/ fermentacja

fern /feern/ paproć

ferocious /fe-reł-szez/ 1. dziki 2. okrutny

ferocity /fe-ro-sy-ty/ 1. dzikość 2. okrucieństwo

ferret /fe-ryt/ łasica leśna

ferry /fe-ry/ prom

ferry-man /fe-ry-men/ przewoźnik

fertile /fer-tail/ 1. płodny 2. urodzajny

fertilize /fer-te-laiz/ 1. nawozić 2. użyźniać 3. zapładniać

fertilization /fer-ty-lai-zei-szen/ nawożenie

fertilizer /fer-ty-lai-ze/ nawóz

fervent /fee-went/ 1. żarliwy 2. gorejący

fervour /fee-we/ 1. ferwor 2. żar

fester /fes-te/ 1. ropieć 2. jątrzyć się

festival /fes-tywl/ 1. festiwal 2. święto

festive /fes-tyw/ świąteczny

festivity /fes-ty-wy-ty/ 1. zabawa 2. uroczystość

festoon /fes-tuun/ girlanda

fetch /fecz/ przynosić

fetid /fe-tyd/ śmierdzący

fetish /fe-tysz/ fetysz

fetter /fe-te/ więzy
feud /fjud/ 1. sprzeczka 2. spór
feudal /fju-del/ 1. feudalny 2. lenny
feudalism /fju-de-lyzm/ 1. feudalizm 2. lenno
fever /fi-we/ gorączka
feverish /fi-we-rysz/ gorączkowy
few /fju/ 1. niewiele 2. mało 3. parę 4. kilka
fiance /fy-aan-sei/ narzeczony
fiancee /fy-aan-sei/ narzeczona
fiasco /fy-ees-keł/ 1. niepowodzenie 2. fiasko
fib /fyb/ kłamstwo
fibber /fy-ber/ kłamczuch
fibre /fai-be/ włókno
fibreglass /fai-be-glaas/ włókno szklane
fibula /fy-bjuu-le/ kość piszczelowa
fickle /fy-kel/ niestały
fiction /fyk-szn/ fikcja
fictitious /fyk-ty-szez/ fikcyjny
fiddle /fy-dl/ 1. skrzypce 2. rzępolić
fiddler /fy-dle/ skrzypek
fidelity /fy-de-lyty/ wierność
fidget /fy-dżyt/ niepokój
field /fild/ 1. pole 2. boisko 3. dziedzina
field-officer /fild-o-fyse/ 1. major 2. pułkownik
fiend /find/ szatan
fiendish /fin-dysz/ szatański
fierce /fyjes/ 1. dziki 2. gwałtowny 3. zaciekły
fiercely /fyje-sly/ 1. dziko 2. gwałtownie
fiery /faa-je-ry/ 1. ognisty 2. zapalny
fiesta /fy-este/ święto
fifteen /fy-ftin/ piętnaście
fifth /fyfh/ piąty
fifty /fy-fty/ pięćdziesiąt

fiftieth /fy-ftyfh/ 1. pięćdziesiąty 2. jedna pięćdziesiąta
fig /fyg/ figa
fig-leaf /fyg-lif/ listek figowy
fight /fait/ 1. walka 2. bójka 3. kłótnia 4. walczyć 5. bić się
fighter /fai-te/ 1. wojownik 2. samolot bojowy
fighting /fai-tynn/ bojowy
figment /fyg-ment/ 1. fiksja 2. wymysł
figurative /fy-gju-re-tyw/ 1. przenośny 2. alegoryczny
figure /fy-ge/ 1. figura 2. liczba 3. cyfra 4. postać 5. dojść do wniosku
file /fail/ 1. kartoteka 2. plik danych 3. akta 4. pilnik
filial /fy-liel/ synowski
filings /fai-lynns/ opiłki
fill /fyl/ 1. napełniać 2. wypełniać
filling /fy-lynn/ plomba
fillet /fy-lyt/ 1. opaska 2. filet
fillip /fy-lyp/ prztyczek
filly /fy-ly/ 1. źrebica 2. koza
film /fylm/ 1. błona fotograficzna 2. film
filter /fyl-te/ filtr
filth /fylfh/ 1. brud 2. plugastwo
filthy /fyl-fhy/ 1. brudny 2. plugawy 3. odrażający
fin /fyn/ płetwa
final /fai-nl/ 1. finał 2. końcowy 3. ostateczny
finalist /fai-ne-lyst/ finalista
finalize /fai-ne-laiz/ 1. kończyć 2. finalizować
finally /fai-nely/ 1. ostatecznie 2. w końcu
finance /fai-neens/ 1. finanse 2. finansować
financial /fai-neen-szl/ finansowy
financier /fy-neen-syje/ finanso-

wiec
finch /fyncz/ zięba
find /faind/ 1. znajdować 2. odnajdywać 3. odkrywać 4. uznawać za
find out dowiadywać się
finder /fain-de/ znalazca
finding /fain-dynn/ 1. znajdywanie 2. odkrycie
fine /fain/ 1.świetny 2. cienki 3. drobny 4. w porządku! 5. grzywna 6. karać grzywną
finery /fai-ne-ry/ 1. ozdoba 2. elegancja
finesse /fy-nes/ 1. czystość 2. delikatność 3. doskonałość
finger /fynn-ge/ palec
finger-nail /fynn-ge-neil/ paznokieć
fingerprint /fynn-ge-prynt/ odcisk palca
finish /fy-nysz/ 1. koniec 2. finisz
finite /fai-nait/ ograniczony
fiord /fjoord/ fiord
fir /fer/ jodła
fire /fa-yje/ 1. ogień 2. pożar 3. strzelać 4. wyrzucać z pracy
firefighter /fayje-fai-te/ strażak
fireman /fa-yje-men/ 1. palacz 2. strażak
fireplace /fa-yje-pleis/ kominek
fireproof /fa-yje-pruf/ ognioodpomy
firm /ferm/ 1. twardy 2. mocny 3. pewny 4. solidny 5. firma
firmly /ferm-ly/ mocno
firmamant /fee-me-ment/ sklepienie niebieskie
first /ferst/ 1. pierwszy 2. najpierw
first-hand /ferst-heend/ z pierwszej ręki
first-rate /ferst-reit/ pierwszorzędny
fiscal /fys-kel/ skarbowy
fish /fysz/ 1. łowić ryby 2. ryba

fisherman /fy-sze-men/ rybak
fishery /fy-sze-ry/ rybołóstwo
fish-hook /fysz-huk/ haczyk na ryby
fishing /fy-szynn/ wędkarstwo
fishing-rod /fy-szynn-rod/ wędka
fishy /fy-szy/ rybi
fission /fy-szen/ 1. dzielenie 2. rozbicie
fissure /fy-sze/ 1. szczelina 2. bruzda
fist /fyst/ pięść
fit /fyt/ 1. odpowiedni 2. pasować 3. montować 4. napad (choroby)
fitful /fyt-fel/ 1. dorywczy 2. niespokojny 3. kapryśny
fitment /fyt-ment/ wyposażenie
fitness /fit-nes/ kondycja
fitter /fy-ter/ 1. krawiec 2. monter
fitting /fy-tynn/ przymiarka
five /faiw/ pięć
fivefold /faiw-feuld/ pięciokrotny
fivepenny /faiw-pe-ny/ pięciopensowy
fiver /fai-we/ piątka
fix /fyks/ 1. naprawiać 2. ustalać 3. przygotowywać 4. załatwiać
fixed /fykst/ stały
fixation /fyk-sej-szn/ 1. przytwierdzenie 2. krzepnięcie
fixative /fyk-se-tyw/ utrwalający
fixture /fyks-cze/ 1. przynależność 2. urządzenie
fizz /fyz/ 1. syczeć 2. napój musujący
fizzle /fy-zel/ 1. cicho syczeć 2. fiasko
flabby /flee-by/ 1. zwiotczały 2. niedbały
flag /fleeg/ flaga
flagellant /flee-dżi-lent/ biczownik
flagpole /fleeg-peul/ maszt flagowy

flagrant /fley-grent/ 1. jaskrawy 2. notoryczny
flagship /fleeg-szyp/ okręt flagowy
flail /fleyjl/ młócić
flair /fler/ 1. talent 2. zamiłowanie
flake /fleyjk/ 1. płatek 2. warstwa 3. iskra
flamboyance /fleem-bo-yjens/ 1. kwiecistość 2. błyskotliwość
flamboyant /fleem-bo-yjent/ 1. kwiecisty 2. błyskotliwy
flame /fleim/ płomień
flamingo /fle-mynn-geł/ flaming
flammable /flee-me-bl/ łatwopalny
flan /fleen/ ciastko z owocami
flange /fleendż/ kołnierz
flank /fleennk/ 1. bok 2. flanka
flannel /flee-nel/ flanela
flap /fleep/ 1. trzepotać 2. zwisać 3. klapnąć
flapper /flee-per/ 1. packa 2. klapa 3. piskłę
flare /fler/ 1. błyszczeć 2. popisywać się 3. sygnalizować światłem
flash /fleesz/ 1. migać 2. błysk
flashback /fleesz-beek/ dygresja
flashbulb /fleesz-balb/ żarówka lampy błyskowej
flashlight /fleesz-lait/ lampa błyskowa
flashy /flee-szy/ szpanerski
flask /flaask/ 1. manierka 2. termos
flat /fleet/ 1. płaski 2. bez powietrza 3. mieszkanie
flatfooted /fleet-fuu-tyd/ o płaskiej stopie
flatness /fleet-nys/ płytkość
flatten /flee-tn/ 1. spłaszczać 2. wyrównywać 3. przygnębiać
flatter /flee-te/ pochlebiać
flatterer /flee-te-re/ pochlebca
flattery /flee-te-ry/ pochlebstwo
flatulence /flee-czu-lens/ wzdęcie

flaunt /floont/ paradować
flautist /floo-tyst/ flecista
flavour /flei-we/ 1. posmak 2. smak 3. smaczek
flaw /floo/ 1. rysa 2. skaza 3. defekt
flawless /floo-les/ bez skazy
flax /fleeks/ len
flay /fleyj/ zdzierać
flea /fli/ pchła
fleck /flek/ plamka
fled → flee
flee /fli/ uciekać
fleece /flis/ 1. runo 2. ograbiać
fleet /flit/ flota
fleeting /fli-tynn/ przelotny
flesh /flesz/ 1. ciało 2. mięso
flew /flu/ → fly
flex /fleks/ zginać
flexibility /fle-kse-by-lyty/ elastyczność
flexible /flek-sebl/ 1. giętki 2. elastyczny
flick /flik/ 1. śmignięcie 2. trzask 3. smuga
flicker /fly-ke/ 1. migać 2. drgać 3. powiewać
flier /fla-je/ 1. lotnik 2. latawiec 3. ulotka
flight /flait/ 1. lot 2. przelot 3. ucieczka
flimsy /flym-zy/ 1. wątły 2. skrawek papieru
flinch /flyncz/ 1. uchylać się 2. zawahać się
fling /flynn/ 1. ciskać 2. rzucać
flint /flynt/ krzemień
flip /flyp/ 1. pstrykać 2. przewracać
flippant /fly-pent/ 1. impertynencki 2. niepoważny
flipper /fly-pe/ płetwa
flirt /flert/ 1. flirtować 2. flirt
float /flełt/ 1. unosić się 2. pływać

3. spławik

flock /flok/ 1. stado 2. tłum

floe /fleł/ kra

flog /flog/ chłostać

flogging /flo-gynn/ chłosta

flood /flad/ powódź

floor /floo/ 1. podłoga 2. piętro

floorboard /floor-bood/ podłoga samochodu

flop /flop/ 1. klapnąć 2. trzepotanie

floppy /flo-py/ 1. miękki 2. niesztywny

flora /floo-re/ 1. flora 2. roślinność

floral /floo-rl/ roślinny

florid /flo-ryd/ 1. kwitnący 2. ozdobny

florin /flo-ryn/ floren

florist /floo-ryst/ kwiaciarka

flotilla /fle-ty-le/ flotylla

flounce /flałns/ miotać się

flounder /flałn-der/ 1. brnąć 2. flądra

flour /flaa-łe/ mąka

flourish /fla-rysz/ 1. prosperować 2. kwitnąć

flout /flałt/ kpić

flow /fleł/ 1. płynąć 2. przepływ

flower /flaa-łe/ 1. kwiat 2. kwitnąć

flowerbed /flaa-łe-bed/ kwietnik

flowershop /flaa-łe-szop/ kwiaciarnia

flown → fly

flu /fluu/ grypa

fluctuate /flak-czu-eit/ 1. falować 2. wahać się

fluctuation /flak-czu-ei-szn/ 1. falowanie 2. wahanie się

flue /flu/ przewód dymny

fluency /flu-en-sy/ 1. płynność 2. wymowność

fluent /fluent/ 1. płynny 2. wymowny

fluently /fluu-ent-ly/ 1. płynnie 2. biegle

fluid /fluu-yd/ 1. ciecz 2. płynny

fluke /fluk/ 1. grot 2. motylica wątrobowa

flung /flann/ → fling

fluorescence /flue-re-sens/ fluorescencja

fluorescent /flue-re-sent/ fluorescencyjny

flurry /fla-ry/ 1. wichura 2. śnieżyca 3. podniecenie

flush /flasz/ rumienić się

fluster /flas-te/ 1. denerwować 2. oszałamiać

flute /fluut/ flet

flutter /fla-te/ 1. trzepotać 2. dygotać 3. płoszyć

flux /flaks/ 1. przepływ 2. krwotok 3. środek do lutowania

fly /flai/ 1. mucha 2. rozporek 3. lecieć 4. latać 5. fruwać

flyer /fla-yje/ 1. lotnik 2. latawiec 3. ulotka

flyover /flai-oł we/ mostek

flypast /flai-paast/ przelot

flywheel /flai-łil/ koło zamachowe

flying /fla-ynn/ latający

flying-squad /fla-ynn-skłod/ lotny oddział

foal /foul/ źrebię

foam /fełm/ 1. piana 2. pienić się

fob /fob/ 1. kieszonka 2. tasiemka 3. dewizka

focal /feł-kel/ ogniskowy

focus /feł-kes/ 1. ostrość 2. skupienie uwagi 3. skupiać 4. koncentrować się

fodder /fo-der/ pasza

foe /feł/ przeciwnik

foetus /fi-tes/ płód

fog /fog/ mgła

foggy /fo-gy/ mglisty

foible /fooi-bl/ słabostka

foil /foil/ 1. folia 2. floret 3. udaremniać

foist /foist/ 1. podrzucać 2. wsuwać

fold /feuld/ 1. zagięcie 2. fałda 3. składać 3. zginać

folder /feul-de/ broszura składana

foliage /feł-lydż/ listowie

folio /fel-liou/ folio

folk /fełk/ 1. lud 2. ludowy

folklore /fełk-lo/ folklor

follow /fo-łeł/ 1. iść za 2. podążać za 3. śledzić 4. stosować się 5. następować

follow up kontynuować

follower /fo-łełe/ zwolennik

folly /fo-ly/ szaleństwo

foment /feł-ment/ 1. wzniecać 2. ciepłe okłady

fond /fond/ 1. czuły 2. naiwny 3. zamiłowany

fondle /fondl/ pieścić

font /font/ 1. czcionka 2. chrzcielnica

food /fuud/ 1. pokarm 2. jedzenie 3. pożywienie

fool /fuul/ 1. oszukiwać 2. głupiec

foolery /fu-le-ry/ głupota

foolhardy /ful-haa-dy/ wariacki

foolish /fuu-lysz/ głupi

foolishness /fuu-lysz-nys/ głupota

foot /fut/ stopa

footage /fu-tydż/ długość w stopach

football /fut-bool/ 1. piłka nożna 2. futbol

footbridge /fut-brydż/ most dla pieszych

foot-hills /fut-hyl/ przedgórze

footing /fuu-tynn/ 1. podstawa 2. położenie

footman /fut-men/ lokaj

footnote /fut-nełt/ przypis

footpath /fut-paafh/ ścieżka

footsore /fut-soor/ ból stóp

footstep /fut-step/ odgłos kroków

footwear /fut-łee/ obuwie

for /foo/ 1. dla 2. do 3. po 4. z 5. za 6. przez 7. mimo 8. ponieważ

forage /foo-rydż/ pasza

foray /foo-rei/ 1. napad 2. plądrować

forbad → forbid

forbade → forbid

forbear /foor-bee/ 1. powstrzymywać się 2. okazywać pobłażliwość

forbid /fe-byd/ 1. zabraniać 2. zakazywać

forbidden /fe-by-dn/ 1. zakazany 2. tabu 3. → forbid

forbore → forbear

forborne → forbear

force /foos/ 1. siła 2. moc 3. zmuszać 4. pchnąć

forceful /foos-ful/ potężny

forceps /foo-seps/ kleszcze

forcible /foor-sebl/ 1. przymusowy 2. przekonujący

ford /food/ bród

fore /foo/ przedni

forearm /foo-arm/ przedramię

forebode /foo-bełd/ przeczuwać

forecast /foo-kaast/ 1. zapowiadać 2. przewidywać 3. prognoza

forecourt /foo-koot/ dziedziniec

foredoom /foo-dum/ skazywać

forefathers /foo-faa-dhez/ przodkowie

forefinger /foo-fynn-ge/ palec wskazujący

foregoing /foo-ge-łynn/ poprzedzający

foreground /foo-grałnd/ przedni plan

forehand /foo-heend/ 1. prowadzenie 2. czołowy

forehead /fo-ryd/ czoło

foreign /fo-rn/ 1. obcy 2. zagraniczny

foreigner /fo-ry-ne/ cudzoziemiec

foreleg /foo-leg/ przednia noga

forelock /foo-lok/ 1. lok nad czołem 2. zatyczka

foreman /foo-men/ 1. bryga-dzista 2. sztygar

foremost /foo-mełst/ 1. przodujący 2. główny

forename /foo-neim/ imię

forensic /fe-ren-syk/ sądowy

forerunner /foo-ra-ne/ 1. prekursor 2. zwiastun

foresaw /foo-soo/ → foresee

foresee /foo-si/ przewidy-wać

foreseen /foo-sin/ → foresee

foreshore /foo-szoo/ przybrzeże

foresight /foo-sait/ 1. przewidywanio 2. zapobiegliwość 3. muszka celownika

foreskin /foo-skyn/ napletek

forest /fo-ryst/ 1. las 2. teren łowiecki

forester /fo-rys-te/ 1. gajowy 2. leśniczy

forestall /foo-stool/ 1. uprzedzać 2. wykupywać do spekulacji

foretaste /foo-teist/ przedsmak

foretell /foo-tel/ przepowiadać

forethought /foo-fhoot/ 1. przezorność 2. premedytacja

foretold /foo-teuld/ przepowiedziany

forever /fe-re-we/ na zawsze

forewarn /foo-łorn/ ostrzeżony

foreword /foo-łerd/ przedmowa

forfeit /foo-fyt/ 1. grzywna 2. rzecz przepadła

forgave → forgive

forge /foodż/ kuźnia

forget /fe-get/ zapominać

forget-me-not /fe-get-mi-not/ niezapominajka

forgive /fe-gyw/ 1. przebaczać 2. darować

forgiven → forgive

forgiveness /fe-gyw-nes/ przebaczenie

forgiving /fe-gywynn/ pobłażliwy

forgo /foo-geu/ powstrzymywać się

forgot → forget

forgotten → forget

fork /fook/ 1. widelec 2. widły 3. rozwidlenie

forlorn /foo-loon/ 1. opuszczony 2. rozpaczliwy

form /foom/ 1. forma 2. postać 3. klasa 4. formularz 5. tworzyć (się) 6. wyrabiać

formal /foo-ml/ 1. formalny 2. oficjalny

formality /foo-mee-lyty/ formalność

formation /foo-mei-szn/ 1. formacja 2. układanie 3. budowa

formative /foo-me-tyw/ czynnik formujący

former /foo-me/ 1. były 2. poprzedni 3. dawny

formidable /foo-my-debl/ trudny

formless /foom-lys/ bezkształtny

formula /foo-mjule/ 1. przepis 2. formuła 3. wzór

formulate /foo-mju-leit/ for-mułować

formulation /foo-mju-lei-szn/ formułowanie

fornicate /foo-ny-keit/ uprawiać nierząd

fornication /foo-ny-kei-szn/ nierząd

forsake /fe-seik/ porzucać

forsaken /fe-<u>sei</u>-kn/ porzucony
forsook → forsake
forswear /foo-<u>słee</u>/ wypierać się
forswore → forswear
forsworn → forswear
fort /foot/ fort
forte /foort/ mocna strona
forth /foofh/ naprzód
forthcoming /foofh-<u>ka</u>-mynn/ 1. nadchodzący 2. zbliżający się
forthright /<u>foofh</u>-rait/ 1. zdecydowany 2. idący prosto
forthwith /<u>foofh</u>-łyfh/ natychmiast
fortieth /<u>foor</u>-tifh/ czterdziesty
fortify /<u>foo</u>-ty-fai/ 1. fortyfikować 2. umacniać
fortification /foo-ty-fy-<u>kei</u>-szn/ fortyfikacja
fortitude /<u>foo</u>-ty-tuud/ męstwo
fortnight /<u>foot</u>-nait/ dwa tygodnie
fortress /<u>foo</u>-czrys/ forteca
fortuitous /for-<u>tju</u>-y-tez/ przypadkowy
fortunate /<u>foo</u>-cznet/ 1. pomyślny 2. szczęśliwy
fortunately /<u>foo</u>-czne-tly/ na szczęście
fortune /<u>foo</u>-czen/ 1. traf 2. szczęście 3. fortuna
forty /<u>foo</u>-ty/ czterdzieści
forum /<u>foo</u>-rem/ forum
forward /<u>foo</u>-łed/ 1. do przodu 2. przedni 3. przesyłać dalej
fossil /<u>fo</u>-sl/ skamielina
foster /<u>fo</u>-ste/ przyrodni
fought /foot/ → fight
foul /faul/ 1. odrażający 2. cuchnący 3. sprośny 4. faul 5. faulować
found → find
foundation /fałn-<u>dei</u>-szn/ 1. fundacja 2. fundament
founder /<u>fałn</u>-de/ założyciel

foundling /<u>faałn</u>-dlynn/ znajda
foundry /<u>fałn</u>-dry/ odlewnia
fountain /<u>fałn</u>-tyn/ fontanna
four /foo/ cztery
fourfold /<u>foo</u>-fould/ poczwórny
fourteen /foo-<u>tin</u>/ czternaście
fourth /foofh/ czwarty
fowl /faaul/ 1. kogut 2. ptak
fox /foks/ 1. lis 2. zdezorientować
foxhound /<u>foks</u>-haund/ wyżeł
foxhunt /<u>foks</u>-hant/ polowanie na lisy
fox-terrier /<u>foks</u>-terje/ foksterier
foxy /fooksi/ rudy
foyer /<u>foi</u>-ee/ foyer
fraction /<u>freek</u>-szn/ 1. ułamek 2. odłam 3. frakcja
fractional /<u>freek</u>-sznl/ ułamkowy
fractious /<u>freek</u>-szes/ 1. niesforny 2. opryskliwy
fracture /<u>freek</u>-cze/ złamanie
fragile /<u>free</u>-dżail/ 1. kruchy 2. łamliwy
fragment /<u>freeg</u>-ment/ fragment
fragmentary /<u>freeg</u>-men-try/ 1. fragmentaryczny 2. ułamkowy
fragmentation /freeg-men-<u>tei</u>-szn/ rozpryskiwanie się
fragrance /<u>frei</u>-grens/ zapach
fragrant /<u>frei</u>-grent/ pachnący
frail /freil/ 1. słaby 2. wątły
frailty /<u>freyl</u>-ty/ słabostka
frame /freim/ rama
framework /<u>freim</u>-łerk/ szkielet konstrukcji
France /freens/ Francja
franchise /<u>freen</u>-czaiz/ 1. agencja 2. koncesja
frank /freennk/ szczery
frankfurter /<u>freennk</u>-fee-te/ 1. parówka 2. kiełbaska
frantic /<u>freen</u>-tyk/ 1. szalony 2. gorączkowy

fraternal /fre-<u>tee</u>-nel/ 1. braterski 2. towarzystwo wzajemnej pomocy

fraternity /fre-<u>ter</u>-nety/ bratnia organizacja

fraternize /<u>free</u>-te-naiz/ bratać się

fraternization /frete-naj-<u>zei</u>-szn/ bratanie się

fratricide /<u>frei</u>-try-said/ bratobójstwo

fraud /frood/ oszustwo

fraudulent /<u>froo</u>-dju-lent/ oszukańczy

fraught /froot/ 1. zaopatrzony 2. brzemienny

fray /frej/ 1. zwada 2. bójka 3. wycierać

freak /frik/ wybryk

freakish /<u>fri</u>-kysz/ 1. kapryśny 2. dziwaczny

freckles /<u>fre</u>-kels/ piegi

free /fri/ 1. wolny 2. bezpłatny 3. uwalniać 4. zwalniać

free-and-easy /<u>fri</u>-en-i-zy/ bez żenady

freeboard /<u>fri</u>-bood/ wolna burta

freedom /<u>fri</u>-dm/ wolność

freehand /<u>fri</u>-hend/ odręczny (rysunek)

freelance /<u>fri</u>-laans/ 1. niezależny 2. wolny strzelec

freestyle /<u>fri</u>-stail/ styl wolny

free-trade /<u>fri</u>-czreid/ wolny handel

freeway /<u>fri</u>-łei/ autostrada

freeze /friz/ 1. zamrażać 2. marznąć 3. nieruchomieć

freezer /<u>fri</u>-ze/ zamrażarka

freight /freit/ 1. fracht 2. przewozić

French /frencz/ francuski

Frenchman /<u>frencz</u>-men/ Francuz

frenzy /<u>fren</u>-zy/ szał

frequency /<u>fri</u>-kłen-sy/ 1. często-

tliwość 2. częstość

frequent /<u>fri</u>-kłent/ częsty

fresco /<u>fres</u>-keł/ fresk

fresh /fresz/ 1. świeży 2. nowatorski 3. rześki

fresh-water /<u>fresz</u>-ło-te/ słodkowodny

fret /fret/ 1. gryźć 2. ścierać 3. drażnić 4. niepokoić

fretful /<u>fret</u>-fl/ rozdrażniony

friar /<u>fraa</u>-ir/ brat zakonny

friction /<u>fryk</u>-szn/ tarcie

Friday /<u>frai</u>-dy/ piątek

fridge /frydż/ zamrażarka

fried /fraid/ 1. sadzony (jajko) 2. smażony

friend /frend/ przyjaciel

friendly /<u>frend</u>-ly/ 1. życzliwy 2. przyjazny

friendship /<u>frend</u>-szyp/ przyjaźń

frieze /friz/ fryz

frigate /<u>fry</u>-gyt/ fregata

frighten /<u>frai</u>-tn/ 1. przestraszyć 2. przerażać

frightful /<u>frait</u>-fl/ straszny

frigid /<u>fry</u>-dżyd/ oziębły

frigidity /fry-<u>dży</u>-de-ty/ 1. zimno 2. oziębłość

frill /fryl/ 1. kreza 2. zbytek

fringe /fryndż/ 1. frędzla 2. krawędź 3. dodatki

frisk /frysk/ 1. harcować 2. machać 3. przeszukiwać

fritter /<u>fry</u>-te/ kawałek

frivolous /<u>fry</u>-we-les/ 1. błahy 2. lekkomyślny

frivolity /fry-<u>wol</u>-ty/ 1. błahość 2. lekkomyślność

frizz /fryz/ 1. kręcić 2. fryzować

frizzle /<u>fry</u>-zl/ 1. kręcący się 2. kędzierzawy

fro /freł/ z powrotem

frock /frok/ 1. sukienka 2. habit

frog /frog/ żaba
frogman /frog-men/ płet-wonurek
frolic /fro-lyk/ figlarny
from /frem/ 1. z 2. od
front /frant/ 1. przód 2. front 3. przedni
frontage /fran-tydż/ 1. front 2. położenie
frontal /fran-tel/ 1. frontalny 2. kość czołowa
frontier /fran-tyje/ granica
frost /frost/ 1. mróz 2. szron
frost-bite /frost-bait/ odmrożenie
frost-bound /frost-bałnd/ zamarznięty
froth /froth/ piana
frown /fraaun/ marszczyć brwi
froze → freeze
frozen /freł-zn/ 1. zamrożony 2. zmarznięty 3. → freeze
frugal /fru-gel/ oszczędny
frugality /fru-gaa-lty/ oszczędność
fruit /fruut/ 1. owoc 2. owoce
fruitful /fruut-ful/ owocny
fruition /fru-yszn/ urzeczy-wistnienie się
fruitless /fruut-les/ bezowocny
frustrate /fra-streejt/ 1. zniweczyć 2. zawieść 3. frustrować 4. udaremnić
frustration /fra-strei-szn/ 1. frustracja 2. złość 3. fiasko
fry /frai/ smażyć
frying-pan /frai-ynn-peen/ patelnia
fudge /fadż/ 1. nonsens 2. wiadomość z ostatniej chwili
fuel /fju-el/ 1. paliwo 2. opał 3. podsycać
fugitive /fju-dże-tyw/ 1. zbieg 2. uciekinier
fulfil /ful-fyl/ 1. spełnić 2. wykonywać 3. zaspokajać
fulfilment /ful-fyl-ment/ 1. spełnienie 2. wykonanie

full /ful/ 1. pełny 2. całkowity 3. najedzony 4. wypełniony
full-page /ful-pejdż/ całostronicowy
full-time /ful-taim/ 1. pełnoetatowy 2. na pełny etat
fully /fuly/ 1. całkowicie 2. dokładnie
fully-grown /fu-ly-grołn/ dojrzały
fume /fjuum/ opar
fun /fan/ 1. zabawa 2. uciecha
function /fannk-szn/ 1. funkcjonować 2. funkcja
fund /fand/ 1. fundusz 2. finansować
fundamental /fan-de-men-tl/ podstawowy
funeral /fju-nerl/ pogrzeb
fungicide /fann-gy-said/ substancja grzybobójcza
fungous /fann-ges/ grzybiczny
fungus /fann-ges/ grzyb
funk /fannk/ 1. strach 2. tchórz
funnel /fa-nl/ lejek
funny /fa-ny/ 1. śmieszny 2. zabawny
fur /fer/ futro
furious /fjue-ryjes/ 1. wściekły 2. zażarty
furl /feel/ 1. składać 2. porzucać nadzieję
furlong /fee-lonn/ 1/8 mili (201 m)
furnace /fer-nys/ piec
furnish /fer-nysz/ 1. meblować 2. zaopatrywać
furniture /fer-nycze/ meble
furore /fju-rer/ 1. furora 2. mania 3. wściekłość
furrier /fa-ryje/ kuśnierz
furrow /fa-reł/ 1. bruzda 2. orać
further /fer-dhe/ 1. dalszy 2. dodatkowy
furthest /fee-dhyst/ najdalszy

furtive /fee-tyw/ 1. ukradkowy 2. tajemny

furtively /fer-ty-wly/ ukradkiem

fury /fjue-ry/ 1. furia 2. szał

fuse /fjuz/ 1. bezpiecznik 2. zapalnik

fusilade /fju-zy-leyjd/ 1. strzelanina 2. masowe rozstrzeliwanie

fusion /fju-żn/ 1. topienie się 2. stapianie

fuss /fas/ 1. zamieszanie 2. awantura

fussy /fasy/ 1. niespokojny 2. drobiazgowy 3. staranny

futile /fju-tail/ 1. próżny 2. błahy

future /fju-cze/ 1. przyszłość 2. przyszły

fuzz /faz/ 1. puszek 2. kłaczek

fuzzy /fazy/ 1. rozmazany 2. nieostry

fylfot /fyl-fot/ swastyka

G

gab /geeb/ gadać

gabardine /gee-be-din/ gabardyna

gabble /gee-bl/ 1. mleć językiem 2. gęgać

gad /geed/ szwędać się

gadget /gee-dżyt/ 1. małe urządzenie 2. gadżet

gaffe /geef/ gafa

gag /geeg/ 1. kneblować 2. knebel

gaggle /gaa-gl/ gęgać

gaiety /ge-yje-ty/ wesołość

gaily /gei-ly/ 1. wesoło 2. swobodnie

gain /gein/ 1. przyrost 2. korzyść 3. zyskiwać 4. przybierać

gait /geyjt/ chód

gaiter /geyj-te/ kamasz

gal /geel/ panienka

gala /gaa-le/ gala

galactic /ge-leek-tyk/ galaktyczny

galaxy /gee-lek-sy/ galaktyka

gale /geil/ zawierucha

gall /gool/ żółć

gall-bladder /gool-blee-de/ woreczek żółciowy

gallant /gee-lent/ 1. dzielny 2. okazały 3. miłosny

gallantry /gee-len-try/ 1. brawura 2. miłostki

galleon /gee-lyjen/ galeon

gallery /gee-lery/ 1. galeria 2. balkon

galley /gee-ly/ 1. galera 2. galernik

gallon /gee-ln/ galon

gallop /gee-lep/ galop

gallows /gee-lełz/ szubienica

gallstone /gool-stełn/ kamień żółciowy

galore /ge-ler/ obfitość

galoshes /ge-lo-szyz/ kalosze

gambit /geem-byt/ gambit

gamble /geem-bl/ 1. hazard 2. ryzyko 3. uprawiać hazard

gambler /geem-bler/ hazardzista

gambling /geem-blynn/ uprawianie gier hazardowych

gambol /geem-bl/ podskok

game /geim/ 1. gra 2. mecz 3. zwierzyna łowna

gamma /gee-me/ gamma

gammon /gee-men/ 1. szynka 2. bzdury

gamut /gee-met/ gama muzyczna

gander /geen-de/ 1. gąsior 2. prostak

gang /geenn/ 1. szajka 2. gang 3. brygada

gangling /geenn-glynn/ chudy jak tyka

gangplank /geenn-pleennk/ pomost

gangrene /geenn-gryn/ gangrena

gangster /geenn-ster/ gangster

gangway /geenn-łei/ 1. trap 2. przejście

gantry /geenn-try/ 1. rusztowanie dźwigu 2. stojak

gaol /dżeil/ więzienie

gap /geep/ 1. luka 2. odstęp

gape /geip/ 1. ziewać 2. gapić się 3. otwór

garage /gee-raaż/ 1. garażować 2. garaż

garb /gaab/ ubiór

garbage /gar-bydż/ 1. śmieci 2. bzdury

garbage-can /gar-bydż-ken/ kosz na śmieci

garble /gar-bl/ przekręcać fakty

garden /gar-dn/ ogród

gardener /gar-de-ne/ ogrodnik

gardening /gar-de-nynn/ ogrodnictwo

gargle /gaa-gl/ płukać gardło

garish /ge-rysz/ jaskrawy

garland /gaa-lend/ girlanda

garlic /gar-lyk/ czosnek

garment /gar-ment/ część garderoby

garnet /gaa-nyt/ granat

garnish /gaa-nysz/ upiększać

garret /gee-ret/ poddasze

garrison /gee-ry-sen/ 1. garnizon 2. czapka wojskowa z daszkiem

garrotte /ge-rot/ 1. garota 2. zaduszenie

garulous /gee-re-les/ gadatliwy

garter /gaa-ter/ podwiązka

gas /gees/ 1. gaz 2. benzyna

gaseous /gee-sy-es/ gazowy

gasify /gee-sy-fai/ nasycić gazem

gasket /gees-kyt/ uszczelka

gasoline /gee-se-lin/ benzyna

gas-mask /gees-maask/ maska gazowa

gas-meter /gees-mite/ licznik gazu

gas-oven /gees-awn/ piekarnik

gasp /gaasp/ 1. sapać 2. łapać powietrze

gas-station /gees-stei-szn/ stacja benzynowa

gas-stove /gees-stełw/ kuchenka gazowa

gassy /gee-sy/ gazowy

gastric /gee-stryk/ żołądkowy

gastronome /gees-tre-nołm/ smakosz

gastronomy /gee-stro-ne-my/ gastronomia

gate /geit/ 1. brama 2. furtka

gateway /geit-łej/ 1.brama 2. wejście/wyjście

gather /gee-dhe/ 1. zbierać 2. gromadzić się

gathering /gee-dhe-rynn/ 1. zbiegowisko 2. zgromadzenie

gauche /gełsz/ bez ogłady towarzyskiej

gaudy /goo-dy/ 1. krzykliwy 2. błyskotliwy

gauge /geyjdż/ 1. kaliber 2. skala 3. szablon

gaunt /goont/ 1. wychudzony 2. nieszczęśliwy

gauntlet /goon-tlet/ rękawica

gave → give

gavel /gee-wl/ młotek licytatora

gawky /goo-ky/ gamoniowaty

gay /gei/ 1. homoseksualista 2. gej 3. wesoły

gaze /geiz/ 1. wzrok 2. spojrzenie 3. wpatrywać się

gazelle /ge-zel/ gazela

gazette /ge-zet/ gazeta

gear /gyje/ 1. przekładnia 2. bieg 3. sprzęt

gear-box /gyje-boks/ skrzynia biegów

gear-lever /gyje-liwe/ dźwignia zmiany biegów

gear-shift /gyje-szyft/ zmiana biegów

gecko /ge-keu/ jaszczurka

geese /gis/ gęsi

geisha /gejj-sze/ gejsza

gel /dżel/ żel

gelatine /dże-le-tin/ żelatyna

geld /geld/ kastrować

gelid /dże-lyd/ 1. zimny 2. lodowaty

gem /dżem/ klejnot

Gemini /dże-myny/ Bliźnięta (w Zodiaku)

gender /dżen-de/ rodzaj

gene /dżin/ gen

genealogical /dżi-nyje-lo-dżykl/ genealogiczny

genealogy /dżi-ny-ee-ledży/ genealogia

general /dże-nrel/ 1. generał 2. generalny 3. ogólny

generality /dże-ne-ree-lyty/ ogólna zasada

generalization /dże-nere-lai-zeiszn/ uogólnienie

generalize /dże-ne-re-laiz/ uogólniać

generally /dże-nrely/ ogólnie biorąc

generate /dże-ne-reit/ wytwarzać

generation /dże-ne-rei-szn/ pokolenie

generative /dżen-re-tyw/ rozrodczy

generator /dże-ne-reite/ generator

generic /dży-ne-ryk/ 1. rodzajowy 2. pospolity

generosity /dże-ne-ro-syty/ 1. szczodrość 2. szlachetność

generous /dżen-res/ 1. hojny 2. szczodry

genesis /dże-ne-sys/ 1. geneza 2.

rodowód 3. Księga Rodzaju

genetic /dży-ne-tyk/ genetyczny

genetics /dży-ne-tyks/ genetyka

genial /dżi-nyjel/ wesoły

genie /dżi-ny/ duszek

genital /dże-ny-tl/ 1. rozrodczy 2. genitalia

genitive /dże-ny-tyw/ dopełniacz

genius /dżi-nyjes/ geniusz

genocide /dże-ne-sajd/ ludobójstwo

gent /dżent/ facet

gentile /dżen-tail/ 1. pogański 2. narodowy

gentle /dżen-tl/ 1. delikatny 2. łagodny

gentleman /dżen-tl-men/ dżentelmen

gentleness /dżentl-nys/ 1. delikatność 2. łagodność

gently /dżen-tly/ 1. delikatnie 2. łagodnie

gentry /dżen-try/ szlachta

genuflect /dże-nju-flekt/ zginać kolano

genuine /dżen-juyn/ 1. prawdziwy 2. szczery

genus /dżi-nes/ rodzaj

geographer /dży-o-gre-fe/ geograf

geographical /dżyje-gree-fykl/ geograficzny

geography /dży-o-grefy/ geografia

geological /dżeo-lo-dży-kal/ geologiczny

geologist /dżi-ole-dżyst/ geolog

geology /dżi-o-le-dży/ geologia

geometric /dżi-o-me-tryk/ geometryczny

geometry /dżi-o-me-try/ geometria

geranium /dże-rei-njem/ pelargonia

geriatrics /dże-ry-ee-tryks/ geriatria

germ /dżerm/ 1. zarazek 2. zalążek

German /dżer-men/ 1. niemiecki 2. Niemiec

Germany /dżer-meny/ Niemcy

germinate /dżer-my-neit/ kiełkować

gerund /dże-rend/ gerundium

gestation /dżes-tej-szn/ 1. ciąża 2. okres ciąży

gesticulate /dży-sty-kju-leit/ gestykulować

gesticulation /dży-sty-kju-lej-szn/ gestykulacja

gesture /dżes-cze/ 1. ruch ręką 2. gest

get /get/ 1. stawać się 2. robić się 3. zostać 4. dostawać (się) 5. zaczynać 6. sprowadzać 7. przynosić 8. łapać 9. trafić 10. rozumieć 11. mieć

get along 1. radzić sobie 2. być w dobrych stosunkach

get away 1. odchodzić 2. uciekać

get back 1. wracać 2. odzyskiwać

get in przyjeżdżać

get off 1. wysiadać 2. zdejmować

get on wsiadać

get over 1. pozbierać się 2. przekazywać

get up wstawać

geyser /gi-ze/ gejzer

ghastly /gas-tly/ 1. okropny 2. blady

gherkin /gee-kyn/ korniszon

ghetto /ge-teł/ getto

ghost /gołst/ duch

ghost-story /gołst-sto-ry/ opowiadanie o duchach

ghost-writer /gołst-rai-te/ pisarz pracujący dla innych

giant /dżaa-yjent/ 1. gigant 2. olbrzymi

gibberish /dży-be-rysz/ 1. bełkot 2. żargon

gibbet /dży-byt/ 1. szubienica 2. wieszać

gibbon /gy-ben/ gibbon

gibbous /dży-bes/ 1. garbaty 2. wystający

gibe /dżaib/ drwić

giblets /dży-blets/ podroby

giddy /gy-dy/ 1. płochy 2. oszołomiony

gift /gyft/ 1. upominek 2. prezent 3. talent

gifted /gyf-tyd/ 1. utalentowany 2. uzdolniony

gig /gyg/ 1. łódź wiosłowa 2. lekki powozik

gigantic /dżai-geen-tyk/ gigantyczny

giggle /gy-gl/ 1. chichotać 2. chichot

gild /gyld/ pozłacać

gill /gyl/ 1. skrzela 2. podgardle

gimlet /gym-let/ świdrować wzrokiem

gimmick /gy-myk/ 1. sztuczka 2. machlojka 3. urządzenie

gin /dżyn/ dżin

ginger /dżyn-dże/ 1. imbir 2. rudy

gingerly /dżyn-dże-ly/ ostrożnie

gingham /gynn-em/ rodzaj tkaniny bawełnianej

gipsy /dży-psy/ Cygan

giraffe /dży-raaf/ żyrafa

girder /gee-der/ dźwigar

girdle /gee-dl/ 1. pas 2. opasywać

girl /gerl/ 1. dziewczynka 2. dziewczyna

girlfriend /gerl-frend/ przyjaciółka

girlish /ger-lysz/ dziewczęcy

girth /geefh/ 1. obwód 2. popręg

glucose

gist /dżyst/ istota rzeczy
give /gyw/ 1. dawać 2. podawać 3. przekazywać
give away 1. rozdawać 2. wyjawiać
give back oddawać
give in 1. poddawać się 2. ustępować
give up 1. zarzucać 2. rezygnować
given /gy-wn/ 1. dany 2. → give
giver /gy-we/ dawca
glabrous /glei-bres/ 1. gładki 2. bezwłosy
glacial /glei-sjel/ lodowcowy
glacier /glee-syje/ lodowiec
glad /gleed/ zadowolony
glade /gleid/ polana
gladiator /glee-dy-eite/ gladiator
gladiolus /glee-dy-oł-les/ mieczyk
gladsome /gleed-sam/ radosny
glamour /glee-me/ 1. blask 2. świetność
glance /glaa-ns/ 1. rzut oka 2. zerknięcie 3. zorkać
gland /gleend/ gruczoł
glare /glee/ 1. jaśnieć 2. blask
glass /glaas/ 1. kieliszek 2. szklanka 3. szkło
glass-blower /glaas-blo-łe/ dmuchacz szkła
glass-cutter /glaas-ka-te/ nóż do szkła
glasses /glaa-sys/ okulary
glasshouse /glass-hałs/ szklany dom
glassware /glass-łee/ wyroby szklane
glassworks /glass-łerks/ fabryka szkła
glassy /glaa-sy/ szklisty
glaze /gleiz/ 1. szklić 2. glazurować
glazier /glei-zyje/ szklarz
gleam /glim/ przebłysk
glean /glin/ zbierać pokłosie

glee /gli/ uciecha
glen /glen/ wąska dolina
glib /glyb/ 1. przemyślana mowa 2. wygadany
glide /glajd/ 1. ślizgać się 2. sunąć spokojnie
glider /glai-de/ szybowiec
glimmer /gly-mer/ 1. przebłyskiwać 2. migotać
glimpse /glymps/ 1. mignięcie 2. rzucić okiem
glint /glynt/ błyszczeć
glisten /gly-sen/ migotać
glitter /gly-ter/ pobłyskiwać
gloat /gleut/ napawać się
global /głeł-bel/ 1. ogólnoświatowy 2. globalny
globe /głełb/ 1. glob 2. globus
globe-trotter /głełb-trote/ 1. obieżyświat 2. globtroter
globule /glo-bjul/ kulka
glockenspiel /glo-ken-spil/ dzwoneczki
gloom /gluum/ 1. mrok 2. posępność
gloomy /gluu-my/ 1. ponury 2. ciemny 3. mroczny
glorify /gloo-ry-fai/ 1. gloryfikować 2. wysławiać
glorious /gloo-ryjes/ 1. wspaniały 2. sławny 3. wniebowzięty
glory /gloo-ry/ 1. chwała 2. sława
gloss /glos/ 1. połysk 2. blichtr
glossary /glo-se-ry/ słowniczek
glossy /glo-sy/ 1. połyskliwy 2. świecący blichtrem
glove /glaw/ 1. rękawica 2. rękawiczka
glow /gleł/ 1. jarzyć się 2. błyszczeć 3. żar
glower /gle-łe/ patrzeć groźnie
glow-worm świetlik
glucose /glu-kełz/ glukoza

glue /gluu/ 1. kleić 2. klej
glum /glam/ 1. chmurny 2. skwaszony
glut /glat/ 1. nasycać 2. zatykać
glutton /gla-tn/ 1. żarłok 2. pożeracz
gluttony /gla-teny/ 1. żarłoczność 2. obżarstwo
glycerine /gly-se-ryn/ gliceryna
gnarled /nald/ 1. sękaty 2. szorstki
gnash /neesz/ zgrzytać
gnat /neet/ komar
gnaw /noo/ gryźć
gnome /neum/ karzeł
gnu /nu/ antylopa gnu
go /geł/ 1. iść 2. chodzić 3. jechać 4. jeździć 5. udawać się 6. próba
  go against sprzeciwiać się
  go ahead iść do przodu
  go away odchodzić
  go down 1. schodzić 2. zjeżdżać
  go into 1. wchodzić 2. zagłębiać się
  go off 1. wychodzić 2. psuć się 3. eksplodować
  go on 1. iść dalej 2. dziać się
  go out 1. wychodzić 2. gasnąć
  go over 1. przechodzić 2. sprawdzać
goad /geud/ 1. popędzać 2. prowokować
goal /geul/ 1. cel 2. gol
goat /gełt/ 1. koza 2. kozioł
gobble /go-bl/ 1. żreć 2. złapać szybko 3. bulgotać
goblet /go-blt/ kieliszek
goblin /gob-lyn/ chochlik
gocart /goł-kaat/ kojec dziecinny
god /god/ 1. bóg 2. bożek
God /god/ 1. Bóg 2. Boże!
godchild /god-czaild/ chrześniak
goddess /go-dys/ bogini

godfather /god-faa-dhe/ ojciec chrzestny
godless /god-les/ bezbożny
godlike /god-laik/ boski
godly /god-ly/ bogobojny
godmother /god-ma-dhe/ matka chrzestna
goggle /go-gl/ wytrzeszczać oczy
goggles /go-gelz/ 1. okulary ochronne 2. gogle
going /ge-łynn/ 1. odejście 2. warunki pracy
goitre /gei-te/ wole
gold /geuld/ 1. złoto 2. złoty
golden /geul-dn/ złoty
goldfish /geuld-fysz/ złota rybka
goldmine /geul-main/ kopalnia złota
gold-smith /geuld-smyfh/ złotnik
golf /golf/ golf
golly /go-ly/ na Boga!
gondola /gon-del/ gondola
gone /gon/ 1. miniony 2. → go
goner /go-ne/ osoba (rzecz) przepadła
gong /gonn/ 1. gong 2. medal
gonorrhea /ge-ne-ryje/ rzeżączka
good /gud/ 1. dobry 2. ważny 3. grzeczny 4. dobro
good-bye /gud-bai/ do widzenia
goodish /gu-dysz/ 1. niezły 2. spory
good-looking /gud-lu-kynn/ przystojny
goodness /gud-nes/ dobroć
goods /gudz/ towary
goodwill /gud-łyl/ życzliwość
goody-goody /gu-dy-gudy/ dobrotliwy
goofy /gu-fy/ głupkowaty
goose /gus/ gęś
gooseberry /gus-be-ry/ agrest

gore /ger/ 1. przebijać 2. klin
gorge /goodż/ 1. gardło 2. wąwóz 3. wyżerka
gorgeous /goo-dżes/ 1. przepiękny 2. cudny
gorilla /ge-ry-le/ goryl
gormandize /ge-men-daiz/ obżartuch
gorse /goos/ janowiec ciernisty
gory /goo-ry/ krwawy
gosh! /gosz/ do licha!
gosling /goz-lynn/ gąsiątko
gospel /gos-pl/ ewangelia
gossamer /go-se-me/ 1. babie lato 2. pajęczyna
gossip /go-syp/ 1. plotka 2. plotkować
got → get
Gothic /go-fhyk/ 1. gotyk 2. gotycki
gotten → get
gouache /gu-aasz/ gwasz
gouge /gaoldż/ 1. dłuto wklęsłe 2. oszukiwać
goulash /gu-leesz/ gulasz
gourd /gued/ tykwa
gourmand /gu-mend/ 1. łakomczuch 2. smakosz
gourmet /głe-mei/ smakosz
gout /gaaut/ 1. gościec 2. kropla
govern /ga-wn/ rządzić
governess /ga-we-nys/ guwernantka
government /ga-we-ment/ 1. rząd 2. rządowy
governor /ga-we-ne/ gubernator
gown /gałn/ suknia
grab /greeb/ 1. chwytać 2. porywać
grace /greis/ 1. wdzięk 2. gracja 3. łaska
graceful /greis-fl/ pełen wdzięku
graceless /greis-less/ 1. bezwstydny 2. bez wdzięku

gracious /grei-szer/ łaskawy
gradation /gre-dei-szen/ 1. skala 2. stopniowanie
grade /greid/ 1. stopień 2. ranga 3. klasa
gradient /grei-dyjent/ 1. opadający lub podnoszący się stopniowo 2. gradient
gradual /gree-dżu-el/ 1. stopniowy 2. graduał
gradually /gree-dżuly/ stopniowo
graduate /gree-dżuet/ absolwent
graduate /gree-dżu-eit/ 1. kończyć studia 2. kończyć szkołę średnią
graduation /gree-dżu-ei-szn/ ukończenie szkoły
graffiti /gre-fy-ty/ grafika uliczna
graft /greeft/ 1. szczep 2. łapówka
grain /grein/ 1. ziarno 2. zboże
gram /greem/ 1. cieciorka 2. rośliny strączkowe
grammar /gree-me/ gramatyka
grammatical /gre-mee-ty-kel/ gramatyczny
gramme /greem/ gram
gramophone /gree-me-feln/ gramofon
granary /gree-ne-ry/ spichlerz
grand /greend/ 1. okazały 2. świetny 3. wielki 4. tysiąc
grandchild /greend-czaild/ wnuk
grandad /green-deed/ dziadek
granddaughter /greend-doote/ wnuczka
grandeur /green-dżer/ 1. dostojność 2. okazałość
grandfather /greend-faa-dhe/ dziadek
grandiose /green-djełs/ 1. wspaniały 2. pompatyczny
grandma /green-ma/ babcia
grandmother /greend-ma-dhe/ babcia

grandpa /greend-paa/ dziadek
grandparents /greend-pee-rents/
dziadkowie
grandson /greend-san/ wnuk
grange /greindż/ 1. farma 2. towarzystwo
granite /gree-nyt/ granit
granny /gree-ny/ 1. babunia 2. babski węzeł
grant /graant/ 1. nadawać 2. przyznawać 3. subwencja 4. dar
granular /gree-nju-le/ ziarnisty
granulate /gree-nju-leit/ tworzyć ziarna
granule /gree-njul/ ziarenko
grape /greip/ winogrono
grapefruit /greip-fruut/ grejpfrut
graph /greef/ 1. wykres 2. krzywa
graphic /gree-fyk/ 1. grafika 2. graficzny
graphite /gree-fayjt/ grafit
grapnel /greep-nl/ 1. harpun 2. rodzaj kotwicy
grapple /gree-pl/ 1. chwytak 2. walka wręcz
grasp /graasp/ 1. chwytać 2. pojmować 3. uchwyt
grasping /graas-pynn/ łapczywy
grass /graas/ trawa
grasshopper /graas-ho-pe/ konik polny
grate /greit/ 1. trzeć 2. ruszt
grateful /greit-fl/ wdzięczny
grater /grei-te/ tarka
gratify /gree-ty-fai/ 1. sprawiać przyjemność 2. zaspokajać
gratification /gree-ty-fy-kei-szn/ 1. zaspokojenie 2. wynagrodzenie
grating /grei-tynn/ krata
gratis /gree-tys/ darmowy
gratitude /gree-ty-tjuud/ wdzięczność
gratuitous /gre-tjuu-y-tes/ 1. bez-

płatny 2. zbędny
gratuity /gre-tjuu-y-ty/ 1. gratyfikacja 2. napiwek
grave /greiw/ 1. grób 2. poważny
gravel /gree-wl/ żwir
graver /grei-we/ 1. grawer 2. rylec
grave-stone /greiw-stełn/ kamień nagrobny
gravitate /gree-wy-teit/ 1. grawitować 2. opadać
gravity /gree-wy-ty/ siła ciężkości
gravy /grei-wy/ sos pieczeniowy
gray /grei/ szary
graze /greiz/ 1. paść się 2. zadrasnąć
grease /gris/ 1. tłuszcz 2. smar 3. smarować
greasy /gri-sy/ zatłuszczony
great /greit/ 1. wielki 2. wspaniały
Great Britain /greit-bry-tn/ Wielka Brytania
greatness /greit-nes/ wielkość
Grecian /gri-szn/ grecki
Greece /gris/ Grecja
greed /grid/ 1. chciwość 2. żądza
greediness /gri-dy-nis/ chciwość
greedy /gri-dy/ chciwy
Greek /grik/ 1. grecki 2. Grek
green /grin/ 1. zielony 2. zieleń
greengrocer /grin-grełse/ warzywniak
greenhouse /grin-hałs/ szklarnia
greenish /gri-nysz/ zielonkawy
greet /grit/ 1. witać 2. pozdrawiać
greeting /gri-tynn/ 1. przywitanie 2. pozdrowienie
gregarious /gry-ge-ryjes/ żyjący gromadnie
Gregorian /gry-ge-ryjen/ gregoriański
gremlin /grem-lyn/ chochlik
grenade /gry-neid/ granat
grenadier /gre-ne-dyje/ grenadier

grew → grow

grey /grei/ 1. szary 2. siwy

greyhound /grei-haund/ chart

greyish /grei-ysz/ szarawy

grid /gryd/ 1. sieć elektryczna 2. kratka

griddle /gry-dl/ blacha do pieczenia

gridiron /gryd-jen/ 1. ruszt 2. boisko futbolowe

grief /grif/ 1. zmartwienie 2. smutek

grievance /gri-wens/ 1. powód do skargi 2. uraza

grieve /griw/ 1. martwić się 2. dotykać boleśnie

grievous /gri-ws/ 1. przykry 2. jaskrawy

griffin /gry-fyn/ 1. gryf 2. nowicjusz

grill /gryl/ 1. ruszt 2. grill 3. piec na ruszcie

grim /grym/ 1. srogi 2. ponury

grimace /gry-meis/ grymas

grime /graim/ 1. brud 2. usmarować

grin /gryn/ szczerzyć zęby

grind /graind/ mleć

grinder /grain-de/ młynek

grindstone /graind-stełn/ kamień szlifierski

grip /gryp/ 1. mocny uścisk 2. opanowanie 3. uchwyt

grisly /grysly/ okropny

gristle /gry-sl/ chrząstka

grit /gryt/ 1. żwir 2. piaskowiec 3. hart

grizzle /gry-zl/ marudzić

groan /grełn/ 1. jęczeć 2. jęk

grocer /greł-se/ kupiec kolonialny

grocery /greł-sery/ sklep spożywczy

groggy /gro-gy/ 1. niepewny 2. odurzony

groin /greyjn/ 1. pachwina 2. krawędź

groom /gruum/ 1. koniuszy 2. pan młody

groove /gruw/ 1. rowek 2. utarty szlak

grope /grełp/ szukać po omacku

gross /grels/ 1. całkowity 2. jaskrawy 3. gruby

grotesque /greł-tesk/ groteskowy

grouch /graaucz/ 1. zrzędzić 2. gderać

ground /grałnd/ 1. ziemia 2. grunt 3. uziemienie 4. podstawa 5. → grind

ground-floor /grałnd-floo/ parter

groundless /grałnd-les/ bezpodstawny

group /gruup/ 1. grupować się 2. grupa 3. zespół

grouse /grałs/ 1. głuszec właściwy 2. zrzędzić

grove /grełw/ lasek

grovel /gro-wl/ czołgać się

grow /greł/ 1. rosnąć 2. hodować 3. uprawiać 4. zapuszczać

growl /graul/ warczeć

grown /grełn/ → grow

growth /grełfh/ wzrost

grub /grab/ 1. pędrak 2. wół roboczy 3. niechluj

grubby /gra-by/ 1. niechlujny 2. robaczywy

grudge /gradż/ 1. skąpić 2. zazdrościć

gruel /gru-el/ kaszka

gruesome /gru-sem/ okropny

gruff /graf/ 1. ochrypły 2. cierpki 3. opryskliwy

grumble /gram-bl/ zrzędzić

grumpy /gram-pu/ w złym humorze

grunt /grant/ chrząkać

guarantee /gee-ren-ti/ 1. gwarantować 2. gwarancja

guard /gard/ 1. strzec 2. strażnik 3. straż

guardian /gar-dyjen/ opiekun

guardianship /gar-dyjen-szyp/ opiekuństwo

guerrilla /ge-ry-le/ 1. partyzant 2. partyzantka

guess /ges/ 1. przypuszczać 2. zgadywać 3. domyślać się

guest /gest/ gość

guest-room /gest-rum/ pokój gościnny

guffaw /ge-foo/ koński śmiech

guidance /gai-dens/ kierownictwo

guide /gaid/ 1. kierować 2. oprowadzać 3. przewodnik

guide-book /gaid-buk/ przewodnik

guild /gyld/ 1. cech 2. bractwo

guile /gail/ 1. oszustwo 2. zdradziecki

guillotine /gy-le-tin/ 1. gilotyna 2. obcinarka do papieru

guilt /gylt/ wina

guilty /gyl-ty/ winny

guinea /gy-ny/ gwinea

guinea-pig /gy-ny-pyg/ świnka morska

guitar /gy-tar/ gitara

gulf /galf/ zatoka

gull /gal/ mewa

gullet /ga-lyt/ przełyk

gullible /ga-lybl/ łatwowierny

gully /ga-ly/ kanał

gulp /galp/ 1. połykać 2. łyk

gum /gam/ 1. guma 2. dziąsło 3. klej

gummy /ga-my/ 1. gumowaty 2. obrzękły

gumption /gam-pszn/ inicjatywa

gun /gan/ 1. pistolet 2. działo 3. broń

gunman /gan-men/ uzbrojony bandyta

gunner /ga-ne/ 1. artylerzysta 2. myśliwy

gunpowder /gan-pał-de/ proch strzelniczy

gunsmith /gan-smyfh/ rusznikarz

gurgle /gee-gl/ bulgotać

guru /gu-ru/ guru

gush /gasz/ 1. tryskać 2. wytrysk

gusset /ga-syt/ 1. klin 2. klamra

gust /gast/ poryw wiatru

gut /gat/ jelito

gutter /ga-te/ rynna

guttural /ga-te-rel/ gardłowy

guy /gai/ 1. człowiek 2. facet

guzzle /ga-zl/ żłopać

gym /dżym/ 1. gimnastyka 2. sala gimnastyczna

gymkhana /dżym-kaa-ne/ popis sportowy

gymnasium /dżym-nei-zyjem/ sala gimnastyczna

gymnast /dżym-nee-st/ gimnastyk

gymnastics /dżym-nee-styks/ gimnastyka

gynaecology /gainy-ko-le-dży/ ginekologia

gynaecologist /gainy-ko-le-dżyst/ ginekolog

gyroscope /gayje-re-skełp/ żyroskop

H

haberdasher /hee-be-dee-sze/ kupiec galanterii męskiej

haberdashery /hee-be-dee-szry/ 1. galanteria męska 2. pasmanteria

habit /hee-byt/ 1. zwyczaj 2. nałóg

habitable /hee-by-tebl/ 1. nadający się do zamieszkania 2. ludność

habitat /hee-by-teet/ środowisko

habitation /hee-by-tei-szn/ miejsce zamieszkania

habitual /he-by-czuel/ 1. nałogowy 2. notoryczny

habituate /he-by-czu-eit/ przyzwyczajać się do czegoś

hacienda /hee-si-en-de/ hacjenda

hack /heek/ 1. siekać 2. kopać 3. pokaszliwać 4. koń do wynajęcia

hacker /hee-ke/ pirat komputerowy

hackney /hee-kny/ 1. koń do wynajęcia 2. najemnik 3. powóz do wynajęcia

hacksaw /heek-soo/ piła do metalu

had → have

haddock /hee-dek/ łupacz (ryba)

Hades /hei-diz/ Hades

haft /haaft/ rękojeść

hag /heeg/ wiedźma

haggard /hee-ged/ wynędzniały

haggis /hee-gys/ szkocka potrawa

hail /heil/ 1. grad 2. pozdrowienie

hair /hee/ włosy

hairbrush /hee-brasz/ szczotka do włosów

haircut /hee-kat/ 1. strzyżenie 2. fryzura

hairdresser /hee-dre-se/ fryzjer

hairless /hee-les/ nieowłosiony

hairnet /hee-net/ siatka do włosów

hairpin /hee-pyn/ szpilka do włosów

hairspring /hee-sprynn/ sprężyna włosowa

hairy /hee-ry/ owłosiony

hale /heil/ 1. czerstwy 2. pozywać do sądu

half /haaf/ 1. połowa 2. pół 3. do połowy 4. na pół

half-brother /haaf-bra-dhe/ przyrodni brat

half-baked /haaf-beikt/ niedopieczony

half-breed /haaf-brid/ mieszaniec rasowy

half-hourly /haaf-a-łely/ półgodzinny

half-measure /haaf-me-że/ półśrodek

halfpenny /hei-pny/ moneta półpensowa

half-price /haaf-prais/ pół ceny

half-product /haaf-pro-dakt/ półfabrykat

half-sister /haaf-sys-te/ siostra przyrodnia

half-time /haaf-taim/ pół etatu

half-truth /haaf-trufh/ półprawda

half-way /haaf-łei/ w pół drogi

hall /hool/ 1. hala 2. sala 3. przedpokój

hallelujah /hee-ly-lu-je/ alleluja

hallo /he-lel/ 1. dzień dobry 2. halo

hallow /hee-lel/ uświęcać

Halloween /heelel-in/ Wigilia Wszystkich Świętych

hallucination /he-luu-sy-nei-szn/ halucynacje

halo /hey-leu/ aureola

halt /hoolt/ 1. zatrzymywać się 2. przystanąć

halter /hel-te/ 1. postronek 2. stanik do opalania

halve /heew/ 1. dzielić na pół 2. przepoławiać

ham /heem/ szynka

hamburger /heem-berge/ hamburger

hamlet /heem-let/ 1. wioska 2. sioło

hammer /hee-me/ 1. młotek 2. wbijać

hammock /hee-mek/ hamak

hamper /heem-per/ 1. prze-

szkadzać 2. kosz
hamster /heem-ste/ chomik
hand /heend/ 1. ręka 2. wskazówka 3. podawać 4. pomagać
   hand over 1. przekazać 2. wrę-
czyć
handbag /heend-beeg/ torebka
handbook /heend-buk/ podręcznik
hand-brake /heend-breik/ hamulec
ręczny
handcuff /heend-kaf/ zakuwać w
kajdanki
handcuffs /heend-kafs/ kajdanki
handful /heend-ful/ garść
handicap /heen-dykeep/ 1. upoś-
ledzenie 2. przeszkoda 3. fory
handkerchief / heenn-keczyf/
chustka
handle /heen-dl/ 1. rączka 2. klamka 3. uchwyt 4. dotykać 5. radzić
sobie
handmade /heend-meid/ robiony
ręcznie
hand-out /heend-ałt/ jałmużna
handrail /heend-reil/ poręcz
handshake /heend-szeik/ uścisk
dłoni
handsome /heen-sm/ przystojny
handstand /heend-steend/ stanie
na rękach
handwriting /heend-rai-tynn/ pismo odręczne
handy /heen-dy/ poręczny
hang /heenn/ 1. wieszać 2. zwisać
3. wisieć
   hang around kręcić się
   hang back wlec się z tyłu
   hang on liczyć na kogoś
   hang out 1. rozwieszać 2. zwisać
na zewnątrz
   hang up zwisać
hangar /heenn-ge/ hangar
hanger /heen-ge/ wieszak

hanging /heen-nynn/ powieszenie
hangover /heenn-eł-we/ kac
hank /heennk/ kłębek
hanker /heen-ke/ tęsknić
hanky /heen-ky/ chusteczka
haphazard /heep-hee-zed/ czysty
przypadek
happen /hee-pn/ zdarzać się
happening /hee-pe-nynn/ wydarzenie
happiness /hee-py-nys/ szczęśliwość
happy /hee-py/ 1. szczęśliwy 2. radosny
harakiri /hee-re-ky-ry/ harakiri
harangue /he-reenn/ przemówienie
harass /hee-res/ 1. niepokoić 2.
dręczyć
harassment /hee-res-ment/
prześladowanie
harbour /har-be/ port
hard /hard/ 1. twardy 2. ciężki 3.
trudny 4. mocno
harden /haa-den/ utwardzać
hard-hearted /hard-har-ted/ bezwzględny
hardly /har-dly/ 1. prawie 2. ledwie
hardship /hard-szyp/ trudność
hardware /hard-łee/ 1. osprzęt
komputerowy 2. towary gospodarstwa domowego
hardy /haa-dy/ 1. wytrzymały 2. zi-
motrwały
hare /hee/ zając
harem /hee-rem/ harem
haricot /hee-ry-koł/ fasolka szpa-
ragowa
hark /heek/ 1. słuchać 2. powracać do czegoś
harlequin /haa-le-klin/ arlekin
harm /harm/ 1. szkoda 2. krzywda
3. uszkadzać

harmful /harm-fl/ szkodliwy
harmless /harm-les/ nieszkodliwy
harmonica /haa-mo-ny-ke/ harmonijka ustna
harmonious /har-meł-nyjes/ 1. zgodny 2. harmonijny
harmonium /haa-meł-nyjem/ fisharmonia
harmonize /haa-me-naiz/ harmonizować
harmony /haa-me-ny/ harmonia
harness /har-nys/ 1. uprząż 2. szelki
harp /harp/ harfa
harpoon /haa-pun/ harpun
harrier /hee-ryje/ 1. rabuś 2. grabieżca
harrow /hee-reu/ 1. brona 2. pustoszyć
harry /hee-ry/ 1. gnębić 2. niszczyć
harsh /harsz/ 1. żrący 2. szorstki 3. nieprzyjemny
hart /haat/ rogacz
harvest /har-wyst/ zniwa
harvester /har-wy-ster/ żniwiarz
has /hez/ → have
hash /heesz/ 1. siekać 2. mieszanina
hashish /hee-szisz/ haszysz
hasp /heesp/ 1. klamka 2. skobel 3. zasuwka
hassock /hee-sek/ 1. poduszka do klęczenia 2. pęk trawy
haste /heist/ pośpiech
hasten /heyj-sen/ 1. przyśpieszać 2. przynaglać
hasty /heyj-sty/ 1. szybki 2. pochopny
hastily /heyj-sty-ly/ 1. szybko 2. pochopnie
hat /heet/ 1. kapelusz 2. czapka
hatch /heecz/ wylęgać się
hatchet /hee-czyt/ siekierka

hate /heit/ 1. nienawidzić 2. nienawiść
hateful /heit-ful/ nienawistny
hatred /hey-tryd/ nienawiść
hatter /hee-te/ kapelusznik
haughty /hoo-ty/ 1. dumny 2. wyniosły
haughtiness /hoo-ty-nys/ 1. duma 2. wyniosłość 3. pycha
haulage /he-lydż/ opłata za przewóz
haulier /he-lyje/ 1. osoba ciągnąca 2. woźnica
haunt /hoont/ 1. odwiedzać 2. przestawać z kimś 3. nawiedzać
have /heew/ 1. mieć 2. posiadać 3. jeść 4. pić
haven /hei-wn/ 1. przystań 2. schronienie 3. port
haversack /hee-we-seek/ chlebak
havoc /hee-wek/ spustoszenie
hawk /hook/ jastrząb
hawthorn /hoo-fhoon/ głóg
hay /hei/ siano
hay-fever /hei-fiwe/ katar sienny
haystack /hei-stek/ stóg siana
hazard /hee-zed/ 1. hazard 2. ryzyko 3. niebezpieczeństwo
haze /heiz/ 1. mgiełka 2. wyprawiać hece
hazel /hei-zl/ 1. kolor piwny 2. leszczyna
hazy /hei-zy/ 1. mglisty 2. lekko podchmielony
H-bomb /eicz-bom/ bomba wodorowa
he /hi/ on
head /hed/ 1. głowa 2. dyrektor 3. przywódca 4. reszka 5. głowica 6. prowadzić 7. kierować
headache /he-deik/ ból głowy
header /he-de/ 1. cegła (główka) 2. odbicie piłki głową

headiness /he-dy-nes/ 1. porywczość 2. nierozwaga

heading /he-dynn/ nagłówek

headlamp /hed-lee-mp/ przedni reflektor

headlight /hed-lait/ przednie światło pojazdu

headline /hed-lain/ nagłówek

headman /hed-men/ wódz

headmaster /hed-maa-ste/ 1. dyrektor szkoły 2. kierownik internatu

headphones /hed-felnz/ słuchawki

headquarters /hed-kloo-tez/ kwatera główna

headrest /hed-rest/ oparcie pod głowę

headset /hed-set/ słuchawki nakładane na głowę

heady /he-dy/ 1. gwałtowny 2. uderzający do głowy

heal /hil/ 1. leczyć 2. uzdrawiać 3. goić się

healer /hi-le/ uzdrowiciel

health /helfh/ zdrowie

health-resort /helfh-ry-zoot/ uzdrowisko

healthy /hel-fhy/ zdrowy

heap /hip/ 1. stos 2. pudło 3. obładować

hear /hyje/ 1. słyszeć 2. słuchać

heard /hyje/ → hear

hearing /hyje-rynn/ 1. słuch 2. przesłuchanie

hearing-aid /hyje-rynn-eid/ aparat słuchowy

hearsay /hyje-sei/ pogłoska

hearse /heez/ karawan

heart /hart/ 1. serce 2. sedno

heartache /hart-eik/ niepokój serca

heartbeat /hart-bit/ bicie serca

heartbreaking /hart-brei-kynn/ rozdzierający serce

heartburn /hart-bern/ zgaga

heartland /hart-leend/ centralna część kraju

heartless /hart-les/ bez serca

hearten /har-tn/ pocieszać

hearth /haafh/ 1. palenisko 2. ognisko domowe

hearty /har-ty/ 1. serdeczny 2. silny 3. suty.

heat /hit/ 1. gorąc 2. upał

heater /hi-te/ grzałka

heath /hifh/ 1. pustkowie 2. wrzos

heathen /he-dhen/ pogaństwo

heather /he-dhe/ wrzos

heating /hi-tynn/ ogrzewanie

heave /hiw/ 1. dźwigać 2. wydobywać

heaven /he-wn/ 1. niebiosa 2. niebo

heavenly /hewn-ly/ niebiański

heavy /he-wy/ 1. ciężki 2. obfity

heavyweight /he-wy-łeit/ osoba wagi ciężkiej

Hebraic /hy-brei-yk/ hebrajski

Hebrew /hi-bruu/ 1. żydowski 2. hebrajski

heck /hek/ do cholery!

heckle /he-kl/ przeszkadzać mówcy

hectare /hek-tee/ hektar

hectic /hek-tyk/ gorączkowy

hedge /hedż/ żywopłot

hedgehog /hedż-hoog/ jeż

hedonism /hi-de-nyzm/ hedonizm

hedonist /hi-de-nyst/ hedonista

hedonistic /hi-de-nys-tyk/ hedonistyczny

heed /hid/ mieć wzgląd

heedful /hid-fl/ 1. dbały 2. ostrożny

heedless /hid-less/ .1 niedbały 2.

nieostrożny

heel /hil/ 1. obcas 2. pięta

hefty /hef-ty/ 1. ciężki 2. krzepki

hegemony /hy-dże-me-ny/ hegemonia

heifer /he-fe/ jałówka

height /hait/ 1. wysokość 2. wzrost

heighten /hai-tn/ 1. podwyższać 2. rozdymać

heinous /hai-ns/ potworny

heir /eer/ 1. spadkobierca 2. następca

heiress /ee-res/ spadkobierczyni

held → hold

helicopter /he-ly-kop-te/ helikopter

heliport /he-ly-poot/ lądowisko dla helikopterów

helium /hi-lyjem/ hel

hell /hel/ 1. piekło 2. do diabła!

he'll /hil/ = he will

hello /he-leu/ halo

helm /helm/ koło sterowe

helmet /hel-myt/ 1. kask 2. hełm

help /help/ 1. pomagać 2. pomoc

helper /hel-per/ pomocnik

helpful /help-fl/ 1. pomocny 2. użyteczny

helpfully /help-fu-ly/ 1. pomocnie 2. użytecznie

helpless /help-les/ 1. bezradny 2. bezbronny

helter-skelter /hel-te-skel-te/ na łeb na szyję

hem /hem/ rąbek

hemisphere /he-my-sfyje/ półkula

hemlock /hem-lok/ cykuta

hemoglobin /he-mee-głeł-byn/ hemoglobina

hemophillia /hi-me-fy-lyje/ hemofilia

hemorrhage /he-me-rydż/ krwotok

hemorrhoids /he-me-roidz/ hemoroidy

hemp /hemp/ 1. konopie 2. stryczek

hemstitch /hem-stycz/ ścieg obrąbkowy

hen /hen/ kura

hence /hens/ 1. a zatem 2. stąd

henchman /hencz-men/ 1. wierny towarzysz 2. stronnik

henna /he-ne/ henna

hen-pecked /hen-pekt/ pantoflarz

hepatitis /he-pe-tai-tys/ żółtaczka

heptagon /hep-te-gon/ siedmiokąt

heptagonal /hep-tee-genl/ siedmiokątny

her /he/ 1. jej 2. ją

hers /heez/ jej

herald /he-reld/ 1. herold 2. ogłaszać coś

heraldic /he-rel-dyk/ heraldyczny

herb /herb/ 1. zioło 2. ziele

herbal /hee-bel/ ziołowy

herbalist /hee-be-lyst/ zielarz

herbivorous /hee-by-weres/ trawożerny

herd /herd/ stado

herdman /herd-men/ pasterz

here /hyje/ 1. tutaj 2. proszę

hereabouts /hyje-e-bałts/ gdzieś tutaj

hereafter /hyje-aaf-te/ w przyszłości

hereby /hyje-bai/ w ten sposób

hereditary /hy-re-dy-tery/ dziedziczny

heredity /hy-re-de-ty/ dziedziczność

heresy /he-re-sy/ herezja

heretic /he-re-tyk/ heretyk

heritage /he-ry-tydż/ 1. dziedzictwo 2. spadek

hermaphrodite /hee-mee-fre-dait/ obojnak

hermetic /her-me-tyk/ 1. szczelny

2. hermetyczny

hermit /her-myt/ pustelnik

hermitage /hee-my-tydż/ pustelnia

hernia /her-nyje/ przepuklina

hero /hyje-reł/ bohater

heroic /hy-re-łyk/ 1. bohaterski 2. heroiczny

heroine /he-ro-łyn/ 1. bohaterka 2. idolka

herring /he-rynn/ śledź

herself /her-self/ 1. się 2. siebie 3. sama

hesitant /he-zy-tent/ niezdecydowany

hesitance /he-zy-tens/ niezdecydowanie

hesitate /he-zy-teit/ wahać się

hesitation /he-zy-tei-szn/ wahanie

Hessian /he-szen/ heski

heterodox /he-te-re-doks/ innowierczy

heterogeneous /he-te-re-dży-nyjes/ heterogeniczny

heterosexual /he-te-re-sek-szuel/ heteroseksualny

het-up /het-ap/ podniecony

hew /hju/ 1. rąbać 2. kuć

hexagon /he-kse-gon/ sześciokąt

hey /hej/ hej!

hey-day /hei-dei/ pełny rozkwit

hi /hai/ 1. cześć 2. hej

hiatus /hai-ei-tes/ luka

hibernate /hai-be-neit/ (prze)zimować

hibernation /hai-be-nei-szn/ sen zimowy

hiccup /hyk-ap/ czkawka

hickory /hy-ke-ry/ amerykański orzech biały

hid → hide

hidden /hy-dn/ 1. ukryty 2. → hide

hide /haid/ 1. ukrywać (się) 2. zasłaniać

hide-and-seek /haid-en-sik/ zabawa w chowanego

hideous /hy-dyjes/ 1. ohydny 2. szkaradny

hide-out /haid-aut/ kryjówka

hiding-place /hai-dynn-pleis/ kryjówka

hierarchy /hayje-ra-ky/ 1. hierarchia 2. władza

hieroglyph /hayje-re-glyf/ hieroglif

hieroglyphic /hayje-re-gly-fyk/ hieroglificzny

high /hai/ wysoki

high-born /hai-born/ szlachetnie urodzony

highbrow /hai-brał/ intelektualista

high-class /hai-kles/ dużej klasy

high-fidelity /hai-fy-de-lyty/ duża wierność (oddania dźwięku)

highflier /hai-flayje/ człowiek ambitny

highflown /hai-floun/ 1. ambitny 2. górnolotny

high-frequency /hai-fri-kłen-sy/ wysoka częstotliwość

high-grade /hai-greid/ wysoki stopień

highland /hai-leend/ podgórze

highlander /hai-leen-de/ 1. góral 2. mieszkaniec pogórza

highlight /hai-lait/ 1. uwypuklać 2. uwypuklać kolorem

highly /hai-ly/ wysoko

highness /hai-nys/ 1. wysokość 2. wzniosłość

high-rise /hai-rais/ 1. wielopoziomowy 2. wieżowiec

highroad /hai-rełd/ droga główna

high-up /hai-ap/ osobistość

highway /hai-łei/ 1. autostrada 2. główna droga

hijack /hai-dżeek/ 1. porwanie samolotu 2. porywać

hijacker /hai-dżee-ke/ porywacz samolotu

hike /haik/ 1. wędrować 2. piesza wycieczka

hilarious /hy-le-ryjes/ hałaśliwie wesoły

hill /hyl/ 1. wzgórze 2. pagórek 3. wzniesienie

hillock /hy-lek/ pagórek

hillside /hyl-said/ zbocze

hilltop /hyl-top/ szczyt

him /hym/ 1. jemu 2. jego 3. go

himself /hym-self/ 1. się 2. siebie 3. sam

hind /hajnd/ 1. tylni 2. łania 3. parobek

hindmost /haind-mełst/ najdalszy

hinder /hyn-de/ powstrzymywać

hindrance /hyn-drens/ przeszkoda

Hindi /hyn-dy/ język hinduski

Hindu /hyn-du/ 1. Hindus 2. hinduski

Hinduism /hyn-du-yzm/ religia hinduska

hinge /hyndż/ zawias

hint /hynt/ 1. wskazówka 2. aluzja 3. ślad

hip /hyp/ biodro

hippie /hy-py/ hippis

hippopotamus /hype-po-te-mes/ hipopotam

hire /ha-yje/ 1. wynajmować 2. zatrudniać 3. najem

his /hyz/ jego

hiss /hys/ 1. syczeć 2. syk

historian /hy-sto-rien/ historyk

historic /hy-sto-ryk/ 1. historyczny 2. dotyczący przeszłości

historical /hy-sto-ry-kel/ 1. przeszły 2. należący do historii

history /hy-ste-ry/ historia

hit /hyt/ 1. uderzać 2. trafiać 3. uderzenie 4. przebój

hitch /hycz/ 1. zaczepiać 2. popychać 3. kuśtykać

hitchhike /hycz-haik/ podróżować autostopem

hitchhiker /hycz-haike/ autostopowicz

hive /haiw/ ul

hoard /hood/ 1. skarb 2. zasób

hoarding /hoo-dyn/ zapasy

hoarfrost /hoo-froost/ szron

hoarse /hoos/ ochrypły

hoarseness /hoos-nys/ chrypka

hoary /hoo-ry/ 1. siwy 2. oszroniony

hoax /hełks/ nabierać

hob /hob/ 1. występ kominka 2. figiel

hobble /ho-bel/ 1. utykać 2. pętać

hobby /ho-by/ 1. hobby 2. pasja

hobbyhorse /ho-by-hors/ konik dziecięcy

hobgoblin /hob-go-blyn/ 1. straszak 2. skrzat

hobnail /hob-neil/ gwóźdź

hobnob /hobnob/ 1. zadawać się 2. pić razem

hock /hok/ 1. pęcina 2. zastaw

hockey /ho-ky/ hokej

hocus-pocus /heł-kes-peł-kes/ czarymary

hod /hod/ cebrzyk murarski

hoe /heł/ motyka

hog /hog/ wieprz

hoggish /ho-gysz/ świński

hoist /hooist/ 1. wyciągać 2. podnosić 3. dźwig

hold /heuld/ 1. trzymać 2. zawierać 3. mieścić 4. posiadać 5. odbywać 6. przetrzymywać 7. chwyt
  hold back 1. powstrzymywać 2. zatajać
  hold in powstrzymywać
  hold off powstrzymywać

hold on 1. przytrzymywać 2. czekać

hold out 1. wyciągać 2. robić nadzieję

hold over odkładać

hold up 1. podtrzymywać 2. zatrzymywać 3. napadać

hold-all /heuld-ol/ torba

holder /heul-de/ 1. posiadacz 2. uchwyt

holding /heul-dynn/ dzierżawa

hold-up /heuld-ap/ 1. zdzierstwo 2. zatrzymanie ruchu 3. napad

hole /heul/ dziura

holiday /ho-ledy/ 1. święto 2. wakacje

holiday-maker /ho-ledy-mei-ke/ wczasowicz

holiness /heu-ly-nes/ świętość

Holland /ho-lend/ Holandia

hollow /ho-leu/ 1. dziurawy 2. wydrążony

holly /ho-ly/ ostrokrzew

holocaust /ho-le-koost/ ofiara całopalna

holster /heul-ster/ futerał

holy /heu-ly/ 1. święcony 2. świątobliwy

homage /ho-mydż/ hołd

home /helm/ 1. dom 2. domowy 3. krajowy 4. miejscowy 5. w domu

homeland /helm-leend/ kraj ojczysty

homeless /helm-les/ bez-domny

homely /hel-mly/ domowy

home-made /helm-meid/ domowego wyrobu

homesick /helm-syk/ stęskniony za domem

homework /helm-łerk/ praca domowa

homicide /ho-my-said/ 1. zabójstwo 2. zabójca

homily /ho-my-ly/ 1. homilia 2. kazanie

homeopathy /heł-my-ope-fhy/ homeopatia

homogeneous /heł-me-dżi-nyjes/ jednorodny

homonym /ho-me-nym/ homonim

homosexual /heł-me-sek-szuel/ 1. homoseksualista 2. homoseksualny

homosexuality /heł-me-sek-szu-ee-lyty/ homoseksualizm

hone /hełn/ kamień do ostrzenia

honest /o-nyst/ 1. uczciwy 2. szczery

honesty /o-nes-ty/ uczciwość

honey /ha-ny/ 1. miód 2. słodki

honeycomb /ha-ny-kełm/ plaster miodu

honeymoon /ha-ny-muun/ miesiąc miodowy

honk /honnk/ klakson

honorary /o-ne-re-ry/ honorowy

honour /o-ne/ 1. honorować 2. honor 3. zaszczyt

honourable /o-ne-bel/ 1. uczciwy 2. czcigodny

hood /hud/ 1. kaptur 2. maska samochodu

hoodlum /huud-lm/ bandzior

hoodwink /hud-łynnk/ 1. mydlić oczy 2. ukrywać

hoof /huf/ kopyto

hook /huk/ 1. hak 2. haczyk 3. przyczepiać

hooked /hukt/ haczykowaty

hookworm /huk-łerm/ glista obła

hooligan /hu-ly-gen/ chuligan

hooliganism /hu-ly-ge-nyzm/ chuligaństwo

hoop /hup/ 1. obręcz 2. obrączka

hoopla /hup-laa/ 1. rozgardiasz 2. rodzaj zabawy

hooray! /hu-<u>rey</u>j/ hura!

hoot /hut/ huczeć

hop /hop/ 1. podskakiwać 2. skakać

hope /help/ 1. mieć nadzieję 2. spodziewać się 3. nadzieja

hopeful /<u>help</u>-fl/ 1. obiecujący 2. rokujący nadzieje

hopeless /<u>help</u>-les/ 1. beznadziejny 2. rozpaczliwy

hopper /<u>ho</u>-per/ 1. skoczek 2. lej

hopscotch /<u>hop</u>-skocz/ gra w klasy

horde /hood/ gromada

horizon /he-<u>rai</u>-zn/ horyzont

horizontal /hory-<u>zon</u>-tl/ poziomy

hormone /<u>hoo</u>-mełn/ hormon

horn /horn/ 1. róg 2. klakson

hornet /<u>hoo</u>-nyt/ szerszeń

horology /hoo-<u>ro</u>-le-dży/ zegarmistrzostwo

horoscope /<u>ho</u>-reskełp/ horoskop

horrible /<u>ho</u>-rebl/ okropny

horrid /<u>hoo</u>-ryd/ okropny

horrific /he-<u>ry</u>-fyk/ przerażający

horrify /<u>ho</u>-ry-fai/ przerażać

horror /<u>ho</u>-re/ horror

horse /hoos/ koń

horsefly /<u>hoos</u>-flai/ giez koński

horseman /<u>hoos</u>-men/ jeździec

horse-play /<u>hoos</u>-plei/ niewybredne żarty

horsepower /<u>hoos</u>-pa-łe/ koń mechaniczny

horserace /<u>hoos</u>-reis/ wyścigi konne

horseradish /<u>hoos</u>-ree-dysz/ chrzan

horse-sense /<u>hoos</u>-sens/ chłopski rozum

horseshoe /<u>hoos</u>-szuu/ podkowa

horticulture /<u>hoo</u>-ty-kal-cze/ ogrodnictwo

hose /hełz/ wąż gumowy

hosiery /<u>heł</u>-zyje-ry/ 1. trykotarze 2. pończochy

hospitable /he-<u>spy</u>-te-bl/ 1. gościnny 2. dostępny

hospital /<u>ho</u>-spytl/ szpital

hospitality /hos-py-<u>tee</u>-lety/ gościnność

host /hełst/ gospodarz

hostage /<u>ho</u>-stydż/ zakładnik

hostel /<u>hos</u>-tel/ 1. dom studencki 2. hospicjum

hostess /<u>heł</u>-stys/ 1. gospodyni 2. pani domu

hostile /<u>ho</u>-stail/ wrogi

hostility /ho-<u>sty</u>-le-ty/ 1. wrogość 2. stan wojny

hot /hot/ gorący

hot-blooded gorącokrwisty

hotel /heł-<u>tel</u>/ hotel

hothead /<u>hot</u>-hed/ narwaniec

hothouse /<u>hot</u>-hałs/ cieplarnia

hound /haałnd/ 1. pies myśliwski 2. miłośnik

hour /ałe/ godzina

hourly /<u>a</u>-le-ly/ cogodzinny

house /hałs/ dom

household /<u>hałs</u>-heuld/ 1. domownicy 2. gospodarstwo domowe

housekeeper /<u>hałs</u>-ki-pe/ gosposia

housewife /<u>hałs</u>-łaif/ gospodyni domowa

housework /<u>hałs</u>-łerk/ praca domowa

housing /<u>hał</u>-zynn/ 1. pomieszczenie 2. osłona

hovel /<u>ha</u>-wel/ buda

hover /<u>ha</u>-we/ 1. unosić się 2. stan niepewności

how /hał/ jak

however /hał-<u>e</u>-we/ 1. jakkolwiek 2.

jakże
howl /haul/ wyć
hub /hab/ 1. piasta 2. środek
hubbub /ha-bab/ 1. harmider 2. zgiełk 3. gwar
hubby /ha-by/ mężulek
huddle /ha-del/ zwalać na kupę
hue /hju/ odcień
huff /haf/ obrażać się
hug /hag/ 1. ściskać 2. przytulać 3. uścisk
huge /hjudż/ ogromny
hulk /halk/ 1. kadłub statku 2. pudło 3. kolos
hull /hal/ 1. łuska 2. kadłub statku
hullabaloo /ha-le-be-lu/ harmider
hullo /ha-leu/ halo
hum /ham/ nucić
human /hjuu-men/ 1. ludzki 2. człowieczy 3. człowiek
humane /hjuu-mein/ 1. ludzki 2. humanitarny
humanitarian /hju-mee-ny-te-ry-jen/ humanitarny
humanity /hju-mee-nety/ 1. ludzkość 2. człowieczeństwo
humanize /hjuu-mee-naiz/ uczłowieczać
humble /ham-bl/ 1. pokorny 2. skromny
humbug /ham-bag/ blaga
humdrum /ham-dram/ 1. monotonny 2. banalność
humid /hju-myd/ wilgotny
humidify /hju-my-dy-fai/ zwilżać
humidity /hju-my-de-ty/ wilgotność
humiliate /hju-my-lyjeit/ 1. poniżać 2. upokarzać
humiliation /hju-myly-ei-szn/ upokorzenie
humility /hju-my-lety/ 1. pokora 2. skromność
hummock /ha-mek/ wzgórek

humorist /hju-me-ryst/ humorysta
humorous /hju-me-res/ humorystyczny
humour /hju-me/ 1. humor 2. spełniać zachcianki
hump /hamp/ garb
humpback /hamp-beek/ garbus
humus /hju-mes/ 1. humus 2. próchnica 3. czarnoziem
hunch /hancz/ 1. sunąć naprzód 2. wrażenie 3. gruby kawał
hundred /han-dred/ 1. sto 2. setka
hundredfold /han-dred-feuld/ stukrotnie
hung → hang
Hungarian /han-gee-ryjen/ węgierski
Hungary /hen-gee-ry/ Węgry
hunger /hann-ge/ głód
hunger-strike /hann-ge-straik/ strajk głodowy
hungry /hann-gry/ głodny
hunk /hannk/ bryła
hunt /hant/ 1. polować 2. ścigać 3. tropić 4. polowanie
hunter /han-te/ myśliwy
hunting /han-tynn/ 1. myślistwo 2. polowanie
hurdle /her-dl/ 1. przeszkoda 2. płotek
hurdler /hee-dle/ biegacz przez płotki
hurl /herl/ 1. miotać 2. rzucać 3. ciskać
hurrah /hu-raa/ hurra!
hurricane /ha-ry-ken/ huragan
hurriedly /ha-ry-dly/ pospiesznie
hurry /ha-ry/ 1. śpieszyć się 2. pośpiech
hurt /hert/ 1. kaleczyć 2. ranić 3. sprawiać ból 4. boleć
hurtle /hee-tel/ 1. uderzać 2. miotać

husband /haz-bend/ mąż
hush /hasz/ 1. uciszać 2. cicho!
husk /hask/ łuska
husky /has-ky/ 1. krzepki 2. pies
  eskimoski
hussar /hu-zar/ huzar
hussy /ha-zi/ zuchwała dziewczyna
hustings /has-tynnz/ 1. platforma
  wyborcza 2. procedura wyborcza
hustle /ha-sel/ 1. śpieszyć się 2.
  pchać się
hustler /has-tler/ człowiek energiczny
hut /hat/ chata
hutch /hacz/ 1. skrzynka 2. chatka
hyacinth /haie-synfh/ hiacynt
hydrant /hai-drent/ hydrant uliczny
hydraulic /haay-droo-lyk/ hydrau-
  liczny
hydraulics /haay-droo-lyks/ hy-
  draulika
hydrogen /hai-dredżn/ wodór
hyena /hai-yne/ hiena
hygiene /hai-dżin/ higiena
hymen /hai-men/ błona dziewicza
hymn /hym/ hymn
hyperbole /haay-pee-bely/ hiper-
  bola
hyphen /hai-fn/ łącznik między-
  wyrazowy
hypnosis /hyp-neł-sys/ hipnoza
hypnotic /hyp-no-tyk/ 1. środek
  nasenny 2. osoba zahipnotyzowa-
  na
hypochondria /hai-pe-kon-dryje/
  hipochondria
hypocrisy /hy-po-kresy/ hipokryzja
hypocrite /hy-pe-kryt/ hipokryta
hypocritical /hy-pe-kry-tykl/ obłudny
hypodermic /haai-pe-dee-myk/
  podskórny

hypothesis /hai-po-fhe-sys/ hipo-
  teza
hypothetical /hai-po-fhe-tykl/ hipotetyczny
hysterical /hy-ste-rykl/ histeryczny
hysterics /hy-ste-ryks/ 1. histeria
  2. atak histerii

I

I /ai/ ja
ibis /ai-bys/ ibis
Icarus /i-ke-res/ Ikar
ice /ais/ 1. lód 2. lukrować
iceberg /ais-berg/ góra lodowa
icebound /ais-bałnd/ uwięziony
  przez lody
icebox /ais-boks/ 1. (przenośna)
  lodówka 2. zamrażalnia
ice-cream /ais-krim/ lody
icefield /ais-fild/ pole lodowe
icerink /ais-rynnk/ lodowisko
ice-skate /ais-skeit/ ślizgać się na
  łyżwach
icicle /ai-sykl/ sopel
icon /ai-kon/ ikona
icy /ai-sy/ 1. lodowaty 2. oblodzo-
  ny
I.D. /ai-di/ dokument identyfikacyjny
idea /ai-dyje/ 1. pomysł 2. idea
ideal /ai-dyjel/ idealny
idealist /ai-dyje-lyst/ idealista
idealistic /ai-dyje-lys-tyk/ ideali-
  styczny
ideally /ai-dyje-ly/ idealnie
idealize /ai-dyje-laiz/ idealizować
idealization /ai-dyje-ly-zei-szn/ ide-
  alizacja
identical /ai-den-tykl/ identyczny
identification /ai-den-tyfy-keiszn/
  1. identyfikacja 2. dowód osobisty
identify /ai-den-ty-fai/ 1. identyfikować 2. rozpoznawać

identity /ai-<u>den</u>-tety/ tożsamość

ideogram /<u>y</u>-dioł-greem/ ideogram

ideograph /<u>y</u>-dioł-greef/ ideograf

ideological /ai-dy-o-<u>le</u>-dżykl/ ideologiczny

ideology /ai-dy-<u>o</u>-le-dży/ ideologia

idiocy /<u>y</u>-dje-sy/ idiotyzm

idiom /<u>y</u>-dyjem/ 1. idiom 2. zwrot

idiomatic /y-dyje-<u>me</u>-tyk/ idiomatyczny

idiot /<u>y</u>-dyjet/ idiota

idle /<u>ai</u>-dl/ 1. bezczynny 2. daremny 3. leniwy

idol /<u>ai</u>-dl/ 1. idol 2. bożyszcze

idolatrous /ai-<u>do</u>-le-tres/ bałwochwalczy

idolize /<u>ai</u>-de-laiz/ 1. ubóstwiać 2. czcić bałwochwalczo

idyll /<u>ai</u>-dl/ idylla

if /yf/ 1. jeśli 2. jeżeli 3. czy 4. gdyby

igloo /<u>yg</u>-luu/ iglo

igneous /<u>yg</u>-nyjes/ ogniowy

ignite /yg-<u>nait</u>/ zapalać

ignition /yg-<u>ny</u>-szn/ zapłon

ignominious /yg-ne-<u>my</u>-njes/ haniebny

ignominy /<u>yg</u>-ne-my-ny/ hańba

ignoramus /yg-ne-<u>rei</u>-mes/ 1. ignorant 2. nieuk

ignorance /<u>yg</u>-ne-rens/ 1. nieświadomość 2. ignorancja

ignorant /<u>yg</u>-nerent/ 1. niedouczony 2. ignorant 3. nieświadomy

ignore /yg-<u>noo</u>/ ignorować

ill /yl/ 1. chory 2. szkodliwy

illegal /y-<u>li</u>-gl/ nielegalny

illegality /y-ly-<u>gee</u>-lety/ 1. nielegalność 2. bezprawie

illegible /y-<u>le</u>-dżebl/ nie-czytelny

illegitimate /yly-<u>dży</u>-tymet/ 1. bezprawny 2. nieślubny

illicit /y-<u>ly</u>-syt/ niedozwolony

illiterate /y-<u>ly</u>-teret/ 1. niepiśmienny 2. analfabeta

illiteracy /y-<u>ly</u>-te-resy/ 1. analfabetyzm 2. nieuctwo

illness /<u>yl</u>-nes/ choroba

illogical /y-<u>lo</u>-dżykl/ nielogiczny

illuminate /y-<u>luu</u>-my-neit/ oświetlać

illumination /y-<u>luu</u>-my-neiszn/ oświetlenie

illusion /y-<u>luu</u>-żn/ 1. iluzja 2. złudzenie

illusive /y-<u>lu</u>-syw/ złudny

illusory /y-<u>lu</u>-se-ry/ złudny

illustrate /<u>y</u>-les-treit/ ilustrować

illustration /y-les-<u>trei</u>-szn/ ilustracja

illustrative /y-les-<u>trei</u>-tyw/ ilustrujący

illustrious /y-<u>las</u>-tries/ znakomity

image /<u>y</u>-mydż/ 1. wizerunek 2. odbicie

imaginable /y-<u>mee</u>-dże-ne-bl/ wyobrażalny

imaginary /y-<u>mee</u>-dże-ne-ry/ urojony

imagination /y-mee-dży-<u>nei</u>-szn/ wyobraźnia

imagine /y-<u>mee</u>-dżyn/ wyobrażać

imbalance /ym-<u>bee</u>-lens/ 1. nierównowaga 2. niezgodność rachunków

imbecile /<u>ym</u>-be-sl/ imbecyl

imbue /ym-<u>bjuu</u>/ 1. nasycać 2. napawać

imitate /<u>y</u>-my-teit/ 1. naśladować 2. imitować

imitation /y-my-<u>tei</u>-szn/ imitacja

immaculate /y-<u>mee</u>-kju-let/ nieskalany

immaterial /y-me-<u>tyje</u>-riel/ 1. nieistotny 2. niematerialny

immature /y-me-<u>czue</u>/ 1. niedorosły 2. niedojrzały

immaturity /y-me-czue-ryty/ niedojrzałość

immeasurable /y-me-że-re-bl/ 1. niezmierzony 2. ogromny

immediate /y-mi-dyjet/ 1. natychmiastowy 2. pilny 3. bezpośredni

immediately /y-mi-dyjet-ly/ 1. natychmiast 2. bezpośrednio

immense /y-mens/ ogromny

immerse /y-meez/ 1. zanurzać 2. pogrążać

immersion /y-meer-szn/ 1. zanurzenie 2. chrzest

immigrant /y-my-grent/ imigrant

immigrate /y-my-greit/ imigrować

immigration /ymy-grei-szn/ imigracja

imminent /y-my-nent/ grożący (o niebezpieczeństwie)

immobile /y-meł-bail/ nieruchomy

immobilize /y-meł-be-laiz/ unieruchamiać

immobilization /y-meł-be-lai-zei-szn/ unieruchomienie

immoderate /y-mo-de-ret/ nieumiarkowany

immodest /y-mo-dyst/ nieskromny

immoral /y-mo-rl/ niemoralny

immortal /y-moo-tl/ nieśmiertelny

immortality /y-moo-tee-le-ty/ nieśmiertelność

immune /y-mjun/ 1. odporny 2. nieczuły

immunize /y-mju-naiz/ uodparniać

immunization /y-mju-nai-zei-szn/ uodpornienie

impact /ym-peekt/ 1. uderzenie 2. impakt

impair /ym-pee/ osłabiać

impale /ym-peil/ 1. wbijać 2. otaczać palisadą

impart /ym-part/ udzielać

impartial /ym-paa-szl/ bezstronny

impasse /ym-pees/ impas

impatience /ym-pei-szens/ niecierpliwość

impatient /ym-pei-szent/ niecierpliwy

impeach /ym-picz/ 1. oskarżać 2. krytykować

impeccable /ym-pe-ke-bl/ 1. nienaganny 2. bezgrzeszny

impecunious /ym-py-kju-njes/ bez pieniędzy

impede /ym-pid/ opóźniać

impediment /ym-pe-dy-ment/ 1. przeszkoda 2. jąkanie się

impel /ym-pel/ popędzać

impend /ym-pend/ zagrażać

impending /ym-pen-dynn/ 1. nadchodzący 2. zbliżający się

imperative /ym-pe-retyw/ 1. nakaz 2. rozkazujący

imperfect /ym-per-fykt/ 1. niedoskonały 2. wadliwy

imperfection /ym-pe-fek-szn/ nie doskonałość

imperial /ym-pje-rjel/ 1. cesarski 2. dostojny

imperialism /ym-pyje-ryjelyzm/ imperializm

imperialist /ym-pyje-ryjelyst/ imperialista

imperil /ym-perl/ zagrażać komuś

imperious /ym-pyje-ries/ 1. władczy 2. naglący

imperishable /ym-pe-ry-szebl/ niezniszczalny

impersonal /ym-pee-senl/ nieosobisty

impersonate /ym-per-seneit/ wcielać się

impertinent /ym-pee-te-nent/ 1. bezczelny 2. nie należący do rzeczy

impertinence /ym-pee-te-nens/ 1.

bezczelność 2. brak związku
imperturbable /ym-pe-<u>tee</u>-bebl/ niewzruszony
impervious /ym-<u>pee</u>-wjes/ nieprzenikliwy
impetuous /ym-<u>pe</u>-czues/ nieopanowany
impetus /<u>ym</u>-pytes/ rozmach
impinge /ym-<u>pyndż</u>/ 1. uderzać 2. naruszać
impious /ym-<u>pyjes</u>/ 1. bezbożny 2. niecny
impish /<u>ym</u>-pysz/ 1. psotny 2. figlarny
implacable /ym-<u>plee</u>-ke-bl/ nieubłagany
implant /ym-<u>plaant</u>/ 1. zaszczepić 2. wszczepiać 3. implant
implement /<u>ym</u>-ple-ment/ 1. narzędzie 2. artykuł 3. środek
implementation /ym-ple-men-<u>te-iszn</u>/ 1. zaopatrzenie w narzędzia 2. wykonanie 3. dopełnienie
implicate /<u>ym</u>-ply-keit/ 1. implikować 2. wskazywać
implication /ym-ply-<u>kei</u>-szn/ 1. wmieszanie 2. implikacja 3. wplatanie
implicit /ym-<u>ply</u>-syt/ bez zastrzeżeń
implore /ym-<u>plee</u>/ błagać o coś
imply /ym-<u>plai</u>/ 1. sugerować 2. implikować
impolite /ym-pe-<u>lait</u>/ niegrzeczny
impolitic /ym-<u>po</u>-le-tyk/ niepolityczny
imponderable /ym-<u>pon</u>-de-re-bl/ nie dający się zważyć
import /ym-<u>poot</u>/ importować
importance /ym-<u>poo</u>-tens/ 1. znaczenie 2. ważność
important /ym-<u>poo</u>-tent/ ważny
importer /ym-<u>poor</u>-tr/ importer

importunate /ym-<u>poo</u>-czu-net/ natrętny
importune /ym-<u>poo</u>-czun/ narzucać się komuś
impose /ym-<u>pełz</u>/ narzucać
imposition /ym-pe-<u>zy</u>-szn/ 1. nakładanie 2. podatek 3. zdzierstwo
impossible /ym-<u>po</u>-sebl/ niemożliwy
impostor /ym-<u>postr</u>/ 1. oszust 2. szalbierz
impotence /<u>ym</u>-pe-tens/ impotencja
impotent /<u>ym</u>-pe-tent/ 1. impotent 2. bezsilny
impound /ym-<u>pałnd</u>/ 1. zamykać w ogrodzeniu 2. sekwestrować
impoverish /ym-<u>po</u>-we-rysz/ zubożać
impracticable /ym-<u>pree</u>-kty-kebl/ 1. niewykonalny 2. nieznośny
impractical /ym-<u>pree</u>-kty-kl/ nic praktyczny
impregnable /ym-<u>pree</u>-gne-bl/ 1. niezdobyty 2. niezachwiany 3. dający się zapłodnić
impregnate /<u>ym</u>-preg-neit/ 1. zapładniać 2. impregnować
impresario /im-pry-<u>saa</u>-ryjeł/ impresario
impress /ym-<u>pres</u>/ 1. odciskać 2. narzucać coś 3. wcielać do wojska 4. wywierać wrażenie
impression /ym-<u>pre</u>-szn/ 1. wrażenie 2. odcisk
impressionism /ym-<u>pre</u>-szenyzm/ impresjonizm
impressionistic /ym-pre-sze-<u>nys</u>-tyk/ impresjonistyczny
impressive /ym-<u>pre</u>-syw/ 1. robiący wrażenie 2. imponujący
imprint /ym-<u>prynt</u>/ 1. odcisk 2. nazwa wydawnictwa 3. odbicie

imprison /ym-pry-zn/ więzić

improbable /ym-pro-be-bl/ nieprawdopodobny

impromptu /ym-promp-tu/ zaimprowizowany

improper /ym-pro-pe/ niewłaściwy

impropriety /ym-pre-praje-ty/ niewłaściwość

improve /ym-pruuw/ 1. poprawiać (się) 2. ulepszać 3. udoskonalać

improvement /ym-pruuw-ment/ 1. poprawa 2. polepszenie 3. udoskonalenie

improvident /ym-pro-wy-dent/ nieopatrzny

improvisation /ym-pre-wai-zei-szn/ improwizacja

improvise /ym-pre-waiz/ improwizować

imprudent /ym-pru-dent/ nierozważny

impudence /ym-pju-dens/ bezwstyd

impudent /ym-pju-dent/ zuchwały

impulse /ym-pals/ 1. bodziec 2. impuls

impulsive /ym-pal-syw/ 1. impulsywny 2. popędzający

impunity /ym-pju-ne-ty/ bezkarność

impure /ym-pjue/ 1. zanieczyszczony 2. nieczysty

impute /ym-pjuut/ 1. przypisywać 2. posądzać

imputation /ym-pju-tei-szn/ 1. przypisywanie 2. posądzanie

in /yn/ 1. w 2. za 3. na

inability /yne-bylety/ niezdolność

inaccessible /yn-ek-se-sebl/ niedostępny

inaccurate /y-nee-kju-ret/ 1. nieścisły 2. niedokładny

inadequate /yn-ee-dy-kłet/ 1. nie-

odpowiedni 2. niedostateczny

inadmissible /yn-ed-my-sebl/ niedopuszczalny

inadvertent /yn-ed-wee-tent/ 1. niedbały 2. nierozmyślny

inalienable /yn-ei-lyje-ne-bl/ niezbywalny

inane /y-nein/ 1. czczy 2. bezmyślny

inanimate /yn-ee-ny-met/ 1. nieożywiony 2. bezduszny

inapplicable /yn-ee-ply-kebl/ nieodpowiedni

inappreciable /yn-e-pri-szebl/ 1. nieznaczny 2. błahy 3. nieoceniony

inapproachable /yn-e-preł-czebl/ niedostępny

inappropriate /yn-e-preł-pryjet/ niewłaściwy

inapt /yn-eept/ niezdatny

inarticulate /yn-aa-ty-kju-let/ 1. nieartykułowany 2. niewyraźny 3. niemy

inattention /yne-ten-szn/ nieuwaga

inaudible /yn-oo-debl/ niesłyszalny

inaugural /y-noo-gju-rel/ inauguracyjny

inaugurate /y-noo-gju-reit/ inaugurować

inborn /yn-boon/ wrodzony

inbred /yn-bred/ wrodzony

inbulit /yn-bylt/ wbudowany

incalculable /yn-keel-kju-lebl/ nieobliczalny

incandescent /ynkeen-desent/ żarzący się

incantation /yn-keen-teiszn/ zaklinanie

incapability /yn-kei-pe-by-lyty/ niezdolność

incapable /yn-kei-pebl/ 1. niezdolny 2. nieporadny

incapacitate /yn-ke-<u>pee</u>-se-teit/ 1. czynić niezdatnym 2. dyskwalifikować

incapacity /yn-ke-<u>pee</u>-syty/ 1. niezdatność 2. nieudolność

incarcerate /yn-<u>kaa</u>-se-reit/ więzić

incarnate /<u>yn</u>-kaa-neit/ 1. wcielać 2. wcielony

incarnation /yn-kaa-<u>nei</u>-szn/ wcielenie

incendiary /yn-<u>sen</u>-dyje-ry/ 1. zapalający 2. podżegacz

incense /<u>yn</u>-sens/ 1. okadzać 2. rozwścieczać

incentive /yn-<u>sen</u>-tyw/ 1. zachęta 2. pobudka

inception /yn-<u>sepszn</u>/ 1. rozpoczęcie 2. początek

incessant /yn-<u>se</u>-sent/ bezustanny

incest /<u>yn</u>-sest/ kazirodztwo

inch /yncz/ cal

incidence /<u>yn</u>-sy-dens/ 1. zasięg wpływu 2. padanie

incident /<u>yn</u>-sydent/ 1. incydent 2. zajście

incidentally /ynsy-<u>den</u>-tely/ 1. nawiasem mówiąc 2. przypadkowo

incinerate /yn-<u>sy</u>-ne-reyit/ spalać

incineration /yn-<u>sy</u>-ne-rejszn/ spalanie

incipient /yn-<u>syp</u>-yjent/ zaczynający się

incise /yn-<u>saayjz</u>/ 1. nacinać 2. ryć

incisive /yn-<u>saayj</u>-syw/ 1. sieczny 2. bystry 3. przenikliwy

incisor /yn-<u>saayj</u>-zer/ ząb siekacz

incite /yn-<u>sait</u>/ zachęcać

inclement /yn-<u>kle</u>-ment/ 1. surowy 2. ostry

inclination /yn-kly-<u>nei</u>-szn/ skłonność

incline /yn-<u>klain</u>/ 1. mieć skłonność

2. pochylać się 3. wpadać

inclose /yn-<u>kleuz</u>/ ogradzać

include /yn-<u>kluud</u>/ 1. zawierać 2. włączać

inclusively /yn-<u>kluu</u>-sy-wly/ włącznie

incognito /yn-kog-<u>ni</u>-teł/ 1. w przebraniu 2. w ukryciu

incoherent /ynkeł-<u>hyje</u>-rent/ 1. niespójny 2. nieskładny 3. nie trzymający się kupy

income /<u>yn</u>-kam/ dochód

incoming /yn-<u>ka</u>-mynn/ nadchodzący

incomparable /yn-<u>kom</u>-prebl/ niezrównany

incompatible /yn-kem-<u>pee</u>-tebl/ niezgodny

incompetent /yn-<u>kom</u>-pi-tent/ niekompetentny

incomplete /yn-kem-<u>plit</u>/ nieukończony

incomprehensible /yn-kom-pry-<u>hen</u>-sebl/ 1. niepojęty 2. niezrozumiały

incomprehension /yn-kom-pry-<u>hen</u>-szn/ niezrozumienie

inconceivable /yn-ken-<u>si</u>-webl/ niepojęty

inconclusive /yn-ken-<u>klu</u>-syw/ 1. nieprzekonywujący 2. nie rozstrzygający

incongruous /yn-<u>konn</u>-grus/ 1. niestosowny 2. niepowiązany

inconsequent /yn-<u>kon</u>-sy-kłent/ niekonsekwentny

inconsiderable /ynken-<u>sy</u>-drebl/ nieznaczny

inconsiderate /ynken-<u>sy</u>-deryt/ 1. bezwzględny 2. nierozważny

inconsistent /ynken-<u>sys</u>-tent/ niejednolity

inconsistency /ynken-<u>sys</u>-tensy/

incredible

1. niejednolitość 2. brak konsekwencji 3. niezgodność

inconsolable /ynken-<u>seu</u>-lebl/ niepocieszony

inconspicuous /ynken-<u>spy</u>-kjues/ niepokaźny

inconstant /yn-<u>kon</u>-stent/ niestały

incontestable /ynken-<u>testebl</u>/ niezaprzeczalny

incontinent /yn-<u>kontynent</u>/ niewstrzemięźliwy

incontrovertible /yn-kontre-<u>we-etebl</u>/ niezaprzeczalny

inconvenience /ynken-<u>wi</u>-nyjens/ niedogodność

inconvenient /ynken-<u>wi</u>-nyjent/ niedogodny

inconvertible /ynken-<u>wee</u>-tebl/ niewymlenny

incorporate /yn-<u>koo</u>-pereit/ 1. włączać 2. zawierać

incorporation /yn-koo-pe-<u>rei</u>-szn/ 1. zjednoczenie 2. zrzeszenie

incorrect /yn-ke-<u>rekt</u>/ 1. niestosowny 2. błędny

incorrigible /yn-<u>koo</u>-ry-dżebl/ niepoprawny

incorruptible /yn-ke-<u>rap</u>-tebl/ nieprzekupny

increase /<u>yn</u>-kris/ wzrost

increase /yn-<u>kris</u>/ wzrastać

incredible /yn-<u>kre</u>-debl/ niewiarygodny

incredulous /yn-<u>kre</u>-dżules/ niedowierzający

increment /<u>yn</u>-kre-ment/ 1. wzrost 2. zysk

incriminate /yn-<u>kry</u>-my-neit/ obwiniać

incubate /<u>yn</u>-kju-beit/ 1. wysiadywać 2. wylęg

incumbent /yn-<u>kam</u>-bent/ spoczywający

incur /yn-<u>kee</u>/ narażać się na coś

incurable /yn-<u>kjue</u>-rebl/ nieuleczalny

incursion /yn-<u>keer</u>-zen/ najazd

indebted /yn-<u>de</u>-tyd/ 1. zobowiązany 2. dłużny

indecent /yn-<u>di</u>-sent/ nieprzyzwoity

indeed /yn-<u>did</u>/ 1. istotnie 2. wręcz

indefensible /yndy-<u>fen</u>-sebl/ nie do obronienia

indefinable /yndy-<u>faayjnebl</u>/ nieokreślony

indefinite /yn-<u>de</u>-fenyt/ 1. nieokreślony 2. niejasny

indelible /yn-<u>de</u>-lebl/ nie dający się wymazać

indelicate /yn-<u>dely</u>-ket/ niedelikatny

indemnify /yn-<u>demny</u>-faayj/ 1. dawać odszkodowanie 2. zabezpieczać

imdemnity /yn-<u>dem</u>-nety/ 1. zabezpieczenie przed szkodą 2. odszkodowanie

indent /yn-<u>dent</u>/ wcięcie

independence /yndy-<u>pen</u>-dens/ 1. niepodległość 2. niezależność

independent /yndy-<u>pen</u>-dent/ 1. niepodległy 2. niezależny

indescribable /yndy-<u>skraayj</u>-bebl/ 1. niejasny 2. nieopisany

indestructible /yndy-<u>strak</u>-tebl/ niezniszczalny

indeterminate /yndy-<u>teemy</u>-net/ nieokreślony

index /<u>yn</u>-deks/ 1. wskaźnik 2. indeks

India /<u>yn</u>-dyje/ Indie

Indian /<u>yn</u>-dyjen/ 1. indiański 2. indyjski

indicate /<u>yn</u>-dykeit/ wskazywać

indicative /yn-<u>dy</u>-ke-tyw/ oznajmujący

indicator /yn-dy-<u>kei</u>-te/ 1. wskaźnik 2. kierunkowskaz

indict /yn-dait/ oskarżać

indictment /yn-dait-ment/ oskarżenie

indifference /yn-dyf-rens/ obojętność

indifferent /yn-dy-frent/ obojętny

indigenous /yn-dy-dżynes/ 1. tubylczy 2. zrośnięty

indigestible /yndy-dżes-tebl/ niestrawny

indigestion /yndy-dżes-czn/ niestrawność

indignant /yn-dyg-nent/ oburzony

indignation /yn-dyg-nei-szn/ oburzenie

indignity /yn-dyg-nyty/ niegodne traktowanie

indigo /yn-dy-geł/ indygo

indirect /yn-dy-rekt/ 1. pośredni 2. zależny

indiscernible /yn-dy-see-nebl/ nie dający się odróżnić

indiscipline /yn-dyse-plyn/ niezdyscyplinowanie

indiscreet /yn-dy-skrit/ niedyskretny

indiscrete /yn-dy-skrit/ 1. jednolity 2. spoisty

indiscretion /yn-dy-skreszen/ 1. nierozwaga 2. niedyskrecja 3. uchybienie

indispensable /yn-dy-spen-sebl/ 1. nieodzowny 2. niezbędny

indisposed /yn-dy-speuzd/ 1. niedysponowany 2. nieskłonny 3. niedomagający

indisputable /yn-dy-spju-tebl/ bezsporny

indissoluble /yn-dy-solju-bl/ 1. nierozpuszczalny 2. nierozerwalny

indistinct /yn-dy-stynnk/ niewyraźny

indistinguishable /yn-dy-stynn-gły-szebl/ niewyróżnialny

individual /yn-dy-wy-dżuel/ 1. jednostka 2. osoba 3. osobisty 4. indywidualny

individuality /yn-dy-wy-dżu-ee-lety/ 1. indywidualność 2. odrębność

indivisible /yn-dy-wy-zebl/ niepodzielny

indoctrinate /yn-dok-try-neit/ 1. przeszkolenie 2. zaszczepienie doktryny

indolent /yn-de-lent/ 1. leniwy 2. bezbolesny

indolence /yn-de-lens/ lenistwo

indomitable /yn-do-my-tebl/ nieposkromiony

indoor /yn-doo/ domowy

indoors /yn-dooz/ 1. pod dachem 2. wewnątrz

indubitable /yn-dju-by-tebl/ niewątpliwy

induce /yn-djus/ 1. nakłaniać 2. wywoływać

inducement /yn-du-se-ment/ 1. pobudka 2. pokusa

induct /yn-dakt/ 1. wprowadzać 2. brać do wojska

induction /yn-dak-szn/ 1. indukcja 2. naprowadzanie 3. pobór

inductive /yn-dak-tyw/ indukcyjny

indulge /yn-daldż/ 1. dogadzać 2. zaspokajać

indulgence /yn-dal-dżens/ 1. dogadzanie 2. zaspokojenie

indulgent /yn-dal-dżent/ 1. pobłażliwy 2. wyrozumiały

industrial /yn-da-stryjel/ przemysłowy

industrialism /yn-da-stre-lyzm/ industrializm

industrialist /yn-da-stre-lyst/ przemysłowiec

industrious /yn-<u>das</u>-tryjes/ pracowity

industry /<u>yn</u>-des-try/ przemysł

inebriate /y-<u>ni</u>-brejt/ pijany

inedible /yn-<u>e</u>-debl/ niejadalny

ineffable /yn-<u>efe</u>-bl/ niewypowiedzialny

ineffective /yny-<u>fek</u>-tyw/ 1. nieskuteczny 2. daremny

inefficient /yny-<u>fy</u>-szent/ 1. nieudolny 2. niewydolny

inefficiency /yny-<u>fy</u>-szens/ 1. nieudolność 2. niesprawność

inelegant /yn-<u>ely</u>-gent/ nieelegancki

ineligible /yn-<u>e</u>-lydżebl/ 1. nie kwalifikujący się 2. nie spełniający wymogów

ineligibility /yn-ely-dże-<u>byłety</u>/ brak odpowiednich kwalifikacji

inept /y-<u>nept</u>/ niestosowny

inequality /yny-<u>kło-loty</u>/ 1. nierówność 2. niewystarczalność

inequitable /yn-<u>ekti</u>-tebl/ niesłuszny

inequity /yn-<u>ekły</u>-ty/ 1. niesłuszność 2. niesprawiedliwość

inert /y-<u>neet</u>/ 1. bezwładny 2. ociężały 3. obojętny chemicznie

inertia /y-<u>ner</u>-sze/ bezruch

inescapable /yny-<u>skey</u>-pebl/ 1. nieunikniony 2. nieuchronny

inestimable /yn-<u>es</u>-ty-mebl/ nieoceniony

inevitable /yn-<u>e</u>-wytebl/ 1. nieunikniony 2. niechybny

inexact /ynyg-<u>zeekt</u>/ 1. nieścisły 2. niedokładny

inexcusable /ynyk-<u>skjuu</u>-zbl/ niewybaczalny

inexhaustible /ynyg-<u>zoos</u>-tebl/ 1. niewyczerpany 2. niestrudzony

inexorable /yn-<u>ek</u>-serebl/ nieubłagany

inexpedient /ynyk-<u>spi</u>-dyjent/ niekorzystny

inexpensive /ynyk-<u>spen</u>-syw/ 1. niedrogi 2. tani

inexperience /ynyk-<u>spyje</u>-ryjens/ niedoświadczenie

inexperienced /ynyk-<u>spyje</u>-ryjenst/ niedoświadczony

inexplicit /in-yks-<u>ply</u>-syt/ niejasny

infallible /yn-<u>fee</u>-lebl/ nieomylny

infallibility /yn-fee-le-<u>by</u>-lyty/ nieomylność

infamy /<u>yn</u>-fe-my/ hańba

infancy /<u>yn</u>-fen-sy/ 1. niemowlęctwo 2. dzieciństwo

infant /<u>yn</u>-fent/ niemowlę

infantile /<u>yn</u>-fen-tail/ infantylny

infantry /<u>yn</u>-fen-try/ piechota

infect /yn-<u>fekt</u>/ zarażać

infection /yn-<u>fek</u>-szn/ 1. zakażenie 2. infekcja

infectious /yn-<u>fek</u>-szes/ zakaźny

infer /yn-<u>fee</u>/ wnioskować

inferior /yn-<u>fyje</u>-ryje/ 1. gorszy 2. niższy

inferiority /yn-fyje-ry-<u>oo</u>-rety/ 1. niższość 2. pośledniość

infernal /yn-<u>fee</u>-nel/ 1. piekielny 2. okropny

inferno /yn-<u>feer</u>-neł/ piekło na ziemi

infertile /yn-<u>fee</u>-tail/ 1. nieurodzajny 2. niezapłodniony

infest /yn-<u>fest</u>/ nawiedzać

infidel /<u>yn</u>-fydel/ niewierny

infinite /<u>yn</u>-fenyt/ 1. nieskończony 2. ogromny

infinitive /yn-<u>fy</u>-ne-tyw/ bezokolicznik

infinity /yn-<u>fy</u>-nety/ nieskończoność

infirmity /yn-<u>fer</u>-mety/ niedołęstwo

inflammable /yn-<u>flee</u>-mebl/ łatwopalny

inflammation /yn-fle-<u>meiszn</u>/ zapalenie

inflammatory /yn-<u>flee</u>-me-tory/ 1. podżegający 2. zapalny

inflate /yn-<u>fleit</u>/ 1. nadymać 2. napompowywać

inflation /yn-<u>flei</u>-szn/ inflacja

inflect /yn-<u>flekt</u>/ 1. wyginać 2. modulować 3. odmieniać się

inflection /yn-<u>flek</u>-szn/ 1. wyginanie 2. modulacja 3. odmiana gramatyczna

inflectional /yn-<u>flek</u>-szynl/ fleksyjny

inflexible /yn-<u>flek</u>-sebl/ nieugięty

inflexibility /yn-fle-kse-<u>by</u>-lety/ nieugiętość

inflexion /yn-<u>flek</u>-szn/ fleksyjny

inflict /yn-<u>flykt</u>/ 1. zadawać cios 2. nakładać karę

inflow /<u>yn</u>-fleł/ przypływ

influence /<u>yn</u>-flu-ens/ 1. wywierać wpływ 2. wpływ

influential /yn-flu-<u>en</u>-szl/ wpływowy

influenza /yn-flu-<u>en</u>-ze/ grypa

influx /<u>yn</u>-flaks/ 1. wpływanie 2. ujście

inform /yn-<u>foom</u>/ 1. informować 2. zawiadamiać

informal /yn-<u>foo</u>-ml/ nieformalny

informant /yn-<u>foo</u>-ment/ informator

information /yn-fe-<u>mei</u>-szn/ informacja

informative /yn-<u>foo</u>-me-tyw/ informacyjny

infrequent /yn-<u>fri</u>-kłent/ 1. nieczęsty 2. rzadki

infringe /yn-<u>fryndż</u>/ 1. łamać 2. naruszać

infuriate /yn-<u>fju</u>-ryjet/ rozwścieczać

infuse /yn-<u>fjuz</u>/ 1. wlewać 2. zaparzać

infusion /yn-<u>fju</u>-żen/ 1. wlewanie 2. napar

ingenious /yn-<u>dżi</u>-nyjes/ pomysłowy

ingenuity /yndży-<u>nuety</u>/ pomysłowość

ingot /<u>ynn</u>-get/ sztaba

ingrained /yn-<u>greind</u>/ 1. głęboko zakorzeniony 2. zatwardziały

ingratiate /yn-<u>grei</u>-szyjet/ wkradać się w czyjeś łaski

ingratitude /yn-<u>gree</u>-ty-tud/ niewdzięczność

ingredient /yn-<u>gri</u>-dyjent/ 1. składnik 2. element

inhabit /yn-<u>hee</u>-byt/ zamieszkiwać

inhabitant /yn-<u>hee</u>-by-tent/ mieszkaniec

inhale /yn-<u>heil</u>/ wdychać

inherent /yn-<u>hyje</u>-rent/ nieodłączny

inherit /yn-<u>he</u>-ryt/ odziedziczyć

inheritance /yn-<u>he</u>-ry-tens/ 1. spadek 2. dziedzictwo

inhibit /yn-<u>hybyt</u>/ 1. wstrzymywać 2. wzbraniać

inhibition /yn-hy-<u>by</u>-szn/ 1. wstrzymanie 2. zakaz

inhospitable /yn-ho-<u>spy</u>-tebl/ 1. niegościnny 2. nieprzyjazny

inhuman /yn-<u>hjuu</u>-men/ nieludzki

iniquitous /y-<u>ny</u>-kłi-tes/ 1. niegodziwy 2. niesprawiedliwy

initial /y-<u>ny</u>-szel/ początkowy

initially /y-<u>nyszly</u>/ początkowo

initiate /y-<u>ny</u>-szy-eit/ zapoczątkowywać

initiative /y-<u>ny</u>-sze-tyw/ inicjatywa

inject /yn-<u>dżekt</u>/ wstrzykiwać

injection /yn-<u>dżek</u>-szn/ zastrzyk

injudicious /yn-dżu-dy-szez/ 1.
nierozsądny 2. źle pomyślany

injunction /yn-dżann-kszn/ 1. nakaz 2. zakaz

injure /yn-dże/ 1. ranić 2. szargać

injured /yn-dżed/ ranny

injurious /yn-dżu-rjes/ 1. szkodliwy 2. obelżywy

injury /yn-dżery/ 1. uraz 2. kontuzja

injustice /yn-dżas-tys/ niesprawiedliwość

ink /ynnk/ 1. atrament 2. tusz

inland /yn-lend/ wnętrze kraju

in-laws /yn-looz/ 1. powinowaty 2.
teściowie

inlay /yn-lei/ plomba

inlet /yn-let/ 1. wlot 2. zatoczka

inmate /yn-meit/ 1. więzień 2.
mieszkaniec

inmost /yn-mełst/ najgłębiej położony

inn /yn/ 1. gospoda 2. zajazd

innards /y-nedz/ wnętrzności

innate /y-nejt/ wrodzony

inner /y-ne/ wewnętrzny

inning /y-nynn/ 1. sposobność 2.
zbiory

innocence /yne-sens/ 1. niewinność 2. ignorancja

innocent /y-ne-sent/ niewinny

innocuous /y-no-kjus/ nieszkodliwy

innovate /yne-wejt/ wprowadzać
innowacje

innovator /yne-wei-te/ innowator

innovation /yne-wei-szn/ innowa-
cja

innumerable /y-nju-mre-bl/ niezliczony

inoculate /y-nokju-leit/ zaszczepiać

inoffensive /yne-fensyw/ nieszko-

dliwy

inoperative /yn-o-pe-re-tyw/ 1. nieczynny 2. nieskuteczny

inopportune /yn-ope-tun/ nie w
porę

inordinate /y-noo-denet/ 1. nadmierny 2. nieregularny

inorganic /ynoo-geenyk/ nieorga-
niczny

in-patient /yn-pei-szent/ pacjent
szpitalny

inquest /yn-kłest/ 1. śledztwo 2.
sąd przysięgłych 3. werdykt

inquire /yn-kła-yje/ 1. zasięgać in-
formacji 2. pytać

inquirer /yn-kła-yje/ informator

inquiry /yn-kła-yjery/ 1. zapytanie
2. dochodzenie

inquisition /yn-kły-zy-szn/ 1. poszukiwanie 2. badanie 3. inkwizy-
cja

inquisitive /yn-kły-zy-tyw/ 1. ciekawy 2. wścibski

inroad /yn-reud/ najazd

inrush /yn-rasz/ wtargnięcie

insane /yn-sein/ chory umysłowo

insanity /yn-see-nety/ obłęd

insanitary /yn-see-ny-czry/ niezdrowy

insatiable /yn-sey-szbl/ nienasycony

inscribe /yn-skraib/ 1. wpisywać 2.
wyryć 3. dedykować

inscription /yn-skryp-szn/ 1. napis
2. dedykacja

inscrutable /yn-skru-tebl/ nie-
zbadany

insect /yn-sekt/ owad

insecticide /yn-sek-ty-said/ 1. środek do tępienia owadów 2. tępie-
nie owadów

insectivorous /yn-sek-ty-weres/
owadożerny

insecure /yn-sy-kjue/ niezabezpieczony

insecurity /yn-sy-kju-rety/ niepewność

insensibility /yn-sen-se-by-lety/ 1. nieprzytomność 2. nieczułość

insensible /yn-sen-sebl/ nieczuły

insensitive /yn-sen-se-tyw/ niewrażliwy

insert /yn-sert/ 1. wstawiać 2. wkładać

inset /yn-set/ wkładka

inshore /yn-szoor/ przybrzeżny

inside /yn-said/ 1. wewnątrz 2. wnętrze 3. wewnętrzny 4. do środka 5. w środku

insidious /yn-sy-dyjes/ podstępny

insight /yn-sait/ 1. wgląd 2. intuicja 3. samokrytycyzm

insignia /yn-sy-gnyje/ insygnia

insignificant /yn-syg-ny-fykent/ błahy

insincere /yn-syn-syje/ nieszczery

insinuate /yn-sy-nju-eit/ 1. podsumowywać 2. wciskać

insipid /yn-sy-pyd/ 1. mdły 2. bez smaku 3. nudny

insipient /yn-sy-pyjent/ niemądry

insist /yn-syst/ 1. nalegać 2. upierać się

insistent /yn-sys-tent/ 1. uporczywy 2. natarczywy

insolence /yn-se-lens/ 1. zuchwalstwo 2. bezczelność

insolent /yn-se-lent/ 1. bezczelny 2. zuchwały

insoluble /yn-sol-jubl/ nierozpuszczalny

insolvent /yn-sol-went/ niewypłacalny

insomnia /yn-som-nyje/ bezsenność

insomuch /yn-seł-macz/ 1. tak

dalece, że 2. jako, że

inspect /yn-spekt/ 1. wizytować 2. kontrolować

inspection /yn-spek-szn/ 1. przegląd 2. inspekcja

inspector /yn-spek-te/ 1. inspektor 2. kontroler

inspiration /ynspe-rei-szn/ 1. wdech 2. natchnienie

inspire /yn-spaje/ 1. napełniać 2. pobudzać 3. wdychać

instability /yn-ste-by-lety/ niestałość

install /yn-stool/ 1.instalować 2. umieszczać

installation /yn-ste-leiszn/ 1. instalacja 2. urządzenie 3. zamontowanie

instalment /yn-stool-ment/ rata

instance /yn-stens/ przykład

instant /yn-stent/ natychmiastowy

instead /yn-sted/ zamiast

instep /yn-step/ podbicie

instigate /yn-sty-geit/ prowokować

instil /yn-styl/ wsączać

instinct /yn-stynnkt/ instynkt

instinctive /yn-stynnk-tyw/ instynktowny

institute /yn-sty-tjut/ 1. instytut 2. wykład 3. zasady prawne

institution /yn-sty-tju-szn/ instytucja

instruct /yn-strakt/ 1. nauczać 2. informować 3. polecać

instruction /yn-strak-szn/ 1. pouczenie 2. instrukcja

instructor /yn-strak-te/ 1. nauczyciel 2. instruktor

instrument /yn-stre-ment/ 1. instrument 2. narzędzie

instrumental /yn-stre-mentl/ 1. służący za narzędzie 2. instrumentalny

instrumentation /yn-stru-men-<u>te</u>-<u>iszn</u>/ 1. instrumentacja 2. operowanie narzędziami

insubordinate /yn-se-<u>boo</u>-denet/ niekarny

insubordination /yn-se-boo-de-<u>nei</u>-szn/ niesubordynacja

insubstantial /yn-seb-<u>steen</u>-szl/ 1. nieistotny 2. urojony

insufferable /yn-<u>sa</u>-frebl/ nieznośny

insufficient /yn-se-<u>fy</u>-szent/ 1. nieodpowiedni 2. niedostateczny

insular /<u>yn</u>-sju-le/ wyspiarski

insulate /<u>yn</u>-sju-leit/ odosabniać

insult /<u>yn</u>-salt/ 1. zniewaga 2. obraza

insult /yn-<u>salt</u>/ 1. znieważać 2. obrażać

insuperable /yn-<u>sju</u>-prebl/ niepokonany

insupportable /yn-se-<u>poo</u>-tebl/ nieznośny

insurance /yn-<u>szue</u>-rens/ ubezpieczenie

insure /yn-<u>szue</u>/ ubezpieczać

insurgent /yn-<u>see</u>-dżent/ powstaniec

insurmountable /yn-se-<u>maałn</u>-tebl/ nieprzezwyciężony

insurrection /yn-se-<u>rek</u>-szn/ powstanie

intact /yn-<u>teekt</u>/ 1. nietknięty 2. nienaruszony

intake /<u>yn</u>-teik/ 1. wlot 2. pobieranie

intangible /yn-<u>teen</u>-dżebl/ 1. nienamacalny 2. nieuchwytny rozumem

integer /<u>yn</u>-ty-dże/ liczba całkowita

integral /<u>yn</u>-ty-grel/ integralny

integrate /<u>yn</u>-ty-greit/ 1. scalać 2.

wskazywać średnią wartość 3. całkować

integrity /yn-<u>te</u>-grety/ 1. prawość 2. całość 3. nienaruszalność

intellect /<u>yn</u>-te-lekt/ 1. rozum 2. intelekt

intellectual /yn-te-<u>lek</u>-czuel/ 1. intelektualny 2. intelektualista

intelligence /yn-<u>te</u>-ly-dżens/ 1. inteligencja 2. wywiad

intelligent /yn-<u>te</u>-ly-dżent/ inteligentny

intelligible /yn-<u>te</u>-ly-dżebl/ zrozumiały

intend /yn-<u>tend</u>/ zamierzać

intense /yn-<u>tens</u>/ 1. intensywny 2. uczuciowy

intensify /yn-<u>ten</u>-sy-fai/ potęgować

intensity /yn-<u>ten</u>-syty/ nasilenie

intensive /yn-<u>ten</u>-syw/ 1. intensywny 2. skoncentrowany

intent /yn-<u>tent</u>/ 1. zamiar 2. baczny 3. pochłonięty

intention /yn-<u>ten</u>-szn/ zamiar

intentional /yn-<u>ten</u>-szenl/ umyślny

interact /yn-te-<u>eekt</u>/ przerwa

interactive /yn-te-<u>eek</u>-tyw/ interaktywny

intercede /yn-te-<u>sid</u>/ 1. wstawiać się 2. interweniować

interchange /yn-te-<u>czein</u>-dż/ 1. wymiana 2. rozjazd

interchangeable /yn-te-<u>czein</u>-dżebl/ wymienialny

intercollegiate /yn-te-ke-<u>li</u>-dży-yt/ międzykolegialny

intercontinental /yn-te-kon-ty-<u>nen</u>-tl/ międzykontynentalny

intercourse /yn-te-<u>koos</u>/ 1. obcowanie 2. stosunek

interdependent /yn-te-dy-<u>pen</u>-dent/ być nawzajem zależnym od siebie interdict /yn-te-<u>dykt</u>/ zakaz urzędowy

interest /<u>yn</u>-trest/ 1. zainteresowanie 2. odsetki 3. procent

interesting /<u>yn</u>-tres-tynn/ 1. interesujący 2. ciekawy

interfere /yn-te-<u>fje</u>/ 1. zakłócać 2. wtrącać się

interim /<u>yn</u>-te-rym/ 1. okres pośredni 2. tymczasowe załatwienie

interior /yn-<u>tje</u>-ryje/ wnętrze

interject /yn-te-<u>dżekt</u>/ wtrącać

interlace /yn-te-<u>leis</u>/ splatać

interlinear /yn-te-<u>ly</u>-nyje/ wpisany między wierszami

interlink /yn-te-<u>lynk</u>/ ogniwo łączące

interlock /yn-te-<u>lok</u>/ sczepiać się

interloper /<u>yn</u>-te-leł-pe/ intruz

interlude /yn-te-<u>luud</u>/ 1. antrakt 2. przerwa

intermediary /yn-te-<u>mi</u>-djery/ pośrednik

intermediate /yn-te-<u>mi</u>-dyjet/ pośredni

interment /yn-<u>tee</u>-ment/ pogrzebanie

interminable /yn-<u>tee</u>-mynebl/ nieskończony

intermingle /yn-tee-<u>myngl</u>/ 1. mieszać 2. przeplatać

intermission /yn-te-<u>my</u>-szn/ 1. pauza 2. przerwa

intermittent /yn-te-<u>my</u>-tent/ 1. przerywany 2. niemiarowy

intern /<u>yn</u>-teen/ 1. internować 2. praktykant lekarski

internal /yn-<u>ter</u>-nel/ wewnętrzny

international /yn-te-<u>nee</u>-szenl/ międzynarodowy

internecine /yn-te-<u>ni</u>-sain/ wzajemnie niszczący

interplanetary /yn-te-<u>plee</u>-ne-tery/ międzyplanetarny

interplay /<u>yn</u>-te-plei/ wzajemne oddziaływanie

interpolate /yn-<u>tee</u>-pe-leit/ interpolować

interpose /<u>yn</u>-te-pełz/ 1. wstawiać 2. przerywać

interpret /yn-<u>ter</u>-pryt/ 1. tłumaczyć ustnie 2. interpretować

interpreter /yn-<u>ter</u>-pry-te/ tłumacz ustny

interracial /yn-te-<u>rei</u>-szl/ międzyrasowy

interrelate /yn-te-ry-<u>leit</u>/ mieszać ze sobą

interrogate /yn-<u>te</u>-re-geit/ przesłuchiwać

interrogator /yn-te-re-<u>gei</u>-te/ przesłuchujący

interrogative /yn-te-<u>ro</u>-ge-tyw/ pytający

interrupt /yn-te-<u>rapt</u>/ przerywać

interruption /yn-te-<u>rap</u>-szn/ przerywanie

intersect /yn-te-<u>sekt</u>/ przecinać się

intersection /yn-te-<u>sekszn</u>/ skrzyżowanie

intersperse /yn-te-<u>spees</u>/ rozsypywać

interstellar /yn-te-<u>ste</u>-le/ międzygwiezdny

intertribal /yn-te-<u>traibl</u>/ międzyszczepowy

interurban /yn-te-<u>ee</u>-bn/ międzymiastowy

interval /<u>yn</u>-te-wel/ 1. odstęp 2. przerwa 3. interwał

intervene /yn-te-<u>win</u>/ 1. interweniować 2. zdarzyć się

interview /<u>yn</u>-te-wju/ 1. wywiad 2. rozmowa

intestine /yn-<u>tes</u>-tyn/ jelito

intimacy /<u>yn</u>-ty-mesy/ poufałość

ntimate /yn-ty-met/ 1. zażyły 2. intymny

ntimidate /yn-ty-my-deit/ zastraszyć

ntimidation /yn-ty-my-deiszn/ zastraszenie

nto /yn-te/ 1. do 2. do środka

ntolerable /yn-to-le-rebl/ 1. niedopuszczalny 2. nieznośny

ntolerance /yn-to-le-rens/ nietolerancja

ntonation /yn-te-neiszn/ intonacja

ntoxicant /yn-to-ksy-kent/ napój alkoholowy

ntoxicate /yn-to-ksy-keit/ 1. odurzać 2. upijać się

ntoxication /yn-to-ksy-kei-szn/ 1. upojenie alkoholowe 2. oszołomienie

ntransigent /yn-treen-sy-dżent/ nieprzejednany

ntransitive /yn-treen-se-tyw/ nieprzechodni

ntravenous /yn-tre-wi-nes/ dożylny

ntrepid /yn-tre-pyd/ nieustraszony

ntricacy /yn-try-kesy/ zawiłość

ntricate /yn-try-ket/ zawiły

ntrigue /yn-trig/ intryga

ntrinsic /yn-tryn-syk/ wewnętrzny

ntroduce /yn-tre-djus/ 1. wprowadzać 2. przedstawiać 3. zaznajamiać

ntroduction /yn-tre-dak-szn/ 1. wstęp 2. wprowadzenie

ntroductory /yn-tre-dak-tery/ wstępny

ntrospect /yn-tre-spekt/ analizować własne myśli i uczucia

ntrospective /yn-tre-spektyw/ introspekcyjny

ntrovert /yn-tre-weet/ 1. wciągać do wewnątrz 2. uprawiać introwersję

intrude /yn-truud/ 1. wciskać 2. narzucać coś 3. niepokoić

intruder /yn-truu-de/ intruz

intrusion /yn-trużn/ 1. wciśnięcie 2. narzucanie

intuition /yn-tju-y-szn/ intuicja

intuitive /yn-tu-y-tyw/ intuicyjny

inundate /yn-en-deit/ zalewać

inundation /yn-en-deiszn/ 1. zalanie 2. powódź

invade /yn-weid/ 1. najeżdżać 2. atakować

invader /yn-wei-de/ najeźdźca

invalid /yn-we-lyd/ inwalida

invalid /yn-wee-lyd/ 1. nieprawomocny 2. nieważny

invaluable /yn-weel-jubl/ nieoceniony

invariable /yn-wee-ryjebl/ niezmienny

invasion /yn-wei-żn/ 1. najazd 2. inwazja

invective /yn-wek-tyw/ inwektywa

invent /yn-went/ wynajdować

invention /yn-wen-szn/ wynalazek

inventor /yn-wen-te/ wynalazca

inventory /yn-wen-try/ 1. inwentarz 2. spis

inverse /yn-wees/ odwrotny

inversion /yn-wer-szn/ 1. odwrócenie 2. inwersja 3. przestawienie

invert /yn-weet/ odwracać

invertebrate /yn-weete-breyjt/ bezkręgowiec

invest /yn-west/ inwestować

investigate /yn-wes-ty-geit/ prowadzić dochodzenie

investigation /yn-wes-ty-gei-szn/ śledztwo

investment /yn-west-ment/ 1. inwestycja 2. lokata

investor /yn-wes-te/ inwestor

inveterate /yn-we-te-ret/ 1. zagorzały 2. zadawniony

invidious /yn-wy-dyjes/ znienawidzony

invigilate /yn-wy-dży-leit/ inwigilować

invigorate /yn-wy-ge-reit/ pokrzepiać

invincible /yn-wyn-sebl/ niepokonany

inviolable /yn-wayje-lebl/ nienaruszalny

inviolate /yn-wayje-let/ nienaruszony

invisible /yn-wy-zebl/ niewidzialny

invisibility /yn-wy-ze-by-lety/ niewidoczność

invitation /yn-wy-tei-szn/ zaproszenie

invite /yn-wait/ 1 zapraszać 2. zachęcać

invocation /yn-we-keiszn/ 1. inwokacja 2. wywoływanie

invoice /yn-wois/ 1. faktura płatności 2. fakturować

invoke /yn-wełk/ 1. wzywać 2. odwoływać się

involuntary /yn-wo-len-tery/ mimowolny

involve /yn-wolw/ 1. wmieszać się 2. komplikować

involvement /yn-wolw-ment/ 1. uwikłanie 2. kłopoty pieniężne 3. zawiła sprawa

invulnerable /yn-waln-rebl/ nie do zdobycia

inward /yn-łed/ do wewnątrz

iodine /a-yjedin/ 1. jod 2. jodyna

ion /aayjen/ jon

ionosphere /aayj-one-sfyje/ jonosfera

Ireland /a-yjelend/ Irlandia

iris /a-yjerys/ 1. tęczówka 2. irys

Irish /a-yjerysz/ irlandzki

irk /eek/ drażnić

iron /a-yjen/ 1. prasować 2. żelazko 3. żelazo

ironic /ai-ro-nyk/ ironiczny

ironing-board /ayje-ro-nynn-booo deska do prasowania

irony /a-yje-re-ny/ ironia

irrational /y-ree-sze-nel/ nie racjonalny

irreconcilable /y-re-ken-sai-leb● nieprzejednany

irrecoverable /y-ry-ka-we-rebl/ nie do odzyskania

irrefutable /yry-fju-tebl/ nieod party

irregular /y-re-gju-le/ 1. niere gularny 2. nierówny

irregularity /y-re-gju-lee-re-ty/ 1 nieregularność 2. nadużycia

irrelevant /y-re-le-went/ nieistotny

irreligious /y-ry-ly-dżys/ niereligijny

irremovable /y-ry-mu-we-bl/ nie usuwalny

irreparable /y-re-pe-rebl/ nie powetowany

irreplaceable /y-ry-plei-sebl/ nie zastąpiony

irreproachable /y-ry-preł-czebl nienaganny

irresistible /y-ry-zys-tebl/ nieod party

irrespective /y-ry-spek-tyw/ nie biorący pod uwagę

irresponsible /y-ry-spon-sebl/ nie odpowiedzialny

irresponsibility /y-ry-spon-se-by lyty/ nieodpowiedzialność

irretrievable /y-ry-tri-webl/ bez powrotny

irreverent /y-re-we-rent/ pozbawiony szacunku

irreversible /y-ry-we-sebl/ nieodwracalny

rrevocable /y-<u>re</u>-we-kebl/ nie-odwołany

rrigate /<u>yry</u>-geit/ 1. nawadniać 2. przepłukiwać

rrigation /y-ry-<u>geiszn</u>/ 1. nawadnianie 2. przepłukiwanie

rritable /<u>yry</u>-tebl/ wrażliwy

rritant /<u>yry</u>-tent/ środek drażniący

rritate /<u>y</u>-ry-teit/ 1. drażnić 2. irytować

rritation /y-ry-<u>tei</u>-szn/ 1. rozdrażnienie 2. irytacja

is /yz/ 1. jest 2. → be

Islam /yz-<u>laam</u>/ Islam

island /<u>ai</u>-lend/ 1. wyspa 2. wysepka

islander /<u>ai</u>-lende/ wyspiarz

isobar /<u>ai</u>-ze-baa/ izobara

isolate /<u>ai</u>-se-leit/ 1. izolować 2. wydzielać

isolation /ai-se-<u>lei</u>-szn/ 1. odosobnienie 2. izolacja

isosceles /ai-<u>so</u>-se-liz/ trójkąt równoramienny

isotherm /<u>ai</u>-se-fherm/ izoterma

isotope /<u>ai</u>-se-tełp/ izotop

issue /<u>y</u>-szuu/ 1. sprawa 2. kwestia 3. wydanie 4. numer 5. wydawać

isthmus /<u>ys</u>-mes/ przesmyk

it /yt/ 1. to 2. ono 3.tego

Italian /y-<u>tee</u>-lyjen/ włoski

italics /y-<u>tee</u>-lyks/ kursywa

Italy /<u>y</u>-tely/ Włochy

itch /ycz/ 1. swędzieć 2. swędzenie

item /<u>ai</u>-tm/ 1. pozycja 2. punkt 3. towar 4. rzecz

itemize /<u>ai</u>-te-maiz/ wyszczególniać

iterate /<u>yte</u>-reit/ powtarzać

itinerant /ai-<u>ty</u>-ne-rent/ wędrowny

itinerary /ai-<u>ty</u>-ne-rery/ plan podróży

itself /yt-<u>self</u>/ 1. się 2. siebie 3. sobie 4. sobą 5. samo

ivory /<u>ai</u>-we-ry/ kość słoniowa

ivy /<u>ai</u>-wy/ bluszcz

J

jab /dżeeb/ dźgać

jabber /<u>dże</u>-be/ paplać

jack /dżeek/ 1. lewarek 2. dźwignia 3. podnośnik

jackal /<u>dże</u>-kl/ szakal

jackass /<u>dżeek</u>-ees/ 1. dureń 2. osioł 3. bałwan

jackdaw /<u>dżeek</u>-doo/ kawka

jacket /<u>dże</u>-kyt/ 1. marynarka 2. żakiet 3. kurtka 4. obwoluta

jackpot /<u>dżeek</u>-pot/ 1. główna wygrana 2. najwyższa stawka

jade /dżeid/ 1. szkapa 2. jadeit

jaded /<u>dżei</u>-dyd/ 1. sterany 2. przesycony

jag /dżeeg/ 1. karbować 2. podchmielenie

jaguar /<u>dżee</u>-gjue/ jaguar

jail /dżeil/ 1. więzić 2. więzienie

jam /dżeem/ 1. tłok 2. zator 3. korek 4. dżem 5. zablokowywać (się)

jamboree /dżeem-be-<u>ri</u>/ 1. zlot 2. festiwal

jampack /dżeem-<u>peek</u>/ zatłoczony

jangle /<u>dżeen</u>-gel/ 1. brzękać 2. wadzić się

janitor /<u>dże</u>-nyte/ 1. dozorca 2. portier

January /<u>dże</u>-njuery/ styczeń

Japan /dże-<u>peen</u>/ Japonia

Japanese /dżeepe-<u>niz</u>/ japoński

jape /dżeyjp/ żartować

jar /dżar/ 1. słoik 2. słoiczek 3. drażnić

jargon /dżar-gen/ żargon
jasmine /dżeez-myn/ jaśmin
jasper /dżees-per/ jaspis
jaundice /dżoon-dys/ żółtaczka
jaunt /dżoont/ wycieczka
javelin /dżee-wlyn/ oszczep
jaw /dżoo/ szczęka
jay /dżei/ sójka
jay-walker /dżei-ło-ke/ przechodzień lekceważący przepisy ruchu
jazz /dżeez/ jazz
jealous /dże-les/ zazdrosny
jealousy /dże-lesy/ zazdrość
jeans /dżins/ dżinsy
jeep /dżip/ łazik
jeer /dżyjer/ drwić
Jehovah /dżi-heł-we/ Jehowa
jell /dżeł/ 1. zamieniać się w gala-
retę 2. konkretyzować się
jelly /dże-ly/ galaretka
jellyfish /dże-ly-fysz/ meduza
jeopardize /dże-pe-daiz/ 1. zagrażać 2. narażać na szwank
jeopardy /dże-pe-dy/ zagrożenie
jeremiad /dże-ry-ma-yjed/ 1. jere-
miada 2. skarga 3. biadanie
jerk /dżerk/ 1. szarpać 2. szarpnięcie 3. głupek
jerkin /dżee-kyn/ 1. kaftan 2. kamizelka kobieca
jerry-can /dże-ry-ken/ nocnik
jersey /dżee-zy/ 1. krowa z Jersey
2. rodzaj swetra
jest /dżest/ dowcip
jester /dżes-te/ błazen
Jesus /dżi-zes/ Jezus
jet /dżet/ 1. silny strumień 2. odrzutowiec
jetsam /dżet-sem/ wyrzucone
przedmioty
jettison /dże-tysn/ wyrzucanie towarów za burtę
jetty /dże-ty/ 1. grobla 2. molo

Jew /dżuu/ Żyd
jewel /dżuu-el/ 1. klejnot 2. kamień
jeweller /dżue-ler/ jubiler
jewelry /dżue-lry/ biżuteria
Jewish /dżuu-ysz/ żydowski
jib /dżyb/ 1. wysięgnik 2. wzbraniać
się
jiffy /dży-fy/ 1. chwileczka 2. moment
jig /dżyg/ 1. rodzaj tańca 2. szablon
3. potrząsać
jigsaw /dżyg-soo/ 1. piłka do drewna 2. układanka 3. łamigłówka
jihad /dży-haad/ święta wojna mu-
zułmańska
jingle /dżynn-gl/ 1. pobrzękiwać 2.
brzęk 3. dżingiel
jinx /dżynnks/ rzecz przynosząca
pecha
jitters /dży-tez/ silne zdenerwowanie
jittery /dży-te-ry/ silnie zdenerwowany
jiujitsu /dżu-dżyt-su/ jujitsu
job /dżob/ 1. praca 2. zajęcie 3.
zadanie
jobless /dżob-les/ bezrobotny
jockey /dżo-ky/ dżokej
jocular /dżo-kju-le/ żartobliwy
jocund /dżo-kend/ wesoły
jodhpurs /dżod-pez/ spodnie (ob-
cisłe)
jog /dżog/ 1. trącać 2. uprawiać jogging
jogging /dżo-gynn/ jogging
joggle /dżo-gl/ 1. potrząsać 2. żłobek
join /dżoin/ 1. łączyć (się) 2. dołą-
czać (się) 3. wstępować 4. przyłączać (się) 5. złączenie
joiner /dżoi-ne/ stolarz
joinery /dżoi-ne-ry/ 1. stolarstwo 2.
stolarka

joint /dżoint/ 1. złącze 2. staw 3. spoina 4. speluna 5. wspólny

joist /dżoist/ 1. belka 2. legar

joke /dżełk/ 1. żart 2. dowcip 3. żartować

joker /dżeł-ke/ 1. żartowniś 2. dżoker

jolly /dżo-ly/ wesoły

jolt /dżeult/ podrzucać

jostle /dżo-sel/ 1. rozpychać się 2. potrącać

jot /dżot/ odrobina

journal /dżee-nl/ 1. dziennik 2. czasopismo

journalism /dżee-ne-lyzm/ dziennikarstwo

journalist /dżee-ne-lyst/ dziennikarz

journey /dżer-ny/ podróż

journeyman /dżee-ny-men/ czeladnik

joust /dżałst/ walczyć na kopie

jovial /dżeł-wjel/ jowialny

joviality /dżeł-wy-ee-lety/ jowialność

jowl /dżaul/ 1. szczęka 2. policzek

joy /dżoi/ 1. radość 2. zachwyt 3. uciecha

joyful /dżoi-fl/ 1. radosny 2. uradowany

jubilant /dżuu-by-lent/ rozradowany

jubilation /dżuu-by-lei-szn/ 1. wielka radość 2. jubileusz

jubilee /dżuu-byli/ jubileusz

Judaism /dżuu-dei-yzm/ judaizm

judge /dżadż/ 1. sędzia 2. juror 3. sędziować 4. oceniać 5. uznawać za 6. wydawać opinię

judgement /dżadż-ment/ 1. osąd 2. orzeczenie 3. wyrok 4. opinia

judicature /dżu-dy-ke-cze/ wymiar sprawiedliwości

judicial /dżu-dyszl/ 1. sądowy 2. sędziowski

judiciary /dżu-dy-sze-ry/ sądowniczy

judicious /dżu-dyszes/ rozsądny

judo /dżu-deł/ dżudo

jug /dżag/ dzbanek

juggle /dża-gl/ żonglować

jugular /dża-gju-le/ szyjny

juice /dżuus/ sok

juicy /dżuu-sy/ soczysty

juke-box /dżuuk-boks/ szafa grająca

July /dżu-lai/ lipiec

jumble /dżam-bel/ kotłować się

jumbo /dżam-beł/ ogromny

jump /dżamp/ 1. skakać 2. skok

jumper /dżam-pe/ 1. skoczek 2. drut do włączania prądu 3. rodzaj sanek

junction /dżank-szn/ skrzyżowanie

juncture /dżann-kcze/ 1. chwila 2. stan rzeczy 3. złącze

June /dżuun/ czerwiec

jungle /dżann-gl/ dżungla

junior /dżuu-nyje/ 1. junior 2. młodszy 3. podwładny

junk /dżank/ 1. graty 2. rupiecie 3. dżonka 4. wyrzucać

junkie /dżann-ky/ narkoman

junta /dżan-te/ junta

Jupiter /dżuu-py-te/ Jupiter

juridical /dżu-ry-dykel/ 1. sądowy 2. prawny

jurisdiction /dżue-rys-dyk-szn/ jurysdykcja

jurisprudence /dżu-rys-pru-dens/ prawoznawstwo

jurist /dżu-ryst/ prawnik

juror /dżu-re/ sędzia przysięgły

jury /dżue-ry/ 1. ława przysięgłych 2. jury

just /dżast/ 1. sprawiedliwy 2.

słuszny 3. właśnie 4. dokładnie 5. tylko 6. jedynie 7. zaledwie 8. przed chwilą

justice /dża-stys/ 1. sprawiedliwość 2. zasadność 3. wymiar sprawiedliwości

justification /dża-sty-fy-kej-szn/ 1. usprawiedliwienie 2. uzasadnienie

justify /dża-sty-fai/ 1. uzasadnić 2. tłumaczyć

jut /dżat/ występ

juvenile /dżuu-we-nail/ 1. nieletni 2. młodociany

juxtapose /dżak-ste-pełz/ zestawiać

juxtaposition /dżak-ste-pe-zyszn/ 1. zestawienie 2. bezpośrednie sąsiedztwo

K

kaiser-roll /kai-ze-rol/ kajzerka

kale /keil/ 1. kapusta 2. forsa

kaleidoscope /ke-lai-de-skełp/ kalejdoskop

kangaroo /keenn-ge-ruu/ kangur

kaolin /keyje-lyn/ glinka porcelanowa

kapok /key-pok/ rodzaj bawełny

karat /keeret/ karat

karate /ke-raa-ty/ karate

karma /kar-me/ 1. los 2. karma

kayak /kaayj-eek/ kajak

keel /kil/ 1. stępka 2. barka z węglem

keen /kin/ 1. gorliwy 2. zapalony

keep /kip/ 1. trzymać (się) 2. zachowywać 3. zatrzymywać 4. utrzymywać 5. przechowywać 6. powstrzymywać

  keep away trzymać się z daleka

  keep back 1. powstrzymywać 2. zatajać 3. nie zbliżać się

  keep from nie dzielić się z kimś

  keep off trzymać się z dala

  keep on kontynuować

  keep up utrzymywać

keeper /ki-pe/ 1. stróż 2. dozorca

keeping /ki-pynn/ 1. opieka 2. harmonia

keepsake /kip-seik/ pamiątka

keg /keg/ beczułka

kelvin /kel-wyn/ stopień Kelwina

kennel /ke-nl/ 1. psia buda 2. ściek

kept → keep

kerb /keeb/ krawężnik

kerchief /ker-czif/ chustka na głowę

kernel /kee-nel/ 1. jądro 2. ziarno

kerosene /ke-re-sin/ nafta

kestrel /kes-trel/ pustułka

ketchup /ke-czep/ keczup

kettle /ke-tl/ czajnik

kettledrum /ketl-dram/ 1. kocioł 2. zebranie popołudniowe

key /ki/ 1. klucz 2. klawisz 3. tonacja 4. kluczowy

keyboard /ki-bood/ klawiatura

keynote /ki-nełt/ 1. nota kluczowa 2. motyw przewodni

key-ring /ki-rynn/ kółeczko na klucze

keystone /ki-stełn/ zwornik

khaki /kaa-ky/ khaki

khalif /key-lyf/ kalif

khalifate /key-ly-feit/ kalifat

kick /kyk/ 1. kopać 2. kopnięcie

kick-off /kyk-of/ rozpoczynać

kid /kyd/ 1. dzieciak 2. koźlę 3. żartować

kidnap /kyd-neep/ 1. uprowadzać 2. porywać

kidnapper /kyd-nee-pe/ porywacz dzieci

kidney /ky-dny/ 1. nerka 2. cynaderka

kill /kyl/ 1. zabijać 2. gasić 3. uśmie- zać

killer /ky-le/ zabójca

killing /ky-lynn/ 1. zabójczy 2. od- strzał 3. udana operacja

kiln /ky-ln/ 1. piec do wypalania 2. suszyć

kilo /ki-leł/ kilo

kilocycle /ky-le-saikl/ kilocykl

kilogram /ky-le-greem/ kilogram

kilometre /ky-lo-mi-te/ kilometr

kilowatt /ky-le-łot/ kilowat

kilt /kylt/ spódniczka szkocka

kimono /ky-meł-neł/ kimono

kin /kyn/ 1. ród 2. krewni 3. rodzina

kind /kaind/ 1. rodzaj 2. gatunek 3. uprzejmy 4. życzliwy

kindergarten /kyn-de-gartn/ przed- szkole

kindle /kyn-del/ 1. rozpalać 2. za- palić się

kindly /kain-dly/ 1. uprzejmie 2. życzliwie

kindness /kaind-nes/ 1. uprzej- mość 2. życzliwość

kindred /kyn-dred/ 1. krewni 2. po- krewieństwo

kinetic /ky-ne-tyk/ 1. kinetyczny 2. ruchomy

kinetics /ky-ne-tyks/ kinetyka

king /kynn/ król

kingdom /kynn-dm/ królestwo

king-size /kynn-saiz/ 1. ponad- wymiarowy 2. olbrzymi

kink /kynnk/ 1. skręt na linie 2. ka- prys

kinky /kynn-ky/ poskręcany

kinship /kyn-szip/ pokrewieństwo

kiosk /kio-sk/ 1. kiosk 2. stoisko 3. budka

kip /kyp/ 1. skóra z małego zwie- rzecia 2. buda

kipper /ky-pe/ 1. ryba suszona (wędzona) 2. suszenie (wędzenie)

kirk /keek/ kościół szkocki

kiss /kys/ 1. całować 2. pocałunek

kisser /ky-se/ osoba całująca

kit /kyt/ 1. zestaw 2. komplet 3. ekwipunek

kitchen /ky-czn/ kuchnia

kichenette /kyt-czy-net/ kuchenka

kitchen-maid /kyczn-meid/ dziew- czyna kuchenna

kitchen-sink /kyczn-synk/ zlew kuchenny

kite /kait/ latawiec

kitten /ky-tn/ kotek

kitty /ky-ty/ kociak

kiwi /ki-łi/ kiwi

klaxon /kleek-sen/ klakson

kleenex /kli-neks/ chusteczka hi- gieniczna

kleptomania /klep-te-mei-nyje/ kleptomania

knack /neek/ 1. pomysłowe urzą- dzenie 2. sztuczka

knacker /nee-ke/ 1. rzeznik koński 2. przedsiębiorca kupujący stare domy

knapsack /neep-seek/ tornister

knave /neiw/ 1. łotr 2. walet w kar- tach

knead /nid/ 1. gnieść 2. masować

knee /ni/ kolano

knee-deep /ni-dip/ po kolana

kneel /nil/ klękać

knelt → kneel

knew → know

knickers /ny-kez/ majtki

knick-knack /nyk-neek/ 1. cacko 2. przysmaczek

knife /naif/ nóż

knight /nait/ rycerz

knighthood /nait-huud/ tytuł ryce- rza

knit /nyt/ robić na drutach

knitting /nytynn/ robienie na drutach

knob /nob/ 1. gałka u drzwi 2. pokrętło

knock /nok/ 1. pukać 2. uderzać 3. stukać 4. uderzenie 5. pukanie 6. stukanie

  knock down 1. powalić na ziemię 2. wyburzać

  knock off przestać

  knock out znokautować

knoll /neul/ 1. pagórek 2. zwoływać dzwonem

knot /not/ 1. węzeł 2. supeł 3. sęk 4. związywać

know /neł/ 1. wiedzieć 2. umieć 3. znać

know-how /neł-hał/ umiejętność

knowing /neuynn/ 1. chytry 2. zręczny 3. znający się

knowledge /no-lydż/ 1. wiedza 2. znajomość

knowledgeable /no-ly-dżebl/ 1. uczony 2. wykształcony

known → know

knuckle /na-kl/ kostka

koala /keł-aale/ niedźwiedź koala

Koran /ke-raan/ Koran

kosher /keł-sze/ koszerny

L

lab /leeb/ 1. laboratorium 2. pracownia

label /lei-bl/ 1. etykietka 2. nalepka 3. znakować

labial /lei-bl/ wargowy

laboratory /le-bo-re-czry/ 1. laboratorium 2. pracownia

laborious /le-boo-ryjes/ 1. mozolny 2. pracowity

labour /lei-be/ 1. praca 2. siła robocza

labourer /lei-be-re/ 1. wyrobnik 2. robotnik

labyrinth /lee-be-rynfh/ labirynt

lace /leis/ 1. sznurowadło 2. sznurować

lacerate /lee-se-reit/ rozdzierać

lack /leek/ 1. brakować 2. brak

lackadaisical /lee-ke-dei-zykl/ 1. czułostkowy 2. apatyczny

laconic /le-ko-nyk/ 1. lakoniczny 2. zwięzły

laconically /le-ko-nykly/ lakonicznie

lacquer /lee-ke/ lakier

lactic /leek-tyk/ mleczny

lad /leed/ 1. chłopiec 2. młodzieniec

ladder /lee-de/ 1. drabina 2. oczko

laden /leidn/ załadowany

ladida /laa-dy-daa/ pretensjonalność

lading /lei-dynn/ ładunek

ladle /lei-dl/ czerpak

lady /lei-dy/ 1. pani 2. dama

ladybird /lei-dy-berd/ biedronka

lady-killer /lei-dy-kyle/ kobieciarz

lag /leeg/ 1. zwłoka czasowa 2. opóźnienie

lager /laa-ge/ piwo lagrowe

laggard /lee-ged/ guzdrała

lagoon /le-guun/ laguna

laid → lay

lain → lie

lair /leer/ 1. legowisko 2. szałas

laird /led/ właściciel ziemski

laity /lei-ty/ laicy

lake /leik/ jezioro

lama /laa-me/ lama

lamb /leem/ 1. jagnię 2. baranina

lambaste /leem-beist/ 1. młócić 2. besztać

lame /leim/ 1. kulawy 2. lichy

lament /le-ment/ 1. lamentować 2

lament

lamentation /lee-men-<u>teiszn</u>/ narzekanie

laminate /<u>lee</u>-my-neit/ laminować

lamp /leemp/ lampa

lamp-post /<u>leemp</u>-pełst/ słup latarniowy

lampshade /<u>leemp</u>-szeid/ 1. abażur 2. klosz

lampoon /leem-<u>pun</u>/ pamflet

lance /leens/ lanca

lancer /<u>leen</u>-se/ lansjer

lancet /<u>laan</u>-syt/ lancet

land /leend/ 1. ziemia 2. ląd 3. grunt 4. kraj 5. lądować

landholder /leend-<u>heul</u>-de/ właściciel ziemski

landing /<u>leen</u>-dynn/ 1. lądowanie 2. podest

landlord /<u>leend</u>-lood/ 1. właściciel nieruchomości 2. gospodarz

landmark /<u>leend</u>-mark/ 1. punkt orientacyjny 2. kamień milowy

landmine /<u>leend</u>-main/ mina ziemna

landowner /<u>leend</u>-ełne/ właściciel ziemski

landscape /<u>leend</u>-skeip/ 1. krajobraz 2. projektować

lane /lein/ 1. uliczka 2. dróżka 3. pas

language /<u>leenn</u>-głydż/ 1. język 2. mowa

languid /<u>leenn</u>-głyd/ 1. apatyczny 2. ospały

languish /<u>leenn</u>-głysz/ 1. słabnąć 2. obumierać

languor /<u>leenn</u>-goo/ 1. apatyczność 2. rozmarzenie

lank /leennk/ wychudzony

lanky /<u>leenn</u>-ky/ 1. chudy 2. wymizerowany

lanolin /<u>lee</u>-ne-lyn/ lanolina

lantern /<u>leen</u>-ten/ latarnia

lap /leep/ 1. poła 2. okrążenie

lapel /le-<u>pel</u>/ klapa

lapse /leeps/ 1. uchybienie 2. upływ 3. tracić ważność

lapwing /<u>leep</u>-łynn/ czajka

larceny /<u>laa</u>-se-ny/ kradzież

larch /laacz/ modrzew

lard /lard/ smalec

larder /<u>laa</u>-de/ spiżarnia

large /lardż/ 1. wielki 2. duży

largeish /<u>laa</u>-dżysz/ raczej duży

lark /lark/ skowronek

larva /<u>lar</u>-we/ larwa

laryngitis /lee-ryn-<u>dżai</u>-tys/ zapalenie krtani

larynx /<u>lee</u>-rynks/ krtań

lascivious /le-<u>syw</u>-jes/ lubieżny

laser /<u>lei</u>-ʒe/ laser

lash /leesz/ 1. chłostać 2. machać rękami

lashing /<u>lee</u>-szynn/ 1. chłosta 2. zatrzęsienie

lass /lees/ dziewczynka

lassitude /<u>lee</u>-sy-tjud/ znużenie

lasso /<u>lee</u>-suu/ lasso

last /laast/ 1. ostatni 2. ostatnio 3. na końcu 4. trwać 5. wystarczać

lasting /<u>laas</u>-tynn/ 1. trwałość 2. uporczywość 3. trwały

lastly /<u>laast</u>-ly/ wreszcie

latch /leecz/ 1. rygiel 2. zatrzask 3. klamka

late /leit/ 1. spóźniony 2. późny 3. poprzedni 4. późno

lately /<u>lei</u>-tly/ ostatnio

latent /<u>lei</u>-tent/ ukryty

lateral /<u>lee</u>-te-rel/ boczny

latex /<u>ley</u>-teks/ 1. mleczko 2. surowa guma

lath /leefh/ 1. łata 2. deszczułka

lathe /leidh/ 1. tokarka 2. koło garncarskie

lather /lee-dhe/ mydliny
Latin /lee-tyn/ 1. łaciński 2. Łacina
latitude /lee-ty-tjud/ szerokość geograficzna
latrine /le-trin/ latryna
latter /lee-te/ 1. ten drugi 2. ten ostatni
lattice /lee-tys/ kratownica
laud /lood/ 1. wysławiać 2. hymn pochwalny
laudatory /loode-toory/ pochwalny
laugh /laaf/ śmiać się
laughter /laaf-te/ śmiech
launch /looncz/ 1. puszczać w ruch 2. wodować
launder /loon-de/ prać
launderette /loon-de-ret/ pralnia automatyczna
laundry /loon-dry/ 1. pralnia 2. pranie
laureate /loo-riet/ wieniec wawrzynowy
laurel /loo-rel/ wawrzyn
lav /leew/ 1. ustęp 2. umywalnia
lava /laa-we/ lawa
lavatory /lee-we-try/ 1. toaleta 2. umywalnia
lavender /lee-wyn-de/ lawenda
lavish /lee-wysz/ obfity
law /loo/ 1. prawo 2. zasada
law-breaker /loo-brei-ke/ osoba naruszająca prawo
lawful /loo-fl/ legalny
law-maker /loo-mei-ker/ ustawodawca
lawn /loon/ trawnik
lawsuit /loo-sut/ proces sądowy
lawyer /loo-je/ 1. prawnik 2. adwokat
lax /leeks/ 1. luźny 2. mający rozwolnienie
laxative /leek-se-tyw/ środek przeczyszczający

lay /lei/ 1. kłaść 2. położyć 3. → lie
lay aside zostawić na później
layby /lei-bai/ pobocze
layer /le-yje/ warstwa
layette /ley-jet/ wyprawka
layman /lei-men/ 1. osoba świecka 2. laik
lay off zwalniać z pracy
lay-out /lei-aut/ 1. układ 2. rozmieszczenie
laze /leiz/ lenistwo
lazy /lei-zy/ leniwy
lazy-bones /lei-zy-bełns/ leniuch
lead /led/ 1. ołów 2. grafit
lead /lid/ 1. prowadzenie 2. trop 3. główna rola 4. prowadzić 5. kierować
leader /li-de/ 1. przywódca 2. lider
leadership /li-de-szyp/ kierownictwo
leading /li-dynn/ 1. czołowy 2. prowadzący 3. główny
leaf /lif/ liść
leaflet /lif-let/ ulotka
league /lig/ 1. związek 2. liga
leak /lik/ 1. przeciek 2. wyciek 3. dziura 4. przeciekać 5. wyciekać 6. ujawniać
leaky /li-ky/ nieszczelny
lean /lin/ 1. chudy 2. szczupły 3. pochylać się 4. opierać się 5. polegać na
leant → lean
leap /lip/ 1. skok 2. skakać
leapt → leap
leap-year /lip-jee/ rok przestępny
learn /lern/ 1. uczyć się 2. dowiadywać się
learned /lee-nyd/ uczony
learner /ler-ne/ uczeń
learnt → learn
lease /lis/ 1. dzierżawić 2. dzierżawa

leash /lisz/ smycz

least /list/ 1. najmniejszy 2. najmniej

leather /le-dhe/ 1. skóra 2. skórzany

leave /liw/ 1. opuszczać 2. zostawiać 3. odjeżdżać 4. urlop

leavings /li-wynn/ pozostałości

lecherous /le-cze-res/ 1. lubieżny 2. rozpustny

lecher /le-cze/ rozpustnik

lecture /lek-cze/ wykład

lecturer /lek-cze-re/ wykładowca

lectureship /lek-cze-szyp/ stanowisko wykładowcy

led → lead

ledge /ledż/ 1. występ 2. poprzeczka

ledger /le-dże/ 1. rejestr 2. księga rachunkowa

lee /li/ osłona

leech /licz/ pijawka

leek /lik/ pory

leer /lyjer/ łypać okiem

left /left/ 1. lewy 2. → leave

left-handed /left-heen-dyd/ leworęczny

leftist /lef-tyst/ lewicowiec

leg /leg/ 1. noga 2. nogawka 3. etap

legacy /le-ge-sy/ spadek

legal /li-gel/ 1. prawny 2. legalny

legally /li-ge-ly/ 1. prawnie 2. legalnie

legality /li-gee-lety/ 1. legalność 2. prawomocność

legalize /li-ge-laiz/ legalizować

legalization /li-ge-lai-zei-szn/ uprawomocnienie

legation /ly-gei-szn/ poselstwo

legend /le-dżend/ legenda

legendary /le-dżen-dry/ legendamy

leggings /le-gynnz/ 1. legginsy 2. getry

leggy /le-gy/ długonogi

legible /le-dżebl/ czytelny

legion /li-dżen/ 1. legion 2. legia

legionary /li-dże-nery/ legionowy

legislate /le-dży-sleit/ ustanawianie praw

legislation /le-dżys-leiszn/ ustawodawstwo

legislative /le-dżys-lei-tyw/ ustawodawczy

legislator /le-dżys-lei-te/ ustawodawca

legislature /le-dżys-lei-szn/ ciało ustawodawcze

legitimacy /ly-dży-ty-mesy/ prawowitość

legitimate /ly-dży-ty-meit/ 1. legalny 2. uzasadniony 3. ślubny

leisure /le-że/ wolny czas

lemon /le-men/ cytryna

lemonade /leme-neid/ lemoniada

lemur /li-mer/ lemur

lend /lend/ pożyczać

lender /lender/ pożyczający

length /lennfh/ 1. długość 2. kawałek

lengthen /lenn-fhen/ przedłużać

lenient /li-nyjent/ łagodny

lens /lenz/ 1. soczewka 2. obiektyw

lent → lend

Lent /lent/ Wielki Post

Leo /ly-jeł/ Lew (w Zodiaku)

leopard /le-ped/ lampart

leper /le-pe/ trędowaty

leprosy /le-pre-sy/ trąd

leprous /lep-res/ trędowaty

lesbian /lez-byjen/ 1. lesbijka 2. lesbijski

lesion /li-zen/ obrażenie

less /les/ 1. mniej 2. niecały

lessen /le-sen/ maleć

lesser /le-se/ mniejszy

lesson /le-sn/ lekcja

let /let/ pozwalać

let down zawodzić

let in 1. wpuszczać do środka 2. przepuszczać

let off 1. puszczać wolno 2. wystrzelić 3. detonować

let out 1. wypuszczać 2. wydawać

let through przepuszczać

lethal /li-fhl/ śmiercionośny

lethargy /lefhe-dży/ letarg

letter /le-te/ 1. list 2. litera

letterhead /le-ter-hed/ 1. nagłówek 2. papier firmowy

lettering /le-te-rynn/ liternictwo

lettuce /le-tys/ sałata

leukemia /luu-ki-myje/ białaczka

level /le-wl/ poziom

lever /le-we/ dźwignia

leveret /le-we-ryt/ zajączek

levitate /le-wy-teit/ unosić się w powietrzu

levity /le-we-ty/ płochość

levy /le-wy/ 1. ściąganie podatków

lewd /lud/ 1. lubieżny 2. sprośny

lexicon /le-ksykn/ 1. leksykon 2. słownik

lexicography /leksy-ko-grefy/ leksykografia

liability /laie-by-lety/ odpowiedzialność prawna

liable /laa-yjebel/ odpowiedzialny

liaison /ly-eyzen/ łączność

liar /la-yje/ kłamca

libation /lai-bei-szn/ libacja

libel /lai-bel/ 1. oszczerstwo 2. skarga

liberal /ly-be-rel/ liberalny

liberalism /ly-bere-lyzm/ liberalizm

liberalization /ly-be-re-ly-zei-szn/ liberalizacja

liberate /ly-be-reit/ uwalniać

liberation /ly-be-rei-szn/ oswobodzenie

liberty /ly-bety/ 1. swoboda 2. wolność

Libra /li-bre/ Waga (w Zodiaku)

library /lai-bre-ry/ biblioteka

libretto /ly-bre-teu/ libretto

licence /lai-sens/ 1. licencja 2. pozwolenie 3. koncesja

license /lai-sens/ upoważniać

licentiate /lai-sen-szyjet/ posiadacz licencjatu

licentious /lai-sen-szes/ 1. swawolny 2. rozwiązły

lichgate /licz-geit/ brama cmentarna

licit /ly-syt/ dozwolony

lick /lyk/ lizać

lid /lyd/ 1. powieka 2. wieko 3. pokrywa

lie /lai/ 1. leżeć 2. kłamać

lieutenancy /lu-te-nen-sy/ stopień porucznika

lieutenant /lef-te-nent/ 1. porucznik 2. zastępca

life /laif/ życie

lifeboat /laif-bełt/ łódź ratunkowa

lifeguard /laif-gard/ ratownik

life-jacket /laif-dże-kyt/ kamizelka ratunkowa

lifeline /laif-lain/ lina ratunkowa

lifelong /laif-lonn/ dożywotni

life-raft /laif-raft/ tratwa ratunkowa

life-size /laif-saiz/ naturalnej wielkości

lifetime /laif-taim/ okres życia

life-work /laif-łerk/ dzieło życia

lift /lyft/ 1. podnosić (się) 2. podwozić 3. winda 4. podwiezienie

ligament /ly-ge-ment/ wiązadło

light /lait/ 1. światło 2. ogień 3. zapalać 4. rozpalać 5. oświetlać 6.

lekki 7. jasny

lighten /lai-ten/ 1. oświetlać 2. błyszczeć

lighter /lai-te/ zapalniczka

lighthouse /lait-hałs/ latarnia morska

lightning /lait-nynn/ błyskawica

like /laik/ 1. lubić 2. podobny 3. tak… jak…

likely /laik-ly/ prawdopodobny

likeness /laik-nes/ 1. podobieństwo 2. wizerunek

likewise /laik-łaiz/ również

liking /lai-kynn/ 1. sympatia 2. upodobanie

lilac /lai-lek/ 1. bez 2. liliowy

lily /ly-ly/ lilia

limb /lym/ 1. kończyna 2. konar

limbo /lym-beł/ 1. otchłań 2. stan zaniedbania

lime /laim/ wapno

limerick /ly-meryk/ limeryk

limit /ly-myt/ 1 ograniczać 2. limit

limitation /lymy-tei-szn/ ograniczenie

limited /ly-my-tyd/ ograniczony

limousine /ly-muu-zin/ limuzyna

limp /lymp/ 1. kuleć 2. bezwładny

limpet /lym-pyt/ pijawka

limpid /lym-pyd/ przejrzysty

linchpin /lyncz-pyn/ lonek

line /lain/ 1. linia 2. lina 3. kolejka 4. kreska 5. szpaler

linear /ly-nyje/ liniowy

linen /ly-nyn/ 1. płótno 2. bielizna pościelowa

liner /lai-ne/ liniowiec

linesman /lainz-men/ 1. monter liniowy 2. sędzia autowy

line-up /lain-ap/ 1. ustawienie w rząd 2. skład drużyny

linger /lynn-ge/ zwlekać

lingerie /leen-że-ry/ bielizna damska

lingual /lynn-gieł/ językowy

linguist /lynn-głyst/ 1. językoznawca 2. lingwista

linguistic /lynn-głys-tyk/ językoznawczy

linguistics /lynn-głys-tyks/ lingwistyka

liniment /ly-ny-ment/ płyn do nacierania

lining /lai-nynn/ 1. podszewka 2. obicie

link /lynnk/ 1. połączenie 2. ogniwo 3. łączyć

links /lynnks/ boisko golfowe

linnet /ly-nyt/ makolągwa

linoleum /ly-neu-lyjem/ linoleum

linseed /lyn-syd/ siemię lniane

lint /lynt/ 1. szarpie 2. kudełki

lintel /lyn-tel/ nadproże

lion /la-yjen/ lew

lioness /la-yje-nes/ lwica

lip /lyp/ warga

lipstick /lyp-styk/ 1. pomadka 2. szminka

liquefy /ly-kły-fai/ 1. topić się 2. skraplać się

liqueur /ly-kee/ likier

liquid /ly-kłyd/ 1. płynny 2. ciekły 3. ciecz 4. płyn

liquidate /ly-kły-deit/ likwidować

liquidation /ly-kły-dei-szn/ likwidacja

liquor /ly-ke/ 1. napój alkoholowy 2. trunek

lisp /lysp/ seplenić

lissom /ly-sem/ 1: giętki 2. zwinny

list /lyst/ 1. lista 2. spis 3. wyliczać 4. wymieniać 5. robić listę

listen /ly-sn/ słuchać

listener /ly-se-ne/ słuchacz

listless /lyst-les/ apatyczny

lit → light

litany /ly-te-ny/ litania
literacy /ly-tre-sy/ umiejętność czytania i pisania
literal /ly-terl/ dosłowny
literary /ly-te-rery/ literacki
literate /ly-te-ret/ człowiek piśmienny
literature /ly-tre-cze/ literatura
lithe /laifh/ giętki
litigant /ly-ty-gent/ wiodący spór prawny
litigate /ly-ty-geit/ procesować się
litmus /lyt-mes/ lakmus
litotes /lai-te-tiz/ litotes
litre /li-te/ litr
litter /ly-te/ 1. śmiecić 2. śmieci
little /ly-tl/ 1. mały 2. młodszy 3. mało 4. niewiele
liturgy /ly-te-dży/ liturgia
liturgical /ly-tee-dży-kel/ liturgiczny
live /lyw/ 1. żyć 2. mieszkać
livable /ly-webel/ 1. nadający się na mieszkanie 2. miły w pożyciu
live /laiw/ 1. żywy 2. na żywo
live through przeżyć
livelihood /laiw-ly-hud/ utrzymanie
lively /lai-wly/ ożywiony
liven /lai-wn/ 1. ożywiać 2.
liver /ly-we/ wątroba
livery /ly-we-ry/ 1. liberia 2. strój 3. służba 4. odnajmowana stajnia
livestock /laiw-stok/ żywy inwentarz
livid /ly-wyd/ siny
living /ly-wynn/ 1. utrzymanie 2. żywy
living-room /ly-wynn-rum/ pokój dzienny
lizard /ly-zed/ jaszczurka
load /lełd/ 1. ładować 2. ładunek
loaded /leł-ded/ naładowany
loaf /lełf/ bochenek

loan /lełn/ 1. pożyczka 2. pożyczać
loath /leufh/ niechętny
loathe /leudh/ 1. nienawidzić 2. czuć wstręt
lob /lob/ 1. podbijać piłkę 2. gramolić się
lobby /lo-by/ 1. przedpokój 2. kuluary
lobe /lełb/ 1. płat 2. garbik krzywki
lobster /lob-ste/ homar
local /leł-kl/ 1. miejscowy 2. lokalny
locality /leu-kee-le-ty/ 1. położenie 2. zmysł orientacyjny
localize /leu-ke-laiz/ lokalizować
localization /leu-ke-ly-zei-szn/ umiejscowienie
locate /leł-keit/ 1. umiejscawiać 2. lokalizować
location /leł-kei-szn/ 1. lokalizacja 2. położenie
loch /lok/ 1. jozioro 2. odnoga morska
lock /lok/ 1. zamykać 2. zamek 3. lok
locker /lo-ke/ 1. szafka na ubranie 2. schowek
locomotion /leł-ke-meł-szn/ 1. lokomocja 2. poruszanie się
locomotive /leł-ke-meł-tyw/ lokomotywa
locust /leł-kest/ szarańcza
locution /le-kju-szn/ wyrażenie
lode /leud/ żyła kruszcowa
lodge /lodż/ 1. domek 2. loża
lodging /lo-dżynn/ (tymczasowe) zakwaterowanie
loft /looft/ 1. poddasze 2. galeria
lofty /loof-ty/ wyniosły
log /log/ 1. kłoda 2. bal
loganberry /leł-gen-bery/ jeżyna
logarithm /loo-ge-ryfhm/ logarytm
log-book /log-buk/ dziennik okrę-

lotion

towy
loggia /lo-dżyje/ loggia
logging /lo-dżynn/ wpisanie do dziennika okrętowego
logic /lo-dżyk/ 1. logika 2. logiczny
logical /lo-dżykl/ logiczny
logician /le-dży-szn/ logik
loin /loin/ 1. polędwica 2. schab
loiter /loi-te/ marudzić
loll /lol/ 1. rozwalać się 2. wystawiać język
lollipop /lo-ly-pop/ lizak
lolly /lo-ly/ rozwalony
lone /leun/ samotny
lonely /łełn-ly/ samotny
loneliness /łełn-ly-nes/ samotność
lonesome /łełn-sem/ 1. osamotniony 2. odludny
long /lonn/ długi
long-distance /lonn-dys-tens/ 1. międzymiastowy 2. długodystansowy
longevity /lon-dże-wety/ długowieczność
longing /lon-gynn/ 1. tęsknota 2. pragnienie
longitude /lon-dży-tjud/ długość geograficzna
long-range /lonn-reindż/ 1. długofalowy 2. dalekosiężny
long-term /lonn-term/ długoterminowy
longways /lonn-łejs/ wzdłuż
loo /lu/ 1. rodzaj gry karcianej 2. grzywna wpłacana do puli
look /luk/ 1. patrzeć 2. wyglądać 3. spojrzenie
look after opiekować się
look away odwracać wzrok
look back 1. wspominać 2. patrzeć wstecz
look for szukać
look forward to cieszyć się na

(coś)
look in zajrzeć
look into badać
look round rozglądać się
look up 1. wyszukiwać 2. patrzeć w górę
looking-glass /lu-kynn-glaas/ zwierciadło
loom /luum/ 1. warsztat tkacki 2. wyłaniać się
loon /luun/ 1. nicpoń 2. gbur 3. głupiec
loony /luu-ny/ 1. pomylony 2. zbzikowany
loop /luup/ 1. pętla 2. węzeł
loophole /lup-heul/ 1. otwór strzelniczy 2. otwór wentylacyjny
loopy /lu-py/ 1. pełen pętli 2. pomylony
loose /luus/ 1. rozluźniać się 2. luźny
loosen /luu-sn/ rozluźniać
loot /luut/ łup
looter /luu-te/ łupieżca
lop /lop/ okrzesywać
lope /leup/ biec susami
lord /lood/ 1. pan 2. władca
Lord /lood/ Pan Bóg
lordly /loo-dly/ wielkopański
lordship /lood-szyp/ osoba lorda
lore /loor/ mądrość ludowa
lorgnette /loo-nyjet/ lornetka teatralna
lorry /lo-ry/ ciężarówka
lose /luuz/ 1. gubić 2. stracić 3. zabłądzić
loser /lu-ze/ przegrywający
loss /los/ 1. strata 2. zguba
lost /lost/ 1. zaginiony 2. zagubiony 3. → lose
lot /lot/ 1. zestaw 2. grupa 3. parcela
lotion /lel-szen/ płyn kosmetyczny

lottery /<u>lo</u>-te-ry/ loteria
lotus /<u>leu</u>-tes/ lotos
loud /lałd/ 1. głośny 2. głośno
loud-speaker /lałd-<u>spi</u>-ke/ 1. głośnik 2. megafon
lounge /lałndż/ 1. próżnować 2. wylegiwać się
lour /laur/ 1. wyglądać ponuro 2. krzywić się
louse /lałs/ wesz
lousy /<u>lał</u>-zy/ 1. zawszony 2. wstrętny
lout /lałt/ gbur
lovable /<u>la</u>-we-bl/ kochany
love /law/ 1. kochać 2. lubić 3. miłość 4. zamiłowanie
love-affair /<u>law</u>-e-fee / romans
love-bird /<u>law</u>-berd/ papużka
love-letter /<u>law</u>-<u>le</u>-te/ list miłosny
lovely /<u>la</u>-wly/ 1. uroczy 2. śliczny
lovelorn /<u>law</u>-loon/ opuszczony przez ukochaną
love-match /<u>law</u>-meecz/ małżeństwo z miłości
lover /<u>la</u>-we/ 1. kochanek 2. miłośnik
lovesick /<u>law</u>-syk/ trawiony miłością
love-song /<u>law</u>-sonn/ piosenka miłosna
love-story /<u>law</u>-sto-ry/ romans
love-token /<u>law</u>-<u>teł</u>-kn/ znak miłośći
loving /<u>la</u>-wynn/ 1. kochający 2. oddany
low /leł/ 1. niski 2. cichy 3. przygnębiony 4. nisko
lower /<u>le</u>-łe/ 1. dolny 2. obniżać
low-down /<u>leł</u>-dałn/ niski
lowly /<u>leu</u>-ly/ skromny
low-rise /<u>leł</u>-raiz/ posiadający niewiele pięter
loyal /<u>loo</u>-yjel/ lojalny

loyalist /<u>loo</u>-yje-lyst/ lojalista
loyally /<u>loo</u>-yje-ly/ 1. wierny 2. lojalny
loyalty /<u>loo</u>-yje-lty/ 1. wierność 2. lojalność
lubricant /<u>luu</u>-bry-kent/ smar
lubricate /<u>luu</u>-bry-keit/ 1. smarować 2. oliwić
lucid /<u>lu</u>-syd/ 1. jasny 2. jasno rozumujący
luck /lak/ 1. szczęście 2. powodzenie
lucky /<u>la</u>-ky/ szczęśliwy
lucrative /<u>luu</u>-kre-tyw/ 1. lukratywny 2. intratny
ludicrous /<u>luu</u>-dy-kres/ 1. absurdalny 2. śmieszny
lug /lag/ 1. wlec 2. uchwyt 3. tuman
luggage /<u>la</u>-gydż/ bagaż
luggage-rack /<u>la</u>-gydż-reek/ półka na bagaże
lugubrious /lu-<u>gub</u>-ryjes/ 1. żałobny 2. ponury
lukewarm /<u>luk</u>-łoom/ 1. letni 2. obojętny
lull /lal/ kołysać
lullaby /<u>la</u>-le-bai/ kołysanka
lumbago /lam-<u>bei</u>-geł/ 1. lumbago 2. postrzał
lumbar /<u>lam</u>-be/ lędźwiowy
lumber /<u>lam</u>-be/ drewno
lumberjack /<u>lam</u>-be-dżeek/ drwal
luminary /<u>lu</u>-my-nery/ ciało świetlne
luminous /<u>lu</u>-my-nes/ 1. świecący 2. bystry 3. zrozumiały
lump /lamp/ 1. bryła 2. niedołęga
lunacy /<u>luu</u>-ne-sy/ choroba umysłowa
lunar /<u>luu</u>-ne/ 1. księżycowy 2. blady 3. zawierający srebro
lunatic /<u>luu</u>-ne-tyk/ 1. lunatyk 2.

szaleniec 3. obłąkaniec

unch /lancz/ 1. drugie śniadanie 2. lunch

uncheon /lan-czen/ 1. drugie śniadanie 2. lunch

ung /lann/ płuco

unge /landż/ 1. pchnięcie szablą 2. okrągłe boisko do ujeżdżania koni

upin /lu-pyn/ łubin

urch /leecz/ przechylenie się

ure /lue/ 1. przynęta 2. wabić

urid /lue-ryd/ 1. ponury 2. płonący łuną

urk /leek/ czaić się

uscious /la-szes/ 1. rozkosznie słodki 2. ckliwy

ush /lasz/ 1. bujny 2. pijak

ust /last/ 1. żądza 2. pożądanie

ustful /last-fel/ lubieżny

ustre /las-te/ połysk

usty /las-ty/ pełen wigoru

ute /luut/ lutnia

uxuriant /leg-zue-ryjent/ 1. bujny 2. płodny

uxuriate /leg-zue-ryjeit/ 1. rozkoszować się 2. wybujać

uxurious /leg-zue-ryjes/ 1. luksusowy 2. zbytkowny

uxury /lak-sze-ry/ 1. luksus 2. luksusowy

umph /lymf/ 1. wysięk 2. limfa

nch /lyncz/ zlinczować

nx /lynnks/ ryś

re /laayjer/ lira

ric /ly-ryk/ 1. poëmat liryczny 2. ryczny

M

a /maa/ mamusia

a'am /meem/ pani

a-and-pa /ma-en-pa/ mamusia i

tatuś

macabre /me-kaabr/ makabryczny

macadam /me-kee-dem/ tłuczony kamień

macaroni /mee-ke-reł-ny/ makaron

macaroon /mee-ke-run/ makaronik

macaw /me-koo/ 1. ara 2. palma amerykańska

mace /meis/ 1. buława 2. gałka muszkatołowa

machete /me-czei-ty/ maczeta

machiavellian /mee-kyje-we-lyjen/ machiawelski

machination /mee-ky-nei-szn/ machinacja

machine /me-szin/ 1. maszyna 2. automat

machine-gun /me-szin-gan/ karabin maszynowy

machinery /me-szi-nery/ 1. mechanizm 2. maszyny

machinist /me-szi-nyst/ 1. konstruktor maszyn 2. maszynista

mackerel /mee-krel/ makrela

mackintosh /mee-kyn-tosz/ materiał nieprzemakalny

macrobiotic /mee-kreł-bai-o-tyk/ makrobiotyczny

macrocosm /mee-kreł-kozm/ makrokosmos

mad /meed/ 1. szalony 2. wściekły

madam /mee-dm/ pani

madden /mee-den/ zwariować

made /meid/ 1. wykonany 2. → make

madman /meed-men/ 1. szaleniec 2. wariat

madness /meed-nes/ szaleństwo

Madonna /me-do-ne/ Madonna

madrigal /mee-dry-gel/ madrygał

maelstrom /meil-strem/ melstrom

maestro /maa-es-treł/ maestro

mag /meeg/ czasopismo

magazine /mee-ge-<u>zin</u>/ 1. czasopismo 2. magazyn 3. magazynek
magenta /me-<u>dżente</u>/ czerwień
maggot /<u>mee</u>-get/ 1. czerw 2. dzi-
wadztwo
Magi /<u>mey</u>-dżaay/ mag
magic /<u>mee</u>-dżyk/ 1. magia 2. magiczny
magical /<u>mee</u>-dżykl/ 1. magiczny
2. czarodziejski
magician /me-<u>dży</u>-szn/ 1. magik 2.
czarodziej
magisterial /mee-dży-<u>styje</u>-riel/ 1.
autorytatywny 2. władczy
magistracy /<u>mee</u>-dży-stre-sy/
urząd
magistrate /<u>mee</u>-dży-streit/ 1.
urzędnik 2. sądownik
magnanimous /mjeeg-<u>nee</u>-ny-
mes/ wielkoduszny
magnate /<u>meeg</u>-neit/ magnat
magnesia /meeg-<u>ny</u>-sze/ magne-
zja
magnesium /meeg-<u>ni</u>-zyjem/ ma-
gnezjum
magnet /<u>mee</u>-gnyt/ magnes
magnetic /<u>meeg</u>-netyk/ magne-
tyczny
magnetism /<u>meeg</u>-ny-tyzm/ ma-
gnetyzm
magnetize /<u>meeg</u>-ny-taiz/ magne-
tyzować
magnificent /meeg-<u>ny</u>-fy-sent/
wspaniały
magnification /meeg-nyfy-<u>keiszn</u>/
1. powiększanie 2. wysławianie
magnifier /<u>meeg</u>-ny-faje/ szkło po-
wiekszające
magnify /<u>meeg</u>-ny-fai/ 1. powiększać 2. wzmacniać
magniloquent /meeg-<u>ny</u>-le-kłent/
1. górnolotny 2. chełpliwy
magnitude /<u>meeg</u>-ny-tud/ wielkość

magpie /<u>meeg</u>-pai/ sroka
mahogany /me-<u>ho</u>-ge-ny/ mahor
maid /měid/ pokojówka
maiden /<u>mei</u>-dn/ panieński
maidenhood /<u>mei</u>-den-huud/ pa
nieństwo
mail /meil/ 1. wysyłać pocztą 2
poczta
mailbox /<u>meil</u>-boks/ skrzynk
pocztowa
mailing-card /<u>mei</u>-lynn-kard/ kar
ka pocztowa
mailing-list /<u>mei</u>-lynn-lyst/ lista ac
resów
mailman /<u>meil</u>-men/ listonosz
maim /meim/ okaleczać
main /mein/ główny
main-land /<u>mein</u>-leend/ kontyner
mainly /<u>mein</u>-ly/ 1. przeważnie 2
głównie
mainstream /<u>mein</u>-strim/ główn
nurt
maintain /mein-<u>tein</u>/ 1. utrzymywa
2. zachowywać
maintenance /<u>mein</u>-te-nens/
utrzymanie 2. konserwacja 3. re
mont
maisonette /mei-ze-<u>net</u>/ domek
maize /meiz/ kukurydza
majestic /me-<u>dżes</u>-tyk/ majes
tatyczny
majesty /<u>mee</u>-dżes-ty/ majestat
major /<u>mei</u>-dże/ 1. major 2. głów
ny
majority /me-<u>dżo</u>-rety/ większoś
make /meik/ 1. robić 2. produko
wać 3. wytwarzać 4. sporządza
5. zmuszać 6. marka
make into przerabiać
make off umykać
make out wypisywać
make up 1. wymyślać 2. stanc
wić

maker /mei-ke/ 1. producent 2. Stwórca 3. sprawca

make-up /meik-ap/ makijaż

making /mei-kynn/ 1. robienie 2. tworzenie 3. zarobek

malachite /mee-le-kait/ malachit

maladjusted /meel-e-dżas-tyd/ niedostosowany

malady /mee-le-dy/ choroba

malaise /mee-leiz/ złe samopoczucie

malaria /me-lee-ryje/ malaria

male /meil/ 1. samiec 2. męski

malformation /meel-foo-mei-szn/ zniekształcenie

malformed /meel-foomd/ zdeformowany

malice /mee-lys/ złośliwość

malicious /me-ly-sześ/ złośliwy

malignancy /me-lyg-nensy/ 1. złośliwość 2. szkodliwość

malignant /me-lyg-nent/ 1. złośliwy 2. szkodliwy

malignity /me-lyg-nety/ złośliwość

malinger /me-lynn-ge/ symulować chorobę

mallard /mee-laad/ kaczka krzyżówka

malleable /mee-lyjebl/ 1. kowalny 2. giętki

mallet /mee-lyt/ młotek

malnutrition /meel-nju-try-szn/ niedożywienie

malpractice /meel-preek-tys/ błąd w sztuce

malt /moolt/ słód

maltreat /meel-trit/ maltretować

mama /mee-me/ mama

mamba /meem-be/ mamba

mammal /mee-ml/ ssak

mammoth /mee-mefh/ mamut

man /meen/ 1. człowiek 2. mężczyzna 3. obsadzać

manacle /mee-nekel/ kajdanki

manage /mee-nydż/ 1. kierować 2. zarządzać

management /mee-nydż-ment/ 1. kierownictwo 2. zarząd

manager /mee-ny-dże/ 1. kierownik 2. menadżer

managerial /mee-ny-dżyje-riel/ kierowniczy

mandate /meen-deit/ 1. mandat polityczny 2. zadanie

mandible /meen-debel/ szczęka

mandolin /meen-delyn/ mandolina

mane /mein/ grzywa

man-eater /men-i-te/ ludożerca

maneuver /me-nu-we/ manewr

manful /men-fel/ męski

manganese /meen-ge-niz/ mangan

mange /meindż/ parch

manger /mein-dże/ żłób

mangle /meen-gl/ 1. magiel 2. zniekształcać

mango /meenn-geł/ mango

mangrove /meenn-grełw/ mangrowiec

manhood /men-huud/ 1. męskość 2. mężczyźni

mania /mei-nyje/ mania

maniac /mei-njek/ maniak

manicure /mee-ny-kjue/ manicure

manicurist /mee-ny-kju-ryst/ manikiurzyst(k)a

manifest /mee-ny-fest/ 1. ujawniać 2. okazywać

manifestation /mee-nyfe-stei-szen/ 1. udowodnienie 2. manifestacja 3. ukazanie się

manifesto /mee-ny-fes-teł/ manifest

manifold /mee-ny-feuld/ wielokrotny

manikin /mee-ny-kyn/ manekin

manipulate /me-<u>ny</u>-pju-leit/ 1. sterować 2. manipulować

manipulation /me-ny-pju-<u>lei</u>-szn/ 1. manipulowanie 2. obracanie

mankind /meen-<u>kaind</u>/ ludzkość

manlike /<u>meen</u>-laik/ męski

manly /<u>meen</u>-ly/ dzielny

manna /<u>mee</u>-ne/ manna

mannequin /<u>mee</u>-nekyn/ manekin

manner /<u>mee</u>-ne/ 1. sposób 2. zachowanie

mannerism /<u>mee</u>-ne-ryzm/ manieryzm

manoeuvre /me-<u>nuu</u>-we/ 1. manewr 2. manewrować

manpower /men-<u>pa</u>-łe/ 1. siła ludzka 2. siła robocza

mansion /<u>meen</u>-szn/ rezydencja

manslaughter /men-<u>sloo</u>-te/ 1. rzeź ludzka 2. zabójstwo

mantel /<u>meen</u>-tel/ obramowanie kominka

mantilla /meen-<u>ty</u>-le/ mantyla

mantis /<u>meen</u>-tys/ modliszka

mantle /<u>meen</u>-tel/ płaszcz

manual /<u>mee</u>-njuel/ 1. ręczny 2. podręcznik

manually /<u>mee</u>-njue-ly/ ręcznie

manufacture /mee-nju-<u>feek</u>-cze/ 1. wytwarzać 2. produkować

manufacturer /mee-nju-<u>feek</u>-cze-re/ 1. producent 2. wytwórca

manure /me-<u>njue</u>/ nawóz

manuscript /<u>mee</u>-nju-skrypt/ 1. rękopis 2. manuskrypt

many /<u>me</u>-ny/ 1. wiele 2. wielu 3. dużo

map /meep/ mapa

maple /<u>mei</u>-pl/ klon

mar /maa/ niszczyć

marathon /<u>mee</u>-refhn/ maraton

maraud /me-<u>rood</u>/ 1. najechać 2. plądrować

marble /<u>mar</u>-bl/ marmur

March /marcz/ marzec

march /marcz/ marsz

mare /<u>me</u>-er/ 1. kobyła 2. klacz

margarine /mar-dże-<u>rin</u>/ margaryna

margin /<u>mar</u>-dżyn/ 1. margines 2. marża

marginal /<u>maa</u>-dży-nel/ marginesowy

marijuana /mee-ry-<u>laa</u>-ne/ marihuana

marinade /mee-ry-<u>neid</u>/ marynata

marine /me-<u>rin</u>/ morski

mariner /<u>mee</u>-ry-ne/ marynarz

marionette /<u>mee</u>-ryje-net/ marionetka

marital /<u>mee</u>-rytl/ małżeński

maritime /<u>mee</u>-ry-<u>taim</u>/ 1. nadmorski 2. morski

mark /mark/ 1. znak 2. oznaka 3. ślad 4. plama 5. punkt 6. ocena 7. oznaczać 8. znakować

marker /<u>mar</u>-ke/ 1. znakownica 2. żeton 3. znak 3. marker

market /<u>mar</u>-kyt/ 1. rynek 2. targ 3. wprowadzać na rynek

marketing /<u>maa</u>-ky-tynn/ marketing

marmalade /<u>maa</u>-me-leid/ marmolada

marmoset /<u>maa</u>-me-zet/ gatunek małpki

marmot /<u>maa</u>-met/ świstak

maroon /me-<u>run</u>/ 1. kolor kasztanowy 2. plątać się

marquee /maa-<u>ki</u>/ 1. list kaperski 2. markiza

marquis /<u>maa</u>-kłys/ markiz

marriage /<u>mee</u>-rydż/ małżeństwo

married /<u>mee</u>-ryd/ 1. żonaty 2. zamężna 3. ślubny

marrow /<u>mee</u>-reł/ 1. szpik kostny

2. kabaczek

marry /mee-ry/ 1. żenić się 2. wychodzić za mąż 3. udzielać ślubu 4. pobierać się

Mars /mars/ Mars

marsh /maasz/ bagno

marshal /mar-szl/ 1. marszałek 2. komendant 3. organizator

marsupial /maa-su-pyjel/ woreczkowaty

martial /mar-szl/ wojenny

martin /maa-ten/ jaskółka

martinet /maa-te-net/ surowy służbista

martyr /mar-te/ męczennik

martyrdoom /maa-ter-dem/ męczeństwo

marvel /maa-wel/ cud

marvellous /mar-we-les/ cudowny

Marxism /maa-ksyzm/ marksizm

marzipan /maa-zy-peen/ marcypan

mascara /mec-skaa ro/ tusz do rzęs

mascot /mees-ket/ maskotka

masculine /mees-kju-lyn/ rodzaj męski

mash /meesz/ tłuc

mask /maask/ maska

masochism /mee-se-kyzm/ masochizm

masochist /meese-kyst/ masochista

mason /mei-sen/ 1. murarz 2. mason 3. kamieniarz

masquerade /mees-ke-reid/ maskarada

mass /mees/ 1. masa 2. masowy 3. msza

massacre /mee-se-ke/ masakra

massage /mee-saaż/ 1. masować 2. masaż

masseur /mee-see/ masażysta

masseuse /mee-seez/ masażystka

massive /mee-syw/ masywny

massiveness /mee-syw-nes/ masywność

mast /maast/ maszt

master /maa-ste/ 1. opanowywać 2. przezwyciężać 3. władca 4. mistrz

masterful /maa-ste-ful/ 1. władczy 2. mistrzowski

master-key /maa-ste-ki/ klucz uniwersalny

mastermind /maas-te-maind/ główny organizator

masterpiece /maa-ste-pis/ arcydzieło

masterstroke /maa-ste-strełk/ zręczna akcja

mastery /mees-te-ry/ 1. władza 2. przewaga 3. mistrzostwo

masticate /mees-ty-keit/ 1. żuć 2. miażdżyć

mastiff /mee-styf/ brytan

mastoid /mee-stooyd/ sutkowaty

masturbate /mee-ste-beit/ onanizować się

masturbation /mee-ste-bei-szn/ onanizm

mat /meet/ mata

matador /mee-te-doo/ matador

match /meecz/ 1. mecz 2. zapałka 3. pasować 4. dorównywać

mate /meit/ 1. kumpel 2. oficer 3. mat 4. łączyć się w pary

material /me-tje-ryjel/ materialny

materialism /me-tje-ryje-lyzm/ materializm

materialistic /me-tyje-ryje-lys-tyk/ materialistyczny

materialize /me-tje-ryje-laiz/ 1. materializować się 2. stawać się faktem

maternal /me-ter-nl/ macierzyński

maternity /me-<u>ter</u>-nety/ macierzyństwo

matey /<u>mei</u>-ty/ koleżeński

mathematics /mee-fhe-<u>mee</u>-tyks/ matematyka

mathematical /mee-fhe-<u>mee</u>-tykl/ matematyczny

mathematician /mee-fhe-mee-<u>tyszn</u>/ matematyk

maths /meefhs/ matematyka

matinee /<u>mee</u>-ty-nei/ seans popołudniowy

matins /<u>mee</u>-tenz/ 1. jutrznia 2. nabożeństwo poranne

matriarch /<u>mei</u>-try-aak/ matriarcha

matriarchy /<u>mei</u>-try-aa-ky/ matriarchat

matricide /<u>mei</u>-try-said/ 1. matkobójstwo 2. matkobójca

matriculate /me-<u>try</u>-kju-leit/ immatrykułować

matriculation /me-try-kju-<u>lei</u>-szn/ immatrykulacja

matrimony /<u>mee</u>-try-meł-ny/ 1. małżeństwo 2. mariaż w kartach

matrix /<u>mei</u>-tryks/ 1. matryca 2. macierz

matron /<u>mei</u>-tren/ 1. matrona 2. zarządczyni

matter /<u>mee</u>-te/ 1. sprawa 2. materia 3. substancja 4. mieć znaczenie 5. liczyć się

mattock /<u>mee</u>-tek/ motyka

mattress /<u>mee</u>-tres/ mate-rac

maturate /<u>mee</u>-tju-reit/ 1. ropieć 2. dojrzewać

mature /me-<u>czue</u>/ 1. dojrzały 2. dojrzewać

maturity /me-<u>tju</u>-re-ty/ 1. dojrzałość 2. płatność

maudlin /<u>moo</u>-dlyn/ ckliwy

maul /mool/ 1. ciężki młot 2. poturbować

mausoleum /moo-se-<u>lyjem</u>/ mau-zoleum

mauve /mełw/ kolor bladofioletow

maxi /<u>mee</u>-ksy/ długa sukienka

maxim /<u>mee</u>-ksym/ maksyma

maximal /<u>mee</u>-ksy-mel/ maksy-malny

maximize /<u>mee</u>-ksy-maiz/ 1. zwiększać 2. maksymalizować

maximum /<u>mee</u>-ksy-mem/ maks mum

May /mei/ maj

may /mei/ 1. móc 2. pozwalać

maybe /<u>mei</u>-bi/ (być) może

mayonnaise /me-yje-<u>neiz</u>/ majo nez

mayor /mee/ burmistrz

maze /meiz/ 1. labirynt 2. zamie szanie

mazurka /me-<u>zer</u>-ke/ mazurek

me /mi/ 1. mi 2. mnie 3. mną 4. ja

mead /mid/ miód pitny

meadow /<u>me</u>-deł/ łąka

meagre /<u>mi</u>-ger/ 1. chudy 2. ubog

meal /mil/ posiłek

mealtime /<u>mil</u>-taim/ pora posiłku

mean /min/ 1. skąpy 2. średni 3 złośliwy 4. znaczyć 5. oznaczać € mieć na myśli

meander /my-<u>een</u>-de/ meander

meaning /<u>mi</u>-nynn/ 1. znaczenie 2 sens

meaningful /<u>mi</u>-nynn-ful/ znacza cy

means /minz/ 1. środki 2. zasoby

meant → mean

meantime /<u>min</u>-taim/ tymczasem

measles /<u>mi</u>-zelz/ odra

measly /<u>miz</u>-ly/ 1. chory na odrę 2 wągrowaty

measure /<u>me</u>-że/ 1. miara 2. por cja 3. miarka 4. środek zaradcz 5. mierzyć

measurement /me-że-ment/ 1. pomiar 2. wymiary

meat /mit/ mięso

meatball /mit-bool/ klopsik

mechanic /my-kee-nyk/ mechanik

mechanical /my-kee-nykl/ mechaniczny

mechanics /my-kee-nyks/ mechanika

mechanism /me-ke-nyzm/ mechanizm

mechanization /me-ke-nai-zei-szn/ mechanizacja

mechanize /me-ke-naiz/ mechanizować

medal /me-dl/ medal

medalist /me-de-lyst/ medalista

medallion /my-dee-lyjen/ medalion

meddle /me-dl/ mieszać się

media /mi-dyje/ 1. media 2. środki przekazu

mediaeval /mi-dy-i-wel/ średniowieczny

medial /mi-dyjel/ 1. środkowy 2. średnia

mediate /mi-djejt/ pośredni

mediation /mi-dy-ei-szn/ pośredniczenie

mediator /mi-dy-ei-te/ pośrednik

medic /me-dyk/ medyk

medical /me-dykl/ medyczny

medicate /me-dy-keit/ leczyć

medication /me-dy-kei-szn/ 1. leczenie 2. lekarstwo

medicinal /my-dy-synl/ 1. medyczny 2. leczniczy

medicine /me-dsyn/ 1. medycyna 2. lekarstwo

medieval /me-dy-i-wl/ średniowieczny

mediocre /mi-dy-eł-ke/ przeciętny

mediocrity /mi-dy-o-krety/ mierność

meditate /me-dy-teit/ rozmyślać

meditation /me-dy-tei-szn/ rozmyślanie

meditative /me-dy-tei-tyw/ 1. zamyślony 2. medytacyjny

Mediterranean /me-dy-te-rei-nyjen/ śródziemnomorski

medium /mi-dyjem/ 1. średni 2. pośredni 3. medium

medley /me-dly/ mieszanina

meek /mik/ 1. łagodny 2. potulny

meekness /mik-nes/ 1. łagodność 2. potulność

meet /mit/ 1. spotykać 2. poznawać 3. spełniać 4. ponosić

meeting /mi-tynn/ 1. spotkanie 2. zebranie

megacycle /me-ge-saikl/ megacykl

megalith /me-ge-lyfh/ megalit

megalomania /me-ge-le-mei-nyje/ megalomania

megalomaniac /me-gele-mei-nyjek/ 1. megaloman 2. megalomański

megaphone /me-ge-fełn/ 1. głośnik 2. ogłaszać przez megafon

megaton /me-ge-tan/ megatona

melancholic /me-len-ko-lyk/ melancholijny

melancholy /me-len-ko-ly/ melancholia

meliorate /mi-lyje-reit/ ulepszać

melioration /mi-lyje-rei-szn/ ulepszenie

mellow /me-leł/ 1. rozpływający się w ustach 2. łagodny

melodic /me-lo-dyk/ melodyczny

melodrama /me-le-draa-me/ melodramat

melodramatic /me-le-dre-mee-tyk/ melodramatyczny

melody /me-ledy/ melodia

melon /me-ln/ melon

melt /melt/ topnieć
melting-point /<u>mel</u>-tynn-point/ punkt topnienia
melting-pot /<u>mel</u>-tynn-pot/ tygiel
member /<u>mem</u>-be/ członek
membership /<u>mem</u>-be-szyp/ członkostwo
membrane /<u>mem</u>-breyjn/ 1. błona 2. membrana
memento /me-<u>men</u>-teł/ 1. memento 2. pamiątka
memo /<u>me</u>-meł/ 1. pisemne przypomnienie 2. zawiadomienie
memoir /<u>mem</u>-łaa/ 1. pamiętnik 2. życiorys
memorable /mem-<u>rebl</u>/ pamiętny
memorandum /me-me-<u>reen</u>-dem/ memorandum
memorial /me-<u>moo</u>-ryjel/ 1. pomnik 2. pamiątkowy
memorize /meme-<u>rayjz</u>/ uczyć się na pamięć
memory /<u>me</u>-mery/ 1. pamięć 2. wspomnienie
menace /<u>me</u>-nes/ groźba
menagerie /me-<u>nee</u>-dżery/ menażeria
mend /mend/ naprawiać
mendacious /men-<u>deyj</u>-szes/ kłamliwy
mendacity /men-<u>dee</u>-sety/ kłamliwość
mendicant /<u>men</u>-dy-kent/ żebrzący
mending /<u>men</u>-dynn/ naprawa
menfolk /<u>men</u>-fełk/ mężczyźni
menial /<u>mi</u>-nyjel/ służebny
meningitis /me-nyn-<u>dżai</u>-tys/ zapalenie opon mózgowych
menopause /<u>me</u>-ne-pooz/ menopauza
menses /<u>men</u>-siz/ menstruacja
menstrual /<u>men</u>-struel/ 1. menstruacyjny 2. miesiączkowy
menstruate /<u>men</u>-stru-eit/ miesiączkować
menstruation /men-stru-<u>ei</u>-szn/ 1. menstruacja 2. miesiączka
mental /<u>men</u>-tl/ umysłowy
mentality /men-<u>tee</u>-lety/ mentalność
mention /<u>men</u>-szn/ 1. nadmieniać 2. wspominać
mentor /<u>men</u>-toor/ mentor
menu /<u>me</u>-nju/ jadłospis
mercantile /<u>mee</u>-ken-tail/ handlowy
mercenary /<u>mee</u>-se-nery/ 1. płatny 2. najemny
merchandise /<u>mer</u>-czen-daiz/ towar
merchant /<u>mee</u>-czent/ kupiec
merciful /<u>mer</u>-syfl/ 1. miłosierny 2. litościwy
        merciless /<u>mee</u>-sy-les/ 1. bezlitosny 2. niemiłosierny
        mercurial /<u>mee</u>-<u>kju</u>-ryjel/
1. merkurowy 2. rtęciowy
        mercury /<u>mee</u>-kjury/ rtęć
        Mercury /<u>mee</u>-kjury/ Merkury
mercy /<u>mer</u>-sy/ 1. łaska 2. litość
mere /myje/ zwykły
merely /<u>myje</u>-ly/ 1. zaledwie 2. jedynie
meretricious /me-ry-<u>try</u>-szes/ 1. krzykliwy 2. sztuczny
merge /<u>mer</u>-dż/ łączyć się
merger /<u>mee</u>-dże/ połączenie
meridian /me-<u>ry</u>-dyjen/ 1. południk 2. zenit
meringue /me-<u>reenn</u>/ beza
merit /<u>me</u>-ryt/ 1. wartość 2. zaleta
meritocracy /me-ry-<u>to</u>-kresy/ rządy fachowców

meritorious /me-ry-<u>too</u>-ryjes/ chwalebny

mermaid /<u>mee</u>-meid/ syrena morska

merry /<u>me</u>-ry/ wesoły

merry-go-round /<u>mery</u>-geł-rałnd/ karuzela

mess /mes/ 1. bałagan 2. kantyna 3. mesa

message /<u>me</u>-sydż/ wiadomość

messenger /<u>me</u>-syn-dże/ posłaniec

Messiah /me-<u>saje</u>/ Mesjasz

messy /<u>me</u>-sy/ paskudny

met → meet

metabolism /my-<u>tee</u>-be-lyzm/ metabolizm

metabolic /me-te-<u>bo</u>-lyk/ metaboliczny

metal /<u>me</u>-tl/ 1. metal 2. metalowy

metallic /me-<u>tee</u>-lyk/ me-taliczny

metamorphosis /mete-<u>moo</u>-fesyz/ przeobrażenie

metaphor /<u>me</u>-te-too/ metafora

metatarsal /mete-<u>taa</u>-sel/ kość śródstopia

meteor /<u>mi</u>-tyje/ meteor

meteoric /mity-<u>oo</u>-ryk/ 1. meteoryczny 2. olśniewający

meteorite /<u>mi</u>-tyje-rait/ meteoryt

meteorological /<u>mi</u>-tyje-re-<u>lo</u>-dżykl/ meteorologiczny

meteorologist /mi-tyje-<u>ro</u>-ledżyst/ meteorolog

meteorology /mi-tyje-<u>ro</u>-ledży/ meteorologia

meter /<u>mi</u>-te/ 1. licznik 2. parkometr

method /<u>me</u>-fhed/ 1. metoda 2. sposób

methodical /me-<u>fho</u>-dykl/ metodyczny

Methodism /<u>me</u>-fhe-dyzm/ metodyzm

meticulous /my-<u>ty</u>-kju-les/ drobiazgowy

metre /<u>mi</u>-te/ metr

metric /<u>me</u>-tryk/ metryczny

metrication /me-try-<u>kei</u>-szn/ przeliczanie na system metryczny

metronome /<u>me</u>-tre-nełm/ metronom

metropolis /me-<u>troo</u>-pe-lys/ metropolia

metropolitan /me-tre-<u>po</u>-lytn/ metropolitalny

mettle /<u>me</u>-tel/ 1. temperament 2. zapał

mews /mjuz/ stajnie

Mexican /<u>mek</u>-sykn/ 1. meksykański 2. Meksykanin

Mexico /<u>mek</u>-sy-koł/ Meksyk

mezzanine /<u>me</u>-ze-nin/ wysoki parter

miaow /mi-ał/ miauczeć

mice /mais/ myszy

microbe /<u>mai</u>-krełb/ mikrob

microcosm /<u>mai</u>-kreł-kozm/ 1. mikrokosmos 2. miniatura

microfilm /<u>mai</u>-kreł-fylm/ mikrofilm

micrometer /mai-<u>kro</u>-mi-ter/ mikrometr

micron /<u>mai</u>-kron/ mikron

micro-organism /mai-kreł-<u>o</u>-genyzm/ mikroorganizm

microphone /<u>mai</u>-kre-fełn/ mikrofon

microscope /<u>mai</u>-kres-kełp/ mikroskop

microwave /<u>mai</u>-kreu-łeiw/ kuchenka mikrofalowa

mid /myd/ środkowy

midday /<u>myd</u>-dei/ południe

middle /<u>my</u>-dl/ 1. środek 2. środkowy

middle-weight /<u>mydl</u>-łeit/ waga średnia

middling /my-dlynn/ towar średniej jakości
midge /mydż/ 1. ochotka 2. mucha
midget /my-dżyt/ karzeł
midland /myd-leend/ środek kraju
midnight /myd-nait/ północ
midsummer /myd-sa-me/ środek lata
midway /myd-łei/ leżący w połowie drogi
midwife /myd-łaif/ położna
might → may
mighty /mai-ty/ 1. wszechmocny 2. potężny
migraine /my-grein/ migrena
migrant /mai-grent/ wędrowny
migrate /mai-greit/ wędrować
migration /mai-grei-szn/ 1. wędrówka 2. przesuwanie się
mike /maik/ mikrofon
mild /maild/ 1. umiarkowany 2. łagodny
mildew /myl-du/ pleśń
mildness /maild-nes/ łagodność
mile /mail/ mila
mileage /mai-lydż/ 1. odległość w milach 2. milaż
miler /mai-le/ biegacz na dystansie 1 mili
militancy /my-ly-ten-sy/ wojowniczość
militant /my-ly-tent/ wojowniczy
militarism /my-ly-te-ryzm/ militaryzm
military /my-ly-tery/ 1. wojskowy 2. militarny
militate /my-ly-teit/ walczyć
militia /my-ly-sze/ milicja
milk /mylk/ 1. doić 2. mleko 3. mleczny
milkmaid /mylk-meid/ 1. dojarka 2. mleczarka
milk-tooth /mylk-tuufh/ ząb mlecz-

ny
milky /myl-ky/ mleczny
mill /myl/ 1. młyn 2. młynek
millennium /my-le-nyjem/ tysiąclecie
miller /my-ler/ 1. młynarz 2. frezarka
milliner /my-ly-ner/ modystka
millimetre /my-ly-mite/ milimetr
million /my-lyjen/ milion
millionaire /my-lyje-nee/ 1. milioner 2. bogacz
millipede /my-ly-pid/ stonoga
mill-stone /myl-stełn/ kamień młyński
mime /maim/ 1. mim 2. mina
mimic /my-myk/ 1. naśladowczy 2. pozorowany
minaret /my-ne-ret/ minaret
mince /myns/ 1. mielić 2. siekać
mind /maind/ 1. umysł 2. myśli 3. doglądać 4. uważać na 5. mieć coś przeciwko
minded /main-dyd/ 1. skłonny zrobić coś 2. nastawiony na coś
mindful /maind-fel/ 1. uważający 2. dbały
mindless /maind-les/ nieuważny
mine /main/ 1. kopalnia 2. mina
miner /mai-ne/ górnik
mineral /my-nerl/ minerał
mineralogist /my-ne-ree-le-dżyst/ mineralog
mineralogy /my-ne-ree-le-dży/ mineralogia
mingle /mynn-gel/ 1. mieszać 2. przyłączać się
mingy /myn-dży/ sknera
mini /my-ny/ mini
miniature /my-ny-cze/ miniatura
miniaturize /my-ny-cze-raiz/ miniaturyzować
minimal /my-ny-mel/ 1. minimalny

2. drobniutki

minimize /<u>my</u>-ny-maiz/ minimalizować

minimum /<u>my</u>-ny-mem/ minimum

mining /<u>mai</u>-nynn/ 1. górnictwo 2. zaminowanie

minion /<u>my</u>-nyjen/ 1. sługus 2. pupilek

miniskirt /<u>my</u>-ny-skert/ spódniczka mini

minister /<u>my</u>-nys-te/ 1. minister 2. duchowny

ministerial /my-nys-<u>te</u>-ryjel/ 1. dotyczący księży 2. ministerialny

ministration /my-ny-<u>strei</u>-szn/ pełnienie obowiązków duchownego

ministry /<u>my</u>-ny-stry/ 1. praca duszpasterska 2. kler 3. gabinet ministra

mink /mynnk/ norka

minor /<u>mai</u>-ne/ 1. nieletni 2. pomniejszy

minority /mai-<u>no</u>-rety/ mniejszość

Minotaur /<u>main</u>-too/ Minotaur

minster /<u>myn</u>-ste/ 1. kościół klasztomy 2. katedra

minstrel /<u>myn</u>-strel/ minstrel

mint /mynt/ mięta

minuet /my-nju-<u>et</u>/ menuet

minus /<u>mai</u>-nes/ minus

minuscule /my-<u>nas</u>-kjul/ minuskuła

minute /<u>my</u>-nyt/ 1. minuta 2. chwila

minute /mai-<u>njut</u>/ drobiazgowy

minute-hand /<u>my</u>-nyt-hend/ wskazówka minutowa

minuteman /<u>my</u>-nyt-men/ milicjant

miracle /<u>my</u>-rekl/ cud

miraculous /my-<u>ree</u>-kju-les/ cudowny

mirage /my-<u>raaż</u>/ miraż

mire /mair/ 1. bagno 2. błoto

mirror /<u>my</u>-re/ lustro

mirth /meefh/ radość

misadventure /mys-ed-<u>wen</u>-cze/ niepowodzenie

misalliance /mys-se-<u>lai</u>-ens/ mezalians

misanthrope /<u>my</u>-sen-fhreup/ mizantrop

misanthropy /mys-<u>een</u>-fhreł-py/ mizantropia

misapply /mys-e-<u>plai</u>/ używać czegoś niewłaściwie

misapprehend /mys-ee-pry-<u>hend</u>/ źle zrozumieć

misapprehension /mys-ee-pry-<u>henszn</u>/ nieporozumienie

misappropriate /my-se-<u>preł</u>-pry-jet/ sprzeniewierzać

misbegotten /mys-by-<u>gotn</u>/ bękarci

misbehave /mys-by-<u>heiw</u>/ źle się zachowywać

misbehaviour /mys-by-hei-wyje/ nieodpowiednie zachowanie

misbeliever /mys-by-<u>liwer</u>/ heretyk

miscalculate /mys-<u>keel</u>-kju-leit/ źle obliczyć

miscarriage /<u>mys</u>-kee-rydż/ poronienie

miscarry /mys-<u>kee</u>-ry/ 1. nie udać się 2. poronić

miscellanea /mysy-<u>lei</u>-nyje/ rozmaitości

miscellaneous /mysy-<u>lei</u>-nyjes/ 1. różnorodny 2. rozmaity

miscellany /my-<u>se</u>-leny/ 1. zbieranina 2. rozmaitości

mischance /mys-<u>czaans</u>/ niepowodzenie

mischief /<u>mys</u>-czyf/ 1. tarapaty 2. krzywda

mischievous /<u>mys</u>-czy-wes/ 1. szkodliwy 2. złośliwy 3. figlarny

misconceive /mys-ken-<u>siw</u>/ źle rozumieć (kogoś, coś)
misconduct /mys-<u>kon</u>-dakt/ nieodpowiednie postępowanie
misconstruction /mys-ken-<u>strak</u>-szn/ błędne tłumaczenie sobie
misconstrue /mysken-<u>stru</u>/ błędnie tłumaczyć sobie
miscount /mys-<u>kaałnt</u>/ błędne obliczenie
misdate /mys-<u>deit</u>/ błędnie datować
misdeal /mys-<u>dil</u>/ źle rozdać karty
misdeed /mys-<u>did</u>/ 1. nieprawość 2. przestępstwo
misdemeanour /mysdy-<u>miner</u>/ wykroczenie
miser /<u>mai</u>-ze/ sknera
misdirect /mys-dy-<u>rekt</u>/ skierować niewłaściwie
miserable /<u>myz</u>-rebl/ 1. żałosny 2. nędzny
misery /<u>my</u>-zery/ 1. nędza 2. osoba godna politowania
misfire /mys-<u>faa</u>-yje/ nie wypalić
misfit /<u>mys</u>-fyt/ nie pasować
misfortune /mys-<u>foo</u>-czn/ pech
misgiving /mys-<u>gywyn</u>/ 1. wątpliwość 2. obawa
misgovern /mys-<u>gawen</u>/ źle rządzić
misguide /mys-<u>gaayjd</u>/ wprowadzać w błąd
mishandle /mys-<u>heendel</u>/ maltretować
mishap /<u>mys</u>-heep/ 1. nieszczęście 2. nieszczęśliwy wypadek
misinform /mysyn-<u>foom</u>/ błędnie informować
misinterpret /mysyn-<u>teepryt</u>/ błędnie tłumaczyć
misjudge /mys-<u>dżadż</u>/ błędnie osądzić

mislay /mys-<u>ley</u>/ 1. zapodziać 2. zarzucać 3. gubić
mislead /mys-<u>lid</u>/ wprowadzać w błąd
mismanage /mys-<u>mee</u>-nydż/ źle kierować
misnomer /mys-<u>noł</u>-me/ 1. błędna nazwa 2. błędny termin
misogynist /my-<u>so</u>-dżynyst/ wróg kobiet
misplace /mys-<u>pleis</u>/ błędnie umieszczać
mispronounce /mys-pre-<u>nałns</u>/ błędnie wymawiać
misquote /mys-<u>kłeut</u>/ błędnie przytaczać
misread /mys-<u>rid</u>/ błędnie odczytywać
misrepresent /mys-repry-<u>zent</u>/ błędnie przedstawiać
misrule /mys-<u>rul</u>/ złe rządy
miss /mys/ 1. spóźniać się 2. nie trafiać 3. chybiać 4. tesknić za 5. chybienie 6. panna
missal /<u>my</u>-sel/ mszał
missile /<u>my</u>-sail/ pocisk
missing /<u>my</u>-synn/ 1. zaginiony 2. brakujący
mission /<u>my</u>-szn/ misja
missionary /<u>my</u>-sze-nery/ misjonarz
misspell /mys-<u>spel</u>/ pisać nieortograficznie
misspelling /mys-<u>spe</u>-lynn/ błąd w pisowni
mist /myst/ 1. mgła 2. mgiełka 3. zaparowywać
mistake /my-<u>steik</u>/ 1. pomylić (się) 2. pomyłka
mistaken → mistake
mister /<u>mys</u>-te/ 1. pan 2. proszę pana
mistimed /mys-<u>taimd</u>/ źle obliczo-

ny w czasie
mistletoe /<u>my</u>-sel-teł/ jemioła
mistook → mistake
mistress /<u>mys</u>-tres/ 1. pani domu 2. pani 3. kochanka
mistrial /mys-<u>trail</u>/ unieważniony proces
mistrust /mys-<u>trast</u>/ 1. nie ufać 2. niedowierzanie
misunderstand /mys-an-de-<u>ste-end</u>/ źle rozumieć
misunderstanding /mys-an-de-<u>steen</u>-dynn/ nieporozumienie
misuse /mys-<u>juz</u>/ niewłaściwe użycie
mite /mait/ molik
mitigate /<u>my</u>-ty-geit/ 1. łagodzić 2. uśmierzać
mitigation /my-ty-<u>gei</u>-szn/ łagodzenie
mitre /<u>mai</u>-te/ infuła
mitten /<u>my</u>-tn/ rękawica
mix /myks/ mieszać
mixed /mykst/ 1. zmieszany 2. różnorodny
mixer /<u>myk</u>-se/ 1. mieszadło 2. aparat kontrolny do dźwięków
mixture /<u>myks</u>-cze/ mieszanka
moan /mełn/ 1. jęczeć 2. jęk
moat /mełt/ fosa
mob /mob/ 1. tłum 2. mafia
mobile /<u>meł</u>-bail/ ruchomy
mobilize /<u>meł</u>-be-laiz/ mobilizować
mobilization /meł-be-lai-<u>zei</u>-szn/ 1. mobilizacja 2. uruchomienie
moccasin /<u>mo</u>-ke-syn/ mokasyn
mock /mok/ 1. przedrzeźniać 2. szydzić
mockery /<u>mo</u>-ke-ry/ 1. kpiny 2. parodia
modal /<u>meł</u>-del/ modalny
mode /<u>meł</u>-d/ 1. tryb 2. sposób 3. forma

model /<u>mo</u>-dl/ 1. wzór 2. wzorowy 3. prezentować 4. wykonywać model
modelling /<u>mo</u>-de-lynn/ modelowanie
modem /<u>meł</u>-dem/ modem
moderate /<u>mo</u>-de-reit/ 1. umiarkowany 2. średni 3. łagodzić
moderation /mo-de-<u>rei</u>-szn/ umiarkowanie
moderator /mo-de-<u>rei</u>-ter/ 1. rozjemmca 2. przewodniczący zebrania 3. moderator
modern /<u>mo</u>-dn/ nowoczesny
modernity /me-<u>dee</u>-nety/ nowoczesność
modernize /<u>mo</u>-de-naiz/ modernizować
modernization /mo-de-nai-<u>zei</u>-szn/ modernizacja
modest /<u>mo</u>-dyst/ skromny
modesty /<u>mo</u>-dys-ty/ skromność
modicum /<u>mo</u>dy-kem/ 1. odrobina 2. drobna ilość
modification /mo-dy-fy-<u>kei</u>-szn/ 1. modyfikacja 2. złagodzenie 3. przekształcenie 4. zmiana
modifier /<u>mo</u>-dy-fayje/ modyfikator
modify /<u>mo</u>-dy-fai/ 1. usprawniać 2. zmieniać
modish /<u>meł</u>-dysz/ modny
modulate /<u>mo</u>-dju-leit/ regulować
modulation /mo-dju-<u>lei</u>-szn/ 1. regulowanie 2. modulacja
module /<u>mo</u>-djuul/ 1. wzorzec 2. jednostka miernicza
mohair /<u>meł</u>-her/ moher
moist /moist/ wilgotny
moisten /<u>moi</u>-ste/ zwilżać
moisture /<u>moi</u>-scze/ wilgoć
molar /<u>meł</u>-ler/ ząb trzonowy
molasses /me-<u>lee</u>-siz/ melasa
mole /meul/ 1. pieprzyk 2. kret 3.

wtyczka
molecular /me-<u>le</u>-kju-le/ moleku-
larny
molecule /<u>mo</u>-ly-kjul/ molekuła
mole-hill /<u>meul</u>-hyl/ kretowisko
molest /me-<u>lest</u>/ molestować
mollify /<u>mo</u>-ly-fai/ 1. łagodzić 2.
koić 3. zmiękczać
mollusc /<u>mo</u>-lesk/ mięczak
molten /<u>meul</u>-tn/ 1. roztopiony 2.
→ melt
moment /<u>meł</u>-ment/ 1. chwila 2.
moment
momentary /<u>meł</u>-men-try/ chwilowy
momentous /me-<u>men</u>-tes/ doniosły
momentum /me-<u>men</u>-tem/ 1. ilość
ruchu 2. pęd 3. impet
monarch /<u>mo</u>-nek/ monarcha
monarchist /<u>mo</u>-ne-kyst/ mo-
narchista
monarchy /<u>mo</u>-ne-ky/ monarchia
monastery /<u>mo</u>-nestry/ klasztor
monastic /me-<u>nee</u>-styk/ 1. klasz-
torny 2. mnisi
Monday /<u>man</u>-dy/ poniedziałek
monetary /<u>many</u>-tery/ 1. mo-
netarny 2. pieniężny
money /<u>ma</u>-ny/ 1. pieniądze 2. pieniądz 3. waluta
money-box /<u>ma</u>-ny-boks/ skarbonka
money-lender /<u>ma</u>-ny-<u>len</u>-de/ lichwiarz
money-maker /<u>ma</u>-ny-<u>mei</u>-ke/
osoba zarabiająca pieniądze
money-market /<u>ma</u>-ny-<u>mar</u>-kyt/
rynek pieniężny
money-order /<u>ma</u>-ny-<u>oo</u>-de/ przekaz pieniężny
mongol /<u>monn</u>-gel/ mongolski
mongolism /<u>monn</u>-ge-lyzm/ mon-

golizm
mongoose /<u>monn</u>-gus/ mangusta
mongrel /<u>mann</u>-grel/ 1. kundel 2.
mieszaniec
monitor /<u>mo</u>-nyte/ monitor
monk /mannk/ mnich
monkey /<u>mann</u>-ky/ małpa
mono /<u>mo</u>-neł/ pojedynczy
monochrome /<u>mone</u>-krołm/ jedno-
kolorowy
monocle /<u>mo</u>-ne-kel/ monokl
monogamist /me-<u>noge</u>-myst/ mo-
nogamista
monogamy /me-<u>noge</u>-my/ mono-
gamia
monogram /<u>mo</u>-ne-greem/ monogram
monologue /<u>mo</u>-ne-log/ monolog
monomania /mo-neł-<u>mei</u>-nyja/ monomania
monoplane /<u>mo</u>-ne-plein/ jednop-
łatowiec
monopolize /me-<u>nope</u>-laiz/ monopolizować
monopolization /me-no-pely-<u>ze</u>-
iszn/ monopolizacja
monopoly /me-<u>no</u>-pely/ monopol
monorail /<u>mo</u>-neł-reil/ kolej jedno-
szynowa
monosyllable /<u>mo</u>-ne-sy-lebl/ mo-
nosylaba
monotonous /me-<u>no</u>-te-nes/ monotonny
monotony /me-<u>no</u>-te-ny/ monotonia
monsoon /mon-<u>sun</u>/ monsun
monster /<u>mons</u>-te/ potwór
monstrous /<u>mon</u>-stres/ potworny
montage /<u>mon</u>-taż/ montaż
month /manfh/ miesiąc
monthly /<u>manfh</u>-ly/ miesięczny
monument /<u>mo</u>-nju-ment/ 1. pomnik 2. monument

monumental /mo-nju-<u>men</u>-tel/ 1. pomnikowy 2. monumentalny

moo /muu/ ryczeć

mood /muud/ 1. humor 2. nastrój 3. tryb

moody /<u>muu</u>-dy/ 1. skłonny do melancholii 2. mający humory

moon /muun/ księżyc

moonlight /<u>muun</u>-lait/ światło księżyca

moonshine /<u>muun</u>-szain/ 1. samogon 2. bimber 3. światło księżyca

moor /muer/ 1. umocowywać 3. teren łowiecki

moorland /<u>muer</u>-leend/ wrzosowisko

moorings /<u>mue</u>-rynnz/ miejsce przycumowania

moose /muus/ łoś

moot /mut/ zgromadzenie ludowe

mop /mop/ 1. wycierać 2. szmata do podłogi

mope /mełp/ osowieć

moped /<u>mel</u>-ped/ motorower

moraine /moo-rein/ morena

moral /<u>mo</u>-rl/ moralny

morale /me-<u>reel</u>/ nastrój

moralist /<u>mo</u>-re-lyst/ moralista

moralistic /mo-re-<u>lys</u>-tyk/ dotyczący moralności

morality /me-<u>ree</u>-lety/ moralność

moralize /<u>mo</u>-re-laiz/ 1. umoralniać 2. wyciągać morał

morass /me-<u>rees</u>/ bagno

moratorium /moo-<u>too</u>-ryjem/ moratorium

morbid /<u>moo</u>-byd/ chorobliwy

more /moo/ 1. bardziej 2. więcej 3. jeszcze

moreover /moo-<u>eł</u>-we/ 1. co więcej 2. nadto

morgue /moog/ kostnica

moribund /<u>moo</u>-ry-band/ 1. umie-

rający 2. konający

morning /<u>moo</u>-nynn/ poranek

morocco /me-<u>ro</u>-keł/ koźla skórka

moron /<u>moo</u>-ron/ głupek

morose /me-<u>rełs</u>/ ponury

morpheme /<u>moo</u>-fim/ morfem

morphine /<u>moo</u>-fyn/ morfina

morphology /moo-<u>foledży</u>/ morfologia

morrow /<u>moo</u>-reł/ 1. poranek 2. nazajutrz

Morse /moos/ alfabet Morse'a

morsel /<u>moo</u>-sel/ 1. kąsek 2. smakołyk

mortal /<u>moo</u>-tl/ 1. śmiertelnik 2. śmiertelny

mortality /moo-<u>tee</u>-lety/ 1. śmiertelność 2. umieralność

mortar /<u>moo</u>-te/ 1. zaprawa murarska 2. moździerz

mortgage /<u>moo</u>-gydż/ kredyt hipotetyczny

mortify /<u>moo</u>-tyfaayj/ 1. upokarzać 2. umartwiać

mortise /<u>moo</u>-tys/ wpust

mortuary /<u>moo</u>-czury/ kostnica

mosaic /meł-<u>zei</u>-yk/ mozaika

Moslem /<u>moz</u>-lem/ muzułmanin

mosque /mosk/ meczet

mosquito /me-<u>ski</u>-teł/ 1. komar 2. moskit

moss /mos/ mech

most /mełst/ 1. najwięcej 2. najbardziej 3. większość

mostly /<u>mełst</u>-ly/ 1. przeważnie 2. głównie

mote /mełt/ pyłek

motel /meł-<u>tel</u>/ motel

moth /mofh/ 1. ćma 2. mól

mother /<u>ma</u>-dhe/ matka

motherhood /<u>ma</u>-dhe-hud/ macierzyństwo

mother-in-law /<u>ma</u>-dhe-yn-<u>loo</u>/ teściowa

motif /meł-tif/ motyw

motion /meł-szn/ ruch

motionless /meł-szn-les/ nieruchomy

motivate /meł-ty-weit/ 1. motywować 2. pobudzać

motivation /meł-ty-weiszn/ motywacja

motive /meł-tyw/ 1. motyw 2. pobudka

motley /mot-ly/ pstrokaty

motor /meł-te/ 1. motor 2. silnik

motor-boat /meł-te-bełt/ motorówka

motorcycle /meł-te-saikl/ motocykl

motorist /meł-te-ryst/ automobilista

mottled /mo-teld/ centkowany

motto /mo-teł/ motto

mould /meuld/ 1. pleśń 2. forma 3. modelować

moulder /meul-de/ 1. kruszyć się 2. gnić

moulding /meul-dynn/ 1. skruszenie 2. zgnicie

moult /meult/ 1. pierzyć się 2. linieć

mound /małnd/ 1. kopiec 2. hałda

mount /małnt/ 1. szczyt 2. dosiadać 3. wspinać się 4. wznosić się

mountain /małn-tyn/ góra

mountaineer /małn-ty-nyje/ góral

mountaineering /małn-ty-nyjerynn/ alpinistyka

mountainous /małn-te-nes/ górzysty

mourn /moon/ opłakiwać

mourner /moo-ne/ uczestnik pogrzebu

mourning /moo-nynn/ żałoba

mouse /małs/ mysz

mousetrap /małs-treep/ pułapka na myszy

mousse /mus/ mus

moustache /me-stasz/ wąsy

mousy /mał-sy/ 1. mysi 2. bury

mouth /małfh/ 1. usta 2. wylot 3. ujście

movable /mu-we-bl/ ruchomy

move /muuw/ 1. ruch 2. posunięcie 3. ruszać (się) 4. przesuwać (się) 5. przeprowadzać się
   move in wprowadzać się
   move on 1. ruszać 2. usuwać
   move out wyprowadzać się

movement /muuw-ment/ 1. ruch 2. przewóz 3. tendencja

movie /muu-wy/ film

movies /muu-wys/ kino

mow /meł/ kosić kosiarką

mower /me-łe/ kosiarka

Mr. /mys-te/ pan

Mrs. /my-syz/ pani

much /macz/ 1. dużo 2. wiele 3. znacznie

muck /mak/ 1. gnój 2. paskudztwo

mucky /ma-ky/ zapaskudzony

mucous /mju-kes/ śluzowy

mucus /mju-kes/ śluz

mud /mad/ błoto

muddle /ma-dl/ 1. zamęt w głowie 2. bałagan 3. mącić

muddy /ma-dy/ 1. błotnisty 2. mętny 3. ciemny

mudguard /mad-gard/ błotnik

muezzin /mju-e-zyn/ muezin

muff /maf/ 1. zarękawek 2. partaczyć 3. niezdara

muffin /ma-fyn/ bułeczka

muffle /ma-fl/ 1. owijać 2. otulać

muffler /ma-fle/ 1. tłumik 2. szalik

mug /mag/ 1. kufel 2. kubek

Muhammad /me-hee-myd/ Muhamed

mulatto /me-leeteł/ mulat

mulberry /<u>mal</u>-bery/ morwa
mulch /malcz/ mierzwa
mule /mjul/ muł
mull /mal/ 1. rozmyślać 2. sfusze-
rować
mullion /<u>ma</u>-lyjen/ słupek okienny
multifarious /mal-ty-<u>fee</u>-ryjes/
różnorodny
multiform /<u>mal</u>-ty-foom/ wielo-
kształtny
multilateral /mal-ty-<u>lee</u>-terl/ wielo-
boczny
multiple /<u>mal</u>-ty-pl/ 1. wielokrotny
2. wieloraki
multiplication /mal-ty-ply-<u>kei</u>-szn/
mnożenie
multiplicity /mal-ty-<u>ply</u>-syty/ 1.
wielka ilość 2. różnorodność
multiply /<u>mal</u>-ty-plai/ 1. mnożyć 2.
rozmnażać się
multitude /<u>mal</u>-ty-tud/ 1. mnóstwo
2. tłum
mum /mam/ mamusia
mumble /<u>mam</u>-bl/ mamrotać
mumbo-jumbo /<u>mam</u>-beł-<u>dżam</u>-
beł/ bożyszcze
mummify /<u>ma</u>-my-fai/ mumifi-
kować
mummy /<u>ma</u>-my/ 1. mumia 2. mamusia
mumps /mamps/ świnka
munch /mancz/ przeżuwać
mundane /<u>man</u>-dein/ doczesny
municipal /mju-<u>ny</u>-sy-pel/ miejski
municipality /mju-ny-sy-<u>pee</u>-lety/
1. miasto 2. zarząd miejski
munificence /mju-<u>ny</u>-fy-sens/ hojność
munificent /mju-<u>ny</u>-fysent/ hojny
munition /mju-<u>ny</u>-szn/ zaopatrzenie wojskowe
mural /<u>mju</u>-rel/ ścienny
murder /<u>mer</u>-de/ 1. mordować 2.
morderstwo
murderer /<u>mer</u>-de-re/ morderca
murderess /<u>mer</u>-de-rys/ mor-
derczyni
murk /meek/ mrok
murky /<u>mee</u>-ky/ mroczny
murmur /<u>mer</u>-me/ 1. szmer 2. mruczeć
muscle /<u>ma</u>-sl/ mięsień
muscular /<u>mas</u>-kju-le/ 1. mięśnio-
wy 2. muskularny
muse /mjuz/ rozmyślać
museum /mju-<u>zyjem</u>/ muzeum
mush /masz/ papka
mushroom /<u>masz</u>-rum/ 1. grzyb 2.
grzybowy
music /<u>mju</u>-zyk/ muzyka
musical /<u>mju</u>-zykl/ 1. muzykalny 2.
muzyczny
musician /mju-<u>zyszn</u>/ muzyk
musk /mask/ piżmo
musk-rat /<u>mask</u>-reet/ piżmoszczur
musky /<u>mas</u>-ky/ piżmowy
musket /<u>mas</u>-kyt/ muszkiet
musketeer /mas-ky-<u>tyjer</u>/ muszkie-
ter
Muslim /<u>muz</u>-lym/ 1. muzułmanin
2. muzułmański
muslin /<u>maz</u>-lyn/ muślin
mussel /<u>ma</u>-sel/ małż jadalny
must /mast/ 1. musieć 2. przymus
mustard /<u>mas</u>-ted/ musztarda
muster /<u>mas</u>-te/ 1. przegląd 2. zebranie
musty /<u>mas</u>-ty/ 1. stęchły 2. apatyczny
mutable /<u>mju</u>-te-bel/ zmienny
mutation /mju-<u>tei</u>-szn/ mutacja
mute /mjut/ niemy
mutilate /<u>mju</u>-te-leit/ 1. kaleczyć 2.
zniekształcać
mutilation /mju-te-<u>lei</u>-szn/ 1. oka-
leczenie 2. zniekształcenie

mutiny /mju-te-ny/ bunt

mutter /ma-te/ 1. mamrotać 2. szemrać

mutton /ma-ten/ baranina

mutual /mju-czuel/ 1. wzajemny 2. obopólny

mutually /mju-czue-ly/ wzajemnie

muzzle /ma-zl/ 1. wylot lufy 2. pysk 3. kaganiec

muzzy /ma-zy/ otumaniony

my /mai/ 1. mój 2. moja 3. moje

mycology /mai-ko-le-dży/ grzyboznawstwo

myopic /mai-o-pyk/ krótkowzroczny

myriad /my-ryjed/ 1. krocie 2. niezliczony 3. miriadowy

myrrh /meer/ mirra

myrtle /mee-tel/ mirt

myself /mai-self/ 1. się 2. siebie 3. sam

mysterious /my-styje-rjes/ tajemniczy

mystery /mys-te-ry/ tajemnica

mystic /mys-tyk/ mistyk

mysticism /mys-ty-syzm/ mistycyzm

mystification /mys-ty-fy-kei-szn/ mistyfikacja

mystify /mys-ty-fai/ 1. wprowadzać w błąd 2. okrywać tajemnicą

mystique /my-stik/ mistyczny

myth /myfh/ mit

mythology /my-fho-le-dży/ mitologia

N

nab /neeb/ łapać

nadir /nei-dyje/ 1. nadir 2. najniższy punkt

nag /neeg/ 1. gderać 2. kucyk

nail /neil/ 1. paznokieć 2. gwóźdź 3. przybijać

nail-file /neil-fail/ pilniczek do paznokci

naive /nai-iw/ naiwny

naked /nei-kyd/ 1. nagi 2. goły 3. odkryty

nakedness /nei-kyd-nes/ nagość

name /neim/ 1. imię 2. nazwisko 3. nazwa 4. nazywać 5. wymieniać

name-day /neim-dei/ imieniny

nameless /neim-les/ bezimienny

namely /neim-ly/ mianowicie

nanny /nee-ny/ niania

nap /neep/ drzemka

napalm /nei-paam/ napalm

nape /neip/ kark

napkin /neep-kyn/ serwetka

nappy /nee-py/ 1. mocny 2. podchmielony

narcissus /naa-sy-ses/ narcyz

narcotic /nar-ko-tyk/ 1. narkotyk 2. narkotyczny

narrate /ne-reit/ opowiadać

narration /ne-rei-szn/ opowiadanie

narrative /nee-re-tyw/ 1. narracja 2. relacja

narrator /ne-rei-te/ narrator

narrow /nee-reł/ 1. wąski 2. ograniczony

narrow-minded /nee-reł-main-ded/ o ciasnych poglądach

nasal /nei-zel/ 1. nosowy 2. kość nosowa

nasturtium /nee-stee-szem/ 1. nasturcja 2. rukiew

nasty /naas-ty/ 1. nieznośny 2. wstrętny

natal /nei-tl/ noworodkowy

nation /nei-szn/ 1. naród 2. państwo 3. kraj

national /neesz-nl/ 1. narodowy 2. krajowy

nationalism /neesz-ne-lyzm/ nacjonalizm

nationalist /neesz-ne-lyst/ nacjonalista

nationality /nee-sze-nee-lyty/ narodowość

nationalize /neesz-ne-laiz/ upaństwawiać

native /nei-tyw/ 1. tubylec 2. rodowity 3. ojczysty 4. wrodzony

nativity /ne-ty-we-ty/ 1. narodzenie 2. horoskop

natter /nee-te/ gadać

natural /nee-czerl/ 1. naturalny 2. żywiołowy 3. urodzony

naturalism /nee-cze-re-lyzm/ naturalizm

naturalist /nee-cze-re-lyst/ 1. przyrodnik 2. naturalista

naturalistic /nee-cze-re-lys-tyk/ 1. przyrodniczy 2. naturalistyczny

naturalization /nee-cze-re-lai-zei-szn/ naturalizacja

naturalize /nee-cze-re-laiz/ 1. naturalizować 2. aklimatyzować się 3. badać przyrodę

naturally /nee-cze-rely/ 1. naturalnie 2. oczywiście

nature /nei-cze/ 1. natura 2. przyroda 3. usposobienie

naturism /nei-czeryzm/ naturyzm

naught /noot/ 1. zero 2. zły

naughty /noo-ty/ 1. niegrzeczny 2. nieprzyzwoity

nausea /noo-syje/ mdłości

nauseous /noo-szes/ 1. budzący mdłości 2. obrzydliwy

nautical /noo-ty-kel/ 1. marynarski 2. morski

naval /nei-wel/ morski

nave /neiw/ 1. nawa główna 2. piasta koła

navel /nei-wel/ 1. pępek 2. rozłóg

navigable /nee-wy-gebl/ 1. żeglowny 2. sterowny

navigate /nee-wy-geit/ 1. żeglować 2. nawigować

navigation /nee-wy-gei-szn/ nawigacja

navigator /nee-wy-gei-te/ 1. żeglarz 2. nawigator

navy /nei-wy/ 1. marynarka (wojenna) 2. flota

navy-blue /nei-wy-bluu/ granatowy

Neanderthal /ni-een-de-taal/ Neandertalczyk

near /nyje/ 1. bliski 2. niedaleki 3. blisko 4. prawie 5. niemal 6. około 7. zbliżać się

nearby /nyje-bai/ 1. pobliski 2. w pobliżu

nearly /nyje-ly/ prawie

near-sighted /nyje-sai-tyd/ krótkowzroczny

neat /nit/ 1. schludny 2. staranny

neatness /nit-nes/ 1. schludność 2. zgrabność

nebula /ne-bju-le/ 1. mgławica 2. plamka na rogówce

nebulous /ne-bju-les/ 1. zamglony 2. mglisty

necessarily /ne-se-se-ry-ly/ koniecznie

necessary /ne-se-se-ry/ 1. konieczny 2. niezbędny

necessity /ny-se-se-ty/ 1. konieczność 2. potrzeba

neck /nek/ 1. szyja 2. kark

necklace /nek-les/ naszyjnik

necklet /nek-let/ naszyjnik

necktie /nek-tai/ krawat

nectar /nek-te/ nektar

nee /nei/ z domu (o kobiecie)

need /nid/ 1. potrzeba 2. konieczność 3. zapotrzebowanie 4. potrzebować 5. wymagać 6. musieć

needful /nid-fel/ potrzebny

needle /ni-dl/ igła
needless /nid-les/ 1. niepotrzebny 2. zbyteczny
needy /ni-dy/ potrzebujący
negate /ny-geit/ 1. zaprzeczać 2. negować
negation /ny-gei-szn/ 1. przeczenie 2. negacja
negative /ne-ge-tyw/ 1. negatywny 2. odmowny
neglect /ny-glekt/ 1. zaniedbywać 2. zaniedbanie
neglectful /ny-glekt-fel/ niedbały
negligee /ne-gly-żei/ 1. negliż 2. swobodny strój
negligence /ne-gly-dżens/ 1. zaniedbanie 2. niedbalstwo
negligent /ne-gly-dżent/ niedbały
negligible /ne-gly-dżebl/ bez znaczenia
negotiable /ny-geł-szebl/ podlegające negocjacji
negotiate /ny-geł-szy-eit/ negocjować
negotiator /ny-geł-szy-eite/ negocjator
negotiation /ny-geł-szy-eiszn/ 1. nagocjacja 2. spieniężenie
Negress /ni-gres/ Murzynka
Negro /ni-greł/ Murzyn
neigh /nei/ rżeć
neighbour /nei-be/ 1. sąsiad 2. bliźni
neighbourhood /nei-be-hud/ 1. sąsiedztwo 2. okolica
neither /nai-dhe/ 1. żaden 2. ani jeden
neocolonialism /nyjeł-ke-loł-nyje-lyzm/ neokolonializm
neolithic /nyje-ly-fhyk/ neolityczny
neon /ni-on/ neon
nephew /ne-wju/ 1. siostrzeniec 2. bratanek

nepotism /ne-pe-tyzm/ nepotyzm
Neptune /nep-tjun/ Neptun
nerve /nerw/ 1. nerw 2. odwaga 3. tupet
nerve-cell /nerw-sel/ komórka nerwowa
nerve-gas /nerw-gees/ gaz trujący
nerve-racking /nerw-ree-kynn/ szarpiący nerwy
nervous /ner-wes/ nerwowy
nervy /nee-wy/ 1. śmiały 2. krzepki
nest /nest/ gniazdo
nestle /ne-sel/ usadowić się wygodnie
nestling /nes-tlynn/ 1. pisklę w gnieździe 2. dzieciak
net /net/ 1. siatka 2. sieć 3. netto 4. końcowy 5. łapać w sieć
nether /ne-dher/ piekło
netting /ne-tynn/ siatka
nettle /ne-tl/ pokrzywa
network /net-łerk/ sieć
neural /nue-rel/ nerwowy
neurologist /nue-ro-le-dżyst/ neurolog
neurology /njue-ro-le-dży/ neurologia
neurosis /nju-reł-sys/ nerwica
neurotic /nu-ro-tyk/ chory nerwowo
neuter /nju-te/ 1. neutralny 2. nijaki
neutral /nju-trel/ bezstronny
neutrality /nu-tree-lety/ neutralność
neutralization /nju-tree-lai-zei-szn/ neutralizacja
neutralize /nu-tree-laiz/ 1. neutralizować 2. zobojętniać
neutron /nu-tron/ neutron
never /ne-we/ 1. nigdy 2. wcale

nevermore /ne-we-<u>moo</u>/ już nigdy
nevertheless /ne-we-dhe-<u>les</u>/ niemniej jednak
new /nju/ nowy
newborn /<u>nju</u>-boon/ nowo narodzony
newly /<u>nju</u>-ly/ 1. niedawno 2. na nowo
news /njuz/ 1. wiadomości 2. wiadomość
newsagent /njuz-<u>ei</u>-dżent/ sprzedawca gazet
newsletter /njuz-<u>le</u>-te/ biuletyn
newspaper /<u>njuz</u>-pei-pe/ gazeta
newsreel /<u>njuz</u>-ril/ kronika filmowa
newsstand /<u>njuz</u>-steend/ stoisko z gazetami
newt /nut/ traszka
next /nekst/ 1. następny 2. najbliższy 3. potem 4. obok
nib /nyb/ 1. dzióbek 2. stalówka
nibble /<u>ny</u>-bl/ 1. skubać 2. przygryzać
nice /nais/ 1. miły 2. przyjemny 3. ładny
nicety /<u>nai</u>-se-ty/ 1. subtelność 2. drobiazgowość
niche /nycz/ 1. nisza 2. chować do kąta
nick /nyk/ 1. karb 2. skaza
nickel /<u>ny</u>-kl/ pięciocentówka
nickname /<u>nyk</u>-neim/ 1. przydomek 2. przezwisko
nicotine /<u>ny</u>-ke-tin/ nikotyna
niece /nis/ 1. siostrzenica 2. bratanica
nigger /<u>ny</u>-ge/ czarnuch
niggle /<u>ny</u>-gel/ tracić czas
night /nait/ 1. noc 2. wieczór
nightclub /<u>nait</u>-klab/ nocny lokal
nightfall /<u>nait</u>-fool/ zmrok
nightgown /<u>nait</u>-gałn/ koszula nocna

nightingale /<u>nai</u>-tynn-geil/ słowik
nightlong /<u>nait</u>-lonn/ całonocny
nightmare /<u>nait</u>-mee/ koszmar
night-time /<u>nait</u>-taim/ noc
night-watch /<u>nait</u>-łocz/ nocne czuwanie
nil /nyl/ 1. nic 2. zero
nimble /<u>nym</u>-bel/ 1. zwinny 2. obrotny 3. cięty
nimbus /<u>nym</u>-bes/ nimb
nincompoop /<u>nynn</u>-kem-pup/ głupek
nine /nain/ dziewięć
ninepins /<u>nain</u>-pynz/ kręgle
nineteen /nain-<u>tin</u>/ dziewiętnaście
ninetieth /<u>nain</u>-tyjeth/ 1. dziewięćdziesiąty 2. jedna dziewięćdziesiąta
ninety /<u>nain</u>-ty/ dziewięćdziesiąt
ninny /<u>ny</u>-ny/ głupek
ninth /nainfh/ dziewiąty
nip /nyp/ 1. szczypać 2. obcinać
nipper /<u>ny</u>-pe/ 1. szczypce 2. kajdanki 3. krzywka wału
nipple /<u>ny</u>-pel/ 1. brodawka piersiowa 2. smoczek 3. złączka gwintowa
nippy /<u>ny</u>-py/ 1. szczypiący 2. ostry
nirvana /nyje-<u>waa</u>-ne/ nirwana
nit /nyt/ gnida
nitrate /<u>nai</u>-treit/ azotan
nitric /<u>nai</u>-tryk/ 1. azotowy 2. saletrowy
nitrogen /<u>nai</u>-tre-dżen/ azot
nitroglycerine /nai-treł-<u>gly</u>-serin/ nitrogliceryna
nitwit /<u>nyt</u>-łyt/ półgłówek
nix /nyks/ 1. wcale nie 2. wodnik
no /neł/ 1. nie 2. żaden
nob /nob/ 1. gałka u drzwi 2. pokrętło
nobble /<u>neł</u>-bel/ 1. robić machinacje 2. capnąć

nobility /neł-<u>by</u>-lety/ szlachetność

noble /<u>neł</u>-bl/ szlachetny

nobody /<u>neł</u>-bedy/ nikt

nocturne /<u>nok</u>-tern/ nokturn

nod /nod/ 1. przytakiwać 2. kiwać głową 3. kiwnięcie

noggin /<u>no</u>-gyn/ 1. kubek 2. łeb

nohow /<u>neł</u>-hał/ wcale nie

noise /noiz/ 1. hałas 2. wrzawa

noisome /<u>noi</u>-sem/ 1. przykry 2. szkodliwy

noisy /<u>noi</u>-zy/ hałaśliwy

nomad /<u>neł</u>-meed/ koczownik

no-man's-land /neł-meens-<u>leend</u>/ ziemia niczyja

nomenclature /neł-<u>men</u>-kle-cze/ 1. nazewnictwo 2. nomenklatura

nominal /<u>no</u>-my-nel/ 1. nominalny 2. tytularny

nominate /<u>no</u>-my-neit/ 1. mianować 2. wyznaczać

nomination /no-my-<u>neł</u>-szn/ mianowanie

nominative /<u>no</u>-my-ne-tyw/ 1. mianownik 2. mianowany

nominee /no-my-<u>ni</u>/ nominowany

nonchalance /non-sze-<u>lans</u>/ nonszalancja

non-conductor /non-ken-<u>dak</u>-te/ materiał nieprzewodzący

nonconformist /non-ken-<u>foo</u>-myst/ niekonformista

nondescript /non-<u>dy</u>-skrypt/ nie do określenia

none /nan/ 1. nic 2. nikt 3. żaden

nonentity /non-<u>en</u>-tety/ 1. niebyt 2. nicość

non-fiction /non-<u>fyk</u>-szn/ literatura faktu

non-flammable /non-<u>flee</u>-mebl/ niepalny

non-pareil /non-pe-<u>rel</u>/ niezrównany

nonsense /<u>non</u>-sens/ 1. nonsens 2. głupstwo

non-smoker /non-<u>smeł</u>-ke/ niepalący

non-stop /non-<u>stop</u>/ 1. bezpośredni 2. nieprzerwanie

non-violence /non-<u>wayje</u>-lens/ bez przemocy

noodle /<u>nuu</u>-dl/ 1. kluska 2. makaron

nook /nuk/ zakątek

noon /nuun/ południe

no-one /<u>neł</u>-łan/ żaden

noose /nus/ 1. pętla 2. węzeł

nope /nełp/ nie!

nor /noo/ 1. ani 2. i nie

norm /noom/ norma

normal /<u>noo</u>-ml/ 1. normalny 2. prawidłowy

north /noofh/ północ

northeast /noofh-<u>ist</u>/ pół-nocno-wschodni

northern /<u>noo</u>-dhen/ pół-nocny

northward /<u>noofh</u>-łed/ na północ

northwest /noofh-<u>łest</u>/ północno-zachodni

Norway /<u>nor</u>-łei/ Norwegia

Norwegian /ne-<u>ły</u>-dżn/ 1. norweski 2. Norweg

nose /nełż/ 1. nos 2. dziób 3. przód

nosebleed /<u>nełż</u>-blid/ krwawienie z nosa

nostalgia /no-<u>steel</u>-dże/ 1. nostalgia 2. tęsknota

nostalgic /no-<u>steel</u>-dżyk/ nostalgiczny

nostril /<u>nos</u>-tryl/ 1. dziurka w nosie 2. nozdrze

not /not/ nie

notable /<u>neł</u>-tebl/ 1. godny uwagi 2. gospodarny

notary /<u>neł</u>-te-ry/ notariusz

notation /neł-<u>tei</u>-szn/ znakowanie

notch /nocz/ 1. wcięcie 2. szczerba 3. przesmyk

note /nełt/ 1. nuta 2. notatka 3. wiadomość 4. przypis 5. banknot 6. zauważać 7. notować

notebook /nełt-buk/ notes

noted /neł-tyd/ znany

noteworthy /nełt-łer-dhy/ godny uwagi

nothing /na-fhynn/ nic

notice /neł-tys/ 1. ogłoszenie 2. zauważać 3. spostrzegać

notifiable /neł-ty-fa-jebl/ podlegający zgłoszeniu

notification /neł-ty-fy-kei-szn/ podanie do wiadomości

notify /neł-ty-fai/ powiadamiać

notion /neł-szn/ pojęcie

notoriety /noł tc-raa-jety/ notoryczność

notorious /neł-too-ryjes/ notoryczny

nougat /nu-get/ nugat

nought /noot/ 1. zero 2. zły

noun /nałn/ rzeczownik

nourish /na-rysz/ 1. karmić 2. żywić

nourishing /na-ry-szynn/ odżywczy

nourishment /na-rysz-ment/ pokarm

nous /naus/ rozum

novel /no-wl/ powieść

novelette /no-we-let/ 1. opowiadanie 2. nowela

novelist /no-we-lyst/ powieściopisarz

novelty /no-wel-ty/ 1. nowość 2. nowinka

November /neł-wem-be/ listopad

novice /no-wys/ nowicjusz

noviciate /neł-wy-szyjet/ 1. nowicjat 2. praktyka

now /nał/ 1. teraz 2. obecnie

nowadays /nał-e-deiz/ 1. w dzisiejszych czasach 2. obecnie

nowhere /neł-łee/ nigdzie

noxious /nok-szes/ 1. szkodliwy 2. niezdrowy

nozzle /no-zl/ 1. dysza 2. wylot

nuance /nu-eens/ 1. odcień 2. niuans

nubile /nu-bel/ 1. dojrzały 2. nadający się do zamążpójścia

nuclear /nju-klyje/ 1. nuklearny 2. jądrowy

nucleus /nu-klyjes/ 1. jądro 2. zawiązek

nude /njud/ 1. nagi 2. akt

nudist /nju-dyst/ nudysta

nudge /nadż/ trącać łokciem

nugget /na-gyt/ samorodek złota

nuisance /nju-sens/ zawada

null /nal/ zerowy

nullify /na-ly-fai/ unieważniać

numb /nam/ zdrętwiały

numbness /nam-nes/ zdrętwienie

number /nam-be/ 1. liczba 2. numer 3. numerować 4. liczyć

numerable /nu-me-re-bel/ dający się policzyć

numeral /nu-me-rel/ 1. liczbowy 2. cyfra

numerate /nu-me-ret/ wyliczać

numeration /nu-me-rei-szn/ 1. obliczanie 2. numeracja

numerical /nu-me-rykl/ 1. liczbowy 2. liczebny

numerous /nju-me-res/ liczny

numskull /nam-skal/ głupiec

nun /nan/ zakonnica

nunnery /na-ne-ry/ klasztor żeński

nuptial /nap-szel/ 1. ślubny 2. weselny

nurse /ners/ 1. pielęgniarka 2. pielęgnować

nursery /ner-se-ry/ żłobek
nursing /nee-synn/ wychowanek
nursing-home /ner-synn-hełm/ dom starców
nurture /nee-cze/ 1. karmić 2. wychowywać
nut /nat/ 1. orzech 2. świr 3. nakrętka
nutcrackers /nat-kree-kes/ dziadek do orzechów
nutmeg /nat-meg/ gałka muszkatołowa
nutrient /nu-tryjent/ odżywczy
nutriment /nu-try-ment/ pokarm
nutrition /nju-try-szn/ odżywianie
nutritious /nu-try-szes/ pożywny
nuts /nats/ zbzikowany
nutty /na-ty/ 1. o smaku orzechowym 2. pomylony
nuzzle /na-zel/ 1. ryć 2. węszyć
nylon /nai-lon/ nylon
nymph /nymf/ nimfa

O

oak /ołk/ 1. dąb 2. dębowy
oaken /oł-ken/ dębowy
oar /oor/ 1. wiosłować 2. wiosło
oarlock /oor-lok/ dulka
oarsman /oors-men/ wioślarz
oasis /eł-ei-sys/ oaza
oast /ełst/ piec do suszenia chmielu
oat /ełt/ owies
oath /ełfh/ przysięga
obduracy /ob-de-resy/ zatwardziałość
obdurate /ob-de-ret/ zatwardziały
obedience /e-bi-dyjens/ posłuszeństwo
obedient /e-bi-dyjent/ posłuszny
obelisk /obe-lysk/ obelisk
obese /eł-bis/ otyły

obesity /eł-bi-syty/ otyłość
obey /e-bei/ 1. być posłusznym 2. słuchać 3. wykonywać
obituary /e-by-czuery/ nekrolog
object /ob-dżykt/ 1. obiekt 2. dopełnienie 3. cel
object /ob-dżekt/ sprzeciwiać się
objection /eb-dżek-szn/ 1. sprzeciw 2. zarzut
objective /eb-dżek-tyw/ 1. obiektywny 2. cel
objectivity /ob-dżek-ty-wy-ty/ 1. obiektywność 2. świat zewnętrzny
oblation /e-blei-szn/ ofiara
obligate /o-bly-geit/ 1. zobowiązywać 2. przymusowy
obligation /o-bly-gei-szn/ 1. zobowiązanie 2. obligacja
obligatory /e-bly-ge-try/ obowiązkowy
oblige /e-blai-dż/ zobowiązywać
oblique /e-blik/ 1. ukośny 2. pochyły 3. niewyraźny
obliterate /e-bly-te-reit/ 1. wymazać 2. zacierać
oblivion /e-bly-wyjen/ 1. zapomnienie 2. niepamięć
oblivious /e-bly-wyjes/ 1. niepomny 2. dający zapomnienie
oblong /ob-lonn/ 1. podłużny 2. prostokątny
obnoxious /eb-nok-szes/ 1. odrażający 2. ohydny
oboe /eł-beł/ obój
obscene /eb-sin/ 1. nieprzyzwoity 2. sprośny
obscure /eb-skjue/ 1. mało znany 2. niejasny 3. niewyraźny
obscurity /eb-skjue-re-ty/ obskurantyzm
obsequious /eb-sy-kłyjes/ służalczy
observable /eb-zee-webl/ 1. do-

strzegalny 2. godny uwagi
observance /eb-<u>zee</u>-wens/ 1. przestrzeganie 2. obrzęd 3. wysoki szacunek
observant /eb-<u>zee</u>-went/ 1. uważny 2. przestrzegający
observation /ob-ze-<u>wei</u>-szn/ 1. spostrzeżenie 2. obserwacja
observatory /eb-<u>zee</u>-wetry/ obserwatorium
observe /eb-<u>zerw</u>/ 1. zauważać 2. obserwować 3. przestrzegać
observer /eb-<u>zee</u>-we/ obserwator
obsess /eb-<u>ses</u>/ 1. opętać 2. prześladować
obsession /eb-<u>se</u>-szn/ obsesja
obsessive /eb-<u>se</u>-syw/ prześladujący
obsolescent /ob-se-<u>le</u>-sent/ 1. wychodzący z użycia 2. zanikający
obsolete /<u>ob</u>-se-lit/ 1. przestarzały 2. szczątkowy
obstacle /<u>ob</u>-stekl/ przeszkoda
obstetrician /ob-ste-<u>try</u>-szn/ położnik
obstetrics /eb-<u>ste</u>-tryks/ położnictwo
obstinacy /<u>ob</u>-sty-ne-sy/ upór
obstinate /<u>ob</u>-stynet/ 1. uparty 2. uporczywy
obstruct /eb-<u>strakt</u>/ 1. tamować 2. zasłaniać
obstruction /eb-<u>strak</u>-szen/ 1. przeszkoda 2. zatamowanie 3. obstrukcja
obstructive /eb-<u>stark</u>-tyw/ 1. zawadzający 2. tamujący 3. obstrukcyjny
obtain /eb-<u>tein</u>/ 1. uzyskiwać 2. otrzymywać
obtrude /eb-<u>trud</u>/ 1. narzucać 2. wysuwać
obtrusive /eb-<u>tru</u>-syw/ natrętny

obtuse /eb-<u>tjus</u>/ 1. tępy 2. zaokrąglony na końcu 3. kąt rozwarty
obviate /<u>ob</u>-wy-eit/ zapobiegać czemuś
obvious /<u>ob</u>-wyjes/ oczywisty
occasion /e-<u>kei</u>-żn/ 1. okazja 2. sytuacja 3. wydarzenie
occasionally /e-<u>kei</u>-żenly/ 1. czasami 2. rzadko
occupancy /<u>o</u>-kju-pen-sy/ zajmowanie
occupant /<u>o</u>-kju-pent/ 1. okupant 2. mieszkaniec 3. faktyczny posiadacz
occupation /okju-<u>pei</u>-szn/ 1. okupacja 2. zawód 3. zajęcie
occupier /<u>o</u>-kju-payje/ 1.użytkownik 2. posiadacz
occupy /<u>o</u>-kju-pai/ zajmować
occur /e-<u>ker</u>/ 1. zdarzać się 2. wydarzać się
occurrence /e-<u>ka</u>-rens/ występowanie
ocean /<u>eł</u>-szn/ ocean
ochre /<u>eł</u>-ke/ 1. ochra 2. forsa
o'clock /e-<u>klok</u>/ 1. według zegara 2. godzina
octagon /<u>ok</u>-tegn/ ośmiokąt
octane /<u>ok</u>-tein/ oktan
octave /<u>ok</u>-tyw/ oktawa
October /ok-<u>teł</u>-be/ październik
octogenarian /ok-te-dży-<u>ne</u>-ryjen/ człowiek osiemdziesięcioletni
octopus /<u>ok</u>-te-pes/ ośmiornica
ocular /<u>okju</u>-ler/ 1. oczny 2. naoczny
oculist /<u>o</u>-kju-lyst/ okulista
odd /od/ nieparzysty
oddity /<u>ode</u>-ty/ 1. dziwaczność 2. specyficzna cecha
oddment /<u>od</u>-ment/ resztka
odds /odż/ 1. nierówność 2. przewaga 3. niezgodność 4. szanse

ode /ełd/ oda
odious /eł-dyjes/ nienawistny
odium /eł-dyjem/ odium
odour /eł-de/ zapach
odyssey /o-dy-sy/ odyseja
oecumenical /i-kju-me-nykl/ eku-meniczny
of /ew/ 1. z 2. od 3. o 4. w
off /of/ 1. poza 2. z 3. od
off-beat /of-bit/ 1. słabe uderzenie 2. niebanalny
off-day /of-dei/ zły dzień
offence /e-fens/ 1. przestępstwo 2. wykroczenie 3. obraza
offend /e-fend/ obrażać
offensive /e-fen-syw/ 1. obraźliwy 2. zaczepny 3. ofensywa
offer /o-fe/ 1. oferta 2. propozycja 3. oferować 4. proponować
offering /oo-fe-rynn/ ofiara
offertory /o-fe-too-ry/ 1. ofiarowanie 2. zbiórka
off-hand /of-heend/ 1. od ręki 2. bezceremonialnie
office /o-fys/ 1. biuro 2. urząd 3. gabinet
officer /o-fy-se/ 1. oficer 2. policjant 3. przedstawiciel
official /e-fy-szl/ 1. urzędowy 2. oficjalny
officiate /e-fy-szy-eit/ 1. urzędować 2. celebrować
officious /e-fy-szes/ 1. natrętny 2. nadmiernie gorliwy
offing /oo-fynn/ pełne morze
offish /oo-fysz/ trzymający się z daleka
off-licence /of-lai-sens/ koncesja na sprzedaż napojów alkoholowych
off-load /of-ełd/ wyładowywać
off-set /of-set/ 1. równoważyć 2. drukować techniką offsetową

off-shoot /of-szut/ 1. odrośl 2. odnoga
offside /of-said/ spalony
offspring /of-sprynn/ potomstwo
often /o-fn/ często
ogle /eł-gel/ patrzeć zalotnie
ogre /eł-ge/ potwór
oh /eł/ ach
oil /oil/ 1. oliwa 2. ropa naftowa 3. oliwić
oil-can /oil-keen/ oliwiarka
oil-fired /oil-fajed/ opalany olejem
oil-painting /oil-pain-tynn/ obraz olejny
oil-skin /oil-skyn/ peleryna
oily /oi-ly/ 1. oleisty 2. obleśny
ointment /oint-ment/ maść
okay /eł-kei/ 1. w porządku 2. zgoda 3. nie ma sprawy
okra /eł-kre/ róża chińska
old /euld/ stary
old-fashioned /euld-fee-sznd/ staroświecki
old-timer /euld-tai-me/ 1. starsza osoba 2. weteran
oleaginous /euly-ee-dży-nes/ oleisty
oligarchy /oly-gaa-ky/ oligarchia
olive /o-lyw/ oliwka
Olympic /e-lym-pyk/ olimpijski
ombudsman /om-budz-meen/ rzecznik
omelette /om-let/ omlet
omen /eł-men/ omen
ominous /omy-nes/ złowieszczy
omission /e-my-szn/ 1. przeoczenie 2. pominięcie
omit /e-myt/ opuszczać
omnibus /om-ny-bes/ omnibus
omnipotence /om-ny-pe-tens/ wszechmoc
omnipotent /om-ny-pe-tent/ wszechmocny

on /on/ 1. na 2. w 3. przy 4. u
once /łans/ 1. raz 2. zaraz 3. kiedyś
oncoming /on-<u>ka</u>-mynn/ nadchodzący
one /łan/ jeden
onerous /<u>oo</u>-ne-res/ uciążliwy
oneself /łan-<u>self</u>/ 1. się 2. sobie 3. samemu
one-sided /łan-<u>sai</u>-dyd/ jednostronny
one-way /<u>łan</u>-łei/ jednokierunkowy
onion /<u>a</u>-nyjen/ cebula
onlooker /<u>on</u>-lu-ke/ widz
only /<u>eł</u>-nly/ 1. tylko 2. jedynie 3. dopiero
onomatopoeia /e-no-me-te-<u>pyje</u>/ onomatopeja
onrush /<u>on</u>-rasz/ 1. napór 2. natarcie
onset /<u>on</u>-set/ 1. napad 2. rozpęd 3. początek choroby
onshore /<u>on</u>-szoo/ nadbrzeżny
onslaught /<u>on</u>-sloot/ gwałtowny atak
onto /<u>on</u>-te/ na
onus /<u>eł</u>-nes/ 1. ciężar 2. obowiązek
onward /<u>on</u>-łed/ 1. do przodu 2. począwszy od
onyx /<u>o</u>-nyks/ onyks
oodles /<u>uu</u>-dlz/ nadmiar
ooze /uuz/ 1. sączenie 2. uchodzenie.
opacity /eł-<u>pee</u>-se-ty/ 1. nieprzezroczystość 2. tępota
opal /<u>eł</u>-pl/ opal
opaque /eł-<u>peik</u>/ nieprzezroczysty
open /<u>eł</u>-pn/ 1. otwarty 2. wolny 3. otwierać 4. rozpoczynać
open-air /<u>eł</u>-pn-ee/ na wolnym powietrzu
open-cast /<u>eł</u>-pn-kast/ budowa odkrywkowa
open-ended /eł-pn-<u>en</u>-dyd/ nielimitowany
opener /<u>eł</u>-pne/ otwieracz
openess /<u>eł</u>-pnes/ 1. otwartość 2. brak uprzedzeń
open-handed /eł-pn-<u>heen</u>-dyd/ 1. szczodry 2. hojny
open-hearted /eł-pn-<u>haa</u>-tyd/ 1. szczery 2. serdeczny
opening /<u>eł</u>-pe-nynn/ 1. otwór 2. rozwarcie 3. wstępny
openly /<u>eł</u>-pen-ly/ 1. szczerze 2. otwarcie
open-minded /eł-pn-<u>main</u>-dyd/ bez uprzedzeń
opera /<u>o</u>-pre/ opera
operate /<u>o</u>-pe-reit/ działać
operation /o-pe-<u>rei</u>-szn/ 1. operacja 2. działanie
operative /<u>o</u>-pe-re-tyw/ 1. skuteczny 2. praktyczny 3. czynny 4. operacyjny
operator /<u>o</u>-pe-rei-te/ 1. operator 2. telefonistka
operetta /o-pe-<u>re</u>-te/ operetka
opinion /e-<u>py</u>-nyjen/ 1. opinia 2. pogląd
opium /<u>eł</u>-pyjem/ opium
opponent /e-<u>peł</u>-nent/ 1. oponent 2. przeciwnik
opportune /o-pe-<u>tjuun</u>/ 1. odpowiedni 2. w porę
opportunism /ope-<u>tjuu</u>-nyzm/ oportunizm
opportunist /o-pe-<u>tjuu</u>-nyst/ oportunista
opportunity /ope-<u>tjuu</u>-nyty/ 1. sposobność 2. okazja
oppose /e-<u>pełz</u>/ sprzeciwiać się
opposite /<u>o</u>-pe-zyt/ 1. naprzeciw 2. przeciwny
opposition /o-pe-<u>zy</u>-szn/ opozycja

oppress /e-<u>pres</u>/ 1. przygniatać 2. gnębić

oppresion /e-<u>pre</u>-szn/ ucisk

oppressive /e-<u>pre</u>-syw/ 1. gnębiący 2. uciskający

oppressor /e-<u>pre</u>-se/ ciemiężca

opt /opt/ optować

optic /<u>op</u>-tyk/ 1. wzrokowy 2. optyczny

optical /<u>op</u>-tykl/ optyczny

optician /op-<u>ty</u>-szn/ optyk

optics /<u>op</u>-tyks/ optyka

optimism /<u>op</u>-ty-myzm/ optymizm

optimist /<u>op</u>-tymyst/ optymista

optimistic /opty-<u>mys</u>-tyk/ optymistyczny

optimum /<u>op</u>-ty-mem/ optimum

option /<u>op</u>-szn/ 1. wybór 2. opcja

optional /<u>op</u>-szenl/ nadobowiązkowy

opus /<u>el</u>-pes/ opus

or /oo/ 1. albo 2. lub

oracle /<u>o</u>-re-kl/ wyrocznia

oral /<u>oo</u>-rl/ ustny

orange /<u>o</u>-ryndż/ pomarańcza

orang-outang /<u>oo</u>-renn-<u>u</u>-teenn/ orangutan

orate /o-<u>reit</u>/ palnąć orację

oration /o-<u>rei</u>-szn/ 1. uroczyste przemówienie 2. oracja

orator /<u>o</u>-re-te/ 1. mówca 2. powód

oratory /<u>o</u>-re-try/ 1. krasomówstwo 2. kaplica prywatna

orb /oob/ 1. ciało niebieskie 2. kula

orbit /<u>oo</u>-byt/ 1. orbita 2. okrążać

orchard /<u>oo</u>-czed/ sad

orchestra /<u>oo</u>-kys-tre/ orkiestra

orchestrate /<u>oo</u>-ky-streit/ układać na orkiestrę

orchid /<u>oo</u>-kyd/ 1. orchidea 2. storczyk

ordain /o-<u>dein</u>/ 1. wyświęcać 2. mianować

ordeal /o-<u>dil</u>/ 1. ciężka próba 2. sąd Boży

order /<u>oo</u>-de/ 1. rozkaz 2. zarządzenie 3. porządek 4. zakon 5. rozkazywać 6. zamawiać 7. porządkować

orderly /<u>oo</u>-de-ly/ ułożony

ordinal /<u>oo</u>-dynel/ porządkowy

ordinance /<u>oo</u>-de-nens/ 1. zarządzenie 2. komunia

ordinary /<u>oo</u>-den-ry/ 1. zwyczajny 2. zwykły 3. pospolity

ordination /ody-<u>nei</u>-szn/ 1. wyświęcenie 2. zarządzenie 3. układ

ordnance /<u>ood</u>-nens/ 1. działo 2. broń i amunicja

ore /oor/ ruda

organ /<u>oo</u>-gn/ 1. organ 2. narząd

organic /oo-<u>gee</u>-nyk/ organiczny

organism /<u>oo</u>-ge-nyzm/ organizm

organization /oo-ge nai-<u>zei</u>-szn/ organizacja

organize /<u>oo</u>-ge-naiz/ organizować

orgy /<u>oo</u>-dży/ orgia

orient /<u>oo</u>-ry-jent/ 1. orient 2. połysk

oriental /ory-<u>entl</u>/ orientalny

orientate /<u>oo</u>-ry-jen-teit/ orientować się

orifice /<u>o</u>-ry-fys/ 1. otwór 2. wylot

origin /<u>o</u>-re-dżyn/ 1. pochodzenie 2. początek

original /e-<u>ry</u>-dżynl/ 1. oryginalny 2. pierwotny

originally /o-<u>ry</u>-dży-nely/ początkowo

ornament /<u>oo</u>-ne-ment/ ozdoba

ornate /o-<u>neit</u>/ ozdobny

ornithological /ony-fhe-<u>loo</u>-dżykl/ ornitologiczny

ornithologist /ony-<u>fhoo</u>-le-dżyst/ ornitolog

ornithology /ony-<u>fhoo</u>-ledży/ ornitologia

orphan /oo-fn/ sierota

orphanage /oo-fe-nydż/ sierociniec

orthodox /oo-fhe-doks/ prawosławny

orthography /o-fhoo-grefy/ ortografia

orthopaedic /ofhe-pi-dyk/ ortopedyczny

oscillate /o-sy-leit/ 1. oscylować 2. drgać

ossify /oo-sy-fai/ kostnieć

ostensible /os-ten-sebl/ rzekomy

ostentation /os-ten-tei-szn/ ostentacja

ostentatious /os-ten-tei-szes/ ostentacyjny

ostracize /oos-tre-saiz/ 1. skazywać na wygnanie 2. wykluczać

ostrich /oos-trycz/ struś

other /a-dhe/ 1. inny 2. drugi

otherwise /adhe-łaiz/ 1. inaczej 2. poza tym

otter /oo-te/ wydra

ought /oot/ powinno się

ounce /ałns/ uncja

our /ałe/ nasz

ourselves /aa-selwz/ 1. się 2. siebie 3. sami

oust /ałst/ usuwać

out /ałt/ 1. poza 2. na zewnątrz

outbid /ałt-byd/ przelicytowywać

outboard /ałt-bood/ za burtą

outbreak /ałt-breik/ 1. wybuch 2. epidemia 3. bunt

outburst /ałt-best/ wybuch

outcast /ałt-kaast/ 1. wyrzutek 2. włóczęga

outclass /ałt-klaas/ przewyższać klasą

outcome /ałt-kam/ wynik

outcry /ałt-krai/ 1. okrzyk 2. licyta-

cja

outdated /ałt-dei-tyd/ przestarzały

outdoors /ałt-dooz/ 1. zewnątrz 2. poza domem

outer /ał-te/ zewnętrzny

outfit /ałt-fyt/ 1. strój 2. ekipa

outflank /ałt-fleennk/ zachodzić z flanki

outgoing /ałt-ge-łynn/ 1. wydatki 2. wyjście

outgrow /ałt-greł/ 1. wyrastać 2. pozbywać się

outgrowth /ałt-grełfh/ 1. następstwo 2. wynik 3. narośl

outhouse /ałt-hałs/ 1. dobudówka 2. ustęp zewnętrzny

outing /ał-tynn/ 1. wycieczka 2. otwarte morze

outlandish /ałt-leen-dysz/ 1. dziwaczny 2. obcy 3. ustronny

outlast /ałt-laast/ przetrwać dłużej niż

outlaw /ałt-loo/ 1. wyjęty spod prawa 2. banita

outlet /ałt-let/ wylot

outline /ałt-lain/ 1. zarys 2. szkic 3. szkicować

outlook /ałt-luk/ pogląd

outmanoeuvre /ałt-me-nuu-we/ przechytrzać

outmatch /ałt-meecz/ prześcigać

outmost /ałt-mełst/ najbardziej zewnętrzny

outnumber /ałt-nam-be/ przewyższać liczebnie

out-of-date /ałt-ew-deit/ przestarzały

outpatient /ałt-pei-sznt/ pacjent ambulatoryjny

outpost /ałt-płst/ wysunięty posterunek

outpouring /ałt-poo-rynn/ wylew uczuć

output /ałt-put/ 1. produkcja 2. twórczość

outrage /ałt-reidż/ 1. gwałt 2. zniewaga

outrageous /ałt-rei-dżes/ 1. ciężki 2. bezczelny 3. gwałtowny

outright /ałt-rait/ 1. całkowity 2. stanowczy 3. bezpośredni

outrival /ałt-raiwl/ przewyższać rywala

outrun /ałt-ran/ 1. przegonić 2. wymykać się

outset /ałt-set/ od początku

outshine /ałt-szain/ zaćmiewać

outside /ałt-said/ 1. zewnętrzny 2. na zewnątrz 3. przed 4. poza

outsider /ałt-sai-de/ 1. człowiek postronny 2. laik

outsize /ałt-saiz/ 1. bardzo duży 2. odzież ponad miarę

outskirts /ałt-skets/ 1. skraj 2. margines

outsmart /ałt-smaat/ przechytrzać kogoś

outspoken /ałt-speł-kn/ 1. szczery 2. otwarty

outspread /ałt-spred/ 1. rozpostarty 2. rozpowszechniony

outstanding /ałt-steen-dynn/ 1. wybitny 2. zaległy

outstay /ałt-stei/ przetrzymywać kogoś

outstrip /ałt-stryp/ wyprzedzać

outward /ałt-łed/ zewnętrzny

outwear /ałt-łee/ 1. przetrwać 2. zużywać

outweigh /ałt-łei/ przeważać

outwit /ałt-łyt/ przechytrzać

oval /eł-wl/ 1. owalny 2. owal

ovary /eł-we-ry/ jajnik

ovation /eł-wei-szn/ owacja

oven /a-wn/ piekarnik

over /eł-we/ 1. ponad 2. przez 3. nad

overactive /eł-wer-eek-tyw/ nadpobudliwy

overall /eł-wer-ool/ całkowity

overalls /eł-wer-oolz/ kombinezon

overawe /eł-wer-oo/ onieśmielać

overbalance /eł-we-bee-lns/ 1. przewaga 2. nadwyżka

overbear /eł-we-bee/ 1. przemagać 2. onieśmielać 3. lekceważyć

overbid /eł-we-byd/ przelicytowywać

overboard /eł-we-bood/ za burtą

overburden /eł-we-be-dn/ przeciążać

overcame → overcome

overcast /eł-we-kaast/ 1. zachmurzony 2. obrębiony

overcharge /eł-we-czaadż/ 1. zbyt wysoka cena 2. przeciążenie

overcloud /eł-we-kład/ chmurzyć się

overcoat /eł-we-kełt/ palto

overcome /eł-we-kam/ 1. przezwyciężać 2. pokonywać

overcook /eł-we-kuk/ przegotowywać

overcrowded /eł-we-krał-dyd/ przepełniony

overdid → overdo

overdo /eł-we-duu/ przesadzać

overdone → overdo

overdose /eł-we-dełs/ przedawkować

overdraft /eł-we-draaft/ 1. przekroczenie rachunku bankowego 2. przeciąg

overdraw /eł-we-droo/ przekraczać

overdress /eł-we-dres/ ubierać się zbyt wystawnie

overdue /eł-we-djuu/ przeciągać

termin płatności

overflow /eł-we-<u>fleł</u>/ przelewać się

overgrown /eł-we-<u>grełn</u>/ 1. zarośnięty 2. wyrośnięty nad wiek

overgrowth /eł-we-grełfh/ 1. zarośla 2. zarastanie

overhang /eł-we-<u>heenn</u>/ 1. zwisanie 2. występ

overhaul /eł-we-<u>hool</u>/ 1. przeglądać 2. dopędzać

overhead /eł-we-<u>hed</u>/ ponad głową

overhear /eł-we-<u>hyje</u>/ podsłuchać

overheard → overhear

overlap /eł-we-<u>leep</u>/ zachodzić na siebie

overload /eł-we-<u>lełd</u>/ przeciążać

overloaded /eł-we-<u>leł</u>-dyd/ 1. przeciążony 2. przeładowany

overlook /eł-we-<u>luk</u>/ 1. przeoczyć 2. przegapiać

overmaster /<u>eł</u>-we-maas-te/ opanować

overnight /eł-we-<u>nait</u>/ 1. na noc 2. z dnia na dzień

overpass /<u>eł</u>-we-paas/ 1. przechodzić przez coś 2. przekraczać 3. pomijać

overpay /eł-we-<u>pei</u>/ 1. przepłacić 2. nadpłacić

overpopulation /eł-we-po-pju-<u>lei</u>-szn/ przeludnienie

overpower /eł-we-<u>pa</u>-łe/ 1. przemagać 2. poskramiać

overrate /eł-we-<u>reit</u>/ 1. przeceniać 2. opodatkować zbyt wysoko

overreach /eł-we-<u>ricz</u>/ 1. sięgać poza coś 2. nadwerężać

override /eł-we-<u>raid</u>/ 1. pomijać 2. przełamywać

overrule /eł-we-<u>ruul</u>/ 1. przechodzić do porządku dziennego 2. pomijać

overrun /eł-we-<u>ran</u>/ 1. najechać 2. wybiegać

oversaw → oversee

overseas /eł-we-<u>siz</u>/ 1. zagraniczny 2. za granicą

oversee /eł-we-<u>si</u>/ nadzorować

overseen → oversee

oversensitive /eł-we-<u>sen</u>-sy-tyw/ 1. przeczulony 2. nadwrażliwy

overshadow /eł-we-<u>szee</u>-deł/ 1. zaćmiewać 2. zasłaniać

overshoe /<u>eł</u>-we-szuu/ kalosz

overshoot /eł-we-<u>szuut</u>/ 1. przestrzeliwać 2. przeholować

oversight /<u>eł</u>-we-sait/ przeoczenie

oversimplification /ełwe-sym-ply-fy-<u>kei</u>-szn/ uproszczenie

oversleep /eł-we-<u>slip</u>/ zaspać

overslept → oversleep

overspill /<u>eł</u>-we-spyl/ przelewać

overstep /eł-we-<u>step</u>/ przekraczać

overstock /eł-we-<u>stok</u>/ 1. przeciążyć 2. zrobić nadmierne zapasy

overstrung /eł-we-<u>strann</u>/ wyczerpany nerwowo

overt /<u>eł</u>-wet/ jawny

overtake /eł-we-<u>teik</u>/ 1. doganiać 2. wyprzedzać

overtax /eł-we-<u>teeks</u>/ przeciążać podatkami

overthrew → overthrow

overthrow /eł-we-<u>fhreł</u>/ 1. przewracać 2. obalać

overthrown /ełwe-<u>fhrełn</u>/ → overthrow

overtime /<u>eł</u>-we-taim/ 1. nadgodziny 2. dogrywka

overture /<u>eł</u>-we-cze/ 1. oferta 2. uwertura

overturn /eł-we-<u>tem</u>/ 1. wywracać 2. przewracać 3. obalać

overweight /<u>eł</u>-we-łeit/ nadwaga

overwhelming /eł-we-<u>łeł</u>-mynn/

przytłaczający
overwork /eł-we-<u>łek</u>/ 1. przemęczać się 2. przeciążać pracą
oviduct /<u>eł</u>-wy-dakt/ jajowód
ovum /<u>eł</u>-wm/ zalążek
owe /eł/ być dłużnym
owing /<u>e</u>-łynn/ należny
owl /aul/ sowa
own /ełn/ 1. posiadać 2. własny
owner /<u>eł</u>-ne/ właściciel
ox /oks/ wół
oxidize /<u>oksy</u>-daiz/ utleniać się
oxygen /<u>o</u>-ksydżn/ tlen
oyster /<u>oi</u>-ste/ ostryga
ozone /<u>o</u>-zon/ ozon

P

pa /paa/ tatuś
pace /peis/ 1. kroczyć 2. krok 3. tempo
pace-maker /<u>peis</u>-mei-ke/ regulator rytmu
pacific /pe-<u>sy</u>-fyk/ pokojowy
pacification /pee-sy-fy-<u>kei</u>-szn/ 1. pacyfikacja 2. układ pokojowy
pacifier /<u>pee</u>-sefyje/ smoczek
pacifism /<u>pee</u>-sy-fyzm/ pacyfism
pacifist /<u>pee</u>-sy-fyst/ pacyfista
pacify /<u>pee</u>-sy-fai/ 1. pacyfikować 2. uspakajać
pack /peek/ 1. paczka 2. plecak 3. talia 4. pakować (się)
package /<u>pee</u>-kydż/ 1. paczka 2. pakować
packer /<u>pee</u>-ke/ pakowacz
packet /<u>pee</u>-kyt/ 1. paczka 2. opakowanie
packing /<u>pee</u>-kynn/ pakowanie
pact /peekt/ 1. układ 2. pakt
pad /peed/ 1. bloczek 2. blok papieru
paddle /<u>pee</u>-dl/ wiosłować

paddock /<u>pee</u>-dek/ wybieg dla koni
paddy /<u>pee</u>-dy/ 1. ryż niełuszczony 2. rozdrażnienie
padlock /<u>peed</u>-lok/ kłódka
padre /<u>paad</u>-rei/ kapelan
pagan /<u>pei</u>-gn/ 1. poganin 2. pogański 3.pogaństwo
page /peidż/ 1. przyzywać 2. kartka 3. stronica
pageant /<u>pee</u>-dżent/ 1. widowisko 2. pokaz
pagination /pee-dży-<u>nei</u>-szn/ paginacja
pagoda /pe-<u>geł</u>-de/ pagoda
paid → pay
pail /peil/ wiadro
pain /pein/ 1. ból 2. cierpienie
painful /<u>pein</u>-fl/ bolesny
painkiller /<u>pein</u>-kyle/ środek przeciwbólowy
painless /<u>pein</u>-les/ bezbolesny
pains /peinz/ 1. trud 2. starania
painstaking /<u>peins</u>-tei-kynn/ 1. staranny 2. pracowity
paint /peint/ 1. malować 2. farba
paintbrush /<u>peint</u>-brasz/ pędzel
painter /<u>pein</u>-te/ malarz
painting /<u>pein</u>-tynn/ obraz
pair /pee/ 1. para 2. dwa
pajamas /pe-<u>dżaa</u>-mez/ piżama
pal /peel/ 1. przyjaciel 2. kumpel
palace /<u>pee</u>-lys/ pałac
palatable /<u>pee</u>-le-tebl/ 1. smaczny 2. przyjemny
palate /<u>pee</u>-let/ podniebienie
palatial /pe-<u>lei</u>-szl/ pałacowy
pale /peil/ blady
paleontologist /pe-ly-on-<u>to</u>-ledżyst/ paleontolog
paleontology /pe-ly-on-<u>to</u>-ledży/ paleontologia
palette /<u>pee</u>-lyt/ paleta malarska
paling /<u>pei</u>-lynn/ ogrodzenie z pali

193 paralysis

palish /pei-lysz/ bladawy
pall /pool/ 1. całun 2. znudzić się
pallet /pee-lyt/ 1. siennik 2. paleta
pallid /pee-lyd/ blady
pallor /pee-le/ bladość
palm /paam/ 1. dłoń 2. palma
palmist /paa-myst/ chiromant
palpable /peel-pe-bl/ namacalny
palpitate /peel-py-teit/ 1. drgać 2. kołatać
palpitation /peel-py-tei-szn/ 1. palpitacja 2. bicie serca
paltry /pool-try/ 1. marny 2. drobny
pamper /peem-pe/ rozpieszczać
pamphlet /peem-flet/ broszura
pan /peen/ patelnia
panacea /pee-ne-syje/ panaceum
panache /pee-neesz/ 1. pióropusz 2. ostentacja
pancake /peen-keik/ 1. naleśnik 2. placek
pancreas /pcenn kryjoe/ trzustka
panda /peen-de/ niedźwiedź panda
pandemonium /peen-dy-mel-ny-jem/ pandemonium
pander /peen-de/ 1. stręczyciel 2. zachęcać do złego
pane /pein/ szyba
panel /pee-nl/ 1. zespół ekspertów 2. komisja
pang /peenn/ 1. ból 2. męka
panic /pee-nyk/ 1. panikować 2. panika
panorama /pee-ne-raa-me/ panorama
panoramic /pee-ne-ree-myk/ panoramiczny
pan-pipe /peen-paip/ fujarka
pansy /peen-zy/ bratek
pant /peent/ 1. dyszeć 2. sapanie
pantaloon /peen-te-luun/ majtki

pantechnicon /peen-tek-nykn/ wóz meblowy
pantheism /peen-fhy-yzm/ panteizm
panther /peen-fhe/ pantera
panties /peen-tyz/ majtki damskie
pantomime /peen-te-maim/ pantomima
pantry /peen-try/ spiżarka
pants /peents/ spodnie
pantyhose /peen-tyhełz/ rajstopy
papa /pe-paa/ tata
papacy /pei-pe-sy/ papiestwo
papal /pei-pl/ papieski
paper /pei-pe/ papier
paperback /pei-pe-beek/ książka w miękkiej okładce
paper-mill /pei-pe-myl/ papiernia
paperwork /pei-pe-łerk/ dokumentacja
paprika /pee-pry-ke/ papryka
papyrus /pe-payje-res/ papirus
par /paa/ 1. równość 2. przeciętny
parable /pee-rebl/ przypowieść
parabola /pe-ree-bele/ parabola
parabolic /peere-bolyk/ paraboliczny
parachute /pee-reszut/ spadochron
parachutist /peere-szuu-tyst/ spadochroniarz
parade /pe-reid/ 1. parada 2. pochód
paradise /pee-redais/ raj
paradox /pee-redoks/ paradoks
paraffin /peere-fyn/ parafina
paragon /pee-regn/ wzór doskonałości
paragraph /pee-re-graaf/ paragraf
parallel /pee-relel/ 1. równoległy 2. zbliżony 3. podobny 4. paralela
paralyse /pee-relaiz/ paraliżować
paralysis /pe-reele-sys/ paraliż

paramedic /pere-<u>me</u>-dyk/ sanitariusz
parameter /pe-<u>ree</u>-myte/ parametr
paramilitary /pee-re-<u>my</u>-lytry/ paramilitarny
paramount /<u>pee</u>-re-małnt/ najwyższy
paranoia /peere-<u>noo</u>-yje/ paranoja
parapet /<u>pee</u>-repyt/ 1. poręcz 2.
parapet
paraphernalia /pee-refe-<u>nei</u>-lyje/
rzeczy osobiste
paraphrase /<u>pee</u>-re-freiz/ parafraza
paraplegia /pee-re-<u>pli</u>-dże/ częściowy paraliż
parasite /<u>pee</u>-re-sait/ pasożyt
parasitic /pee-re-<u>sy</u>-tyk/ paso-
żytniczy
parasol /<u>pee</u>-re-sol/ parasolka
paratroops /<u>pee</u>-re-truups/ wojska
spadochronowe
parboil /<u>paa</u>-boil/ podgotowywać
parcel /<u>paa</u>-sl/ 1. paczka 2. pakować
parch /paacz/ prażyć
parchment /<u>paacz</u>-ment/ pergamin
pardon /<u>par</u>-dn/ przebaczenie
pare /pee/ 1. obcinać 2. okrawać
parent /<u>pe</u>-erent/ rodzic
parentage /<u>pe</u>-eren-tydż/ pochodzenie
parental /pe-<u>rentl</u>/ rodzicielski
parenthesis /pe-<u>ren</u>-fhe-sys/ nawias okrągły
parish /<u>pee</u>-rysz/ parafia
parishioner /pe-<u>ry</u>-szene/ parafianin
parity /<u>pee</u>-re-ty/ 1. równość 2.
równowartość
park /paak/ 1. parkować 2. park
parking /<u>paa</u>-kynn/ 1. parking 2.

parkowanie
parliament /<u>paa</u>-lement/ parlament
parliamentarian /paa-le-men-<u>tee</u>-
ryjen/ parlamentarzysta
parliamentary /paa-le-<u>men</u>-try/
parlamentarny
parlour /<u>par</u>-le/ 1. pokój przyjęć 2.
salon
parochial /pe-<u>reł</u>-kyjel/ parafialny
parody /<u>pee</u>-re-dy/ parodia
parole /pe-<u>reul</u>/ przedterminowe
zwolnienie
paroxysm /<u>pee</u>-rek-syzm/ parok-
syzm
parquet /<u>par</u>-kei/ parkiet
parricide /<u>pee</u>-ry-said/ 1. ojcobójca 2. ojcobójstwo
parrot /<u>pee</u>-ret/ papuga
parry /<u>pee</u>-ry/ 1. unikać 2. wymi-
jająca odpowiedź
parse /paaz/ rozbierać grama-
tycznie
parsimonious /paa-sy-<u>meł</u>-nyjes/
1. oszczędny 2. skąpy
parsley /<u>par</u>-sly/ pietruszka
parsnip /<u>paa</u>-snyp/ pasternak
parson /<u>paa</u>-sn/ proboszcz
part /part/ 1. część 2. rola 3. odcinek 4. rozdzielać 5. rozstawać się
partake /paa-<u>teik</u>/ 1. uczestniczyć
2. dzielić
partial /<u>paa</u>-szl/ częściowy
partially /<u>paa</u>-szly/ częściowo
participant /par-<u>ty</u>-sy-pent/ uczestnik
participate /par-<u>ty</u>-sypeit/ uczestniczyć
participation /par-tysy-<u>pei</u>-szn/
współudział
participle /<u>paa</u>-ty-sypl/ imiesłów
particle /<u>par</u>-tykl/ cząstka
particular /pe-<u>ty</u>-kjule/ 1. szczególny 2. szczegółowy

parting /paa-tynn/ 1. rozdział 2. rozstanie

partisan /paa-ty-<u>zeen</u>/ 1. stronnik 2. partyzant

partition /par-<u>ty</u>-szn/ 1. podział 2. przepierzenie

partly /<u>par</u>-tly/ częściowo

partner /<u>part</u>-ne/ 1. partner 2. udziałowiec 3. wspólnik

partnership /<u>part</u>-ne-szyp/ 1. spółka 2. partnerować

partook → partake

partridge /<u>paa</u>-trydż/ kuropatwa

party /<u>par</u>-ty/ 1. partia 2. przyjęcie 3. prywatka

pass /paas/ 1. spędzać 2. podawać 3. mijać 4. wyprzedzać 5. zdawać 6. uchwalać 7. przekraczać 8. przepustka 9. zaliczenie 10. przełęcz

   pass away umrzeć

   pass between 1. zachodzić 2. wymieniać

   pass by przechodzić obok

   pass for uchodzić za

   pass into dostać wstęp do

   pass off 1. mieć miejsce 2. przemijać

   pass on 1. wydawać (wyrok) 2. umrzeć

   pass out 1. mdleć 2. opuszczać

passable /<u>paas</u>-ebl/ 1. znośny 2. prawdziwy

passage /<u>pee</u>-sydż/ 1. ustęp 2. przejście 3. podróż

passenger /<u>pee</u>-sen-dże/ pasażer

passer-by /paa-se-<u>bai</u>/ przechodzień

passing /<u>paa</u>-synn/ 1. przemijający 2. bieżący 3. dostateczny

passion /<u>pee</u>-szn/ pasja

passionate /<u>pee</u>-szenet/ namiętny

passive /<u>pee</u>-syw/ bierny

Passover /<u>paas</u>-eł-we/ Pascha

passport /<u>paas</u>-poot/ paszport

password /<u>pass</u>-łerd/ hasło

past /paast/ 1. przeszłość 2. przeszły 3. poprzedni 4. obok

pasta /<u>pees</u>-te/ makaron

pastel /<u>pee</u>-stl/ pastel

pastern /<u>pee</u>-stn/ pęcina

pasteurize /<u>pees</u>-cze-raiz/ pasteryzować

pasteurization /pees-cze-rai-<u>zei</u>-szn/ pasteryzacja

pastille /<u>pee</u>-styl/ 1. pastylka 2. pastel

pastime /<u>paas</u>-taim/ rozrywka

pastor /<u>paa</u>-ste/ pastor

pastoral /<u>paa</u>-ste-rel/ 1. pasterski 2.sielankowy 3. sztuka 4. pastorałka 5. pasterał

pastry /<u>pei</u>-stry/ 1. ciasto 2. ciastko

pasture /<u>paas</u>-cze/ 1. pastwisko 2. pasza

pasty /<u>pei</u>-sty/ ciastowaty

pat /peet/ 1. klepać 2. klaps

patch /peecz/ 1. łatać 2. łata

patent /<u>pei</u>-tent/ patent

paternal /pe-<u>te</u>-nl/ ojcowski

paternity /pe-<u>te</u>-ne-ty/ 1. pochodzenie 2. ojcostwo

path /paafh/ ścieżka

pathetic /pe-<u>fhe</u>-tyk/ żałosny

pathfinder /<u>paafh</u>-fain-de/ pionier

pathological /pe-fhe-<u>lo</u>-dży-kl/ patologiczny

pathologist /pe-<u>fho</u>-le-dżyst/ patolog

pathology /pe-<u>fho</u>-ledży/ patologia

pathos /<u>pei</u>-fhos/ patos

patience /<u>pei</u>-szns/ cierpliwość

patient /<u>pei</u>-sznt/ 1. pacjent 2. cierpliwy

patio /<u>pee</u>-tyjeł/ wewnętrzny dzie-

dziniec
patisserie /pe-<u>tis</u>-ry/ cukiernia
patriarch /<u>pei</u>-try-aak/ 1. patriarcha 2. biskup
patricide /<u>pee</u>-try-said/ 1. ojcobójstwo 2. ojcobójca
patrimony /<u>pee</u>-try-me-ny/ 1. dziedzictwo 2. majątek 3. fundacja
patriot /<u>pei</u>-tryjet/ patriota
patriotic /peitry-<u>o</u>-tyk/ patriotyczny
patriotism /<u>pei</u>-tryje-tyzm/ patriotyzm
patrol /pe-<u>treul</u>/ 1. patrolować 2. patrol
patron /<u>pei</u>-tren/ 1. patron 2. stały klient
patronage /<u>pee</u>-trenydż/ patronat
patronize /<u>pee</u>-tre-naiz/ 1. protegować 2. popierać
patter /<u>pee</u>-te/ 1. dreptać 2. stukać 3. gadać 4. klepać 5. stukot 6. gadanina 7. gwara
pattern /<u>pee</u>-tn/ wzór
paucity /<u>poo</u>-se-ty/ szczupłość
paunch /pooncz/ 1. brzuch 2. żołądek
pauper /<u>poo</u>-pe/ 1. biedak 2. ubogi
pause /pooz/ 1. pauza 2. przerwa 3. zatrzymywać się
pave /peiw/ 1. brukować 2. torować
pavement /<u>peiw</u>-ment/ 1. chodnik 2. nawierzchnia
pavilion /pe-<u>wy</u>-lyjen/ 1. pawilon 2. szatnia
paw /poo/ łapa
pawn /poon/ 1. zastawiać 2. pionek
pawnbroker /<u>poon</u>-breł-ke/ właściciel lombardu
pawnshop /<u>poon</u>-szop/ lombard
pay /pei/ 1. płaca 2. płacić 3. opłacać się
  pay back 1. oddawać 2. spłacać

payable /<u>pei</u>-ebl/ 1. płatny 2. dochodowy
payee /pei-<u>i</u>/ 1. odbiorca 2. osoba otrzymująca pieniądze
payment /<u>pei</u>-ment/ płatność
payphone /<u>pei</u>-fełn/ telefon na monety
pay-roll /<u>pei</u>-rol/ lista płac
pea /pi/ groszek
peace /pis/ 1. pokój 2. spokój
peaceful /<u>pis</u>-fl/ pokojowy
peacemaker /<u>pis</u>-mei-ke/ rozjemca
peach /picz/ brzoskwinia
peacock /<u>pi</u>-kok/ paw
pea-hen /<u>pi</u>-hen/ pawica
peak /pik/ szczyt
peal /pil/ 1. huk dzwonu 2. huk armat 3. huczeć
peanut /<u>pi</u>-nat/ orzeszek ziemny
pear /pee/ gruszka
pearl /perl/ perła
peasant /<u>pe</u>-znt/ 1. chłop 2. wieśniak
peat /pit/ torf
pebble /<u>pe</u>-bl/ 1. kamyk 2. żwir
pecan /py-<u>keen</u>/ orzeszek
peck /pek/ 1. dziobać 2. kupa ; garniec
pectoral /<u>pek</u>-te-rel/ piersiowy
peculiar /py-<u>kju</u>-lyje/ osobliwy
peculiarity /pykjuly-<u>ee</u>-rety/ osobliwość
pecuniary /py-<u>kju</u>-nyje-ry/ pieniężny
pedagogic /pede-<u>go</u>-dżyk/ pedagogiczny
pedagogue /<u>pe</u>-de-gog/ pedagog
pedagogy /<u>pe</u>-de-go-dży/ pedagogia
pedal /<u>pe</u>-dl/ pedał
pedant /<u>pe</u>-dnt/ pedant
pedantic /py-<u>deen</u>-tyk/ pedant

pentagonal

tyczny

peddle /pe-dl/ 1. prowadzić handel domokrążny 2. marnować czas

pedestal /pe-dy-stl/ 1. piedestał 2. podstawa

pedestrian /py-des-tryjen/ pieszy

pediatrician /pidyje-try-szn/ pediatra

pediatrics /pidy-ee-tryks/ pediatria

pedicure /pe-dy-kjue/ pedikiur

pedigree /pe-dy-gri/ rodowód

pedlar /pe-dle/ domokrążca

pee /pi/ siusiać

peek /pik/ 1. zerkać 2. zerknięcie

peel /pil/ 1. skórka 2. obierać 3. łuszczyć się

peep /pip/ 1. zerknięcie 2. pisk 3. zerkać 4. piszczeć

peer /pyje/ 1. par 2. równy 3. rówieśnik 4. przyglądać się

peerage /pyje-rydż/ 1. szlachta 2. arystokracja

peeress /pyje-res/ żona para

peg /peg/ kołek

pejorative /py-dżo-retyw/ 1. pogardliwy 2. pejoratywny

pekinese /piky-niz/ pekińczyk

pelican /pe-lykn/ pelican

pellet /pe-lyt/ kulka

pellicle /pe-ly-kl/ błona

pell-mell /pel-mel/ 1. nieład 2. bezładny

pelt /pelt/ 1. bombardować 2. walić 3. pędzić 4. kanonada 5. skóra zwierzęca

pelvic /pel-wyk/ miednicowy

pelvis /pel-wys/ miednica

pen /pen/ 1. wieczne pióro 2. długopis

penal /pi-nl/ 1. karny 2. karalny

penalize /pi-ne-laiz/ karać

penalty /pe-nelty/ 1. grzywna 2. kara

penance /pe-nens/ pokuta

pence /pens/ 1. pens 2. cent

pencil /pen-sl/ ołówek

pendant /peen-dent/ wisiorek

pending /pen-dynn/ 1. w toku 2. nie rozstrzygnięty

pendulous /pen-dżu-les/ 1. wiszący 2. chwiejny

pendulum /pen-dżu-lem/ wahadło

penetrable /pe-ny-trebl/ 1. przenikliwy 2. dający się przeniknąć

penetrate /pe-ny-treit/ przenikać

penetrating /pe-ny-trei-tynn/ 1. przenikliwy 2. bystry 3. głęboki

pen-friend /pen-frend/ przyjaciel do korespondencji

penguin /pen-głyn/ pingwin

penicillin /peny-sy-lyn/ penicylina

peninsula /pe-nyn-sjule/ półwysep

penis /pi-nys/ penis

penitence /pe-nytens/ skrucha

penitent /pe-ny-tent/ 1. skruszony 2. żałujący 3. penitent 4. pokutnik

penitentiary /peny-ten-szery/ 1. zakład karny 2. więzienie

penknife /pen-naif/ scyzoryk

pen-name /pen-neim/ pseudonim literacki

pennant /pe-nent/ chorągiewka

penniless /pe-nyles/ bez grosza

pennon /pe-nen/ flaga

penny /pe-ny/ 1. pens 2. cent 3. grosz

pennyworth /pe-nefh/ wartość jednego pensa

pension /pen-szn/ 1. emerytura 2. renta

pensioner /pen-szene/ emeryt

pensive /pen-syw/ zamyślony

pent /pent/ 1. zamknięty 2. uwięziony

pentagon /pen-tegn/ pięciobok

pentagonal /pen-tee-genl/ pięciokątny

penthouse /pent-hałs/ apartament na ostatnim piętrze

pent-up /pent-ap/ zdławiony

penultimate /pen-al-tymet/ przedostatni

penury /pe-nju-ry/ nędza

peony /pyje-ny/ piwonia

people /pi-pl/ 1. ludzie 2. lud 3. naród

pepper /pe-pe/ 1.pieprz 2. papryka

peppermint /pe-pemynt/ 1. miętówka 2. miętowy

peppery /pe-pery/ 1. pieprzny 2. zjadliwy

per /per/ na

perambulator /pe-reem-bju-lei-te/ wózek dziecięcy

perceive /pe-siw/ 1. postrzegać 2. dostrzegać

percentage /pe-sen-tydż/ 1. odsetek 2. procent

perceptible /pe-se-ptebl/ spostrzegalny

perception /pe-sep-szn/ percepcja

perceptive /pe-se-ptyw/ spostrzegawczy

perch /pecz/ 1. grzęda 2. okoń

percolate /pe-ke-leit/ filtrować

percussion /pe-ka-szn/ 1. uderzenie 2. perkusja

peremptory /pe-rem-ptry/ stanowczy

perennial /pe-re-nyjel/ trwały

perfect /per-fykt/ doskonały

perfect /per-fekt/ doskonalić

perfection /pe-fek-szn/ udoskonalenie

perfectionist /pe-fek-szenyst/ perfekcjonista

perfidious /pe-fy-dyjes/ perfidny

perforate /per-fereit/ przedziurawić

perforation /pefe-rei-szn/ dziurkowanie

perform /pe-foom/ 1. wykonywać 2. odgrywać

performance /pe-foo-mens/ przedstawienie

performer /pe-foo-me/ wykonawca

perfume /per-fjum/ 1. perfumy 2. zapach 3. perfumować

perfunctory /pe-fann-ktry/ 1. pobieżny 2. niedbały

pergola /pe-gele/ pergola

perhaps /pe-heeps/ być może

peril /pe-rel/ niebezpieczeństwo

perilous /pe-re-les/ niebezpieczny

perimeter /pe-ry-my-te/ obwód

period /pyje-ryjed/ 1. okres 2. czas 3. kropka 4. miesiączka

periodic /pyjery-o-dyk/ okresowy

periodical /pyje-ry-o-dykl/ 1. czasopismo 2. okresowy

peripatetic /pe-ry-pe-te-tyk/ 1. wędrowiec 2. wędrowny

peripheral /pe-ry-ferl/ 1. peryferyjny 2. uboczny

periphery /pe-ry-fery/ obwód

periscope /pe-rys-kełp/ peryskop

perish /pe-rysz/ 1. ginąć 2. rozpadać się

perishables /pe-ry-szebls/ towary łatwo psujące się

peritonitis /pe-ry-te-nai-tys/ zapalenie otrzewnej

perjure /pe-dże/ krzywoprzysięgać

perjury /per-dże-ry/ krzywoprzysięstwo

perk /pek/ ożywiać się

permanence /pe-me-nens/ trwałość

permanent /per-menent/ 1. trwały 2. stały

permeate /pe-my-eit/ przenikać

permissible /pe-my-sbl/ doz

wolony

permission /pe-my-szn/ 1. pozwolenie 2. zezwolenie

permissive /pe-my-syw/ pozwalający

permit /pe-myt/ 1. zezwalać 2. pozwalać

permit /per-myt/ 1. zezwolenie 2. przepustka

permutation /pemju-tei-szn/ zmiana

permute /pe-mjut/ zmieniać

pernicious /pe-ny-szes/ zgubny

peroxide /pe-ro-ksaid/ 1. utleniać 2. nadtlenek

perpendicular /pepen-dy-kjule/ prostopadły

perpetrate /pe-pytreit/ popełniać przestępstwo

perpetual /pe-pe-czuel/ wieczny

perpetuate /pe-pe-czueit/ uwieczniać

perpetuity /pepy-czu-ety/ wieczność

perplex /pe-pleks/ 1. zakłopotać 2. zmieszać

perquisite /pe-kły-zyt/ 1. dochód dodatkowy 2. napiwek

persecute /pe-sy-kjuut/ prześladować

persecutor /pe-sy-kjuute/ prześladowca

persecution /per-sy-kju-szn/ prześladowanie

perseverance /pe-sy-wyje-rens/ wytrwałość

persevere /pe-sy-wyje/ trwać

Persian /per-szn/ perski

persist /pe-syst/ 1. upierać się 2. obstawać 3. utrzymywać się

persistence /pe-sy-stns/ wytrwałość

persistent /pe-sy-stnt/ wytrwały

person /per-sn/ osoba

personable /pe-se-nebl/ przystojny

personage /pe-se-nydż/ osobistość

personal /per-snl/ 1. osobisty 2. indywidualny 3. niedyskretny

personality /pee-se-nee-lety/ osobowość

personalize /pe-sn-laiz/ uosabiać

personification /pe-so-nyfy-kei-szn/ uosobienie

personify /pe-so-ny-fai/ 1. uosabiać 2. ucieleśniać

personnel /per-se-nel/ 1. personel 2. pracowniczy

perspective /pe-spek-tyw/ perspektywa

perspex /pe-speks/ plexiglas

perspicacious /pes-py-kei-szes/ 1. przenikliwy 2. bystry

perspiration /pers-pe-rei-szn/ pot

perspire /pe-spa-vje/ pocić się

persuade /pe-słeid/ 1. namawiać 2. przekonywać

persuasion /pe-słei-żn/ przekonywanie

persuasive /pe-słei-syw/ przekonujący

pert /pet/ arogancki

pertain /pe-tein/ 1. należeć 2. odnosić się

pertinacious /pety-nei-szes/ uparty

pertinent /pe-ty-nent/ 1. stosowny 2. odpowiedni

perturb /pe-teb/ zakłócać

perturbation /pete-bei-szn/ zakłócenie

perusal /pe-ruu-zl/ przestudiowanie

pervade /pe-weid/ 1. owładnąć 2. przenikać

pervasive /pe-wei-syw/ przenikliwy
perverse /pe-wes/ 1. przewrotny 2. perwersyjny
perversion /pe-we-szn/ perwersja
perversity /pe-we-sety/ przewrotność
pervert /pee-wert/ zboczeniec
pessimism /pe-sy-myzm/ pesymizm
pessimist /pe-symyst/ pesymista
pest /pest/ 1. plaga 2. szkodnik
pester /pe-ste/ trapić
pesticide /pe-sty-said/ środek do tępienia szkodników
pestilence /pe-sty-lens/ zaraza
pestle /pe-sl/ 1. tłuc 2. tłuczek
pet /pet/ 1. zwierzę domowe 2. ulubieniec
petal /pe-tl/ płatek
peter /pi-te/ kończyć się
petition /py-ty-szn/ 1. petycja 2. pozew 3. wnosić petycję
petitioner /py-ty-szne/ 1. autor prośby 2. powód
petrel /pe-trel/ petrel
petrify /pe-try-fai/ 1. skamienieć 2. paraliżować
petrol /pe-trel/ benzyna
petroleum /py-trel-lyjem/ nafta
petticoat /pe-ty-kełt/ halka
petty /pe-ty/ drobny
petulance /pe-czu-lens/ opryskliwość
petulant /pe-czu-lent/ opryskliwy
petunia /py-czu-nyje/ petunia
pew /pju/ ławka kościelna
pewit /pi-łyt/ czajka
pewter /pjuu-te/ naczynia cynowe
phalanx /fee-leenks/ 1. falanga 2. kość palcowa
phallic /fee-lyk/ falliczny
phallus /fee-ls/ fallus
phantom /feen-tm/ 1. zjawa 2. wid-

mo 3. tajemniczy
Pharaoh /fee-reł/ faraon
Pharisee /fee-ry-si/ faryzeusz
pharmaceutical /fame-sju-tykl/ farmaceutyczny
pharmacist /far-me-syst/ 1. farmaceuta 2. aptekarz
pharmacology /fame-ko-ledży/ farmakologia
pharmacy /faa-me-sy/ 1. apteka 2. farmacja
pharyngitis /fe-ryn-dżai-tys/ zapalenie krtani
pharynx /fee-rynnks/ krtań
phase /feiz/ faza
pheasant /fe-znt/ bażant
phenomenal /fy-no-mynl/ fenomenalny
phenomenon /fy-no-mynen/ 1. fenomen 2. zjawisko
phew /fjuu/ ph !
phial /fai-el/ fiolka
philanthropic /fylen-fhro-pyk/ filantropijny
philanthropist /fy-leen-fhrepyst/ filantrop
philanthropy /fy-leen-fhrepy/ filantropia
philological /fyle-lo-dżykl/ filologiczny
philologist /fy-lo-ledżyst/ filolog
philology /fy-lo-ledży/ filologia
philosopher /fy-lo-sefe/ filozof
philosophical /fyle-so-fykl/ filozoficzny
philosophy /fy-lo-sefy/ filozofia
phlebitis /fly-bai-tys/ zapalenie żyły
phlegm /flem/ flegma
phlegmatic /fleg-mee-tyk/ 1. powolny 2. flegmatyczny
phobia /feł-byje/ fobia
phone /fełn/ 1. telefon 2. telefonować

phoneme /fel-nim/ fonem

phonetic /fe-ne-tyk/ fonetyczny

phonetics /fe-ne-tyks/ fonetyka

phonetician /fel-ny-ty-szn/ fonetyk

phonic /fo-nyk/ dźwiękowy

phonology /fe-no-le-dży/ fonologia

phony /fel-ny/ 1. szarlatan 2. fał-szywy

phosphorus /fo-sfe-res/ fosfor

photo /fel-teł/ fotografia

photocopy /fel-te-kopy/ fotokopia

photogenic /fel-te-dże-nyk/ fotoge-niczny

photograph /fel-te-graf/ 1. zdjęcie 2. fotografia 3. fotografować

photographer /fe-to-gre-fe/ foto-graf

phrasal /frei-zl/ frazowy

phrase /frelz/ 1. fraza 2. zwrot 3. określenie

phraseology /freizy-o-ledży/ fraze-ologia

physical /fy-zykl/ 1 fizyczny 2. ma-terialny

physician /fy-zy-szn/ lekarz

physicist /fy-zysyst/ fizyk

physics /fy-zyks/ fizyka

physiological /fy-zyje-lo-dżykl/ fi-zjologiczny

physiologist /fyzy-o-le-dżyst/ fizjo-log

physiology /fyzy-o-le-dży/ fizjolo-gia

physiotherapist /fyzyjeł-fhe-re-pyst/ fizykoterapeuta

physiotherapy /fyzyjeł-fhe-repy/ fi-zykoterapia

physique /fy-zik/ wygląd i rozwój fizyczny

pianist /pyje-nyst/ pianista

piano /py-ee-neł/ pianino

picador /py-ke-doo/ pikador

piccolo /py-keleł/ pikulina

pick /pyk/ 1. wybierać 2. zbierać 3. odbierać

  pick on przyczepiać się

  pick out wybierać

  pick up 1. zbierać 2. odbierać

picker /py-ke/ zbieracz

picket /py-kyt/ 1. pikieta 2. palik 3. pikietować

pickings /py-kynnz/ 1. resztki 2. obrywki

pickle /py-kl/ ogórek kiszony

pickpocket /pik-pokyt/ kieszon-kowiec

pick-up /pyk-ap/ 1. przygodna zna-jomość 2. przyśpieszenie 3. mały samochód do rozwożenia towarów

picnic /pyk-nyk/ 1. majówka 2. pik-nik

pictorial /pyk-too ryjel/ 1. pismo ilu-strowane 2. ilustrowany

picture /pyk-cze/ 1. obraz 2. zdję-cie 3. film

picturesque /pykcze-resk/ malow-niczy

piddling /py-dlynn/ bez znaczenia

pidgin /py-dżn/ żargon

pie /pai/ 1. placek 2. pasztecik

piebald /pai-boold/ 1. srokaty koń 2. pstry

piece /pis/ 1. kawałek 2. część 3. sztuka

piecemeal /pis-mil/ 1.na kawałki 2. robiony kawałkami

pier /pyje/ 1. molo 2. pomost

pierce /pyjes/ 1. przenikać 2. kłuć 3. przeszywać

piercing /pyje-synn/ 1. przenikliwy 2. ostry

piety /pai-ety/ nabożność

pig /pyg/ świnia

pigeon /py-dżn/ gołąb

piggish /py-gysz/ świński

piggy /py-gy/ świnka

piggy-bank /py̱-gy-beenk/ skarbonka

piglet /py̱g-let/ prosię

pigment /py̱g-ment/ 1. pigment 2. barwnik

pigsty /py̱g-stai/ chlew

pike /paik/ szczupak

pile /pail/ 1. stos 2. sterta 3. pal

pilfer /py̱-lfe/ zwędzić

pilgrim /py̱l-grym/ pielgrzym

pilgrimage /py̱l-gry-mydż/ pielgrzymka

pill /pyl/ pigułka

pillar /py̱-le/ filar

pillow /py̱-leł/ poduszka

pillow-case /py̱leł-keis/ poszewka

pilot /pai̱-let/ pilot

pimp /pymp/ alfons

pimple /pi̱m-pl/ 1. krosta 2. pryszcz

pin /pyn/ 1. pinezka 2. szpilka

pinafore /py̱-ne-foo/ fartuszek dziecięcy

pince-nez /pee̱ns-nei/ binokle

pincers /py̱n-sez/ szczypce

pinch /pyncz/ 1. szczypać 2. dokuczać

pine /pain/ sosna

pineapple /pai̱n-eepl/ ananas

pingpong /py̱nn-ponn/ tenis stołowy

pinion /py̱-nyjen/ 1. kółeczko zębate 2. lotka 3. podcinać skrzydła 4. pętać ramiona

pink /pynk/ różowy

pinnacle /py̱-nekl/ 1. szczyt 2. wieżyczka 3. zwieńczać

pinpoint /py̱n-point/ 1. koniec szpilki 2. bagatela 3. precyzować

pint /paint/ pół kwarty

pin-up /py̱n-ap/ obrazek do wieszania

pioneer /paaje-ny̱je/ pionier

pious /paa̱-yjes/ pobożny

pip /pyp/ 1. pypeć 2. pestka 3. piszczeć 4. pobić 5. postrzelić

pipe /paip/ 1. rura 2. fajka

pipeline /pai̱p-lain/ rurociąg

piper /pai̱-pe/ kobziarz

pipette /py-pe̱t/ pipetka

piping /pai̱-pynn/ 1. rurociąg 2. gra na fujarce lub kobzie

pipsqueak /py̱p-sklik/ piszczący

piquant /pi̱-knt/ pikantny

pique /pik/ 1. podrażnić 2. pobudzić ciekawość 3. podrażnienie 4. złość

piracy /pai̱-e-resy/ 1. korsarstwo 2. piractwo

piranha /py-ra̱an-je/ pirania

pirate /pa̱a-yjeret/ pirat

pirouette /pyru-e̱t/ piruet

Pisces /pee̱i-siz/ Ryby

piss /pys/ 1. sikać 2. odlewać się

pistachio /py-sta̱a-czjeł/ pistacja

pistil /py̱-sll/ słupek

pistol /py̱s-tl/ pistolet

piston /py̱-stn/ tłok

pit /pyt/ 1. dół 2. wykop 3. dziura 4. kopalnia

pitch /pycz/ 1. wysokość 2. poziom 3. boisko 4. rzucać 5. ustawiać poziom

pitcher /py̱-cze/ dzban

pitchfork /py̱cz-fook/ widły

piteous /py̱-tyjes/ żałosny

pith /pyfh/ 1. miękisz 2. rdzeń

pitiable /py̱-tyjebl/ godny pożałowania

pitiful /py̱-tyfl/ 1. żałosny 2. litościwy

pitiless /py̱-tyles/ bezlitosny

pittance /py̱-tns/ 1. skromne uposażenie 2. ochłap

pituitary /py-czu̱-y-try/ przysadkowy

pity /py̱-ty/ 1. litość 2. szkoda

pivot /py-wet/ 1. czop 2. oś

pixy /py-ksy/ 1. wróżka 2. duszek

pizza /pi-tse/ pizza

placard /plee-kaad/ 1. plakat 2. afisz

placate /ple-keit/ ułagodzić

place /pleis/ 1. umieszczać 2. miejsce

placenta /ple-sen-te/ łożysko

placid /plee-syd/ 1. łagodny 2. spokojny

plagiarism /plei-dże-ryzm/ plagiat

plagiarize /plei-dże-raiz/ popełniać plagiat

plague /pleig/ zaraza

plaice /pleis/ płastuga pospolita

plaid /pleed/ pled

plain /plein/ 1. gładki 2. prosty 3. jasny 4. po prostu 5. równina

plaintiff /plein-tyf/ powód

plaintive /plein-tyw/ żałosny

plait /pleet/ 1. warkocz 2. zakładka 3. pleść

plan /pleen/ 1. planować 2. plan

plane /plein/ 1. płaszczyzna 2. samolot 3. hebel

planet /plee-nyt/ planeta

plank /pleennk/ deska

plankton /pleenn-ktn/ plankton

plant /plaant/ 1. roślina 2. fabryka 3. elektrownia 4. sadzić

planter /plaan-te/ 1. plantator 2. maszyna do sadzenia

plantain /pleen-tyn/ 1. babka 2. drzewo amerykańskie i owoc podobny do banana

plantation /plen-tei-szn/ plantacja

plaque /plaak/ 1. plakieta 2. odznaka

plasma /plee-zme/ osocze

plaster /plaaste/ 1. tynk 2. gips 3. plaster

plastic /plees-tyk/ 1. plastyk 2. plastykowy

plate /pleit/ talerz

plateau /plee-teł/ płaskowyż

platform /pleet-foom/ 1. peron 2. platforma

plating /plei-tynn/ 1. warstwa metalu 2. opancerzenie

platinum /plee-ty-nem/ platyna

platitude /plee-ty-czuud/ banał

platitudinous /plety-czuu-dynes/ banalny

Platonic /ple-to-nyk/ 1. platoński 2. platoniczny

platoon /ple-tuun/ pluton

platter /plee-te/ półmisek

platypus /plee-ty-pes/ dziobak

plaudit /ploo-dyt/ aplauz

plausible /ploo-zebl/ 1. wiarygodny 2. słuszny

play /plei/ 1. zabawa 2. gra 3. sztuka 4. bawić się 5. grać

   play back odtwarzać

   play off dogrywka

   play out rozgrywać do końca

playboy /plei-boi/ lekkoduch

player /ple-yje/ 1. gracz 2. zawodnik

playful /plei-fl/ 1. wesoły 2. żartobliwy

playgoer /plei-geł-e/ bywalec teatralny

playground /plei-graund/ 1. boisko 2. teren zabaw

playroom /plei-rum/ bawialnia dla dzieci

playtime /plei-taim/ pora zabawy

playwright /plei-rait/ dramaturg

plaza /plaa-że/ 1. plac 2. rynek

plea /pli/ 1. usprawiedliwienie 2. apel 3. prośba

plead /plid/ 1. wstawiać się 2. przyznawać się 3. powoływać się

pleasant /ple-znt/ przyjemny

pleasantry /ple-zen-try/ 1. wesołość 2. humor 3. żart
please /pliz/ 1. zadowalać 2. proszę
pleased /plizd/ zadowolony
pleasing /pli-zynn/ 1.miły 2. przyjemny
pleasurable /ple-że-rebl/ przyjemny
pleasure /ple-że/ 1. przyjemność 2. zadowolenie
pleat /plit/ 1. fałd 2. fałdować
plebeian /ply-bi-en/ 1. plebejusz 2. plebejski
plebiscite /ple-by-syt/ 1. plebiscyt 2. referendum
plectrum /plek-trem/ kostka do gry na gitarze
pledge /pledż/ 1. przyrzeczenie 2. zastaw 3. gwarancja 4. zobowiązywać się 5. zastawiać 6. ręczyć
plenary /pli-ne-ry/ 1. pełny 2. plenamy
plenipotentiary /ple-ny-pe-ten-szry/ 1. pełnomocnik 2. pełnomocny
plentiful /plen-tyfl/ obfity
plenty /plen-ty/ 1. mnóstwo 2. dużo
plethora /ple-fhre/ 1. przesyt 2. przekrwienie
pleurisy /plu-erysy/ zapalenie opłucnej
plexus /ple-kses/ splot
pliable /plai-ebl/ giętki
pliers /pla-yjez/ szczypce
plight /plait/ 1. trudności 2. dawać słowo
Plimsoll /ply-msl/ znak Plimsolla
plinth /plynfh/ 1. plinta 2. występ
plod /plod/ 1. wlec się 2. harować
plonk /plonnk/ tanie wino
plop /plop/ 1. plusk 2. wpaść z pluskiem

plot /plot/ 1. wątek 2. spisek
plough /plaał/ orać
ploughman /plał-men/ oracz
plover /pla-we/ siewka
plow /plał/ orać
ploy /ploi/ 1. fortel 2. chwyt
pluck /plak/ 1. szarpnięcie 2. odwaga 3. skubać 4. zrywać 5. szarpać 6. zebrać się
plug /plag/ 1. wtyczka 2. zatyczka 3. korek
plum /plam/ śliwka
plumb /plam/ 1. pion murarski 2. plombować 3. instalować 4. sondować 5. dokładnie 6. zupełnie
plumber /pla-me/ hydraulik
plumbing /pla-mynn/ 1. instalacja 2. sondowanie
plume /pluum/ 1. pióro 2. pióropusz 3. czyścić pióra
plummet /pla-myt/ 1. ciężarek pionu 2. sonda 3. spadać pionowo
plump /plamp/ 1. upadek 2. tuczyć 3. tyć 4. upuszczać 5. pulchny 6. nagle
plunder /pla-nde/ 1. grabież 2. łup 3. plądrować
plunge /plandż/ 1. zanurzać 2. zatapiać 3. nurkować 4. pogrążyć
pluperfect /pluu-pe-fykt/ czas zaprzeszły
plural /plu-erel/ 1. liczba mnoga 2. mnogi
plus /plas/ plus
plush /plasz/ plusz
Pluto /pluu-teł/ Pluton
plutocracy /pluu-to-kresy/ plutokracja
plutocrat /pluu-te-kreet/ plutokrata
plutonium /pluu-teł-nyjem/ pluton
ply /plai/ 1. warstwa 2. zwój 3. pracować energicznie 4. zasypywać

pytaniami
plywood /plai-łuud/ sklejka
pneumatic /njuu-<u>mee</u>-tyk/ pneumatyczny
pneumonia /nju-<u>meł</u>-nyje/ zapalenie płuc
poach /pełcz/ 1. kłusować 2. gotować jajko bez skorupki
pock /pok/ 1. krosta ospowa 2. dołek po ospie
pocket /<u>po</u>-kyt/ kieszeń
pocket-money /<u>po</u>-kyt-<u>ma</u>-ny/ kieszonkowe
pod /pod/ 1. strączek 2. kokon 3. łuszczyć
podgy /<u>po</u>-dży/ pękaty
poem /<u>pe</u>-łym/ 1. poemat 2. wiersz
poet /<u>po</u>-łyt/ poeta
poetess /<u>po</u>-ły-tes/ poetka
poetic /poł-<u>e</u>-tyk/ 1. poetycki 2. poetyczny
poetry /<u>po</u>-ły-czry/ poezja
pogrom /<u>po</u>-grem/ pogrom
poignancy /<u>poi</u>-njen-sy/ 1. ostrość 2. uszczypliwość
poignant /<u>poi</u>-njent/ 1. cięty 2. pikantny 3. przejmujący 4. dominujący
point /point/ 1. punkt 2. szpic 3. sedno
point-blank /point-<u>bleennk</u>/ bezpośredni
pointed /<u>poin</u>-tyd/ szpiczasty
pointer /<u>poin</u>-te/ wskaźnik
pointless /<u>point</u>-les/ bezsensowny
poise /poiz/ 1. równowaga 2. postawa 3. rozważać 4. zawisnąć 5. równoważyć
poison /<u>poi</u>-zn/ trucizna
poisoner /<u>poi</u>-zene/ truciciel
poisonous /<u>poi</u>-zenes/ trujący
poke /pełk/ szturchać
poker /<u>peł</u>-ke/ 1. pogrzebacz 2.

poker
poky /<u>peł</u>-ky/ 1. ciasny 2. ubogi 3. marny
Poland /<u>peł</u>-lend/ Polska
polar /<u>peł</u>-le/ polarny
polarity /pe-<u>lee</u>-rety/ 1. biegunowość 2. polarność
polarization /peulerai-<u>zei</u>-szn/ polaryzacja
polarize /<u>peł</u>-leraiz/ polaryzować
polaroid /<u>peł</u>-leroid/ filtr do okularów przeciwsłonecznych
pole /peul/ biegun
Pole /peul/ Polak
polecat /<u>peul</u>-keet/ tchórz
polemic /pe-<u>le</u>-myk/ 1. polemika 2. polemiczny
pole-vault /<u>peul</u>-woolt/ skok o tyczce
police /pe-<u>lys</u>/ policja
policeman /pe-<u>lys</u>-men/ policjant
policewoman /pe-<u>lys</u>-łumen/ policjantka
policy /<u>po</u>-lesy/ 1. sposób postępowania 2. polisa 3. polityka
polio /<u>peł</u>-lyjeł/ choroba Heine-Medina
polish /<u>po</u>-lysz/ 1. pasta 2. połysk 3. polerować
Polish /<u>peł</u>-lysz/ polski
polite /pe-<u>lait</u>/ 1. uprzejmy 2. grzeczny
politeness /pe-<u>lait</u>-nes/ 1. grzeczność 2. uprzejmość
politic /<u>po</u>-ly-tyk/ 1. rozsądny 2. rozważny
political /pe-<u>ly</u>-tykl/ polityczny
politician /po-le-<u>ty</u>-szn/ polityk
politics /<u>po</u>-le-tyks/ polityka
polity /<u>po</u>-le-ty/ 1. administracja państwowa 2. ustrój 3. państwo
polka /<u>po</u>-lke/ polka
poll /peul/ 1. ankieta 2. ankietować

pollen /po-len/ pyłek kwiatowy
pollinate /po-lyneit/ zapylać
pollster /peł-lste/ osoba przeprowadzająca ankiety
pollutant /pe-luu-tent/ zanieczyszczający środowisko
pollute /pe-luut/ zanieczyszczać
pollution /pe-luu-szn/ skażenie
polo /peł-leł/ polo (sport)
polygamist /pe-ly-ge-myst/ poligamista
polygamous /pe-ly-ge-mes/ poligamiczny
polygamy /pe-ly-gemy/ poligamia
polyglot /po-ly-glot/ poliglota
polygon /po-ly-gen/ 1. wielokąt 2. wielobok
polymorphous /po-ly-moo-fes/ wielopostaciowy
polytechnic /po-ly-tek-nyk/ politechnika
polytheism /po-ly-fhi-yzm/ wielobóstwo
pomegranate /pom-gree-net/ granat (drzewo)
pommel /pa-ml/ 1. gałka 2. łęk siodła 3. walić pięściami
pomp /pomp/ 1. pompa 2. parada 3. przepych
pomposity /pom-po-sety/ pompatyczność
pompous /pom-pes/ 1. wystawny 2. paradny 3. pompatyczny
poncho /pon-czeł/ poncho
pond /pond/ staw
ponder /pon-de/ 1. rozważać 2. zastanawiać się
ponderous /pon-de-res/ 1. ciężki 2. ociężały 3. nudny
pontiff /pon-tyf/ 1. arcykapłan 2. biskup 3. papież
pontifical /pon-ty-fykl/ 1. pontyfikał 2. pontyfikalny

pontificate /pon-ty-fykeit/ pontyfikat
pontoon /pon-tuun/ ponton
pony /peł-ny/ kucyk
poodle /puu-dl/ pudel
pool /puul/ 1. pula 2. basen 3. sadzawka 4. bilard
poor /pue/ biedny
poorly /pue-ly/ 1. biednie 2. skąpo 3. skromnie
poorness /pue-nes/ niedostatek
pop /pop/ 1. wystrzał 2. napój
popcorn /pop-koon/ prażona kukurydza
pope /pełp/ papież
poplar /po-ple/ topola
poppy /po-py/ mak
populace /po-pju-les/ 1. motłoch 2. pospólstwo
popular /po-pjule/ 1. popularny 2. powszechny
popularity /poplu-lee-rety/ popularność
popularize /po-pju-le-raiz/ 1. popularyzować 2. propagować
popularization /po-pju-le-rai-zei-szn/ popularyzacja
populate /po-pju-leit/ zaludniać
population /po-pju-lei-szn/ 1. populacja 2. ludność
porcelain /poo-se-lyn/ 1. porcelana 2. porcelanowy
porch /poocz/ 1. ganek 2. weranda
porcupine /poo-kju-pain/ jeżozwierz
pore /poo/ 1. por 2. zagłębiać się
pork /pook/ wieprzowina
porn /poon/ pornografia
pornography /poo-no-grefy/ pornografia
pornographic /pone-gree-fyk/ pornograficzny

porous /poo-res/ porowaty
porpoise /poo-pes/ morświn
porridge /po-rydż/ owsianka
port /poot/ 1. port 2. przystań 3.
  portowy
portable /poo-tebl/ przenośny
portage /poo-tydż/ 1. przewóz 2.
  transport 3. koszty przewozu
portal /poo-tl/ portal
portcullis /pot-ka-lys/ krata spusz-
  czana w bramie twierdzy
portend /po-tend/ zapowiadać
portent /poo-tent/ 1. omen 2. cudo
porter /poo-te/ 1. tragarz 2. baga-
  żowy
portfolio /pot-feł-lyjeł/ 1. teczka 2.
  aktówka
portico /poo-ty-keł/ portyk
portion /poo-szn/ 1. część 2. porcja 3. posag
portly /poo-tly/ 1. dostojny 2. tęgi
portmanteau /pot-meen-teł/ waliza
portrait /poo-czryt/ portret
portraitist /poo-czry-tyst/ portre-
  cista
portray /po-czrei/ 1. portretować 2.
  opisywać
Portugal /poo-czugl/ Portugalia
Portuguese /poo-czu-giz/ portugalski
pose /pełz/ 1. poza 2. pozować
posh /posz/ szykowny
position /pe-zy-szn/ 1. pozycja 2.
  położenie 3. stanowisko 4. umieszczać
positive /po-ze-tyw/ 1. pozytywny
  2. dodatni
possess /pe-zes/ 1. posiadać 2.
  opętywać
possession /pe-ze-szn/ posiadanie
possessive /pe-ze-syw/ 1. dzier-

żawczy 2. dopełniacz 3. zaimek
  dzierżawczy 4. zazdrosny 5. zachłanny
possibility /po-se-by-lyty/ możliwość
possible /po-sebl/ możliwy
possibly /po-se-bly/ (być) może
post /pełst/ 1. poczta 2. stanowisko 3. słup
postage /pełs-tydż/ opłata pocztowa
postal /peł-stl/ pocztowy
postbox /pełst-boks/ skrzynka
  pocztowa
postcard /pełst-kard/ kartka pocztowa
postcode /pełst-kełd/ kod pocztowy
postdate /pełst-deit/ 1. post-
  datować 2. następować w czasie
poster /pełs-te/ plakat
posterior /po-styje-ryje/ 1. następny 2. tylny
posterity /po-ste-rety/ 1. potom-
  ność 2. potomkowie
postgraduate /pełst-gree-dżuet/
  1.absolwent 2. odbywany po ukoń-
  czonych studiach
posthumous /pos-tju-mes/ pośmiertny
postman /pełst-men/ listonosz
postmark /pełst-maak/ stempel
  pocztowy
postmaster /pełst-maa-ste/ naczelnik poczty
post-mortem /pełst-moo-tm/ 1.
  sekcja zwłok 2. pośmiertny
postpone /pe-spełn/ 1. odkładać 2.
  odraczać
postscript /pełs-skrypt/ dopisek
postulant /pos-czu-lent/ kandydat
  do zakonu
postulate /po-stju-leit/ 1. postulo-

wać 2. postulat
posture /<u>pos</u>-cze/ postawa
posy /<u>peł</u>-zy/ bukiet kwiatów
pot /poł/ 1. czajnik 2. rondel 3. garnek 4. marihuana
potassium /pe-<u>tee</u>-syjem/ potas
potato /pe-<u>tej</u>-teł/ ziemniak
potency /<u>peł</u>-tensy/ 1. potęga 2. potencja
potential /pe-<u>ten</u>-szl/ potencjalny
potentiality /petenszy-<u>ee</u>-lety/ możliwość
potion /<u>peł</u>-szn/ dawka lekarstwa
potter /<u>po</u>-te/ 1. garncarz 2. grzebać się 3. włóczyć się
potty /<u>po</u>-ty/ 1. nocnik dziecięcy 2. błahy 3. stuknięty
pouch /pałcz/ 1. woreczek na tytoń 2. torba 3. duży brzuch
pouf /puuf/ puf
poultice /<u>peł</u>-ltys/ 1. okład 2. kłaść okład
poultry /<u>peul</u>-try/ drób
pounce /pałns/ 1. błyskawiczny ruch 2. spadać na zdobycz 3. rzucać się
pound /pałnd/ funt
pour /poo/ 1. nalewać 2. lać (się)
pout /pałt/ 1. kwaśna mina 2. wydymać wargi
poverty /<u>po</u>-wety/ 1. ubóstwo 2. bieda
powder /<u>pał</u>-de/ 1. proch 2. puder 3. proszek
power /<u>pa</u>-łe/ 1. siła 2. potęga 3. moc 4. władza
powered /<u>pa</u>-łed/ produkujący energię
powerful /<u>pałe</u>-fl/ 1. potężny 2. mocny
powerless /<u>pałe</u>-les/ bezsilny
practicable /<u>pree</u>-kty-kebl/ wykonalny

practical /<u>preek</u>-tykl/ praktyczny
practice /<u>preek</u>-tys/ 1. praktyka 2. wprawa
practise /<u>pree</u>-ktys/ 1. ćwiczyć 2. praktykować 3. wykorzystywać 4. wykonywać
practitioner /prek-<u>ty</u>-szne/ 1. praktyk 2. lekarz praktykujący
pragmatic /preg-<u>mee</u>-tyk/ pragmatyczny
pragmatism /<u>preeg</u>-metyzm/ pragmatyzm
pragmatist /<u>preeg</u>-metyst/ pragmatyk
prairie /<u>pree</u>-ry/ preria
praise /preiz/ chwalić
pram /preem/ wózek dziecięcy
prance /praans/ 1. stanąć dęba 2. dumnie kroczyć 3. zadzierać nosa
prank /preenk/ 1. wybryk 2. psota 3. stroić
prattle /<u>pree</u>-tl/ 1. szczebiot 2. paplanina 3. gaworzyć 4. mleć językiem
prawn /proon/ krewetka
pray /prei/ modlić się
prayer /pree/ modlitwa
prayer-book /<u>pree</u>-buk/ modlitewnik
preach /pricz/ wygłaszać (kazanie)
preacher /<u>pri</u>-cze/ kaznodzieja
preamble /pri-<u>ee</u>-mbl/ wstęp
prearrange /pryje-<u>reindż</u>/ 1. planować wcześniej 2. układać uprzednio
precaution /pry-<u>koo</u>-szn/ środek ostrożności
precautionary /pry-<u>koo</u>-sznry/ 1. zapobiegawczy 2. przezorny
precede /pry-<u>sid</u>/ poprzedzać
precedence /pry-<u>si</u>-dns/ pierwszeństwo
precedent /<u>pre</u>-sydnt/ 1. prece-

dens 2. uprzedni

preceding /pry-<u>si</u>-dynn/ poprze-dzający

precentor /pry-<u>sen</u>-te/ przewodnik chóru

precept /<u>pri</u>-sept/ 1. nakaz 2. na-uka moralna

precinct /<u>pri</u>-synnkt/ 1. obręb 2. bezpośrednie otoczenie 3. okręg wyborczy

precious /<u>pre</u>-szes/ cenny

precipice /<u>pre</u>-sepys/ przepaść

precipitate /pre-<u>sy</u>-pyteit/ 1. strą-cać 2. przyspieszać

precipitation /presypy-<u>tei</u>-szn/ 1. strącenie 2. pośpiech 3. porywczość 4. osad

precipitous /pry-<u>sy</u>-pytes/ 1. stro-my 2. urwisty

precise /pry-<u>saiz</u>/ 1. precyzyjny 2. dokładny

precision /pry-<u>sy</u>-żn/ dokładność

preclude /pry <u>kluud</u>/ 1. wykluczać 2. zapobiegać

precocious /pry-<u>keł</u>-szes/ przed-wczesny

preconceive /pri-ken-<u>siw</u>/ 1. z góry powziąć sąd 2. uprzedzać się

precursor /pri-<u>ke</u>-se/ poprzednik

precursory /pri-<u>ke</u>-se-ry/ wstępny

predator /<u>pre</u>-de-te/ 1. łupieżca 2. drapieżca

predatory /<u>pre</u>-de-tery/ 1. grabież-czy 2. drapieżny

predecessor /<u>pri</u>-dysese/ po-przednik

predestination /pridesty-<u>nei</u>-szn/ predestynacja

predestine /pri-<u>des</u>-tyn/ predesty-nować

predetermine /pri-dy-<u>te</u>-myn/ z góry postanowić

predetermination /pridy-temy-<u>nei</u>-szn/ postanowiony z góry

predicament /pry-<u>dy</u>-kement/ kło-pot

predicate /<u>pre</u>-dykeit/ 1. orzekać 2. twierdzić

predicative /pry-<u>dy</u>-ketyw/ orzeka-jący

predict /pry-<u>dykt</u>/ 1. przewidywać 2. przepowiadać

predictable /pry-<u>dyk</u>-tebl/ dający się przewidzieć

predispose /pridy-<u>spełz</u>/ usposa-biać do czegoś

predisposition /pridyspe-<u>zy</u>-szn/ skłonność

predominance /pry-<u>do</u>-menens/ przewaga

predominant /pry-<u>do</u>-mynent/ przeważający

predominate /pry-<u>do</u>-myneit/ przeważać

pre-eminent /pri-<u>e</u>-mynent/ 1. gó-rujący nad innymi 2. wybitny

pre-empt /pri-<u>empt</u>/ nabywać w drodze pierwokupu

preen /prin/ 1. muskać pióra 2. wy-stroić się

pre-exist /pri-yg-<u>zyst</u>/ istnieć uprzednio

pre-existence /pri-yg-<u>zy</u>-stns/ pre-egzystencja

prefabricate /pri-<u>fee</u>-brykeit/ prefa-brykować

preface /<u>pre</u>-fys/ przedmowa

prefect /<u>pri</u>-fekt/ 1. prefekt. 2. wójt

prefer /pry-<u>fer</u>/ woleć

preferable /<u>pre</u>-ferebl/ bardziej pożądany

preference /<u>pre</u>-ferens/ 1. pierw-szeństwo 2. preferencja

preferential /prefe-<u>ren</u>-szl/ uprzy-wilejowany

prefix /<u>pri</u>-fyks/ przedrostek

pregnancy /<u>preg</u>-nensy/ ciąża
pregnant /<u>preg</u>-nent/ 1. w ciąży 2. ciężarny
prehensile /pri-<u>hen</u>-sail/ chwytny
prehistoric /pri-hys-<u>to</u>-ryk/ prehistoryczny
prehistory /pri-<u>hys</u>-tery/ prehistoria
prejudice /<u>pre</u>-dże-dys/ 1. uprzedzenie 2. pogarszać
prelate /<u>pre</u>-let/ 1. prałat 2. dostojnik kościelny
preliminary /pry-<u>ly</u>-my-nery/ wstępny
prelude /<u>pre</u>-ljuud/ 1. wstęp 2. preludium 3. wprowadzać 4. zapowiadać 5. poprzedzać
premarital /pri-<u>mee</u>-rytl/ przedmałżeński
premature /pre-me-<u>czjue</u>/ przedwczesny
premeditate /pri-<u>me</u>-dy-teit/ 1. obmyślać 2. rozważać
premier /<u>pre</u>-myje/ 1. premier 2. pierwszy 3. najważniejszy
premise /<u>pre</u>-mys/ 1. przesłanka 2. posiadłość 3. lokal 4. teren
premium /<u>pri</u>-myjem/ 1. nagroda 2. opłata 3. dodatek
premonition /preme-<u>ny</u>-szn/ przeczucie
prenatal /pri-<u>nei</u>-tl/ przed urodzeniem
preoccupation /pri-okju-<u>pei</u>-szn/ 1. zamyślenie 2. troska
preoccupy /pri-<u>o</u>-kjupai/ 1. zaprzątać umysł 2. absorbować
preordian /prioo-<u>dein</u>/ 1. przeznaczać 2. rozstrzygać z góry
prepackaged /pri-<u>pee</u>-kydżd/ w gotowym opakowaniu
preparation /prepe-<u>rei</u>-szn/ przygotowanie

preparatory /pry-<u>pee</u>-retry/ przygotowawczy
prepare /pry-<u>pee</u>/ przygotowywać (się)
prepay /pri-<u>pei</u>/ opłacać z góry
preponderance /pry-<u>pon</u>-drens/ 1. przewaga 2. wyższość
preponderant /pry-<u>pon</u>-drent/ 1. przeważający 2. górujący
preposition /pre-pe-<u>zy</u>-szn/ przyimek
prepossess /pripe-<u>zes</u>/ 1. natchnąć 2. usposabiać
preposterous /pry-<u>po</u>-stres/ 1. niedorzeczny 2. absurdalny
prerequisite /pri-<u>re</u>-kłyzyt/ warunek wstępny
prerogative /pry-<u>ro</u>-getyw/ przywilej
Presbyterian /prezby-<u>tyje</u>-ryjen/ 1. prezbiterianin 2. prezbiteriański
presbytery /<u>pre</u>-zby-try/ 1. prezbiterium 2. plebania
preschool /<u>pri</u>-skuul/ przedszkole
prescribe /pry-<u>skraib</u>/ 1. przepisywać 2. nakazywać 3. określać
prescription /pry-<u>skryp</u>-szn/ recepta
prescriptive /pry-<u>skry</u>-ptyw/ 1. nakazany 2. uświęcony zwyczajem
presence /<u>pre</u>-zens/ obecność
present /<u>pre</u>-zent/ 1. prezent 2. teraźniejszy 3. obecny 4. wręczać 5. przedstawiać
presentable /pry-<u>zen</u>-tbl/ 1. nadający się na prezent 2. posiadający dobrą prezencję
presentation /prezen-<u>tei</u>-szn/ 1. przedstawienie 2. prezentacja
presentiment /pry-<u>zen</u>-tyment/ przeczucie
presently /<u>pre</u>-zen-tly/ 1. wkrótce 2. obecnie

reservation /preze-<u>wei</u>-szn/ 1. zachowanie 2. stan

reservative /pry-<u>ze</u>-wetyw/ ochronny

reserve /pry-<u>zerw</u>/ 1. przechowywać 2. konserwować

reside /pry-<u>zaid</u>/ przewodniczyć

residency /<u>pre</u>-zydensy/ 1. prezydentura 2. przewodnictwo

resident /<u>pre</u>-zydent/ 1. prezydent 2. dyrektor 3. prezes

ress /pres/ 1. prasa 2. naciśnięcie 3. naciskać 4. przyciskać

ressing /<u>pre</u>-synn/ 1. pilny 2. natarczywy

ress-up /<u>pres</u>-ap/ 1. pompka 2. tłoczyć

ressure /<u>pre</u>-sze/ 1. ciśnienie 2. nacisk 3. ucisk 4. zmuszać

ressurize /<u>pre</u>-szeraiz/ 1. zapewniać normalne ciśnienie 2. wywierać nacisk

restige /<u>pre</u>-stiż/ prestiż

resumable /pry-<u>zjuu</u>-mebl/ przypuszczalny

resume /pry-<u>zjuum</u>/ 1. przypuszczać 2. ośmielać się 3. nadużywać

resumption /pry-<u>zam</u>-pszn/ 1. przypuszczenie 2. zarozumiałość

resumptive /pry-<u>zam</u>-ptyw/ przypuszczalny

resumptuous /pry-<u>zam</u>-pczues/ zarozumiały

resuppose /prise-<u>pełz</u>/ 1. przyjmować z góry 2. implikować

resupposition /prisape-<u>zy</u>-szn/ 1. założenie 2. domysł

retence /pry-<u>tens</u>/ 1. udawanie 2.pretensje 3. roszczenie 4. pretekst

retend /pry-<u>tend</u>/ udawać

retender /pry-<u>ten</u>-de/ pretendent

pretension /pry-<u>ten</u>-szn/ 1. ambicje 2. roszczenie 3. pretensjonalność

pretentious /pry-<u>ten</u>-szes/ pretensjonalny

pretext /<u>pri</u>-tekst/ pretekst

pretty /<u>pry</u>-ty/ 1. ładny 2. dość

prevail /pry-<u>weil</u>/ przeważać

prevalence /<u>pre</u>-wlens/ przewaga

prevalent /<u>pre</u>-wlent/ przeważający

prevaricate /pry-<u>wee</u>-rykeit/ 1. kręcić 2. mówić wymijająco

prevent /pry-<u>went</u>/ zapobiegać

prevention /pry-<u>wen</u>-szn/ zapobieganie

preventive /pry-<u>wen</u>-tyw/ zapobiegawczy

preview /<u>pri</u>-wjuu/ pokaz prywatny filmu lub sztuki

previous /<u>pri</u>-wyjes/ poprzedni

previously /<u>pry</u>-wyjesly/ 1. poprzednio 2. wcześniej

price /prais/ cena

priceless /<u>prais</u>-les/ bezcenny

prick /pryk/ 1. ukłucie 2. kutas 3. kłuć

prickle /<u>pry</u>-kl/ 1. kolec 2. kłuć

pride /praid/ 1. duma 2. pycha

priest /prist/ 1. ksiądz 2. kapłan

priesthood /<u>prist</u>-hud/ 1. kapłaństwo 2. kler

prig /pryg/ 1. pedant 2. złodziej 3. zarozumialec 4. kraść

prim /prym/ 1. przyzwoity 2. przybierać skromną minę

prima /<u>pri</u>-me/ pierwszy

primacy /<u>prai</u>-me-sy/ 1. prymat 2. prymasostwo

primal /<u>prai</u>-ml/ 1. pierwotny 2. główny

primarily /<u>prai</u>-me-ryły/ 1. głównie 2. przede wszystkim

primary /prai-mery/ 1. pierwszy 2. podstawowy

primate /prai-meit/ 1. prymas 2. naczelny

prime /praim/ 1. pierwszorzędny 2. zagruntowywać 3. uzbrajać

primer /prai-me/ 1. elementarz 2. spłonka naboju

primeval /prai-mi-wl/ pradawny

primitive /pry-me-tyw/ prymitywny

primordial /prai-moo-djel/ 1. pierwotny 2. podstawowy

primrose /prym-rełz/ pierwiosnek

primula /pry-mjule/ prymulka

prince /pryns/ książę

princess /pryn-ses/ księżniczka

principal /pryn-sepl/ 1. główny 2. dyrektor 3. kapitał

principality /pryn-se-pee-lety/ księstwo

principle /pryn-sepl/ zasada

print /prynt/ drukować

printer /pryn-te/ 1. drukarz 2. drukarka

print-out /prynt-ałt/ wydruk komputerowy

prior /pra-yje/ 1. przeor 2. wcześniejszy

priority /prai-o-rety/ pierwszeństwo

priory /prai-ery/ klasztor

prism /pryzm/ 1. pryzmat 2. graniastosłup

prismatic /pryz-mee-tyk/ pryzmatyczny

prison /pry-zn/ więzienie

prisoner /pry-zene/ więzień

privacy /pry-wesy/ 1. odosobnienie 2. w tajemnicy

private /prai-wyt/ 1. prywatny 2. ustronny 3. skryty 4. szeregowy

privation /prai-wei-szn/ 1. utrata 2. brak

privet /pry-wyt/ ligustr

privilege /pry-we-lydż/ 1. przywile 2. zaszczyt

privileged /pry-we-lydżd/ uprzywi lejowany

privy /pry-wy/ 1. klozet 2. tajny 3 wtajemniczony

prize /praiz/ nagroda

pro /preł/ 1. zawodowiec 2. za 3 pro

probability /pro-be-by-lety/ praw dopodobieństwo

probable /pro-bebl/ prawdopo dobny

probate /preł-beit/ 1. zatwierdza testament 2. zawieszać wyrok

probation /pre-bei-szn/ 1. okres próbny 2. nowicjat 3. zawieszenie kary i oddanie pod nadzór sądow

probe /prełb/ 1. sonda 2. sondo wać

problem /pro-blem/ 1. problem 2 zadanie

problematic /proble-mee-tyk/ pro blematyczny

proboscis /pre-bo-sys/ 1. trąbi słonia 2. trąbka owada

procedural /pre-si-dżerel/ proce duralny

procedure /pre-sy-dże/ procedura

proceed /pre-sid/ kontynuować

proceeding /pre-si-dynn/ 1. postę powanie 2. sprawozdanie

proceeds /preł-sidz/ 1. dochód 2 zysk

process /preł-ses/ proces

procession /pre-se-szn/ procesja

proclaim /pre-kleim/ 1. ogłaszać 2 zakazywać

proclamation /prokle-mei-szn proklamacja

procrastinate /preł-kree-styneit zwlekać

procreate /preł-kryeit/ płodzić po

tomstwo

procreation /prełkry-<u>ei</u>-szn/ płodzenie

procure /pre-<u>kjue</u>/ 1. zyskać 2. powodować

prod /prod/ 1. szturchnięcie 2. kłuć 3. popędzać

prodigal /<u>pro</u>-dygl/ 1. rozrzutnik 2. marnotrawny

prodigious /pre-<u>dy</u>-dżes/ 1. cudowny 2. ogromny

prodigy /<u>pro</u>-dydży/ cud

produce /pre-<u>djus</u>/ produkować

producer /pre-<u>dju</u>-se/ 1. producent 2. dyrektor

product /<u>pro</u>-dakt/ 1. wyrób 2. produkt

production /pre-<u>dak</u>-szn/ 1. produkcja 2. wytwarzanie

productive /pre-<u>dak</u>-tyw/ wydajny

productivity /prodak-<u>ty</u>-wety/ wydajność

profane /pre-<u>fein</u>/ 1. zbezcześczać 2. świecki 3. bluźnierczy

profanity /pre-<u>fee</u>-nety/ 1. bezbożność 2. przekleństwo

profess /pre-<u>fes</u>/ 1. twierdzić 2. wyznawać 3. zapewniać 4. wykonywać 5. wykładać

profession /pre-<u>fe</u>-szn/ 1. zawód 2. profesja

professional /pre-<u>fe</u>-szenl/ 1. zawodowiec 2. zawodowy

professionalism /pre-<u>fe</u>-sznelyzm/ zawodowstwo

professor /pre-<u>fe</u>-se/ profesor

proffer /<u>pro</u>-fe/ 1. oferta 2. proponować

proficiency /pre-<u>fi</u>-sznsy/ biegłość

proficient /pre-<u>fy</u>-sznt/ biegły

profile /<u>preł</u>-fail/ profil

profit /<u>pro</u>-fyt/ 1. zysk 2. korzyść

3. dochód

profitable /<u>pro</u>-fytebl/ korzystny

profiteer /profy-<u>tyje</u>/ 1. spekulant 2. spekulować

profligate /<u>pro</u>-flyget/ 1. rozwiązły 2. rozrzutny

profound /pre-<u>fałnd</u>/ 1. głęboki 2. całkowity

profundity /pre-<u>fan</u>-dety/ głębia

profuse /pre-<u>fjuus</u>/ 1. hojny 2. obfity

profusion /pre-<u>fjuu</u>-żn/ 1. hojność 2. obfitość

progeny /<u>pro</u>-dżyny/ potomstwo

prognosis /prog-<u>neł</u>-sys/ prognoza

prognostic /prog-<u>no</u>-styk/ 1. prognostyk 2. prognostyczny

prognosticate /prog <u>no</u>-stykeit/ przepowiadać

programme /<u>preł</u>-greem/ program

programmer /<u>preł</u>-greeme/ programista komputerowy

progress /<u>preł</u>-gres/ 1. postęp 2. rozwój

progress /preł-<u>gres</u>/ robić postępy

progression /pre-<u>gre</u>-szn/ postęp

progressive /pre-<u>gre</u>-syw/ postępowy

prohibit /pre-<u>hy</u>-byt/ zakazywać

prohibition /pro-ły-<u>by</u>-szn/ 1. zakaz 2. prohibicja

prohibitive /pre-<u>hy</u>-by-tyw/ zakazujący

project /<u>pro</u>-dżekt/ 1. projekt 2. referat

projectile /pre-<u>dżek</u>-tail/ 1. wyrzutowy 2. balistyczny

projection /pre-<u>dżek</u>-szn/ 1. rzut 2. planowanie 3. wybrzuszenie 4. projekcja

projector /pre-<u>dżek</u>-te/ 1. projek-

todawca 2. projektor
proletariat /preuly-<u>tee</u>-ryjet/ proletariat
proliferate /pre-<u>ly</u>-fereit/ rozmnażać się
prolific /pre-<u>ly</u>-fyk/ płodny
prologue /<u>preu</u>-log/ prolog
prolong /pre-<u>lonn</u>/ przedłużać
prolongation /preu-lonn-<u>gei</u>-szn/ przedłużenie
promenade /pro-me-<u>naad</u>/ 1. przechadzka 2. promenada 3. przechadzać się
prominence /<u>pro</u>-my-nens/ 1. wzniesienie 2. wybitność
prominent /<u>pro</u>-my-nent/ wybitny
promiscuous /pre-<u>mys</u>-kjues/ 1. bezładny 2. rozwiązły
promise /<u>pro</u>-mys/ 1. obietnica 2. przyrzeczenie 3. obiecywać
promising /<u>pro</u>-my-synn/ obiecujący
promontory /<u>pro</u>-men-try/ 1. cypel 2. przylądek
promote /pre-<u>melt</u>/ 1. promować 2. popierać
promoter /pre-<u>mel</u>-te/ 1. organizator 2. promotor
promotion /pre-<u>mel</u>-szn/ 1. promocja 2. awans 3. reklama
prompt /prompt/ 1. szybki 2. natychmiastowy
promulgate /<u>pro</u>-melgeit/ ogłaszać
prone /prełn/ 1. leżący twarzą do ziemi 2. skłonny
prong /pronn/ 1. ząb widelca 2. kolec 3. przekłuwać
pronoun /<u>preł</u>-nałn/ zaimek
pronounce /pre-<u>nałns</u>/ wymawiać
pronunciation /prenansy-<u>ei</u>-szn/ wymowa
proof /pruuf/ 1. dowód 2. korekta
prop /prop/ 1. podpora 2. rekwizy-

ty 3. podpierać
propaganda /pro-pe-<u>geen</u>-de/ propaganda
propagate /<u>pro</u>-pe-geit/ 1. propagować 2. szerzyć
propel /pre-<u>pel</u>/ poruszać się do przodu
propeller /pre-<u>pe</u>-le/ śmigło
propensity /pre-<u>pen</u>-sety/ skłonność
proper /<u>pro</u>-pe/ właściwy
property /<u>pro</u>-pety/ 1. posiadłość 2. własność
prophecy /<u>pro</u>-fysy/ 1. przepowiednia 2. proroctwo
prophet /<u>pro</u>-fyt/ prorok
prophetic /pre-<u>fe</u>-tyk/ proroczy
propitiate /pre-<u>py</u>-szyeit/ 1. przejednywać 2. zjednywać
propitious /pre-<u>py</u>-szes/ 1. pomyślny 2. przychylny
proportion /pre-<u>poo</u>-szn/ 1. proporcja 2. odsetek
proportional /pre-<u>poo</u>-szenl/ proporcjonalny
proposal /pre-<u>peł</u>-zl/ 1. propozycja 2. oferta
propose /pre-<u>pełz</u>/ 1. proponować 2. oświadczać się
proposition /pro-pe-<u>zy</u>-szn/ propozycja
propound /pre-<u>pałnd</u>/ 1. przedkładać 2. proponować
proprietary /pre-<u>pra</u>-yje-try/ 1. własność 2. własnościowy
proprietor /pre-<u>pra</u>-yjete/ właściciel
propriety /pre-<u>pra</u>-yjety/ 1. stosowność 2. poprawność 3. przyzwoitość
prosaic /pre-<u>zei</u>-yk/ prozaiczny
proscribe /preł-<u>skraib</u>/ 1. wyjmować spod prawa 2. skazywać

na wygnanie

prose /prełz/ proza

prosecute /pro-sykjuut/ 1. ścigać prawnie 2. zaskarżyć

prosecution /prosy-kjuu-szn/ 1. oskarżenie sądowe 2. zaskarżenie 3. strona oskarżająca

prosecutor /pro-sykjute/ 1. oskarżyciel 2. prokurator

prospect /pro-spekt/ 1. widok 2. perspektywa

prospective /pre-spe-ktyw/ 1. przyszły 2. spodziewany

prospector /pro-spek-te/ poszukiwacz

prospectus /pre-spe-ktes/ prospekt

prosper /pro-spe/ prosperować

prosperity /pro-spe-rety/ dobrobyt

prosperous /pro-spe-res/ 1. kwitnący 2. zamożny 3. pomyślny

prostitute /pro-sty-tjut/ prostytutka

prostrate /pro-streit/ 1. leżący twarzą do ziemi 2. wyczerpany

protagonist /prel-tee-genyst/ protagonista

protect /pre-tekt/ chronić

protection /pre-tek-szn/ 1. ochrona 2. protekcja

protective /pre-te-ktyw/ ochronny

protector /pre-te-kte/ 1. obrońca 2. protektor

protectorate /pre-te-kteret/ protektorat

protein /prel-tin/ 1. białko 2. proteina

protest /pre-test/ protestować

protest /prel-test/ protest

Protestant /pro-tystent/ protestant

protestation /proty-stei-szn/ 1. uroczyste zapewnienie 2. protest

protocol /prel-tekol/ protokół

proton /prel-ton/ proton

prototype /prel-tetaip/ prototyp

protozoa /prelte-zele/ pierwotniaki

protract /pre-treekt/ przedłużać

protractor /pre-tree-kte/ kątomierz łukowy

protrude /pre-truud/ 1. wysuwać 2. wystawać

protrusion /pre-truu-żn/ 1. wysuwanie 2. wystawanie

protrusive /pre-truu-syw/ 1.wystający 2. sterczący

protuberance /pre-czuu-berens/ wypukłość

protuberant /pre-czuu-berent/ 1. wypukły 2. wystający

proud /prałd/ 1. dumny 2. wyniosły 3. butny

provable /pruu-webl/ udowadnialny

prove /pruuw/ udowadniać

proven → prove

proverb /pro-werb/ przysłowie

provide /pre-waid/ 1. dostarczać 2. zaopatrywać 3. zapewniać

provided /pre-wai-dyd/ 1. pod warunkiem, że... 2. o ile...

providence /pro-wydens/ 1. przezorność 2. oszczędność

provident /pro-wydent/ przezorny

province /pro-wyns/ 1. prowincja 2. kompetencje

provincial /pre-wyn-szl/ prowincjonalny

provision /pre-wy-żn/ 1. zaopatrywanie 2. zabezpieczenie 3. klauzula

provisional /pre-wy-żenl/ tymczasowy

provocation /prowe-kei-szn/ prowokacja

provocative /pre-wo-ke-tyw/ wyzywający

provoke /pre-wełk/ prowokować

prow /prał/ dziób statku
prowess /pral-ys/ 1. dzielność 2. waleczność
prowl /praul/ żerować
proximity /prok-sy-mety/ bliskość
proxy /pro-ksy/ 1. zastępstwo 2. pełnomocnictwo 3. pełnomocnik 4. zastępca
prude /pruud/ świętoszka
prudence /pruu-dens/ rozwaga
prudent /pruu-dent/ 1. rozważny 2. roztropny
prudential /pruu-den-szl/ podyktowany roztropnością
prudish /pruu-dysz/ pruderyjny
prune /pruun/ 1. suszona śliwka 2. przycinać
pry /prai/ 1. podpatrywać 2. wyważać
psalm /saam/ psalm
pseudonym /sju-denym/ pseudonim
psyche /sai-ky/ 1. psychika 2. dusza
psychedelic /saike-de-lyk/ 1. psychodeliczny 2. halucynogenny
psychiatric /saiky-ee-tryk/ psychiatryczny
psychiatrist /sai-ka-yje-tryst/ psychiatra
psychiatry /sai-ka-yje-try/ psychiatria
psychic /sai-kyk/ psychiczny
psychoanalysis /saikeł-e-nee-lesys/ psychoanaliza
psychoanalyst /saikeł-ee-nelyst/ psychoanalityk
psychological /saike-lo-dżykl/ psychologiczny
psychologist /sai-ko-ledżyst/ psycholog
psychology /sai-ko-ledży/ psychologia

psychopath /sai-keł-peefh/ psychopata
psychosis /sai-keł-sys/ psychoza
psychotherapy /sai-keł-fhee-repy/ psychoterapia
pub /pab/ 1. bar 2. pub
public /pa-blyk/ 1. publiczny 2. społeczny 3. państwowy
publication /pa-bly-kei-szn/ 1. publikacja 2. wydanie 3. ogłoszenie
publicity /pab-ly-sety/ 1. reklama 2. rozgłos
publicize /pa-bly-saiz/ reklamować
publish /pa-blysz/ 1. publikować 2. wydawać
publisher /pa-blysze/ wydawca
puck /pak/ 1. chochlik 2. krążek hokejowy
pucker /pa-ke/ 1. zmarszczka 2. fałdować
pudding /pu-dynn/ budyń
puddle /pa-dl/ kałuża
pudgy /pa-dży/ kluskowaty
puerile /pjue-rail/ dziecinny
puff /paf/ 1. dmuchnięcie 2. kłąb 3. ptyś 4. dmuchnąć 5. dyszeć 6. pykać
pug /pag/ mops
pugnacious /pag-nei-szes/ wojowniczy
puke /pjuk/ rzygać
pull /pul/ 1. ciągnąć 2. zaciągać 3. przyciągać 4. przyciąganie 5. wpływ
  pull apart rozdzielać
  pull down rozbierać
  pull over zjeżdżać na pobocze
  pull up zatrzymywać (pojazd)
pullet /pu-lyt/ kurka
pulley /pu-ly/ 1. koło pasowe 2. krążek linowy
pull-over /pu-lełwe/ pulower
pulmonary /pal-menry/ płucny

pulp /palp/ 1. miazga 2. miąższ 3. papka 4. rozetrzeć

pulpit /pul-pyt/ ambona

pulsate /pal-seit/ pulsować

pulse /pals/ puls

pulverize /pal-we-raiz/ 1. proszkować 2. niszczyć

puma /pju-me/ puma

pumice /pa-mys/ pumeks

pummel /pa-ml/ okładać pięściami

pump /pamp/ 1. pompować 2. pompa

pumpkin /pamp-kyn/ dynia

punch /pancz/ 1. uderzenie pięścią 2. dziurkacz 3. poncz 4. uderzać pięścią

punctilious /pannk-ty-lyjes/ 1. drobiazgowy 2. dbający o etykietę

punctual /pannk-czuel/ punktualny

punctuality /pannk-czu-ee-lety/ punktualność

punctuate /pannk-czu oit/ 1. stawiać znaki przestankowe 2. przerywać

punctuation /pannk-czu-ei-szn/ interpunkcja

puncture /pannk-cze/ 1. przebicie dętki 2. przebijać

pundit /pan-dyt/ uczony

pungent /pan-dżent/ 1. kłujący 2. ostry

punish /pa-nysz/ karać

punishment /panysz-ment/ kara

punitive /pjuu-nytyw/ karny

punnet /pa-nyt/ kobiałka

punster /pan-ste/ kalamburzysta

punt /pant/ 1. płaskodenna łódź 2. stawiać na konia

punter /pan-te/ gracz stawiający przeciwko bankowi

puny /pjuu-ny/ 1. cherlawy 2. drobny

pup /pap/ szczenię

pupil /pju-pl/ 1. źrenica 2. uczeń

puppet /pa-pyt/ kukiełka

puppy /pa-py/ szczenię

purchase /per-czes/ 1. nabywać 2. zakup

pure /pjue/ czysty

purgatory /per-getry/ czyściec

purge /pedż/ 1. oczyszczenie 2. oczyszczać

purify /pjue-ryfai/ oczyszczać

purist /pjue-ryst/ purysta

puritan /pju-rytn/ 1. purytanin 2. purytański

purity /pjue-re-ty/ czystość

purl /pel/ 1. obszywać lewym ściegiem 2. szemrać 3. przewrócić się 4. lewy ścieg 5. szmer

purloin /pe-loin/ kraść

purple /per-pl/ 1. purpura 2. szkarłatny

purport /pe-pet/ 1. znaczyć 2. znaczenie 3. sens

purpose /per-pś/ 1. cel 2. zamiar

purposeful /per-pes-ful/ 1. celowy 2. rozmyślny

purr /pe/ 1. pomruk 2. mruczeć

purse /pers/ 1. portmonetka 2. torebka

purser /pe-se/ oficer rachunkowy na statku

pursuance /pe-sjuu-ens/ dążenie do osiągnięcia celu

pursue /pe-sju/ ścigać

pursuer /pe-sjuue/ 1. ścigający 2. prześladowca

pursuit /pe-sjuut/ 1. gonitwa 2. pościg

purvey /pe-wei/ 1. dostarczać 2. zaopatrywać

pus /pas/ ropa

push /pusz/ 1. pchnięcie 2. naciśnięcie 3. naciskać 4. pchać

push along wychodzić
push around pomiatać
push forward posuwać się naprzód
push off odchodzić
push over przewracać
push through przepchnąć
push up wymuszać wzrost
pussy /pu-sy/ 1. kotek 2. bazia
put /put/ 1. kłaść 2. umieszczać 3. wsadzać 4. nakładać 5. stawiać
put away odkładać na miejsce
put by 1. odłożyć 2. zaoszczędzić
put down 1. zapisywać 2. odkładać
put forward 1. zasugerować 2. posunąć naprzód
put in 1. wkładać 2. zawijać do portu
put off 1. przekładać 2. odkładać
put on 1. ubierać 2. przybierać na wadze
put out gasić
putative /pjuu-te-tyw/ domniemany
putrefy /pjuu-try-fai/ spowodować rozkład
putrescent /pjuu-tre-sent/ gnijący
putrid /pjuu-tryd/ 1. zgniły 2. cuchnący
putt /pat/ uderzać lekko piłkę do golfa kijem
putty /pa-ty/ 1. kit 2. kitować
puzzle /pa-zl/ zagadka
puzzled /pa-zeld/ zdziwiony
pygmy /py-gmy/ 1. pigmej 2. karzeł
pyjamas /pe-dżaa-mez/ piżama
pylon /pai-len/ pylon
pyramid /py-re-myd/ 1. piramida 2. ostrosłup
pyre /pa-yje/ stos
python /pai-fhen/ pyton

Q

quack /kłeek/ 1. szarlatan 2. konował 3. kwak 4. kwakać
quadrangle /kłod-reengl/ czworokąt
quadrant /kło-drent/ kwadrant
quadrilateral /kło-dry-lee-trel/ czteroboczny
quadruped /kło-dru-ped/ 1. czworonóg 2. czworonożny
quadruple /kło-druu-pl/ 1. czterokrotny 2. poczwórny
quadruplet /kło-druu-plyt/ czworaczek
quadruplicate /kło-druu-ply-ket/ poczwórny
quagmire /kło-gma-yje/ 1. bagno 2. trzęsawisko
quail /kłeil/ 1. przepiórka 2. lękać się
quaint /kłeint/ 1. osobliwy 2. ciekawy 3. oryginalny
quake /kłeik/ 1. trząść się 2. drżeć 3. wstrząs
Quaker /kłei-ke/ kwakier
qualification /kło-lyfy-kei-szn/ 1. kwalifikacje 2. zdolność 3. zastrzeżenie
qalified /kło-ly-faid/ wykwalifikowany
qualify /kło-ly-fai/ 1. kwalifikować się 2. upoważniać
qualitative /kło-ly-te-tyw/ jakościowy
quality /kło-le-ty/ jakość
qualm /kłaam/ 1. mdłości 2. niepokój 3. skrupuły
quandary /kłon-dry/ kłopot
quantitative /kłon-ty-tei-tyw/ ilościowy
quantity /kłon-te-ty/ ilość
quarantine /kło-ren-tin/ kwarantanna

quarrel /kło-rl/ 1. kłótnia 2. kłócić się

quarrelsome /kło-relsm/ kłótliwy

quarry /kło-ry/ 1. kamieniołom 2. zwierzyna łowna 3. wydobywać

quart /kłoot/ kwarta

quarter /kłoo-te/ 1. ćwiartka 2. kwadrans 3. kwarta 4. kwartał 5. 25 centów

quarter final /kłoo-te-fainl/ ćwierćfinał

quarterly /kłoo-te-ly/ 1. kwartalnie 2. kwartalnik

quartet /kłoo-tet/ kwartet

quartz /kłoo-ts/ kwarc

quash /kłosz/ 1. unieważniać 2. tłumić

quatercentenary /kłoo-te-sen-li-nry/ czterechsetna rocznica

quaver /kłei-we/ 1. drżenie 2. drżeć

quay /ki/ 1. molo 2. nadbrzeże

qeasy /kwi-zy/ 1. wrażliwy 2. przyprawiający o mdłości 3. skłonny do mdłości

queen /kłin/ królowa

queer /kłyje/ 1. dziwny 2. pedał

quell /kłel/ tłumić

quench /kłencz/ 1. gasić 2. tłumić

querulous /kłe-rjeles/ zrzędny

query /kwyje-ry/ 1. zapytanie 2. pytać 3. kwestionować

quest /kłest/ poszukiwanie

question /kłes-czn/ 1. pytanie 2. kwestia 3. wątpliwość 4. pytać 5. wątpić

questionable /kłes-cze-nebl/ wątpliwy

question-mark /kłes-czn-mark/ znak zapytania

questionnaire /kłescze-nee/ kwestionariusz

queue /kju/ 1. stać w kolejce 2. kolejka

quibble /kły-bl/ 1. wybieg 2. wykręcać się

quick /kłyk/ 1. szybki 2. bystry

quicken /kły-kn/ przyspieszać

quicksand /kłyk-seend/ grząski piasek

quicksilver /kłyk-sylwe/ rtęć

quid /kłyd/ funt szterling

quiet /kłaa-yjet/ 1. cichy 2. spokojny 3. milczący

quieten /kła-yjetn/ 1. uciszać 2. uciszać się

quiff /kłyf/ zalotny loczek

quill /kłyl/ 1. lotka 2. gęsie pióro 3. kolec

quilt /kłylt/ kołdra

quin /kłyn/ pięcioraczek

quincentenary /kłynsen-ti-nry/ pięćsetna rocznica

quinine /kły-nin/ chinina

Quinquagesima /kłynnkłe-dże-syme/ niedziela zapustna

quintessence /kłyn-te-sns/ kwintesencja

quintet /kłyn-tet/ kwintet

quintuplet /kłyn-czuu-plyt/ pięcioraczek

quip /kłyp/ 1. dowcip 2. żartować

quire /kła-yje/ libra

quirk /kłek/ 1. gra słów 2. zawijas

quisling /kłyz-lynn/ kolaborator

quit /kłyt/ 1. rzucać 2. zrezygnować 3. przestawać

quite /kłait/ 1. całkiem 2. dosyć 3. zupełnie

quits /kłyts/ skwitowany

quiver /kły-we/ 1. kołczan 2. drżenie 3. trzepotać

quixotic /kłyk-so-tyk/ donkiszotowski

quiz /kłyz/ 1. kwiz 2. test 3. przepytywać

quizzical /kły-zykl/ 1. dziwaczny 2.

kpiący 2. zakłopotany

quoit /koit/ pierścień do gry zręcznościowej

quorum /kłoo-rm/ 1. kworum 2. większość

quota /kłeł-te/ 1. udział 2. kontyngent

quotation /kłeł-tei-szn/ 1. cytat 2. wycena 3. notowanie

quote /kłełł/ 1. cytować 2. wyceniać 3. wycena

quoth /kłełfh/ rzekłem!

quotient /kłeł-sznt/ iloraz

R

rabbi /ree-bai/ rabin

rabbit /ree-byt/ królik

rabbit-hutch /ree-byt-hacz/ klatka dla królików

rabble /ree-bl/ motłoch

rabid /ree-byd/ wściekły

rabies /rei-biz/ wścieklizna

raccoon /re-kuun/ szop pracz

race /reis/ 1. rasa 2. wyścig 3. ścigać się

race-course /reis-koos/ tor wyścigowy

race-horse /reis-hoos/ koń wyścigowy

racial /rei-szl/ rasowy

racing /rei-synn/ 1. biegi 2. wyścigi 3. wyścigowy

racism /rei-sysm/ rasizm

racist /rei-syst/ 1. rasista 2. rasistowski

rack /reek/ 1. półka na bagaż 2. wieszak

racket /ree-kyt/ 1. rakieta 2. hałas

racketeer /ree-ky-tyje/ kanciarz

racquet /ree-kyt/ rakieta do tenisa

raconteur /reekon-te/ gawędziarz

racy /rei-sy/ 1. typowy 2. pikantny

3. pełen życia

radar /rei-daa/ radar

radial /rei-dyjel/ 1. promieniowy 2. promienisty 3. gwiaździsty

radiance /rei-dyjens/ 1. blask 2. promienność

radiant /rei-dyjent/ 1. promieniujący 2. promienny

radiate /rei-dyeit/ promieniować

radiation /reidy-ei-szn/ promieniowanie

radiator /rei-dyeite/ 1. kaloryfer 2. chłodnica

radical /ree-dykl/ 1. radykał 2. zasadniczy 3. skrajny

radio /rei-dyjeł/ radio

radio-active /rei-dyjeł-ee-ktyw/ 1. radioaktywny 2. promieniotwórczy

radiography /rei-dy-o-grefy/ radiografia

radioisotope /rei-dyjeł-ai-setełp/ radioizotopa

radish /ree-dysz/ rzodkiewka

radius /rei-dyjes/ 1. promień 2. kość promieniowa

raffia /ree-fyje/ rafia

raffle /ree-fl/ loteria

raft /raaft/ tratwa

rafter /raa-fte/ 1. krokiew 2. flisak

rag /reeg/ szmata

rage /reidż/ 1. szaleć 2. wściekłość

ragged /ree-gyd/ 1. nierówny 2. obszarpany 3. niestaranny

ragtime /reeg-taim/ synkopowana muzyka murzyńska

raid /reid/ 1. najeżdżać 2. napad

rail /reil/ 1. poręcz 2. kolej

railing /rei-lynn/ balustrada

railroad /reil-rełd/ 1. linia kolejowa 2. kolej

railway /reil-łei/ kolej

rain /rein/ 1. padać 2. deszcz

rainbow /rein-beł/ tęcza

raincoat /rein-kełt/ płaszcz prze-
ciwdeszczowy
raindrop /rein-drop/ kropla deszczu
rainfall /rein-fool/ opad deszczowy
rainwater /rein-łoote/ woda desz-
czowa
rainy /rei-ny/ deszczowy
raise /reiz/ 1. podnosić 2. podwyższać 3. wznosić 4. podwyżka 5.
wzrost
raisin /rei-zn/ rodzynek
rajah /raa-dże/ radża
rake /reik/ grabie
rakish /rei-kysz/ 1. hulaszczy 2.
rozpustny
rally /ree-ly/ wiec
ram /reem/ baran
Ramadan /reme-daan/ ramadan
ramble /reem-bl/ 1. wędrować 2.
mówić bez związku 3. piąć się 4.
wędrówka
rambler /reem-ble/ wędrowiec
ramp /reemp/ rampa
rampage /reem-peidż/ 1. rzucać
się 2. szaleć
rampant /reem-pent/ 1. gwałtowny
2. wybujały
rampart /reem-paat/ wał obronny
ramshackle /reem-szeekl/ walący
się
ran → run
ranch /raancz/ farma
rancid /reen-syd/ zjełczały
rancour /reen-ke/ 1. żal 2. uraza
random /reen-dm/ 1. przypadkowy
2. na ślepo
rang → ring
range /reindż/ 1. zakres 2. skala 3.
zasięg
ranger /rein-dże/ strażnik leśny
rank /reennk/ ranga
rankle /ree-nnkl/ 1. jątrzyć się 2.

dręczyć
ransack /reen-seek/ 1. przeszukiwać 2. plądrować
ransom /reen-sm/ okup
rant /reent/ deklamować z patosem
rap /reep/ 1. pukać 2. szturchaniec
3. pukanie
rapacious /re-pei-szes/ chciwy
rape /reip/ 1. gwałcić 2. gwałt
rapid /ree-pyd/ prędki
rapist /rei-pyst/ gwałciciel
rapier /rei-pyje/ rapier
rapt /reept/ 1. zachwycony 2. pochłonięty
rapture /ree-pcze/ zachwyt
rare /ree/ rzadki
rarefy /ree-ryfai/ rozrzedzać
rarity /ree-rety/ rzadkość
rascal /raa-skl/ 1. łotr 2. urwis
rash /reesz/ wysypka
rasp /raasp/ 1. skrobać 2. drażnić
3. zgrzytać 4. skrobaczka 5. zgrzyt
raspberry /raaz-bery/ malina
rat /reet/ szczur
ratable /rei-tebl/ podlegający podat-
kom miejskim
rate /reit/ 1. proporcja 2. cena 3.
klasa
rather /raa-dhe/ raczej
ratify /ree-tyfai/ ratyfikować
rating /rei-tynn/ szacowanie
ratio /rei-szyjeł/ 1. stosunek 2. proporcja
ration /ree-szn/ 1. wydzielać 2.
porcja
rational /ree-sznel/ 1. rozumowy 2.
rozumny 3. racjonalny
rationale /resze-naal/ 1. podstawowa racja 2. podstawa logiczna
rationalistic /resznel-y-styk/ racjo-
nalistyczny
rationalize /ree-szne-laiz/ racjona-
lizować

rationalizm /ree-szne-lyzm/ racjo-
nalizm

rattle /ree-tl/ 1. stukanie 2. brzęk
3. grzechotka 4. stukać 5. grzechotać

rattlesnake /ree-tl-sneik/ grzechot-
nik

raucous /roo-kes/ ochrypły

ravage /ree-wydż/ 1. niszczyć 2.
dewastacja

rave /reiw/ 1. majaczyć 2. wście-
kać się 3. szaleć 4. zachwycać się

ravel /ree-wl/ 1. plątać 2. plątanina

raven /rei-wn/ 1. żerować 2. kruk

ravenous /ree-wnes/ 1. żarłoczny
2. zgłodniały

ravine /re-win/ 1. wąwóz 2. jar

ravioli /re-wjo-li/ uszka (potrawa)

ravish /ree-wysz/ 1. zachwycać 2.
oczarowywać

raw /roo/ 1. surowy 2. obtarty

ray /rei/ promień

rayon /rei-on/ sztuczny jedwab

raze /reiz/ 1. burzyć 2. ścierać

razor /rei-ze/ brzytwa

reach /ricz/ 1. zasięg 2. docierać
3. dochodzić 4. osiągać 5. sięgać
6. kontaktować się

react /ry-eekt/ reagować

reaction /ry-eek-szn/ reakcja

reactor /ry-eek-te/ reaktor

read /rid/ czytać

read → read

readable /ri-debl/ czytelny

readdress /ri-e-dres/ przeadre-
sować

reader /ri-de/ czytelnik

readily /re-dyly/ chętnie

readiness /re-dynes/ gotowość

reading /ri-dynn/ 1. czytanie 2. lektura 3. czytający

readjust /rie-dżast/ dopasowywać

ready /re-dy/ gotowy

ready-made /re-dy-meid/ gotowy

reaffirm /rie-fem/ potwierdzać

real /ryjel/ 1. prawdziwy 2. rzeczywisty

realism /ryje-lyzm/ realizm

realist /ryje-lyst/ realista

realistic /ryje-lys-tyk/ realistyczny

reality /ry-ee-lety/ rzeczywistość

realization /ryje-lai-zei-szn/ reali-
zacja

realize /ryje-laiz/ 1. zdawać sobie
sprawę 2. realizować

really /ryje-ly/ rzeczywiście

realm /relm/ królestwo

realty /ry-jelty/ nieruchomość

ream /rim/ ryza papieru

reanimate /ri-ee-nymeit/ ożywiać

reap /rip/ 1. zbierać plon 2. żąć

reappear /rie-pyje/ pojawiać się ponownie

reappraisal /rie-prei-zl/ ponowna
ocena

rear /ryje/ 1. tył 2. tylni

rearguard /ryje-gaad/ tylna straż

rearm /ri-aam/ 1. przebrajać 2.
uzbrajać ponownie

rearmost /ryje-mełst/ 1. ostatni 2.
końcowy

rearrange /ryje-rein-dż/ 1. przestawiać 2. zmieniać

reason /ri-zn/ 1. powód 2. rozsądek

reasonable /riz-nebl/ 1. rozsądny
2. umiarkowany

reasoning /ri-ze-nynn/ rozumo-
wanie

reassure /rie-szu-e/ 1. rozpraszać
wątpliwości 2. przywracać zaufanie 3. reasekurować

rebate /ri-beit/ rabat

rebel /re-bl/ buntownik

rebellion /ry-be-lyjen/ rebelia

rebellious /ry-be-lyjes/ buntowniczy

rebirth /ri-<u>befh</u>/ odrodzenie

reborn /ri-<u>boon</u>/ odmieniony duchowo

rebound /ri-bałnd/ 1. odbijać się 2. mścić się 3. rykoszet

rebuff /ry-<u>baf</u>/ 1. odrzucać 2. odmowa

rebuild /ri-<u>byld</u>/ 1. odbudować 2. przebudować

rebuilt → rebuild

rebuke /ry-<u>bjuuk</u>/ 1. karcić 2. nagana

rebut /ry-<u>bat</u>/ 1. obalać 2. odpierać

recalcitrance /ry-<u>kee</u>-lsy-trens/ kmąbrność

recalcitrant /ry-<u>kee</u>-lsy-trent/ kmąbrny

recall /ry-<u>kool</u>/ odwoływać

recant /ry-<u>keent</u>/ 1. odwoływać 2. wyrzekać się

recap /ri-<u>koop</u>/ 1 reasumować 2. streszczenie

recapitulate /rike-<u>py</u>-czu-leit/ reasumować

recapitulation /rike-pyczu-<u>lei</u>-szn/ podsumowanie

recapture /ri-<u>kee</u>-pcze/ 1. odzyskiwać 2. przypominać sobie

recast /ri-<u>kaast</u>/ przetapiać metal

recede /ry-<u>sid</u>/ 1. cofać się 2. oddalać się

receipt /ry-<u>sit</u>/ 1. pokwitowanie 2. paragon

receivable /ry-<u>si</u>-webl/ do otrzymania

receive /ry-<u>siw</u>/ 1. otrzymywać 2. przyjmować

receiver /ry-<u>si</u>-we/ 1. odbiornik 2. słuchawka

recent /<u>ri</u>-sent/ 1. nowy 2. ostatni

recently /<u>ri</u>-sently/ niedawno

receptacle /ry-<u>se</u>-ptekl/ schowek

reception /ry-<u>sep</u>-szn/ 1. przyjęcie 2. odbiór 3. recepcja

receptionist /ry-<u>sep</u>-sze-nyst/ recepcjonistka

receptive /ry-<u>se</u>-ptyw/ 1. chłonny 2. podatny

recess /ry-<u>ses</u>/ 1. przerwa (lekcyjna) 2. wnęka 3. nisza

recession /ry-<u>se</u>-szn/ recesja

recessional /ry-<u>se</u>-szenl/ hymn kościelny

recessive /ry-<u>se</u>-syw/ recesyjny

recipe /<u>re</u>-se-py/ przepis

recipient /ry-<u>sy</u>-pyjent/ odbiorca

reciprocal /ry-<u>sy</u>-prekl/ 1. odwzajemniony 2. obopólny 3. odwrotny 4. zwrotny

reciprocate /ry-<u>sy</u>-pre-keit/ odwzajemniać

reciprocity /re-sy-<u>pro</u>-sety/ wzajemność

recital /ry-<u>sai</u>-tl/ 1. recital 2. opowiadanie

recitation /re-sy-<u>tei</u>-szn/ recytacja

recite /ry-<u>sait</u>/ 1. recytować 2. deklamować

reckless /<u>rek</u>-les/ lekkomyślny

reckon /<u>re</u>-kn/ 1. uznawać za 2. sądzić 3. uważać 4. obliczać

reclaim /ry-<u>kleim</u>/ 1. nawracać 2. ucywilizowywać 3. zażądać zwrotu

recline /ry-<u>klain</u>/ 1. spoczywać pół leżąc 2. ułożyć w pozycji półleżącej

recliner /ry-<u>klai</u>-ne/ 1. leżanka 2. fotel

recluse /ry-<u>kluus</u>/ 1. odludek 2. samotny 3. pustelniczy

recognition /rekeg-<u>ny</u>-szn/ 1. uznanie 2. rozpoznanie

recognizance /ry-<u>ko</u>-gny-zens/ 1. zobowiązanie wobec sądu 2. kaucja

recognize /re-ke-gnaiz/ 1. rozpoznawać 2. poznawać 3. uznawać

recoil /ry-koil/ 1. cofać się 2. odskakiwać

recollect /re-ke-lekt/ przypominać sobie

recollection /re-ke-le-kszn/ 1. pamięć 2. wspomnienie

recommend /re-ke-mend/ 1. polecać 2. rekomendować

recommendation /re-ke-men-deiszn/ 1. polecenie 2. rekomendacja

recompense /re-kempens/ 1. wynagradzać 2. rekompensata

reconcile /re-ken-sail/ godzić się

reconciliation /re-ken-syly-ei-szn/ 1. pojednanie 2. zgoda

recondition /ri-ken-dy-szn/ 1. odnawiać 2. odremontowywać

reconnaissance /ry-ko-nysens/ zwiad

reconnoitre /reke-noi-te/ przeprowadzać rozpoznanie

reconsider /riken-sy-de/ rozważyć ponownie

reconstruct /riken-strakt/ 1. rekonstruować 2. odbudowywać 3. odtwarzać

reconstruction /ri-ken-strak-szn/ 1. odbudowa 2. rekonstrukcja

record /ry-kood/ 1. rejestrować 2. nagrywać 3. zapisywać

record /re-kood/ 1. płyta 2. zapis 3. protokół

recorder /ry-koo-de/ 1. naczelny sędzia miasta 2. przyrząd rejestrujący 3. flet

recording /ry-koo-dynn/ nagranie

record-player /re-kood-ple-yje/ adapter

recount /ry-kałnt/ opowiedzieć szczegółowo

re-count /ri-kałnt/ obliczać ponownie

recoup /ry-kuup/ wynagradzać stratę

recourse /ry-koos/ 1. uciekanie się do czegoś 2. ostatnia deska ratunku

recover /ry-ka-we/ 1. odzyskiwać 2. zdrowieć

recovery /ry-ka-wry/ 1. odzyskanie 2. wyzdrowienie 3. poprawa

recreation /re-kry-ei-szn/ rekreacja

recriminate /ry-kry-my-neit/ 1. odwracać oskarżenie 2. wzajemnie się obwiniać

recriminatory /re-kry-my-netry/ rekryminacyjny

recrimination /rykrymy-nei-szn/ rekryminacja

recruit /ry-kruut/ rekrutować

rectal /rek-tl/ odbytniczy

rectangle /rek-teengl/ prostokąt

rectify /re-kty-fai/ 1. poprawiać błędy 2. oczyszczać

rectilinear /rek-ty-ly-nyje/ prostolinijny

rector /re-kte/ 1. proboszcz 2. rektor

rectory /re-ktery/ probostwo

rectum /re-ktem/ odbytnica

recumbent /ry-kam-bent/ leżący

recuperate /ry-kjuu-pereit/ 1. wyleczyć 2. wyzdrowieć

recur /ry-ke/ 1. powtarzać się 2. powracać na myśl

recurrence /ry-ka-rens/ 1. powrót 2. powtarzanie się

recurrent /ry-ka-rent/ 1. powrotny 2. powtarzający się

recycle /ri-sai-kl/ 1. przetwarzać 2. używać ponownie

red /red/ 1. czerwony 2. czerwień 3. komunista

redbreast /red-brest/ rudzik właściwy

redden /re-dn/ 1. malować na czerwono 2. czerwienić się

reddish /re-dysz/ czerwonawy

redeem /ry-dim/ wybawiać

redemption /ry-demp-szn/ 1. odkupienie 2. zbawienie

redeploy /ridy-ploi/ przegrupować wojska

red-handed /red-heen-dyd/ na gorącym uczynku

redhead /red-hed/ rudy

redo /ri-duu/ robić ponownie

redolent /re-de-lent/ 1. aromatyczny 2. wonny

redouble /ry-da-bl/ podwajać

redress /ry-dres/ 1. wyrównywać 2. naprawiać krzywdę 3. rekompensata

redskin /red-skyn/ czerwonoskóry

reduce /ry-djus/ 1. zmniejszać 2. redukować 3. ograniczać

reduction /ry-dak-szn/ obniżka

redundancy /ry-dan-densy/ 1. nadmiar 2. zbędność

redundant /ry-dan-dent/ 1. nadmierny 2. zbędny

reed /rid/ 1. trzcina 2. stroik

reef /rif/ rafa

reek /rik/ 1. cuchnąć 2. smród

reel /ril/ szpulka

re-entry /ri-en-try/ ponowne wejście

reface /ri-feis/ dawać nową fasadę budowli

refection /ri-fe-kszn/ posiłek

refectory /ri-fe-ktry/ refektarz

refer /ry-fer/ 1. odsyłać 2. dotyczyć

referee /refe-ri/ sędzia sportowy

reference /re-frens/ 1. odnośnik 2. referencja

referendum /refe-ren-dm/ referendum

referential /refe-re-nszl/ dotyczący

refill /ri-fyl/ ponownie napełniać

refinement /ry-fain-ment/ 1. oczyszczanie 2. wyrafinowanie 3. wytworność

refiner /ry-fai-ne/ rafinator

refit /ri-fyt/ 1. naprawiać 2. remont

reflect /ry-flekt/ 1. odbijać 2. odzwierciedlać 3. zastanawiać się

reflection /ry-flek-szn/ 1. odbicie 2. refleksja

reflector /ry-flek-te/ reflektor

reflex /ri-fleks/ 1. odruch 2. refleks

reflexive /ry-fle-ksyw/ zwrotny

refloat /ri-flclt/ wyciągać statek na głębię

reform /ry-foom/ 1. poprawiać się 2. reformować 3. reforma

reformation /refe-mei-szn/ 1. reforma 2. poprawa

reformer /ry-foo-me/ reformator

refract /ry-freekt/ załamywać światło

refrain /ry-frein/ 1. powstrzymywać się 2. refren

refresh /ry-fresz/ odświeżać

refreshing /ry-fre-szynn/ orzeźwiający

refreshment /ry-fresz-ment/ 1. odpoczynek 2. wytchnienie

refrigerate /ry-fry-dżereit/ 1. ochładzać 2. zamrażać

refrigeration /ry-frydże-rei-szn/ 1. ochładzanie 2. zamrażanie

refrigerator /ry-fry-dżerei-te/ lodówka

refuel /ri-fjuu-el/ tankować

refuge /re-fjuudż/ schronienie

refugee /refju-dżi/ 1. uciekinier 2.

uchodźca
refund /ry-fand/ zwrot pieniędzy
refurbish /ri-fe-bysz/ odnawiać
refusal /ry-fjuu-zl/ odmowa
refuse /ry-fjuz/ odmawiać
refute /ry-fjuut/ 1. obalać 2. odpierać
regain /ry-gein/ odzyskać
regal /ri-gl/ królewski
regalia /ry-gei-lyje/ 1. regalia 2. insygnia
regard /ry-gard/ wzgląd
regarding /ry-gar-dynn/ 1. dotyczący 2. odnośnie
regardless /ry-gard-les/ bez względu
regards /ry-gards/ pozdrowienia
regatta /ry-gee-te/ regaty
regency /ri-dżensy/ regencja
regenerate /ry-dże-nereit/ 1. odradzać się 2. regenerować się
regeneration /ry-dżene rei-szn/ 1. odrodzenie się 2. regeneracja
regent /ri-dżent/ regent
regicide /re-dży-said/ 1. królobójstwo 2. królobójca
regime /rei-żim/ reżim
regiment /re-dży-ment/ pułk
regimental /redży-men-tl/ pułkowy
Regina /ry-dżai-ne/ panująca obecnie królowa
region /ry-dżn/ 1. obszar 2. strefa
register /re-dżyste/ 1. rejestr 2. spis wyborców 3. dziennik 4. rejestrować (się)
registrar /redży-straa/ 1. archiwista 2. sekretarz
registration /redży-strei-szn/ 1. rejestracja 2. zapis
registry /re-dżystry/ urząd rejestracyjny
regress /ry-gres/ 1. poruszać się wstecz 2. powrót 3. schyłek

regression /ry-gre-szn/ 1. ruch wsteczny 2. cofanie się 3. regresja
regressive /ry-gre-syw/ 1. wsteczny 2. regresywny
regret /ry-gret/ żal 2. żałować
regretful /ry-gret-fl/ 1. żałujący 2. skruszony
regroup /ri-gruup/ przegrupowywać
regular /re-gju-le/ 1. regularny 2. normalny 3. stały
regularity /re-gju-lee-rety/ 1. regularność 2. systematyczność
regularize /re-gju-le-raiz/ 1. uporządkowywać 2. regulować
regularization /re-gju-lerai-zei-szn/ 1. uporządkowanie 2. regulowanie
regulate /re-gjuleit/ regulować
regulation /regju-lei-szn/ 1. przepls 2. regulamin
regurgitate /ri-ge-dżyteit/ 1. zwracać 2. cofać się
rehabilitate /ryje-by-ly-teit/ rehabilitować
rehabilitation /ryje-byly-tei-szn/ rehabilitacja
rehearsal /ry-her-sl/ próba teatralna
rehearse /ry-hes/ odbywać próbę teatralną
rehouse /ri-hałz/ 1. przesiedlać 2. ulokować w nowych mieszkaniach
reign /rein/ 1. panować 2. panowanie 3. rządy
reimburse /ri-ym-bes/ zwracać koszty
reimbursement /riym-be-sment/ zwrot kosztów
rein /rein/ 1. lejce 2. szelki
reincarnate /ri-ynkaa-neit/ wcielać ponownie

reincarnation /riyn-kaa-<u>nei</u>-szn/ reinkarnacja

reindeer /<u>rein</u>-dyje/ renifer

reinforce /ri-yn-<u>foos</u>/ wzmacniać

reinforcement /ri-yn-<u>foo</u>-sment/ wzmocnienie

reinstate /ri-yn-<u>steit</u>/ przywracać na stanowisko

reinsure /ri-yn-<u>szu</u>-e/ reasekurować

reissue /ri-<u>y</u>-szuu/ 1. wydawać ponownie 2. nowa emisja

reiterate /ri-<u>y</u>-te-reit/ wielokrotnie powtarzać

reject /ry-<u>dżekt</u>/ 1. odrzucać 2. nie przyjmować

rejection /ry-<u>dże</u>-kszn/ 1. odrzucenie 2. odmowa

rejoice /ry-<u>dżols</u>/ radować się

rejoin /ry-<u>dżoin</u>/ 1. odpowiadać 2. wracać do towarzystwa 3. łączyć na nowo

rejuvenate /ri-<u>dżuu</u>-weneit/ 1. odmładzać 2. odmłodnieć

rekindle /ri-<u>kyn</u>-dl/ 1. zapłonąć na nowo 2. rozpalać na nowo

relaid → relay

relapse /ry-<u>leeps</u>/ 1. popadać z powrotem 2. nawrót

relate /ry-<u>leit</u>/ relacjonować

related /ry-<u>lei</u>-tyd/ 1. związany 2. bliski 3. spokrewniony

relation /ry-<u>lei</u>-szn/ 1. związek 2. relacja

relationship /ry-<u>lei</u>-szn-szyp/ 1. związek 2. pokrewieństwo 3. powiązanie

relative /<u>re</u>-letyw/ 1. krewny 2. względny

relax /ry-<u>leeks</u>/ odprężać się

relaxation /rileek-<u>sei</u>-szn/ 1. odprężenie 2. relaks

relay /ri-<u>lei</u>/ 1. sztafeta 2. retrans-

misja 3. przekazywać

release /ry-<u>lis</u>/ 1. zwolnienie 2. udostępnienie 3. spuszczenie 4. zwalniać 5. uwalniać

relegate /<u>re</u>-le-geit/ 1. wydalać 2. zdegradować

relent /ry-<u>lent</u>/ 1. ustępować 2. łagodnieć

relevance /<u>re</u>-le-wens/ związek

relevant /<u>re</u>-lewent/ 1. związany (ze sprawą) 2. istotny 3. stosowny

reliability /ry-layje-<u>by</u>-lety/ 1. solidność 2. niezawodność

reliable /ry-<u>laa</u>-yjebl/ 1. solidny 2. niezawodny

reliance /ry-<u>la</u>-yjens/ 1. zaufanie 2. oparcie

relic /<u>re</u>-lyk/ 1. relikwia 2. pozostałość 3. reIikt

relief /ry-<u>lif</u>/ 1. ulga 2. płaskorzeźba

relieve /ry-<u>liw</u>/ ulżyć

religion /ry-<u>ly</u>-dżn/ 1. religia 2. wyznanie

religious /ry-<u>ly</u>-dżes/ religijny

reline /ri-<u>lain</u>/ zakładać nową podszewkę

relinquish /ry-<u>lynn</u>-kłysz/ 1. zarzucać 2. zaniechać 3. rezygnować

relish /<u>re</u>-lysz/ 1. rozkoszować się 2. znajdować przyjemnośc 3. upodobanie 4. smak 5. przysmak

relive /ri-<u>lyw</u>/ 1. przeżywać ponownie 2. przechodzić ponownie

reload /ri-<u>leld</u>/ przeładować

relocate /ri-lel-<u>keit</u>/ przenosić

reluctance /ry-<u>la</u>-ktens/ niechęć

reluctant /ry-<u>la</u>-ktent/ niechętny

rely /ry-<u>lai</u>/ polegać

remain /ry-<u>mein</u>/ pozostawać

remainder /ry-<u>mein</u>-de/ 1. reszta 2. pozostałość

remains /ry-<u>meinz</u>/ 1. pozostałości 2. szczątki

remake /ri-meik/ 1. przerabiać 2. przefasonować

remand /ry-maand/ odsyłać (do więzienia)

remark /ry-mark/ 1. spostrzeżenie 2. uwaga

remarkable /ry-mar-kebl/ godny uwagi

remarry /ri-mee-ry/ poślubić ponownie

remedial /ry-mi-dyjel/ 1. leczniczy 2. zaradczy 3. pomocniczy

remedy /re-medy/ lekarstwo

remember /ry-mem-be/ 1. pamiętać 2. wspominać

remembrance /ry-mem-brens/ 1. wspomnienie 2. pamięć 3. pamiątka

remind /ry-maind/ przypominać

reminder /ry-main-de/ 1. upomnienie 2. ponaglenie

reminisce /remy-nys/ wspominać

reminiscence /remy-ny-sens/ wspomnienie

remiss /ry-mys/ 1. niedbały 2. opieszały

remission /ry-my-szn/ 1. odpuszczenie grzechów 2. umorzenie długu 3. darowanie kary 4. złagodzenie

remit /ry-myt/ 1. odpuszczać grzechy 2. darować karę 3. umorzyć dług 4. łagodzić ból 5. przekazywać pieniądze

remittance /ry-my-tens/ 1. wypłata 2. przekaz

remittent /ry-my-tent/ 1. gorączka okresowa 2. okresowy

remnant /rem-nent/ 1. pozostałość 2. resztka materiału

remodel /ry-mo-dl/ przerabiać

remonstrate /re-men-streit/ 1. protestować 2. upominać

remorse /ry-moos/ wyrzuty sumienia

remote /ry-melt/ 1. zdalny 2. odległy

remount /ri-maunt/ 1. wsiadać ponownie 2. uzupełniać nowymi końmi

remove /ry-muuw/ usuwać

remover /ry-muu-we/ 1. ekspedytor mebli 2. osoba (rzecz) usuwająca

remunerate /ry-mjuu-ne-reit/ 1. wynagradzać 2. płacić

renaissance /ry-nei-sens/ renesans

renal /ri-nl/ nerkowy

rend /rend/ rozdzierać

render /ren-de/ 1. odpłacać 2. oddawać 3. uczynić 4. odtwarzać 5. przetłumaczyć 6. interpretować

rendezvous /ron-dy-wuu/ 1. spotykać się w umówionym miejscu 2. randka 3. miejsce spotkania

rendition /ren-dy-szn/ 1. przetłumaczenie 2. odtworzenie 3. interpretacja

renegade /re-ne-geid/ 1. renegat 2. zdrajca

renew /ry-nju/ 1. odnawiać 2. przedłużać

renewal /ry-njuu-el/ odnowienie

renounce /ry-nałns/ 1. wyrzekać się 2. zrzekać się 3. wypierać się

renovate /re-neweit/ odnawiać

renovation /rene-wei-szn/ odnowienie

renown /ry-naun/ 1. sława 2. rozgłos

rent /rent/ 1. wynajmować 2. czynsz 3. → rend

rental /ren-tl/ czynsz

renunciation /ry-nansy-ei-szn/ 1. wyrzekanie się 2. wypieranie się

reopen /ri-<u>eł</u>-pn/ otwierać na nowo

reorganize /ri-<u>oo</u>-genaiz/ reorganizować

repaid → repay

repair /ry-<u>pee</u>/ 1. naprawiać 2. reperować

reparable /<u>re</u>-prebl/ możliwy do naprawienia

reparation /re-pe-<u>rei</u>-szn/ 1. naprawa 2. wynagrodzenie

repartee /repaa-<u>ti</u>/ riposta

repast /ry-<u>paast</u>/ posiłek

repatriate /ri-<u>pee</u>-try-eit/ repatriować

repatriation /ri-pee-try-<u>ei</u>-szn/ repatriacja

repay /ry-<u>pei</u>/ zwracać pieniądze

repayable /ry-<u>pei</u>-ebl/ 1. spłacalny 2. do spłacania

repayment /ry-<u>pei</u>-ment/ 1. zwrot 2. spłata

repeal /ry-<u>pil</u>/ 1. odwoływać 2. unieważniać 3. uchylać

repeat /ry-<u>pit</u>/ powtarzać

repeatedly /ry-<u>pi</u>-tydly/ wielokrotnie

repel /ry-<u>pel</u>/ 1. odpierać 2. odrzucać 3. budzić odrazę

repellent /ry-<u>pe</u>-lent/ 1. wstrętny 2. odpychający

repent /ry-<u>pent</u>/ żałować

repentance /ry-<u>pen</u>-tens/ 1. żal 2. skrucha

repentant /ry-<u>pen</u>-tent/ 1. żałujący 2. pełen żalu

repercussion /ripe-<u>ka</u>-szn/ oddźwięk

repertoire /<u>re</u>-petłaa/ repertuar

repertory /<u>re</u>-petry/ repertuar

repetition /repe-<u>ty</u>-szn/ powtórka

rephrase /ri-<u>freiz</u>/ sparafrazować

replace /ry-<u>pleis</u>/ 1. zastępować 2. odstawiać na miejsce

replacement /ry-<u>pleis</u>-ment/ 1.

przywrócenie na dawne miejsce 2. zastąpienie

replay /ri-<u>plei</u>/ rozgrywać ponownie zawody

replenish /ry-<u>ple</u>-nysz/ 1. ponownie napełniać 2. uzupełniać 3. zaopatrywać

replete /ry-<u>plit</u>/ 1. pełny 2. przepełniony

replica /<u>re</u>-plyke/ 1.kopia 2. replika

reply /ry-<u>plai</u>/ 1. odpowiadać 2. odpowiedź

report /ry-<u>poot</u>/ 1. raport 2. sprawozdanie 3. doniesienie 4. relacjonować 5. sporządzać raport

reporter /ry-<u>poo</u>-te/ reporter

repose /ry-<u>pełz</u>/ 1. pokładać zaufanie 2. odpoczywać 3. opierać się 4. odpoczynek 5.sen

repository /ry-<u>po</u>-zytry/ 1. skład 2. magazyn

reprehend /re-pry-<u>hend</u>/ karcić

represent /re-pry-<u>zent</u>/ 1. reprezentować 2. stanowić

representation /re-pry-zen-<u>tei</u>-szn/ 1. przedstawianie 2. reprezentacja

representative /re-pry-<u>zen</u>-tetyw/ przedstawiciel

repress /ry-<u>pres</u>/ 1. pohamowywać 2. tłumić

reprieve /ry-<u>priw</u>/ 1. zawieszać wykonanie wyroku 2. udzielać zwłoki 3. dawać wytchnienie 4. odroczenie wykonania wyroku 5. zwłoka

reprimand /<u>re</u>-pry-mand/ udzielać nagany

reprint /<u>ri</u>-prynt/ przedruk

reprisal /ry-<u>prai</u>-zl/ 1. odwet 2. represja

reproach /ry-<u>prełcz</u>/ 1. zarzut 2. wyrzut 3. wyrzucać komuś

reproduce /ri-pre-<u>djuus</u>/ 1. repro-

dukować 2. rozmnażać się 3. odtwarzać

reproduction /ri-pre-<u>dak</u>-szn/ reprodukcja

reproof /ry-<u>pruuf</u>/ 1. wymówka 2.
zarzut

reprove /ry-<u>pruuw</u>/ 1. ganić 2. potępiać

reptile /<u>rep</u>-tail/ gad

republic /ry-<u>pa</u>-blyk/ republika

republican /ry-<u>pa</u>-blykn/ 1. republi-
kański 2. republikanin

repudiate /ry-<u>pjuu</u>-deit/ 1. wypierać
się 2. nie przyznawać się 3. od-
mawiać

repugnance /ry-<u>pa</u>-gnens/ 1.
wstręt 2. odraza 3. niechęć

repugnant /ry-<u>pa</u>-gnent/ 1. odrażający 2. wstrętny

repulse /ry-<u>pals</u>/ 1. odeprzeć napad 2. odrzucać ofertę 3. odpy-
chać 4. odprawa

repulsive /ry-<u>pa</u>-lsyw/ 1. odpychający 2. wstrętny

reputable /<u>re</u>-pjutebl/ 1. szanowany 2. zaszczytny

reputation /re-pju-<u>tei</u>-szn/ 1. reputacja 2. renoma

repute /ry-<u>pjuut</u>/ 1. uważać za 2.
być uważanym za 3. reputacja 4.
sława

request /ry-<u>kłest</u>/ 1. prosić 2. prośba

requiem /<u>re</u>-kłyjem/ requiem

require /ry-<u>kła</u>-yje/ 1. wymagać 2.
żądać 3. życzyć sobie

requirement /ry-<u>kła</u>-yje-ment/ 1.
żądanie 2. wymaganie 3. potrze-
ba

requisite /<u>re</u>-kły-zyt/ 1. warunek 2.
rzecz konieczna 3. rekwizyt 4. wy-
magany 5. konieczny

requisition /re-kły-<u>zy</u>-szn/ 1. żąda-

nie 2. nakaz 3. rekwizycja

rerun /<u>ri</u>-ran/ 1. pokazywać film
ponownie 2. ponowny pokaz filmu
lub nagranego programu

rescind /ry-<u>synd</u>/ 1. odwołać 2.
unieważnić

rescue /<u>res</u>-kju/ 1. ratować 2. ocalić 3. ratunek

rescuer /<u>res</u>-kjuue/ wybawca

research /ry-<u>sercz</u>/ 1. badanie naukowe 2. badać

researcher /ry-<u>se</u>-cze/ badacz

reseat /ri-<u>sit</u>/ 1. zaopatrywać w
nowe siedzenie 2. sadzać z powrotem

resemblance /ry-<u>zem</u>-blens/ podobieństwo

resemble /ry-<u>zem</u>-bl/ 1. być podobnym 2. przypominać

resembling /ry-<u>zem</u>-blynn/ podobny

resent /ry-<u>zent</u>/ 1. czuć się dotknię-
tym 2. obrażać się 3. oburzać się

resentful /ry-<u>zent</u>-fl/ 1. dotknięty 2.
urażony 3. oburzony

resentment /ry-<u>zent</u>-ment/ 1. uraza 2. oburzenie 3. obraza

reservation /reze-<u>wei</u>-szn/ 1. zastrzeżenie 2. rezerwacja

reserve /ry-<u>zerw</u>/ 1. rezerwować 2.
rezerwa 3. zapas

reservoir /<u>re</u>-zewłaa/ 1. zbiornik 2.
rezerwuar

reset /ri-<u>set</u>/ 1. ostrzyć ponownie
2. wstawiać ponownie 3. nastawić
ponownie

resettle /ri-<u>se</u>-tl/ przesiedlać

reshuffle /ri-<u>sza</u>-fl/ przetasowywać

reside /ry-<u>zaid</u>/ zamieszkiwać

residence /<u>re</u>-zydens/ miejsce zamieszkania

resident /<u>re</u>-zydent/ 1. stały mieszkaniec 2. rezydent 3. zamiesz-

kujący 4. przebywający stale
residential /rezy-<u>den</u>-szl/ 1. miesz-
kaniowy 2. willowy
residual /ry-<u>zy</u>-djuel/ pozostały
residue /<u>re</u>-zydjuu/ 1. pozostałość
2. reszta
resign /ry-<u>zain</u>/ 1. rezygnować 2.
ustępować
resignation /rezyg-<u>nei</u>-szn/ 1. rezygnacja 2. dymisja 3. ustąpienie
resilience /ry-<u>zy</u>-lyjens/ 1. elastyczność 2. sprężystość
resin /<u>re</u>-zyn/ żywica
resist /ry-<u>zyst</u>/ sprzeciwiać się
resistance /ry-<u>zys</u>-tens/ opór
resistant /ry-<u>zys</u>-tent/ 1. odporny
2. wytrzymały
resistor /re-<u>zy</u>-ste/ opornik
resole /ri-<u>seul</u>/ podzelować
resolute /<u>re</u>-zeluut/ 1. zdecydowany 2. stanowczy 3. śmiały 4.
rezolutny
resolution /reze-<u>luu</u> czn/ 1. rezolucja 2. stanowczość 3. zdecydowanie
resolve /ry-<u>zolw</u>/ 1. postanawiać 2.
rozwiązywać
resonance /<u>re</u>-zenens/ rezonans
resonant /<u>re</u>-zenent/ 1. donośny 2.
dźwięczny 3. akustyczny
resonate /<u>re</u>-zeneit/ rozbrzmiewać
resort /ry-<u>zoot</u>/ kurort
resound /ry-<u>zaund</u>/ 1. rozbrzmiewać 2. odbijać się echem
3. obiegać
resource /ry-<u>soos</u>/ 1. zasób 2. surowiec
resourceful /ry-<u>soos</u>-fl/ 1. zaradny 2. pomysłowy
respect /ry-<u>spekt</u>/ 1. szanować 2.
szacunek 3. poważanie
respectable /ry-<u>spek</u>-tebl/ 1. powa-
żany 2. szanowany

respectful /ry-<u>spekt</u>-fl/ pełen szacunku
respective /ry-<u>spe</u>-ktyw/ 1. indywidualny 2. poszczególny
respiration /res-pe-<u>rei</u>-szn/ oddychanie
respiratory /ry-<u>spy</u>-retry/ oddechowy
respire /ry-<u>spa</u>-yje/ oddychać
respite /<u>re</u>-spait/ 1.odraczać wykonanie wyroku 2. wytchnienie 3.
ulga
resplendent /ry-<u>splen</u>-dent/ 1.
świecący 2. błyszczący
respond /ry-<u>spond</u>/ 1. odpowiadać
2. reagować
response /ry-<u>spons</u>/ 1. odpowiedź
2. reakcja
responsibility /rys-pon-se-<u>by</u>-lety/
1. odpowiedzialność 2. obowiązek
responsible /ry-<u>spon</u>-sebl/ odpowiedzialny
responsive /ry-<u>spon</u>-syw/ 1. re-
agujący 2. odpowiadający 3.
wrażliwy
rest /rest/ 1. odpoczywać 2. odpoczynek 3. reszta
restate /ri-<u>steit</u>/ inaczej formułować
restaurant /<u>re</u>-straant/ restauracja
restful /<u>rest</u>-fl/ 1. kojący 2. spokojny 3. uspokajający
restitution /res-ty-<u>tjuu</u>-szn/ 1. przy-
wracanie 2. oddawanie 3. restytu-
cja 4. odszkodowanie
restive /<u>re</u>-styw/ 1. narowisty 2.
krnąbrny 3. uparty
restless /<u>rest</u>-les/ niespokojny
restock /ri-<u>stok</u>/ zaopatrywać w
nowy zapas
restoration /res-te-<u>rei</u>-szn/ 1. przy-
wracanie 2. odrestaurowanie 3. rekonstrukcja
restorative /ry-<u>stoo</u>-re-tyw/ 1.

wzmacniający 2. pokrzepiający

restore /ry-<u>stoo</u>/ 1. odnawiać 2. odświeżać 3. przywracać

restrain /ry-<u>strein</u>/ 1. ograniczać 2. powstrzymywać

restraint /ry-<u>streint</u>/ 1. powstrzymywanie 2. powściągliwość 3. skrępowanie

restrict /ry-<u>strykt</u>/ ograniczać

restriction /ry-<u>stryk</u>-szn/ ograniczenie

restyle /ri-<u>stail</u>/ 1. nadać nowe imię 2. przerobić

result /ry-<u>zalt</u>/ 1. wynikać 2. kończyć się 3. wynik 4. skutek 5. rezultat

resume /ry-<u>zjum</u>/ 1. wznawiać 2. podejmować na nowo

resume /<u>re</u>-zu-mei/ 1. streszczenie 2. życiorys

resumption /ry-<u>zam</u>-pszn/ 1. ponowne podejmowanie 2. wznowienie

resurface /ri-<u>se</u>-fys/ 1. położyć nową warstwę na drogę 2. wypłynąć ponownie na powierzchnię 3. powrócić

resurgence /ry-<u>se</u>-dżens/ powstanie na nowo

resurgent /ry-<u>se</u>-dżent/ wskrzeszony

resurrect /reze-<u>rekt</u>/ 1. wskrzeszać 2. zmartwychwstać

resurrection /reze-<u>rek</u>-szn/ zmartwychwstanie

resuscitate /ry-<u>sa</u>-syteit/ 1. wskrzeszać 2. ożywiać 3. odżywać

retail /<u>ry</u>-teil/ 1. detal 2. handel 3. detaliczny

retailer /<u>ry</u>-teile/ detalista

retain /ry-<u>tein</u>/ 1. utrzymywać 2. zachowywać 3. pozostawać w posiadaniu 4. zaangażować 5. zacho-

wywać w pamięci

retainer /ry-<u>tei</u>-ne/ 1. honorarium 2. członek świty

retake /ri-<u>teik</u>/ 1. odbierać 2. odbijać 3. filmować ponownie

retaliate /ry-<u>tee</u>-lyjeit/ brać odwet

retaliation /ry-teely-<u>ei</u>-szn/ 1. odwet 2. zemsta

retard /ry-<u>taad</u>/ 1. opóźniać 2. wstrzymywać

retch /recz/ 1. mieć nudności 2. nudności

retell /ri-<u>tel</u>/ 1. opowiadać ponownie 2. opowiedzieć w inny sposób 3. przetłumaczyć

retention /ry-<u>te</u>-nszn/ 1. zatrzymanie 2. zachowanie

retentive /ry-<u>ten</u>-tyw/ 1. trwały 2. wierny 3. nie przepuszczający

rethink /ri-<u>fhynnk</u>/ 1. przemyśleć ponownie 2. rozważyć jeszcze raz

reticent /<u>re</u>-tysent/ 1. powściągliwy 2. małomówny

retina /<u>re</u>-tyne/ siatkówka

retinue /<u>re</u>-tynjuu/ 1. świta 2. orszak

retire /ry-<u>ta</u>-yje/ przejść na emeryturę

retirement /ry-<u>ta</u>-yje-ment/ 1. przejście na emeryturę 2. dymisja

retort /ry-<u>toot</u>/ 1. odcinać się 2. ripostować 3. riposta

retouch /ri-<u>tacz</u>/ 1. wyretuszować 2. retusz

retrace /ri-<u>treis</u>/ 1. odtwarzać przeszłość 2. przypominać sobie

retract /ry-<u>treekt</u>/ 1. cofać 2. odwoływać

retread /ri-<u>tred</u>/ 1. pokrywać oponę nowym bieżnikiem 2. deptać ponownie

retreat /ry-<u>trit</u>/ 1. wycofywać się 2. odwrót 3. schronienie

retrial /ri-<u>tra</u>-yjel/ rewizja procesu

retribution /retry-<u>bjuu</u>-szn/ 1. zemsta 2. odwet 3. zapłata

retrievable /ri-<u>tri</u>-webl/ 1. odzyskiwalny 2. naprawialny 3. do uratowania

retrieval /ry-<u>tri</u>-wl/ 1. odzyskanie 2. naprawa 3. poratowanie

retrieve /ry-<u>triw</u>/ 1. odzyskiwać 2. naprawiać

retrograde /<u>re</u>-tre-greid/ 1. cofać się 2. regresywny 3. wsteczny

retrogress /retre-<u>gres</u>/ 1. cofać się 2. podupadać

retrospect /<u>re</u>-tre-spekt/ 1. retrospekcja 2. rzut oka wstecz

retrospection /retre-<u>spe</u>-kszn/ rozmyślanie o przeszłości

retrospective /retre-<u>spe</u>-ktyw/ retrospektywny

retroversion /retreł-<u>we</u>-szn/ 1. odwracanie się do tyłu 2. pochylenie do tyłu

return /ry-<u>tem</u>/ 1. wracać 2. powrót

reunion /ri-<u>ju</u>-nyjen/ zjazd absolwentów

reunite /ri-juu-<u>nait</u>/ ponownie łączyć (się)

rev /rew/ 1. obracać się 2. obrót

revalue /ri-<u>wee</u>-ljuu/ przewartościowywać

revamp /ri-<u>weemp</u>/ 1. przerabiać 2. rewidować 3. reorganizować

reveal /ry-<u>wil</u>/ 1. ujawnić 2. odsłaniać

reveille /ry-<u>wee</u>-ly/ poranna pobudka

revel /<u>re</u>-wl/ 1. zabawiać się 2. rozkoszować się 3. zabawa 4. hulanka

revelation /rewe-<u>lei</u>-szn/ 1. rewelacja 2. objawienie

revelry /<u>re</u>-welry/ 1. zabawa 2. biesiada

revenge /ry-<u>wen</u>-dż/ 1. mścić się 2. zemsta

revenue /<u>re</u>-we-nju/ dochód

reverberate /ry-<u>we</u>-be-reit/ odbijać się (echo)

revere /ry-<u>wyje</u>/ czcić

reverence /<u>re</u>-werens/ 1. czcić 2. cześć

reverend /<u>re</u>-werend/ 1. czcigodny 2. wielebny

reverent /<u>re</u>-werent/ pełen czci

reverential /rewe-<u>ren</u>-szl/ pełen szacunku

reverie /<u>re</u>-wry/ 1. zamyślenie 2. zaduma 3. marzenie

revers /ry-<u>wyje</u>/ wyłóg

reversal /ry-<u>we</u>-sl/ 1. odwrócenie 2. zwrot 3. zmiana kierunku

reverse /ry-<u>wers</u>/ 1. przeciwieństwo 2. odwrotność 3. lewa strona 4. rewers 5. wsteczny 6. odwrotny 7. odwracać

revert /ry-<u>wet</u>/ 1. wracać do poprzedniego stanu 2. powracać

review /ry-<u>wju</u>/ 1. recenzja 2. przegląd

reviewer /ry-<u>wjuu</u>-e/ recenzent

revile /ry-<u>wail</u>/ 1. lżyć 2. wymyślać 3. kląć

revise /ry-<u>waiz</u>/ 1. poprawiać 2. rewidować opinię

reviser /ry-<u>wai</u>-ze/ korektor

revision /ry-<u>wy</u>-żn/ 1. rewizja 2. wydanie przejrzane

revisionist /ry-<u>wy</u>-żenyst/ rewizjonista

revitalize /ri-<u>wai</u>-telaiz/ ożywiać

revival /ry-<u>wai</u>-wl/ 1. odżycie 2. odrodzenie 3. ożywienie

revivalist /ry-<u>wai</u>-welyst/ osoba organizująca lub prowadząca spotkania odrodzeń religijnych

revive /ry-waiw/ cucić
revocation /rewe-koi-szn/ 1. odwołanie 2. cofnięcie 3. unieważnienie
revoke /ry-wełk/ 1. unieważniać 2. uchylać 3. cofać
revolt /ry-weult/ 1. buntować się 2. powstawać 3. napełniać odrazą 4. wzdrygać się 5. bunt 6. powstanie
revolting /ry-weul-tynn/ 1. buntowniczy 2. odrażający
revolution /re-we-lu-szn/ 1. rewolucja 2. obrót
revolutionary /re-we-luu-sznry/ 1. rewolucjonista 2. rewolucyjny 3. obrotowy
revolutionize /rewe-luu-sznaiz/ 1. rewolucjonizować 2. wywoływać rewolucję
revolve /ry-wolw/ kręcić się
revolver /ry-wol-we/ rewolwer
revue /ry-wjuu/ rewia
revulsion /ry-wal-szn/ 1. zwrot w opinii publicznej 2. rewulsja
reward /ry-łood/ 1. wynagradzać 2. nagroda
rewrite /ri-rait/ 1. przepisywać 2. przerabiać
rhapsody /ree-psedy/ 1. rapsodia 2. pieśń pochwalna
rhetoric /re-teryk/ retoryka
rhetorical /ry-to-rykl/ retoryczny
rheumatic /ruu-mee-tyk/ reumatyczny
rheumatism /ruu-mety-zm/ reumatyzm
rhinoceros /rai-no-seres/ nosorożec
rhombus /rom-bes/ romb
rhubarb /ruu-baab/ rabarbar
rhyme /raim/ 1. układać wierszem 2. rymować 3. rym
rhythm /ry-dhm/ rytm
rib /ryb/ 1. żebro 2. żeberko

ribbon /ry-bn/ wstążka
rice /rais/ ryż
rich /rycz/ 1. bogaty 2. pożywny
riches /ry-czyz/ bogactwa
rick /ryk/ 1. układać siano w kopki 2. stóg siana
rickets /ry-kyts/ krzywica
rickety /ry-kyty/ 1. krzywiczny 2. koślawy 3. chwiejący się
ricochet /ry-keszei/ 1. odbijać się rykoszetem 2. rykoszet
rid /ryd/ 1. pozbywać się 2. uwalniać od
riddance /ry-dens/ 1. uwolnienie 2. pozbywanie się
ridden → ride
riddle /ry-dl/ zagadka
ride /raid/ 1. przejażdżka 2. jazda 3. jechać 4. jeździć na
rider /rai-de/ 1. jeździec 2. dżokej
ridge /rydż/ 1. grzbiet 2. krawędź 3. pasmo górskie
ridicule /ry-dykjuul/ 1. wyśmiewać 2. ośmieszać 3. śmieszność 4. wyśmiewanie się
ridiculous /ry-dy-kjules/ 1. śmieszny 2. bezsensowny
rife /raif/ 1. rozpowszechniony 2. częsty
riffle /ry-fl/ 1. szybko tasować karty 2. szybko przewracać kartki książki
rifle /rai-fl/ 1. strzelba 2. karabin
rift /ryft/ 1. szczelina 2. szpara 3. rysa 4. pęknięcie 5. kłótnia
rig /ryg/ 1. zmontować 2. szachrować 3. oszustwo
right /rait/ 1. prawo 2. prawa strona 3. słuszność 4. prawy 5. odpowiedni
righteous /rai-czes/ 1. prawy 2. sprawiedliwy 3. słuszny
rightful /rait-fl/ 1. prawny 2. słusz-

ny

rigid /ry-dżyd/ 1. sztywny 2. twardy 3. nieugięty

rigidity /ry-dży-dety/ 1. sztywność 2. twardość 3. nieugiętość

rigorous /ry-geres/ 1. surowy 2. rygorystyczny

rigour /ry-ge/ rygor

rile /rail/ 1. irytować 2. rozzłościć

rim /rym/ obręcz

rind /raind/ 1. kora 2. łupina 3. łuska 4. skorupa

ring /rynn/ 1. pierścionek 2. obrączka 3. kółko 4. krąg 5. ring 6. arena 7. dzwonek 8. dzwonić

ring-finger /rynn-fynn-ge/ palec serdeczny

ringleader /rynn-li-de/ prowodyr

ringworm /rynn-łem/ 1. grzybica 2. liszaj

rink /rynnk/ 1. ślizgawka 2. lodowisko

rinse /ryns/ płukać

riot /ra-yjet/ 1. zamieszki 2. bunt

rip /ryp/ 1. rozrywać 2. rozdzierać 3. rozłupywać 4. rozprucie 5. rozdarcie 6. pęknięcie

ripe /raip/ dojrzały

ripen /rai-pn/ 1. czynić dojrzałym 2. dojrzewać

riposte /ry-pełst/ 1. ripostować 2. riposta

ripple /ry-pl/ 1. marszczyć 2. falować 3. szemrać 4. pluskać 5. falowanie 6. szmer

rise /raiz/ 1. podwyżka 2. wzrost 3. wzniesienie 4. wzrastać 5. rosnąć 6. podnosić się

risen → rise

risk /rysk/ 1. ryzykować 2. ryzyko 3. niebezpieczeństwo

risky /rys-ky/ ryzykowny

rite /rait/ 1. obrządek 2. ceremonia

ritual /ry-czuel/ 1. rytuał 2. rytualny 3. obrzędowy

rival /rai-wl/ 1. rywal 2. konkurent

river /ry-we/ 1. rzeka 2. rzeczny

riverside /rywe-said/ brzeg rzeki

rivet /ry-wyt/ 1. zacieśniać 2. przykuwać 3. nitować 4. nit

rivulet /ry-wjulet/ strumyczek

road /rełd/ 1. droga 2. szosa 3. ulica 4. drogowy

road-block /rełd-blok/ barykada (w poprzek drogi)

roadside /rełd-said/ 1. bok drogi 2. przydrożny

roam /rełm/ 1. wędrować 2. włóczyć się 3. wędrówka 4. włóczęga

roar /roo/ 1. ryczeć 2. ryk

roast /rełst/ 1. piec 2. pieczeń 3. pieczony

rob /rob/ 1. rabować 2. okradać

robber /ro-be/ 1. rabuś 2. złodziej

robbery /ro-be-ry/ 1. napad 2. rabunek

robe /rełb/ toga

robin /ro-byn/ drozd wędrowny

robot /rel-bot/ robot

robust /rel-bast/ 1. żwawy 2. zdrowy

rock /rok/ 1. kamień 2. skała 3. głaz 4. rock 5. kołysać (się) 6. wstrząsać

rocket /ro-kyt/ rakieta

rocking-chair /ro-kynn-czee/ 1. krzesło bujane 2. fotel bujany

rocking-horse /ro-kynn-hoos/ koń na biegunach

rocky /ro-ky/ 1. skalisty 2. chwiejny

rod /rod/ 1. pręt 2. rózga 3. wędka

rode → ride

rodent /rel-dent/ gryzoń

rodeo /rel-de-yjeł/ rodeo

roe /rel/ 1. ikra 2. sarna 3. łania

rogation /reł-<u>gei</u>-szn/ litania
rogue /rełg/ 1. łajdak 2. łobuz
role /reul/ rola
roll /reul/ 1. rolka 2. bela 3. zwitek 4. lista 5. toczyć (się) 6. zwijać 7.obracać (się)
roll-call /<u>reul</u>-kol/ 1. apel 2. odczytanie listy obecności
roller /<u>reu</u>-le/ 1. wałek 2. walec drogowy 3. bałwan morski
roller-skate /<u>reule</u>-skeit/ jeździć na wrotkach
rolling-stone /<u>reu</u>-lynn-stełn/ 1. obieżyświat 2. niespokojny duch
roly-poly /reuly-<u>peu</u>-ly/ 1. legumina 2. pulchny
Roman /<u>reł</u>-men/ 1. rzymski 2. Rzymianin
romance /re-<u>meens</u>/ romans
romantic /re-<u>meen</u>-tyk/ romantyczny
romanticism /re-<u>meen</u>-tysyzm/ romantyzm
Rome /rełm/ Rzym
romp /romp/ 1. swawolić 2. dokazywać 3. swawola 4. dokazywanie
roof /ruuf/ dach
rook /ruk/ 1. oszukiwać 2. zdzierać skórę 3. szuler 4. gawron 5. wieża (w szachach)
room /rum/ 1. pokój 2. miejsce
roommate /<u>rum</u>-meit/ współmieszkaniec
roost /ruust/ 1. siedzieć na grzędzie 2. grzęda
rooster /<u>ruus</u>-te/ kogut
root /ruut/ korzeń
rope /rełp/ 1. sznur 2. lina
rosary /<u>reł</u>-zery/ różaniec
rose /reuz/ 1. róża 2. → rise
rosemary /<u>rełz</u>-mery/ rozmaryn
rosette /reł-<u>zet</u>/ 1. rozeta 2. ornament

rosy /<u>reł</u>-zy/ różowy
rot /rot/ gnić
rota /<u>reł</u>-te/ lista kolejności służby
rotary /<u>reł</u>-tery/ obrotowy
rotate /reł-<u>teit</u>/ 1. obracać się 2. wirować 3. zmieniać się kolejno 4. wymieniać
rotation /reł-<u>tei</u>-szn/ 1. ruch obrotowy 2. rotacja 3. obrót 4. kolejne następstwo
rotatory /<u>reł</u>-te-tery/ rotacyjny
rotor /<u>reł</u>-te/ wirnik
rotten /<u>ro</u>-tn/ 1. zgniły 2. zepsuty
rouge /ruuż/ róż
rough /raf/ 1. szorstki 2. nierówny 3. chropowaty 4. grubiański 5. brutalny
roughly /<u>raf</u>-ly/ 1. szorstko 2. w przybliżeniu
roulette /ruu-<u>let</u>/ ruletka
round /rałnd/ 1. okrągły 2. dookoła
roundabout /<u>rałnd</u>-ebałt/ 1. karuzela 2. rondo 3. okrężny
rouse /rałz/ 1. obudzić się 2. pobudzać 3. ożywiać 4. wzniecać
rout /rałt/ 1. rozgromić 2. wyrzucać z łóżka 3. druzgocąca klęska
route /ruut/ 1. trasa 2. szlak 3. droga
routine /ruu-<u>tin</u>/ 1. rutyna 2. rozkład zajęć
rove /rełw/ 1. wędrować 2. włóczyć się 3. błądzić
row /reł/ 1. rząd 2. szereg 3. wiosłować
row /rał/ 1. zgiełk 2. kłótnia
rowlock /<u>ro</u>-lek/ dulka pod wiosło
royal /<u>ro</u>-yjel/ królewski
royalty /<u>roo</u>-yjelty/ 1. królewskość 2. władza królewska 3. członkowie rodziny królewskiej 4. monarchowie 5. honorarium autorskie
rub /rab/ 1. trzeć 2. wycierać

rub off zcierać
rub out 1. wycierać 2. wymazywać gumką
rub up polerować
rubber /ra-be/ guma
rubbish /ra-bysz/ 1. śmiecie 2. rupiecie 3. bzdury 4. tandeta
rubble /ra-bl/ 1. kamień łamany 2. rumowisko skalne
ruby /ruu-by/ rubin
ruck /rak/ 1. fałdować się 2. marszczyć się 3. fałda 4. zmarszczka
rucksack /rak-seek/ plecak
rudder /ra-de/ ster
ruddy /ra-dy/ 1. rumiany 2. świeży 3. czerwony
rude /ruud/ 1. niegrzeczny 2. nieprzyzwoity
rudeness /ruud-nes/ niegrzeczność
rudiment /ruu-dyment/ 1. szczątek 2. organ szczątkowy
rue /ruu/ żałować
ruff /raf/ 1. kreza 2. krawatka
ruffian /ra-fyjen/ 1. brutal 2. zbój 3. łotr
ruffle /ra-fl/ 1. rozwiewać 2. zwichrzać 3. marszczyć 4. stroszyć pióra
rug /rag/ 1. dywanik 2. pled
rugby /rag-by/ rugby
rugged /ra-gyd/ 1. nierówny 2. wyboisty 3. urwisty
ruin /ruu-yn/ 1. rujnować 2. ruina 3. upadek
rule /ruul/ 1. rządzić 2. przepis
ruler /ruu-le/ 1. linijka 2. władca
rum /ram/ rum
rumble /ram-bl/ 1. dudnić 2. grzmieć 3. huczeć 4. dudnienie 5. grzmot 6. huk
ruminant /ruu-my-nent/ 1. przeżuwacz 2. przeżuwający

ruminate /ruu-my-neit/ 1. przemyśleć 2. przeżuwać pokarm
rummage /ra-mydż/ 1. szperać 2. przeszukiwać 3. szukać 4. szperanie 5. poszukiwanie 6. przetrząsanie
rumour /ruu-me/ 1. plotka 2. pogłoska
rump /ramp/ 1. krzyż wołowy 2. comber sarni 3. zad 4. kuper
rumple /ram-pl/ 1. miąć 2. miętosić
rumpus /ram-pes/ 1. awantura 2. burda
run /ran/ 1. biec 2. prowadzić 3. uruchamiać 4. jeździć 5. bieg 6. trasa
run across natykać się
run away uciekać
run down wyczerpywać się
run into 1. spotykać przypadkowo 2. zderzać się
rung → ring
runner /ra-ne/ 1. biegacz 2. koń wyścigowy 3. goniec 4. posłaniec
running /ra-nynn/ 1. będący w biegu 2. biegający 3. bieżący 4. ruchomy 5. w ruchu 6. ciągły 7. nieustanny 8. z rzędu
runny /ra-ny/ 1. półciekły 2. ciekniący
runway /ran-łei/ pas startowy
rupture /ra-pcze/ 1. zrywać 2. rwać 3. pękać 4. zerwanie 5. poróżnienie 6. pęknięcie 7. przerwanie
rural /ru-rel/ wiejski
ruse /ruuz/ 1. podstęp 2. fortel
rush /rasz/ 1. pośpiech 2. podmuch 3. przypływ 4. spieszyć się 5. pędzić
Russia /ra-sze/ Rosja
Russian /ra-szn/ 1. rosyjski 2. Rosjanin

rust /rast/ 1. rdzewieć 2. rdza
rustic /ra-styk/ wiejski
rustle /ra-sl/ 1. szeleścić 2. szumieć 3. szelest 4. szeleszczenie
rut /rat/ 1. koleina 2. bruzda 3. rutyna 4. nawyk
ruthless /ruufh-les/ bezwzględny
rye /rai/ 1. żyto 2. żytni

S

Sabbath /see-befh/ 1. szabas 2. Dzień Pański 3. niedziela 4. sabat czarownic
sabbatical /se-bee-tykl/ sabatowy
sable /sei-bl/ soból
sabot /see-beł/ 1. chodak 2. drewniak
sabotage /see-be-taaż/ 1. sabotaż 2. sabotować
saboteur /see-be-te/ sabotażysta
sabre /sei-be/ 1. szabla 2. pałasz
sac /seek/ 1. woreczek 2. torbiel
sacerdotal /seese-deł-tl/ kapłański
sachet /see-szei/ saszetka
sack /seek/ 1. worek 2. zwalniać
sacrament /see-krement/ sakrament
sacred /sei-kryd/ 1. święty 2. sakralny
sacrifice /see-kry-fais/ 1. ofiara 2. poświęcenie 3. składać ofiarę
sacrilege /see-kry-lydż/ świętokradztwo
sacrosanct /see-kreł-seenkt/ 1. święty 2. otoczony czcią
sad /seed/ smutny
sadden /see-dn/ 1. zasmucać 2. posmutnieć
saddle /see-dl/ 1. siodło 2. siodełko
sadism /sei-dyzm/ sadyzm
sadistic /se-dys-tyk/ sadystyczny

sadness /seed-nes/ smutek
safari /se-faa-ry/ safari
safe /seif/ 1. sejf 2. bezpieczny 3. pewny
safeguard /seif-gaad/ 1. ochraniać 2. zabezpieczać 3. gwarantować 4. gwarancja 5. zabezpieczenie
safety /seif-ty/ bezpieczeństwo
saffron /see-fren/ 1. szafran 2. szafranowy
sag /seeg/ 1. zwisać 2. przekrzywiać się 3. zwisanie 4. spadek
saga /saa-ge/ saga
sagacious /se-gei-szes/ 1. bystry 2. rozsądny 3. roztropny
sagacity /se-gee-sety/ 1. rozwaga 2. roztropność 3. mądrość
sage /seidż/ 1. mędrzec 2. mądry 3. rozważny 4. szałwia
Sagittarius /seedży-tee-ryjes/ Strzelec (w Zodiaku)
sago /sei-geł/ sago
said → say
sail /seil/ 1. żagiel 2. żeglować 3. płynąć
sailing boat /sei-lynn-bełt/ żaglówka
sailor /sei-le/ 1. marynarz 2. żeglarz
saint /seint/ święty
sake /seik/ wzgląd
salable /sei-lebl/ 1. poszukiwany 2. chodliwy
salacious /se-lei-szes/ 1. lubieżny 2. sprośny
salad /see-led/ sałatka
salami /se-laa-my/ salami
salary /see-le-ry/ pensja
sale /seil/ 1. sprzedaż 2. wyprzedaż 3. aukcja
salesman /seils-men/ 1. sprzedawca 2. akwizytor
saleswoman /seils-łu-men/ sprze-

dawczyni

salient /sei-lyjent/ 1. wybitny 2. widoczny 3. wystający 4. wysunięty

saline /sei-lain/ 1. roztwór soli 2. słony 3. solny

saliva /se-lai-we/ ślina

sallow /see-leł/ 1. przybierać ziemisty odcień 2. nadawać ziemisty odcień 3. blady 4. żółtawy 5. ziemisty

sally /see-ly/ 1. robić wypad 2. wypad 3. docinek 4. cięta uwaga

salmon /see-men/ łosoś

salon /see-lon/ salon

saloon /se-luun/ 1. bar 2. salon 3. sedan

salt /solt/ 1. solić 2. sól

salty /sol-ty/ słony

salubrious /se-luu-bryjes/ 1. zdrowy 2. zdrowotny

salutary /see-lju-try/ 1. zbawienny 2. uzdrawiający 3. dobroczynny

salutation /see-lju-tei-szn/ 1. pozdrowienie 2. przywitanie

salute /se-luut/ 1. pozdrawiać 2. pozdrowienie 3. salut

salvage /seel-wydż/ 1. ocalić 2. uratować 3. ocalenie 4. ratownictwo 5. ratowniczy

salvation /seel-wei-szn/ zbawienie

salve /saaw/ 1. łagodzić 2. uspokajać 3. nacierać maścią 4. maść 5. balsam

salver /seel-we/ tacka

salvo /seel-weł/ salwa

same /seim/ taki sam

sameness /seim-nes/ 1. jednostajność 2. monotonia

samovar /see-me-waa/ samowar

sample /saam-pl/ próbka

samurai /see-murai/ samuraj

sanatorium /see-ne-too-ryjem/ 1. sanatorium 2. uzdrowisko

sanctify /seen-kty-fai/ 1. uświęcać 2. oczyszczać

sanctimonious /seen-kty-mel-nyjes/ świętoszkowaty

sanction /seen-kszn/ 1. sankcjonować 2 zatwierdzenie 3. sankcja

sanctity /seen-kte-ty/ świętość

sanctuary /seenk-czu-ery/ sanktuarium

sand /seend/ piasek

sandal /seen-dl/ sandał

sandbank /seend-beenk/ ławica piaskowa

sand-blast /seend-blaast/ 1. piaskować 2. piaskowanie

sand-glass /seend-glaas/ klepsydra

sandpaper /seend-pei-pe/ papier ścierny

sandstone /seend-stełn/ piaskowiec

sand-storm /seend-stoom/ burza piaskowa

sandwich /seen-łydż/ kanapka

sandy /seen-dy/ 1. piaszczysty 2. rudawo-blond

sane /sein/ 1. zdrowy psychicznie 2. rozumny 3. rozsądny

sang → sing

sanguinary /seenn-głyn-ry/ 1. krwawy 2. okrutny 3. krwiożerczy

sanguine /seen-głyn/ 1. rumiany 2. optymistyczny 3. ufny

sanitarium /see-ny-tee-ryjem/ 1. sanatorium 2. uzdrowisko

sanitary /see-ny-try/ 1. sanitarny 2. higieniczny

sanity /see-ne-ty/ 1. zdrowie psychiczne 2. rozsądek

sank → sink

Santa Claus /seen-te-klooz/ Święty Mikołaj

sap /seep/ 1. podkopywać się 2.

wyczerpywać 3. podkop 4. sok 5. żywotność 6. siły żywotne

sapphire /see-fajje/ szafir

sarcasm /saa-keezm/ 1. sarkazm 2. złośliwa uwaga

sarcastic /sar-kee-styk/ sarkastyczny

sarcophagus /saa-ko-feges/ sarkofag

sardine /sar-din/ sardynka

sardonic /saa-do-nyk/ sardoniczny

sash /seesz/ 1. szarfa 2. skrzydło okienne

sat → sit

Satan /sei-tn/ Szatan

satanic /se-tee-nyk/ szatański

satchel /see-czl/ 1. tornister 2. torba skórzana

satellite /see-telait/ satelita

satiate /sei-szyeit/ 1. nasycać 2. przesycać 3. zaspokajać

satiety /se-ta-yjety/ 1. sytość 2. przesyt

satin /see-tyn/ 1. atłas 2. atłasowy

satire /see-tajje/ satyra

satirical /se-ty-rykl/ satyryczny

satirize /see-te-raiz/ wyszydzać

satisfaction /see-tys-feek-szn/ 1. zadowolenie 2. satysfakcja

satisfactory /see-tys-feek-tery/ 1. zadowalający 2. dostateczny

satisfy /see-tys-fai/ 1. zadowalać 2. zaspokajać

saturate /see-cze-reit/ 1. nasycać 2. przepajać

saturation /see-cze-rei-szn/ 1. nasycenie 2. przepojenie 3. przesiąknięcie

Saturday /see-te-dy/ sobota

Saturn /see-tn/ Saturn

satyr /see-te/ satyr

sauce /soos/ sos

saucepan /soos-pen/ rondel

saucer /soo-se/ spodek

sauerkraut /sa-łe-krałt/ kiszona kapusta

sauna /sał-ne/ sauna

saunter /soon-te/ 1. iść powolnym krokiem 2. przechadzać się 3. przechadzka

sausage /so-sydż/ kiełbasa

savage /see-wydż/ 1. dzikus 2. barbarzyńca 3. dziki 4. barbarzyński 5. niecywilizowany 6. wściekły 7. okrutny

savannah /se-wee-ne/ sawanna

save /seiw/ 1. oszczędzać 2. ratować 3. zbawiać

savings-bank /sei-wynz-beenk/ kasa oszczędności

saviour /sei-wyje/ 1. zbawca 2. Zbawiciel

savour /sei-we/ 1. smak 2. aromat 3. posmak

savoury /sei-wery/ 1. przystawka 2. smaczny 3. aromatyczny 4. pikantny

savoy /se-woi/ kapusta sabaudzka

saw /soo/ 1. piłować 2. piła 3. → see

sawn → saw

saxophone /seek-se-fełn/ saksofon

say /sei/ 1. powiedzieć 2. mówić

saying /sei-ynn/ powiedzenie

scab /skeeb/ 1. strup 2. łamistrajk

scabby /skee-by/ pokryty strupami

scabbard /skee-bed/ pochwa miecza

scabies /skei-biz/ świerzb

scaffold /skee-feuld/ 1. rusztowanie 2. szafot

scald /skoold/ oparzenie

scale /skeil/ 1. podziałka 2. skala 3. łuska

scallop /sko-lep/ 1. małż 2. muszla

scalp /skeelp/ skalp

scalpel /skeel-pl/ skalpel

scamp /skeemp/ nicpoń

scamper /skeem-pe/ 1. popędzić 2. bieganie 3. gonitwa

scampi /skeem-py/ wielkie krewetki

scan /skeen/ 1. przeglądać 2. skanować

scandal /skeen-dl/ skandal

scandalize /skeen-de-laiz/ gorszyć (opinię publiczną)

scandalous /skeen-de-les/ 1. skandaliczny 2. gorszący

Scandinavian /skeen-dy-nei-wy-jen/ skandynawski

scant /skeent/ 1. niedostateczny 2. skąpy 3. ograniczony

scapegoat /skeip-gełt/ kozioł ofiarny

scar /skaa/ 1. blizna 2. szrama

scarab /skee-reh/ skarabeusz

scarce /skees/ rzadki

scarcely /skee-sly/ zaledwie

scare /skee/ straszyć

scarf /skarf/ 1. szalik 2. chusta 3. apaszka

scarlet /skaa-let/ 1. szkarłat 2. purpura 3. szkarłatny 4. purpurowy

scarp /skaap/ 1. skarpa 2. urwisko

scathing /skei-dhynn/ 1. kostyczny 2. zjadliwy

scatter /skee-te/ rozrzucać

scatter-brain /skee-te-brein/ roztrzepaniec

scatty /skee-ty/ szalony

scavenger /skee-wyn-dże/ kanalarz

scenario /sy-naa-ryjeł/ scenariusz

scene /sin/ 1. scena 2. obraz 3. miejsce

scenery /si-nery/ 1. krajobraz 2. dekoracje

scenic /si-nyk/ 1. sceniczny 2. teatralny 3. rodzajowy

scent /sent/ zapach

scentless /sent-les/ bezwonny

sceptic /skep-tyk/ sceptyk

sceptical /skep-tykl/ sceptyczny

scepticism /skep-tysyzm/ sceptycyzm

sceptre /sep-te/ berło

schedule /sze-djul/ 1. rozkład zajęć 2. harmonogram 3. planować

schematic /ski-mee-tyk/ schematyczny

scheme /skim/ 1. schemat 2. plan

schism /sy-zm/ 1. rozłam 2. schizma

schizophrenia /skytseł-fri-nyje/ schizofrenia

scholar /sko-le/ 1. uczeń 2. uczony 3. erudyta 4. stypendysta

scholarship /skole-szyp/ stypendium

scholastic /ske-lee-styk/ 1. profesorski 2. nauczycielski 3. scholastyczny

school /skuul/ 1. szkoła 2. instytut 3. stado

school-bag /skuul-beeg/ tornister

schoolboy /skuul-boy/ uczeń

schoolgirl /skuul-gerl/ uczennica

schoolmate /skuul-meit/ kolega szkolny

schooner /skuu-ne/ 1. szkuner 2. wysoka szklanka na piwo

science /saa-yjens/ nauka

science-fiction /saa-yjens-fyk-szn/ fantastyczno-naukowy

scientific /saa-yjen-ty-fyk/ naukowy

scientist /saa-yjen-tyst/ naukowiec

scimitar /sy-myte/ krótka zakrzywiona szabla turecka

scintillate /syn-ty-leit/ 1. iskrzyć się 2. mówić mądrze

scissors /sy-zes/ nożyce

scoff /skof/ 1. szydzić 2. drwić 3. jeść łapczywie 4. szyderstwo 5. pośmiewisko

scold /skeuld/ 1. łajać 2. skrzyczeć 3. narzekać 4. jędza

scolding /skeul-dynn/ bura

scoop /skuup/ czerpać

scooter /skuu-te/ 1. hulaj-noga 2. skuter

scope /skełp/ 1. zasięg 2. zakres

score /skoo/ 1. zdobywać 2. wynik

scorn /skoon/ 1. gardzić 2. lekceważyć 3. przedmiot pogardy 4. pogarda 5. lekceważenie

scornful /skoon-fl/ pogardliwy

Scorpio /skoo-pyjeł/ Skorpion (w Zodiaku)

scorpion /skoo-pyjen/ skorpion

Scot /skot/ Szkot(ka)

Scotch /skocz/ 1. szkocki 2. whisky

Scottish /sko-tysz/ szkocki

Scotland /skot-lend/ Szkocja

scoundrel /skałn-drel/ 1. łajdak 2. łotr

scour /ska-łe/ 1. szorować 2. czyścić 3. płukać 4. poszukiwać

scourge /skedż/ 1. smagać 2. nękać 3. karać 4. bicz 5. klęska 6. plaga

scout /skałt/ 1. zwiadowca 2. harcerz 3. skaut

scowl /skaul/ 1. rzucać gniewne spojrzenia 2. nachmurzona mina

scrabble /skree-bl/ grzebać

scrag /skreeg/ 1. chudzielec 2. chudy kark

scram /skreem/ odwal się!

scramble /skreem-bl/ 1. gramolić się 2. przepychać się 3. bełtać jaj-ka 4. przepychanka

scrap /skreep/ 1. okrawek 2. odrobina

scrapbook /skreep-buk/ album z wycinkami

scrap-iron /skreep-ayjen/ 1. odpadki żelazne 2. szmelc

scrape /skreip/ 1. skrobać 2. zdrapywać

scratch /skreecz/ 1. zadrapanie 2. rysa 3. drapać (się) 4. porysować

scrawl /skrool/ 1. gryzmolić 2. bazgrać 3. gryzmoły 4. bazgranina

scrawny /skroo-ny/ 1. wychudły 2. mizerny

scream /skrim/ 1. wrzeszczeć 2. wrzask

scree /skri/ 1. piarg 2. osypisko

screech /skricz/ zgrzytać

screed /skrid/ 1. tyrada 2. długa przemowa

screen /skrin/ 1. ekran 2. zasłona

screenings /skri-nynns/ wysiew

screen-play /skrin-plei/ scenariusz

screw /skruu/ 1. śruba 2. przykręcać 3. pieprzyć (się)

screwdriver /skruu-drai-we/ śrubokręt

scribble /skry-bl/ 1. bazgrać 2. gryzmolić 3. bazgranina 4. gryzmoły

scribe /skraib/ 1. skryba 2. przepisywacz 3. pisarz

script /skrypt/ scenariusz

scriptwriter /skrypt-rai-te/ scenarzysta

scroll /skreul/ 1. zwój 2. przewijać

scrotum /skreł-tm/ moszna

scrub /skrab/ 1. szorować 2. skrobać

scruffy /skra-fy/ 1. brudny 2. nieporządny 3. niechlujny

scruple /skruu-pl/ 1. mieć skrupuły 2. wahać się 3. skrupuł

scrupulous /skruu-pjules/ skrupulatny

scrutinize /skruu-tynaiz/ zbadać dokładnie

scrutiny /skruu-tyny/ dokładne zbadanie

scuff /skaf/ włóczyć nogami

scuffle /ska-fl/ 1. bić się 2. szamotać się 3. bójka 4. szamotanina

scull /skal/ 1. wiosłować 2. krótkie wiosło

scullery /ska-lery/ pomywalnia naczyń

sculptor /skalp-te/ rzeźbiarz

sculptress /skalp-tres/ rzeźbiarka

sculpture /skalp-cze/ rzeźba

scum /skam/ szumowiny

scupper /ska-pe/ 1. zatapiać statek (celowo) 2. wykańczać 3. rujnować 4. odpływnik

scurf /skef/ łupież

scurrilous /ska-ry-les/ 1. ordynarny 2. obelżywy

scurry /ska-ry/ 1. pędzić 2. bezładna ucieczka

scurvy /ske-wy/ szkorbut

scuttle /ska-tl/ 1. zmykać 2. przedziurawiać 3. przebijać 4. zatapiać statek 5. ucieczka 6. właz na statku 7. wiadro na węgiel

scythe /saidh/ kosa

sea /si/ morze

sea-animal /si-ee-nyml/ zwierzę morskie

sea-bed /si-bed/ dno morskie

seafood /si-fuud/ owoce morza

seafront /si-frant/ nadbrzeże w mieście

seagull /si-gal/ mewa

sea-horse /si-hoos/ konik morski

seal /sil/ pieczęć

sea-level /si-le-wl/ poziom morza

seam /sim/ szew

seaman /si-men/ 1. marynarz 2. żeglarz

seamstress /sim-stres/ szwaczka

seaport /si-poot/ port morski

sear /syje/ 1. przypalać 2. wypalać 3. czynić zatwardziałym

search /sercz/ 1. poszukiwania 2. szukanie 3. rewizja 4. przeszukiwać 5. szukać

searcher /se-cze/ 1. badacz 2. poszukiwacz

search-warrant /secz-ło-rent/ nakaz przeprowadzenia rewizji

seascape /si-skeip/ obraz marynistyczny

seashore /si-szoo/ 1. wybrzeże 2. brzeg morski

seasick /si-syk/ cierpiący na chorobę morską

seaside /si-said/ wybrzeże

season /si-zn/ 1. pora 2. sezon

seasonal /si-zenl/ sezonowy

seat /sit/ 1. siedzenie 2. miejsce

seat-belt /sit-belt/ pas bezpieczeństwa

secateurs /se-ke-tez/ sekator

secession /sy-se-szn/ 1. oddzielenie się 2. secesja

seclude /sy-kluud/ 1. odosabniać 2. odizolowywać

seclusion /sy-kluu-żn/ 1. odosobnienie 2. zacisze

second /se-knd/ 1. drugi 2. sekunda 3. moment

secondary /se-ken-dry/ 1. drugorzędny 2. podrzędny 3. mało znaczący

secondhand /seknd-heend/ 1. używany 2. z drugiej ręki

second-rate /seknd-reit/ drugorzędny

secrecy /si-kre-sy/ 1. dyskrecja 2. dochowanie tajemnicy 3. sekret 4.

tajemnica

secret /si-kret/ 1. sekret 2. tajemnica 3. tajny

secretary /se-kre-try/ 1. sekretarka 2. sekretarz

secretarial /se-kre-tee-ryjel/ sekretarski

secretion /sy-kri-szn/ 1. wydzielanie 2. wydzielina

secretive /si-kre-tyw/ 1. tajemniczy 2. zakonspirowany

sect /sekt/ sekta

sectarian /sek-tee-ryjen/ 1. sekciarz 2. sekciarski

section /sek-szn/ 1. odcinek 2. sekcja 3. dział 4. przekrój

sector /sek-te/ 1. wycinek 2. odcinek 3. sektor

secure /sy-kjue/ zabezpieczać

security /sy-kju-rety/ 1. bezpieczeństwo 2. ochrona

sedate /sy-deit/ 1. stateczny 2. spokojny

sedation /sy-dei-szn/ uspokojenie

sedative /se-detyw/ uspokajający

sedentary /se-dentry/ 1. siedzący 2. osiadły

sediment /se-dyment/ osad

sedition /sy-dy-szn/ 1. bunt 2. rokosz

seduce /sy-djus/ 1. kusić 2. nęcić 3. uwodzić

seduction /sy-dak-szn/ 1. uwiedzenie 2. pokusa 3. powab

sedulous /se-dżu-les/ 1. staranny 2. pilny

see /si/ 1. widzieć 2. dopilnować 3. rozumieć

  see about 1. zajmować się 2. dopilnować 3. poradzić się

  see off odprowadzać

  see to 1. doglądać 2. zreperować

seed /sid/ nasienie

seedless /sid-les/ beznasienny

seek /sik/ szukać

seem /sim/ wydawać się

seemingly /si-mynnly/ 1. pozornie 2. widocznie

seen → see

seep /sip/ 1. przeciekać 2. sączyć się

seer /syje/ 1. jasnowidz 2. prorok

seesaw /si-soo/ huśtawka

seethe /sidh/ 1. kotłować się 2. roić się 3. wrzeć

segment /seg-ment/ 1. odcinek 2. segment

segmentation /segmen-tei-szn/ dzielenie się

segregate /se-grygeit/ segregować

segregation /segry-gei-szn/ segregacja

seismic /sai-zmyk/ sejsmiczny

seismograph /sai-zmegraaf/ sejsmograf

seismologist /saiz-mo-ledżyst/ sejsmolog

seismology /saiz-mo-ledży/ sejsmologia

seize /siz/ 1. przechwycić 2. zawładnąć 3. uchwycić

seizure /si-że/ 1. zagarnięcie 2. zawładnięcie

seldom /sel-dm/ rzadko

select /sy-lekt/ wybierać

selection /sy-lek-szn/ 1. wybór 2. selekcja

selective /sy-lek-tyw/ 1. selekcyjny 2. selektywny

selector /sy-lek-te/ selektor

self /self/ 1. osobowość 2. jaźń 3. samo przez się

self-confidence /self-kon-fy-dens/ pewność siebie

self-consciousness /self-kon-szes-nes/ samoświadomość

self-control /self-ken-<u>treul</u>/ samokontrola

self-defence /self-dy-<u>fens</u>/ samoobrona

self-education /self-edju-<u>kei</u>-szn/
samokształcenie

self-employed /self-ym-<u>ploid</u>/ pracujący na własną rękę

selfish /<u>sel</u>-fysz/ samolubny

self-government /self-<u>ga</u>-we-
ment/ samorząd

self-taught /self-<u>toot</u>/ samouk

sell /sel/ sprzedawać

seller /<u>se</u>-le/ sprzedawca

sell-out /<u>sel</u>-ałt/ 1. wyprzedaż 2.
zdrada

selvage /<u>sel</u>-wydż/ 1. rąbek 2.
brzeg fabryczny

semantic /sy-<u>meen</u> tyk/ se-
mantyczny

semantics /sy-<u>meen</u>-tyks/ seman-
tyka

semaphore /<u>se</u>-mefoo/ 1. semafor
2. sygnalizator

semblance /<u>sem</u>-blens/ pozory

semen /<u>si</u>-men/ nasienie

semester /se-<u>mes</u>-te/ semestr

semi-colon /se-my-<u>kel</u>-ln/ średnik

semi-final /se-my-<u>fai</u>-nl/ półfinał

seminar /<u>se</u>-my-naa/ seminarium

seminary /<u>se</u>-my-ne-ry/ seminarium duchowne

senate /<u>se</u>-net/ senat

senator /<u>se</u>-nete/ senator

senatorial /sene-<u>too</u>-ryjel/ senator-
ski

send /send/ 1. wysyłać 2. posyłać
3. nadawać 4. wyprawiać

  send away odsyłać

  send for posyłać po

  send out 1. wysyłać 2. wypuszczać 3. rozsyłać

sender /<u>sen</u>-de/ nadawca

senior /<u>si</u>-nyje/ 1. senior 2. starszy

seniority /<u>si</u>-ny-<u>o</u>-re-ty/ star-
szeństwo

senna /<u>se</u>-ne/ senes

sensation /sen-<u>sei</u>-szn/ 1. odczucie 2. sensacja

sensational /sen-<u>sei</u>-sznl/ sensacyjny

sense /sens/ 1. zmysł 2. poczucie
3. sens 4. rozsądek

senseless /<u>sens</u>-les/ 1. bezsensowny 2. bezmyślny 3. nieprzytomny

sensibility /sense-<u>by</u>-lety/ 1. wraż-
liwość 2. uczuciowość

sensible /<u>sen</u>-sebl/ 1. wyczuwalny
2. świadomy 3. sensowny 4. roz-
sądny

sensitive /<u>sen</u>-setyw/ 1. wrażliwy
2. drażliwy

sensitivity /sense-<u>ty</u>-wety/ 1. wraż-
liwość 2. czułość

sensory /<u>sen</u>-sery/ czuciowy

sensual /<u>sen</u>-szuel/ zmysłowy

sensuous /<u>sen</u>-szues/ 1. czuciowy 2. zmysłowy

sent → send

sentence /<u>sen</u>-tens/ 1. skazywać
2. wyrok 3. zdanie

sentiment /<u>sen</u>-tyment/ 1. uczucie
2. sentyment

sentimental /sen-ty-<u>men</u>-tl/ sentymentalny

sentry /<u>sen</u>-try/ 1. wartownik 2.
warta

separable /<u>se</u>-prebl/ rozłączny

separate /<u>se</u>-pe-reit/ 1. oddzielać
(się) 2. rozdzielać (się)

separate /<u>se</u>-pryt/ 1. osobny 2.
oddzielny

separately /<u>se</u>-pre-tly/ 1. oddzielnie 2. osobno

separation /se-pe-<u>rei</u>-szn/ 1. rozłąka 2. separacja

sepia /si-pyje/ sepia (barwnik)

September /sep-tem-be/ wrzesień

septet /sep-tet/ septet

septic /sep-tyk/ 1. septyczny 2. zakaźny

sepulchral /sy-pal-krel/ grobowy

sequel /si-kłel/ 1. dalszy ciąg 2. następstwo

sequence /si-kłens/ 1. następstwo 2. kolejność

sequin /si-kłyn/ cekin

Serbia /ser-byje/ Serbia

Serbian /ser-byjen/ serbski

serenade /sere-neid/ serenada

serene /sy-rin/ 1. pogodny 2. spokojny 3. jasny

serf /sef/ 1. chłop pańszczyźniany 2. poddany 3. niewolnik

sergeant /sar-dżent/ sierżant

serial /syje-ryjel/ 1. serial 2. seryjny 3. odcinkowy

series /syje-riz/ seria

serious /syje-ryjes/ poważny

sermon /ser-mn/ kazanie

serpent /se-pent/ 1. wąż 2. diabeł

serrated /se-rei-tyd/ 1. ząbkowany 2. nacinany

serried /se-ryd/ zwarty

servant /ser-wnt/ służący

serve /serw/ 1. służyć 2. podawać do stołu

server /se-we/ 1. osoba serwująca 2. taca do posiłków

service /ser-wys/ 1. usługa 2. obsługa 3. nabożeństwo 4. serwis 5. służba

service-line /se-wys-lain/ linia serwowania

servile /se-wail/ 1. niewolniczy 2. służalczy

servitude /se-wy-czuud/ 1. niewolnictwo 2. niewola

sesame /se-semy/ sezam

session /se-szn/ sesja

set /set/ 1. zespół 2. komplet 3. grupa 4. odbiornik 5. set 6. stały 7 gotowy 8. ustalać 9. nastawiać 10 zachodzić

  set about przystępować

  set against 1. nastawiać przeciwko 2. podjudzać

  set apart odkładać na bok

  set back 1. cofać 2. hamowa postępy

  set down 1. położyć 2. zapisywać

  set in nadchodzić

  set off wyruszać

  set out 1. wyruszać w drogę 2 postanawiać 3. ogłaszać 4. po układać

  set over oddać pod kontrolę

  set to przystępować energiczni do

  set up 1. ustawiać 2. zakładać

set-square /set-skłee/ 1. trójka kreślarski 2. ekierka

settee /se-ti/ 1. kanapa 2. sofa

setter /se-te/ seter

setting /se-tynn/ 1. oprawa 2 otoczenie

settle /se-tl/ 1. rozstrzygać 2. regulować 3. zasiedlać 4. uspokajać się 5. osiedlać się

settled /se-tld/ 1. stały 2. ustalony 3. zapłacony

settlement /se-telment/ 1. osiedle 2. ustalenie 3. osadnictwo

settler /se-tle/ 1. osadnik 2. kolonista

seven /se-wn/ siedem

sevenfold /se-wn-feuld/ 1. siedmiokrotny 2. siedmiokrotnie

seventeen /se-wen-tin/ siedemnaście

eventh /se-wenfh/ siódmy

eventieth /se-wen-tyjefh/ siedem-dziesiąty

eventy /se-wen-ty/ siedem-dziesiąt

ever /se-we/ 1. przecinać 2. urywać się

everal /se-wrel/ 1. kilka 2. kilkanaście 3. poszczególny

evere /se-wyje/ 1. surowy 2. srogi

everity /se-we-rety/ 1. surowość 2. srogość 3. ostrość

ew /seł/ szyć

ewage /sjuu-ydż/ 1. ścieki 2. nieczystości

ewer /sjuu-e/ 1. kanał ściekowy 2. ściek

ewing machine /se-łynn-me-szin/ maszyna do szycia

ewn → sew

ex /seks/ 1. płeć 2. seks 3. seksualny

exist /sek-syst/ męski szowinista

extant /sek-stent/ sekstans

exton /sek-sten/ 1. kościelny 2. zakrystian 3. grabarz

exual /sek-szuel/ seksualny

habby /szee-by/ 1. wytarty 2. zniszczony 3. nikczemny 4. podły

hack /szeek/ 1. chałupa 2. chata

hackle /szee-kl/ 1. pęta 2. okowy 3. jarzmo

hade /szeid/ 1. abażur 2. klosz 3. cień

hadow /sze-deł/ 1. cień 2. śledzić

hady /szei-dy/ 1. zacieniony 2. podejrzany

haft /szaaft/ 1. wał 2. drzewce 3. snop

haggy /sze-gy/ 1. kudłaty 2. krzaczasty

hake /szeik/ 1. potrząsać 2. wstrząsać 3. drżeć

shaken → shake

shaky /szei-ky/ 1. drżący 2. chwiejny 3. słaby 4. niepewny 5. niewiarygodny

shale /szeil/ łupek

shall /szel/ (czasownik pomocniczy) → will

shallot /sze-lot/ szalotka

shallow /sze-leł/ płytki

sham /szeem/ 1. udawać 2. pozór 3. symulant 4. udawany 5. fałszywy

shamble /szeem-bl/ 1. włóczyć nogami 2. włóczenie nogami

shambles /szeem-blz/ 1. jatka 2. rzeź

shame /szeim/ 1. zawstydzać 2. wstyd

shameful /szeim-fl/ haniebny

shameless /szeim-les/ bezwstydny

shampoo /szem-puu/ 1. myć szamponem 2. szampon

shamrock /szeem-rok/ koniczyna

shank /szeennk/ 1. goleń 2. podudzie

shan't /szaant/ = shall not → shall

shanty /szeen-ty/ 1. chata 2. szałas

shape /szeip/ 1. kształtować 2. kształt

shapeless /szeip-les/ 1. bezkształtny 2. niezgrabny

share /szee/ 1. dzielić 2. udział 3. akcja

shareholder /szee-heul-de/ akcjonariusz

shark /szark/ 1. rekin 2. oszust

sharp /szarp/ 1. ostry 2. punktualnie

sharpen /szar-pn/ naostrzyć

sharpener /szaa-pene/ 1. przyrząd

do ostrzenia 2. temperówka

shatter /szee-te/ 1. roztrzaskiwać 2. rozwiewać 3. niszczyć 4. rozbijać w kawałki

shave /szeiw/ golić

shaven → shave

shaver /szei-we/ maszynka do golenia

shawl /szool/ szal

she /szi/ ona

sheaf /szif/ 1. snop zboża 2. pęk strzał

shear /szyje/ 1. strzyc owce 2. pozbawiać

shears /szyjez/ nożyce do strzyżenia

sheath /szifh/ pochwa na miecz

shed /szed/ 1. zrzucać 2. przelewać krew 3. ronić łzy 4. pozbywać się 5. wydzielać 6. promieniować 7. szopa 8. buda

sheep /szip/ owca

sheepish /szi-pysz/ 1. nieśmiały 2. zakłopotany 3. ogłupiały

sheer /szyje/ 1. zwykły 2. jawny 3. całkiem 4. zupełnie

sheet /szit/ 1. prześcieradło 2. arkusz 3. kartka

sheik /szeik/ szejk

shelf /szelf/ półka

shell /szel/ 1. skorupka 2. muszelka 3. pocisk

shellfish /szel-fysz/ 1. skorupiak 2. mięczak

shelter /szel-te/ 1. schronienie 2. osłona

shelve /szelw/ 1. położyć na półce 2. przekładać na później 3. opadać łagodnie

shepherd /sze-ped/ 1. pastuch 2. pasterz

sheriff /sze-ryf/ szeryf

sherry /sze-ry/ białe wino hiszpańskie

shield /szild/ tarcza

shift /szyft/ 1. przesuwać (się) 2 zmiana 3. szychta 4. wykręt

shilling /szy-lynn/ szyling

shimmer /szy-me/ 1. zmigotać 2 lśnić

shin /szyn/ goleń

shine /szain/ 1. świecić 2. błysz cześć

shingle /szynn-gl/ 1. gont 2. kamy█

shingles /szynn-glz/ półpasiec

ship /szyp/ 1. wysyłać 2. statek

shipload /szyp-lełd/ ładunek okrę towy

shipmate /szyp-meit/ kolega ze statku

shipment /szyp-ment/ wysyłka

shipping /szy-pynn/ 1. flota han dlowa 2. statki 3. żegluga

shipwreck /szyp-rek/ 1. rozbić si█ 2. rozbicie statku 3. katastrofa morska

shipyard /szyp-jard/ stocznia

shirk /szek/ 1. uchylać się 2. wy kręcać się

shirt /szert/ koszula

shiver /szy-we/ 1. drżeć 2. trząś█ się 3. drżenie 4. dreszcz

shoal /szeul/ 1. mielizna 2. ławica ryb

shock /szok/ 1. wstrząs 2. szok 3 szokować

shocking /szo-kynn/ 1. oburzający 2. skandaliczny 3. okropny

shoddy /szo-dy/ tandetny

shoe /szuu/ but

shoelace /szuu-leis/ sznurowadł█

shoemaker /szuu-mei-ke/ szewc

shoeshine /szuu-szain/ czysz czenie butów

shone → shine

shook → shake

shoot /szuut/ 1. strzelać 2. wystrzelić 3. kręcić film

shop /szop/ 1. robić zakupy 2. sklep 3. warsztat

shop-assistant /szop-e-sys-tent/ sprzedawca

shopkeeper /szop-ki-pe/ sklepikarz

shop-lifter /szop-lyf-te/ złodziej sklepowy

shopper /szo-pe/ klient

shop-window /szop-łyn-deł/ wystawa sklepowa

shore /szoo/ brzeg

short /szoot/ 1. krótki 2. zwięzły

shortage /szoo-tydż/ brak

shortcoming /szoot-ka-mynn/ niedociągnięcie

shorten /szoo-tn/ skracać

shorthand /szoot-heend/ stenografia

short-lived /szoot-lywd/ krótkotrwały

shortly /szoot-ly/ 1. wkrótce 2. pokrótce 3. nagle

short-range /szoot-reindż/ 1. na krótki dystans 2. o krótkim zasięgu

shorts /szoots/ szorty

short-sighted /szoot-sai-tyd/ krótkowzroczny

short-story /szoot-story/ nowela

shortwave /szoot-łeiw/ krótkofalowy

shot /szot/ 1. strzał 2. zastrzyk 3. kieliszek wódki 4. → shoot

should /szud/ 1. powinien 2. → shall

shoulder /szeul-de/ 1. ramię 2. bark 3. pobocze

shout /szałt/ 1. krzyczeć 2. krzyk

shove /szaw/ 1. pchać 2. pchnięcie

shovel /sza-wl/ 1. szufla 2. łopata

show /szeł/ 1. pokazywać 2. wystawiać 3. pojawiać się 4. przedstawienie 5. wystawa 6. audycja

show up pojawiać się

shower /szaa-łe/ 1. prysznic 2. przelotny deszcz

shown → show

shrank → shrink

shrapnel /szree-pnl/ szrapnel

shred /szred/ 1. ciąć na strzępy 2. strzępić 3. strzęp

shrew /szruu/ 1. złośnica 2. jędza 3. ryjówka

shrewd /szruud/ 1. bystry 2. sprytny 3. trafny

shriek /szrik/ 1. wrzasnąć 2. piszczeć 3. wrzask 4. pisk

shrift /szryft/ rozprawić się z kimś

shrill /szryl/ 1. ostry 2. piskliwy 3. przeraźliwy

shrimp /szrymp/ krewetka

shrink /szrynk/ kurczyć się

shrivel /szry-wl/ 1. schnąć 2. usychać 3. zeschnąć się 4. wysuszać 5. spalać 6. marszczyć

shroud /szrałd/ 1. okrywać całunem 2. ukrywać 3. zasłaniać 4. całun 5. kir 6. zasłona

shrub /szrab/ krzew

shrug /szrag/ 1. wzruszać ramionami 2. wzruszenie ramionami

shrunk → shrink

shrunken → shrink

shudder /sza-de/ 1. wzdrygać się 2. drżeć 3. dreszcz

shuffle /sza-fl/ tasować karty

shun /szan/ 1. unikać 2. baczność!

shunt /szant/ 1. przetaczać wagony 2. spławić 3. przetaczanie

shush /szusz/ cisza!

shut /szat/ zamykać

shut down zamykać

shut in 1. otaczać 2. zamknąć
shut off 1. wyłączyć 2. odcinać
shut up 1. zamykać 4. zamilknąć 5. cicho
bądź!
shutter /sza-te/ 1. okiennica 2. żaluzja 3. zasłona 4. migawka
shuttle /sza-tl/ czółenko
shy /szai/ 1. nieśmiały 2. płochliwy
Siamese /sayje-miz/ syjamski
siblings /sy-blynns/ rodzeństwo
Sicilian /sy-sy-lyjen/ 1. sycylijski 2. Sycylijczyk
Sicily /sy-syly/ Sycylia
sick /syk/ 1. chory 2. czujący mdłości
sick-bay /syk-bei/ 1. szpital pokładowy 2. izba chorych
sicken /sy-kn/ 1. przyprawiać o mdłości 2. oburzać 3. obrzydzać 4. zachorować 5. dostawać mdłości 6. mieć dosyć
sickish /sy-kysz/ 1. lekko chory 2. niemiły 3. obrzydliwy
sickle /sy-kl/ sierp
sick-leave /syk-liw/ 1. urlop chorobowy 2. zwolnienie lekarskie
sickness /syk-nes/ 1. nudności 2. choroba
side /said/ 1. bok 2. strona
sideboard /said-bood/ kredens
sideline /said-lain/ 1. linia autowa 2. linia boczna
side-road /said-rełd/ 1. droga boczna 2. droga podrzędna
side-saddle /said-see-dl/ damskie siodło
sidestep /said-step/ 1. odskoczyć na bok 2. krok w bok
sidewalk /said-łook/ chodnik
side-whiskers /said-ły-skez/ 1. bokobrody 2. baczki
sidewards /said-łedz/ 1. bokiem 2.

w bok
siding /sai-dynn/ 1. boczny tor 2. bocznica
sidle /sai-dl/ nieśmiało podchodzić
siege /sidż/ oblężenie
sienna /sy-ene/ sjena
sieve /syw/ 1. przesiewać 2. sito
sift /syft/ 1. przesiewać 2. zbadać dokładnie
sigh /sai/ wzdychać
sight /sait/ wzrok
sightseeing /sait-siynn/ zwiedzanie
sign /sain/ 1. podpisywać 2. znak 3. wywieszka 4. szyld 5. objaw
signal /syg-nl/ sygnał
signatory /sy-gnetry/ sygnatariusz
signature /syg-necze/ podpis
signet /sy-gnyt/ 1. prywatna pieczątka 2. sygnet
significance /syg-ny-fykens/ 1. znaczenie 2. ważność
significant /syg-ny-fykent/ 1. istotny 2. znaczący
signify /sy-gnyfai/ 1. oznaczać 2. znaczyć 3. wyrażać 4. posiadać ważność
sign-language /sain-leenn-głydż/ język migowy
signpost /sain-pełst/ drogowskaz
silence /sai-lens/ cisza
silencer /sai-lense/ tłumik
silent /sai-lent/ 1. milczący 2. cichy
silhouette /sy-luu-et/ 1. narysować sylwetkę 2. sylwetka
silk /sylk/ jedwab
silken /syl-kn/ 1. jedwabny 2. jedwabisty
silky /syl-ky/ jedwabisty
sill /syl/ parapet okienny
silly /sy-ly/ niemądry
silt /sylt/ 1. zamulać 2. muł 3. osad

silver /syl-we/ srebro
similar /sy-my-le/ podobny
similarity /sy-me-lee-rety/ podobieństwo
simile /sy-mely/ porównanie
simmer /sy-me/ 1. gotować (na wolnym ogniu) 2. kipieć ze złości
simple /sym-pl/ 1. prosty 2. zwykły
simple-minded /sym-pl-main-dyd/ 1. prostoduszny 2. naiwny 3. łatwowierny
simpleton /sym-peltn/ głuptas
simplicity /sym-ply-sety/ 1. prostota 2. naturalność 3. łatwość
simplification /sym-plyfy-kei-szn/ uproszczenie
simplify /sym-ply-fai/ upraszczać
simply /sym-ply/ 1. prosto 2. łatwo 3. po prostu
simulate /sy-mjuleit/ 1. udawać 2. pozorować 3. symulować
simulation /symju-lei-szn/ 1. udawanie 2. symulowanie
simultaneous /symel-tei-nyjes/ równoczesny
sin /syn/ 1. grzeszyć 2. grzech
since /syns/ 1. od 2. odkąd 3. ponieważ 4. skoro
sincere /syn-syje/ szczery
sincerely /syn-syje-ly/ szczerze
sincerity /syn-se-rety/ szczerość
sinew /sy-njuu/ ścięgno
sing /synn/ śpiewać
singe /syndż/ 1. osmalać 2. opalać
singer /synn-ge/ śpiewak
single /synn-gl/ 1. pojedynczy 2. samotny
singular /synn-gju-le/ w liczbie pojedynczej
singularity /synn-gju-lee-rety/ 1. osobliwość 2. niezwykłość 3. dziwaczność

sink /synnk/ 1. tonąć (o statku) 2. zatapiać 3. zlew
sinus /sai-nes/ zatoka
sip /syp/ 1. pić małymi łykami 2. łyk
siphon /sai-fn/ syfon
sir /ser/ pan
siren /sayje-ren/ syrena
sirloin /se-loin/ polędwica wołowa
sisal /sai-zl/ sizal
sister /sys-te/ siostra
sister-in-law /sys-te-yn-loo/ szwagierka
sit /syt/ 1. siedzieć 2. siadać 3. obradować 4. wysiadywać
sit back rozsiadać się
sit down usiąść
sit up 1. siedzieć prosto 2. czuwać (do późna w nocy)
site /salt/ 1. teren 2. okolica 3. miejsce 4. plac
sitter /sy-te/ 1. osoba siedząca 2. model 3. kwoka
sitting /sy-tynn/ 1. posiedzenie 2. sesja
sitting-room /sy-tynn-rum/ 1. bawialnia 2. salon
situated /sy-czu-ei-tyd/ umieszczony
situation /sy-czu-ei-szn/ 1. położenie 2. sytuacja
six /syks/ sześć
sixfold /syks-feuld/ 1. sześciokrotny 2. sześciokrotnie
sixteen /syk-stin/ szesnaście
sixth /syksfh/ szósty
sixty /syk-sty/ sześćdziesiąt
sixtieth /syk-styjefh/ sześćdziesiąty
size /saiz/ 1. wielkość 2. numer
sizzle /sy-zl/ 1. skwierczeć 2. skwierczenie
skate /skeit/ 1. jeździć na łyżwach 2. łyżwa 3. wrotka

skater /skei-te/ łyżwiarz
skating /skei-lynn/ jazda na łyżwach
skating-rink /skei-tynn-rynnk/ lodowisko
skeleton /ske-lytn/ szkielet
sketch /skecz/ 1. szkicować 2. szkic
sketchy /ske-czy/ 1. szkicowy 2. fragmentaryczny
skew /skjuu/ 1. skośny 2. ukośny 3. pochyły
skewer /skjuu-e/ szpikulec
ski /ski/ 1. jeździć na nartach 2. narta
skid /skyd/ 1. poślizg 2. zarzucać
skier /sky-je/ narciarz
skiing /ski-ynn/ 1. narciarstwo 2. jeździć na nartach
skilful /skyl-fl/ zręczny
skill /skyl/ 1. zręczność 2. wprawa 3. umiejętność
skilled /skyld/ wykwalifikowany
skim /skym/ 1. zebrać śmietankę 2. musnąć 3. ślizgać się po powierzchni 4. czytać pobieżnie
skimp /skymp/ 1. skąpić 2. oszczędzać
skin /skyn/ 1. skóra 2. cera
skinny /sky-ny/ chudy
skip /skyp/ 1. podskok 2. podskakiwać 3. pomijać
skipper /sky-pe/ 1. szyper 2. kapitan drużyny
skirmish /ske-mysz/ 1. toczyć potyczkę 2. potyczka 3. utarczka
skirt /skert/ spódnica
skit /skyt/ 1. satyra 2. burleska
skulk /skalk/ 1. ukrywać się 2. uchylać się od pracy
skull /skal/ czaszka
skunk /skannk/ skunks
sky /skai/ niebo

skylark /skai-lark/ skowronek
skyscraper /skai-skreipe/ drapacz chmur
slab /sleeb/ 1. płytka kamienna 2. kostka czekolady
slack /sleek/ 1. obwisły 2. luźny
slacken /slee-kn/ 1. poluzować 2. zwalniać 3. słabnąć
slacks /sleeks/ luźne spodnie
slag /sleeg/ żużel
slain → slay
slake /sleik/ 1. gasić pragnienie 2. gasić wapno
slalom /slaa-lm/ slalom
slam /sleem/ 1. trzaskać 2. ciskać
slander /slaan-de/ 1. oszczerstwo 2. zniesławienie 3. rzucać oszczerstwa
slang /sleenn/ 1. żargon 2. slang
slant /slaant/ 1. nachylenie 2. być nachylonym
slap /sleep/ 1. klaps 2. dawać klapsa
slash /sleesz/ 1. ciąć 2. chłostać 3. ostro skrytykować 4. cięcie
slat /sleet/ listewka
slate /sleit/ 1. pokrywać dachówką 2. łupek 3. dachówka łupkowa 4. tabliczka łupkowa
slaughter /sloo-te/ 1. rzeź 2. ubijać 3. dokonywać rzezi
Slav /slaaw/ 1. Słowianin 2. słowiański
slave /sleiw/ niewolnik
slave-trade /sleiw-treid/ handel niewolnikami
Slavic /sla-wyk/ słowiański
Slavonic /sle-wo-nyk/ słowiański
slay /slei/ 1. zabijać 2. uśmiercać
sleazy /sli-zy/ 1. brudny 2. nieporządny
sledge /sledż/ sanki
sledge-hammer /sledż-hee-me/

młot kowalski

sleek /slik/ 1. wygładzać 2. czynić lśniącym 3. gładki 4. lśniący

sleep /slip/ 1. spać 2. sen

sleeping-bag /sli-pynn-beeg/ śpiwór

sleeping-car /sli-pynn-kaa/ wagon sypialny

sleeping-pill /sli-pynn-pyl/ tabletka nasenna

sleepless /slip-les/ bezsenny

sleep-walker /slip-łooke/ lunatyk

sleepy /sli-py/ 1. śpiący 2. senny

sleet /slit/ deszcz ze śniegiem

sleeve /sliw/ rękaw

sleigh /slei/ sanie konne

slender /slen-de/ smukły

slept → sleep

slew → slay

slice /slais/ 1. kroić 2. kromka 3. plasterek

slick /slyk/ 1. gładki 2. śliski 3. zręczny 4. zgrabny

slid → slide

slidden → slide

slide /slaid/ ślizgać się

slight /slait/ 1. lekceważyć 2. lekceważenie 3. drobny 4. mały 5. nieznaczny 6. wiotki 7. kruchy

slightly /slait-ly/ 1. nieco 2. nieznacznie

slim /slym/ 1. szczupły 2. wątły 3. słaby

slime /slaim/ 1. szlam 2. muł

sling /slynn/ 1. podwieszać 2. temblak

slink /slynnk/ skradać się

slip /slyp/ 1. poślizgnięcie 2. pomyłka 3. halka 4. poślizgnąć się

slippers /sly-pez/ kapcie

slippery /sly-pe-ry/ śliski

slit /slyt/ 1. rozcinać 2. szpara

sliver /sly-we/ 1. drzazga 2. szcza-

pa

slobber /slo-be/ 1. ślinić się 2. ośliniać

sloe /sleł/ 1. tarnina 2. tarń

slogan /sleł-gn/ 1. hasło 2. slogan

sloop /sluup/ szalupa

slop /slop/ 1. rozlać 2. rozlewać się 3. porozlewać 4. rozpryskiwać 5. brudna woda 6. pomyje

slope /slełp/ zbocze

sloppy /slo-py/ niechlujny

slot /slot/ 1. szczelina 2. szpara

sloth /slełfh/ 1. lenistwo 2. leniwiec

slouch /slałcz/ 1. garbić się 2. trzymać się niedbale 3. iść ociężale 4. niedbała postawa 5. przygarbienie 6. ociężały chód

Slovakia /sle-wee-kyje/ Słowacja

sloven /sla-wn/ 1. brudas 2. flejtuch 3. niechluj

Slovenia /slo-we-nyje/ Słowenia

slow /sleł/ 1. powolny 2. tępy 3. leniwy

sludge /sladż/ 1. muł 2. szlam

slug /slag/ 1. walnąć 2. rąbnąć 3. ślimak nagi 4. kula 5. bryłka

sluggish /sla-gysz/ 1. leniwy 2. powolny 3. ospały

sluice /sluus/ 1. spuszczać wodę 2. spłukiwać 3. śluza 4. ściek

slum /slam/ 1. żyć ubogo 2. dzielnica biedoty

slumber /slam-be/ 1. spać spokojnie 2. przespać 3. zdrzemnąć się 4. spokojny sen 5. drzemka

slump /slamp/ 1. gwałtownie spadać 2. opadać 3. osuwać się 4. spadek 5. kryzys 6. krach

slung → sling

slunk → slink

slur /sle/ 1. niewyraźnie mówić 2. połykać słowa 3. plama na honorze 4. zlewanie się słów

slush /slasz/ 1. brudny i roztopiony śnieg 2. breja 3. sentymentalne bzdurki

slut /slat/ 1. kobieta niemoralna 2. suka 3. pinda 4. flejtuch

sly /slai/ 1. chytry 2. przebiegły 3. szelmowski

smack /smeek/ 1. mieć posmak 2. zakrawać na 3. trzaskać 4. mlaskać 5. plasnąć 6. dawać klapsa 7. posmak 8. trzask 9. mlaśnięcie

small /smool/ 1. mały 2. drobny 3. nieznaczny

small-arms /smool-aamz/ broń ręczna

small-fry /smool-frai/ nieważne osoby

smallpox /smool-poks/ ospa

smalltime /smool-taim/ 1. nieważny 2. trzeciorzędny

smart /smart/ 1. bystry 2. zręczny 3. mądry

smarten /smaa-tn/ 1. ożywiać 2. rozruszać 3. dodawać szyku

smash /smeesz/ 1. kraksa 2. trzask 3. roztrzaskiwać (się)

smasher /smee-sze/ 1. gwałtowny cios 2. kapitalna osoba lub przedmiot

smear /smyje/ 1. rozmaz 2. smuga 3. rozmazywać

smell /smel/ 1. zapach 2. węch 3. pachnieć 4. wyczuwać

smelling-salts /sme-lynn-soolts/ sole trzeźwiące

smelt → smell

smile /smail/ 1. uśmiechać się 2. uśmiech

smirch /smecz/ 1. plamić 2. brudzić 3. plama

smirk /smek/ 1. uśmiechać się głupio 2. wymuszony uśmiech

smite /smait/ 1. uderzać 2. wywie-

rać ogromny wpływ na 3. pokonać doszczętnie

smith /smyfh/ kowal

smitten → smite

smock /smok/ 1. kitel 2. chałat

smog /smog/ dym zmieszany z mgłą

smoke /smełk/ 1. palić 2. dym

smokeless /smełk-les/ bezdymny

smoker /smeł-ke/ palacz

smooth /smuudh/ 1. gładki 2. łagodny

smote → smite

smother /sma-dhe/ 1. dusić 2. tłumić 3. tuszować 4. pokrywać 5. oblewać

smoulder /smeul-de/ 1. tlić się 2. tlący się ogień

smudge /smadż/ 1. plamić 2. brudzić 3. plama 4. kleks

smug /smag/ 1. zadowolony z siebie 2. kołtuński 3. drobnomieszczański

smuggle /sma-gl/ 1. przemycać 2. szmuglować

smut /smat/ 1. poplamić 2. zabrudzić 3. pyłek sadzy 4. plamka brudu 5. sprośności 6. śnieć

snack /sneek/ przekąska

snag /sneeg/ 1. pniak 2. karpa 3. przeszkoda

snail /sneil/ ślimak

snake /sneik/ wąż

snap /sneep/ 1. chapać zębami 2. warknąć 3. zatrzaskiwać 4. zrobić zdjęcie migawkowe 5. trzask 6. zdjęcie migawkowe 7. nagły

snappy /snee-py/ 1. żwawy 2. żywy 3. prędki

snapshot /sneep-szot/ zdjęcie migawkowe

snare /snee/ 1. zastawiać sidła 2. łapać w sidła 3. pułapka 4. sidła 5.

sieci
snarl /snaal/ 1. warczeć 2. warknąć 3. burknąć 4. warczenie 5. opryskliwe odezwanie się
snatch /sneecz/ 1. chwytać 2. porywać 3. korzystać z okazji 4. chwytanie 5. urywek 6. strzęp
sneak /snik/ 1. podkradać się 2. nędzna kreatura
sneaking /sni-kynn/ 1. skryty 2. ukryty 3. potajemny
sneakers /sni-kez/ 1. tenisówki 2. trampki
sneer /snyje/ 1. szydzić 2. drwić 3. szyderstwo 4. szydercza uwaga 5. szyderczy uśmiech
sneeze /sniz/ 1. kichnięcie 2. kichać
snick /snyk/ 1. nacinać 2. nacięcie
sniff /snyf/ 1. pociągać nosem 2. węszyć
snigger /sny-ge/ 1. chichotać 2. chichot
snip /snyp/ 1. ciąć 2. ciachnąć 3 ciachnięcie 4. ścinek 5. skrawek
snipe /snaip/ 1. strzelać z zasadzki 2. bekas
sniper /snai-pe/ snajper
snitch /snycz/ 1. zwędzić 2. donosić
snivel /sny-wl/ 1. smarkać się 2. biadolić 3. rozczulać się
snob /snob/ snob
snobbery /sno-be-ry/ snobizm
snobbish /sno-bysz/ snobistyczny
snoop /snuup/ 1. zwędzić 2. ukraść 3. buchnąć 4. wtykać nos w cudze sprawy
snooty /snuu-ty/ snobistyczny
snooze /snuuz/ 1. zdrzemnąć się 2. drzemka
snore /snoo/ chrapać
snort /snoot/ 1. parsknąć 2. prych-

nąć 3. parsknięcie
snotty /sno-ty/ 1. zasmarkany 2. smarkaty
snout /snałt/ 1. pysk 2. ryj
snow /sneł/ 1. śnieżyć 2. śnieg
snowball /sneł-bool/ śnieżka
snowblind /sneł-blaind/ oślepiony odblaskiem słońca na śniegu
snowdrift /sneł-dryft/ zaspa śnieżna
snowdrop /sneł-drop/ przebiśnieg
snowfall /sneł-fool/ opad śnieżny
snowman /sneł-men/ bałwan
snow-plough /sneł-płał/ pług śnieżny
snowstorm /sneł-stoom/ burza śnieżna
snub /snab/ 1. ofuknąć 2. ucierać nosa 3. ofuknięcie 4. bura 5. zadarty
snuff /snaf/ 1. zażywać tabaki 2. tabaka
snuffle /sna-fl/ 1. sapać 2.oddychać przez zatkany nos 3. sapanie
snug /snag/ 1. osłonięty 2. wygodny 3. przytulny 4. opięty
snuggle /sna-gl/ przytulać się
so /seł/ 1. a zatem 2. tak 3. w takim razie
soak /sełk/ przemakać
soap /sełp/ 1. mydlić się 2. mydło
soap-box /sełp-boks/ 1. skrzynka na mydło 2. zaimprowizowana mównica
soap-bubble /sełp-ba-bl/ bańka mydlana
soap-flakes /sełp-fleiks/ płatki mydlane
soapy /seł-py/ 1. mydlany 2. słodki 3. przymilny
soar /soo/ 1. wznosić się 2. wzbijać się 3. iść w górę

sob /sob/ 1. szloch 2. szlochać
sober /seł-be/ trzeźwy
sobriety /se-bra-yjety/ 1. trzeźwość 2. wstrzemięźliwość 3. stateczność
soccer /so-ke/ piłka nożna
sociable /seł-szebl/ 1. towarzyski 2. przyjacielski 3. stadny 4. gromadny
social /seł-szl/ 1. społeczny 2. socjalny
socialism /seł-szelyzm/ socjalizm
socialist /seł-szlyst/ 1. socjalista 2. socjalistyczny
socialize /seł-szelaiz/ 1. uspołeczniać 2. upaństwawiać
socialite /seł-szelait/ osoba z wielkiego towarzystwa
society /se-sa-yjety/ 1. towarzystwo 2. społeczeństwo
sociological /sełsyje-lo-dżykl/ socjologiczny
sociologist /sełsy-o-ledżyst/ socjolog
sociology /sełsy-o-ledży/ socjologia
sock /sok/ skarpetka
socket /so-kyt/ 1. gniazdko 2. oprawka 3. oczodół
sod /sod/ 1. darń 2. darnina
soda /seł-de/ napój gazowany
sodden /so-dn/ 1. przemokły 2. przemoczony 3. zakalcowaty
sodium /seł-dyjem/ sód
sodomy /so-demy/ 1. sodomia 2. pederastia
sofa /seł-fe/ 1. kanapa 2. sofa
soft /soft/ 1. miękki 2. delikatny
soften /so-fn/ zmiękczać
software /soft-łee/ oprogramowanie komputerowe
soggy /so-gy/ 1. rozmokły 2. mokry

soil /soil/ gleba
sojourn /so-dżen/ 1. przebywać 2. zatrzymywać się 3. pobyt
solace /so-lys/ 1. pocieszać 2. sprawiać ulgę 3. pocieszenie 4. pociecha 5. ulga
solar /seł-le/ słoneczny
sold → sell
solder /sol-de/ lutować
soldier /seul-dże/ żołnierz
sole /seul/ 1. podeszwa 2. stopa 3. pojedynczy
solemn /so-lm/ uroczysty
solemnity /se-lem-nety/ 1. uroczysty obrzęd 2. uroczystość 3. powaga
solemnize /so-lemnaiz/ 1. uroczyście obchodzić 2. uroczyście dokonywać
solicit /se-ly-syt/ 1. prosić 2. zwracać się 3. nagabywać
solicitor /se-ly-syte/ 1. radca prawny 2. akwizytor
solicitous /se-ly-sytes/ 1. pragnący 2. niespokojny
solicitude /se-ly-syczuud/ 1. troska 2. troskliwość
solid /so-lyd/ 1. stały 2. solidny
solidarity /soly-dee-rety/ solidarność
solidify /se-ly-dyfai/ 1. stężać 2. zestalać się 3. krzepnąć
soliloquy /se-ly-lekły/ 1. monolog 2. mówienie do siebie
solitaire /soly-tee/ 1. kamień szlachetny oprawiony pojedynczo 2. soliter 3. pasjans
solitary /so-ly-tery/ odosobniony
solitude /so-ly-tjuud/ 1. samotność 2. osamotnienie 3. odludne miejsce
solo /seł-leł/ 1. solo 2. jednoosobowy 3. w pojedynkę

soloist /sol-lo-łyst/ solista

solstice /sol-stys/ przesilenie dnia z nocą

soluble /sol-jubl/ 1. rozpuszczalny 2. możliwy do rozwiązania

solution /se-luu-szn/ 1. rozwiązanie 2. roztwór

solvable /sol-webl/ rozwiązalny

solve /solw/ rozwiązywać

solvent /sol-went/ rozpuszczalnik

sombre /som-be/ 1. ciemny 2. mroczny 3. ponury 4. posępny

sombrero /som-bree-reł/ sombrero

some /sam/ 1. kilka 2. trochę 3. jakiś

somebody /sam-bedy/ ktoś

someday /sam-dei/ kiedyś

somehow /sam-hał/ jakoś

someone /sam-łan/ ktoś

something /sam-fhynn/ coś

sometimes /sam-taimz/ 1. czasami 2. niekiedy

someway /sam-łei/ jakoś

somewhat /sam-łot/ nieco

somewhere /sam-łee/ gdzieś

son /san/ syn

sonata /se-naa-te/ sonata

song /sonn/ 1. piosenka 2. pieśń

sonic /so-nyk/ 1. akustyczny 2. dźwiękowy

son-in-law /san-yn-loo/ zięć

sonnet /so-nyt/ sonet

sonny /sa-ny/ 1. synuś 2. synek

sonorous /so-neres/ 1. dźwięczny 2. donośny

soon /suun/ 1. wkrótce 2. zaraz

soot /sut/ sadza

soothe /suudh/ koić

sop /sop/ 1. maczać 2. być przemoczonym 3. ociekać wodą 4. maczanka 5. okup 6. łapówka

sophisticated /se-fy-sty-keityd/ 1. wyszukany 2. wyrafinowany

soporific /so-pe-ry-fyk/ 1. środek nasenny 2. nasenny

soppy /so-py/ 1. podmokły 2. rozmokły 3. sentymentalny

soprano /se-praa-neł/ sopran

sorcerer /soo-sere/ czarownik

sorceress /soo-seres/ czarodziejka

sorcery /soo-sery/ czary

sordid /soo-did/ 1. brudny 2. obskurny 3. wstrętny 4. podły 5. nikczemny

sore /soor/ 1. bolesny 2. obolały

sorrow /so-reł/ żal

sorry /so-ry/ 1. żałujący 2. zmartwiony

sort /soot/ rodzaj

sought → seek

soul /seul/ dusza

sound /sałnd/ 1. zdrowy 2. solidny 3. dźwięk 4. dźwięczeć

soundproof /sałnd-pruuf/ dźwiękoszczelny

sound-track /sałnd-treek/ ścieżka dźwiękowa

sound-wave /sałnd-łeiw/ fala dźwiękowa

soup /suup/ zupa

sour /sałe/ 1. kwaśny 2. skwaśniały

source /soos/ źródło

south /sałfh/ 1. południe 2. południowy

southeast /sałfh-ist/ południowy-wschód

southern /sa-dhen/ południowy

southwest /sałfh-łest/ południowy-zachód

souvenir /suwe-nyje/ pamiątka

sovereign /sow-ryn/ 1. monarcha 2. władca 3. najwyższy 4. wszechwładny 5. suwerenny soviet /seł-wyjet/ radziecki

sow /seł/ siać

sown → sow

soya /soyje/ soja

spa /spaa/ 1. zdrój 2. miejscowość kuracyjna

space /speis/ 1. przestrzeń 2. miejsce 3. kosmos

spaceship /speis-szyp/ statek kosmiczny

spacious /spei-szes/ przestronny

spade /speid/ 1. łopata 2. łopatka

spades /speidz/ piki

Spain /spein/ Hiszpania

span /speen/ 1. rozpiętość 2. odcinek czasu 3. → spin

spangle /speenn-gl/ 1. błyskotka 2. świecidełko

spaniel /spee-nyjel/ spaniel

Spanish /spee-nysz/ hiszpański

spank /speennk/ 1. dawać klapsa 2. klaps

spanking /spenn-kynn/ lanie

spanner /spee-ne/ klucz do nakrętek

spar /spaa/ 1. wykonywać ruchy bokserskie 2. przekamarzać się 3. pal 4. drzewce

spare /spee/ zapasowy

spark /spark/ iskra

sparkle /spaa-kl/ 1. skrzyć się 2. rzucać ognie 3. musować 4. iskierka 5. błysk 6. ognie

sparkling /spar-klynn/ musujący

sparrow /spee-reł/ wróbel

sparse /spaas/ 1. rzadki 2. rzadko rozsiany

spasm /spee-zm/ 1. spazm 2. skurcz

spasmodic /speez-mo-dyk/ spazmatyczny

spastic /spee-styk/ 1. kurczowy 2. spastyczny

spat → spit

spate /speit/ 1. nagły przypływ 2. wezbranie wód

spatial /spei-szl/ przestrzenny

spatter /spee-te/ 1. opryskiwać 2. bryzgać 3. kapać 4. ulewa 5. grac

spatula /spee-tjule/ 1. szpatułka 2. szpachla

spawn /spoon/ 1. składać ikrę 2. mnożyć się 3. płodzić 4. ikra 5. skrzek

speak /spik/ 1. przemawiać 2. mówić

speaker /spi-ke/ 1. mówca 2. spiker 3. głośnik

spear /spyje/ 1. przebijać włócznia 2. włócznia 3. kopia

spearmint /spyje-mynt/ mięta zielona

special /spe-szl/ 1. szczególny 2. specjalny

specialist /spe-szlyst/ specjalista

speciality /speszy-ee-lety/ specjalność

specialize /spe-szlaiz/ 1. przeznaczać do specjalnego celu 2. specjalizować się

specialization /spe-szlai-zei-szr specjalizacja

specially /spe-szly/ szczególnie

species /spi-sziz/ 1. gatunek 2. rodzaj

specific /spe-sy-fyk/ 1. określon 2. specyficzny

specification /spe-syfy-kei-szn/ 1 sprecyzowanie 2. wykaz 3. wy szczególnienie

specify /spe-syfai/ wyszczególnia

specimen /spe-sy-men/ 1. przy kład 2. wzór 3. próba

specious /spi-szes/ pozorni słuszny lub prawdziwy

speck /spek/ 1. plamka 2. punkci

3. pyłek
speckle /spe-kl/ 1. plamka 2. cęt-ka
spectacle /spek-tekl/ 1. widowisko 2. spektakl
spectacles /spek-teklz/ okulary
spectacular /spek-tee-kjule/ 1. widowiskowy 2. popisowy 3. efektowny
spectator /spek-tei-te/ widz
spectre /spek-te/ widmo
spectrum /spek-trem/ widmo
speculate /spe-kju-leit/ 1. rozważać 2. spekulować
speculation /spe-kju-lei-szn/ 1. rozmyślanie 2. spekulacja
speculative /spe-kju-letyw/ 1. spekulatywny 2. spekulacyjny
sped → speed
speech /spicz/ 1. mowa 2. przemówienie
speechless /spicz-les/ 1. niemy 2. oniemiały 3. niewymowny
speed /spid/ 1. pędzić 2. mknąć 3. szybkość 4. prędkość
speed-boat /spid-bełt/ ślizgacz
speeding /spi-dynn/ nadmiernie szybka jazda
speed limit /spid-ly-myt/ 1. maksymalna szybkość 2. ograniczenie szybkości
speedometer /spi-do-mite/ szybkościomierz
speedway /spid-łei/ wyścigi na żużlu
spell /spel/ 1. zaklęcie 2. urok 3. pisać 4. literować
spelling /spe-lynn/ pisownia
spelt → spell
spend /spend/ 1. spędzać 2. wydawać
spent → spend
sperm /spem/ 1. sperma 2. nasie-

nie
sphere /sfyje/ 1. sfera 2. kula
spherical /sfe-rykl/ 1. kulisty 2. sferyczny
spheroid /sfyje-roid/ sferoida
spice /spais/ przyprawa
spicy /spai-sy/ pikantny
spider /spai-de/ pająk
spigot /spy-get/ 1. czop 2. kurek beczki
spike /spaik/ 1. najeżać kolcami 2. przebijać ostrzem 3. kolec 4. ostrze 5. szpic
spiky /spai-ky/ 1. kolczasty 2. najeżony kolcami
spill /spyl/ 1. rozlewać 2. rozsypywać
spilt → spill
spin /spyn/ 1. wirowanie 2. przejażdżka 3. obrót 4. prząść 5. obracać (się) 6. odwirowywać
spinach /spy-nydż/ szpinak
spine /spain/ kręgosłup
spinnaker /spy-neke/ 1. spinaker 2. żagiel
spinning-wheel /spy-nynn-łil/ kołowrotek
spinster /spyn-ste/ 1. kobieta niezamężna 2. stara panna
spiral /spa-yjerel/ 1. spirala 2. ruch spiralny 3. spiralny
spire /spa-yje/ 1. strzeliste zakończenie wieży 2. iglica
spirit /spy-ryt/ 1. duch 2. nastrój 3. istota
spirits /spy-ryts/ napój alkoholowy
spiritual /spy-ry-czuel/ duchowy
spiritualism /spy-ry-czu-lyzm/ 1. spirytyzm 2. spirytualizm
spirt /spet/ 1. tryskać 2. sikać 3. strumień
spit /spyt/ pluć
spite /spait/ 1. robić na złość 2. do-

kuczać 3. złośliwość
spiteful /spait-fl/ złośliwy
spittle /spy-tl/ ślina
splash /spleesz/ 1. chlapać 2. plusk
splay /splei/ 1. wykręcać 2. zwichnąć 3. ukośnie ścięty
spleen /splin/ śledziona
splendid /splen-dyd/ świetny
splendour /splen-de/ przepych
splice /splais/ 1. splatać 2. łączyć 3. kojarzyć 4. splot
splint /splynt/ 1. szyna 2. łubki
splinter /splyn-te/ 1. rozszczepiać 2. rozłupywać 3. odłamek 4. drzazga
split /splyt/ 1. rozdzielać 2. rozłupać
splutter /spla-te/ 1. mówić niewyraźnie 2. bełkotać 3. bełkot
spoil /spoil/ 1. psuć 2. marnować
spoke → speak
spoken → speak
spokesman /spełks-men/ rzecznik
sponge /spandż/ gąbka
spongy /span-dży/ 1. gąbczasty 2. porowaty
sponsor /spon-se/ 1. sponsorować 2. sponsor
spontaneous /spon-tei-nes/ spontaniczny
spook /spuuk/ 1. duch 2. zjawa
spooky /spuu-ky/ 1. upiorny 2. nawiedzony przez duchy
spool /spuul/ szpulka
spoon /spuun/ łyżka
sporadic /spe-ree-dyk/ 1. sporadyczny 2. rzadki
spore /spoo/ 1. spora 2. zarodnik
sport /spoot/ 1. sport 2. zabawa 3. sportowy
sporting /spoo-tynn/ 1. rozmiłowany w sportach 2. sportowy

sportscar /spoots-kaa/ samochód wyścigowy
sportsman /spoots-men/ sportowiec
spot /spot/ 1. miejsce 2. kropka 3. plama
spotless /spot-les/ 1. nieskazitelny 2. bez skazy
spotty /spo-ty/ 1. cętkowany 2. nakrapiany 3. krostowaty 4. nierówny 5. nieregularny
spotlight /spot-lait/ reflektor
spotted /spo-tyd/ w kropki
spouse /spałz/ współmałżonek
spout /spałt/ 1. chlusnąć 2. siknąć 3. recytować 4. rura spustowa 5. dzióbek dzbanka
sprain /sprein/ 1. zwichnąć 2. zwichnięcie
sprang → spring
sprat /spreet/ 1. szprot 2. szprotka
sprawl /sprool/ 1. rozwalać się 2. leżeć rozwalonym 3. rozrastać się
spray /sprei/ 1. spray 2. aerozol 3. gałązka 4. rozpryskiwać
spray-gun /sprei-gan/ spryskiwacz
spread /spred/ 1. zasięg 2. rozpiętość 3. rozprzestrzenianie się 5. rozkładać 6. rozchodzić się
spree /spri/ hulanka
sprig /spryg/ 1. gałązka 2. latorośl
spring /sprynn/ 1. zerwać się 2. wiosna 3. sprężyna
sprinkle /sprynn-kl/ opryskać
sprint /sprynt/ 1. biec krótki dystans na pełnej szybkości 2. sprint 3. krótki bieg
sprite /sprait/ 1. elf 2. krasnoludek
sprout /sprałt/ 1. kiełkować 2. wyrastać 3. wypuszczać pędy 4. odrośl
spruce /spruus/ świerk
sprung → spring

spry /sprai/ 1. rześki 2. żwawy

spue /spjuu/ 1. wymiotować 2. zwymiotować się

spume /spjuum/ piana

spun → spin

spunk /spannk/ odwaga

spur /sper/ ostroga

spurious /spjue-ryjes/ 1. podrobiony 2. fałszywy 3. udawany 4. symulowany

spurn /spen/ 1. odtrącać 2. odrzucać 3. wzgardzać

spurt /spet/ 1. tryskać 2. sikać 3. strumień

sputter /spa-te/ 1. mówić niewyraźnie 2. bełkotać 3. skwierczeć

sputum /spjuu-tem/ plwocina

spy /spai/ 1. szpiegować 2. szpieg

squabble /skło-bl/ 1. sprzeczać się 2. sprzeczka

squadron /skło-drn/ 1. eskadra 2. szwadron

squalid /skło-lyd/ 1. brudny 2. nędzny 3. plugawy

squall /skłool/ 1. wrzeszczeć 2. wydzierać się 3. wrzask 4. szkwał 5. nawałnica

squalor /skło-le/ 1. brud 2. nędza 3. plugastwo

squander /skłon-de/ roztrwaniać

square /skłer/ 1. kwadrat 2. plac 3. kwadratowy

squash /skłosz/ 1. zgniatać 2. rozgniatać 3. tłoczyć się 4. tłumić 5. miazga 6. napój z soku 7. tłok

squat /skłot/ kucać

squaw /skłoo/ Indianka

squawk /skłook/ 1. skrzeczeć 2. gęgać 3. kwakać 4. skrzek 5. gęganie 6. kwakanie

sqeak /skłik/ 1. piszczeć 2. kwiczeć 3. donosić 4. wsypywać 5. pisk 6. kwik

squeal /skłil/ 1. pisk 2. skrzyp

squeamish /skłi-mysz/ 1. delikatny 2. wrażliwy 3. wybredny

squeeze /skłiz/ 1. ściskać 2. zgniatać

squelch /skłelcz/ 1. chlupać 2. chlupanie 3. chlupot

squid /skłyd/ kałamarnica

squiggle /skły-gl/ 1. bazgroł 2. gryzmoł

squint /skłynt/ zez

squire /skła-yje/ 1. giermek 2. dziedzic 3. właściciel ziemski

squirrel /skłi-rl/ wiewiórka

squirt /skłet/ 1. puszczać strugę 2. tryskać 3. sikać 4. struga płynu 5. strzykawka

stab /steeb/ 1. pchnąć nożem 2. zasztyletować

stabber /stee-be/ 1. morderca 2. zamachowiec

stabilization /stei-be-lai-zei-szn/ stabilizacja

stabilize /stei-be-laiz/ stabilizować

stable /stei-bl/ 1. stajnia 2. obora 3. stabilny

stack /steek/ 1. stóg 2. stos

stadium /stei-dyjem/ stadion

staff /staaf/ 1. personel 2. sztab

stag /steeg/ jeleń

stage /steidż/ 1. scena 2. etap 3. podium

stage-coach /steidż-kełcz/ dyliżans

stagger /stee-ge/ zataczać się

stagnant /stee-gnent/ 1. stojący 2. będący w zastoju 3. ospały

stagnate /steeg-neit/ 1. stać 2. nie płynąć 3. być w zastoju 4. być ospałym

stagnation /steeg-nei-szn/ 1. zastój 2. stagnacja

staid /steid/ 1. stateczny 2. poważ-

ny 3. zrównoważony
stain /stein/ 1. plama 2. plamić
stainless /stein-les/ nierdzewny
stair /stee/ 1. schodek 2. stopień
staircase /steer-keis/ klatka schodowa
stairway /stee-łei/ 1. schody 2. klatka schodowa
stake /steik/ 1. stawka 2. udział 3. słup
stalactite /stee-lek-tait/ stalaktyt
stalagmite /stee-leg-mait/ stalagmit
stale /steil/ czerstwy
stalemate /steil-meit/ 1. doprowadzać do pata 2. martwy punkt
stalk /stook/ łodyga
stall /stool/ 1. ugrząść 2. utknąć 3. tracić szybkość 4. zgasnąć 5. przegroda w stajni 6. stragan 7. kram
stallion /stce-lyjen/ ogier
stalwart /stool-łet/ 1. silny 2. rosły 3. stały 4. zdecydowany
stamen /stei-men/ pręcik
stamina /stee-myne/ 1. siły życiowe 2. wigor 3. wytrzymałość
stammer /stee-me/ 1. jąkać się 2. jąkanie
stamp /steemp/ 1. pieczętować 2. pieczątka 3. znaczek
stampede /steem-pid/ 1. ulegać panice 2. siać panikę w tłumie 3. panika 4. popłoch
stance /steens/ pozycja przy uderzaniu piłki
stand /steend/ 1. stoisko 2. budka 3. stojak 4. stać 5. wstawać 6. stawiać
  stand aside trzymać się na uboczu
  stand back 1. cofnąć się 2. stać z dala od

stand by 1. być w gotowości 2. podtrzymywać
stand down 1. odchodzić na swoje miejsce 2. wycofywać się
stand for reprezentować
stand in zastepować kogoś
stand off 1. trzymać się na uboczu 2. odchodzić
stand out 1. trwać w oporze 2. wyróżniać się
stand over 1. nadzorować 2. bacznie oglądać
stand up 1. powstawać z miejsca 2. podnosić się 3. stawać w obronie 4. stawiać czoło 5. nie ustępować
standard /steen-ded/ 1. norma 2. standard 3. standardowy
standardize /steen-de-daiz/ 1. standaryzować 2. ujednolicać
standing /steen-dynn/ 1. czas trwania 2. pozycja społeczna 3. reputacja 4. stojący 5. stały 6. obowiązujący 7. bieżący
stank → stink
staple /stei-pl/ 1. klamra 2. skobel 3. główny artykuł handlu 4. surowiec 5. włókno 6. podstawowy
stapler /stei-ple/ zszywacz
star /star/ gwiazda
starboard /staa-bood/ 1. sterburta 2. prawa burta
starch /starcz/ krochmal
stardom /staa-dem/ gwiazdorstwo
star-fish /staa-fysz/ rozgwiazda
stare /stee/ 1. gapić się 2. wytrzeszczać oczy 3. obrzucać surowym spojrzeniem
stark /staak/ 1. sztywny 2. zupełny 3. kompletnie
starlet /staa-let/ 1. młoda aktorka 2. gwiazdka
starling /star-lynn/ szpak

start /start/ 1. zaczynać 2. starto-
wać 3. uruchamiać 4. początek 5.
start

starter /<u>star</u>-te/ 1. rozrusznik 2.
starter

starting-point /<u>staa</u>-tynn-point/
punkt wyjściowy

startle /<u>staa</u>-tl/ 1. zaskakiwać 2.
przerażać 3. przestraszyć się

starve /starw/ głodować

starvation /staa-<u>wei</u>-szn/ 1. głód 2.
przymieranie głodem

state /steit/ 1. oświadczać 2. stan
3. państwowy

statement /<u>steit</u>-ment/ 1. oświadczenie 2. zeznanie

static /<u>stee</u>-tyk/ 1. statyczny 2. nieruchomy

station /<u>stei</u>-szn/ 1. stacja 2. dworzec 3. posterunek

stationery /<u>stei</u>-sznry/ artykuły piśmienne

statistics /ste-<u>tys</u>-tyks/ statystyka

statistical /ste-<u>tys</u>-tykl/ staty-
styczny

statistician /ste-ty-<u>sty</u>-szn/ staty-
styk

statue /<u>stee</u>-tju/ 1. statua 2. posąg

statuette /stee-tju-<u>et</u>/ 1. statuetka
2. posążek

status /<u>stei</u>-tes/ 1. stan społeczny
2. położenie 3. sytuacja 4. status

statute /<u>stee</u>-tjuut/ 1. ustawa 2.
prawo 3. nakaz 4. regulamin 5. sta-
tut

statutory /<u>stee</u>-tju-tery/ 1. ustawo-
wy 2. statutowy

staunch /stooncz/ 1. tamować
krew 2. tamponować 3. wierny 4.
oddany

stave /steiw/ 1. zbijać beczkę 2.
niszczyć 3. robić dziurę 4. klepka
5. stanca 6. pięciolinia

stay /stei/ 1. przebywać 2. zostawać 3. pobyt

steadfast /<u>sted</u>-faast/ 1. mocny 2.
solidny 3. pewny 4. wytrwały

steady /<u>ste</u>-dy/ 1. trwały 2. solidny
3. równomierny

steak /steik/ stek

steal /stil/ kraść

steam /stim/ 1. para 2. parować

steamboat /<u>stim</u>-bełt/ 1. statek parowy 2. parowiec

steam-heat /stim-<u>hit</u>/ ciepło wytwo-
rzone przez parę

steamship /<u>stim</u>-szyp/ parowiec

steamy /<u>sti</u>-my/ 1. napełniony parą
2. pokryty parą 3. spotniały

steel /stil/ 1. stal 2. stalowy

steel-works /<u>stil</u>-łeks/ 1. stalownia
2. huta stali

steep /stip/ 1. stromy 2. gwałtowny

steeple /<u>sti</u>-pl/ strzelista wieża

steer /styje/ sterować

steering wheel /<u>styje</u>-rynn-<u>lil</u>/ kierownica

stellar /<u>ste</u>-le/ gwiezdny

stem /stem/ 1. pochodzić 2. wywodzić się 3. tamować 4. powstrzymywać 5. przeciwstawiać się 6.
pień 7. łodyga

stench /stencz/ smród

stencil /<u>sten</u>-sl/ 1. znaczyć przez
szablon 2. szablon 3. matryca

step /step/ 1. kroczyć 2. krok 3.
stopień

stepbrother /<u>step</u>-bra-dhe/ brat
przyrodni

stepchild /<u>step</u>-czaild/ pasierb

stepdaughter /<u>step</u>-doo-te/ pasierbica

stepfather /<u>step</u>-faadhe/ ojczym

step-ladder /<u>step</u>-lee-de/ drabina
składana

stepmother /<u>step</u>-madhe/ maco-

cha
stepsister /step-sys-te/ siostra
przyrodnia
stepson /step-san/ pasierb
stereo /ste-ryjeł/ zestaw stereofoniczny
stereophonic /steryje-fo-nyk/ stereofoniczny
stereotype /ste-ryjetaip/ stereotyp
sterile /ste-rail/ 1. jałowy 2. wyjało-
wiony 3. wysterylizowany 4. steryl-
ny 5. bezpłodny
sterilization /sterelai-zej-szn/ 1.
sterylizacja 2. wyjałowienie
sterilize /ste-relaiz/ wyjaławiać
sterling /ste-lynn/ 1. pieniądz peł-
nowartościowy 2. czysta moneta
3. waluta brytyjska 4. solidny 5.
rzetelny 6. wartościowy 7. niezawodny
stern /sten/ 1. rufa 2. surowy 3.
srogi
sternum /ste-nem/ mostek
stethoscope /ste-fheskełp/ 1. ste-
toskop 2. słuchawka lekarska
stetson /ste-tsen/ kapelusz męski
z opuszczonym brzegiem
stevedore /sti-wedoo/ tragarz
okrętowy
stew /stju/ gulasz
steward /stju-ed/ steward
stewardess /stjue-des/ stewardessa
stick /styk/ 1. kij 2. patyk 3. laska
4. przyklejać 5. kleić się 6. tkwić
stick to 1. być wiernym 2. pozostawać zdecydowanym 3. trzymać
się rzeczy raz ustalonej
stick with 1. pozostawać lojalnym
2. niezmiennie popierać
sticker /sty-ke/ 1. nalepka 2. na-
klejka
stick-in-the-mud /styk-yn-dhe-

mad/ osoba konserwatywna (upar-
ta)
stickler /sty-kle/ pedant
sticky /sty-ky/ 1. lepki 2. kleisty
stiff /styf/ sztywny
stiffen /sty-fn/ 1. usztywniać 2.
sztywnieć
stiffness /sty-fnes/ sztywność
stifle /stai-fl/ 1. dusić się 2. dławić
3. tłumić
stigma /sty-gme/ piętno
stile /stail/ przełaz
still /styl/ 1. nieruchomy 2. jeszcze
3. nadal 4. ciągle
still-birth /styl-befh/ poronione
dziecko lub płód
stilt /stylt/ szczudło
stilted /styl-tyd/ 1. nienaturalny 2.
sztuczny
stimulant /sty-mjulent/ 1. środek
pobudzający 2. bodziec 3. pobudzający
stimulate /sty-mjuleit/ pobudzać
stimulus /sty-mjules/ 1. bodziec 2.
zachęta
sting /stynn/ 1. ukąszenie 2.
użądlenie 3. żądło 4. żądlić
stingy /styn-dży/ skąpy
stink /stynnk/ 1. smród 2. śmierdzieć
stint /stynt/ 1. ograniczać 2. ograniczenie 3. wyznaczona norma
stipple /sty-pl/ 1. punktować 2.
kropkować
stipulate /sty-pju-leit/ 1. zażądać 2.
zastrzegać 3. wymagać
stir /ster/ 1. poruszenie 2. mieszać
stirring /ste-rynn/ 1. wzruszający
2. emocjonujący
stirrup /sty-rep/ 1. strzemię 2.
strzemiączko w uchu
stitch /stycz/ 1. szew 2. ścieg
stoat /stełt/ gronostaj

stock /stok/ 1. zapas 2. inwentarz 3. akcje 4. mieć na składzie

stockade /sto-keid/ 1. palisada 2. ostrokół

stockbroker /stok-breł-ke/ makler giełdowy

stockcar /stok-kaa/ wagon bydlęcy

stockholder /stok-heulde/ akcjonariusz

stocking /sto-kynn/ pończocha

stockyard /stok-jaad/ ogrodzenie na bydło

stocky /sto-ky/ krępy

stodge /stodż/ 1. ciężko strawna potrawa 2. obfity posiłek 3. wyżerka

stoic /stoł-yk/ stoik

stoicism /stoł-ysyzm/ stoicyzm

stoke /stełk/ palić w piecu lub lokomotywie

stole → steal

stolen /steu-ln/ 1. ukradziony 2. → steal

stomach /sta-mek/ żołądek

stomp /stomp/ 1. mocno tupać nogami 2. deptać z całej siły

stone /stełn/ 1. kamień 2. pestka 3. kamienny

stonemason /stełn-mei-sn/ kamieniarz

stoneware /stełn-łee/ wyroby kamionkowe

stonework /stełn-łek/ 1. kamieniarstwo 2. pracownia kamieniarska

stony /steł-ny/ 1. kamienisty 2. kamienny

stood → stand

stool /stuul/ 1. stołek 2. taboret

stop /stop/ 1. przystanek 2. kropka 3. stop 4. postój 5. zatrzymywać (się) 6. powstrzymywać (się) 7. ustawać

stopcock /stop-kok/ kurek zamykający

stoppage /sto-pydż/ 1. zatrzymanie 2. zawieszenie płatności 3. wstrzymywanie urlopów

stopper /sto-pe/ 1. korek 2. zatyczka

stop-press /stop-pres/ wiadomości z ostatniej chwili

stopwatch /stop-łocz/ stoper

storage /stoo-rydż/ 1. magazynowanie 2. skład

store /stoo/ 1. magazynować 2. sklep 3. magazyn

storey /stoo-ry/ piętro

stork /stook/ bocian

storm /stoom/ 1. burza 2. sztorm

storm-lantern /stoom-leen-ten/ latarnia osłaniająca światło przed wiatrem

stormy /stoo-my/ 1. burzowy 2. wzburzony 3. burzliwy

story /stoo-ry/ 1. opowiadanie 2. historia 3. bajka

stout /stałt/ 1. dzielny 2. silny 3. otyły

stove /stełw/ piec

stow /steł/ 1. pakować 2. ładować na statek

straddle /stree-dl/ 1. stać z rozkraczonymi nogami 2. siedzieć okrakiem

straggle /stree-gl/ 1. rozchodzić się 2. być porozrzucanym

straight /streit/ 1. prosty 2. szczery

straighten /strei-tn/ prostować

strain /strein/ naciągać

strainer /strei-ne/ sitko

strait /streit/ 1. cieśnina 2. kłopoty pieniężne

strait-jacket /streit-dżee-kyt/ kaftan bezpieczeństwa

strand /streend/ 1. osiadać na mieliźnie 2. piaszczysty brzeg 3. skręt 4. zwitek 5. pasmo 7. nitka

strange /streindż/ 1. obcy 2. dziwny

stranger /strein-dże/ 1. nieznajomy 2. przyjezdny 3. obcy

strangle /streen-gl/ dusić

strap /streep/ 1. ramiączko 2. pasek

stratagem /stree-te-dżem/ 1. podstęp 2. fortel

strategic /stre-ti-dżyk/ strategiczny

strategy /stree-te-dży/ strategia

stratify /stree-ty-fai/ uwarstwiać (się)

stratosphere /stree-tes-fyje/ stratosfera

stratum /straa-tem/ 1. warstwa geologiczna 2. warstwa społeczna

straw /stroo/ słomka

strawberry /stroo-be-ry/ truskawka

streak /strik/ 1. rysować 2. pokrywać pasami 3. pasek 4. smuga 5. okres

stream /strim/ 1. strumień 2. potok 3. prąd

streamline /strim-lain/ usprawniać

street /strit/ ulica

streetcar /strit-kar/ tramwaj

strength /strennfh/ 1. siła 2. moc 3. wytrzymałość

strengthen /strenn-fhn/ wzmacniać

strenuous /stre-njues/ 1. pracowity 2. męczący 3. żmudny 4. wytężony

stress /stres/ 1. nacisk 2. stres 3. akcent

stretch /strecz/ 1. rozciągać 2. napinać

stretcher /stre-cze/ nosze

strew /struu/ 1. posypywać 2. rozrzucać

stricken /stry-kn/ 1. dotknięty chorobą 2. nawiedzony

strict /strykt/ 1. ścisły 2. surowy

stride /straid/ 1. kroczyć 2. iść dużymi krokami 3. przekraczać 4. duży krok

strife /straif/ 1. konflikt 2. walka

strike /straik/ 1. strajk 2. uderzenie 3. uderzać 4. strajkować 5. atakować

striker /strai-ke/ 1. pracownik strajkujący 2. napastnik

striking /strai-kynn/ 1. uderzający 2. zastanawiający 3. zdumiewający

string /strynn/ 1. sznurek 2. struna

stringent /stryn-dżent/ 1. surowy 2. ciasny

strip /stryp/ 1. pasek 2. pas 3. rozbierać (się)

striped /straipt/ w paski

stripper /stry-pe/ striptizerka

strip-tease /stryp-tiz/ striptiz

strode → stride

stroke /strełk/ 1. wylew krwi 2. porażenie 3. uderzenie

stroll /streul/ przechadzać się

strong /stronn/ 1. mocny 2. silny

stronghold /stronn-heuld/ 1. forteca 2. cytadela 3. twierdza

strong-room /stronn-rum/ skarbiec

strove → strive

struck → strike

structural /strak-cze-rel/ 1. strukturalny 2. budowlany

structure /strak-cze/ 1. struktura 2. konstrukcja

struggle /stra-gl/ walczyć

strum /stram/ brzdąkać na gitarze

strung → string

strut /strat/ 1. dumnie stąpać 2. wyniosły chód

strychnine /stry-knin/ strychnina

stub /stab/ 1. niedopałek 2. odcinek

stubble /sta-bl/ 1. cierń 2. kilkudniowy zarost 3. broda 4. szczecina

stubborn /sta-bn/ uparty

stubby /sta-by/ 1. krępy 2. krótki i gruby

stuck → stick

stud /stad/ 1. nabijać gwoździami 2. siać 3. być rozsianym 4. gwóźdź 5. spinka 6. stadnina

student /stju-dnt/ 1. student 2. uczeń

studio /stju-dyjeł/ 1. pracownia 2. studio

study /sta-dy/ 1. nauka 2. gabinet 3. studiować 4. uczyć się 5. badać

stuff /staf/ 1. rzeczy 2. wypychać 3. faszerować

stuffed /staft/ nadziewany

stuffy /sta-fy/ 1. nie wietrzony 2. duszny 3. zły 4. nadąsany 5. nudny

stultify /stal-ty-fai/ 1. udaremniać 2. ośmieszać

stumble /stam-bl/ potykać się

stump /stamp/ 1. chodzić na sztywnych nogach 2. wytrącać z gry 3. pniak 4. kikut 5. resztka

stumpy /stam-py/ 1. krępy 2. krótki i gruby

stun /stan/ 1. ogłuszać 2. oszołamiać

stung → sting

stunk → stink

stunt /stant/ 1. zahamować rozwój 2. wyczyn 3. sztuka 4. figura akrobatyczna

stunt-man /stant-men/ kaskader

stupefy /stjuu-py-fai/ 1. zdumiewać 2. oszałamiać 3. ogłupiać 4. otępiać

stupendous /stjuu-pen-des/ 1. zdumiewający 2. niesłychany

stupid /stju-pyd/ głupi

stupidity /stjuu-py-dety/ głupota

stupor /stjuu-pe/ 1. odrętwienie 2. otępienie

sturdy /ste-dy/ 1. silny 2. mocny 3. zdecydowany

stutter /sta-te/ 1. jąkać się 2. jąkanie się

sty /stai/ 1. jęczmień oka 2. chlew

style /stail/ 1. styl 2. szyk 3. fason

stylist /stai-lyst/ stylista

stylistic /stai-ly-styk/ stylistyczny

stylize /stai-laiz/ stylizować

stylus /stai-les/ igła gramofonowa

suave /słaaw/ 1. łagodny 2. uprzejmy

sub-committee /sab-ke-myty/ podkomisja

subconscious /sab-kon-szes/ podświadomy

subcontinent /sab-kon-ty-nent/ subkontynent

subcontractor /sab-ken-tree-kte/ subkontrahent

subcutaneous /sab-kju-tei-nyjes/ podskórny

subdivide /sab-dy-waid/ dzielić na mniejsze części

subdivision /sab-dy-wy-żn/ poddział

subdue /seb-dju/ 1. poskramiać 2. ujarzmiać

subhuman /sab-hjuu-men/ 1. poniżej poziomu człowieka 2. antropoidalny

subject /sab-dżykt/ 1. temat 2.

przedmiot 3. podmiot

subject /sab-dżekt/ podlegać

subjective /seb-dże-ktyw/ 1. subiektywny 2. podmiotowy

subjugate /sab-dżu-geit/ 1. podbijać 2. ujarzmiać

sublease /sab-lis/ 1. podnajem 2. podnajmować

sublet /sab-let/ podnajmować

sublimate /sab-ly-meit/ 1. sublimować 2. idealizować

sublime /se-blaim/ 1. rzeczy wzniosłe 2. wzniosły 3. majestatyczny 4. najwyższy

subliminal /sab-ly-mynl/ podświadomy

submarine /sabme-rin/ okręt podwodny

submerge /seb-medż/ 1. zanurzać 2. zatapiać 3. zalewać 4. zanurzać się

submission /seb-my-szn/ uległość

submit /seb-myt/ przedkładać

subnormal /sab-noo-ml/ 1. będący niżej przeciętnej normy 2. cofnięty w rozwoju umysłowym

subordinate /se-boo-dy-net/ 1. podrzędny 2. podległy

subscribe /seb-skraib/ prenumerować

subscription /seb-skryp-szn/ 1. prenumerata 2. abonament

subsequent /sab-sy-kłent/ 1. dalszy 2. późniejszy

subsequently /sab-sy-kłen-tly/ 1. następnie 2. później

subservient /seb-se-wyjent/ 1. służalczy 2. podległy

subside /seb-said/ 1. opadać 2. ubywać 3. osuwać się 4. osiadać 5. uciszać się 6. ustawać

subsidiary /seb-sy-dyje-ry/ 1. pomocniczy 2. uzupełniający 3. do-

datkowy

subsidize /sab-sydaiz/ subwencjonować

subsidy /sab-sedy/ 1. danina 2. subwencja

subsist /seb-syst/ 1. istnieć 2. egzystować 3. żyć

subsoil /sab-soil/ podglebie

substance /sab-stens/ 1. istota 2. sens

substantial /seb-steen-szl/ zasadniczy

substitute /sab-sty-tjut/ 1. zastępować 2. zastępca 3. namiastka

substitution /sab-sty-tjuu-szn/ 1. zastępowanie 2. zastępstwo

substructure /sab-stra-kcze/ 1. podłoże 2. fundament

subsume /seb-sjuum/ 1. podciągać pod daną klasę 2. zaliczać do danej klasy

subterfuge /sab-te-fjuudż/ 1. wybieg 2. podstęp

subterranean /sab-te-rei-nyjen/ podziemny

subtitle /sab-tai-tl/ 1. podtytuł 2. napisy na filmie obcojęzycznym

subtle /sa-tl/ subtelny

subtract /seb-treekt/ odejmować

subtraction /seb-tree-kszn/ odejmowanie

subtropical /sab-tro-pykl/ podzwrotnikowy

suburb /sa-berb/ przedmieście

suburban /se-be-bn/ 1. podmiejski 2. przedmiejski

subversion /seb-we-szn/ 1. obalenie 2. przewrót

subway /sab-łei/ 1. metro 2. przejście podziemne

succeed /sek-sid/ 1. powieść się 2. następować

success /sek-ses/ 1. powodzenie

2. sukces

successful /sek-<u>ses</u>-fl/ 1. pomyślny 2. udany

succession /sek-<u>se</u>-szn/ 1. następstwo 2. kolejność 3. szereg 4. sukcesja 5. dziedzictwo 6. spadek

successive /sek-<u>se</u>-syw/ kolejny

successor /sek-<u>se</u>-se/ 1. następca 2. dziedzic 3. sukcesor 4. spadkobierca

succint /sek-<u>synn</u>-kt/ 1. zwięzły 2. treściwy

succour /<u>sa</u>-ke/ 1. wspomagać 2. przychodzić z pomocą 3. pomoc

succulent /<u>sa</u>-kju-lent/ 1. soczysty 2. mięsisty 3. gruby

succumb /se-<u>kam</u>/ 1. ulegać 2. poddawać się

such /sacz/ taki

suck /sak/ ssać

sucker /<u>sa</u>-ke/ frajer

suckle /<u>sa</u>-kl/ karmić piersią

suction /<u>sak</u>-szn/ 1. ssanie 2. wysysanie

sudden /<u>sa</u>-dn/ 1. nagły 2. raptowny 3. nieoczekiwany 4. niespodziewany

suddenly /<u>sa</u>-dnly/ nagle

suds /sadz/ mydliny

sue /suu/ 1. zaskarżać 2. procesować się

suede /słeid/ 1. zamsz 2. zamszowy

suet /<u>suu</u>-yt/ 1. łój 2. tłuszcz

suffer /<u>sa</u>-fe/ 1. cierpieć 2. chorować

suffering /<u>sa</u>-fe-rynn/ 1. cierpienie 2. ból

sufferance /<u>sa</u>-frens/ 1. cicha zgoda 2. tolerowanie

suffice /se-<u>fais</u>/ wystarczać

sufficiency /se-<u>fy</u>-sznsy/ 1. dostateczny zapas 2. wystarczająca ilość

sufficient /se-<u>fy</u>-sznt/ 1. wystarczający 2. dostateczny

suffix /<u>sa</u>-fyks/ przyrostek

suffocate /<u>sa</u>-fekeit/ 1. dusić 2. udusić 3. dusić się 4. udusić się 5. zadusić się

sugar /<u>szu</u>-ge/ cukier

sugar-bowl /<u>szuge</u>-beul/ cukiernica

suggest /se-<u>dżest</u>/ 1. proponować 2. sugerować

suggestion /se-<u>dżes</u>-czn/ 1. wskazówka 2. sugestia 3. propozycja

suggestive /se-<u>dże</u>-styw/ 1. nasuwający myśl 2. przypominający 3. dwuznaczny

suicidal /sui-<u>sai</u>-dl/ samobójczy

suicide /<u>sui</u> said/ samobójstwo

suit /suut/ 1. garnitur 2. ubranie 3. kostium 4. proces

suitable /<u>suu</u>-tebl/ stosowny

suitcase /<u>suut</u>-keis/ walizka

suite /słit/ 1. pomieszczenie biurowe 2. apartament

suitor /<u>suu</u>-te/ 1. petent 2. konkurent o rękę kobiety

sulk /salk/ 1. dąsać się 2. być posępnym

sullen /<u>sa</u>-ln/ 1. ponury 2. posępny 3. będący w złym humorze

sulphur /<u>sal</u>-fe/ siarka

sultan /<u>sal</u>-tn/ sułtan

sultry /<u>sal</u>-try/ 1. parny 2. duszny 3. gorący 4. gwałtowny 5. namiętny

sum /sam/ 1. suma 2. obliczenie 3. kwota 4. podsumowywać

summarize /<u>sa</u>-me-raiz/ streszczać

summary /<u>sa</u>-mery/ streszczenie

summer /<u>sa</u>-me/ 1. lato 2. letni

summit /<u>sa</u>-myt/ 1. szczyt 2. wierz-

chołek
summon /sa-men/ 1. wzywać 2. zwoływać 3. zebrać siły
summons /sa-menz/ wezwanie urzędowe
sun /san/ słońce
sunbathe /san-beidh/ opalać się
sunbeam /san-bim/ promień słońca
sunburn /san-ben/ opalenizna
Sunday /san-dy/ niedziela
sundial /san-da-yjel/ zegar słoneczny
sunflower /san-flałe/ słonecznik
sung → sing
sun-glasses /san-glaasyz/ okulary słoneczne
sunk → sink
sunken → sink
sunny /sa-ny/ 1. słoneczny 2. pogodny
sunrise /san raiz/ wschód słońca
sunset /san-set/ zachód słońca
sunshade /san-szeid/ 1. parasolka od słońca 2. parasol na tarasie
sunshine /san-szain/ światło słoneczne
sunstroke /san-strełk/ porażenie słoneczne
suntan /san-teen/ opalenizna
sup /sap/ 1. pić małymi łykami 2. łyk
super /suu-pe/ 1. wspaniały 2. pierwszorzędny 3. wyborny
superannuate /suu-per-ee-nju-eit/ przenosić pracownika na rentę lub emeryturę
superb /suu-peb/ 1. wspaniały 2. znakomity 3. przepiękny
supercilious /suu-pe-sy-lyjes/ 1. dumny 2. wyniosły
superficial /suu-pe-fy-szl/ powierzchowny

superfluous /suu-per-flues/ zbędny
superhuman /suu-pe-hjuu-men/ nadludzki
superimpose /suu-per-ym-pełz/ nakładać jedną rzecz na drugą
superintend /suu-per-yn-tend/ 1. nadzorować 2. kontrolować 3. kierować
superintendence /suu-per-yn-tendens/ 1. doglądanie 2. nadzór
superintendent /suu-per-yn-tendent/ 1. nadzorca 2. nadinspektor policji 3. dozorca domu
superior /se-pyje-ryje/ 1. nadrzędny 2. lepszy 3. przełożony 4. zwierzchnik
superiority /se-pyje-ry-o-rety/ wyższość
superlative /suu-pe-letyw/ 1. stopień najwyższy przymiotnika (przysłówka) 2. najwyższy 3. najprzedniejszy
supermarket /suu-pe-mar-kyt/ supersam
supernatural /suupe-nee-czrel/ nadprzyrodzony
supersede /suupe-sid/ 1. zastępować 2. zajmować miejsce 3. wypierać
supersonic /suupe-so-nyk/ ponaddźwiękowy
superstition /suupe-sty-szn/ 1. przesąd 2. zabobon
superstitious /suupe-sty-szes/ przesądny
superstructure /suupe-strak-czer/ nadbudowa
supervise /suu-pewaiz/ 1. nadzorować 2. doglądać
supervision /suupe-wy-żn/ nadzór
supervisor /suu-pewaize/ 1. nadzorca 2. majster 3. kierownik

supper /sa-pe/ kolacja
supple /sa-pl/ 1. giętki 2. podatny 3. miękki
supplement /sap-lement/ uzupełnienie
supplementary /saple-men-try/ 1. dodatkowy 2. uzupełniający
supply /se-plai/ 1. dostarczać 2. zaopatrywać 3. zaopatrzenie
support /se-poot/ 1. poparcie 2. wsparcie 3. podpora 4. popierać 5. podtrzymywać 6. utrzymywać
supporter /se-poo-te/ poplecznik
suppose /se-pełz/ 1. przypuszczać 2. sądzić
supposition /sape-zy-szn/ przypuszczenie
suppository /se-poo-zytry/ czopek
suppress /se-pres/ 1. tłumić 2. ukrywać 3. zatajać
suppression /se-pre-szn/ 1. stłumienie 2. zatajenie
suppressive /se-pre-syw/ 1. tłumiący 2. ukrywający
supremacy /se-pre-mesy/ 1. zwierzchnictwo 2. przewaga 3. dominacja
supreme /se-prim/ najwyższy
surcharge /se-czaadż/ 1. pobierać dopłatę 2. przeciążać 3. za drogo liczyć 4. przeciążenie 5. dopłata
sure /szue/ 1. pewny 2. niezawodny 3. na pewno! 4. oczywiście!
surely /szue-ly/ z pewnością
surf /serf/ pływać na desce
surface /se-fys/ 1. powierzchnia 2. tafla
surf-board /sef-bood/ deska surfingowa
surfeit /se-fyt/ 1. nadmiar 2. przesyt
surfing /se-fynn/ surfing
surge /sedż/ 1. falować 2. napły-

wać 3. falowanie 4. rozkołysanie 5. fala 6. przypływ
surgeon /se-dżn/ chirurg
surgery /se-dże-ry/ zabieg chirurgiczny
surgical /se-dżykl/ chirurgiczny
surly /se-ly/ 1. gburowaty 2. zgryźliwy
surmise /se-maiz/ 1. przypuszczać 2. domyślać się 3. podejrzewać
surmount /se-małnt/ 1. wieńczyć 2. pokonywać trudności
surname /ser-neim/ nazwisko
surpass /se-paas/ 1. przewyższać 2. prześcigać 3. przekraczać oczekiwania
surplice /se-plys/ komża
surplus /se-ples/ nadwyżka
surprise /se-praiz/ 1. zadziwiać 2. niespodzianka
surrender /se-ren-de/ poddawać się
surreptitious /sa-rep-ty-szes/ 1. ukradkowy 2. potajemny 3. tajemniczy
surround /se-rałnd/ otaczać
surroundings /se-rałn-dynnz/ 1. otoczenie 2. okolica
surveillance /ser-wei-lens/ obserwacja policyjna
survey /se-wei/ 1. przyglądać się 2. badać 3. robić pomiary
surveyor /se-we-yje/ 1. inspektor 2. kontroler 3. mierniczy
survival /se-wai-wl/ 1. przeżycie 2. przetrwanie 3. ocalenie
survive /se-waiw/ 1. przeżyć 2. przetrwać 3. ocaleć
susceptible /se-sep-tebl/ 1. podatny 2. wrażliwy 3. obraźliwy
suspect /se-spekt/ podejrzewać
suspect /sas-pekt/ podejrzany
suspend /se-spend/ zawieszać

suspenders /se-<u>spen</u>-dez/ 1. podwiązki 2. szelki

suspense /se-<u>spens</u>/ 1. niepewność 2. zawieszenie

suspension /se-<u>spen</u>-szn/ zawieszenie

suspicion /se-<u>spy</u>-szn/ podejrzenie

suspicious /se-<u>spy</u>-szes/ 1. podejrzany 2. podejrzliwy 3. nieufny

sustain /se-<u>stein</u>/ 1. podtrzymywać 2. wytrzymać 3. doznawać cierpienia 4. odnosić obrażenia 5. ponosić klęskę 6. uznawać słuszność 7. potwierdzać

sustenance /<u>sa</u>-sty-nens/ 1. wyżywienie 2. żywność 3. pożywność

swab /słob/ 1. wycierać 2. tamponować 3. szmata 4. tampon 5. wacik

swagger /<u>slee</u>-ge/ 1. zuchwalić się 2. pysznić się 3. zuchwalstwo 4. chełpliwość

swallow /<u>sło</u>-leł/ 1. połykać 2. jaskółka

swam → swim

swamp /słomp/ bagno

swan /słon/ łabędź

swarm /słoom/ 1. rój 2. mrowie 3. roić się

swat /słot/ 1. pacnąć 2. pacnięcie 3. packa na muchy

sway /słei/ 1. kołysać się 2. wywierać wpływ

swear /słeer/ 1. przysięgać 2. przeklinać

sweat /słet/ 1. pocić się 2. pot

sweater /<u>słe</u>-te/ sweter

Sweden /<u>sli</u>-dn/ Szwecja

Swedish /<u>sli</u>-dysz/ szwedzki

sweep /słip/ zamiatać

sweepstake /<u>slip</u>-steik/ 1. loteria 2. wyścigi konne 3. nagroda zbiorowa w wyścigach konnych

sweet /słit/ 1. słodki 2. miły

sweeten /<u>sli</u>-tn/ 1. słodzić 2. nabierać słodyczy

sweetheart /<u>slit</u>-hart/ 1. ukochana 2. kochanie

sweets /słits/ słodycze

swell /słeł/ 1. puchnąć 2. wzrastać 3. kapitalny

swelter /<u>słel</u>-te/ 1. prażyć 2. dopiekać 3. oblewać się potem

swept → sweep

swerve /słew/ 1. zbaczać 2. odchylać 3. skręcać 4. odchylenie

swift /słyft/ 1. jerzyk 2. szybki 3. prędki

swim /słym/ pływać

swimmer /<u>sly</u>-me/ pływak

swimming-pool /<u>sly</u>-mynn-puul/ basen pływacki

swimming-trunks /<u>sly</u>-mynn-trannks/ kąpielówki

swimsuit /<u>słym</u>-suut/ kostium kąpielowy

swindle /<u>słyn</u>-dl/ szwindel

swindler /<u>słyn</u>-dle/ oszust

swine /słain/ świnia

swing /słynn/ 1. huśtawka 2. zwrot 3. machać 4. huśtać się

swipe /słaip/ 1. uderzać z rozmachem 2. kraść 3. uderzenie 4. cios z rozmachem

swirl /słeł/ 1. wirować 2. kręcić się 3. wir 4. wirowanie

swish /słysz/ 1. chłostać 2. smagać 3. świsnąć 4. szeleścić 5. świst 6. szelest

Swiss /słys/ szwajcarski

switch /słycz/ 1. włączać 2. przełączać 3. przemieniać 4. wyłącznik

switchboard /<u>słycz</u>-bood/ tablica rozdzielcza

Switzerland /sfy-tseleend/ Szwaj-caria

swivel /sfy-wl/ 1. obracać 2. obracać się 3. okrętka 4. połączenie obrotowe

swollen /sfeu-ln/ 1. spuchnięty 2. → swell

swoop /słuup/ 1. spadać 2. runąć 3. atakować z góry 4. nagła napaść 5. uderzenie 6. atak z powietrza

swop /słop/ 1. zamieniać się 2. zamiana 3. wymiana

sword /sood/ miecz

swore → swear

sworn /słoon/ 1. przysięgły 2. → swear

swum → swim

swung → swing

sycamore /sy-ke-moo/ sykomora

syllabic /sy-lee-byk/ 1. zgłoskowy 2. sylabowy

syllable /sy-lebl/ sylaba

syllogism /sy-le-dżyzm/ sylogizm

symbol /sym-bl/ 1. symbol 2. godło

symbolic /sym-bo-lyk/ symboliczny

symmetric /sy-me-tryk/ symetryczny

symmetry /sy-metry/ symetria

sympathetic /sympe-fhe-tyk/ współczujący

sympathize /sym-pe-fhaiz/ 1. współczuć 2. sympatyzować

sympathy /sym-pe-fhy/ współczucie

symphony /sym-fe-ny/ sym–fonia

symptom /symp-tm/ 1. objaw 2. symptom

synagogue /sy-ne-gog/ synagoga

synchronize /synn-kre-naiz/ 1. przebiegać równocześnie 2. synchronizować 3. koordynować

syndicate /syn-dy-ket/ 1. syndykat 2. konsorcjum

syndrome /syn-drełm/ 1. syndrom 2. symptomy 3. objawy

synod /sy-nod/ synod

synonym /sy-ne-nym/ synonim

synopsis /sy-no-psys/ 1. synopsis 2. konspekt 3. streszczenie

syntactic /syn-tee-ktyk/ 1. składniowy 2. syntaktyczny

syntax /syn-teeks/ składnia

synthesis /syn-fhe-sys/ synteza

syphilis /sy-felys/ 1. syfilis 2. kiła

Syria /sy-ryje/ Syria

Syrian /sy-ryjen/ 1. syryjski 2. Syryjczyk

syringe /sy-ryndż/ strzykawka

syrup /sy-rep/ syrop

system /sys-tm/ 1. system 2. organizm 3. układ

systematic /syste-mee-tyk/ systematyczny

T

tab /teeb/ 1. etykieta 2. naszywka 3. patka

tabernacle /tee-beneekl/ tabernakulum

table /teibl/ 1. stół 2. tabela

tablecloth /teibl-klofh/ obrus

tablespoon /teibl-spuun/ łyżka stołowa

tablet /tee-blet/ tabletka

tabloid /tee-bloid/ dziennik popularny lub sensacyjny

taboo /te-buu/ 1. tabu 2. zakazany

tabular /tee-bjule/ 1. tabelaryczny 2. płytkowy 3. tabliczkowy

tabulate /tee-bju-leit/ układać w formie tabel

tacit /tee-syt/ 1. cichy 2. milczący 3. niemy

taciturn /tee-sytern/ małomówny

tack /teek/ 1. pinezka 2. przypinać 3. fastrygować

tackle /tee-kl/ 1. zabierać się 2. przystępować 3. zmagać się 4. chwytać 5. sprzęt 6. przybory

tact /teekt/ takt

tactful /teekt-fl/ taktowny

tactics /teek-tyks/ taktyka

tactician /teek-ty-szn/ taktyk

tactile /teek-tail/ dotykowy

tactless /teekt-les/ nietaktowny

tadpole /teed-peul/ kijanka

tag /teeg/ 1. przywiązywać etykietkę 2. łączyć 3. skuwka 4. etykietka

tail /teil/ 1. śledzić 2. ogon 3. poła

tailor /tei-le/ 1. krawiec 2. dopasowywać

taint /teint/ 1. zepsuć 2. psuć się 3. zepsucie 4. ślad choroby 5. ślad rozkładu

take /teik/ 1. brać 2. wziąć 3. zajmować 4. zażywać 5. zabierać 6. wymagać 7. znosić 8. mieścić 9. zdawać 10. podejmować

   take away 1. odbierać 2. wynosić

   take down 1. zapisywać 2. rozbierać

   take off 1. wystartować 2. zdejmować

   take out usuwać

   take over przejmować (kontrolę)

taken → take

takeover /teik-elwe/ przejęcie kontroli

taker /tei-ke/ 1. osoba biorąca 2. osoba przyjmująca zakład

taking /tei-kynn/ 1. wpływy kasowe 2. dochód 3. uroczy 4. ujmujący

tale /teil/ opowieść

talent /tee-lent/ talent

talented /tee-len-tyd/ utalentowany

talk /took/ 1. rozmowa 2. wykład 3. mówić 4. rozmawiać

talkative /too-ke-tyw/ 1. rozmowny 2. gadatliwy

tall /tool/ wysoki

tallow /tee-leł/ 1. łój 2. tłuszcz

tally /tee-ly/ zgadzać się

talon /tee-ln/ 1. szpon 2. pazur

tambourine /teembe-rin/ tamburyn

tame /teim/ oswajać

tamer /tei-me/ 1. poskramiacz 2. pogromca dzikich zwierząt

tamper /teem-pe/ 1. wtrącać się 2. manipulować 3. ruszać 4. usiłować otworzyć

tan /teen/ 1. opalać się 2. opalenizna

tandem /teen-dm/ tandem

tang /teenn/ silny posmak

tangent /teen-dżent/ styczna

tangerine /teendże-rin/ mandarynka

tangible /teen-dżebl/ 1. namacalny 2. rzeczywisty 3. faktyczny

tangle /teenn-gl/ 1. plątać się 2. wikłać się 3. gmatwać się 4. poplątanie 5. zagmatwanie

tango /teenn-geł/ tango

tank /teennk/ 1. zbiornik 2. czołg

tankard /teenn-ked/ kufel

tantalize /teen-te-laiz/ 1. dręczyć 2. zwodzić 3. kusić 4. drażnić

tantamount /teen-te-małnt/ równoznaczny

tantrum /teen-trem/ napad złego humoru

tap /teep/ 1. kran 2. kurek 3. zawór 4. klepnięcie 5. klepać

tap-dancing /teep-den-synn/ stepowanie

tape /teip/ taśma

tease

taper /tei-pe/ 1. zwężać ku końcowi 2. zwężać się ku końcowi 3. cienka świeczka

tapestry /tee-py-stry/ 1. gobelin 2. arras

tapeworm /teip-łem/ 1. tasiemiec 2. soliter

tapioca /tee-py-eł-ke/ tapioka

tapir /tei-pe/ tapir

tar /tar/ smoła

tarantula /te-reen-czule/ tarantula

target /tar-gyt/ 1. cel 2. obiekt

tariff /tee-ryf/ 1. taryfa 2. cło

tarn /taan/ (mały) staw górski

tarnish /taa-nysz/ 1. matowieć 2. śniedzieć 3. plamić 4. szargać reputację 5. zmatowienie

tarpaulin /taa-poo-lyn/ 1.brezent 2. płótno nieprzemakalne

tarragon /tee-re-gen/ estragon

tarry /tee-ry/ 1. pozostawać 2. zwlekać 3. ociągać się

tart /taat/ 1. placek lub ciastko z owoców lub z konfiturą 2. kokota 3. cierpki 4. zgryźliwy

tartan /taa-tn/ 1. tartan 2. materiał we wzorzystą szkocką kratę

tartar /taa-te/ 1. winnik 2. kamień winny 3. kamień nazębny

task /taask/ zadanie do wykonania

task-force /taask-foos/ oddział specjalny wojska lub policji

tassel /tee-sl/ 1. ozdoba 2. kitka

taste /teist/ 1. kosztować 2. smak 3. gust

tasteless /teist-les/ 1. niegustowny 2. niesmaczny

tasty /teis-ty/ smaczny

tatters /tee-tez/ 1. łachmany 2. strzępy

tattle /tee-tl/ 1. gawędzić 2. plotkować 3. pogaduszki 4. plotki

tattoo /te-tuu/ tatuaż

taught → teach

Taurus /too-rs/ Byk

taut /toot/ 1. mocno napięty 2. mocno naprężony

tautological /toote-lo-dżykl/ tautologiczny

tautology /too-to-ledży/ tautologia

tavern /tee-wn/ 1. tawerna 2. oberża

tawdry /too-dry/ 1. krzykliwy 2. bez gustu

tawny /too-ny/ 1. brązowy 2. śniady

tax /teeks/ 1. opodatkowywać 2. podatek

taxable /tee-ksebl/ podlegający opodatkowaniu

taxation /teek-sei-szn/ 1. nakładanie podatków 2. podatki do zapłacenia

tax-free /teeks-fri/ nieopodatkowany

taxi /tee-ksy/ taksówka

taxpayer /teeks-peyje/ podatnik

tea /ti/ herbata

teach /ticz/ 1. nauczać 2. uczyć

teacher /ti-cze/ nauczyciel

teaching /ti-czynn/ 1. nauczanie 2. nauka

teacup /ti-kap/ filiżanka

team /tim/ 1. zespół 2. drużyna

teamwork /tim-łerk/ praca zespołowa

teapot /ti-pot/ 1. imbryczek 2. czajniczek

tear /tyjer/ łza

tear /teer/ 1. drzeć 2. rwać 3. rozdarcie

tear-drop /tyje-drop/ łza

tearful /tyje-fl/ 1. zapłakany 2. płaczliwy

tear-gas /tyje-gees/ gaz łzawiący

tease /tiz/ 1. drażnić 2. dokuczać

3. czesać wełnę lub len

teaspoon /ti-spuun/ łyżeczka

teat /tit/ 1. sutek 2. cycek

technical /tek-nykl/ techniczny

technicality /tekny-kee-lety/ 1. szczegół fachowy 2. termin fachowy

technician /tek-ny-szn/ technik

technique /tek-nyk/ technika

technocracy /tek-no-kre-sy/ technokracja

technocrat /te-kne-kreet/ technokrata

technological /tek-ne-lo-dżykl/ 1. techniczny 2. technologiczny

technologist /tek-no-le-dżyst/ technolog

technology /tek-no-le-dży/ technologia

tedious /ti-dyjes/ nudny

tedium /ti-dyjem/ nuda

tee /ti/ cel rzutu w niektórych grach

teem /tim/ 1. roić się 2. obfitować

teenage /ti-neidż/ małoletni

teenager /tin-eidże/ nastolatek

teens /tinz/ 1. lata od 13 do 19 2. wiek dojrzewania

teeter /ti-te/ 1. chwiać się 2. zataczać się

teeth /tifh/ zęby

teetotal /ti-tet-tl/ 1. abstynencki 2. antyalkoholowy

teetotaller /ti-tet-tle/ abstynent

telecommunication /telyke-mjuu-ny-kei-szn/ telekomunikacja

telegram /te-ly-greem/ telegram

telegraph /te-ly-graaf/ telegraf

telegraphic /te-ly-gree-fyk/ telegraficzny

telepathy /te-le-pe-fhy/ telepatia

telephone /te-lyfełn/ 1. telefon 2. telefonicznie

telephonist /te-le-fe-nyst/ telefonist(k)a

telephony /te-le-fe-ny/ telefonia

telescope /te-lys-kełp/ teleskop

televise /te-ly-waiz/ nadawać w telewizji

television /te-ly-wyżn/ telewizja

tell /tel/ 1. mówić 2. powiedzieć 3. opowiadać 4. odróżniać 5. kazać

teller /te-le/ kasjer bankowy

telltale /tel-teil/ plotkarz

telly /te-ly/ telewizja

temerity /ty-me-re-ty/ 1. zuchwałość 2. śmiałość

temper /tem-pe/ usposobienie

temperament /tem-pre-ment/ temperament

temperance /tem-prens/ 1. wstrzemięźliwość 2. powściągliwość 3. umiar 4. abstynencja

temperate /te tem-pret/ 1. powściągliwy 2. wstrzemięźliwy 3. umiarkowany

temperature /tem-pre-cze/ temperatura

tempest /tem-pyst/ burza

temple /tem-pl/ 1. skroń 2. świątynia

tempo /tem-peł/ tempo

temporal /tem-prel/ 1. doczesny 2. ziemski 3. czasowy 4. świecki

temporary /tem-pe-ry/ tymczasowy

tempt /tempt/ kusić

temptation /temp-tei-szn/ pokusa

ten /ten/ dziesięć

tenable /te-nebl/ możliwy do obrony lub utrzymania

tenacious /te-nei-szes/ 1. wierny 2. trwały 3. wytrwały 4. nieustępliwy

tenancy /te-nen-sy/ 1. dzierżawa 2. najem

tenant /te-nent/ lokator

tend /tend/ 1. zmierzać 2. dążyć 3. mieć skłonność 4. opiekować się 5. pilnować 6. obsługiwać

tendency /ten-den-sy/ 1. skłonność 2. tendencja

tendentious /ten-den-szes/ tendencyjny

tender /ten-de/ 1. kruchy 2. delikatny

tendon /ten-dn/ ścięgno

tendril /ten-dryl/ wąs lub wić rośliny pnącej

tenement /ten-ment/ 1. dom czynszowy 2. mieszkanie w domu czynszowym

tenet /te-net/ 1. zasada 2. dogmat 3. doktryna

tennis /te-nys/ tenis

tenor /te-ne/ tenor

tense /tens/ 1. napięty 2. czas gramatyczny

tension /te-szn/ napięcie

tent /tent/ namiot

tentacle /ten-tekl/ 1. macka 2. czułek 3. wąs 4. wić

tentative /ten-te-tyw/ 1. próbny 2. zrobiony na próbę

tenth /tenfh/ dziesiąty

tenuous /te-njues/ 1. cienki 2. wiotki 3. subtelny 4. nieznaczny

tenure /te-njue/ 1. posiadanie własności ziemskiej 2. prawo posiadania własności ziemskiej 3. urzędowanie 4. kadencja

tepid /te-pyd/ letni

term /term/ 1. termin 2. określenie 3. kadencja 4. semestr 5. nazywać

terminal /ter-mynl/ 1. dworzec lotniczy 2. terminal 3. nieuleczalny

terminate /ter-my-neit/ 1. zakończyć 2. przerywać 3. kończyć się

termination /te-my-nei-szn/ 1. koniec 2. zakończenie 3. końcówka

terminology /te-my-no-le-dży/ terminologia

terminus /te-my-nes/ 1. końcowa stacja 2. końcowy przystanek

termite /ter-mait/ 1. termit 2. mrówka

terrace /te-res/ taras

terra-cotta /tere-ko-te/ 1. terakota 2. wyrób z terakoty

terrain /te-rein/ teren

terrestrial /te-re-stryjel/ 1. ziemski 2. ziemny 3. naziemny

terrible /te-rebl/ 1. okropny 2. straszny

terrier /te-ryje/ terier

terrific /te-ry-fyk/ 1. okropny 2. straszny 3. wspaniały

terrify /te-ryfai/ 1. zastraszać 2. przerażać

territorial /tery-too-ryjel/ 1. terytorialny 2. ziemiański 3. okręgowy

territory /te-retry/ obszar

terror /te-re/ 1. terror 2. strach

terrorism /te-reryzm/ terroryzm

terrorist /te-reryst/ terrorysta

terrorize /te-reraiz/ 1. terroryzować 2. siać strach

terse /tes/ 1. zwięzły 2. lapidarny

tertiary /te-szery/ 1. trzeciorzędny 2. trzeciorzędowy

test /test/ 1. sprawdzać 2. próba 3. test

testament /tes-tement/ testament

testicle /tes-tykl/ jądro

testify /tes-tyfai/ świadczyć

testimonial /tes-ty-mel-nyjel/ 1. świadectwo 2. zaświadczenie 3. dowód uznania

testimony /tes-ty-me-ny/ 1. zeznanie 2. oświadczenie

testis /tes-tys/ jądro

tether /te-dhe/ 1. spętać 2. przywiązywać 3. pętla

test-tube **278**

test-tube /test-tjuub/ probówka
tetragon /te-tre-gn/ czworokąt
text /tekst/ tekst
textile /te-kstail/ 1. tkanina 2. materiał 3. tekstylny
texture /te-kscze/ 1. budowa 2. struktura 3. tkanie
than /dhen/ niż
thank /fheennk/ dziękować
thankful /fheennk-fl/ wdzięczny
thanks /fheennks/ dzięki!
thanks-giving /fheennks-gywynn/ dziękczynienie
that /dheet/ 1. tamten 2. ów 3. że 4. aby
thatch /fheecz/ 1. pokrywać strzechą 2. strzecha
thaw /fhoo/ odwilż
the /dhe/ 1. ten 2. ta 3. to 4. ci 5. (rodzajnik określony)
theatre /fhyje-te/ 1. teatr 2. kino
theatre-goer /fhyje-te-ge-łe/ 1. amator teatru 2. teatroman
theatrical /fhy-ee-trykl/ 1. teatralny 2. sceniczny 3. aktorski
theft /fheft/ kradzież
their /dhee/ ich
them /dhem/ im
theme /fhim/ temat
themselves /dhem-selwz/ 1. się 2. siebie 3. sami
then /dhen/ 1. potem 2. wtedy 3. tak więc
theologian /fhie-łeł-dżn/ teolog
theological /fhie-lo-dżykl/ teologiczny
theology /fhi-o-le-dży/ teologia
theorem /fhyje-rem/ 1. teoremat 2. twierdzenie
theoretical /fhyje-re-tykl/ teoretyczny
theorist /fhyje-ryst/ teoretyk
theorize /fhyje-raiz/ teoretyzować

theory /fhyje-ry/ teoria
therapeutic /fhere-pjuu-tyk/ 1. leczniczy 2. terapeutyczny
therapist /fhe-re-pyst/ terapeuta
therapy /fhe-repy/ 1. leczenie 2. terapia
there /dheer/ tam
thereabouts /dheer-ebałts/ 1. mniej więcej 2. coś koło tego
thereafter /dheer-aa-fte/ 1. od tego czasu 2. później 3. potem 4. następnie
thereby /dhee-bai/ 1. przez to 2. skutkiem tego 3. w ten sposób
therefore /dhee-foo/ dlatego też
thereof /dheer-ow/ 1. tego 2. jego 3. z tego
thereupon /dheere-pon/ 1. skutkiem tego 2. po czym
therm /fhem/ miara ciepła
thermal /fhe-ml/ cieplny
thermodynamics /fhemeł-dai-nee-myks/ termodynamika
thermometer /fhe-mo-myte/ termometr
thermos /fhe-mos/ termos
thermostat /fhe-me-steet/ termostat
thesaurus /fhi-soo-res/ słownik wyrazów bliskoznacznych
these /dhiz/ 1. te 2. ci
thesis /fhi-sys/ praca dyplomowa
they /dhei/ 1. oni 2. one
thick /fhyk/ 1. gruby 2. gęsty
thicken /fhy-kn/ 1. zagęszczać 2. pogrubiać 3. zgęstnieć 4. zgrubieć
thicket /fhy-kyt/ 1. zarośla 2. gąszcz
thickness /fhyk-nes/ 1. grubość 2. gęstość 3. warstwa
thief /fhif/ złodziej
thieve /fhiw/ kraść
thigh /fhai/ udo

thimble /fhym-bl/ naparstek

thin /fhyn/ 1. cienki 2. chudy

thing /fhynn/ 1. rzecz 2. przedmiot

think /fhynnk/ 1. myśleć 2. zastanawiać się 3. sądzić 4. uważać

think of 1. rozważać 2. brać pod uwagę

think out 1. wykombinować 2. wymyślić 3. rozwiązywać

think over przemyśleć

think up wymyślić

thinker /fhynn-ke/ myśliciel

thinking /fhynn-kynn/ 1. myślący 2. rozumny 3. myślenie

third /fherd/ trzeci

third-rate /fhed-reit/ 1. trzeciorzędny 2. słabej jakości

thirst /fherst/ pragnienie

thirsty /fher-sty/ spragniony

thirteen /fher-tin/ trzynaście

thirtieth /fhe-tyjefh/ 1. trzydziesty 2. trzydziesta część

thirty /fhor ty/ trzydzieści

this /dhys/ 1. ten 2. ta 3. to

thistle /fhy-sl/ oset

thong /fhonn/ 1. rzemień 2. pasek

thorax /fhoo-reeks/ 1. klatka piersiowa 2. tułów

thorn /fhoon/ 1. kolec 2. cierń

thorough /fhare/ 1. gruntowny 2. skrupulatny

thoroughbred /fha-re-bred/ 1. zwierzę rasowe 2. rasowy 3. czystej krwi

thoroughfare /fha-re-fee/ 1. ulica 2. przejazd 3. przejście 4. arteria komunikacyjna

thoroughly /fha-re-ly/ 1. dokładnie 2. gruntownie

those /dhełz/ 1. tamte 2. tamci 3. owi

though /dheł/ chociaż

thought /fhoot/ 1. myśl 2. → think

thoughtless /fhoot-les/ bezmyślny

thousand /fhał-znd/ tysiąc

thousandfold /fhał-znd-feuld/ 1. tysiąckrotny 2. tysiąckrotnie

thrash /fhreesz/ 1. prać (przeciwnika) 2. bić

thread /fhred/ nitka

threat /fhret/ groźba

threaten /fhre-tn/ 1. grozić 2. zagrażać

three /fhri/ trzy

three-dimensional /fhri-dy-men-szenl/ trójwymiarowy

three-piece /fhri-pis/ 1. zestaw składający się z trzech części 2. trzyczęściowy

thresh /fhresz/ młócić

threshold /fhresz-heuld/ próg

threw → throw

thrift /fhryft/ oszczędność

thrill /fhryl/ 1. drżeć z radości 2. dygotać ze strachu 3. wzruszać 4. wstrząsnąć 5. dreszcz zgrozy (rozkoszy) 6. wzruszenie

thriller /fhry-le/ dreszczowiec

thrive /fhraiw/ 1. dobrze się rozwijać 2. prosperować 3. kwitnąć

throat /fhrełt/ gardło

throb /fhrob/ 1. bić 2. pulsować 3. tętnić 4. pulsowanie 5. bicie serca 6. dreszcz (przyjemności lub radości)

throne /fhrełn/ tron

throng /fhronn/ 1. tłoczyć się 2. tłum 3. tłok 4. ścisk

throttle /fhro-tl/ 1. dusić 2. udusić 3. tłumić 4. dławić 5. zawór dławiący 6. przepustnica

through /fhruu/ 1. przez 2. na wylot

throughout /fhruu-ałt/ 1. przez 2. poprzez 3. przez cały 4. na wskroś 5. od początku do końca 6. wszędzie 7. całkowicie 8. przez cały czas

throve → **thrive**

throw /fhreł/ rzucać
  throw about rozrzucać
  throw up wymiotować

thrown /fhrełn/ → threw

thrush /fhrasz/ drozd

thrust /fhrast/ 1. pchnąć 2. popychać 3. szturchać 4. dźgnąć 5. pchnięcie 6. dźgnięcie 7. szturchnięcie

thud /fhad/ głuchy odgłos

thug /fhag/ 1. bandyta 2. zbir

thumb /fham/ kciuk

thumb-tack /fham-teek/ pinezka

thunder /fhan-de/ 1. grzmot 2. piorun

thunderbolt /fhande-beult/ piorun

thunderstorm /fhande-stoom/ burza z piorunami

Thursday /fher-zdy/ czwartek

thus /dhas/ 1. stąd 2. w ten sposób

thwart /fhłoot/ 1. udaremniać 2. krzyżować plany 3. popsuć szyki

thyme /taim/ tymianek

thyroid /fhai-roid/ tarczyca

tiara /ty-aa-re/ 1. tiara papieska 2. diadem

tic /tyk/ tik nerwowy

tick /tyk/ 1. tykać 2. tykanie zegarka 3. moment 4. znak kontrolny 5. kleszcz

ticket /ty-kyt/ 1. bilet 2. mandat 3. paragon

tickle /ty-kl/ łaskotać

tidal /tai-dl/ 1. pływowy 2. dotyczący przypływu i odpływu

tiddler /ty-dle/ 1. mała rybka 2. małe dziecko

tide /taid/ 1. pływ 2. fala uczuć lub entuzjazmu

tidy /tai-dy/ 1. porządkować 2. sprzątać 3. czysty 4. schludny

tie /tai/ 1. krawat 2. wiązanie 3. remis 4. związywać

tiff /tyf/ sprzeczka

tiger /tai-ge/ tygrys

tight /tait/ 1. obcisły 2. ciasny

tighten /tai-tn/ 1. napinać 2. dociskać

tights /tai-ts/ trykoty

tile /tail/ 1. pokrywać dachówkami 2. wykładać kafelkami 3. dachówka 4. płytka kaflowa

till /tyl/ 1. dopóki 2. aż 3. do

tiller /ty-le/ rumpel

tilt /tylt/ 1. nachylać 2. przechylać się 3. nachylenie 4. przechył

timber /tym-be/ 1. las 2. drewno 3. budulec 4. belka 5. wręga

time /taim/ 1. czas 2. czasy 3. chwila 4. raz 5. pora 6. mierzyć czas

timebomb /talm-bom/ bomba zegarowa

time-limit /taim-ly-myt/ termin

timely /taim-ly/ 1. w porę 2. na czasie 3. aktualny

time-switch /taim-słycz/ automatyczny przełącznik czasowy

timetable /taim-teibl/ rozkład

timid /ty-myd/ 1. bojaźliwy 2. lękliwy

tin /tyn/ cyna

tine /tain/ 1. ząb widelca lub wideł 2. rosocha rogu jeleniego

tinge /tyndż/ 1. zabarwiać 2. nadawać posmak 3. zabarwienie 4. odcień 5. posmak

tingle /tynn-gl/ 1. wywoływać uczucie mrowienia 2. mrowienie

tinker /tynn-ke/ 1. majstrować 2. dłubać 3. druciarz 4. naprawiacz garnków 5. majstrowanie

tinkle /tynn-kl/ 1. dzwonić dzwon-

tinsel /tyn-sl/ 1. ozdabiać błyskotkami 2. błyskotka 3. świecidełko 4. ozdobiony błyskotkami 5. błyskotliwy

tint /tynt/ 1. zabarwiać 2. odcień 3. zabarwienie

tiny /tai-ny/ 1. drobny 2. mały

tip /typ/ 1. koniuszek 2. wskazówka 3. napiwek

tipple /ty-pl/ 1. napój alkoholowy 2. trunek

tipster /typ-ste/ doradca w sprawach wyścigów

tipsy /typ-sy/ 1. podpity 2. podchmielony

tirade /tal-reid/ tyrada

tire /tajje/ 1. męczyć się 2. opona

tired /ta-yjed/ 1. zmęczony 2. znużony

tiresome /ta-yjesm/ męczący

tissue /ty-szuu/ 1. tkanka 2. bibułka

tit /tyt/ 1.sikora 2. cycek 3. sutek

titillate /ty-tyleit/ 1. łaskotać 2. łechtać

titivate /ty-tyweit/ przystrajać

title /tai-tl/ tytuł

titter /ty-te/ 1. chichotać 2. chichot

titular /ty-czule/ tytularny

tizzy /ty-zy/ 1. zdenerwowanie 2. zmartwienie

to /tu/ 1. do 2. żeby 3. wobec 4. dla

toad /tełd/ ropucha

toast /tełst/ 1. opiekać 2. grzanka 3. toast

tobacco /te-bee-keł/ tytoń

toboggan /te-bo-gn/ 1. tobogan 2. saneczki

today /te-dei/ 1. dzisiaj 2. dziś

toddle /to-dl/ 1. dreptać 2. drobić nóżkami

toddler /tod-le/ 1. berbeć 2. szkrab 3. dziecko

toe /teł/ palec u nogi

toffee /to-fy/ toffi

tog /tog/ 1. zakładać ładne ubranie 2. wystroić się

toga /teł-ge/ toga

together /te-ge-dhe/ razem

toil /toil/ 1. męczyć się 2. trudzić się 3. harować 4. trud 5. znój 6. harówka

toilet /toi-let/ toaleta

token /teł-kn/ 1. znak 2. pamiątka 3. żeton

told → tell

tolerance /to-lerens/ tolerancja

tolerant /to-lerent/ 1. tolerancyjny 2. wyrozumiały

tolerate /to-lercit/ tolerować

toll /teul/ 1. dzwonić 2. opłata 3. myto

toll-gate /teul-geit/ 1. rogatka 2. szlaban

tomato /te-maa-teł/ pomidor

tomb /tuum/ grobowiec

tomboy /tom-boi/ chłopczyca

tombstone /tuum-stełn/ nagrobek

tomcat /tom-keet/ kocur

tomorrow /te-mo-reł/ jutro

ton /tan/ tona

tonal /teł-nl/ 1. tonalny 2. toniczny

tone /tełn/ 1. ton 2. brzmienie

toneless /tełn-les/ 1. bezbarwny 2. bezduszny 3. mdły 4. nudny

tongs /tonnz/ 1. obcążki 2. szczypce

tongue /tann/ 1. język 2. mowa

tonic /to-nyk/ 1. środek tonizujący 2. tonika 3. krzepiący 4. wzmacniający 5.toniczny

tonight /te-nait/ 1. dziś wieczorem 2. dziś w nocy

tonnage /ta-nydż/ 1. tonaż 2. pojemność statku

tonsil /ton-sl/ migdałek

too /tuu/ 1. także 2. zbyt 3 za

took → take

tool /tuul/ narzędzie

tooth /tuufh/ ząb

toothache /tuufh-eik/ ból zębów

toothbrush /tuufh-brasz/ szczoteczka do zębów

toothpaste /tuufh-peist/ pasta do zębów

toothpick /tuufh-pyk/ wykałaczka

tootle /tuu-tl/ 1. wygrywać na flecie 2. fiukać

top /top/ 1. wierzchołek 2. szczyt 3. góra 4. blat 5. przewyższać

topaz /teł-peez/ topaz

top-coat /top-kełt/ 1. palto 2. płaszcz

topic /to-pyk/ temat

topknot /top-not/ 1. kokardka 2. kok 3. czub ptaka

topmost /top-mełst/ najwyższy

topography /te-po-gre-fy/ topografia

topple /to-pl/ 1. przewracać 2. przewracać się

top-ranking /top-reenn-kynn/ najwyższej rangi

tor /too/ 1. skalisty pagórek 2. skalisty szczyt

torch /toocz/ 1. pochodnia 2. latarka

tore → tear

toreador /to-ryje-doo/ toreador

torment /too-ment/ męczarnia

torn → tear

tornado /too-nei-deł/ tornado

torpedo /too-pi-deł/ torpeda

torpid /too-pyd/ 1. odrętwiały 2. apatyczny

torrent /to-rent/ 1. potok 2. potok deszczu 2. potok obelg

torso /too-seł/ 1. tors 2. tułów

tortoise /too-ts/ żółw

tortuous /too-czues/ 1. kręty 2. wijący się 3. wykrętny 4. nieszczery

torture /too-cze/ 1. męczyć 2. tortura

toss /tos/ 1. rzucać 2. przewracać 3. podrzucać

tot /tot/ 1. sumować 2. obliczać 3. brdząc 4. berbeć 5. kapeczka alkoholu

total /teł-tl/ 1. zupełny 2. całkowity 3. suma

totalitarian /tełteely-tee-ryjen/ totalitarny

totter /to-te/ 1. chwiać się 2. grozić runięciem 3. stać na chwiejnych nogach

toucan /tuu-keen/ tukan

touch /tącz/ 1. dotyk 2. dotykać (się) 3. wzruszać 4. stykać się

touchable /ta-czebl/ 1. dotykalny 2. osiągalny

touching /ta-czynn/ wzruszający

touchy /ta-czy/ drażliwy

tough /taf/ 1. twardy 2. trudny 3. mocny

toupee /tuu-pei/ peruka

tour /tue/ 1. wycieczka 2. podróż 3. zwiedzać 4. objeżdżać

tourism /tue-ryzm/ turystyka

tourist /tue-ryst/ 1. turysta 2. turystyczny

tournament /tue-ne-ment/ turniej

tourniquet /tue-ny-kei/ 1. krępulec 2. opaska zaciskająca

tousle /tał-zl/ 1. targać włosy 2. czochrać 3. zmierzwić

tout /tałt/ 1. kaptować klientów 2. nagabywać 3. naganiacz 4. konik

tow /teł/ holować

towards /te-łoods/ 1. w kierunku do

2. ku 3. do 4. na

towel /tau-l/ ręcznik

tower /taa-łe/ wieża

town /tałn/ miasto

townsfolk /tałnz-fełk/ mieszczanie

toxic /to-ksyk/ 1. toksyczny 2. trujący

toy /toi/ zabawka

trace /treis/ ślad

tracery /trei-sry/ maswerk

trachea /tre-kyje/ tchawica

track /treek/ 1. droga 2. ścieżka 3. tor 4. ślad 5. bieżnia 6. tropić

tracker /tree-ke/ myśliwy tropiący dzikie zwierzęta

tract /treekt/ 1. obszar 2. przewód pokarmowy lub oddechowy u zwierząt 3. rozprawa 4 traktat

traction /treek-szn/ 1. trakcja 2. siła pociągowa

tractor /treek-te/ 1. ciągnik 2. traktor

trade /treid/ 1. handel 2. branża 3. zawód

trademark /treid-mark/ znak towarowy

trade union /treid-ju-nyjen/ związek zawodowy

tradition /tre-dy-szn/ tradycja

traditional /tre-dy-sznl/ tradycyjny

traffic /tree-fyk/ 1. ruch uliczny 2. handel

trafficator /tree-fy-kei-te/ kierunkowskaz

tragedy /tree-dże-dy/ tragedia

tragic /tree-dżyk/ tragiczny

trail /treil/ 1. trop 2. ślad

trailer /trei-le/ przyczepa

train /trein/ 1. pociąg 2. kolejka 3. szkolić 4. trenować 5. ćwiczyć

trainer /trei-ne/ 1. trener 2. instruktor 3. ujeżdżacz

training /trei-nynn/ 1. przesz-

kolenie 2. staż

trait /treit/ cecha

traitor /trei-te/ zdrajca

tram /treem/ tramwaj

tramp /treemp/ 1. stąpać ciężkimi krokami 2. wędrować 3. włóczyć się 4. ciężkie kroki 5. wędrówka 6. wędrowiec 7. włóczęga

trample /treem-pl/ deptać

trampoline /treem-pelin/ trampolina

trance /traans/ trans

tranquil /treenn-kłyl/ spokojny

tranquillize /treenn-kły-laiz/ uspokajać

tranquillizer /treenn-kły-laize/ środek uspokajający

transact /treen-zeekt/ 1. załatwiać interesy 2. przeprowadzać transakcję handlową

transaction /treen-zeek-szn/ transakcja

transatlantic /treenzet-leen-tyk/ transatlantycki

transcendental /treensen-den-tl/ transcendentalny

transcontinental /treenz-konty-nen-tl/ transkontynentalny

transcribe /treen-skraib/ 1. przepisywać 2. kopiować 3. pisać w transkrypcji fonetycznej 4. nagrywać na taśmie

transcript /treen-skrypt/ 1. kopia 2. transkrypcja

transfer /treens-fe/ 1. przenosić 2. przełączać

transfer /treens-fe/ 1. przeniesienie 2. przekaz 3. transfer

transform /treens-foom/ przekształcać

transformation /treensfe-mei-szn/ transformacja

transformer /treens-foo-me/ trans-

formator
transfuse /treens-fjuuz/ 1. przelewać 2. zrobić transfuzję krwi
transfusion /treens-fju-żn/ transfuzja
transgress /treenz-gres/ 1. naruszać 2. pogwałcić 3. przekraczać 4. grzeszyć
transient /treen-zyjent/ przelotny
transistor /treen-zys-te/ tranzystor
transit /treen-syt/ tranzyt
transition /treen-zy-szn/ 1. przejście 2. zmiana
transitive /treen-setyw/ przechodni
translate /treenz-leit/ tłumaczyć
translation /treenz-lei-szn/ tłumaczenie
translator /treenz-lei-te/ tłumacz
translucent /treenz-luu-snt/ 1. przeświecający 2. półprzeźroczysty
transmission /treenz-my-szn/ transmisja
transmit /treenz-myt/ 1. przekazywać 2. przenosić 3. przepuszczać 4. transmitować 5. nadawać
transmitter /treenz-my-te/ nadajnik
transmute /treenz-mjuut/ 1. przemieniać 2. przeobrażać
transparency /treen-spee-rensy/ 1. przeźroczystość 2. transparent
transparent /treen-spee-rnt/ przeźroczysty
transpire /treen-spa-yje/ 1. wychodzić na jaw 2. okazywać się 3. zdarzać się 4. stawać się
transplant /treens-plaant/ przeszczepiać
transport /traan-spoot/ 1. przewozić 2. transportować
transport /trenn-spoot/ transport
transportation /traans-poo-tei-szn/ 1. transport 2. przewóz 3. środki komunikacji
transporter /traan-spoo-te/ transporter
transpose /treen-spełz/ 1. przestawiać 2. transponować
transubstantiation /treenseb-stenszy-ei-szn/ 1. przeistoczenie 2. przemienienie
transverse /treenz-wes/ poprzeczny
trap /treep/ 1. pułapka 2. podstęp
trapeze /tre-piz/ trapez w akrobatyce
trapezium /tre-pi-zyjem/ trapez
trapezoid /tree-pe-zoid/ trapezoid
trash /treesz/ 1. śmiecie 2. bzdury
trauma /troo-me/ 1. uraz 2. trauma
travel /tree-wl/ 1. podróżować 2. podróż
traveller /tree-wle/ 1. podróżny 2. komiwojażer
traverse /tree-wes/ 1. przechodzić 2. przejeżdżać 3. przecinać
travesty /tree-wes-ty/ 1. parodiować 2. parodia
trawl /trool/ 1. trałować 2. łowić ryby wielką siecią
tray /trei/ taca
treacherous /tre-czeres/ 1. zdradziecki 2. zdradliwy 3. zawodny 4. niepewny
treachery /tre-czery/ zdrada
treacle /tri-kl/ 1. melasa 2. syrop
tread /tred/ 1. stąpać 2. deptać 3. gnieść nogami 4. stąpanie 5. odgłos kroków
treadle /tre-dl/ 1. poruszać pedałem 2. pedał maszyny do szycia
treason /tri-zn/ zdrada
treasure /tre-że/ skarb
treasurer /tre-żere/ skarbnik
treasury /tre-żery/ 1. skarbnica 2.

skarbiec

treat /trit/ traktować

treatise /tri-tyz/ 1. rozprawa 2. traktat

treatment /trit-ment/ 1. traktowanie 2. leczenie

treaty /tri-ty/ traktat

treble /tre-bl/ 1. potrajać 2. potrajać się 3. sopran 4. sopranowy 5. potrójny 6. trzykrotny

tree /tri/ drzewo

trefoil /tri-foil/ 1. koniczyna 2. rozeta trójlistna

trek /trek/ 1. jechać wozem zaprzężonym w woły 2. posuwać się wolno

trellis /tre-lys/ 1. krata 2. szpaler

tremble /trem-bl/ trząść się

tremendous /tre-men-des/ 1. straszliwy 2. olbrzymi 3. ogromny 4. potężny

tremor /tre-me/ 1. drżenie 2. drganic

trench /trencz/ 1. rów 2. okop

trend /trend/ 1. tendencja 2. trend

trespass /tres-pes/ 1. naruszać 2. wykraczać 3. grzeszyć 4. naruszenie 5. wykroczenie 6. grzech

trestle /tre-sl/ 1. kozioł 2. kobyła ramowa

trial /trai-l/ 1. próba 2. proces

triangle /trai-eenngl/ trójkąt

tribal /trai-bl/ 1. szczepowy 2. plemienny

tribe /traib/ plemię

tribulation /trybju-lei-szn/ 1. cierpienie 2. męka

tribunal /trai-bjuu-nl/ 1. sąd 2. trybunał

tribune /try-bjun/ trybuna

tribute /try-bjut/ hołd

trick /tryk/ 1. oszukiwać 2. sztuczka

trickery /try-kery/ 1. oszustwo 2. podstęp

trickle /try-kl/ 1. ściekać 2. kapać 3. mała struga

tricycle /trai-sykl/ trycykl

triennial /trai-en-yjel/ 1. trzyletni 2. powtarzający się co trzy lata

trifle /trai-fl/ 1. zażartować 2. lekceważyć 3. bawić się 4. drobiazg 5. błahostka 6. biszkopt w winie z kremem

trigger /try-ge/ 1. pociągać za spust 2. wywoływać 3. dawać początek 4. spust 5. cyngiel

trigonometry /tryge-no-metry/ trygonometria

trilateral /trai-lee-terl/ trzystronny

trill /tryl/ 1. wymawiać dźwięk z wibracją 2. trcl 3. tryl

trillion /try-lyjen/ trylion

trilogy /try-ledży/ trylogia

trim /trym/ 1. starannie utrzymany 2. podstrzyżenie 3. przycinać

trinity /try-nety/ trójca

trio /tri-eł/ 1. trio 2. trójka 3. trzy osoby

trip /tryp/ 1. wycieczka 2. podróż

tripe /traip/ 1. flaczki 2. byle co

triple /try-pl/ potrójny

triplets /try-plets/ trojaczki

triplicate /tryp-ly-ket/ 1. tryplikat 2. trzecia kopia 3. potrójny 4. wystawiony w trzech egzemplarzach

tripod /trai-pod/ 1. trójnóg 2. statyw

tripper /try-pe/ wycieczkowicz

trite /trait/ 1. banalny 2. szablonowy

triumph /trai-amf/ 1. triumfować 2. triumf

trivial /try-wyjel/ 1. błahy 2. trywialny

troll /treul/ olbrzym lub karzeł w

mitologii skandynawskiej
trolley /tro-ly/ wózek
trollop /tro-lep/ 1. prostytutka 2. ulicznica
trombone /trom-bełn/ puzon
troop /truup/ oddział
trooper /truu-pe/ żołnierz
trophy /treł-fy/ trofeum
tropic /tro-pyk/ zwrotnik
tropical /tro-pykl/ tropikalny
trot /trot/ 1. jechać kłusem 2. kłusować 3. przebiegać 4. truchtać 5. kłus 6. trucht
trotter /tro-te/ 1. kłusak 2. nóżka zwierzęca jako pokarm
trouble /tra-bl/ 1. kłopot 2. zmartwienie
trouble-maker /tra-bl-mei-ke/ osoba sprawiająca kłopot innym
troublesome /tra-bl-sm/ kłopotliwy
trough /trof/ 1. koryto 2. żłób
trounce /trałns/ 1.pokonywać 2. pobić przeciwnika
troupe /truup/ 1. trupa 2. zespół
trousers /trał-zez/ spodnie
trout /trałt/ pstrąg
trowel /trał-el/ 1. kielnia murarska 2. rydel
troy /troi/ brytyjski system wag dla srebra i złota
truant /truu-ent/ uczeń chodzący na wagary
truancy /tru-ensy/ wagary
truce /truus/ 1. zawieszenie broni 2. rozejm
truck /trak/ ciężarówka
trudge /tradż/ 1. iść mozolnie naprzód 2. mozolny marsz
true /truu/ prawdziwy
truism /truu-yzm/ 1. truizm 2. komunał
truly /truu-ly/ 1. naprawdę 2. rzeczywiście 3. szczerze 4. prawdzi-

wie
trump /tramp/ atut
trumpet /tram-pyt/ trąbka
truncheon /tran-czn/ gumowa pałka policjanta
trunk /trank/ 1. tułów 2. pień 3. bagażnik
truss /tras/ 1. związywać 2. wiązanie dachowe 3. wiązka siana 4. pas przepuklinowy
trust /trast/ 1. ufać 2. zaufanie
trustee /tra-sti/ powiernik
truth /trufh/ prawda
try /trai/ 1. próbować 2. starać się 3. wystawiać na próbę 4. sądzić
  try on przymierzać
tsetse /se-tsy/ mucha tse-tse
T-shirt /ti-szet/ podkoszulek
tub /tab/ 1. wanna 2. kadź
tube /tjub/ 1. dętka 2. rura 3. metro
tubercular /tjuu-be-kjule/ grużliczy
tuberculosis /tjuberkju-leł-sys/ gruźlica
tubular /tjuu-bjule/ 1. rurowy 2. cylindryczny
tuck /tak/ 1. chować 2. wtykać 3. podwijać 4. fałda 5. zakładka 6. słodycze
Tuesday /tjuuz-dy/ wtorek
tuft /taft/ 1. kępka 2. pęk 3. kiść
tug /tag/ 1. pociągać 2. szarpać 3. szarpnięcie 4. holownik
tuition /tjuu-y-szn/ 1. nauka 2. nauczanie 3. lekcje 4. opłata za naukę 5. czesne
tulip /tju-lyp/ tulipan
tumble /tam-bl/ 1. upadać 2. runąć 3. wywracać się 4. miotać się 5. biegać na oślep 6. zawalać się 7. przewracać 8. upadek 9. nieład
tumbler /tam-ble/ kubek
tumescent /tjuu-me-sent/ 1. obrzmiewający 2. nabrzmiewający

3. spuchnięty

tummy /ta-my/ brzuszek

tumour /tjuu-me/ 1. guz 2. nowotwór

tumult /tjuu-malt/ 1. zgiełk 2. wrzawa 3. tumult 4. podniecenie 5. wzburzenie

tuna /tju-ne/ tuńczyk

tundra /tan-dre/ tundra

tune /tjun/ 1. nastrajać 2. melodia

tuner /tjuu-ne/ 1. stroiciel 2. tuner

tunic /tjuu-nyk/ 1. tunika 2. mundur

tunnel /ta-nl/ tunel

turban /te-bn/ turban

turbine /ter-bain/ turbina

turbulence /te-bju-lens/ 1. niepokój 2. burzliwość 3. gwałtowność

turbulent /te-bju-lent/ 1. gwałtowny 2. niespokojny 3. burzliwy

turf /tef/ 1. pokrywać darnią 2. dań 3. torf

turkey /ter-ky/ indyk

Turkey /ter-ky/ Turcja

Turkish /ter-kysz/ turecki

turmoil /te-moil/ 1. zamieszanie 2. podniecenie 3. wrzawa 4. zgiełk

turn /tern/ 1. obrót 2. kolej 3. zmiana 4. zakręt 5. przekręcać (się) 6. obracać (się) 7. odwracać (się)

  turn back zawracać

  turn down 1. odrzucać 2. przyciszać

  turn in 1. iść spać 2. wydawać policji

  turn off wyłączać

  turn on włączyć

  turn out okazywać się

turncoat /ten-kełt/ 1. zdrajca 2. renegat

turner /te-ne/ tokarz

turning /ter-nynn/ zakręt

turnip /ter-nyp/ rzepa

turquoise /te-kłoiz/ turkus

turret /ta-ret/ 1. wieżyczka 2. wieżyczka armatnia

turtle /ter-tl/ żółw

tusk /task/ kieł

tussle /ta-sl/ 1. bić się 2. szamotać się 3. bójka 4. bijatyka

tutelage /tjuu-te-lydż/ 1. opieka 2. kuratela

tutor /tjuu-te/ 1. wychowawca 2. korepetytor

tuxedo /tak-si-deł/ smoking

twaddle /tło-dl/ 1. gadanina 2. paplanina

twang /tłeenn/ 1. brzdąkać 2. brzdęk 3. mówienie przez nos

tweak /tłik/ 1. uszczypnąć 2. wykręcać 3. uszczypnięcie 4. wykręcenie

tweed /tłid/ tweed

tweezers /tli-zez/ 1. pinceta 2. szczypczyki

twolfth /tłelfh/ dwunasty

twelve /tłelw/ dwanaście

twentieth /ten-tyjefh/ dwudziesty

twenty /tłen-ty/ dwadzieścia

twice /tłais/ 1. dwa razy 2. dwukrotnie

twilight /tłai-lait/ 1. brzask 2. zmierzch

twin /tłyn/ 1. bliźniak 2. bliźniaczy

twine /tłain/ 1. splatać 2. oplatać 3. owijać 4. cienki sznurek

twinge /tłyndż/ 1. ból 2. rwanie

twinkle /tłynn-kl/ 1. migotać 2. skrzyć się 3. błysk

twirl /tłel/ 1. kręcić 2. kręcić się 3. wirować 4. kręcenie 5. wirowanie

twist /tłyst/ 1. skręt 2. zwrot 3. zwój 4. skręcać 5. przekręcać 6. owijać

twit /tłyt/ 1. głupek 2. niemądry

twitch /tłycz/ 1. szarpnąć 2. kur-

czyć się 3. drgać 4. szarpnięcie 5.
skurcz 6. drganie
twitter /tły-te/ 1. świergotać 2.
ćwierkać 3. bełkotać 4. ćwierkanie
5. świergot
two /tuu/ dwa
twofaced /tuu-feist/ dwulicowy
twofold /tuu-feuld/ 1. podwójny 2.
dwojaki 3. podwójnie 4. dwojako
twopence /ta-pns/ dwa pensy
two-seater /tuu-si-te/ samochód
(samolot) dwuosobowy
two-way /tuu-łei/ dwukierunkowy
tycoon /tai-kuun/ 1. potentat 2.
magnat
type /taip/ 1. pisać na maszynie 2.
typ
typescript /taip-skrypt/ maszynopis
typewriter /taip-raite/ maszyna do
pisania
typhoon /tai-fuun/ tajfun
typical /ty-pykl/ typowy
typist /tai-pyst/ maszynistka
tyrannize /ty-re-naiz/ tyranizować
tyranny /ty-reny/ tyrania
tyrant /taie-rnt/ tyran
tyre /tai-e/ opona

U

ubiquitous /juu-by-kłytes/ 1. wszędzie obecny 2. wszechobecny 3.
wszędobylski
U-boat /juu-bełt/ niemiecka łódź
podwodna
udder /a-de/ wymię
ugliness /a-gly-nes/ brzydota
ugly /a-gly/ 1. brzydki 2. paskudny
ukulele /juuke-lei-ly/ 1. ukulele 2.
gitara hawajska
ulcer /al-se/ wrzód
ulterior /al-tyje-ryje/ 1. dalszy 2.

późniejszy 3. ukryty
ultimate /al-ty-myt/ 1. ostateczny 2.
największy
ultimatum /alty-mei-tem/ ultimatum
ultrasonic /altre-so-nyk/ ponaddźwiękowy
ultraviolet /altre-way-jelet/ ultrafio-
letowy
umbilical /am-by-lykl/ 1. pępowina
2. pępkowy
umbrella /am-bre-le/ parasol
umlaut /um-lałt/ 1. umlaut 2. prze-
głos
umpire /am-payje/ 1. sędzia 2. rozjemca
umpteen /amp-tin/ 1. dużo 2. wiele
unabated /ane-bei-tyd/ 1. niesłabnący 2. nie zmniejszony
unable /an-ei-bl/ niezdolny
unaccompanied /ane-kam-pe-
nyd/ 1. samotny 2. bez towarzystwa 3. bez akompaniamentu
unaccountable /ane-kałn-tebl/ 1.
niewytłumaczalny 2. niezrozumiały
unaccustomed /ane-kas-temd/ 1.
nie przyzwyczajony 2. niezwykły
unadvised /aned-waizd/ 1. nieroz-
tropny 2. nierozważny
unaffected /ane-fek-tyd/ 1. nie
udawany 2. niekłamany 3. nie za-
atakowany 4. nie dotknięty
unalienable /an-ei-lyjen-ebl/ 1. nie
odbieralny 2. nierozerwalny
unalterably /an-oolte-rebly/ niezmiennie
unanimity /juune-ny-mety/ jednomyślność
unanimous /ju-nee-nyms/ 1. jednomyślny 2. jednogłośny
unannounced /ane-nał-nst/ nie za-

powiedziany

unanswered /an-<u>aan</u>-sed/ pozostawiony bez odpowiedzi

unapproachable /ane-<u>preł</u>-czebl/ 1. niedostępny 2. nieprzystępny

unarmed /an-<u>aamd</u>/ 1. nieuzbrojony 2. bezbronny

unasked /an-<u>aaskt</u>/ nie proszony

unassuming /ane-<u>sjuu</u>-mynn/ skromny

unattached /ane-<u>tee</u>-czt/ 1. nie związany 2. niezależny

unattended /ane-<u>ten</u>-dyd/ 1. samotny 2. zaniedbany

unauthorized /an-<u>oo</u>-fhe-raizd/ 1. nie upoważniony 2. nielegalny

unavailing /ane-<u>wei</u>-lynn/ 1. bezskuteczny 2. daremny

unavoidable /ane-<u>woi</u>-debl/ 1. nieunikniony 2. niechybny

unaware /ane-<u>lee</u>/ nieświadomy

unbalanced /an-<u>bee</u>-lenst/ niezrównoważony

unbearable /an-<u>bee</u>-rebl/ 1. nieznośny 2. nie do wytrzymania

unbeaten /an-<u>bi</u>-tn/ 1. nie pokonany 2. nie pobity

unbecoming /an-by-<u>ka</u>-mynn/ 1. niewłaściwy 2. niestosowny 3. nieodpowiedni 4. nie na miejscu

unbelievable /an-by-<u>li</u>-webl/ 1. nieprawdopodobny 2. niewiarygodny

unbeliever /an-by-<u>li</u>-we/ 1. człowiek niewierzący 2. ateista

unbend /an-<u>bend</u>/ 1. rozprostowywać się 2. odprężać się

unbiassed /an-<u>bay</u>-jest/ 1. bezstronny 2. bez uprzedzeń

unblock /an-<u>blok</u>/ 1. odtykać 2. odblokowywać

unborn /an-<u>boon</u>/ 1. nie urodzony 2. przyszły

unbroken /an-<u>breł</u>-kn/ 1. nieprze-

rwany 2. nie ujeżdżony 3. nie pobity

unbuckle /an-<u>ba</u>-kl/ odpinać

unburden /an-<u>be</u>-dn/ 1. odciążać 2. ulżyć

unbutton /an-<u>ba</u>-tn/ 1. rozpinać 2. odpinać

uncanny /an-<u>kee</u>-ny/ 1. niesamowity 2. tajemniczy

unceasing /an-<u>si</u>-synn/ 1. bezustanny 2. nieprzerwany

uncertain /an-<u>ser</u>-tn/ niepewny

uncertainty /an-<u>se</u>-tenty/ 1. niepewność 2. wątpliwość

unchanged /an-<u>czein</u>-dż/ niezmieniony

uncharitable /an-<u>czee</u>-ry-tebl/ 1. nieprzyjazny 2. nieprzychylny 3. nieżyczliwy

unchecked /an-<u>czekt</u>/ 1. niepowstrzymany 2. niepohamowany

unchristian /an-<u>krys</u>-czn/ pogański

uncivil /an-<u>sy</u>-wl/ 1. nieuprzejmy 2. grubiański

unclaimed /an-<u>kleimd</u>/ nie odebrany

uncle /<u>an</u>-kl/ wujek

uncomfortable /an-<u>kamf</u>-tebl/ niewygodny

uncommon /an-<u>ko</u>-men/ niecodzienny

unconditional /ankn-<u>dy</u>-sznl/ 1. bezwarunkowy 2. bez zastrzeżeń

unconditioned /ankn-<u>dy</u>-sznd/ 1. nieuwarunkowany 2. bezwarunkowy 3. instynktowny

unconscious /an-<u>kon</u>-szes/ nieprzytomny

uncork /an-<u>kook</u>/ odkorkowywać

uncouth /an-<u>kuufh</u>/ 1. nieokrzesany 2. niezgrabny 3. niezręczny

uncover /an-<u>ka</u>-we/ 1. odsłaniać 2. odkrywać

undated /an-<u>dei</u>-tyd/ nie datowany

undaunted /an-<u>doon</u>-tyd/ nieustraszony

undecided /andy-<u>sai</u>-dyd/ niezdecydowany

undefended /andy-<u>fen</u>-dyd/ nie broniony

undemonstrative /andy-<u>mon</u>-stretyw/ 1. nie wylewny 2. zachowujący rezerwę

undeniable /andy-<u>na</u>-yjebl/ niezaprzeczalny

under /<u>an</u>-de/ 1. pod 2. poniżej 3. pod spodem

underact /an-de-<u>eekt</u>/ zagrać rolę słabo

underarm /<u>an</u>-de-aam/ od dołu

underbid /ande-<u>byd</u>/ 1. złożyć korzystniejszą ofertę 2. nie wykorzystać w licytacji swoich kart

undercarriage /<u>an</u>-de-kee-rydż/ podwozie

undercharge /an-de-<u>czaadż</u>/ 1. za mało policzyć 2. nie doładować

underclothes /<u>an</u>-de-kleł-dhz/ bielizna

undercover /an-de-<u>ka</u>-we/ 1. tajniak 2. tajny

undercurrent /<u>an</u>-de-ka-rent/ 1. prąd denny 2. nurt

undercut /an-de-<u>kat</u>/ sprzedawać taniej od innych

underdeveloped /an-de-dy-<u>we</u>-lept/ 1. nie w pełni rozwinięty 2. gospodarczo zacofany

underdog /<u>an</u>-de-dog/ osoba najbiedniejsza lub najsłabsza 2. potencjalny przegrany w walce

underdone /an-de-<u>dan</u>/ 1. nie dopieczony 2. półsurowy

underestimate /an-de-<u>es</u>-tymeit/ nie doceniać

underfed /an-de-<u>fed</u>/ 1. nie dożywiony 2. wygłodzony

undergo /an-de-<u>geł</u>/ doświadczać

undergraduate /an-de-<u>gree</u>-dżuet/ student bez stopnia naukowego

underground /<u>an</u>-de-grałnd/ 1. podziemny 2. metro

undergrowth /<u>an</u>-de-grełfh/ podszycie lasu

underhand /an-de-<u>heend</u>/ 1. skryty 2. podstępny 3. oszukańczy 4. skrycie 5. podstępnie 6. po kryjomu

underlay /<u>an</u>-de-lei/ podkładka pod dywan

underlie /an-de-<u>lai</u>/ 1. leżeć 2. kryć się 3. tworzyć podstawy

underline /an-de-<u>lain</u>/ podkreślać

undermanned /an-de-<u>meend</u>/ mający luki personalne

undermine /an-de-<u>main</u>/ 1. robić podkop 2. podkopywać

underneath /an-de-<u>nifh</u>/ 1. poniżej 2. pod spodem 3. na dole

undernourished /an-de-<u>na</u>-ryszt/ nie dożywiony

underpass /an-de-<u>paas</u>/ przejazd pod torem lub drogą

underpay /an-de-<u>pei</u>/ 1. źle wynagradzać 2. za mało płacić

underpin /an-de-<u>pyn</u>/ 1. podeprzeć 2. podpierać

underprivileged /an-de-<u>pry</u>-welydżd/ upośledzony społecznie

underrate /an-de-<u>reit</u>/ 1. nie doceniać 2. zbyt nisko oszacowywać

undersecretary /an-de-<u>se</u>-kretry/ 1. podsekretarz stanu 2. wiceminister

undersell /an-de-<u>sel</u>/ 1. sprzedawać po cenie niższej 2. sprzedawać poniżej wartości

undersigned /an-de-<u>saind</u>/ 1. podpisany 2. niżej podpisany

undersized /an-de-<u>saizd</u>/ 1. małego wzrostu 2. zbyt małych rozmiarów

understand /an-de-<u>steend</u>/ rozumieć

understandable /an-de-<u>steend</u>-ebl/ zrozumiały

understanding /an-de-<u>steen</u>-dynn/ 1. porozumienie 2. zrozumienie

understate /an-de-<u>steit</u>/ 1. skromnie przedstawiać fakty 2. umniejszać

understock /an-de-<u>stok</u>/ zaopatrywać niedostatecznie w towar

understood → understand

understudy /<u>an</u>-de-sta-dy/ 1. dublować rolę 2. zastępować aktora 3. dubler

undertake /an-de-<u>teik</u>/ przedsięwziąć

undertaken /an-de-<u>tei</u>-kn/ → undertake

undertaker /<u>an</u>-de-teike/1. grabarz 2. właściciel zakładu pogrzebowego

undertaking /an-de-<u>tei</u>-kynn/ przedsięwzięcie

undertone /<u>an</u>-de-tełn/ 1. półton 2. półszept 3. półgłos

undertook → undertake

undervalue /an-de-<u>wee</u>-ljuu/ 1. za nisko oszacowywać 2. nie doceniać

underwater /<u>an</u>-de-łoote/ podwodny

underwear /<u>an</u>-de-łee/ bielizna

underworld /<u>an</u>-de-łerld/ półświatek

underwrite /an-de-<u>rait</u>/ podpisywać polisę ubezpieczeniową

underwrote → underwrite

underwritten → underwrite

undesirable /an-dy-<u>zay</u>-je-rebl/ 1. człowiek niepożądany 2. niepożądany 3. niedogodny

undeterred /an-dy-<u>ted</u>/ 1. nie zniechęcony 2. niezachwiany

undeveloped /an-dy-<u>we</u>-lept/ nie rozwinięty

undid → undo

undies /<u>an</u>-dyz/ bielizna damska

undischarged /an-dys-<u>czaa</u>-dżd/ 1. nie rozładowany 2. nie spłacony

undo /an-<u>duu</u>/ 1. rozpinać 2. rozwiązywać 3. odwoływać zmiany

undone → undo

undoubted /an-<u>dał</u>-tyd/ 1. niewątpliwy 2. pewny

undoubtedly /an-<u>dał</u>-tydly/ niewątpliwie

undress /an-<u>dres</u>/ rozbierać się

undue /an-<u>djuu</u>/ 1. nadmierny 2. przesadny 3. zbytni 4. niewłaściwy

undulate /<u>an</u>-dju-leit/ falować

undying /an-<u>dai</u>-ynn/ 1. nieśmiertelny 2. dozgonny

unearthly /an-<u>e</u>-fhly/ 1. nieziemski 2. niesamowity 3. nieprawdopodobny

uneasy /un-<u>izy</u>/ 1. niespokojny 2. skrępowany

uneducated /an-<u>e</u>-dżu-keityd/ 1. niewykształcony 2. bez wykształcenia

unemployed /anym-<u>ploid</u>/ bezrobotny

unemployment /anym-<u>ploi</u>-ment/ bezrobocie

unending /an-<u>en</u>-dynn/ 1. bezustanny 2. wieczny 3. nie kończący się

unequal /an-i-kłeł/ nierówny

unequivocal /any-kły-wekl/ 1. niedwuznaczny 2. jasny 3. wyraźny

unerring /an-e-rynn/ 1. nieomylny 2. niezawodny 3. precyzyjny

uneven /an-iwn/ nieparzysty

unexceptionable /anyk-sep-sznebl/ 1. bez zarzutu 2. nienaganny

unexpected /anyks-pe-ktyd/ niespodziewany

unfailing /an-fei-lynn/ niewyczerpany

unfair /an-fee/ 1. nieuczciwy 2. niesprawiedliwy

unfaithful /an-feifh-fl/ niewierny

unfaltering /an-fool-terynn/ nie wahający się

unfamiliar /an-fe-my-lyje/ 1. nieznany 2. obcy 3. nowy 4. nie obznajomiony

unfavourable /an-felw-rebl/ 1. niesprzyjający 2. niesprzyjający

unfit /an-fyt/ niezdatny

unfold /an-feuld/ 1. rozkładać 2. rozwijać się

unforeseen /an-fe-sin/ nieprzewidziany

unforgettable /an-fe-ge-tebl/ niezapomniany

unforgiving /an-fe-gy-wynn/ nieprzejednany

unfortunate /an-foo-czu-net/ 1. pechowy 2. niefortunny

unfortunately /an-foo-czuntly/ niestety

unfounded /an-fałn-dyd/ 1. nieuzasadniony 2. bezpodstawny

unfrequented /an-fry-kłen-tyd/ nieuczęszczany

unfriendly /an-fren-dly/ 1. nieprzyjazny 2. nieprzyjemny

unfrock /an-frok/ 1. pozbawiać sutanny 2. zwalniać z kapłaństwa

unfruitful /an-fruut-fl/ niepłodny

unfurl /an-fel/ 1. rozpościerać 2. rozwijać

unfurnished /an-fe-nyszt/ nie umeblowany

ungainly /an-gein-ly/ 1. niezgrabny 2. niezdarny

ungodly /an-god-ly/ 1. bezbożny 2. bezsensowny

ungovernable /an-gaw-nebl/ 1. nieposkromiony 2. nieopanowany

ungrateful /an-greit-fl/ niewdzięczny

unguarded /an-gaa-dyd/ 1. nie strzeżony 2. niebaczny 3. nieopatrzny

unhappy /an-hee-py/ nieszczęśliwy

unharmed /an-harmd/ nietknięty

unhealthy /an-hel-fhy/ niezdrowy

unheard /an-hed/ 1. nie usłyszany 2. nie wysłuchany

unhinged /an-hyndżd/ chory umysłowo

unhook /an-huk/ 1. zdejmować z haka 2. odpinać haftki 3. odhaczać

unicorn /juu-ny-koon/ jednorożec

unidentified /anai-den-ty-faid/ 1. niezidentyfikowany 2. nieznany

uniform /ju-nyfoom/ 1. mundur 2. jednolity

uniformity /juuny-foo-mety/ jednolitość

unify /juu-ny-fai/ 1. jednoczyć 2. ujednolicać

unilateral /juu-ny-lee-trl/ jednostronny

unimaginable /an-y-mee-dżynebl/ niewyobrażalny

unimaginative /an-y-mee-dżne-tyw/ pozbawiony wyobraźni

unimpeachable /an-ym-pi-czebl/

1. bezsporny 2. pewny

unimportant /an-ym-<u>poo</u>-tent/ 1. nieważny 2. błahy

uninformed /an-yn-<u>foomd</u>/ 1. nie powiadomiony 2. nie poinformowany

uninhibited /an-yn-<u>hy</u>-bytyd/ 1. bez zahamowań 2. niekonwencjonalny

uninspired /an-yn-<u>spay</u>-jed/ 1. nudny 2. banalny

uninteresting /an-<u>yn</u>-try-stynn/ 1. nieciekawy 2. nudny

uninterrupted /anynte-<u>rap</u>-tyd/ nieprzerwany

uninvited /anyn-<u>wai</u>-tyd/ nieproszony

union /<u>ju</u>-nyjen/ 1. związek 2. połączenie

unique /ju-<u>nik</u>/ wyjątkowy

unisex /<u>juu</u>-ny-seks/ styl zaprojektowany dla obojga płci

unison /<u>juu</u>-ny-sn/ 1. unison 2. zgoda 3. harmonia

unit /<u>ju</u>-nyt/ 1. jednostka 2. zespół

unite /ju-<u>nait</u>/ jednoczyć się

unity /<u>ju</u>-nety/ jedność

universal /ju-ny-<u>wer</u>-sl/ 1. powszechny 2. uniwersalny

universe /<u>ju</u>-ny-wers/ wszechświat

university /ju-ny-<u>wer</u>-sety/ uniwersytet

unkind /an-<u>kaind</u>/ 1. niedobry 2. nieuprzejmy

unknown /an-<u>nełn</u>/ nieznany

unlawful /an-<u>loo</u>-fl/ nielegalny

unleash /an-<u>lisz</u>/ 1. spuszczać psy ze smyczy 2. rozpętać wojnę

unless /an-<u>les</u>/ 1. jeśli nie 2. o ile nie

unlike /an-<u>laik</u>/ 1. niepodobny 2. w odróżnieniu od

unlikely /an-<u>lai</u>-kly/ 1. nie-

prawdopodobny 2. mało prawdopodobny

unlimited /an-<u>ly</u>-my-tyd/ nieograniczony

unload /an-<u>ełd</u>/ rozładowywać

unlock /an-<u>lok</u>/ otwierać zamek

unlocked /an-<u>lokt</u>/ nie zamknięty

unlucky /an-<u>la</u>-ky/ pechowy

unmanly /an-<u>meen</u>-ly/ 1. słaby 2. tchórzliwy 3. zniewieściały

unmanned /an-<u>meend</u>/ bez załogi

unmarried /an-<u>me</u>-ryd/ 1. nieżonaty 2. niezamężna

unmask /an-<u>maask</u>/ 1. demaskować 2. ujawniać 3. zrzucać maskę

unmatchable /an-<u>mee</u>-czbl/ niezrównany

unmentionable /an-<u>men</u>-sznbl/ nie nadający się do powtórzenia

unmindful /an-<u>maind</u>-fl/ 1. zapominający 2. niepomny

unmistakable /an-my-<u>stei</u>-kbl/ 1. niewątpliwy 2. wyraźny

unmitigated /an-<u>my</u>-ty-geityd/ 1. kompletny 2. prawdziwy

unnatural /an-<u>na</u>-czrel/ nienaturalny

unnecessary /an-<u>ne</u>-sesry/ 1. zbędny 2. niepotrzebny

unnerve /an-<u>new</u>/ odbierać odwagę

unnoticed /an-<u>neł</u>-tyst/ nie zauważony

unnumbered /an-<u>nam</u>-bed/ 1. niezliczony 2. nie ponumerowany

unobtrusive /aneb-<u>truu</u>-syw/ 1. skromny 2. nie narzucający się

unoccupied /an-<u>o</u>-kjupaid/ nie zajęty

unofficial /ane-<u>fy</u>-szl/ nieoficjalny

unpack /an-<u>peek</u>/ rozpakowywać

unparalleled /an-<u>pee</u>-releld/ 1. niezrównany 2. bezprzykładny

unpick /an-<u>pyk</u>/ zdejmować szwy

unpleasant /an-<u>ple</u>-znt/ nieprzyjemny

unprecedented /an-<u>pre</u>-sy-dentyd/ 1. niesłychany 2. bez precedensu

unprejudiced /an-<u>pre</u>-dże-dyst/ 1. bezstronny 2. nie uprzedzony

unprepared /anpri-<u>peed</u>/ nie przygotowany

unpretentious /anpry-<u>ten</u>-szes/ 1. skromny 2. nie wywyższający się

unprincipled /an-<u>pryn</u>-sepld/ 1. pozbawiony skrupułów 2. niegodziwy

unprofessional /anpre-<u>fe</u>-sznel/ nieprofesjonalny

unprompted /an-<u>prom</u>-ptyd/ samorzutny

unprovoked /an-pre-<u>wełkt</u>/ 1. niczym nie sprowokowany 2. nieuzasadniony

unqualified /an-<u>kło</u>-ly-faid/ 1. niewykwalifikowany 2. nieograniczony

unquestionable /an-<u>kłes</u>-czenebl/ bezsporny

unravel /an-<u>ree</u>-wl/ 1. rozplątać 2. rozplątywać 3. rozwikłać 4. wyjaśniać 5. rozwiązywać

unreal /an-<u>ryjel</u>/ 1. nierealny 2. nierzeczywisty

unreasonable /an-<u>ri</u>-ze-nebl/ nierozsądny

unreliable /an-ry-<u>la</u>-yjebl/ 1. niesolidny 2. niepewny

unremitting /an-ry-<u>my</u>-tynn/ 1. niestrudzony 2. niesłabnący

unrequited /an-ry-<u>kłai</u>-tyd/ 1. nie wynagrodzony 2. nie odwzajemniony

unrest /an-<u>rest</u>/ 1. niepokoje 2. zamieszki

unrestrained /an-ry-<u>streind</u>/ 1. niepohamowany 2. nieopanowany

unrestricted /an-ry-<u>stryk</u>-tyd/ nieograniczony

unrivalled /an-<u>rai</u>-wld/ niezrównany

unruffled /an-<u>ra</u>-fld/ 1. spokojny 2. niezakłócony 3. niezmącony

unruly /an-<u>ruu</u>-ly/ 1. niesforny 2. niezdyscyplinowany

unsafe /an-<u>seif</u>/ 1. niebezpieczny 2. zagrożony

unsaid /an-<u>sed</u>/ 1. nie powiedziany 2. przemilczany

unsavoury /an-<u>sei</u>-wry/ 1. niesmaczny 2. przykry

unscathed /an-<u>skeidhd</u>/ 1. nietknięty 2. nienaruszony

unscrupulous /an-<u>skruu</u>-pju-les/ 1. pozbawiony skrupułów 2. niegodziwy

unseasoned /an-<u>si</u>-znd/ 1. niedojrzały 2. nie przyprawiony

unseat /an-<u>sit</u>/ 1. wysadzać z siodła 2. pozbawiać stanowiska

unseemly /an-<u>si</u>-mly/ 1. niewłaściwy 2. niestosowny 3. nie na miejscu 4. nieprzyzwoity

unseen /an-<u>sin</u>/ 1. niewidzialny 2. niewidoczny

unsettle /an-<u>setl</u>/ 1. zakłócać 2. rozstrajać 3. zachwiać

unsightly /an-<u>sai</u>-tly/ 1. brzydki 2. szkaradny

unskilled /an-<u>skyld</u>/ niewykwalifikowany

unsophisticated /an-se-<u>fys</u>-ty-keityd/ 1. prosty 2. naturalny 3. niewinny

unsound /an-<u>sałnd</u>/ 1. niezdrowy 2. nie zadawalający 3. niesolidny 4. błędny

unsparing /an-<u>spee</u>-rynn/ 1.

szczodry 2. nie szczędzący

unspeakable /an-<u>spi</u>-kebl/ 1. niewymowny 2. niewypowiedziany 3. okropny

unspoken /an-<u>speł</u>-kn/ nie mówiony

unstable /an-<u>stei</u>-bl/ 1. niezrównoważony 2. niestabilny

unstuck /an-<u>stak</u>/ 1. odklejony 2. rozklejony 3. doznawać niepowodzenia

unsuccessful /ansek-<u>ses</u>-fl/ nieudany

unthinkable /an-<u>fhynn</u>-kebl/ nie do pomyślenia

untidy /an-<u>tai</u>-dy/ 1. nie posprzątany 2. zaniedbany 3. niestaranny

until /en-<u>tyl</u>/ aż do

untimely /an-<u>taim</u>-ly/ nie w porę

untold /an-<u>teuld</u>/ niewypowiedziany

untouchable /an-<u>ta</u>-czebl/ nietykalny

untrue /an-<u>truu</u>/ 1. nieprawdziwy 2. fałszywy

untruth /an-<u>truufh</u>/ nieprawda

unused /an-<u>just</u>/ nieprzyzwyczajony

unused /an-<u>juzd</u>/ nie używany

unusual /an-<u>ju</u>-żuel/ niezwykły

unveil /an-<u>weil</u>/ 1. odsłaniać 2. wyjawiać

unwanted /an-<u>łon</u>-tyd/ niepożądany

unwilling /an-<u>ły</u>-lynn/ niechętny

unwind /an-<u>łaind</u>/ 1. rozwijać 2. odwijać 3. zrelaksować się 4. odprężać się

unwound → unwind

unwrap /an-<u>reep</u>/ 1. rozwijać 2. rozpakowywać

unzip /an-<u>zyp</u>/ otwierać rozpinając zamek

up /ap/ 1. do góry 2. w górze 3. wysoko

upbringing /<u>ap</u>-brynn-ynn/ wychowanie

upcountry /ap-<u>kan</u>-try/ 1. położony w głębi kraju 2. w głąb kraju

update /ap-<u>deit</u>/ uaktualniać

upgrade /ap-<u>greid</u>/ 1. podnosić 2. zastępować nową wersją

upheaval /ap-<u>hi</u>-wl/ 1. wstrząs 2. przewrót

upheld → uphold

uphill /ap-<u>hyl</u>/ 1. wznoszący się 2. stromy 3. uciążliwy 4. żmudny 5. pod górę 6. stromo

uphold /ap-<u>heuld</u>/ 1. podtrzymywać 2. popierać 3. utrzymywać w mocy

upholster /ap-<u>heul</u>-ste/ 1. pokrywać meble 2. wykonywać obicia

upholstery /ap-<u>heul</u>-ste-ry/ tapicerka

upkeep /<u>ap</u>-kip/ 1. utrzymanie 2. koszty utrzymania

upland /<u>ap</u>-lend/ wyżyny

uplift /ap-<u>lyft</u>/ 1. podnosić 2. dźwigać 3. podnieść na duchu

upon /e-<u>pon</u>/ na

upper /<u>a</u>-pe/ górny

upright /<u>ap</u>-rait/ wyprostowany

uprising /ap-<u>rai</u>-zynn/ powstanie

uproot /ap-<u>ruut</u>/ wyrywać z korzeniami

upset /ap-<u>set</u>/ 1. zmartwiony 2. zdenerwowany

upshot /<u>ap</u>-szot/ 1. wynik 2. rezultat

upside-down /<u>ap</u>-said-<u>dałn</u>/ do góry nogami

upstairs /ap-<u>steez</u>/ na piętrze

upstanding /ap-<u>steen</u>-dynn/ 1. stojący 2. pionowy 3. wyprostowany 4. silny 5. zdrowy

upstart /ap-staat/ parweniusz
upstream /ap-strim/ 1. w górę rzeki 2. pod prąd
upsurge /ap-sedż/ wzrost
uptight /ap-tait/ bardzo spięty lub nerwowy
up-to-date /ap-te-deit/ nowoczesny
upturn /ap-tern/ 1. zmiana na lepsze 2. przewracać
upwards /ap-łedz/ w górę
uranium /ju-rei-nyjem/ uran
urban /er-bn/ miejski
urbane /e-bein/ 1. grzeczny 2. wytworny
urchin /e-czyn/ 1. łobuz 2. urwis 3. smyk 4. ubogie dziecko
urge /er-dż/ 1. pragnienie 2. namawiać
urgency /e-dżnsy/ 1. pilność 2. pośpiech
urgent /er-dżent/ 1. pilny 2. naglący
urinary /ju-rynry/ moczowy
urine /jue-ryn/ mocz
urn /ern/ urna
us /as/ 1. nam 2. nas
usage /ju-zydż/ 1. zastosowanie 2. użycie
use /juz/ 1. używać 2. stosować 3. posługiwać się
  use up 1. zużywać 2. wydawać
use /jus/ 1. użytek 2. użycie 3. zastosowanie
used /juzd/ 1. używany 2. przyzwyczajony
useful /jus-fl/ 1. przydatny 2. użyteczny
useless /jus-les/ bezużyteczny
user /ju-ze/ użytkownik
usher /a-sze/ bileter
usual /ju-żuel/ zwykły
usually /ju-żuely/ zazwyczaj

usurer /juu-żere/ lichwiarz
usurp /juu-zep/ 1. uzurpować 2. przywłaszczać sobie
usury /juu-że-ry/ 1. lichwiarstwo 2. lichwa
utensil /juu-ten-sl/ 1. sprzęt 2. naczynie 3. narzędzie
uterus /juu-te-res/ macica
utilitarian /juu-tyly-tee-ryjen/ 1. utylitarny 2. użyteczny
utility /juu-ty-lety/ użyteczność
utilize /juu-telaiz/ wykorzystywać
utilization /juu-ty-lai-zei-szn/ spożytkowanie
utmost /at-mełst/ 1. najwyższy 2. ostateczny
utter /a-te/ 1. wydawać dźwięk 2. powiedzieć 3. mówić 4. zupełny 5. całkowity
utterance /a-te-rens/ wypowiedź
U-turn /juu-tern/ 1. zawracanie 2. zwrot o 180 stopni

V

vacancy /wei-ken-sy/ 1. wolny etat 2. wakat
vacant /wei-knt/ wolny
vacate /we-keit/ 1. zwalniać 2. opuszczać
vacation /we-kei-szn/ 1. urlop 2. wakacje
vaccinate /week-sy-neit/ szczepić
vaccination /week-sy-nei-szn/ szczepienie
vaccine /week-sin/ szczepionka
vacillate /wee-sy-leit/ 1. wahać się 2. być niezdecydowanym
vacuum /wee-kjum/ próżnia
vagabond /wee-ge-bond/ 1. włóczęga 2. włóczęgowski 3. wędrowny
vagary /wei-gry/ 1. kaprys 2. fan-

vendor

tazja
vagina /we-dżai-ne/ pochwa
vagrant /wei-grent/ 1. włóczęga 2. włóczęgowski 3. wędrowny
vague /weig/ 1. niejasny 2. niewyraźny
vain /wein/ 1. daremny 2. próżny
valentine /wee-len-tain/ 1. prezent walentynkowy 2. ukochany lub ukochana
valet /wee-lyt/ 1. usługiwać 2. lokaj 3. służący
valiant /wee-lyjent/ 1. dzielny 2. odważny
valid /wee-lyd/ 1. ważny 2. przekonujący 3. uzasadniony
validity /wee-ly-de-ty/ 1. słuszność 2. ważność
validate /wee-ly-deit/ 1. uprawomacniać 2. zatwierdzać
valise /we-liz/ waliza
valley /wee-ly/ dolina
valuable /wee-lju-ebl/ 1. wartościowy 2. cenny
valuation /wee-lju-ei-szn/ 1. cena 2. wartość 3. oszacowanie 4. wycena
value /wee-lju/ 1. wartość 2. znaczenie 3. wyceniać 4. doceniać
valueless /wee-lju-les/ bezwartościowy
valve /wee-lw/ 1. zawór 2. zastawka
vampire /weem-payje/ wampir
van /ween/ 1. półciężarówka 2. furgonetka
vandal /ween-dl/ wandal
vandalism /ween-de-lyzm/ wandalizm
vanilla /we-ny-le/ wanilia
vanish /wee-nysz/ znikać
vanity /wee-nety/ 1. próżność 2. daremność 3. marność 4. pycha

vapour /wei-pe/ 1. para 2. mgła
variable /wee-ryjebl/ zmienny
variant /wee-ryjent/ wariant
variation /weery-ei-szn/ 1. zmiana 2. wariacja
varied /wee-ryd/ różnorodny
variety /we-ra-yjety/ urozmaicenie
various /wee-ryjes/ rozmaity
varnish /waa-nysz/ 1. lakierować 2. pokost 3. politura 4. lakier
vary /wee-ry/ 1. różnić się 2. urozmaicać
vascular /wee-skju-le/ naczyniowy
vase /waaz/ 1. flakon 2. wazon
vasectomy /we-sek-te-my/ sterylizacja
vast /waast/ 1. rozległy 2. obszerny 3. ogromny
vat /weet/ 1. cysterna 2. zbiornik
vault /woolt/ 1. przeskakiwać 2. skok o tyczce 3. sklepienie 4. podziemie 5. piwnica 6. grobowiec
veal /wil/ cielęcina
veer /wyje/ 1. zmieniać kierunek 2. zmieniać zdanie
vegetable /we-dżtebl/ 1. warzywo 2. warzywny
vegetarian /wedży-tee-ryjen/ 1. jarosz 2. wegetarianin
vegetate /we-dży-teit/ 1. rosnąć 2. wegetować
vegetation /we-dży-tei-szn/ 1. wegetacja 2. roślinność
vehement /wi-e-ment/ 1. gwałtowny 2. silny 3. porywisty 4. porywczy 5. wybuchowy
vehicle /wi-ykl/ pojazd
veil /weil/ 1. welon 2. woalka
vein /wein/ żyła
velocity /we-lo-se-ty/ 1. szybkość 2. prędkość
velvet /wel-wyt/ aksamit
vendor /wen-de/ sprzedawca

uliczny

venerable /we-ne-rebl/ 1. czcigodny 2. sędziwy

venerate /we-nereit/ czcić

venereal /wy-nyje-ryjel/ weneryczny

vengeance /wen-dżns/ 1. zemsta 2. zawziętość

venison /we-nysn/ dziczyzna

venom /we-nem/ jad

venomous /we-nemes/ jadowity

venous /wi-nes/ żylny

vent /went/ 1. otwór wentylacyjny 2. dawać upust

ventilate /wen-tyleit/ 1. przewietrzać 2. wietrzyć

ventilation /wenty-lei-szn/ 1. przewietrzenie 2. wentylacja

ventilator /wen-tyleite/ wentylator

venture /wen-cze/ 1. odważyć się 2. zaryzykować 3. ryzyko 4. próba 5. spekulacja

Venus /wi-nes/ Wenus

veranda /we-reen-de/ weranda

verb /werb/ czasownik

verbal /we-bl/ 1. ustny 2. słowny 3. werbalny 4. dosłowny 5. czasownikowy

verdict /wer-dykt/ 1. wyrok 2. werdykt

verge /wedż/ 1. zbliżać się 2. graniczyć 3. przechodzić 4. krawędź 5. skraj 6. brzeg

verger /we-dże/ kościelny

verification /weryfy-kei-szn/ 1. sprawdzenie 2. kontrola 3. weryfikacja 4. potwierdzenie

verify /we-ryfai/ 1. potwierdzać 2. weryfikować

vermin /we-myn/ 1. szkodniki 2. element przestępczy 3. robactwo

vernacular /we-nee-kjule/ 1. język rodzimy 2. żargon 3. gwara 4. rodzimy

versatile /we-setail/ 1. uniwersalny 2. wszechstronny

verse /wers/ 1. wiersz 2. strofa

version /wer-szn/ wersja

versus /we-ses/ 1. przeciw 2. kontra

vertebra /we-ty-bre/ kręg

vertical /wer-tykl/ pionowy

verve /wew/ 1. werwa 2. zapał

very /we-ry/ 1. bardzo 2. ten sam

vessel /we-sl/ 1. naczynie 2. statek 3. okręt

vest /west/ 1. kamizelka 2. podkoszulek

vestige /wes-tydż/ 1. ślad 2. znak 3. pozostałość 4. szczątek

vestment /west-ment/ ornat

vestry /wes-try/ 1. zakrystia 2. dom modlitwy 3. sala zebrań

vet /wet/ 1. weterynarz 2. weteran

veteran /we-tren/ weteran

veterinary /we-trynery/ weterynaryjny

veto /wi-teł/ 1. zakładać weto 2. weto

vex /weks/ 1. drażnić 2. irytować

via /wa-yje/ przez

viable /way-jebl/ zdolny do życia

viaduct /wa-yjedakt/ wiadukt

vial /way-jel/ 1. fiolka 2. buteleczka

vibrate /wai-breit/ 1. wibrować 2. drgać 3. drżeć

vibration /wai-brei-szn/ 1. drganie 2. wibracja

vicar /wy-ke/ wikary

vice /wais/ 1. wada 2. wice-

vicinity /wy-sy-nety/ 1. sąsiedztwo 2. najbliższa okolica 3. bliskość

vicious /wy-szes/ 1. złośliwy 2. zjadliwy

victim /wyk-tym/ ofiara

victorious /wyk-too-ryjes/ zwycię-

ski
victory /wyk-te-ry/ zwycięstwo
video /wy-dyjeł/ 1. video 2. kaseta
video
view /wju/ 1. widok 2. pogląd
viewer /wju-e/ widz
vigilance /wy-dżylens/ czujność
vigilant /wy-dżylent/ czujny
vigorous /wy-dżres/ 1. energiczny
2. żywotny
vile /wail/ 1. podły 2. nikczemny 3.
wstrętny 4. ohydny
villa /wy-le/ willa
village /wy-lydż/ wieś
villain /wy-ln/ 1. łotr 2. nikczemnik
3. czarny charakter
vindicate /wyn-dykeit/ 1. bronić 2.
windykować 3. dowodzić 4. usprawiedliwiać
vindictive /wyn-dyk-tyw/ mściwy
vine /wain/ 1. winorośl 2. roślina
pnąca
vinegar /wy-nyge/ ocet
vineyard /wyn-jed/ winnica
vintage /wyn-tydż/ 1. winobranie 2.
rocznik wina 3. wino dobrego rocz-
nika lub gatunku
vinyl /wai-nyl/ winyl
viola /wy-eule/ altówka
violate /wa-yjeleit/ 1. zakłócać 2.
naruszać
violence /wa-yjelens/ 1. przemoc
2. gwałtowność
violent /wa-yjelent/ gwałtowny
violet /wa-yjelet/ 1. fiołek 2. fioletowy
violin /wayje-lyn/ skrzypce
viper /wai-pe/ żmija
virgin /wer-dżyn/ 1. dziewica 2.
dziewiczy
Virgo /wer-geł/ Panna (w Zodiaku)
virile /wy-rail/ męski
virtual /we-czuel/ 1. faktyczny 2.

rzeczywisty 3. prawdziwy
virtue /wer-czuu/ 1. cnota 2. zaleta
virtuosity /weczu-o-sety/ wirtuozo-
stwo
virulent /wy-rjulent/ 1. jadowity 2.
zjadliwy 3. złośliwy
virus /wa-yjeres/ wirus
visa /wi-ze/ wiza
visible /wy-zebl/ widoczny
vision /wy-żn/ 1. wizja 2. wzrok
visionary /wy-żnry/ 1. marzyciel 2.
fantasta 3. marzycielski 4. nierealny 5. niepraktyczny
visit /wy-zyt/ 1. wizyta 2. odwiedziny 3. pobyt 4. odwiedzać
visitation /wy-zy-tei-szn/ 1. wizy-
tacja 2. odwiedziny 3. dopust Boży
4. skaranie boskie
visitor /wy-zy-te/ 1. odwiedzający
2. gość
visor /wai-ze/ 1. przyłbica 2. da-
szek u czapki
vista /wy-ste/ 1. perspektywa 2.
perspektywy 3. widoki
visual /wy-żuel/ wzrokowy
vital /wai-tl/ 1. zasadniczy 2. istotny 3. życiowy
vitality /wai-tee-lety/ 1. żywotność
2. żywość
vitamin /wy-te-myn/ witamina
vivid /wy-wyd/ 1. jasny 2. żywy 3.
jaskrawy
vivisection /wy-wy-se-kszn/ wiwi-
sekcja
vixen /wy-ksn/ 1. lisica 2. jędza 3.
złośnica
vocabulary /we-kee-bju-lery/ słownictwo
vocal /weł-kl/ 1. głosowy 2. wokal-
ny 3. dźwięczny
vocalist /weł-ke-lyst/ wokalista
vocation /weł-kei-szn/ powołanie

vocational /weł-<u>kei</u>-szenl/ zawodowy

vodka /<u>wod</u>-ke/ wódka

vogue /wełg/ moda

voice /wois/ głos

void /woid/ 1. pusty 2. nieważny

volatile /<u>wo</u>-letail/ 1. lotny 2. ulat-
niający się 3. zmienny

volcanic /wol-<u>kee</u>-nyk/ wulka-
niczny

volcano /wol-<u>kei</u>-neł/ wulkan

vole /weul/ 1. nornica 2. mysz po-
lna

volition /we-<u>ly</u>-szn/ wola

volley /<u>wo</u>-ly/ 1. salwa armatnia 2.
wolej

volleyball /<u>wo</u>-ly-bool/ siatkówka

volt /weult/ wolt

voluble /<u>wo</u>-lju-bl/ 1. potoczysty 2.
mówiący ze swadą

volume /<u>wol</u>-juum/ 1. tom 2. objętość 3. ilość 4. głośność

voluntary /<u>wo</u>-lentry/ 1. dobrowolny 2. ochotniczy 3. nieobowiązkowy 4. świadomy

volunteer /wolen-<u>tyje</u>/ 1. ochotnik
2. zgłaszać się na ochotnika

vomit /<u>wo</u>-myt/ wymiotować

voodoo /<u>wuu</u>-duu/ 1. wiara w czary 2. praktyki czarnoksięskie

voracious /we-<u>rei</u>-szes/ 1. żarłoczny 2. nienasycony

vortex /<u>woo</u>-teks/ wir

vote /węł/ 1. głosować 2. głos

voter /<u>węł</u>-te/ wyborca

voucher /<u>wał</u>-cze/ 1. dowód kaso-
wy 2. kwit 3. rachunek

vow /wał/ 1. ślubować 2. przysięgać 3. ślub 4. solenne przyrzeczenie

vowel /<u>wa</u>-łeł/ samogłoska

voyage /<u>woo</u>-ydż/ podróż

voyager /<u>woi</u>-e-dże/ podróżnik

vulgar /<u>wal</u>-ge/ wulgarny

vulnerable /<u>wal</u>-nrebl/ 1. czuły 2.
wrażliwy

vulture /<u>wal</u>-cze/ 1. sęp 2. szakal

W

wacky /<u>łee</u>-ky/ 1. nieobliczalny 2.
zwariowany

wad /łod/ 1. zatykać 2. tampon 3.
podkład 4. wata

waddle /<u>ło</u>-dl/ 1. chodzić jak kaczka 2. kaczy chód

wade /łeid/ 1. brnąć 2. brodzić 3.
przedzierać się

wafer /<u>łei</u>-fe/ 1. wafel 2. opłatek

waffle /<u>ło</u>-fl/ 1. wafel 2. trajkotać 3.
ględzić

waft /łoft/ 1. nieść w powietrzu lub
na powierzchni wody 2. unosić się
w powietrzu 3. powiew 4. podmuch
5. tchnienie

wag /łeeg/ 1. kiwać 2. wahać się 3.
machać 4. merdać ogonem 5. poruszenie ogonem 6. machnięcie 7.
kiwnięcie głową

wager /<u>łei</u>-dże/ 1. załkładać się 2.
zakład

wages /<u>łei</u>-dżys/ tygodniówka

waggon /<u>łee</u>-gn/ 1. wóz 2. furgon
3. wagon

waif /łeif/ porzucone dziecko

wail /łeil/ 1. zawodzić 2. płakać 3.
zawodzenie 4. płacz

waist /łeist/ 1. talia 2. kibić

wait /łeit/ 1. czekać 2. oczekiwanie

waiter /<u>łei</u>-te/ kelner

waitress /<u>łei</u>-tres/ kelnerka

waive /łeiw/ 1. zrzekać się 2. rezygnować 3. zaniechać 4. odstępować

waiver /<u>łei</u>-we/ zrzeczenie się

wake /łeik/ 1. budzić (się) 2. stypa

walk /took/ 1. spacer 2. wycieczka 3. chód 4. ścieżka 5. iść 6. chodzić 7. spacerować
  walk up podchodzić
walker /too-ke/ piechór
walkie-talkie /too-ky-too-ky/ przenośny aparat nadawczo-odbiorczy
wall /tool/ 1. ściana 2. mur
wallet /to-lyt/ portfel
wallop /to-lep/ 1. bić 2. prać 3. mocne uderzenie
wallow /to-leł/ tarzać się
wallpaper /tool-pei-pe/ 1. tapeta 2. tapetować
walnut /tool-nat/ orzech włoski
walrus /tool-res/ mors
waltz /tools/ walc
wan /łon/ 1. blady 2. mizerny 3. wyczerpany 4. nikły 5. słaby
wand /łond/ 1. różdżka 2. batuta 3. pałeczka
wander /łon-de/ 1. wędrować 2. błąkać się
wanderer /łon-dere/ 1. wędrownik 2. wędrowiec 3. tułacz
wane /łein/ 1. zmniejszać się 2. zanikać 3. słabnąć 4. blednąć 5. zmniejszanie się 6. zanik
wangle /łeenn-gl/ 1. wyłudzać 2. kantować 3. oszukaństwo 4. kant
want /łont/ 1. chcieć 2. pragnąć 3. potrzeba
wanted /łon-tyd/ poszukiwany
wanton /łon-tn/ 1. swawolny 2. psotny 3. rozwiązły 4. rozpustny
war /łoor/ 1. wojować 2. wojna
war-cry /too-krai/ okrzyk bitewny
ward /łoord/ 1. dzielnica 2. oddział
war-dance /too-daans/ taniec wojenny
warden /too-dn/ 1. dyrektor 2. opiekun
wardrobe /tood-rełb/ 1. garderoba

2. szafa na ubranie
warehouse /tee-hałs/ 1. magazyn 2. składnica
warfare /too-fee/ 1. wojna 2. działania wojenne
warhead /too-hed/ ładunek lub nabój w głowicy torpedy lub pocisku
warm /łorm/ ciepły
warmly /łorm-ly/ ciepło
warmth /łoomfh/ 1. ciepło 2. serdeczność
warm-up /łorm-ap/ rozgrzewka
warn /łorn/ ostrzegać
warning /łor-nynn/ ostrzeżenie
warp /łoop/ 1. spaczać 2. wykrzywiać 3. wyginać się 4. wypaczyć się 5. osnowa 6. spaczenie deski 7. wypaczenie charakteru
warrant /to-rent/ 1. nakaz 2. upoważnienie
warranty /to-renty/ gwarancja
warren /to-m/ królikarnia
warrior /to-ryje/ wojownik
warship /toor-szyp/ okręt wojenny
wart /łoot/ brodawka
wary /łee-ry/ 1. ostrożny 2. rozważny 3. przezorny
was → be
wash /łosz/ 1. myć (się) 2. prać 3. zmywać 4. pranie
  wash up zmywać
washer /to-sze/ 1. pralka mechaniczna 2. podkładka 3. uszczelka
washing machine /to-szynn-meszin/ pralka
washroom /łosz-rum/ 1. umywalnia 2. toaleta
wasp /łosp/ osa
waste /łeist/ 1. marnotrawstwo 2. odpady 3. strata 4. tracić 5. marnować
wasteful /łeist-fl/ rozrzutny
wasteland /łeist-leend/ 1. ugory 2.

obszar zniszczony wojną

watch /łocz/ 1. zegarek 2. obserwacja 3. warta 4. wachta 5. przyglądać się 6. patrzyć 7. oglądać 8. obserwować 9. uważać

watch-dog /łocz-dog/ pies łańcuchowy

watchful /łocz-fl/ czujny

watchmaker /łocz-meike/ zegarmistrz

watchman /łocz-men/ stróż

watchword /łocz-łed/ 1. hasło 2. slogan

water /łoo-te/ 1. podlewać 2. woda

water closet /łoo-te-klo-zyt/ WC

watercolour /łoo-te-ka-le/ akwarela

waterfall /łoo-te-fool/ wodospad

watermelon /łoo-te-meln/ arbuz

waterproof /łoote-pruuf/ wodoszczelny

watery /łoo-tery/ 1. wodnisty 2. wilgotny 3. załzawiony

watt /łot/ wat

wattle /ło-tl/ 1. plecionka z prętów i witek 2. korale indyka 3. dzwonki

wave /łeiw/ 1. machać 2. falować 3. fala

wax /łeeks/ 1. woskować 2. wosk 3. pasta

way /łei/ 1. droga 2. przejście 3. sposób

wayside /łei-said/ przydrożny

we /łi/ my

weak /łik/ słaby

weaken /łi-kn/ osłabiać

weakness /łik-nes/ słabość

weal /łil/ pręga

wealth /łelfh/ 1. dobrobyt 2. bogactwo

wealthy /łel-fhy/ 1. zamożny 2. bogaty

wean /łin/ 1. odstawiać od piersi 2. leczyć z nałogu

weapon /łe-pn/ broń

wear /łee/ 1. nosić 2. ubierać się 3. mieć na sobie 4. zużywać się 5. noszenie 6. zużycie

weary /łee-ry/ 1. znużony 2. męczący

weasel /łi-zl/ łasica

weather /łe-dhe/ pogoda

weatherman /łe-dhe-meen/ meteorolog

weather-station /łe-dhe-stei-szn/ stacja meteorologiczna

weave /łiw/ 1. tkać 2. knuć 3. pleść 4. splatać 5. układać wątek

weaver /łi-we/ / tkacz

web /łeb/ 1. pajęczyna 2. sieć 3. splot

wed /łed/ 1. poślubiać 2. pobierać się

wedding /łe-dynn/ 1. ślub 2. wesele

wedge /łedż/ 1. klin 2. kawałek 3. klinować

wedlock /łed-lok/ związek małżeński

Wednesday /łenz-dy/ środa

wee /łi/ 1. mały 2. maleńki

weed /łid/ chwast

weedy /łi-dy/ 1. zachwaszczony 2. wychudzony 3. cherlawy

week /łik/ tydzień

weekday /łik-dei/ dzień powszedni

weekend /łik-end/ weekend

weekly /łik-ly/ tygodniowy

weep /łip/ 1. szlochać 2. płakać

weigh /łei/ ważyć

weight /łeit/ 1. waga 2. ciężar

weir /łyje/ 1. tama 2. grobla

weird /łyjed/ 1. niesamowity 2. dziwny

welcome /łel-km/ 1. powitanie 2. witać 3. witajcie!

weld /łeld/ spawać

welder /łel-de/ spawacz

welfare /łel-fee/ 1. pomyślność 2. pomoc społeczna

well /łel/ 1. studnia 2. dobrze 3. dobry

well-bred /łel-bred/ dobrze wychowany

wellington /łe-lynntn/ kalosz

well-known /łel-nełn/ znany

well-off /łel-of/ zamożny

welter /łel-te/ 1. tarzać się 2. pławić się 3. kotłować się 4. zamęt 5. zamieszanie

welter-weight /łel-te-łeit/ bokser wagi półciężkiej

went → go

wept → weep

were → be

werewolf /łer-łulf/ wilkołak

west /łest/ zachód

western /łes-tn/ zachodni

wet /łet/ 1. wilgotny 2. mokry

whack /łeek/ 1. walnąć 2. trzasnąć 3. uderzenie 4. walnięcie 5. trzaśnięcie

whale /łeil/ wieloryb

whale-oil /łeil-oil/ tran

wharf /łoof/ nadbrzeże

what /łot/ 1. co 2. jaki 3. jaka 4. jakie

whatever /łot-ewe/ cokolwiek

whatsoever /łotseł-ewe/ 1. cokolwiek 2. jakikolwiek

wheat /łit/ pszenica

wheel /łil/ 1. koło 2. kierownica 3. ster

wheelbarrow /łil-beeroł/ taczka

wheelchair /łil-czee/ wózek inwalidzki

wheeze /łiz/ 1. charczeć 2. sapać 3. charczenie 4. sapanie

whelk /łelk/ trąbik sfałdowany

when /łen/ 1. kiedy 2. gdy

whenever /łen-ewe/ kiedykolwiek

where /łee/ gdzie

whereabouts /łee-e-bałts/ 1. gdzie 2. w którym miejscu

wherever /łee-ewe/ gdziekolwiek

whet /łet/ 1. ostrzyć 2. zaostrzać apetyt

whether /łe-dhe/ czy

which /łycz/ 1. który 2. jaki

whichever /łycz-ewe/ którykolwiek

whiff /łyf/ 1. powiew 2. podmuch 3. dolatujący zapach

while /łail/ 1. chwila 2. jakiś czas 3. podczas gdy

whim /łym/ 1. kaprys 2. zachcianka

whine /łain/ skomleć

whinny /ły-ny/ 1. cicho rżeć 2. ciche rżenie

whip /łyp/ 1. chłostać 2. ubijać 3. zacinać 4. bat 5. bicz

whirl /łerl/ 1. wirować 2. wir

whisk /łysk/ 1. machać 2. ubijać 3. trzepaczka do jajek lub śmietany

whisker /łys-ke/ 1. bokobroda 2. baczek 3. wąs kota

whisky /łys-ky/ whisky

whisper /łys-pe/ 1. szeptać 2. szept

whistle /ły-sl/ 1. gwizdać 2. gwizdek

white /łait/ biały

white-collar /łait-ko-le/ 1. umysłowy 2. biurowy

whitewash /łait-łosz/ 1. pobielić 2. wybielać 3. wapno do bielenia 4. wybielanie

whittle /ły-tl/ strugać

whiz /łyz/ 1. zaświstać 2. świszczeć

who /huu/ 1. kto 2. który

whoever /huu-ewe/ ktokolwiek

whole /heul/ 1. całość 2. całkowity

wholesale /heul-seil/ hurt

wholesome /heul-sm/ zdrowy
whom /huum/ 1. komu 2. kogo
whoop /huup/ 1. krzyczeć 2. okrzyk
whore /hoo/ 1. prostytutka 2. dziwka
whorl /łel/ 1. baldaszek 2. zwój 3. skręt spirali
whose /huuz/ 1. kogo 2. czyj
why /łai/ dlaczego
wick /łyk/ knot
wicked /ły-kyd/ nikczemny
wide /łaid/ szeroki
widen /łai-dn/ poszerzać
widespread /łaid-spred/ rozpowszechniony
widow /ły-deł/ wdowa
widower /ły-dełe/ wdowiec
width /łytfh/ szerokość
wife /łaif/ żona
wig /łyg/ peruka
wild /łaild/ 1. dziki 2. burzliwy
wild-cat /łaild-keet/ 1. żbik 2. dziki
wild-fire /łaild-fa-yje/ 1. lotem błyskawicy 2. ognie greckie
wild-life /łaild-łaif/ 1. dzikie zwierzęta 2. dzika natura
wilderness /łyl-denes/ 1. pustynia 2. puszcza 3. odludzie
wile /łail/ 1. wabić 2. nęcić 3. podstęp 4. sztuczka
wilful /łyl-fl/ 1. uparty 2. umyślny 3. zamierzony 4. świadomy
will /łyl/ 1. chcieć 2. wola
willing /ły-lynn/ chętny
willingly /ły-lynnly/ chętnie
willow /ły-łeł/ wierzba
willy-nilly /łyly-nyly/ chcąc nie chcąc
win /łyn/ 1. zwycięstwo 2. wygrana 3. wygrywać 4. zwyciężać 5. zdobywać
winnings /ły-nynnz/ 1. wygrana 2. wygrane pieniądze

wince /łyns/ 1. krzywić się z bólu 2. grymas bólu
winch /łyncz/ 1. korba 2. wyciąg
wind /łaind/ 1. nawijać 2. nakręcać
wind /łynd/ wiatr
windmill /łynd-myl/ wiatrak
window /łyn-deł/ okno
window sill /łyn-deł-syl/ parapet
windscreen /łynd-skrin/ przednia szyba
windshield /łynd-szild/ przednia szyba
windy /łyn-dy/ wietrzny
wine /łain/ wino
wineglass /łain-glaas/ kieliszek do wina
wing /łynn/ skrzydło
wink /łynnk/ 1. mrugać oczami 2. mrugnąć okiem 3. mrugnięcie
winkle /łynn-kl/ 1. usuwać 2. wyrzucać 3. pobrzeżek lub małż jadalny
winner /ły-ne/ 1. zwycięzca 2. laureat
winter /łyn-te/ 1. zima 2. zimowy
wipe /łaip/ 1. wycierać 2. ścierać
wiper /łai-pe/ wycieraczka
wire /łayje/ 1. telegrafować 2. zakładać przewody 3. przewód 4. drut 5. telegram
wireless /łayje-les/ radio
wisdom /łyz-dm/ mądrość
wise /łaiz/ 1. mądry 2. roztropny
wish /łysz/ 1. pragnienie 2. życzenie 3. życzyć 4. chcieć 5. żałować
wishful /łysz-fl/ pragnący
wisp /łysp/ 1. wiązka 2. kosmyk 3. wstęga
wistful /łyst-fl/ 1. zadumany 2. tęskny 3. smutny
wit /łyt/ 1. inteligencja 2. rozum
witch /łycz/ czarownica
witchcraft /łycz-kraaft/ 1. czary 2.

czarna magia

witch-doctor /ѡycz-dok-te/ 1. czarownik 2. znachor

witch-hunt /ѡycz-hant/ polowanie na czarownice

with /ѡydh/ 1. z 2. u 3. przy

withdraw /ѡydh-droo/ 1. wycofać (się) 2. odsuwać 3. odwoływać

withdrawn → withdraw

withdrew → withdraw

wither /ѡy-dhe/ więdnąć

withheld → withhold

withhold /ѡydh-heuld/ wstrzymywać

within /ѡydh-yn/ 1. wewnątrz 2. w ciągu

without /ѡydh-ałt/ bez

witness /ѡyt-ns/ 1. być świadkiem 2. świadek

witty /ѡy-ty/ dowcipny

wizard /ѡy-zed/ czarodziej

woke → wake

woken → wake

wolf /ѡulf/ wilk

woman /ѡu-men/ kobieta

womanizer /ѡu-menaize/ kobieciarz

womb /ѡuum/ 1. macica 2. łono

won → win

wonder /ѡan-de/ 1. cud 2. zdumienie 3. zastanawiać się 4. dziwić się

wonderful /ѡan-defl/ 1. cudowny 2. wspaniały

wood /ѡud/ 1. drewno 2. lasek

wooden /ѡu-dn/ drewniany

woodpecker /ѡud-peke/ dzięcioł

wool /ѡul/ 1. wełna 2. wełniany

word /ѡerd/ 1. słowo 2. wyraz

wore → wear

work /ѡerk/ 1. praca 2. dzieło 3. utwór 4. pracować 5. działać 6. robić 7. obsługiwać

   work out 1. opracowywać 2. wypracować 3. powieść się

worker /ѡer-ke/ 1. robotnik 2. pracownik

workshop /ѡerk-szop/ 1. warsztat 2. pracownia

world /ѡerld/ 1. świat 2. ziemia 3. światowy

worldly /ѡerl-dly/ doczesny

worldwide /ѡerld-łaid/ na całym świecie

worm /ѡerm/ robak

worn → wear

worn-out /ѡoon-aut/ zużyty

worried /ѡa-ryd/ 1. zmartwiony 2. zatroskany

worry /ѡa-ry/ 1. troski 2. zmartwienia 3. martwić (się) 4. trapić 5. niepokoić

worse /ѡers/ 1. gorszy 2. gorzej

worship /ѡer-szyp/ 1. czcić 2. kult

worst /ѡerst/ najgorszy

worth /ѡerfh/ 1. wartość 2. wart

worthwhile /ѡerfh-łail/ opłacający się

would → will

wound /ѡuund/ 1. rana 2. → wind

wounded /ѡuun-dyd/ ranny

wove → weave

woven → weave

wrangle /reenn-gl/ 1. kłótnia 2. awantura 3. pokłócić się 4. awanturować się

wrap /reep/ 1. szal 2. pelerynka 3. owijać 4. zawijać 5. pakować

wrath /rofh/ 1. gniew 2. oburzenie

wreath /rifh/ wieniec

wreck /rek/ 1. wrak 2. ruina 3. niszczyć

wren /ren/ strzyżyk

wrench /rencz/ klucz francuski

wrest /rest/ 1. wyrywać 2. wydobywać zeznanie

wrestle /re-sl/ 1. borykać się 2.

zmagać się 3. walczyć
wrestler /res-le/ zapaśnik
wrestling /re-slynn/ zapasy
wretch /recz/ 1. nieszczęśnik 2. łotr
3. nikczemnik
wretched /re-czyd/ 1. nieszczęśliwy 2. biedny 3. nędzny 4. marny 5. wstrętny 6. nieszczęsny
wriggle /ry-gl/ 1. wić się 2. zwijać się 3. kręcić się 4. wykręcać się 5. kręcić 6. wicie się 7. wiercenie się
wring /rynn/ 1. wykręcać 2. wyżymać 3. ściskać 4. wymuszać 5. uścisk 6. wyżymanie
wrinkle /rynn-kl/ 1. zmarszczka 2. marszczyć (się)
wrist /ryst/ przegub
writ /ryt/ 1. nakaz 2. rozporządzenie
write /rait/ 1. pisać 2. wypisywać
write down 1. zapisywać 2. zanotować 3. określać
writer /rai-te/ pisarz
writhe /raidh/ 1. wić się 2. skręcać się 3. cierpieć
writing /rai-tynn/ 1. pisanie 2. pismo 3. praca literacka 4. dzieło
written → write
wrong /ronn/ 1. błędny 2. zły 3. mylny 4. niewłaściwy 5. źle 6. błędnie
wrongful /ronn-fl/ 1. niesprawiedliwy 2. krzywdzący 3. bezprawny
wrongdoer /ronn-duu-e/ 1. grzesznik 2. przestępca
wrote → write
wrung → wring
wry /rai/ 1. krzywy 2. skrzywiony

X

xanthine /zen-fhain/ ksantyna
xenophobia /zene-fel-byje/ kseno-

fobia
xerography /zi-re-gre-fy/ kserografia
xerox /zyje-roks/ 1. kopiować 2. kopiarka
Xmas /krys-ms/ Boże Narodzenie
X-ray /eks-rei/ 1. prześwietlać 2. prześwietlenie
xylophone /zai-lefełn/ ksylofon
xylose /zy-los/ rodzaj cukru

Y

yacht /jot/ jacht
yachting /jo-tynn/ żeglarstwo
yak /jeek/ jak
yank /jeennk/ 1. szarpać 2. szarpnięcie
yap /jeep/ ujadać
yard /jard/ 1. podwórze 2. dziedziniec 3. ogródek
yarn /jarn/ przędza
yashmak /jeesz-meek/ jaszmak
yawn /joon/ 1. ziewać 2. ziewnięcie
yaws /jooz/ frambezja
year /jer/ rok
yearling /je-lynn/ 1. jednoroczne zwierzę 2. roczniak
yearly /jer-ly/ coroczny
yearn /jern/ tęsknić
yeast /jist/ drożdże
yell /jel/ 1. wrzask 2. wrzeszczeć
yellow /je-leł/ żółty
yelp /jelp/ 1. skowyt 2. skowyczeć
yes /jes/ tak
yesterday /jes-tedy/ wczoraj
yet /jet/ 1. dotąd 2. jeszcze 3. jednak 4. ale
yew /juu/ cis
Yiddish /ji-dysz/ jidysz
yield /jild/ 1. plon 2. zysk 3. przynosić 4. oddawać 5. ulegać 6

ustępować

yodel /jeł-dl/ 1. jodłować 2. jodłowanie

yoga /jeł-ge/ joga

yogi /jeł-gy/ jog

yogurt /jo-get/ jogurt

yokel /jeł-kl/ 1. kmieć 2. wieśniak

yolk /jełk/ żółtko

you /juu/ 1. ty 2. wy 3. pan 4. pani 5. państwo

young /jann/ 1. młody 2. niedoświadczony

youngster /jann-ste/ 1. dziecko 2. chłopak

your /joo/ 1. twój 2. wasz

yours /jooz/ 1. twój 2. wasz

yourself /joo-self/ 1. się 2. siebie 3. sam

yourselves /joo-sclwz/ 1. się 2. siebie 3. sami

youth /juufh/ 1. młodość 2. młodzież

yowl /jaul/ 1. wrzeszczeć 2. wrzask

yo-yo /jeł-jeł/ jojo

yule /juul/ święta Bożego Narodzenia

yuppie /ja-py/ yuppie

Z

zany /zci-ny/ 1. głupek 2. półgłówek

zealous /ze-les/ zagorzały

zebra /zi-bre/ zebra

Zen /zen/ (filozofia) Zen

zenith /ze-nyfh/ zenit

zero /zyje-reł/ zero

zest /zest/ 1. zapał 2. entuzjazm 3. wigor

zigzag /zyg-zeeg/ 1. zygzak 2. iść zygzakiem

zinc /zynnk/ cynk

zip /zyp/ 1. zamek błyskawiczny 2.

zasuwać

zipper /zy-pe/ 1. zamek błyskawiczny 2. suwak

zither /zy-dhe/ cytra

zloty /zloty/ 1. złoty 2. złotówka

zodiac /zeł-dieek/ zodiak

zombie /zoom-bi/ 1. żywy trup 2. tuman

zone /zełn/ strefa

zoo /zuu/ zoo

zoology /zeł-o-le-dży/ zoologia

zoologist /zeł-o-le-dżyst/ zoolog

zoom /zuum/ 1. warkotać 2. podrywać się 3. warkot

zucchini /zuu-ki-ny/ cukinia

zygote /zai-gełt/ zygota

Słownik
polsko-angielski

A

1. and 2. or 3. but
bażur lampshade
bdykować abdicate
becadło 1. alphabet 2. ABC
bonament subscription
bonent subscriber
bsolutny 1. absolute 2. complete
bsolwent graduate
bstrakcja abstraction
bstrakcyjny abstract
bstynent abstainer
bsurd absurdity
bsurdalny absurd
by 1. to 2. that 3. in order to
ch oh
daptacja adaptation
dapter record player
diunkt 1. lecturer 2. tutor
dministracja 1. management 2. administration
dministrować 1. administer 2. manage
dmirał admiral
dnotacja 1. annotation 2. note
dopcja adoption
doptować adopt
dres address
dresat addressee
dresować address
dwokat 1. lawyer 2. barrister
erozol aerosol
fera 1. affair 2. racket
ferzysta 1. swindler 2. speculator 3. crook
fisz 1. poster 2. bill
fiszować się show off
front 1. affront 2. insult
fryka Africa
frykański African
gencja agency
gent agent

agentura 1. agency 2. branch office
agitacja agitation
agonia agony
agrafka safety-pin
agregat aggregate
agresja aggression
agrest gooseberry
agresywny aggressive
ajencja franchise
akacja acacia
akademia academy
akademicki academic
akademik 1. dormitory 2. student's hostel
akcent 1. accent 2. stress
akceptacja acceptance
akceptować accept
akcesoria 1. accessories 2. appliances
akcja 1. action 2. activity 3. share
akcjonariusz 1. shareholder 2. stockholder
aklimatyzacja acclimatization
aklimatyzować się acclimatize
akompaniament accompaniment
akord accord
akr acre
akronim acronym
aksamit velvet
akt 1. act 2. deed
akta 1. documents 2. dossier 3. deeds 3. files 5. records
aktor actor
aktorka actress
aktówka brief-case
aktualny timely
aktywny active
akumulator 1. accumulator 2. battery
akupunktura acupuncture
akurat 1. just 2. exactly 3. precisely
akustyczny acoustic

akuszerka midwife
akwarela water-colour
akwarium aquarium
alarm 1. alarm 2. alert 3. warning
alarmować alarm
albo 1. or 2. or else
album album
ale 1. but 2. however
aleja avenue
alejka alley
alergia allergy
alfa alpha
alfabet alphabet
alfons pimp
algebra algebra
aliant ally
alibi alibi
aligator alligator
alimenty alimony
alkohol alcohol
alkoholizm alcoholism
Allah Allah
almanach almanac
alpinista alpinist
altana 1. summerhouse 2. bower
altówka viola
aluminium aluminium
aluzja allusion
amant lover
amator amateur
amatorski 1. amateurish 2. amateur
ambasada embassy
ambasador ambassador
ambicja ambition
ambitny 1. ambitious 2. proud
ambulatorium 1. dispensary 2. outpatients' department
amen amen
Ameryka America
amerykański American
amfiteatr amphitheatre
amnestia amnesty

amortyzacja amortization
amortyzator shock-absorber
amortyzować absorb
ampułka ampoule
amputować amputate
amulet amulet
amunicja ammunition
anachronizm anachronism
analfabeta illiterate
analiza analysis
analizować analyse
analogia analogy
analogiczny analogous
ananas pineapple
anarchia anarchy
anegdota anecdote
aneksja annexation
anemia anemia
anemiczny anemic
angażować engage
angielski English
angina angina
Anglia England
ani neither
anioł angel
ankieta 1. poll 2. inquiry 3. questionnaire
anonimowy anonymous
antagonista antagonist
antena 1. aerial 2. antenna
antrakt 1. interlude 2. interval
anty- anti-
antybiotyk antibiotic
antyczny antique
antyk antiuqe
antykoncepcja contraception
antykwariat antique
antylopa antelope
antyseptyczny antiseptic
anulować 1. annul 2. cancel
aparat apparatus
aparat fotograficzny camera
aparat słuchowy hearing-aid

aparatura apparatus
apartament 1. apartment 2. suite
apaszka scarf
apel 1. roll-call 2. appeal
apelacja appeal
apelować appeal
aperitif apperitive
apetyczny tasty
apetyt appetite
aplikant applicant
apopleksja apoplexy
apostolski 1. apostolic 2. missionary
aprobata approval
aprobować approve
aprowizacja food supply
apteka 1. drugstore 2. pharmacy 3. chemist's shop
Arab Arab
arabski Arabic
arbitraż arbitration
arbuz watermelon
archaiczny archaic
archeologia archaeology
archipelag archipelago
architekt architect
architektura architecture
archiwum archives
arcybiskup archbishop
arcydzieło masterpiece
arena 1. arena 2. scene
areszt 1. arrest 2. detention 3. jail
aresztować 1. arrest 2. imprison 3. detain
Argentyna the Argentine
argument argument
aria aria
arkusz sheet
armata 1. cannon 2. gun
armia army
arogancja arrogance
arogancki arrogant
aromat aroma

arteria artery
artykuł article
artykuły piśmienne stationery
artysta artist
artystyczny artistic
arystokrata aristocrat
arystokratyczny aristocratic
arytmetyka arithmetic
asekuracja 1. insurance 2. assurance
asekurować 1. insure 2. assure
asfalt asphalt
asortyment assortment
aspekt aspect
aspiracja 1. aspiration 2. ambition
aspiryna aspirin
astma asthma
astrologia astrology
astronauta 1. astronaut 2. spaceman
astronomia astronomy
asysta 1. escort 2. attendance
asystować 1. accompany 2. assist
atak 1. attack 2. offensive
atakować attack
ateista atheist
atlas atlas
atletyka athletics
atmosfera atmosphere
atom atom
atomowy atomic
atrakcja attraction
atrakcyjny attractive
atrament ink
atrybut attribute
atut trump
audiencja audience
audycja 1. broadcast 2. program 3. show
audytorium auditorium
Australia Australia
australijski Australian
Austria Austria

austriacki Austrian
autentyczny 1. authentic 2. genuine 3. original
autentyk original
auto 1. car 2. automobile
autobus bus
autograf autograph
autokar motor-coach
automat automatic machine
automatyczny automatic
autonomiczny autonomous
autor author
autorytet authority
autostop hitch-hiking
autostopowicz hitch-hiker
autostrada 1. freeway 2. highway 3. motorway
awangarda avant-garde
awans 1. promotion 2. advancement
awansować promote
awantura 1. brawl 2. fuss 3. row 4. scandal
awanturować się brawl
awaria 1. breakdown 2. damage 3. failure
azbest asbestos
Azja Asia
azot nitrogen
azyl asylum
aż 1. as much 2. as many 3. up to 4. till
aż do 1. until 2. till
ażeby 1. to 2. that 3. in order that 4. in order to 5. so that

B

babcia 1. grandmother 2. grandma 3. granny
baczność attention
bać się 1. fear 2. be afraid
badacz explorer
badać 1. examine 2. explore 3. test

badanie 1. examination 2. investigation 3. test
badania naukowe scientific researches
bagaż 1. baggage 2. luggage
bagażnik trunk
bagno swamp
bajeczny fabulous
bajka 1. fable 2. story 3. fairy-tale
bak 1. gas tank 2. petrol-tank 3. tank
bakteria bacterium
bakteriobójczy bactericidal
bal 1. ball 2. log
balast ballast
balet ballet
balkon balcony
ballada ballad
balon balloon
balsam balm
balustrada 1. balustrade 2. banister
bałagan 1. mess 2. disorder 3. disarray 4. confusion
bałwan snowman
banalny banal
banan banana
banda 1. gang 2. band
bandaż bandage
bandażować bandage
bandera 1. flag 2. banner
bandyta 1. bandit 2. gangster
bank bank
bankiet banquet
banknot 1. banknote 2. bill
bankructwo bankruptcy
bankrut bankrupt
bankrutować go bankrupt
bańka bubble
bar 1. pub 2. bar 3. tavern
barak barrack
baran ram
Baran Aries

baranina mutton
barbarzyński barbarian
bar bistro bistro
bardziej more
bardzo very
bariera 1. barrier 2. railing
bark shoulder
barka barge
barman 1. bartender 2. barman
barmanka barmaid
barok baroque
barometr barometer
barszcz borsch
barwa colour
barwić 1. colour 2. dye
barwnik 1. dye 2. pigment
barwny colourful
barykada barricade
baryłka barrel
bas bass
basen basin
basen pływacki swimming pool
baśń 1. fable 2. fairy tale
bat whip
bateria battery
baton bar
batuta baton
bawełna cotton
bawić 1. amuse 2. entertain 3. recreate
bawić się play
baza 1. base 2. basis
bazar 1. fair 2. bazaar
bazylika basilica
bażant pheasant
bąbel blister
bąk horsefly
beczka 1. barrel 2. cask
befsztyk beefsteak
bekać belch
bekon bacon
bela bale
beletrystyka 1. fiction 2. belles-

letters
Belg Belgian
Belgia Belgium
belgijski Belgian
belka 1. beam 2. rafter
benzyna 1. petrol 2. gas 3. gasoline
beret 1. beret 2. cap
bestseller bestseller
beton concrete
betoniarka concrete mixer
bez lilac
bez 1. without 2. no
bezapelacyjny beyond appeal
bezbarwny colourless
bezbolesny painless
bezbronny 1. defenseless 2. helpless 3. unarmed
bezcelowy useless
bezcenny 1. priceless 2. invaluable
bezcłowy duty-free
bezczelność 1. insolence 2. rudeness
bezczelny 1. rude 2. insolent
bezczynność inactivity
bezczynny 1. idle 2. not active
bezdomny homeless
bezdroże unbeaten track
bezdzietny childless
bezgotówkowy without cash
bezgraniczny boundless
bez grosza 1. penniless 2. broke
bezimienny nameless
bezinteresowny disinterested
bezkarnie with impunity
bezlitosny merciless
bezludny deserted
bezład 1. disorder 2. confusion
bezmyślny thoughtless
beznadziejny 1. hopeless 2. desperate
bezokolicznik infinitive

bezpieczeństwo 1. safety 2. securtiy
bezpiecznik fuse
bezpieczny safe
bezplanowy planless
bezpłatnie 1. free of charge 2. free 3. gratis
bezpłatny 1. complimentary 2. free 3. gratis
bezpodstawny groundless
bezpośredni 1. non-stop 2. direct 3. immediate
bezpośrednio directly
bez przemocy non-violence
bezprawny 1. illegal 2. illicit
bezradny 1. helpless 2. baffled
bezrobocie unemployment
bezrobotny unemployed
bezrolny landless
bezsenność insomnia
bezsensowny pointless
bezsilny 1. powerless 2. helpless
bezsporny unquestionable
bezstronny 1. neutral 2. impartial 3. unbiased
bezterminowy termless
beztroska ease
beztroski 1. careless 2. jaunty 3. unconcerned
bez uprzedzeń open-minded
bezustannie continuously
bezużyteczny useless
bezwartościowy worthless
bezwarunkowy unconditional
bez współczucia hard-hearted
bezwład 1. inertia 2. paralysis
bezwstydny 1. shameless 2. flagrant 3. impudent
bezwzględny 1. ruthless 2. despotic
bez względu regardless
bez związku incoherent
bezzwrotny unrepayable

beżowy beige
bęben drum
bębnić drum
bękart bastard
białaczka leukemia
białko 1. egg white 2. protein
biały white
biblia bible
Biblia the Bible
biblioteczka bookcase
biblioteka library
bibuła blotting-paper
bibułka tissue
bić beat
bić się fight
biec 1. run 2. trot 3. flow
bieda 1. poverty 2. misery 3. trouble
biedny poor
biedronka 1. ladybird 2. ladybug
bieg 1. run 2. race 3. course 4. gear
biegacz runner
bleg dla zdrowia jogging
biegle fluently
biegły skilled
biegun pole
biegunka diarrhoea
biel 1. whiteness 2. white
bielizna 1. underclothes 2. underwear
bielizna damska lingerie
bierny passive
bieżący 1. current 2. running
bieżnia track
bieżnik tread
bigamista bigamist
bigos meat and sauer-kraut
bikini bikini
bilans balance
bilard 1. billiards 2. pool
bilet ticket
bimber moonshine
biodro hip
biografia biography

biologia biology
biskup bishop
bisować repeat
bistro bar bistro
bitwa 1. fight 2. battle 3. combat
biuletyn bulletin
biurko desk
biuro 1. office 2. bureau
biurokracja 1. bureaucracy 2. red tape
biust 1. bust 2. breast
biustonosz 1. brassiere 2. bra
biwak 1. camp 2. bivouac
biznes business
biżuteria jewelry
blacha 1. ironplate 2. tin plate
blacharka tinnery
blady pale
blankiet form
blask glare
blefować bluff
blezer blazer
bliski 1. near 2. close 3. imminent
blisko 1. nearby 2. close
blizna scar
bliźni fellow man
bliźniak twin
Bliźnięta Gemini
blok block
blok listowy notepad
blokować 1. block 2. blockade 3. obstruct
blondynka blonde
bluszcz ivy
bluzka blouse
bluźnić blaspheme
błagać beg
błahy 1. trivial 2. insignificant
bławatek cornflower
błazen 1. clown 2. fool 3. buffoon
błąd 1. error 2. mistake 3. fault
błąd w pisowni mis-spelling
błąd w sztuce malpractice

błądzić blunder
błąkać się 1. wander 2. stray 3. roam
błędnie osądzić misjudge
błędnie umieścić misplace
błędny wrong
błękitny sky-blue
błogosławić bless
błogosławieństwo blessing
błona membrane
błona dziewicza hymen
błona fotograficzna film
błotnik 1. fender 2. mud-guard
błoto 1. mud 2. dirt
błysk flash
błyskać się 1. flash 2. glitter
błyskawica lightning
błysnąć flash
błyszczeć 1. shine 2. glitter 3. sparkle
bo 1. because 2. for 3. as
bochenek loaf
bocian stork
boczek bacon
bocznica 1. side-street 2. by-street
boczny 1. lateral 2. side
bodziec 1. impulse 2. stimulus
bogacić się grow rich
bogactwo wealth
bogaty 1. rich 2. wealthy
bogini goddess
bohater hero
bohaterski heroic
boisko 1. stadium 2. field
boja buoy
bojaźliwy 1. timid 2. fearful 3. shy
bojkot boycott
bojownik fighter
bok 1. side 2. flank
boks boxing
bokser boxer
boleć 1. pain 2. ache 3. hurt
bolesny 1. painful 2. sore

bomba bomb
bomba atomowa A-bomb
bombardować 1. bomb 2. bombard
bombowiec bomber
bon 1. ticket 2. coupon
bonifikata reduction
borowik boletus
borówka bilberry
borykać się struggle
boski 1. divine 2. godlike 3. gorgeous
bosy barefoot
botanika botany
bowiem 1. for 2. because
Boże Narodzenie 1. Christmas 2. Noel
bób beans
bóbr beaver
bóg god
Bóg 1. God 2. Lord
bójka 1. scuffle 2. brawl
ból 1. ache 2. pain 3. sore
ból głowy headache
ból ucha earache
ból zębów toothache
bór forest
brać take
brać pod uwagę take into consideration
brać ślub get married
brać udział 1. participate 2. take part
brak 1. lack 2. need 3. want 4. shortage 5. absence
brakować lack
brama gate
bramka goal
bramkarz goalkeeper
bransoletka bracelet
branża branch
brat brother
bratanek nephew

bratanica niece
bratek pansy
bratnia organizacja fraternity
bratowa sister-in-law
brawo applause
brawura bravado
Brazylia Brazil
brazylijski Brazilian
brąz bronze
brązowy brown
brednie nonsense
brew eyebrow
brezent tarpaulin
brnąć wade
broda beard
brodzić 1. wade 2. flounder
brona harrow
bronić 1. defend 2. protect 3. guard
broń 1. weapon 2. arms
broszka brooch
broszura 1. booklet 2. brochure 3. pamphlet
browar brewery
bród ford
brud 1. dirt 2. filth
brudnopis rough copy
brudny 1. dirty 2. filthy
brudzić dirty
bruk pavement
brukować pave
brunatny brown
brunet dark-haired
brunetka brunette
brutalny 1. brutal 2. rough
brutto gross
bruzda furrow
brydż bridge
brygadzista foreman
brylant diamond
Brytania Britain
brytyjski British
bryzol brisol
brzask 1. dawn 2. daybreak 3. twi-

light
brzeg 1. shore 2. bank 3. coast 4. margin
brzeg rzeki riverside
brzemienna pregnant
brzęczeć 1. ring 2. buzz 3. jingle
brzęk 1. ring 2. clatter
brzmieć sound
brzmienie sound
brzoskwinia peach
brzoza birch
brzuch 1. abdomen 2. belly 3. stomach
brzydki ugly
brzydzić się 1. loathe 2. abhor
brzytwa razor
buble trash
buda shed
buddyzm Buddhism
budka shelter
budowa construction
budować 1. build 2. construct
budowla structure
budownictwo architecture
budulec 1. timber 2. lumber
budynek building
budyń pudding
budzić 1. wake up 2. awaken
budzik alarm clock
budżet budget
bufet 1. buffet 2. bar
bufetowa bar-maid
bufor buffer
bujny 1. abundant 2. exuberant
buk beech
bukiet 1. bunch 2. bouquet
bulion broth
bulward boulevard
Bułgaria Bulgaria
bułgarski Bulgarian
bułka roll
bungalow bungalow
bunt 1. rebellion 2. riot

buntować 1. instigate 2. stir up
burak 1. beet 2. beetroot
burbon bourbon
burdel brothel
burmistrz mayor
bursztyn amber
burta ship's side
burza 1. storm 2. tempest
burza mózgów brain-storm
burza śnieżna snowstorm
burza z piorunami thunderstorm
burzliwy 1. stormy 2. rough
burzyć 1. demolish 2. destroy 3. wreck
burżuazyjny bourgeois
busola compass
but 1. shoe 2. boot
butelka bottle
butik boutique
butwieć moulder
buzia 1. mouth 2. face
by 1. to 2. in order to 3. so that
byczek buck
być be
być dłużnym owe
być może 1. maybe 2. perhaps
być podobnym resemble
być posłusznym obey
bydło cattle
byk bull
Byk Taurus
byle jaki any
były 1. former 2. ex-
bynajmniej not at all
bystry 1. smart 2. rapid 3. swift
byt existence
bywać 1. be 2. happen
bywalec old-stager
bzdura 1. crap 2. nonsense 3. rubbish
bzyczeć 1. buzz 2. hiss

C

cal inch
całkiem 1. quite 2. entirely 3. completely
całkowicie 1. absolutely 2. entirely
całokształt 1. whole 2. whole problem
całość 1. whole 2. totality
całować kiss
cały 1. entire 2. whole
car czar
cebula onion
cecha 1. feature 2. trait
cechować mark
cedzić 1. filter 2. strain
cegielnia brickworks
cegła brick
cel 1. goal 2. purpose 3. aim 4. target
cela cell
celibat celibacy
celnik customs officer
celny accurate
celować aim
celowy appropriate
celujący excellent
cement cement
cementować cement
cena 1. price 2. value
cenić 1. value 2. appreciate
cennik price-list
cenny 1. precious 2. valuable
cent 1. cent 2. penny
centrala 1. headquarters 2. head-office
centralny central
centrum center
centymetr centimetre
cenzura censorship
cera 1. complexion 2. skin
ceramiczny ceramic
ceramika ceramics

cerata oilcloth
ceremonia ceremony
cerować darn
cesarstwo empire
cesarz emperor
chałtura hackwork
chałupa 1. cottage 2. hut
chałwa halva
charakter character
charakter pisma handwriting
charakterystyczny characteristic
charakteryzować characterize
chata 1. cabin 2. hut 3. cottage
chcąc nie chcąc willy-nilly
chcieć 1. want 2. intend 3. desire 4. wish 5. be willing
chciwość greed
chciwy greedy
chemia chemistry
chemiczny chemical
chemik chemist
chęć 1. wish 2. inclination
chętnie willingly
chętny 1. willing 2. eager
chichotać giggle
Chile Chile
chilijski Chilean
chinina quinine
Chiny China
chiński Chinese
chirurg surgeon
chlapać splash
chleb bread
chlebak haversack
chlew pigsty
chluba 1. glory 2. pride
chlubny glorious
chłodnia refrigerator
chłodnica radiator
chłodno 1. chilly 2. coldly
chłodny cool
chłodzenie cooling
chłodzić 1. cool 2. refresh 3. re-

frigerate
chłonąć absorb
chłop 1. peasant 2. farmer
chłopiec 1. boy 2. lad
chłód 1. chill 2. cold
chmura cloud
chmurzyć się cloud over
chociaż 1. though 2. although
chodliwy saleable
chodnik 1. pavement 2. sidewalk
chodzić 1. go 2. walk
choinka Christmas tree
cholera cholera
cholewa bootleg
chomik hamster
chorągiew 1. flag 2. banner
choroba 1. disease 2. illness 3. sickness
choroba morska seasickness
chorobliwy 1. morbid 2. sickly
chorować 1. be ill 2. suffer
chorowity sickly
chory 1. ill 2. sick
chory umysłowo insane
chować 1. hide 2. conceal
chód 1. pace 2. gait
chór 1. choir 2. chorus
chrapać snore
chrom chromium
chronić protect
chronologiczny chronological
chrupiący 1. crisp 2. crispy
chrust brushwood
chrypka 1. hoarseness 2. sore throat
Chrystus Christ
chryzantema chrysanthemum
chrzan horse-radish
chrzcić baptize
chrzciny baptism
chrzest baptism
chrzestna godmother
chrzestny godfather

chrześcijanin Christian
chrześniak godchild
chudnąć 1. lose weight 2. grow thin 3. lose flesh 4. become thin
chudy 1. skinny 2. lean 3. thin
chuligan hooligan
chustka handkerchief
chustka na głowę kerchief
chwalić praise
chwała glory
chwast weed
chwiać shake
chwiać się 1. sway 2. totter
chwiejny tottering
chwila 1. moment 2. while 3. instant
chwilowy momentary
chwyt 1. catch 2. grasp 3. grip
chwytać 1. grab 2. grasp
chyba probably
chybiać 1. miss 2. fail
chylić bow
chytry 1. cunning 2. sly
ci 1. these 2. they
ciało 1. body 2. flesh 3. substance
ciasny 1. narrow 2. tight
ciastko cake
ciasto dough
ciąć 1. cut 2. clip
ciąg draw
ciągle continually
ciągły continuous
ciągnąć 1. drag 2. pull 3. draw
ciągnienie drawing
ciągnik tractor
ciąża pregnancy
ciążenie gravitation
cicho 1. silently 2. noiselessly 3. softly 4. hush!
cichy 1. quiet 2. still 3. gentle
ciec 1. leak 2. flow
ciecz 1. fluid 2. liquid
ciekawostka curiosity

ciekawość curiosity
ciekawy 1. curious 2. interesting
ciekły 1. liquid 2. fluid
cielę calf
cielęcina veal
ciemiężyć oppress
ciemnia dark room
ciemno dark
ciemność darkness
ciemny 1. dark 2. obscure
cienki 1. thin 2. slender
cień shadow
cieplny 1. thermic 2. thermal
ciepło warmly
ciepły warm
cierpieć suffer
cierpliwość patience
cierpliwy patient
cieszyć się enjoy
cieśla carpenter
cieśnina strait
cietrzew heathcock
cięcie 1. cut 2. cutting 3. gash
ciężar 1. weight 2. burden
ciężarówka 1. lorry 2. truck 3. van
ciężki 1. heavy 2. hard
ciężko heavily
cios 1. blow 2. stroke 3. hit
ciotka aunt
ciskać 1. dart 2. hurl 3. fling
cisza 1. silence 2. calm
ciśnienie pressure
cło customs
cmentarz cemetery
cnota virtue
co what
coca-cola coca-cola
codziennie 1. daily 2. everyday
codzienny 1. daily 2. everyday
cofać się 1. back up 2. retreat 3. regress
co godzinę hourly
cokolwiek 1. anything 2. whatever

coraz gorzej worse and worse
coroczny 1. yearly 2. annual
coś something
co więcej moreover
córka daughter
cóż what
cud 1. miracle 2. wonder
cudowny 1. gorgeous 2. marvelous 3. wonderful
cudzoziemiec 1. foreigner 2. alien
cudzy somebody else's
cudzysłów quotation marks
cukier sugar
cukierek 1. candy 2. bonbon
cukiernia confectioner's shop
cukiernica 1. sugar-bowl 2. sugar basin
cukrownia sugar plant
cukrzyca diabetes
cumować moor
cyfra 1. number 2. figure
Cygan Gypsy
cyganeria bohemia
cygaro cigar
cykl cycle
cyklon 1. cyclone 2. tornado
cykoria chicory
cylinder cylinder
cyna tin
cynamon cinamon
cyniczny cynical
cynk zinc
cypel promontory
cyprys cypress
cyrk circus
cyrkiel compasses
cysterna 1. cistern 2. tank
cytat quotation
cytować quote
cytryna lemon
cywilizacja civilization
cywilny civil
czajnik 1. kettle 2. pot

czapka cap
czapla heron
czar 1. spell 2. charm
czarnoziem humus
czarnuch nigger
czarny black
czarodziej wizard
czarownica witch
czarter charter
czarujący charming
czary-mary hocus-pocus
czas 1. time 2. tense
czasami sometimes
czas gramatyczny tense
czasopismo magazine
czasownik verb
czaszka skull
cząsteczka molecule
cząstka particle
czcić worship
czcigodny honourable
czcionka font
czczo on an empty stomach
czczy 1. vain 2. futile
Czech Czech
czego what
czek 1. check 2. cheque
czekać 1. wait 2. expect
czekolada chocolate
czemu why
czepek cap
czepiać się cling
czereśnia cherry
czerpać 1. scoop 2. draw
czerstwy 1. stale 2. robust
czerwiec June
czerwienić się blush
czerwonka dysentery
czerwony red
czesać comb
czeski Czech
cześć 1. honour 2. worship 3. respect

często 1. frequently 2. often
częstotliwość frequency
częstować treat
częsty 1. frequent 2. common
częściowo partly
część 1. part 2. portion
czkawka hiccup
człon link
członek member
członkostwo 1. fellowship 2. membership
człowiek 1. guy 2. man
człowiek interesu businessman
czołg tank
czołgać się creep
czoło forehead
czołowy frontal
czop plug
czosnek garlic
czółno boat
czterdzieści forty
czternaście fourteen
cztery four
czuć 1. feel 2. smell
czujność vigilance
czujny 1. alert 2. vigilant 3. watchful
czuły 1. tender 2. affectionate
czuwać watch
czwartek Thursday
czwarty fourth
czworobok quadrangle
czworokąt quadrangle
czy 1. whether 2. if
czyj whose
czyli 1. so 2. or
czyn deed
czynić 1. do 2. render 3. act 4. cause
czynnik factor
czynność 1. activity 2. action
czynny active
czynsz rent

czyrak boil
czystość cleanliness
czysty 1. clean 2. pure
czyścić clean
czyściec purgatory
czytać read
czytelnia reading-room
czytelnik reader
czytelny 1. legible 2. readable

Ć

ćma moth
ćwiartka quarter
ćwiczenie 1. exercise 2. drill 3. practice
ćwiczyć 1. exercise 2. practise 3. train
ćwiek hobnail
ćwierć one fourth
ćwierkać chirp
ćwikła red beet

D

dach roof
dać give
daktyl date
dal distance
dalej 1. moreover 2. further
daleki 1. far 2. far-away 3. distant 4. remote
dalekowidz far-sighted
dalszy 1. farther 2. further
daltonista daltonist
dama lady
damski ladies'
dane data
Dania Denmark
danie dish
dar 1. gift 2. present
daremny vain
darmowy 1. complimentary 2.

gratis 3. free
darować 1. give 2. forgive
data date
datować date
dawać give
dawca donor
dawka dose
dawniej 1. formerly 2. in the past
dawno long ago
dawny 1. old 2. ancient 3. former
dąb oak
dąć blow
dążenie 1. aspiration 2. trend
dążyć 1. aspire 2. tend 3. aim
dbać 1. care 2. take care
debata debate
debatować debate
debiutować make one's debut
decentralizować decentralize
dech breath
decydować decide
decydujący 1. decisive 2. crucial 3. conclusive
decyzja decision
dedykacja dedication
dedykować dedicate
defekt 1. defect 2. failure 3. trouble
deficyt deficit
defilada parade
definicja definition
dekada decade
dekagram decagramme
dekatyzować 1. shrink 2. hotpress
deklamacja declamation
deklamować recite
deklaracja declaration
deklarować declare
deklinacja declension
dekolt low neck
dekoracja decoration
delegacja delegation
delegat delegate
delegować delegate

delfin dolphin
delikatesy delikatessen
delikatny gentle
demaskować unmask
dementować deny
demobilizować demobilize
demograficzny demographic
demokracja democracy
demokratyczny democratic
demon demon
demonstracja demonstration
demonstrować demonstrate
demontować 1. dismantle 2. dismount
demoralizować demoralize
denerwować 1. bother 2. make nervous 3. irritate
dentysta dentist
denuncjować denounce
depesza 1. wire 2. telegram
deportować deport
depozyt deposit
deprawować demoralize
depresja 1. dejection 2. low spirits
deptać tread
deputat allowance
deputowany deputy
dermatolog dermatologist
desant landing
deseń design
deser dessert
deska 1. plank 2. board
deska do chleba breadboard
destylacja distillation
deszcz rain
detal detail
detaliczny retail
detalista retailer
detektyw detective
detonować detonate
dewaluacja devaluation
dewiza 1. motto 2. slogan
dewizy 1. foreign money 2. foreign

currency
dezerter deserter
dezodorant deodorant
dezynfekcja disinfection
dezynsekcja disinsectization
dębowy oak
dętka tube
diabeł devil
diagnostyka diagnostics
diagnoza diagnosis
dialekt dialect
dialektyka dialectics
dialog dialogue
diament diamond
dieta diet
dinozaur dinosaur
dla 1. for 2. to
dlaczego why
dlatego 1. because 2. so
dlatego też therefore
dłoń palm
dług debt
długi long
długo 1. long 2. for a long time
długodystansowy long-distance
długofalowy long-range
długogrający long-play
długopis 1. pen 2. biro 3. ball-point pen
długość length
długość geograficzna longitude
długoterminowy long-term
długotrwały lasting
dłuto chisel
dłużnik debtor
dmuchać blow
dmuchawa blower
dniówka daywork
dno bottom
do 1. to 2. into 3. up 4. till
doba twenty-four hours
dobiegać approach
dobierać 1. select 2. choose

dobitny distinct
doborowy select
dobosz drummer
dobór selection
dobranoc good night!
dobro good
dobrobyt 1. prosperity 2. wealth
dobroczynność charity
dobroć 1. goodness 2. kindness
dobrosąsiedzki good-neighbourly
dobrowolny voluntary
dobry 1. good 2. kind 3. right
dobrze 1. well 2. all right
dobrze wychowany 1. well-bred 2. polite
doceniać appreciate
dochodowy profitable
dochodzenie investigation
dochodzić 1. approach 2. reach
dochować preserve
dochód 1. income 2. profit
docierać reach
dociskać tighten
do cna completely
doczekać się live to see
doczesny 1. worldly 2. present
dodatek addition
dodatkowy 1. additional 2. extra
dodatni positive
dodawać add
dodawać otuchy cheer
dogadzać 1. gratify 2. satisfy
doganiać catch up
doglądać 1. look 2. supervise
dogmat dogma
dogodny convenient
do góry up
do góry nogami upside-down
dogrywka overtime
doić milk
dojazd 1. access 2. drive
dojeżdżać 1. reach 2. arrive 3. approach

dojrzałość maturity
dojrzały 1. ripe 2. grown up 3. mature
dojrzeć 1. catch sight 2. grow up
dojść arrive
dok dock
dokąd where
dokądkolwiek anywhere
dokładać add
dokładnie thoroughly
dokładny 1. exact 2. accurate
dokoła 1. round 2. around
dokonać accomplish
dokonanie accomplishment
dokończyć 1. end 2. finish
dokręcać tighten
dokształcać się complete one's education
doktor doctor
dokuczać 1. tease 2. annoy
dokument document
dokument identyfikacyjny I.D.
dokumentacja 1. paperwork 2. documentation
dokumenty uwierzytelniające credentials
dolar dollar
dolegać 1. trouble 2. give pain
dolewać fill up
do licha gosh
doliczać add
dolina valley
dolny lower
dołączyć enclose
dołączyć się join
dom 1. house 2. home 3. place
domagać się 1. claim 2. demand
domek cottage
domięśniowy intramuscular
domino domino
domniemanie allegation
domowego wyrobu home-made
domownicy household

domowy domestic
dom rodzinny home
dom starców nursing-home
domysł 1. guess 2. supposition
domyślać się 1. guess 2. suppose
donacja charytatywna donation
doniczka flower-pot
doniesienie report
doniosły 1. important 2. significant
donosić 1. bring 2. inform
donośny 1. resounding 2. loud
dopasowywać 1. fit 2. adapt 3. match
dopełniać fill up
dopiero 1. only 2. just 3. hardly
dopilnować see
dopingować encourage
dopisek footnote
dopłacać pay additionally
dopłata 1. extra payment 2. surcharge
dopływ affluent
dopóki 1. till 2. as long 3. until
dopóty until
doprowadzać 1. lead 2. cause
dopuszczalny admissible
dopuszczać 1. allow 2. admit
doradca 1. counsellor 2. adviser
doradczy advisory
doradzać advise
doraźny immediate
doręczać 1. deliver 2. bring 3. hand in
dorobek 1. fortune 2. acquisition
doroczny 1. annual 2. yearly
dorosły 1. adult 2. grown
dorównać equal
dorsz cod
dorywczy 1. occasional 2. fitful 3. off-and-on
dosięgać 1. reach 2. attain
doskonalić 1. perfect 2. improve 3. cultivate

doskonały 1. excellent 2. perfect
dosłowny literal
dostać 1. obtain 2. reach 3. get
dostarczać 1. provide 2. supply 3. deliver
dostarczać żywność cater
dostateczny sufficient
dostatek abundance
dostawa 1. delivery 2. supply
dostawać 1. get 2. receive 3. obtain
dostawca supplier
dostęp 1. access 2. admittance
dostępny 1. accessible 2. available
dostosowywać 1. adjust 2. comply
dostrzec 1. notice 2. perceive 3. see
dosyć 1. enough 2. sufficiently
doszczętnie completely
doświadczać 1. experience 2. feel
doświadczalny experimental
doświadczony experienced
dotąd 1. yet 2. up till now
dotkliwy painful
dotrzymywać keep
dotychczas 1. up to now 2. so far
dotyczący 1. concerning 2. regarding
dotyczyć concern
dotykać 1. touch 2. hit 3. hurt
do tyłu backward
doustnie orally
dowcip 1. wit 2. joke
dowcipny witty
do wewnątrz inward
dowiadywać się 1. learn 2. get to know
do widzenia 1. good-bye 2. bye-bye
dowodzić prove
dowolny 1. optional 2. any

dowozić 1. bring 2. transport
dowód 1. evidence 2. proof
dowódca commander
dowództwo command
doznać experience
dozorca 1. doorkeeper 2. janitor
dozorować 1. oversee 2. supervise
dozwolony 1. allowed 2. permitted
dożylny intravenous
dożywotni lifelong
dół 1. pit 2. hole
drabina ladder
dramat drama
dramatyczny dramatic
drapacz chmur 1. skyscraper 2. highriser
drapać scratch
drapieżny rapacious
drastyczny drastic
draśnięcie scratch
drażliwy touchy
drażnić irritate
drążek 1. stick 2. bar
drenować drain
dreszcz shudder
dreszczowiec thriller
drewniany wooden
drewno wood
dręczyć 1. torment 2. worry
drętwieć 1. grow stiff 2. get numb
drganie vibration
drgawka 1. spasm 2. convulsion
drobne small change
drobnostka trifle
drobny tiny
droga 1. road 2. way 3. track
drogi 1. dear 2. expensive
drogowskaz signpost
drożdże yeast
drób poultry
drugi second

drugie śniadanie lunch
drugorzędny second-rate
druh 1. friend 2. boy scout
druhna 1. bridesmaid 2. girl scout
druk printing
drukarnia printing house
drukarz printer
drukować print
drut wire
drużyna team
drwal lumberjack
drwić mock
drzazga splinter
drzeć tear
drzemać 1. doze 2. nap
drzewo tree
drzwi door
drżeć 1. shiver 2. tremble
duch 1. ghost 2. spirit
duchowieństwo clergy
duet duet
duma pride
dumny proud
duński Danish
duplikat duplicate
dureń jackass
dusić strangle
dusza soul
dużo 1. much 2. many
duży 1. big 2. large
dwa two
dwadzieścia twenty
dwanaście twelve
dwa razy twice
dwa tygodnie fortnight
dworzec (rail) station
dwudziesty twentieth
dwujęzyczny bilingual
dwukropek colon
dwunasty twelfth
dwutygodnik biweekly
dwuznaczność ambiguity
dygnitarz dignitary

dygotać 1. shiver 2. shake
dykta plywood
dyktando dictation
dyktować dictate
dym smoke
dymisja resignation
dynamit dynamite
dynamo dynamo
dynastia dynasty
dynia pumpkin
dyplom diploma
dyplomata diplomat
dyplomatyczny dimplomatic
dyrektor 1. director 2. principal
dyrygent conductor
dyrygować conduct
dyscyplina discipline
dysk discus
dyskietka disc
dyskrecja discretion
dyskretny discreet
dyskryminować discriminate
dyskusja discussion
dyskutować discuss
dyskwalifikacja disqualification
dyskwalifikować disqualify
dysponować have at one's disposal
dystans distance
dystrybucja distribution
dystrybutor distributor
dysza nozzle
dywan carpet
dywanik rug
dywersant saboteur
dywersja diversion
dyżur duty
dyżurny on duty
dzban 1. pitcher 2. jug
dziać się 1. happen 2. go on
dziadek grandfather
dziadek do orzechów nutcracker
dziadkowie grandparents

dział section
działacz activist
działać 1. act 2. work 3. operate
działalność activity
działanie action
działka lot
działo cannon
dziąsło gum
dziczyzna venison
dzieci children
dzieciak kid
dzieciństwo childhood
dziecko child
dziedzictwo heritage
dziedziczny hereditary
dziedziczyć inherit
dziedzina 1. domain 2. field 3. area
dzieje history
dziekan dean
dzielenie division
dzielić 1. divide 2. share
dzielnica 1. neighbourhood 2. district
dzielny brave
dzieło 1. achievement 2. work 3. masterpiece
dziennik 1. daily news 2. journal 3. diary
dziennikarz 1. journalist 2. reporter
dzienny daily
dzień day
dzień dobry 1. hallo 2. good day
Dzień Sądu Doomsday
dzierżawa 1. lease 2. rental
dziesiąty tenth
dziesięciocentówka dime
dziesięciolecie decade
dziesięć ten
dziesiętny decimal
dziewczyna girl
dziewiąty ninth
dziewica virgin
dziewięć nine

dziewięćdziesiąt ninety
dziewiętnaście nineteen
dzięcioł woodpecker
dzięki thanks
dziękować thank
dzik (wild)boar
dziki 1. wild 2. fierce
dziobać peck
dziób beak
dzisiaj today
dzisiejszy today's
dziś wieczorem tonight
dziura hole
dziurawy leaky
dziwić się wonder
dziwny 1. strange 2. bizarre
dzwonek bell
dzwonić 1. ring 2. jingle
dźwięczeć 1. sound 2. jingle
dźwięk sound
dźwiękoszczelny soundproof
dźwiękowy sound
dźwig 1. lift 2. elevator
dźwigać 1. lift 2. carry
dźwignia lever
dźwignia zmiany biegów gear-shift
dżdżownica earthworm
dżdżysty rainy
dżem jam
dżentelmen gentleman
dżersej jersey
dżinsy jeans
dżokej jockey
dżudo judo
dżungla jungle

E

echo 1. echo 2. repercussion
edukacja education
efekt 1. effect 2. result
egipski Egyptian

Egipt Egypt
egoista egoist
egoizm egoism
egzamin 1. examination 2. exam
egzaminować examine
egzekucja execution
egzekutywa executive
egzemplarz copy
egzystencja existence
egzystować 1. exist 2. live
ekipa 1. team 2. crew
ekonomia 1. economy 2. economics
ekler zipper
ekonomiczny economical
ekran screen
ekscentryczny eccentric
eksmisja eviction
eksmitować evict
ekspansja expansion
ekspedient 1. shop-assistant 2. salesman
ekspedycja expedition
ekspert expert
eksperyment experiment
eksploatacja exploatation
eksploatować exploit
eksplodować explode
eksplozja explosion
eksponat exhibit
eksport export
eksportować export
ekstaza ecstasy
ekstrakt extract
ekstremalny 1. extreme 2. abysmal
ekwipunek equipment
elastyczny 1. elastic 2. flexible
elegancja elegance
elegancki elegant
elektroda electrode
elektrolit electrolyte
elektromonter electrician

elektron electron
elektrownia power station
elektryczność electricity
elektryczny electric
element element
eliminacja elimination
eliminować eliminate
elita elite
emalia enamel
embargo embargo
emblemat emblem
embrion embryo
emeryt 1. pensioner 2. retired (person)
emerytura pension
emigracja emigration
emigrant emigrant
emigrować emigrate
emisja emission
emocjonalny emotional
emulsja emulsion
encyklopedia encyclopedia
energetyka energetics
energia energy
energiczny 1. energetic 2. vigorous
entuzjasta fan
entuzjazm enthusiasm
enzym enzyme
epidemia epidemic
epizod episode
epoka epoch
epokowy epoch-making
epopeja epic
era era
erekcja erection
erotyczny erotic
esencja essence
eskadra squadron
esperanto Esperanto
estetyczny aesthetic
estrada platform
etap stage

etat 1. permanent post 2. full time position
etatowy 1. permanent 2. full time
eter ether
etniczny ethnic
etyczny ethic
etykietka label
euforia euphoria
Europa Europe
europejski European
eutanazja euthanasia
ewakuacja evacuation
ewakuować evacuate
ewangelia gospel
ewangelik Protestant
ewentualnie 1. possibly 2. perhaps
ewentualność eventuality
ewidencja 1. record 2. file
ewolucja evolution

F

fabryczny factory
fabryka factory
fach profession
fachowiec 1. specialist 2. expert
fajans faience
fajka pipe
fakt fact
faktura invoice
faktycznie 1. in fact 2. actually
faktyczny 1. actual 2. real
fakultet faculty
fala wave
falbana furbelow
falisty wavy
fallus phallus
falochron breakwater
falsyfikat forgery
fałda fold
fałsz 1. falseness 2. falsity
fałszować 1. fake 2. falsify
fałszowanie deception

fałszywy 1. false 2. forged 3. fake
fanatyk fanatic
fant pawn
fantastyczny 1. fantastic 2. terrific
fantazja 1. fantasy 2. phantasy 3. fancy
faraon Pharaoh
farba 1. paint 2. dye
farbować dye
farmaceuta 1. pharmacist 2. druggist
farmaceutyczny pharmaceutic
farsz stuffing
fartuch apron
fasada front
fascynować fascinate
fasola bean
fason 1. shape 2. pattern 3. fashion
fastrygować tack
faszerować stuff
faszysta fascist
faszyzm fascism
fatalny fatal
fatyga fatigue
faul foul
faworyt favourite
faza phase
febra fever
federacja federation
federalny federal
fekalia feces
feler defect
felieton feuilleton
felietonista columnist
fenig pfennig
fenomen phenomenon
ferie holidays
ferma farm
ferment ferment
festiwal festival
festyn 1. feast 2. garden-party
fetysz fetish

fiasko fiasco
figa fig
figiel 1. joke 2. trick
figura figure
figurka statuette
fikcja fiction
fikcyjny fictitious
filantrop philanthropist
filantropia philanthropy
filar pillar
filatelistyka philately
filet fillet
filharmonia Philharmonic
filia branch
filiżanka cup
film 1. movie 2. film
filmować film
filmowy cinematographic
filologia philology
filozof philosopher
filozofia philosophy
filtr filter
filtrować filter
finał final
finansować finance
finansowy financial
finisz finish
fioletowy violet
fiołek violet
fiord fiord
firanka curtain
firma firm
fizjologia physiology
fizyczny physical
fizyka physics
fizykoterapeuta physiotherapist
flaga flag
flaki tripe
flakon vase
flaming flamingo
flanela flannel
flądra sole
flek heel-tap

flesz flash-light
flet flute
flirt flirt
flirtować flirt
flota fleet
fobia 1. phobia 2. fear
foka seal
folder folder
folia foil
folklor folklore
fonetyka phonetics
fonia sound
fontanna fountain
forma form
formalność formality
formalny formal
format size
formować form
formularz form
forsować 1. force 2. push
fort fort
forteca fortress
fortepian piano
fortyfikować fortify
forum dyskusyjne forum
fosfor phosphorus
fotel arm-chair
fotografia 1. picture 2. photography
fotografować take a picture
fotokomórka photocell
fotokopia photocopy
fotomontaż photo-mounting
fotoreporter cameraman
foyer foyer
fracht freight
fragment fragment
Francja France
francuski French
fraza phrase
frekwencja frequency
fresk fresco
frezarka milling machine

front front
froterka polishing brush
froterować polish
frunąć fly
fryzjer hairdresser
fryzjer męski barber
fryzura hair-style
fujarka pipe
fundacja foundation
fundament foundation
fundować treat
fundusz fund
funkcja function
funkcjonariusz official
funkcjonować function
funt pound
furia fury
furman carter
furtka gate
fusy dregs
futerał 1. case 2. cover
futro 1. fur 2. fur-coat

G

gabaryt overall dimensions
gabinet 1. office 2. study 3. cabinet
gablota 1. showcase 2. cabinet
gad reptile
gadać 1. talk 2. prattle
gadatliwy talkative
gafa gaffe
gajowy 1. forester 2. ranger
gala gala
galaktyka galaxy
galanteria 1. fancy goods 2. haberdashery
galaretka jelly
galeria gallery
galon gallon (3,785 l)
galop gallop
galowy gala

gałąź branch
gałka 1. ball 2. globe
gałka u drzwi knob
ganek porch
gangrena gangrene
gangster gangster
gapa 1. dupe 2. gull
gapić się stare
garaż garage
garbarnia tannery
garbaty hunch-backed
garbić się stoop
garbować tan
garbus humpback
garderoba 1. wardrobe 2. clothes
gardło throat
gardzić 1. scorn 2. despise
garmażeria delicatessen
garnek pot
garnitur suit
garsonka two-piece dress
garść handful
gasić 1. extinguish 2. put out
gasnąć go out
gastronomiczny gastronomic
gaśnica extinguisher
gatunek 1. kind 2. brand 3. class
gatunkowy specific
gawęda chat
gawędzić chat
gawron rook
gaz gas
gaza gauze
gazeta 1. newspaper 2. gazette
gazomierz gasmeter
gazownia gasworks
gazowy gas
gaźnik carburettor
gaża 1. salary 2. pay
gąbka sponge
gąsienica caterpillar
gąszcz thicket
gbur boor

gderać grumble
gdy 1. when 2. as
gdyby if
gdyż 1. because 2. for
gdzie where
gdzie indziej elsewhere
gdziekolwiek 1. anywhere 2. wher-ever
gdzieniegdzie here and there
gdzieś somewhere
gejzer geyser
genealogia genealogy
generalny general
generał general
generator generator
geneza 1. origin 2. genesis
genialny 1. full of genius 2. gifted
geniusz genius
geografia geography
geologia geology
geometria geometry
gest gesture
gestykulacja gesticulation
gestykulować gesticulate
getto ghetto
gęba mug
gęsiego in single file
gęstnieć thicken
gęstość density
gęsty dense
gęś goose
giąć bend
giełda 1. stock-exchange 2. ex-change
giętki 1. flexible 2. elastic
gigant giant
gigantyczny gigantic
gimnastyka gymnastics
gimnastykować exercise
ginąć 1. perish 2. die 3. disappear
ginekolog gynaecologist
ginekologia gynaecology
gips gypsum

gitara guitar
gladiator gladiator
gleba soil
gliceryna glycerine
glina clay
gliniany earthen
gliniarz cop
glista earthworm
glob globe
globalny 1. gross 2. total
gładki 1. smooth 2. even 3. flat
gładzić 1. smooth 2. polish
głaskać 1. caress 2. fondle
głaz 1. boulder 2. rock
głębia 1. depth 2. deep
głęboki deep
głębokość depth
głodny hungry
głodować starve
głos 1. voice 2. sound 3. vote
głosować vote
głosowanie 1. voting 2. ballot
głośnik loudspeaker
głośny loud
głowa head
głowica head
głód 1. famine 2. hunger
głóg hawthorn
głównie 1. mostly 2. chiefly
główny 1. main 2. leading
głuchoniemy 1. deaf and dumb 2. deafmute
głuchy deaf
głupi 1. foolish 2. stupid 3. silly
głupiec 1. fool 2. blockhead
głupota stupidity
głupstwo nonsense
gmach 1. building 2. edifice
gmina community
gminny 1. communal 2. municipal
gnębić oppress
gniazdo nest
gnicie rotting

gnić 1. rot 2. decay 3. putrefy
gnieść press
gniew anger
gniewać 1. anger 2. irritate
gnojek stinker
gnój dung
godło emblem
godność dignity
godny szacunku respectable
godny uwagi 1. noteworthy 2. remarkable
godzić się agree
godzina hour
godzina policyjna curfew
goić się heal
gol goal
goleń shin
golf golf
golić shave
gołąb 1. pigeon 2. dove
gołąbki stuffed cabbage
gołoledź glazed frost
gołosłowny unwarranted
goły 1. naked 2. bare 3. nude
gondola gondola
gong gong
gonić 1. pursue 2. hunt
goniec hotelowy bellboy
gorący hot
gorączka fever
gorączkowy feverish
gorliwy 1. eager 2. keen 3. zealous
gorszy 1. inferior 2. worse
gorszyć 1. scandalize 2. shock 3. demoralize
gorycz bitterness
goryl gorilla
gorzej worse
gorzki bitter
gospoda 1. inn 2. tavern
gospodarczy economic
gospodarka economy

gospodarny economical
gospodarować farm
gospodarstwo domowe household
gospodarstwo rolne farm
gospodarz 1. host 2. landlord
gospodyni 1. hostess 2. landlady
gosposia 1. housekeeper 2. housewife
gościć 1. receive 2. entertain
gościec rheumatism
gościna 1. visit 2. stay
gościnność hospitality
gościnny hospitable
gość guest
gotować 1. boil 2. cook
gotowany cooked
gotowy ready
gotówka cash
gotyk Gothic
goździk carnation
góra mountain
góral mountaineer
góra lodowa iceberg
górnictwo mining
górniczy mining
górnik miner
górny upper
górować dominate
górski mountain
górzysty 1. mountainous 2. hilly
gówno shit
gra 1. game 2. play 3. acting
grabić rake
gracz player
grać play
grad hail
grafik graphic artist
grafika graphic art
grafika uliczna graffiti
gram gram
gramatyka grammar
granat 1. grenade 2. navy-blue

(kolor)
granatowy navy-blue
granica 1. border 2. frontier 3. limit
graniczny border
graniczyć border
granit granite
gratis free of charge
gratulacje congratulations
gratulować congratulate
grawerować engrave
Grecja Greece
grecki Greek
grejpfrut grapefruit
grobla dam
grobowiec tomb
groch pea
grochówka pea-soup
grom thunderbolt
gromada 1. crowd 2. team 3. group
gromadzić 1. gather 2. assemble
grono 1. bunch 2. company 3. circle
grosz penny
groszek pea
grota 1. grotto 2. cave
groteskowy grotesque
grotołaz speleologist
grozić threaten
groźba 1. threat 2. menace
groźny 1. threatening 2. dangerous
grób 1. grave 2. tomb
grubość thickness
gruby 1. thick 2. fat 3. big
gruczoł gland
grudzień December
grunt 1. ground 2. soil
gruntowny thorough
grupa 1. group 2. set
grupa krwi blood-type
grupować się group
gruszka pear
gruz 1. rubble 2. rubbish

gruźlica tuberculosis
grymas grimace
grypa 1. influenza 2. flu
gryzmolić scratch
gryźć 1. bite 2. gnaw 3. nibble
grzać 1. warm 2. heat
grzałka heater
grzanka toast
grządka bed
grzbiet back
grzebać 1. bury 2. fumble
grzebień comb
grzebień koguci crest
grzech sin
grzechotać rattle
grzechotka rattler
grzeczność 1. politeness 2. kindness 3. courtesy
grzeczny 1. polite 2. kind 3. courteous
grzejnik 1. heater 2. radiator
grzeszyć sin
grzęznąć 1. sink 2. flounder
grzmieć thunder
grzmot thunder
grzyb 1. mushroom 2. fungus
grzybica mycosis
grzywka fringe
grzywna penalty
gubernator governor
gubić lose
gulasz stew
guma 1. gum 2. rubber
gumka eraser
gumowy rubber
gust taste
gustowny in good taste
guz 1. bump 2. tumour
guzik button
gwałcić 1. rape 2. violate
gwałt 1. violence 2. rape
gwałtowny 1. violent 2. outrageous
gwara dialect

gwarancja 1. warranty 2. guarantee
gwarantować guarantee
gwardia guards
gwarny noisy
gwiazda star
gwiazdka starlet
gwiazdozbiór constellation
gwint screwthread
gwizdać whistle
gwizdek whistle
gwóźdź nail

H

hacjenda hacienda
haczyk hook
haft embroidery
haftka clasp
haftować embroider
hak hook
hala hall
halka slip
hałas 1. noise 2. fuss
hałasować make a noise
hałaśliwy noisy
hamak hammock
hamburger hamburger
hamować 1. brake 2. restrain
hamulec brake
hamulec ręczny hand-brake
handel trade
handel detaliczny retail trade
handlarz dealer
handlować 1. trade 2. deal
handlowiec businessman
handlowy commercial
hangar 1. shed 2. hangar
haniebny shameful
hańba 1. shame 2. disgrace 3. dishonour
harcerka girl scout
harcerstwo scouting

harcerz boy scout
harem harem
harfa harp
harmider hubbub
harmonia harmony
harmonizować harmonize
harówka 1. sweat 2. fag 3. drudgery
harpun harpoon
hartować temper
hasło password
haszysz hashish
haust 1. gulp 2. swing
hazard 1. gambling 2. hazard
hebel plane
hebrajski Hebrew
hejnał trumpetcall
hektar hectare
helikopter helicopter
hełm helmet
hemoroidy hemorrhoids
herb coat of arms
herbata tea
herbatnik biscuit
hiacynt hyacinth
hiena hyena
hierarchia hierarchy
higiena hygiene
higieniczny sanitary
Hindus 1. Hindu 2. Indian
hinduski Hindu
hipnoza hypnosis
hipokryzja hypocrisy
hipopotam hippopotamus
hipoteka mortgage
histeria hysterics
histeryczny hysterical
historia 1. history 2. story
historyczny historical
Hiszpan Spaniard
Hiszpania Spain
hiszpański Spanish
hobby hobby

hodować 1. breed 2. rear 3. raise
hodowla 1. growing 2. rearing
hojny 1. generous 2. open-handed
hokej hockey
hol hall
Holandia 1. Holland 2. the Netherlands
Holender Dutchman
holenderski Dutch
holować 1. tow 2. haul
hołd 1. homage 2. tribute
homar lobster
homilia homily
homoseksualista 1. gay 2. homosexual
homoseksualizm homosexuality
honor honour
honorarium 1. royalty 2. fee
honorować 1. honour 2. respect
honorowy honorary
hormon hormone
horoskop horoscope
horyzont horizon
hotel hotel
hotelowy hotel
hrabia count
hrabina countess
huk 1. roar 2. bang
hulać 1. make merry 2. run wild
humanistyczny humanistic
humanitarny humane
humanizm humanism
humor humour
huragan hurricane
hurt wholesale
hurtownia 1. wholesale firm 2. warehouse
huśtać się 1. swing 2. rock
huta 1. foundry 2. ironwork
hutnictwo metallurgy
hutnik steel worker
hydrant hydrant
hydraulik plumber

hydrofor hydrophore
hymn 1. anthem 2. hymn

I

i 1. and 2. also 3. too
ich their
idea idea
idealny 1. ideal 2. perfect
identyczny identical
identyfikować identify
ideologia ideology
ideologiczny ideological
idiota idiot
idiotyczny idiotic
idol idol
iglasty coniferous
igła needle
ignorować 1. ignore 2. disregard
igrzyska games
ikona icon
ikra roe
ile 1. how much 2. how many
ilekroć whenever
ilość quantity
ilustracja illustration
ilustrować illustrate
iluzja illusion
im them
imbir ginger
imbryk tea-pot
imiesłów participle
imię 1. first name 2. forename
imigracja immigration
imigrant immigrant
imitacja imitation
impas impasse
imperializm imperialism
implikować implicate
imponować impress
import import
importować import
impotent impotent

impregnowany impregnated
impresario 1. impresario 2. promoter
impreza 1. enterprise 2. entertainment 3. show 4. event
improwizować improvise
inaczej 1. otherwise 2. differently
inauguracja 1. inauguration 2. opening ceremony
incydent incident
indeks 1. list 2. student's book 3. index
Indianin Indian
indiański Indian
Indie India
indyjski Hindu
indyk turkey
indywidualność 1. personality 2. individuality
indywidualny 1. individual 2. personal
infekcja infection
inflacja inflation
informacja 1. information 2. news
informator 1. informant 2. guide 3. directory
informować inform
inhalacja inhalation
inicjatywa initiative
inkasować collect
inny 1. another 2. other 3. different
inscenizacja staging
insekt insect
inspektor inspector
instalacja installation
instalować install
instrukcja instruction
instruktor instructor
instrument instrument
instruować instruct
instynkt instinct
instytucja institution
instytut institute

integralny integral
intelektualista intellectualist
intelektualny intellectual
inteligencja intelligence
inteligent intellectual
inteligentny intelligent
intensywny intensive
interes 1. interest 2. business 3. affair
interesant client
interesować interest
interesujący interesting
internat boarding school
internista internist
interpretacja interpretation
interpunkcja punctuation
interweniować interfere
intonacja intonation
introligator bookbinder
intruz intruder
intryga intrigue
intrygować intrigue
intymny 1. intimate 2. private
inwalida 1. disabled person 2. invalid
inwalidztwo disability
inwentarz 1. inventory 2. livestock
inwestować invest
inwestycja investment
inżynier engineer
irański 1. Iranian 2. Persian
Irlandia Ireland
irlandzki Irish
ironia irony
ironiczny ironical
irytować 1. annoy 2. irritate
irytujący annoying
iskra spark
iskrzyć spark
Islam Islam
istnieć 1. exist 2. be
istniejący existing
istnienie existence

istota 1. being 2. creature 3. essence 4. substance
istotny 1. significant 2. essential
iść 1. go 2. walk
itd. and so on
itp. and so forth
izba 1. room 2. chamber
izolacja isolation
izolator insulator
izotop isotope
Izrael Israel
Izraelczyk Isreali
Izraelita Israelite
izraelski Israeli

J

ja 1. I 2. me
jabłko apple
jabłoń apple-tree
jacht yacht
jad 1. venom 2. poison
jadalnia 1. dining-room 2. mess
jadalny 1. eatable 2. edible
jadłodalnia eatery
jadłospis 1. menu 2. bill of fare
jadowity 1. venomous 2. poisonous
jagnię lamb
jagoda berry
jaguar jaguar
jajecznica scrambled eggs
jajko egg
jajnik ovary
jak 1. how 2. like 3. as
jak yak
jaki what
jakikolwiek 1. any 2. whatever
jakiś some
jakkolwiek 1. however 2. though
jako as
jakoby 1. as if 2. allegedly
jakoś somehow

jakościowy qualitative
jakość quality
jakże how
jałowcówka gin
jałowiec juniper
jałowy 1. barren 2. sterile
jama 1. pit 2. hole
jama ustna oral cavity
jamnik dachshund
Japonia Japan
Japończyk Japanese
japoński Japanese
jarmark fair
jarski vegetarian
jarosz vegetarian
jarzeniowy neon
jarzębina 1. sorb 2. rowan
jarzmo yoke
jarzyć się glow
jarzyna vegetable
jaskinia cave
jaskółka swallow
jaskrawy glaring
jasnowidz clairvoyance
jasny 1. bright 2. clear 3. light 4. definite
jaszczurka lizard
jaśmin jasmine
jawnie 1. openly 2. evidently
jazda 1. ride 2. drive
jądro 1. testicle 2. kernel 3. nucleus
jądrowy nuclear
jąkać się 1. stammer 2. stutter
je them
jechać 1. go 2. drive 3. travel 4. ride
jechać na rowerze ride a bicycle
jechać pociągiem go by train
jeden 1. one 2. a
jeden z dwóch either
jedenasty eleventh
jedenaście eleven
jednak 1. however 2. but 3. yet 4. nevertheless 5. still

jednakowy 1. the same 2. identical
jednocześnie 1. simultaneously 2. at the same time
jednoczyć 1. incorporate 2. unify 3. consolidate
jednodniowy of a day
jednogłośnie unanimously
jednokierunkowy one-way
jednolity uniform
jednomyślny unanimous
jednoosobowy single
jednorazowy 1. single 2. disposable
jednorodny homogeneous
jednorodzinny one-family
jednostajny uniform
jednostka 1. individual 2. unit
jednostronny unilateral
jedność unity
jedwab silk
jedynak only son
jedynie 1. only 2. solely 3. merely
jedyny 1. only 2. sole 3. single
jedzenie 1. meal 2. eating 3. food
jego his
Jehowa Jehovah
jej her
jeleń deer
jelito 1. gut 2. intestine 3. bowel
jemu him
jeniec 1. prisoner 2. captive
jesień 1. autumn 2. fall
jesionka overcoat
jesiotr sturgeon
jest is
jeszcze 1. still 2. yet 3. besides 4. else
jeść eat
jeść obiad have a dinner
jeśli if
jeśli nie unless
jezdnia 1. road 2. roadway

jezioro lake
Jezus Jesus
jeździć travel
jeździć na nartach ski
jeździć na rowerze 1. cycle 2. ride a bicycle
jeździec 1. rider 2. horseman
jeździectwo horsemanship
jeż hedgehog
jeżeli if
jeżyna blackberry
jęczeć 1. groan 2. moan
jęczmień barley
jędza hag
jęk 1. groan 2. moan
język 1. language 2. tongue
językoznawca linguist
jidisz Yiddish
jod iodine
jodła fir
jodyna iodine
joga yoga
jogurt yogurt
jojo yo-yo
jowialny jovial
jubiler jeweller
jubileusz jubilee
judaizm Judaism
junior junior
Jupiter Jupiter
jury jury
jutro 1. tomorrow 2. next day
jutrzejszy tomorrow's
już 1. already 2. now

K

kabała cabbala
kabaret cabaret
kabel cable
kabina 1. booth 2. cabin
kabina pilota cockpit
kabriolet cabriolet

kac hangover
kaczka duck
kaczuszka duckling
kadłub trunk
kadr frame
kadra staff
kadź tub
kafel tile
kaftan jerkin
kaganiec muzzle
kajak canoe
kajdanki handcuffs
kajuta cabin
kakao cocoa
kaktus cactus
kalafior cauliflower
kalarepa turnipcabbage
kaleczyć 1. maim 2. injure
kalejdoskop kaleidoscope
kaleka 1. cripple 2. invalid
kalendarz calendar
kalesony 1. drawers 2. pants
kalka carbon
kalkulacja calculation
kalkulator calculator
kalkulować 1. calculate 2. compute
kaloria calorie
kaloryfer radiator
kalosz 1. (rubber) overshoe 2. galosh
kał excrement
kałuża puddle
kamera camera
kamieniołom quarry
kamienny stone
kamień 1. rock 2. stone
kamizelka vest
kamizelka ratunkowa life-jacket
kampania campaign
Kanada Canada
kanadyjski Canadian
kanalizacja canalization

kanał canal
kanapa sofa
kanapka sandwich
kancelaria office
kanclerz chancellor
kandydat 1. candidate 2. applicant
kandydować be a candidate
kangur kangaroo
kanion canyon
kanister canister
kant 1. edge 2. swindle (oszustwo) 3. cheat
kapać 1. dribble 2. trickle 3. drip
kapcie slippers
kapela band
kapelan chaplain
kapelusz hat
kapitalista capitalist
kapitalizm capitalism
kapitał capital
kapitan captain
kapitel capital
kapitulacja capitulation
kaplica chapel
kapral corporal
kaprys 1. caprice 2. whim 3. quirk
kapryśny capricious
kapsel 1. cap 2. seal
kapsułka capsule
kaptur hood
kapusta cabbage
kapusta kwaszona sauerkraut
kara 1. punishment 2. penalty 3. fine
karabin rifle
karabin maszynowy machine-gun
karać 1. punish 2. fine
karafka 1. carafe 2. decanter
karakuły astrakhan
karalny punishable
karaluch cockroach
karambol collision
karate karate

karawana caravan
karczma 1. inn 2. pub
karczować root out
kardynał cardinal
karetka ambulance
kariera career
karierowicz oportunist
kark 1. neck 2. nape
karkołomny breakneck
karmić 1. feed 2. nourish 3. nurse
karnawał carnival
karnet coupons book
karność discipline
karny 1. well-disciplined 2. criminal (sąd)
karoseria body
karp carp
karta card
kartka pocztowa postcard
kartofel potato
kartoflanka potato soup
karton 1. cardboard 2. carton
kartoteka 1. file 2. register
karuzela 1. merry-go-round 2. roundabout
karykatura 1. caricature 2. cartoon
karzeł midget
kasa 1. cash-desk 2. cash register
kasa kinowa box-office
kaseta 1. cassette 2. casket
kasjer 1. cashier 2. teller
kask 1. helmet 2. hard hat
kasować 1. cancel 2. annul
kastrować castrate
kasyno casino
kasza 1. groats 2. cereals
kaszel cough
kaszleć cough
kasztan chestnut
katalog catalogue
katar cold
katar sienny hay fever
katastrofa catastrophe

katedra cathedral
kategoria category
katoda cathode
katolicki Catholic
kaucja bail
kawa coffee
kawaler bachelor
kawał joke
kawałek 1. bit 2. piece
kawiarnia 1. cafe 2. coffee shop
kawior caviar
kawon watermelon
kawowy coffee
kazać 1. order 2. tell 3. direct 4. bid
kazanie sermon
każdy 1. every 2. each 3. everybody
kącik nook
kąpać się bathe
kąpiel bath
kąpielówki swimming-trunks
kąsać bite
kąt 1. corner 2. angle
kciuk thumb
kelner waiter
kelnerka waitress
kędzierzawy curly
kęs 1. bit 2. morsel
kibic fan
kichać sneeze
kicz daub
kiedy 1. when 2. as
kiedy indziej some other time
kiedykolwiek 1. whenever 2. ever
kiedyś 1. once 2. at one time 3. someday
kieliszek glass
kieliszek do wina wineglass
kiełbasa sausage
kiepski poor
kiepsko poorly
kier hearts
kiermasz fair

kierować 1. direct 2. guide 3. manage 4. lead 5. drive
kierowca driver
kierownica steering-wheel
kierownictwo management
kierownik 1. manager 2. director 3. boss
kierunek 1. direction 2. course
kierunkowskaz traffic indicator
kieszeń pocket
kieszonkowe pocket-money
kieszonkowiec pickpocket
kij 1. stick 2. cane
kilim rug
kilka 1. a few 2. several 3. some
kilkakrotnie 1. several times 2. repeatedly
kilkaset several hundred
kilkudniowy several days'
kilkuletni several years'
kilkumiesięczny several months'
kilkuminutowy several minutes'
kilkuosobowy of several persons
kilo kilo
kilogram kilogram
kilometr kilometre
kilowat kilowatt
kimono kimono
kinetyczny kinetic
kino 1. cinema 2. movies
kiosk 1. kiosk 2. newsstand 3. booth
kiszka intestine
kiszony pickled
kiść bunch
kiwać nod
klacz mare
klakson honk
klamka door handle
klamra clasp
klaps slap
klarnet clarinet
klasa class

klaskać clap
klasyczny classic
klasyfikacja classification
klasyfikować classify
klasztor 1. convent 2. monastery
klatka cage
klatka piersiowa chest
klatka schodowa staircase
klaustrofobia claustrophobia
klauzula clause
klawiatura keyboard
kląć curse
kleić glue
kleik gruel
klej 1. glue 2. gum
klejnot 1. gem 2. jewel
kler clergy
kleszcze tongs
klęczeć kneel
klękać kneel
klęska disaster
klient client
kliknąć click
klimat climate
klimatyzacja air-conditioning
klin wedge
klinika clinic
klipsy clips
klisza plate
kloc 1. log 2. block
klomb flower-bed
klon maple
klops meat-ball
klosz lamp-shade
klown clown
klozet 1. toilet 2. restroom
klub club
klucz key
klucz do nakrętek spanner
klucz nasadowy wrench
kluska noodle
kłamać lie
kłamca liar

kłamstwo lie
kłaniać się 1. greet 2. salute 3. bow
kłaść 1. put 2. lay 3. set
kłoda log
kłopot trouble
kłos ear
kłócić się quarrel
kłódka padlock
kłótliwy quarrelsome
kłótnia quarrel
kłuć 1. sting 2. prick
kłusować trot (o koniu, etc)
kłusować poach
kłykieć knuckle
knajpa tavern
kneblować gag
knot wick
knowania machinations
koalicja coalition
kobieciarz womanizer
kobiecy feminine
kobieta woman
kobyła mare
koc blanket
kochać love
kochający affectionate
kochanek lover
kochanka mistress
kochany beloved
kocher cooker
kocioł boiler
koczować 1. rove 2. camp
kod code
kodeks code
koedukacja co-education
koedukacyjny co-ed
koegzystencja co-existence
kogo whose
kogut 1. cock 2. rooster
koić soothe
koja 1. berth 2. bunk
kojarzyć associate
kokaina cocaine

kokarda bow
koklusz whooping cough
kokos coconut
koks coke
koktajl coctail
kolacja supper
kolano knee
kolarstwo cycling
kolarz cyclist
kolba flask
kolczyk earring
kolebka cradle
kolec thorn
kolega 1. colleague 2. fellow 3. mate
kolega szkolny classmate
kolegium college
kolej railroad
kolejka 1. line 2. queue
kolejno 1. by turns 2. one after another 3. successively
kolejność succession
kolejny 1. next 2. successive 3. following
kolekcja collection
kolekcjonować collect
kolektywny collective
koleżanka girl friend
koleżeński friendly
koleżeństwo 1. fellowship 2. comradeship
kolęda carol
kolizja collision
kolka colic
kolonia colony
kolor 1. colour 2. tint
kolorowy 1. coloured 2. colourful
kolor piwny hazel
kolosalny colossal
kolportaż distribution
kolportować 1. distribute 2. hawk
kolumna column
kołdra counterpane

kołek peg
kołnierz collar
koło 1. wheel 2. circle 3. around 4. near 5. about 6. by
kołysać 1. rock 2. sway 3. swing 4. roll
kołysanka lullaby
kołyska cradle
komar 1. gnat 2. mosquito
kombajn combine harvester
kombi station wagon
kombinacja combination
kombinerki pliers
kombinezon overalls
kombinować combine
komedia comedy
komenda command
komendant commander
komenderować command
komentarz comment
komentator commentator
komentować comment
komercyjny commercial
kometa comet
kometka badminton
komfortowy comfortable
komiczny 1. comic 2. amusing 3. funny
komik comedian
komiks cartoon
komin chimney
kominek fireplace
komisariat commissariat
komisja commission
komitet 1. committee 2. panel
komnata chamber
komora chamber
komorne rent
komórka 1. closet 2. cell
kompania company
kompas compass
kompetencja competence
kompetentny competent

komplement compliment
komplet 1. set 2. complete
komplikacja 1. complication 2. obstacle
komponować compose
kompozycja composition
kompozytor composer
kompres compress
kompromis compromise
kompromitacja embarrassment
kompromitować discredit
kompromitujący 1. compromising 2. disgraceful
komputer computer
komu whom
komunalny municipal
komunia communion
Komunia `więta Eucharist
komunikacja 1. communication 2. traffic
komunikat 1. bulletin 2. report 3. announcement
komunikować 1. inform 2. announce
komunista communist
komunizm communism
konać die
koncentracja concentration
koncentrat concentrate
koncentrować concentrate
koncepcja conception
koncept concept
koncern concern
koncert concert
koncesja 1. concession 2. license
kondensator condensor
kondolencje condolence
konduktor 1. conductor 2. guard
kondycja condition
koneksja connection
konfekcja ready-made clothing
konferansjer announcer
konferencja conference

konfiskować confiscate
konfitura jam
konflikt conflict
konfrontacja confrontation
kongres congress
koniak cognac
koniczyna clover
koniec 1. finish 2. close 3. end
koniecznie 1. absolutely 2. necessarily
konieczność necessity
konieczny necessary
konik polny grasshopper
koniunktura 1. conjuncture 2. boom
koniuszek tip
koniuszy groom
konkluzja conclusion
konkretny 1. concrete 2. real
konkurencja competition
konkurent competitor
konkurować compete
konkurs competition
konno on horseback
konsekwencja 1. consequence 2. consistency
konsekwentny 1. consistent 2. consequent
konserwa canned food
konserwacja maintenance
konserwatorium 1. school of music 2. conservatory
konserwatywny conservative
konserwować 1. conserve 2. preserve
konsolidować consolidate
konspiracja conspiration
konspirować conspire
konsternacja consternation
konstrukcja construction
konstruktor constructor
konstruować construct
konstytucja constitution

konsul consul
konsularny consular
konsulat consulate
konsultacja consultation
konsultować consult
konsument consumer
konsumować consume
konsumpcja consumption
kontakt contact
kontaktować się 1. contact 2. get in touch
kontekst context
kontemplacja contemplation
kontener container
konto account
konto bankowe bank-account
kontrahent contracting party
kontrakt contract
kontrast contrast
kontrastować contrast
kontratak counter-attack
kontrola control
kontroler controller
kontrolować control
kontrowersja controversy
kontrowersyjny controversial
kontrrewolucja counterrevolution
kontrwywiad counter-intelligence
kontuar counter
kontuzja contusion
kontuzjować contuse
kontynent continent
kontynentalny continental
kontyngent contingent
kontynuować 1. continue 2. proceed
konwalia lily of the valley
konwenans 1. conventionality 2. convention
konwencja convention
konwencjonalny conventional
konwersacja conversation
konwojent escort

konwój 1. convoy 2. escort
konwulsja convulsion
koń horse
końcowy 1. final 2. terminal
końcówka 1. ending 2. end
kończyć 1. end 2. finish 3. complete
kończyna limb
kooperacja cooperation
koordynacja co-ordination
koordynować coordinate
kopać 1. dig 2. kick
kopalnia mine
koparka excavator
koper dill
koperta envelope
kopia 1. copy 2. imitation 3. transcript
kopiarka 1. copier 2. xerox
kopiować 1. copy 2. xerox
kopnąć kick
koprodukcja co-production
kopuła dome
kora bark
koral coral
koralik bead
Koran Koran
korba crank
korek cork
korekta proof
korelacja correlation
korepetycja private lesson
korepetytor 1. tutor 2. coach
korespondencja correspondence
korespondent correspondent
korespondować correspond
korkociąg corkscrew
korona crown
koronka lace
korozja corrosion
korpus 1. trunk 2. body 3. corps
kort court
korupcja corruption

korygować correct
korytarz corridor
korzeń root
korzystać 1. profit 2. use
korzystny 1. profitable 2. beneficial
korzyść 1. profit 2. advantage 3. benefit
kosa scythe
kosiarka mower
kosić mow
kosmetyczka 1. cosmetologist 2. vanity bag
kosmetyczny cosmetic
kosmetyk cosmetic
kosmiczny cosmic
kosmonauta astronaut
kosmopolita cosmopolite
kostium costume
kostium kąpielowy swim-suit
kostka ankle
kostnica 1. morgue 2. mortuary
kosz basket
koszary barracks
koszerny kosher
koszmar nightmare
koszt 1. cost 2. expense
kosztorys estimate
kosztować 1. cost 2. taste
kosztowny expensive
koszula shirt
koszula nocna nightgown
koszyk basket
koszykówka basketball
kości do gry dice
kościół church
kość bone
kość słoniowa ivory
kot cat
kotara curtain
kotek kitten
kotlina 1. dale 2. valley
kotwica anchor

kowal smith
kowboj cowboy
koza goat
kozioł 1. goat 2. buck
kozioł ofiarny scapegoat
Koziorożec Capricorn
kożuch 1. sheepskin 2. skin
kółko 1. little wheel 2. circle
kpić 1. scoff 2. mock
kpiny mockery
kra 1. floe 2. floating ice
krab crab
krach 1. crash 2. slump
kradzież theft
kraj country
krajać 1. cut 2. carve
krajobraz 1. landscape 2. scenery
krajowy 1. native 2. home-made
krajoznawstwo 1. touring 2. sightseeing
krakać croak
kraksa 1. accident 2. crash
kram 1. stall 2. booth
kran 1. tap 2. cock
kraniec 1. border 2. edge
krańcowy extreme
kraść steal
krata 1. grate 2. grating 3. bars
krater crater
krawat (neck)tie
krawcowa dressmaker
krawędź 1. edge 2. verge 3. border
krawężnik kerb
krawiec tailor
krąg circle
krążek disk
krążenie circulation
krążownik cruiser
krążyć 1. circulate 2. go round
kreatura creature
kreda chalk
kredens cupboard

kredka crayon
kredyt credit
krem whipped cream
krematorium crematory
kres 1. end 2. term 3. limit
kreska stroke
kreślić 1. draw 2. sketch
kret mole
krew blood
krewetka shrimp
krewny relative
kręcić 1. turn 2. twist
kręcony 1. twisted 2. curly
kręgielnia skittle-alley
kręgle 1. ninepins 2. skittle
kręgosłup spine
krępować 1. bind 2. tie 3. constrain 4. embarrass
krępy thickset
krętacz 1. quibbler 2. shuffler
kręty winding
krochmal starch
krocze crotch
kroczyć 1. pace 2. step
kroić 1. cut 2. slice
krok 1. step 2. pace
krokodyl crocodile
krokus crocus
kromka slice
kronika chronicle
kropka 1. point 2. dot
kropla drop
kroplówka drip
krosta pimple
krowa cow
krój 1. cut 2. fashion
król king
królestwo kingdom
królewski 1. kingly 2. royal
króliczek bunny
królik rabbit
królowa queen
królować reign

krótki 1. short 2. brief
krótko 1. shortly 2. in brief
krótkofalówka short-term set
krótkometrażowy short-feature
krótkość 1. shortness 2. briefness 3. brevity
krótkoterminowy short-term
krótkotrwały 1. brief 2. short-lived
krótkowzroczny short-sighted
krtań 1. larynx 2. pharynx
kruchy 1. fragile 2. breakable 3. tender
krucyfiks crucifix
kruk raven
krupnik barley soup
kruszec ore
kruszyć 1. crush 2. crumb
krwawić bleed
krwawienie z nosa nosebleed
krwiobieg blood circulation
krwiodawca blood-donor
krwiożerczy bloodthirsty
krwotok hemorrhage
kryć 1. cover 2. hide
kryjówka hiding-place
kryminalny criminal
kryminał 1. prison 2. jail 3. detective story
krypta crypt
kryształ crystal
kryterium criterion
krytyczny critical
krytyk critic
krytyka criticism
krytykować criticize
kryzys crisis
krzak bush
krzątać się 1. be busy 2. bustle
krzepki vigorous
krzepnąć coagulate
krzesło chair
krzew shrub
krztusić się 1. choke 2. gulp

krzyczeć shout
krzyk 1. shout 2. cry 3. call 4. exclamation
krzykliwy 1. noisy 2. shrill
krzywda 1. injustice 2. wrong 3. harm 4. injury
krzywdzić 1. wrong 2. harm
krzywić 1. crook 2. bend
krzywizna curvature
krzywo awry
krzywoprzysięstwo perjury
krzywy crooked
krzyż cross
krzyżować 1. thwart 2. frustrate
krzyżować się cross
krzyżowy ogień pytań cross-examination
krzyżówka crossword
ksenofobia xenophobia
kserograf copier
ksiądz priest
książeczka booklet
książę prince
książka book
książka telefoniczna directory
księga 1. book 2. register
księgarnia bookstore
księgować 1. enter 2. book
księgowość book-keeping
księgowy bookkeeper
księgozbiór library
księstwo principality
księżniczka princess
księżyc moon
ksylofon xylophone
kształcić 1. educate 2. instruct
kształt 1. form 2. shape
kształtować shape
kto who
ktokolwiek 1. whoever 2. anybody
ktoś 1. somebody 2. someone
którędy which way
który 1. who 2. which

którykolwiek whichever
któryś 1. a 2. some
ku 1. toward 2. to
kubek cup
kubeł 1. bucket 2. pail
kucharz cook
kuchenka cooker
kuchenka gazowa gas-stove
kuchenka mikrofalowa microwave
kuchnia kitchen
kucnąć squat down
kucyk pony
kuć 1. beat 2. strike 3. forge
kufel mug
kukiełka puppet
kukułka cuckoo
kukurydza corn
kula 1. bullet 2. crutch
kulawy lame
kuleć 1. limp 2. hobble
kulić się 1. cower 2. squat
kulig sleighing party
kulisty 1. spherical 2. round
kulisy 1. scenes 2. wings
kult 1. cult 2. worship
kultura 1. culture 2. civilization
kulturalny 1. cultural 2. civilized
kumpel mate
kunszt art
kupiec 1. tradesman 2. dealer
kupno purchase
kupon coupon
kupować 1. buy 2. purchase
kura hen
kuracja 1. cure 2. treatment
kuracjusz patient
kuracyjny therapeutic
kurator sądowy custodian
kurcz cramp
kurczak chicken
kurczyć się shrink
kurek 1. faucet 2. cock 3. tap

kurier courier
kuropatwa partridge
kurort resort
kurs course
kursować 1. run 2. circulate
kursywa italic
kurtka 1. jacket 2. blazer
kurtuazja courtesy
kurtyna curtain
kurz dust
kurzyć się 1. smoke 2. get dusty
kusić 1. tempt 2. seduce
kustosz 1. curator 2. custodian
kuter cutter
kuzyn cousin
kuźnia 1. forge 2. smithy
kwadrans quarter
kwadrat square
kwadratowy square
kwalifikacja qualification
kwalifikować qualify
kwalifikowany skilled
kwarantanna quarantine
kwartał quarter
kwartet quartet
kwas acid
kwaśny sour
kwatera główna headquarters
kwaterować lodge
kwestia 1. question 2. matter
kwestionariusz 1. questionnaire 2. application form
kwestionować question
kwiaciarka florist
kwiaciarnia 1. florist's shop 2. flowershop
kwiat flower
kwiecień April
kwietnik flowerbed
kwit 1. receipt 2. check
kwitnąć 1. blossom 2. flourish
kwitować receipt
kwiz quiz

kwota 1. total 2. amount

L

labirynt labyrinth
laborant laboratory assistant
laboratorium laboratory
lać pour
lada counter
lada chłodnicza refrigerated counter
laguna lagoon
laik layman
lak sealing-wax
lakier 1. lacquer 2. varnish
lakierować 1. lacquer 2. varnish 3. spray
lakować seal
lalka doll
lama lama
lament lament
lamentować lament
laminat laminate
laminować laminate
lampa lamp
lampa błyskowa flashlight
lampart leopard
lancet lancet
lanie spanking
lansować 1. launch 2. promote
larwa larva
laryngolog laryngologist
las 1. forest 2. wood
laser laser
laska cane
lasso lasso
lata years
latać fly
latarka 1. lantern 2. torch
latarnia lantern
latawiec kite
lato summer
latorośl grape-vine

latryna latrine
laureat 1. laureate 2. prize-winner
lawa lava
lawina avalanche
lawirować 1. tack 2. beat about
ląd land
lądować land
lądowanie landing
lecieć fly
lecz but
leczenie 1. therapy 2. treatment
lecznica clinic
leczniczy 1. medicinal 2. therapeutic
leczyć 1. cure 2. heal 3. treat
ledwie 1. hardly 2. scarcely
legalny 1. lawful 2. legal
legenda legend
legendarny legendary
legion legion
legitymacja identity card
legitymować identify
lejek funnel
lek 1. medicine 2. drug
lekarski medical
lekarstwo 1. medicine 2. drug 3. remedy
lekarz 1. physician 2. doctor
lekceważyć 1. disregard 2. contemn 3. ignore
lekcja lesson
lekki light
lekko 1. lightly 2. slightly 3. gently
lekkoatleta athlete
lekkomyślny 1. reckless 2. light-minded 3. careless
lekkostrawny light
lekkość lightness
leksykon lexicon
lektura reading
lemoniada lemonade
len flax
lenić się idle

leniwy 1. lazy 2. idle
lep glue
lepić 1. glue 2. stick
lepiej better
lepki 1. sticky 2. adhesive
lepszy 1. better 2. preferable
lesbijka lesbian
leszcz bream
leszczyna hazel
leśniczówka forester's lodge
leśniczy forester
leśny 1. forest 2. wood
letni 1. tepid 2. lukewarm
letnisko summer resort
lew lion
Lew Leo
lewarek jack
lewatywa enema
lewica the left
leworęczny left-handed
lewostronny left-hand (side)
lewy left
leżak deck-chair
leżanka recliner
leżeć lie
lędźwie loins
lęk fear
lękać się 1. fear 2. dread
lękliwy 1. timid 2. fearful
lgnąć 1. adhere 2. stick
liberalny liberal
licencja license
liceum 1. high school 2. secondary school
lichtarz candlestick
lichy 1. poor 2. shabby
licytacja auction
licytować 1. sell by auction 2. bid
liczba number
liczba pojedyncza singular
liczba mnoga plural
liczebnik numeral
liczenie 1. calculation 2. counting

licznik meter
licznik gazu gas-meter
liczny numerous
liczyć count
lider leader
liga league
lignina lignin
likier liquor
likwidacja liquidation
likwidować liquidate
lila lilac
lilia lily
limit limit
limuzyna limousine
lin tench
lina 1. rope 2. line 3. cord
lingwistyka linguistics
linia line
linia lotnicza airline
linijka ruler
liniowiec liner
liniowy linear
linka 1. cord 2. cable
linoleum linoleum
linoskoczek rope-dancer
lipa 1. lime 2. linden
lipiec July
liryczny lyrical
lis fox
list letter
lista 1. list 2. register
lista płac pay-roll
listonosz 1. postman 2. mailman
listopad November
listownie 1. by letter 2. in writing
listwa slat
liszaj herpes
liść leaf
litania litany
litera letter
literacki literary
literatura literature
literować spell

litość 1. compassion 2. pity
litować się have pity
litr litre
liturgia liturgy
lizać lick
lizak lollipop
lniany linen
loch dungeon
lodołamacz ice-breaker
lodowaty icy
lodowiec glacier
lodowisko ice field
lodówka refrigerator
lody ice-cream
loggia loggia
logiczny logical
lojalność loyalty
lojalny loyal
lok 1. lock 2. curl
lokal 1. premises 2. place
lokalizacja location
lokalny local
lokator tenant
lokomotywa locomotive
lokować 1. place 2. locate
lokum 1. lodging 2. living quarters
lombard pawnshop
lornetka binoculars
los 1. destiny 2. fate 3. fortune
losować draw lots
losowanie 1. drawing of lots 2. lottery-drawing
lot flight
loteria lottery
lotnictwo 1. aviation 2. air force
lotnisko airport
loża box
lód ice
lśnić 1. shine 2. glitter
lub or
lubić like
lud folk
ludność population

ludny populous
ludowy popular
ludzie people
ludzki human
ludzkość 1. humanity 2. mankind
lufa barrel
lufcik vent
luka 1. gap 2. breach
lukratywny lucrative
luksusowy luxurious
lunatyczny loony
lunatyk sleep-walker
lura 1. slops 2. swill
lustro mirror
lutnia lute
lutować solder
lutownica soldering iron
luty February
luz 1. margin 2. play 3. leeway
luźny 1. loose 2. slack
lżyć insult

Ł

łabędź swan
łach rag
łacina Latin
łaciński Latin
ład order
ładny 1. pretty 2. nice 3. neat
ładować 1. load 2. charge
ładunek 1. load 2. freight 3. cargo
łagodny 1. mild 2. soft 3. gentle
łagodzić 1. appease 2. alleviate 3. soothe
łajdak villain
łakomstwo 1. greediness 2. gluttony
łakomy greedy
łamać break
łamigłówka 1. riddle 2. puzzle
łańcuch chain
łapa paw

łapać catch
łapówka bribe
łasica weasel
łasić się fawn
łaska 1. grace 2. favour 3. mercy
łaskawy 1. kind 2. gracious
łaskotać tickle
łata patch
łatać patch
łatwopalny inflammable
łatwość 1. easiness 2. ease 3. facility
łatwowierność credulity
łatwy easy
ława przysięgłych jury
ławica bank
ławka bench
ławka kościelna pew
łazienka bathroom
łazik jeep
łaźnia bath
łącznie together
łącznik hyphen
łączność 1. communication 2. connection 3. union
łączyć 1. join 2. unite 3. connect 4. merge 5. cohere
łąka meadow
łeb head
łechtaczka clitoris
łechtać tickle
łgać 1. lie 2. tell lies
łkać sob
łobuz 1. urchin 2. rogue 3. villain
łodyga stalk
łokieć elbow
łom crowbar
łomot crash
łono 1. pubes 2. lap
łopata 1. spade 2. shovel
łoskot 1. crash 2. crack 3. din
łosoś salmon
łoś elk

Łotwa Latvia
łowca hunter
łowca głów head-hunter
łowić 1. fish 2. catch
łowiectwo hunting
łoże bed
łożysko bearing
łódka boat
łódź 1. boat 2. craft
łódź ratunkowa lifeboat
łódź rybacka fishing boat
łój tallow
łóżko bed
łubin lupine
łucznictwo archery
łucznik archer
łudzenie się delusion
łudzić się delude
łuk 1. bow 2. arch
łuna 1. reflex 2. glow
łup loot
łupież dandruff
łupina 1. peel 2. hull 3. husk 4. shell
łuska 1. scale 2. shell
łuskać 1. husk 2. peel
łuszczyć się 1. desquamate 2. peel off
łydka calf
łyk gulp
łykać 1. swallow 2. gulp
łysieć grow bald
łysy bald
łyżeczka teaspoon
łyżka spoon
łyżwa skate
łyżwiarstwo skating
łyżwiarz skater
łza tear

M

macać 1. grope 2. feel 3. fumble 4. touch

machać 1. wave 2. wag 3. flip
macica 1. womb 2. matrix
macierz 1. mother 2. mother country
macierzyński maternal
macierzyństwo 1. maternity 2. motherhood
macierzysty mother
macocha stepmother
maczać 1. soak 2. steep 3. dip
maczeta machete
maczuga 1. mace 2. club
Madonna Madonna
mafia mafia
magazyn 1. warehouse 2. storehouse
magazynek cartridge
magazynować 1. stock 2. store
magia magic
magiczny magical
magiel mangle
magik magician
magister master
magisterium master's degree
magnes magnet
magnetofon tape recorder
magnetowid video tape-recorder
magnificencja Rector Magnificus
maharadża maharajah
mahoń mahogany
maj May
majaczenie hallucination
majaczyć 1. talk deliriously 2. rave
majątek 1. property 2. fortune 3. estate
majeranek marjoram
majestat majesty
majestatyczny majestic
majonez mayonnaise
major major
majówka picnic
majster foreman
majstersztyk masterpiece

majtki 1. panties 2. drawers
mak poppy
makabra 1. macabre 2. horror
makaron macaroni
makieta model
makijaż make-up
makler broker
makler giełdowy stockbroker
makowiec poppy-seed cake
makrela mackerel
maksimum maximum
maksymalna szybkość speed-
  limit
makulatura waste-paper
malaria malaria
malarstwo painting
malarz painter
maleć 1. diminish 2. decrease
maleństwo little thing
malina raspberry
malować paint
malowniczy picturesque
maltretować maltreat
malwersacja embezzlement
małe urządzenie gadget
mało 1. little 2. few
małoletni 1. under age 2. minor
małomówny taciturn
małowartościowy of little worth
małpa monkey
małpować 1. monkey 2. ape
mały 1. little 2. small
małżeński 1. marital 2. conjugal
małżeństwo marriage
małżonek 1. husband 2. spouse
małżonka 1. wife 2. spouse
mama 1. mamma 2. mummy
mamrotać 1. mumble 2. mutter
mamusia 1. ma 2. mum
mandarynka tangerine
mandat 1. mandate 2. ticket
mandolina mandolin
manewr manoeuvre

manewrować manoeuvre
mania 1. mania 2. obsession
maniak maniac
manicure manicure
manicurzystka manicurist
maniera manner
manierka 1. flask 2. canteen
manifest manifesto
manifestacja 1. demonstration 2.
  manifestation
manifestować 1. demonstrate 2.
  manifest
manipulacja manipulation
manipulować manipulate
mankiet 1. cuff 2. wristband
manko deficit
mańkut left-handed person
mapa 1. map 2. chart
mara 1. spectre 2. phantom
maraton marathon
marchewka carrot
margaryna margarine
margines margin
marihuana marijuana
marka mark
markiza awning
marmolada 1. jam 2. marmalade
marmur marble
marnotrawca spendthrift
marnotrawić 1. waste 2. squander
marnotrawny 1. prodigal 2. wasteful
marnotrawstwo 1. waste 2. prodi-
  gality
marnować waste
marny 1. miserable 2. cheap
Mars Mars
marsz march
marszałek marshal
marszczyć wrinkle
marszruta 1. route 2. itinerary
martwić 1. worry 2. vex
martwy 1. dead 2. lifeless

marynarka jacket
marynarka wojenna navy
marynarz 1. mariner 2. sailor
marynować 1. pickle 2. marinate
marzec March
marzenie 1. dream 2. reverie
marznąć 1. freeze 2. feel cold
marzyć dream
marża margin
masa 1. bulk 2. mass
masakra massacre
masaż massage
masażysta masseur
maselniczka butter-dish
maska mask
maska gazowa gas mask
maska samochodu 1. bonnet 2. hood
maskować 1. mask 2. disguise
masło butter
masochizm masochism
masować massage
masowo in a mass
masywny 1. massive 2. solid
maszerować march
maszt mast
maszyna machine
maszyna do pisania typewriter
maszyna do szycia sewing-machine
maszynista machinist
maszynistka typist
maszynka do golenia shaver
maszynopis typescript
maść ointment
mat 1. dull colour 2. mate
mata mat
matematyka mathematics
materac mattress
materia 1. matter 2. stuff
materialista materialist
materialistyczny materialistic
materializm materialism

materialny material
materiał 1. material 2. stuff
matka mother
matka chrzestna godmother
matowy 1. dull 2. mat
matryca matrix
matura 1. secondary school-leaving certificate 2. final examination
mauzoleum mausoleum
mazać 1. smear 2. daub
mazurek mazurka
mącić 1. trouble 2. disturb
mądrość wisdom
mądry wise
mąka flour
mąż husband
mdleć faint
mdłości nausea
mdły 1. insipid 2. dull
meble furniture
meblować furnish
mech moss
mechaniczny mechanical
mechanik mechanic
mechanizm 1. mechanism 2. machinery
mecz match
meczet mosque
medal medal
meduza jelly-fish
medycyna medicine
medyczny medical
megafon loudspeaker
Meksyk Mexico
meksykański Mexican
melancholia melancholy
melancholijny melancholic
meldować 1. report 2. announce
meldunek report
melodia melody
melon melon
memoriał memorial
menażer manager

mennica mint
menstruacja 1. menstruation 2. menses
mentalność mentality
mentol menthol
menu 1. menu 2. bill of fare
merytoryczny 1. essential 2. substantial
Mesjasz Messiah
meta 1. goal 2. terminus
metabolizm metabolism
metafizyka metaphysics
metal metal
metaliczny metallic
metalowy metal
meteor meteor
meteorologia meteorology
metoda method
metr metre
metro subway
metropolia metropolis
metryka birth certificate
mewa 1. gull 2. seagull
męczarnia 1. torment 2. torture
męczący 1. tiresome 2. tiring
męczennik martyr
męczeństwo martyrdom
męczyć 1. tire 2. torment 3. torture
męka 1. pain 2. fatigue 3. anguish
męski 1. male 2. masculine
męstwo 1. bravery 2. valour
mętny 1. dull 2. troubled 3. turbid
mężatka married woman
mężczyzna man
mężny brave
mglisty foggy
mgła 1. fog 2. mist
mi me
mianować 1. name 2. appoint 3. nominate
mianowanie designation
mianowicie namely
mianownik nominative

miara 1. measure 2. size
miarodajny 1. authoritative 2. competent
miasto 1. city 2. town
miauczeć miaow
miąć się 1. crumple 2. crease 3. wrinkle
miąższ 1. pulp 2. flesh
miecz sword
mieć have
mieć nadzieję hope
mieć na myśli mean
mieć znaczenie matter
miednica basin
miedź copper
miejsce 1. place 2. seat 3. room 4. space 5. spot
miejsce przeznaczenia destination
miejsce zamieszkania residence
miejscowość 1. place 2. locality
miejscowy local
miejski 1. city 2. municipal 3. urban
mielizna 1. shallow 2. shoal
mierzeja 1. spit 2. sand-bar
mierzyć 1. measure 2. try on
miesiąc month
miesiąc miodowy honeymoon
miesiączka menstruation
miesięcznik monthly
miesięczny monthly
mieszać 1. stir 2. mix
mieszanka 1. mixture 2. blend
mieszany mixed
mieszczaństwo middle class
mieszkać 1. live 2. reside
mieszkanie 1. apartment 2. flat
mieszkaniec 1. occupant 2. inhabitant
mieścić 1. comprise 2. contain 3. hold
miewać have from time to time

między 1. between 2. among
międzynarodowy international
miękki 1. soft 2. tender
miękko 1. softly 2. gently
mięknąć 1. soften 2. mellow
mięsień muscle
mięso meat
mięta mint
miętowy peppermint
mig twinkling
migacz flasher
migać flash
migawka shutter
migdał almond
migdałek tonsil
migrena migraine
mijać 1. pass by 2. pass 3. fly 4. cross
mikrob microbe
mikrofilm microfilm
mikrofon 1. microphone 2. mike
mikroklimat microclimate
mikroorganizm microorganism
mikroskop microscope
mikser mixer
mila mile
milczący silent
milczeć be silent
milczenie silence
mile agreeably
miliard billion
milimetr millimetre
milion million
milioner millionaire
militarny military
militaryzm militarism
militaryzować militarise
milknąć 1. fall silent 2. become quiet
miło 1. agreeably 2. pleasantly
miłosierny merciful
miłosny love
miłość love

miłośnik 1. amateur 2. lover
miły 1. pleasant 2. fine 3. nice
mimo in spite
mimochodem by the way
mimowolny involuntary
mina 1. air 2. countenance
mineralny mineral
minerał mineral
mini mini skirt
miniatura miniature
minimalny minimal
minimum minimum
minister minister
ministerstwo ministry
minus minus
minuta minute
miotacz ognia flame thrower
miotać hurl
miotła broom
miód honey
misja mission
misjonarz missionary
miska bowl
mistrz master
mistrzostwo 1. mastery 2. championship
mistyczny mystic
miś teddy bear
mit myth
mitologia mythology
mizeria cucumber salad
mizerny 1. meagre 2. wan 3. poor
mknąć flit
mleczarnia dairy
mleczny milky
mleć 1. grind 2. mince
mleko milk
młodociany adolescent
młodość youth
młodszy younger
młody young
młodzieniec 1. young man 2. youth
młodzież youth

młot hammer
młotek hammer
młócić thresh
młyn mill
młynek grinder
mnich monk
mniej 1. less 2. fewer
mniejszość minority
mniejszy lesser
mnogi plural
mnożyć multiply
mnóstwo 1. plenty 2. a lot
mobilizacja mobilization
moc 1. power 2. force 3. strength
mocarstwo power
mocno 1. firmly 2. fast
mocny strong
mocować się 1. wrestle 2. struggle
mocz urine
moczyć 1. wet 2. drench
moda 1. fashion 2. vogue
model model
modelka model
modlić się pray
modlitwa prayer
modny fashionable
mogiła tomb
moher mohair
moknąć get wet
mokry 1. wet 2. moist
molo pier
moment moment
momentalny 1. instantaneous 2. instant
monarcha monarch
monarchia monarchy
moneta coin
monitor monitor
monogram monogram
monolog monologue
monopol monopoly
monotonny monotonous
montaż 1. mounting 2. assembly

monter 1. fitter 2. mechanic
montować 1. mount 2. assemble
moralność morality
moralny moral
morderca murderer
morderstwo murder
mordować murder
morela apricot
morfina morphine
morski marine
morze sea
mosiądz brass
most bridge
most dla pieszych footbridge
motel motel
motocykl motorcycle
motocyklista motor-cyclist
motor 1. motor 2. engine
motorower motor-bike
motorówka motor-boat
motyka hoe
motyl butterfly
motyw motive
motywować motivate
mowa 1. speech 2. language
mowa pogrzebowa eulogy
mozaika mosaic
może 1. maybe 2. perhaps 3. possibly
możliwość 1. possibility 2. chance 3. opportunity
możliwy possible
możność 1. possibility 2. chance
móc 1. can 2. may
mój 1. my 2. mine
mól moth
mówca speaker
mówić 1. speak 2. tell 3. say
mózg brain
mrok 1. gloom 2. dusk
mrowisko ant-hill
mrożonki frozen food
mrówka ant

mróz frost
mruczeć murmur
mrugać 1. twinkle 2. blink 3. wink
mrużyć blink
msza mass
mścić się revenge
mucha fly
Muhamed Muhammad
muł mule
mumia mummy
mundur uniform
mur wall
murarz bricklayer
murować 1. lay bricks 2. mortar 3. mason
murowany brick
Murzyn Negro
Murzynka Negress
mus mousse
musieć must
muskularny muscular
muskuł muscle
musujący sparkling
muszla shell
musztarda mustard
mutacja mutation
muzeum museum
muzułmanin Muslim
muzyczny musical
muzyk musician
muzyka music
muzykalny musical
my we
myć wash
mydlić się soap
mydło soap
myjnia samochodowa car-wash
mylić się 1. be mistaken 2. err
mylny 1. wrong 2. erroneous
mysz mouse
myszy mice
myśl 1. thought 2. idea
myśleć think

myślistwo hunting
myśliwy hunter
mżawka drizzle
mżyć drizzle

N

na 1. on 2. onto 3. upon 4. at 5. by
nabiał dairy-products
nabierać take
nabity 1. loaded 2. charged
nabój cartridge
nabrzeże 1. wharf 2. jetty 3. landing-pier
nabrzmiały swollen
nabytek 1. purchase 2. acquisition
nabywać 1. purchase 2. acquire
nabywca 1. purchaser 2. buyer
na całym świecie worldwide
nachylać się 1. bend 2. bow 3. incline 4. lean
naciągać 1. stretch 2. strain
nacierać 1. rub 2. attack
nacisk 1. pressure 2. emphasis 3. stress
naciskać press
nacjonalista nationalist
nacjonalizować nationalize
na czczo on an empty stomach
na czele at the front
naczelnik 1. head 2. chief
naczelny 1. chief 2. supreme
naczepa 1. semitrailer 2. articulated trailer
naczynie 1. vessel 2. dish
nad 1. above 2. over 3. on 4. upon
nadajnik 1. transmitter 2. sender
nadal still
nadaremnie 1. in vain 2. for nothing
nadarzyć się occur
nadawać 1. bestow 2. confer 3. grant 4. broadcast

nadawać się 1. fit 2. suit
nadawca sender
nadążać keep pace
nadbudowa superstructure
nadchodzący 1. forthcoming 2. impending
nadchodzić 1. approach 2. come 3. arrive
nadciągać approach
nadciśnienie hypertension
nadepnąć 1. tread 2. step
nade wszystko above all
nadgodziny overtime
nadjeżdżać 1. arrive 2. come driving
nadlatywać 1. arrive 2. come flying
nadliczbowy 1. overtime 2. supernumerary
nadmiar excess
nadmierny 1. excessive 2. exorbitant
nadmorski 1. maritime 2. coastal 3. sea-side
nadmuchiwać 1. inflate 2. blow
nadpłacać overpay
nadpobudliwy overactive
nadprogramowy 1. extra 2. overtime
nadprzyrodzony 1. supernatural 2. spiritual
nadrabiać make up
nadruk surprint
nadrzędny superior
nadto 1. moreover 2. besides
nadużycie 1. abuse 2. misuse 3. excess
nadużywać 1. abuse 2. misuse
nadwaga 1. overweight 2. obesity
nadwerężać 1. impair 2. strain
nadwozie 1. car body 2. carriage
nadwrażliwy oversensitive
nadwyżka surplus

nadwyżka bagażu excess luggage
nadymać blow up
nadzieja hope
nadzienie 1. stuffing 2. filling
nadziewany 1. stuffed 2. filled
nadzorca supervisor
nadzorować supervise
nadzór 1. supervision 2. custody
nadzwyczaj 1. extremely 2. unusually
nadzwyczajny extraordinary
nafta petroleum
nagana 1. blame 2. reprimand
nagi 1. naked 2. nude
naginać bend
naglący 1. urgent 2. pressing
nagle suddenly
nagłówek heading
nagły 1. urgent 2. sudden
na gorącym uczynku red-handed
nagradzać 1. reward 2. recompense
nagranie recording
nagrobek tombstone
nagroda 1. reward 2. prize
nagromadzenie pracy backlog
nagromadzać accumulate
nagrywać record
nagrzać 1. warm 2. heat
naiwny naive
najazd invasion
najbardziej most
najechać run
najem 1. hire 2. lease
najemca tenant
najeżdżać invade
najgorszy worst
najgorzej worst
najlepiej best
najlepszy the best
najmniej the least
najmować hire

najpierw 1. first 2. at first
najwyżej 1. at most 2. at best
najwyższy supreme
nakarmić feed
nakaz 1. command 2. order 3. imperative 4. warrant
nakazywać 1. command 2. order
nakleić stick
nakład 1. edition 2. expense 3. expenditure
nakładać 1. impose 2. inflict 3. put on
nakłaniać 1. induce 2. persuade
nakreślać draw
nakrętka nut
nakrochmalony starched
nakrycie 1. cover 2. tableware
nakrywać cover
nakrywać stół set the table
nalegać 1. insist 2. urge
nalepiać stick on
nalepka 1. label 2. sticker
naleśnik pancake
nalewać pour
należeć belong
należność due
należny due
nalot air-raid
naładowywać 1. load 2. charge
nałogowiec addict
nałożyć impose
nałóg 1. addiction 2. bad habit
nam us
namaczać 1. soak 2. drench
namalować 1. paint 2. picture
namawiać persuade
namiastka 1. substitute 2. surrogate
namiętność 1. passion 2. infatuation
namiętny passionate
namiot tent
namysł 1. consideration 2. reflection

namyślać się 1. reflect 2. consider
na nowo 1. anew 2. once again
na odchodne 1. when parting 2. when taking one's leave
na odwrót 1. inside out 2. vice versa
na ogół in general
naokoło all around
naostrzyć sharpen
na oścież wide open
na oślep blindly
napad 1. assault 2. attack 3. robbery
napadać 1. attack 2. assault
napalić heat
napalm napalm
naparstek thimble
naparzyć infuse
napastnik 1. aggressor 2. forward
napełniać fill
na pewno certainly
napęd 1. drive 2. propulsion
napędzany ropą diesel
napić się 1. drink 2. have a drink
napięcie tension
na piętrze upstairs
napięty intense
napis sign
napisać write
napiwek tip
napływ inflow
na poczekaniu out of hand
napoić give to drink
na pokładzie aboard
napomnienie admonition
napój 1. soda 2. beverage
napój alkoholowy 1. liquor 2. booze
na pół half-
naprawa repair
naprawdę 1. indeed 2. really 3. truly
naprawiać 1. mend 2. repair

naprędce 1. hurriedly 2. quickly

naprowadzać cue

na próżno in vain

naprzeciw 1. opposite 2. against

naprzód 1. forward 2. on

naprzykrzać się bother

narada consultation

naradzać się 1. deliberate 2. confer

naraz 1. suddenly 2. at once

narażać na niebezpieczeństwo 1. endanger 2. jeopardize

narciarstwo skiing

narciarz skier

nareszcie at last

narkoman drug addict

narkotyk 1. narcotic 2. drug 3. dope

narkotyczny narcotic

narkoza narcosis

narodowość nationality

narodowy national

narodzenie 1. birth 2. nativity

narożny corner

naród nation

narracja narrative

narta ski

naruszać 1. injure 2. harm

narysować draw

narząd organ

narzeczona fiancee

narzeczony fiance

narzekać complain

narzędzie tool

narzucać impose

narzucać się intrude

narzuta 1. coverlet 2. bedspread

nasienie seed

nasilenie intensity

naskórek epidermis

nasmarować 1. smear 2. grease 3. daub

nastawiać 1. put 2. set

następca successor

następnie 1. afterwards 2. subsequently

następny 1. next 2. following 3. subsequent

następować follow

następstwo 1. succession 2. consequence

nastolatek teenager

nastroić tune

nastrój mood

nasunąć 1. occur 2. come to one's head

nasyp embankment

nasypywać 1. put 2. pour

nasz our

naszkicować 1. sketch 2. outline

naszywać 1. sew 2. trim

naszyjnik necklace

naśladować imitate

naświetlać 1. expose 2. explain

naświetlanie exposure

natarcie attack

natchnienie inspiration

natężenie 1. tension 2. intensity

natłuszczać 1. grease 2. oil

natomiast 1. however 2. yet 3. on the contrary

natrafiać come across

natrętny 1. importunate 2. intrusive

natrysk shower

natura nature

naturalnie 1. of course 2. naturally

naturalny natural

naturyzm naturism

natychmiast 1. at once 2. instantly 3. immediately

natychmiastowy 1. immediate 2. instant

na uboczu aside

nauczać teach

nauczyciel 1. teacher 2. instructor

nauczyć się learn
nauka 1. science 2. learning
naukowiec scientist
naukowy scientific
naumyślnie 1. purposely 2. on purpose
nawadniać irrigate
nawet 1. even 2. eventually
nawias okrągły parenthesis
nawiązywać refer
nawierzchnia 1. surface 2. pavement
nawigacja navigation
nawijać wind
nawlekać thread
nawozić fertilize
nawóz 1. dung 2. manure
na wprost 1. straight on 2. opposite
nawracać 1. return 2. turn back 3. convert
nawyk habit
nawzajem mutually
na wznak on one's back
nazajutrz on the next day
na zawsze forever
nazbierać 1. gather 2. amass
nazewnictwo nomenclature
nazwa 1. name 2. designation
nazwa firmowa brand
nazwisko 1. last name 2. surname
nazywać 1. call 2. name
negacja negation
negatyw negative
negatywny negative
negocjować negotiate
nekrolog obituary
nektar nectar
neofita convert
neon neon
Neptun Neptune
nerka kidney
nerw nerve

nerwica neurosis
nerwoból neuralgia
nerwowy nervous
netto net
neurologia neurology
neutralny 1. neutral 2. neuter
neutron neutron
nęcący 1. alluring 2. enticing
nędza misery
nędzny wretched
nękać 1. harass 2. annoy
niania 1. nanny 2. nursemaid
niańczyć nurse
niby 1. as 2. if
nic 1. none 2. nothing
nicpoń 1. good-for-nothing 2. scum
niczyj nobody's
nić thread
nie 1. no 2. not
nieagresja non-aggression
nie aprobować disapprove
nie bardzo 1. scarcely 2. hardly
niebawem 1. soon 2. before long
niebezpieczeństwo 1. danger 2. jeopardy 3. risk
niebezpieczny 1. dangerous 2. unsafe 3. risky
niebieski blue
niebiosa heaven
niebo sky
niebosklon firmament
nieboszczyk 1. deceased 2. dead
niebyt non-existence
niecały less than
niech let
niechcący unintentionally
niechęć 1. dislike 2. distaste 3. grudge
niechętny 1. unwilling 2. reluctant
niechlujny 1. sloppy 2. messy
nieciekawy uninteresting
niecierpliwy impatient

nieco 1. slightly 2. some 3. a little
niecodzienny uncommon
nieczuły insensible
nieczynny 1. inactive 2. inoperative
nieczysty 1. impure 2. unclean
nieczytelny illegible
niedaleki 1. near 2. not far
niedaleko not far
niedawno 1. recently 2. lately
niedbale carelessly
niedbały 1. negligent 2. careless
niedelikatny disrespectful
niedługi short
niedobry 1. unkind 2. wicked
niedobrze 1. badly 2. not well
nie doceniać underestimate
niedociągnięcie shortcoming
niedogodność 1. inconvenience 2. discomfort
niedojrzałość immaturity
niedojrzały immature
niedokładny inaccurate
nie domknięty ajar
niedopałek butt
nie do opisania unspeakable
nie dopatrzyć overlook
nie do pomyślenia unthinkable
niedopuszczalny intolerable
niedorosły immature
niedorozwinięty mentally deficient
niedorzeczny absurd
niedoskonały imperfect
niedostateczny 1. insufficient 2. inadequate
niedostatek 1. deficiency 2. shortage 3. misery
niedostępny inaccessible
niedoszły would-be
niedoświadczony 1. inexperienced 2. fresh
niedouczony 1. half-educated 2. ignorant

nie dowierzać mistrust
niedozwolony 1. prohibited 2. not allowed 3. illicit
niedożywienie malnutrition
niedrogi inexpensive
niedużo 1. few 2. little
nieduży small
niedyskretny indiscreet
niedziela Sunday
niedźwiedź bear
nieefektowny ineffective
nieetyczny unethical
nieformalny 1. informal 2. illegal
niefortunny unfortunate
niefrasobliwy carefree
niegdyś 1. once 2. at one time
niegodny unworthy
niegodziwiec villain
niegościnny inhospitable
niegramatyczny ungrammatical
niegrzeczny impolite
niegustowny tasteless
niehigieniczny unhygienic
niehonorowy dishonourable
nieistotny immaterial
niejadalny inedible
niejaki a certain
niejasny vague
niejeden more than one
niejednokrotnie more than once
niejednolity inconsistent
niekiedy now and then
niekompetentny incompetent
niekompletny incomplete
niekoniecznie not necessarily
niekonsekwentny inconsequent
niekorzystny unprofitable
niekosztowny inexpensive
niektóry some
nielegalny 1. illegal 2. unlawful
nieletni 1. juvenile 2. under age 3. minor
nielogiczny illogical

nielojalny disloyal
nieludzki inhuman
nieład 1. disorder 2. confusion
nieładny ugly
niełaska 1. disgrace 2. disfavour
niełatwo not easily
niemal almost
niemądry 1. goofy 2. silly 3. unwise
Niemcy Germany
niemiecki German
niemiłosierny 1. merciless 2. unmerciful
niemiły unpleasant
niemniej jednak nevertheless
niemodny out of fashion
niemoralny immoral
niemowa mute
niemowlę 1. baby 2. infant
niemowlęctwo infancy
niemożliwy impossible
niemy 1. dumb 2. mute
nie nadający się 1. unfit 2. useless
nienaganny 1. faultless 2. blameless
nie najgorszy not so bed
nienaruszony intact
nienaturalny unnatural
nienawidzić 1. hate 2. detest
nienawiść hate
nienormalny abnormal
nieobecność absence
nieobecny absent
nieobowiązkowy 1. optional 2. not obligatory
nieoceniony inestimable
nieoczekiwany unexpected
nieodłączny inseparable
nieodparty irresistible
nieodpowiedni 1. inadequate 2. insufficient 3. irrelevant
nieodpowiednie postę-powanie

misconduct
nieodpowiedzialny irresponsible
nieodwracalny irreversible
nieodzowny indispensable
nieoficjalny unofficial
nieograniczony unlimited
nieokreślony indefinite
nieomal almost
nieomylny infallible
nieopanowany impetuous
nieopłacalny unprofitable
nieopodatkowany 1. tax-free 2. tax-exempt
nieostrożny careless
nieoswojony untamed
niepalny uninflammable
niepalący non-smoker
nieparzysty 1. odd 2. uneven
niepełnoletni 1. minor 2. under age
niepewny uncertain
niepijący abstinent
niepiśmienny illiterate
niepłodny 1. unfruitful 2. barren
niepochlebny unfavour-able
niepoczytalny 1. insane 2. lunatic
niepodległość independence
niepodległy independent
niepodobny unlike
nie podpisany unsigned
niepodzielny indivisible
niepojęty incomprehensible
niepokalany immaculate
niepokaźny insignificant
niepokoić 1. disturb 2. trouble 3. harass
niepokój anxiety
niepomyślny 1. unfavourable 2. unsuccessful
niepoprawny incorrect
nieporadny awkward
nieporozumienie misunderstanding

nieporuszony firm
nieporządek 1. disorder 2. mess
nieposłuszny 1. disobedient 2.
 naughty
niepospolity uncommon
niepotrzebny 1. unnecessary 2.
 needless
niepowodzenie 1. failure 2. misfortune
niepozorny plain
niepożądany unwanted
niepraktyczny unpractical
nieprawda untruth
nieprawdomówny untruthful
nieprawdopodobny 1. improbable 2.
 unlike
nieprawdziwy 1. untrue 2. false
nieprawidłowy anomalous
nieprawny illegitimate
nieprędko not so soon
nieproduktywny unproductive
nieproszony uninvited
nieprzechodni intransitive
nieprzeciętny uncommon
nieprzejednany unforgiving
nieprzekonywujący unconvincing
nieprzekupny incorruptible
nieprzemakalny waterproof
nie przemyślany ill-considered
nieprzepisowy illegal
nieprzerwany 1. uninterrupted 2.
 continuous
nieprzewidziany unforeseen
nieprzychylny 1. unfriendly 2.
 unfavourable
nieprzydatny 1. useless 2. unfit
nie przygotowany unprepared
nieprzyjaciel enemy
nieprzyjazny unfriendly
nieprzyjemny 1. unpleasant 2. distasteful
nieprzystępny inaccessible
nieprzytomny unconscious

nieprzyzwoity 1. indecent 2. obscene
nie przyzwyczajony unaccustomed
niepunktualny unpunctual
nieraz more than once
nieracjonalny irrational
nierdzewny stainless
nierealny unreal
nieregularny irregular
nierozpuszczalny insoluble
nierozsądny unreasonable
nie rozstrzygnięty undecided
nierozwinięty undeveloped
nierówny unequal
nieruchomość 1. real estate 2.
 realty
nieruchomy 1. motionless 2. still
nierząd anarchy
niesamowity weird
nieskończoność infinity
nieskończony infinite
nieskromny immodest
nieskuteczny ineffective
niesłuszny 1. unjust 2. unfair
niesmaczny tasteless
niesolidny unreliable
niespodzianka surprise
niespodziewany unexpected
niespokojny 1. restless 2. anxious
 3. uneasy
nie sposób no way
niesprawiedliwość injustice
niesprawiedliwy unjust
niesprawny inefficient
niestały 1. unstable 2. unsteady
niestaranny careless
niestety 1. unfortunately 2. alas
niestosowny 1. unsuitable 2. improper
niestrawność indigestion
niesumienny 1. dishonest 2.
 unconscientious
nieswój uneasy
nieszczególnie moderately

nieszczęście misfortune
nieszczęśliwy 1. unhappy 2. unfortunate
nieszkodliwy harmless
nieścisłość 1. inexactitude 2. inaccuracy
nieścisły inaccurate
nieść 1. carry 2. bring 3. bear
nieśmiały shy
nieśmiertelny immortal
nieświadomy 1. unconscious 2. ignorant
nieświeży not fresh
nietakt tactlessness
nietaktowny tactless
nietknięty 1. intact 2. unharmed
nietolerancja intolerance
nietoperz bat
nietowarzyski unsociable
nietrwały unstable
nietrzeźwy 1. drunk 2. tipsy
nietykalny 1. immune 2. inviolable
nieuczciwy 1. dishonest 2. unfair
nieudany 1. unsuccessful 2. abortive
nieudolny inefficient
nie ufać mistrust
nieufność distrust
nieuk ignorant
nie ukończony incomplete
nieuleczalny incurable
nieumyślnie 1. unwillingly 2. unintentionally
nieunikniony inevitable
nieuprzejmy impolite
nieurodzajny 1. barren 2. sterile
nieustanny 1. ceaseless 2. incessant
nieustraszony fearless
nieuwaga inattention
nieuważny 1. inattentive 2. mindless
nieuzasadniony 1. baseless 2. infounded

nieużytki barrens
niewart worthless
nie warto it is not worth while
nieważny 1. unimportant 2. invalid
niewątpliwie 1. undoubtedly 2. no doubt
niewątpliwy 1. undoubted 2. unquestionable
niewdzięczny ungrateful
nie wiadomo it is not known
niewiarygodny incredible
niewidoczny invisible
niewidomy blind
niewiele 1. little 2. few 3. not much 4. not many
niewielki 1. small 2. little
niewierny unfaithful
niewierzący 1. non-believer 2. agnostic
niewinny innocent
niewłaściwy 1. improper 2. inappropriate
niewola slavery
niewolnik slave
nie wolno 1. it is forbidden 2. it is not allowed
niewydajny 1. inefficient 2. unproductive
niewygoda hardship
niewygodny 1. uncomfortable 2. inconvenient
niewykonalny 1. unfeasible 2. inexecutable
niewykwalifikowany unskilled
niewyobrażalny unimaginable
nie wypalić misfire
niewypał 1. blind shell 2. dud
niewypłacalny 1. insolvent 2. bankrupt
niewypowiedziany untold
niewyraźny 1. indistinct 2. inexact
niewyrobiony inexperienced
niezabezpieczony insecure

niezadowolony 1. dissatisfied 2. displeased
niezależnie independently
niezależny 1. independent 2. freelance
niezamężna 1. unmarried 2. single
nie zamknięty unlocked
nie zapisany blank
niezapominajka forget-me-not
niezapomniany unforgettable
niezaprzeczalny 1. undeniable 2. incontestable
niezaradny 1. helpless 2. unpractical
nie zajęty unoccupied
niezastąpiony irreplaceable
nie zauważony unnoticed
niezawodny 1. infallible 2. unfailing
niezbędny indispensable
niezbyt not very much
nie zdać fail
niezdatny unfit
niezdecydowany undecided
niezdolny 1. incapable 2. unable 3. unfit
niezdrowy 1. unhealthy 2. unwell
nie zgadzać się disagree
niezgoda 1. discord 2. disagreement
niezgrabny 1. awkward 2. clumsy
niezliczony innumerable
niezmieniony unchanged
niezmienny 1. invariable 2. unchangeable
niezmiernie extremely
nieznacznie slightly
nieznajomość ignorance
nieznajomy 1. unknown 2. stranger
nieznany unknown
niezniszczalny imperishable
nieznośny 1. intolerable 2. nasty

niezręczny 1. awkward 2. clumsy
niezrozumiały incomprehensible
niezrównany incomparable
niezrównoważony unstable
niezupełnie 1. not quite 2. incompletely
niezwłocznie 1. without delay 2. immediately
niezwyciężony invincible
niezwykły 1. queer 2. unusual 3. uncommon
nieźle pretty well
nieżonaty 1. unmarried 2. single
nieżyczliwy 1. unfriendly 2. malevolent
nieżyt gastritis
nigdy never
nigdy więcej never more
nigdzie nowhere
nikczemny 1. wicked 2. vile
niknąć 1. vanish 2. disappear
nikotyna nicotine
nikt 1. nobody 2. no one 3. none
nimfa nymph
niniejszy present
nirwana nirvana
niski 1. low 2. short
niszczeć decay
niszczyć 1. destroy 2. destruct 3. spoil
nitka thread
nitować rivet
nitrogliceryna nitroglycerine
nizina 1. plain 2. lowland
niż than
niżej 1. lower down 2. below
niższy 1. lower 2. inferior
noc night
nocleg 1. night's lodging 2. accommodation
nocnik chamber-pot
nocny 1. nightly 2. night
nocować spend the night
noga leg

nokturn nocturne
nominować nominate
nominowany nominee
nonsens nonsense
non stop non-stop
nora 1. burrow 2. hole
norka mink
norma 1. norm 2. standard
normalny normal
Norwegia Norway
norweski Norwegian
nos nose
nosić 1. carry 2. wear
nostalgia nostalgia
nosze stretcher
nośność carrying capacity
notariusz notary
notatka note
notes 1. notebook 2. pad
notować note
nowator innovator
nowela short-story
nowicjusz 1. novice 2. apprentice 3. beginner
nowina news
nowoczesny 1. modern 2. up-to-date
noworoczny New Year's
noworodek newborn
nowość novelty
nowotwór 1. neoplasm 2. tumour
nowy new
nozdrze nostril
nożyczki scissors
nów new moon
nóż knife
nucić hum
nuda 1. tedium 2. monotony
nudności sickness
nudny 1. boring 2. dull 3. tedious
nudysta nudist
nudzić bore
nuklearny nuclear

numer number
numeracja numbering
numerek 1. check 2. ticket
numerować number
nurek diver
nurkować dive
nurt 1. current 2. stream
nuta 1. note 2. tune
nużący 1. tiring 2. wearing
nużyć 1. tire 2. weary
nylon nylon

O

o 1. of 2. about 3. on 4. for 5. at
oaza oasis
obaj both
obarczać 1. afflict 2. burden 3. load
obawa 1. fear 2. anxiety
obawiać się be afraid
obcas heel
obcążki tongs
obchodzić 1. go round 2. celebrate
obchód 1. round 2. celebration
obciążać 1. burden 2. charge
obciążenie 1. load 2. ballast 3. burden
obcinać 1. cut 2. cut down
obcisły tight
obcokrajowiec foreigner
obcy 1. alien 2. foreign 3. strange
obdarzać 1. present 2. bestow
obecnie 1. at present 2. now 3. nowadays
obecność 1. presence 2. attendance
obecny present
obejmować embrace
obejrzeć have a look
obelisk obelisk
oberwać tear off
oberża 1. tavern 2. inn
obetrzeć wipe

obeznany familiar
obezwładniać 1. overpower 2. subdue 3. render
obfitość abundance
obfitować abound
obfity 1. abundant 2. plentiful
obgryzać nibble
obiad dinner
obiadować dine
obiecujący 1. promising 2. hopeful
obiecywać promise
obieg circulation
obiekt object
obiektyw objective
obiektywny objective
obierać peel
obietnica promise
objaśniać 1. explain 2. interpret
objaśnienie 1. explanation 2. comment 3. illustration
objaw 1. sign 2. symptom
objazd detour
objazdowy 1. itinerant 2. ambulatory
objętość 1. volume 2. capacity
oblewać 1. water 2. sprinkle 3. fail an examination
oblewanie celebration
obliczać 1. calculate 2. count
obliczenie calculation
obłęd 1. insanity 2. madness
obłok cloud
obłudny hypocritical
obmawiać 1. gossip 2. slander 3. blacken
obmyślać 1. design 2. contrive 3. frame
obmywać 1. wash 2. cleanse
obniżać lower
obniżka 1. discount 2. reduction
oboje both
obojętny indifferent

obok 1. near 2. beside
obora barn
obowiązek 1. duty 2. obligation
obowiązkowy 1. dutiful 2. conscientious 3. obligatory 4. compulsory
obowiązujący 1. obligatory 2. binding
obowiązywać 1. oblige 2. be in force
obóz camp
obrabiarka machine-tool
obracać 1. roll 2. turn
obrachunek 1. calculation 2. settlement
obrady 1. debates 2. conference
obraz 1. painting 2. picture
obraźliwy offensive
obrażać 1. offend 2. insult
obrączka ring
obrona defence
obronić 1. defend 2. protect
obrońca 1. defender 2. protector
obrotowy revolving
obrót 1. turn 2. rotation
obrus tablecloth
obrywać 1. tear off 2. pluck off
obryzgać 1. dash 2. splash
obrzezać circumcise
obrzęd 1. custom 2. ceremony
obrzęk swelling
obrzydliwy 1. hideous 2. disgusting 3. abominable
obsada cast
obserwatorium observatory
obserwować 1. observe 2. watch
obsesja obsession
obsługa 1. service 2. personnel
obsługiwać serve
obsługujący attendant
obstrukcja constipation
obszar 1. area 2. region 3. territory
obszerny 1. spacious 2. extensive
obudzić wake

oburącz with both hands
oburzać 1. shock 2. revolt
obustronny 1. bilateral 2. two-sided
obuwie footwear
obwiniać 1. accuse 2. charge
obwód elektryczny circuit
obyczaj 1. custom 2. way 3. manner
obyty 1. worldly-wise 2. familiar with
obywać się go without
obywatel citizen
obywatelski civic
obywatelstwo citizenship
ocaleć 1. survive 2. remain safe
ocalić 1. save 2. rescue
ocean ocean
ocena 1. appreciation 2. estimation 3. mark
oceniać 1. estimate 2. value 3. evaluate
ocet vinegar
ochłodzenie cooling down
ochłodzić 1. cool 2. refrigerate
ochota 1. eagerness 2. willingness
ochotnik volunteer
ochraniać protect
ochrona protection
ochronny 1. protective 2. preventive
ochrypły hoarse
ochrypnąć become hoarse
ochrzcić baptize
ociemniały blind
ocieplenie warming up
ocieplać 1. warm 2. make warm
ocierać wipe
ocknąć się 1. awake 2. recover
oclić impose duty
ocucić revive
oczekiwać 1. await 2. wait 3. look forward 4. expect

oczko eye
oczyszczać clean
oczywisty 1. apparent 2. obvious
oczywiście 1. naturally 2. obviously 3. of course 4. certainly
od 1. from 2. since 3. for
odbicie reflection
odbierać take away
odbijać 1. return 2. bounce
odbijanie się belching
odbiorca 1. addressee 2. receiver
odbiornik receiver
odbiór receipt
odbitka 1. copy 2. print 3. reprint
odblaskowy reflecting
odbudowa reconstruction
odbudowywać rebuild
odbywać się take place
odbytniczy anal
odcedzać strain
odchodzić 1. go away 2. leave
odchudzać się 1. lose weight 2. slim
odcień hue
odcinek section
odcisk palca fingerprint
odczepiać 1. unhook 2. unfasten
odczucie 1. feeling 2. sensation
odczuwać feel
odczyt lecture
odczytać read over
oddalać 1. remove 2. send away
oddalony away
oddawać give back
oddech breath
oddychać breathe
oddychanie 1. breathing 2. respiration
oddział 1. department 2. division 3. troop
oddziaływać affect
oddzielać separate
oddzielnie separately

oddźwięk repercussion
odejmować subtract
odejmowanie deduction
oderwać tear off
oderwany torn off
odezwa proclamation
odgadywać guess
odgałęzienie branch
odgłos echo
odgłos dezaprobaty boo
odgradzać 1. separate 2. isolate
odgrażać się threaten
odgromnik lightning protector
odgrzać warm up
odjazd departure
odjeżdżać 1. depart 2. leave
odkażanie disinfection
odkąd 1. since when 2. since
odkleić 1. ungluc 2. unstick
odkładać 1. put aside 2. lay by
odkręcać unscrew
odkrycie discovery
odkrywać 1. discover 2. uncover
odkupienie redemption
odkurzacz vacuum cleaner
odlać pour off
odlatywać fly away
odległość distance
odległość w milach mileage
odległy 1. distant 2. faraway
odlot departure
odludzie seclusion
odłamek splinter
odłączać separate
odłóg fallow
odmalować repaint
odmawiać 1. refuse 2. deny
odmiana change
odmienny different
odmładzać 1. make younger 2. rejuvenate
odmowa 1. refusal 2. denial
odmowny 1. negative 2. denial

odmrażać defrost
odmrożenie frost-bite
odnajdywać 1. find 2. discover
odnawiać renew
odnosić się 1. concern 2. refer
odnośnie concerning
odnośnik reference
od nowa 1. anew 2. once again
odnowa renovation
odosobnienie isolation
odosobniony solitary
odpadać fall off
odpadki 1. waste 2. refuse
odpakować 1. unpack 2. unwrap
odparzenie 1. scald 2. gall
odparzyć 1. scald 2. blister
odpinać unbutton
odpis 1. duplicate 2. copy
odpisać 1. answer 2. reply
odpłatny payable
odpływ ebb
odpływać flow away
odpoczynek 1. rest 2. relaxation 3. refreshment
odpoczywać 1. rest 2. have a rest
odporny 1. resistant 2. immune
odpowiadać 1. answer 2. reply 3. respond
odpowiedni 1. right 2. satisfactory 3. adequate 4. appropriate
odpowiednik counterpart
odpowiedzialność responsibility
odpowiedzialność prawna liability
odpowiedzialny responsible
odpowiedź 1. answer 2. reply 3. response
odprawa 1. retort 2. rebuff
odprawa celna customs clearance
odprawiać dismiss
odprężać się relax
odprężenie relaxation
odprowadzać accompany
odpruć 1. unseam 2. unsew

odpust church fair
odpychać 1. repel 2. push away
odra measles
odraczać 1. adjourn 2. postpone 3. delay
od razu 1. at once 2. on the spot
odrażający 1. foul 2. obnoxious
odrębny separate
odrodzenie 1. revival 2. renaissance
odróżnić distinguish
odruch 1. reflex 2. impulse
odrywać tear off
odrzucać reject
odrzutowiec jet (plane)
odsetek percentage
odsłaniać 1. uncover 2. disclose
odsłona scene
odstawiać 1. put away 2. push aside
odstęp 1. distance 2. space
odstępować step off
odsuwać 1. push away 2. draw
odsyłać 1. send back 2. return 3. refer
odszkodowanie compensation
odszyfrowywać decipher
odświeżać 1. restore 2. renew
odświeżyć się refresh
odtąd 1. from now on 2. since
odtrutka antidote
odurzać intoxicate
odwaga 1. courage 2. bravery
odważny 1. bold 2. courageous 3. brave
odważać weigh out
odważyć się 1. dare 2. venture
odwet 1. revenge 2. retaliation
odwiązać 1. untie 2. unbind
odwiedzać visit
odwiedziny visit
odwilż thaw
odwlekać 1. postpone 2. delay

odwołanie 1. removal 2. recall 3. cancellation
odwoływać 1. recall 2. cancel
odwoływać się appeal
odwodnić dehydrate
odwracać 1. turn back 2. reverse
odwracać się turn round
odwrotny contrary
odwrócenie inversion
odwrót 1. retreat 2. withdrawal
odyniec boar
odziedziczyć inherit
odzież 1. clothes 2. garments 3. attire
odznaczać 1. mark out 2. distinguish
odznaczenie 1. distinction 2. decoration
odznaka badge
odzwyczajać się give up
odzyskiwać 1. recover 2. regain
odźwierny doorman
odżywczy nourishing
odżywianie nutrition
oferować offer
oferta 1. offer 2. proposal
ofiara 1. victim 2. casualty 3. offering
ofiarodawca 1. donor 2. contributor
ofiarować 1. present 2. offer
oficer officer
oficjalny 1. official 2. formal
oficyna backhouse
ogień fire
oglądać 1. look 2. inspect 3. examine
ogłaszać announce
ogłoszenie 1. announcement 2. ad
ogłuszać stun
ognioodporny fireproof
ognisko fire
ogniwo link

ogolić shave
ogon tail
ogólnokrajowy nation-wide
ogólnokształcący general
ogólnoświatowy global
ogólny 1. general 2. universal
ogół 1. generality 2. totality
ogórek cucumber
ogórek kiszony pickle
ograniczać 1. limit 2. restrain 3. bound
ograniczenie 1. restriction 2. boundary 3. limitation
ograniczony limited
ogrodnictwo gardening
ogrodnik gardener
ogrodzenie fence
ogromny 1. huge 2. enormous 3. jumbo
ogród garden
ogrzewać 1. heat 2. warm
ogrzewanie heating
ohydny hideous
ojciec father
ojciec chrzestny godfather
ojczym stepfather
ojczyzna fatherland
okaz specimen
okazja occasion
okazywać 1. show 2. demonstrate
okienko window
okiennica shutter
oklaski applause
okład compress
okładka cover
okładzina 1. facing 2. lining
okno window
oko eye
okolica 1. neighbourhood 2. area
okoliczność circumstance
około 1. about 2. near 3. round
okostna periosteum
okradać steal

okrakiem astride
okrąg circle
okrągły round
okrążenie encirclement
okres 1. period 2. term
okres nocy nighttime
okres prosperity boom
okresowy periodic
określać define
określony specific
okręg district
okręt 1. ship 2. submarine
okrężny 1. circuitous 2. indirect
okropny 1. fearful 2. horrible 3. terrible
okrucieństwo cruelty
okruszyna crumb
okrutny cruel
okryć cover
okrzyk 1. shout 2. exclamation
oktawa octave
okucie fitting
okulary 1. glasses 2. spectacles
okulary ochronne goggles
okulary słoneczne sunglasses
okulista oculist
okup ransom
okupacja occupation
olbrzym giant
olbrzymi 1. enormous 2. immense
olej oil
olejek 1. essence 2. oil
olimpiada Olympic Games
olimpijski Olympic
oliwa olive oil
oliwić oil
oliwka olive
olszyna alder-wood
olśniewający dazzling
ołów lead
ołówek pencil
ołtarz altar
omal 1. nearly 2. almost

omawiać 1. discuss 2. talk over
omdlenie 1. faint 2. swoon
omijać 1. pass by 2. avoid 3. omit 4. skip 5. miss
omlet omelet
omyłka 1. mistake 2. blunder
on he
ona she
onanizować się masturbate
ondulacja wave
one they
oni they
onieśmielać intimidate
ono it
opactwo abbey
opad fall
opadać 1. fall 2. sink 3. drop 4. descend
opakowanie 1. packing 2. wrapping
opakowywać 1. pack up 2. wrap up
opal opal
opalać się 1. sunbathe 2. tan
opalenizna suntan
opalony tanned
opanowywać 1. master 2. subdue 3. control
opanowanie 1. control 2. restraint
opanowany 1. composed 2. self-possessed
oparcie support
oparzenie 1. scald 2. burn
oparzyć 1. scald 2. burn
opaska band
opatrunek 1. dressing 2. bandage
opatrzyć dress
opera opera
operacja 1. operation 2. surgery
operator operator
operatywny efficient
operetka operetta
operować operate

opieka 1. patronage 2. protection
opiekacz toaster
opiekować się 1. protect 2. take care
opiekun 1. guardian 2. patron
opiekunka do dziecka baby-sitter
opierać 1. lean 2. rest
opinia opinion
opis description
opisywać describe
opium opium
opłacać pay
opłacający się worthwhile
opłakiwać mourn
opłata 1. fee 2. toll
opłata pocztowa postage
opłata za przejazd fare
opłucna pleura
opodal 1. near by 2. at some distance
opodatkować tax
opona tyre
oponować 1. oppose 2. object
oponent opponent
oporność resistance
opowiadać 1. relate 2. tell 3. narrate
opowiadanie 1. story 2. tale
opozycja opposition
opór resistance
opóźniać delay
opóźniać się be late
opóźnienie delay
opracowywać 1. work out 2. elaborate
oprawa frame
oprawka rim
oprowadzać take sb round
oprócz 1. besides 2. except
opryskać 1. sprinkle 2. spray
opryszek hoodlum
oprzytomnieć recover consciousness

optyczny optical
optyk optician
optymista optimist
optymistyczny optimistic
opuchlina swelling
opuszczać 1. leave 2. omit
opuszczenie omission
orać plough
orangutan orang-outang
oranżeria hothouse
oraz 1. and 2. as well as
orbita orbit
orchidea orchid
order 1. order 2. decoration
ordynarny coarse
orędownik apostle
organ organ
organiczny organic
organizacja organization
organizm organism
organizować organize
organki mouth organ
organy organ
orgia orgy
orientacja orientation
orientować się orientate
orkiestra orchestra
ornament ornament
oryginalny original
oryginał original
orzech nut
orzech kokosowy coconut
orzech włoski walnut
orzeczenie 1. statement 2. pro-
nouncement
orzeł eagle
orzeszek ziemny peanut
orzeźwiający refreshing
osa wasp
osad sediment
osamotniony 1. lonely 2. lonesome
osądzać adjudge

oscylować oscillate
oset thistle
osiągać 1. attain 2. reach
osiągnięcie achievement
osiedle settlement
osiedlać settle
osiem eight
osiemdziesiąt eighty
osiemnaście eighteen
osioł 1. ass 2. donkey
oskarżać 1. accuse 2. indict
oskarżenie 1. accusation 2. indictment
oskarżony 1. accused 2. defendant
oskarżyciel prosecutor
oskrzele bronchus
osłabiać weaken
osłabienie weakness
osłodzić 1. sweeten 2. sugar
osłodzony sweetened
osłona protection
osoba person
osobistość 1. personality 2. celebrity
osobisty personal
osobiście 1. personally 2. in person
osobliwy peculiar
osobny 1. separate 2. isolated
osobowość 1. personality 2. self
osobowy personal
osolić salt
ospa smallpox
ospa wietrzna chicken-pox
osprzęt komputerowy hardware
ostatecznie finally
ostateczny 1. final 2. ultimate
ostateczny termin deadline
ostatni last
ostatnio lately
ostemplować stamp
ostrość sharpness

ostrożność 1. caution 2. care
ostrożny 1. cautious 2. careful
ostry sharp
ostryga oyster
ostrze blade
ostrzegać warn
ostrzeżenie warning
ostrzyc cut
ostrzyć sharpen
ostrzyżenie haircut
ostudzić cool
oswajać tame
oswobodzić 1. free 2. liberate
oszacować 1. estimate 2. evaluate
oszacowanie appraisal
oszaleć 1. go mad 2. become insane
oszałamiający 1. stunning 2. bewildering
oszczep spear
oszczerstwo 1. slander 2. calumny 3. libel
oszczędność 1. economy 2. thrift
oszczędny 1. thrifty 2. economical
oszczędzać save
oszołomienie daze
oszołomiony dizzy
oszukiwać 1. cheat 2. trick 3. doublecross 4. deceive 5. fool
oszust 1. swindler 2. cheat 3. crook
oszustwo 1. deceit 2. fraud 3. humbug
oś axle
ość fish bone
ośka axle
oślepiać dazzle
oślepiający dazzling
ośmielać encourage
ośmielać się dare
ośmieszać 1. ridicule 2. make fun
ośmiokąt octagon

ośmiornica octopus
ośrodek centre
oświadczać 1. declare 2. proclaim 3. announce
oświadczenie 1. declaration 2. statement
oświadczyć się propose
oświadczyny 1. proposal 2. declaration
oświata 1. education 2. learning
oświecać illuminate
oświetlenie lighting
otaczać surround
oto there
otoczenie surroundings
otóż well
otruć poison
otrzymywać 1. obtain 2. get 3. receive
otucha courage
otwarcie opening
otwarcie 1. openly 2. frankly 3. outright
otwarty 1. open 2. outspoken
otwieracz opener
otwieracz do konserw can opener
otwierać 1. open 2. unlock 3. inaugurate
otwór opening
otyły 1. obese 2. fat
owacja 1. ovation 2. applause
owad insect
owalny oval
owca sheep
owczarek sheepdog
owies oat
owijać wrap up
owłosienie hair
owoc fruit
owocny fruitful
owocowy fruit
owszem 1. quite 2. yes

ozdabiać 1. decorate 2. adorn
ozdoba 1. decoration 2. ornament
oziębić chill
oziębły frigid
oznaczyć mark
oznajmiać announce
oznajmujący indicative
oznaka 1. sign 2. mark
ozon ozone
ozór tongue
ożenić się marry
ożywiać animate
ożywienie boost
ożywiony 1. alive 2. active 3. lively

Ó

ósemka eight
ósmy eighth
ów that
ówczesny of the time

P

pacha armpit
pachnący 1. fragrant 2. scented
pachnąć smell
pachwina groin
pacjent patient
pacjent ambulatoryjny outpatient
pacyfista pacifist
paczka parcel
padaczka epilepsy
padać 1. fall 2. rain
pagórek hill
pająk spider
pajęczyna cobweb
paka 1. pack 2. case
pakiet packet
pakować pack
pakt pact

pakunek 1. package 2. parcel
palacz 1. stoker 2. smoker
palant baseball
palarnia smoking-room
palący burning
palący smoker (osoba)
palec u ręki finger
palec u nogi toe
palenie burning
palenie papierosów smoking
palenie zwłok cremation
paleontologia paleontology
paleta palette
palić 1. burn 2. smoke
palić na popiół cremate
paliwo fuel
palma palm
palnik burner
palto overcoal
pałac palace
pałąk 1. arch 2. hoop
pałka 1. club 2. truncheon
pamiątka souvenir
pamiątkowy 1. memorial 2. commemorative
pamięć memory
pamiętać remember
pamiętnik diary
pamiętny memorable
pan 1. lord 2. Mr. 3. Sir
Pan Bóg Lord
pancerny armoured
panewka bearing bush
pani 1. lady 2. madam 3. Mrs.
panieński maiden
panika panic
panikować panic
pan młody bridegroom
Panna Virgo
panna girl
panna młoda bride
panorama panorama
panoramiczny panoramic

panować 1. rule 2. reign
panowanie reign
pantera panther
pantofel 1. shoe 2. slipper
pantomima pantomime
pański your
państwo 1. state 2. country
państwo... Mr. and Mrs....
państwowy 1. state 2. governmen-
tal 3. public
papier paper
papieros cigarette
papierośnica cigarette-case
papierowa chusteczka Kleenex
papieski papal
papież pope
paplać babble
paproć fern
papryka paprika
papuga parrot
para 1. couple 2. pair 3. steam
parada parade
paradoks paradox
paradoksalny paradoxical
parafia parish
parafianin parishioner
parafina paraffin
parafować initial
parafraza paraphrase
paragon bill of sale
paragraf paragraph
paraliż paralysis
paraliżować paralyse
parametr parameter
paramilitarny paramilitary
paranoja paranoia
parapet window-sill
parasol umbrella
parawan screen
parę a couple
park park
parkan 1. fence 2. paling
parkiet parquet

parking parking
parkować park
parkowanie parking
parlament parliament
parny sultry
parodia parody
parokrotny repeated
parować 1. evaporate 2. steam
parowiec steamship
parowóz locomotive
parowy steam
parówka 1. sausage 2. frankfurter
parter 1. ground floor 2. first floor
(AE)
parterowy dom bungalow
partia party
partner partner
pratykuła particle
partyzant guerrilla
parytet parity
parzyć 1. burn 2. scald 3. infuse
parzysty even
pas 1. belt 2. stripe 3. waist
pas bezpieczeństwa seat belt
pasaż passage
pasażer passenger
Pascha Passover
pasek 1. belt 2. girdle
pasierb stepson
pasierbica stepdaughter
pasja passion
pasjans patience
pasmo 1. strand 2. range 3. chain
pasować 1. suit 2. match 3. fit 4.
pass
pasożyt parasite
passa run
pasta 1. paste 2. polish
pasta do zębów toothpaste
pasteryzowany pasteurised
pasterz shepherd
pastewny pasture
pastor pastor

pastwisko pasture
pastylka 1. tablet 2. pill
pasywa liabilities
pasywny passive
paszcza jaw
paszkwil lampoon
paszport passport
paść fall down
paść pasture (zwierzęta)
patelnia 1. frying-pan 2. pan
patent patent
patentowany 1. licensed 2. patented
patetyczny pathetic
patologia pathology
patos pathos
patriota patriot
patriotyczny patriotic
patriotyzm patriotism
patrol patrol
patrolować patrol
patronat patronage
patrzeć look
patyk stick
pauza 1. intermission 2. pause
paw peacock
pawilon pavilion
paznokieć nail
pazur claw
październik October
pączek 1. doughnut 2. donut
pączkować bud
pąk bud
pąsowy poppy red
pchać push
pchła flea
pchnąć stab
pchnięcie 1. push 2. jerk
pech 1. bad luck 2. misfortune
pechowy 1. unfortunate 2. unlucky
pedał pedal
pedał gazu accelerator
pedantyczny pedantic

pediatra p(a)ediatrician
pedikiur pedicure
pejzaż landscape
peleryna raincoat
pelican pelican
pelisa pelisse
pełen wdzięku graceful
pełnia full moon
pełniący obowiązki acting
pełnić 1. perform 2. fulfil 3. accomplish
pełno 1. plenty 2. full
pełnoletni 1. of age 2. grown up 3. adult
pełnomocnictwo power of attorney
pełnomocnik attorney
pełnomocny 1. plenipotentiary 2. authorized
pełny full
pełny etat full-time
pełzać crawl
pełznąć 1. fade 2. lose colour
penicylina penicillin
penis penis
pensja salary
pensjonat boarding-house
percepcja perception
perfumować 1. perfume 2. scent
perfumy perfume
pergamin parchment
perkusja percussion
perła pearl
perłowy 1. pearly 2. pearl
peron platform
perski Persian
personalia personal data
personalny personal
personel 1. personnel 2. staff
perspektywa perspective
perswadować 1. persuade 2. argue
perswazja persuasion
pertraktacje negotiations

pertraktować negotiate
peruka wig
perwersja perversion
peryferie periphery
peryferyjny peripheral
peryskop periscope
pestka 1. stone 2. kernel
pesymista pessimist
pesymistyczny pessimistic
pesymizm pessimism
peszyć 1. confuse 2. trouble
petent 1. petitioner 2. applicant
petycja petition
pewien 1. a 2. an 3. a certain
pewnie 1. surely 2. certainly
pewność certainty
pewność siebie self-confidence
pewny 1. certain 2. sure
pęcherz 1. bladder 2. vesica
pęczek bunch
pęd 1. rush 2. impetus
pędzel brush
pędzić 1. run 2. rush 3. race
pękać 1. burst 2. crack 3. break
pęknięcie 1. break 2. crack
pępek navel
pęseta 1. pincette 2. tweezers
pętelka 1. noose 2. loop 3. knot
pętla loop
piać crow
piana 1. froth 2. foam
pianino cottage piano
pianista pianist
piasek sand
piaszczysty 1. sandy 2. sand
piąć się climb
piątek Friday
piąty fifth
pić drink
piec 1. roast 2. stove
piec 1. bake 2. roast
piec na ruszcie grill
piechota infantry

piechotą on foot
pieczara den
pieczarka 1. mushroom 2. champignon
pieczeń roast-meat
pieczęć 1. seal 2. stamp
pieczętować stamp
pieczywo bakery goods
piegi freckles
piegowaty freckled
piekarnia bakery
piekarnik 1. oven 2. gas-oven
piekarz baker
piekielny 1. hellish 2. devilish
piekło hell
pielęgniarka nurse
pielęgnować 1. nurse 2. attend
pielgrzym pilgrim
pielgrzymka pilgrimage
pielucha 1. napkin 2. diaper
pieniądze money
pień 1. trunk 2. stem
pieprz pepper
pieprzyk mole
pieróg dumpling
pierś breast
pierścionek ring
pierwiastek element
pierwiosnek primrose
pierwotny original
pierwszeństwo 1. priority 2. precedence 3. preference
pierwszorzędny first-class
pierwszy first
pierze feathers
pies dog
pieszczota caress
pieszczotliwy 1. caressing 2. tender
pieszo on foot
pieszy pedestrian
pieścić caress
pieśń song

pietruszka parsley
pięciobój pentathlon
pięciocentówka nickel
pięć five
pięćdziesiąt fifty
pięknie beautifully
piękno beauty
piękność beauty
piękny beautiful
pięściarstwo boxing
pięściarz boxer
pięść fist
pięta heel
piętnaście fifteen
piętro floor
pigment pigment
pigułka pill
pijacki drunken
pijak drunkard
pijany drunk
pijaństwo drunkenness
pijawka leech
pik spade
pikantny 1. spicy 2. hot
pikling kipper
pilnik file
pilnować look after
pilny 1. diligent 2. assidous 3. urgent
pilot pilot
pilotować pilot
pilśniowy felt
piła saw
piłka ball
piłka do drewna jigsaw
piłka nożna 1. football 2. soccer
piłkarz football player
piłować saw
pinezka 1. tack 2. pin
pingwin penguin
pionek pawn
pionier pioneer
pionowy vertical

piorun 1. thunderbolt 2. lightning
piorunochron lightning-conductor
piosenka song
piosenkarka pop singer
piosenkarz pop singer
pióro feather
piramida pyramid
pirania piranha
pirat pirate
pisać write
pisać na maszynie type
pisarz writer
pisemna rezygnacja waiver
pisemne oświadczenie affidavit
pisemne przypomnienie memo
pisemnie in writing
pisk 1. squeal 2. squeak
pisklę chickling
pismo letter
pisownia spelling
pistolet pistol
pisuar urinal
piszczeć 1. squeal 2. squeak
piśmiennictwo 1. letters 2. literature
piśmienny literate
pitny drinking
piwiarnia pub
piwnica cellar
piwny brown
piwo beer
pizza pizza
piżama pyjamas
plac 1. ground 2. place
placek 1. cake 2. pie
placówka post
plaga plague
plagiat 1. plagiarism 2. crib
plakat poster
plakietka plaquette
plama 1. spot 2. stain
plamić 1. spot 2. stain
plan 1. plan 2. scheme 3. project

plandeka tarpaulin
planeta planet
planetamy planetary
planować 1. plan 2. schedule
planowy 1. planned 2. scheduled
plaster 1. plaster 2. adhesive tape 3. slice
plastyczny plastic
plastyk plastic
platforma platform
platyna platinum
plaża beach
plątać entangle
plebiscyt plebiscite
plecak 1. rucksack 2. backpack
plecy 1. back 2. shoulders 3. protection
plejada pleiad
plemienny 1. tribal 2. racial
plemię tribe
plener the open air
plenić się multiply
plenum plenary session
pleść 1. twist 2. plait 3. babble
pleśnieć mould
pleśń mould
plewić weed
plewy chaff
plik bundle
plisa pleat
plisować pleat
plomba 1. filling 2. lead
plombować 1. fill 2. seal up
plon 1. crop 2. yield
plotka 1. gossip 2. rumour
plotkować gossip
plucha 1. foul weather 2. sleet
pluć spit
plugawy filthy
plus plus
pluskać splash
pluskwa bug
pluszowy 1. plush 2. fuzzy

pluton platoon
Pluton Pluto
plwocina spittle
płaca 1. pay 2. wages
płachta sheet
płacić pay
płacz cry
płakać 1. cry 2. weep
płaski flat
płasko 1. flatways 2. flatwise
płaskorzeźba bas-relief
płaskowzgórze tableland
płaszcz overcoat
płaszczyć flatten
płaszczyzna plane
płatki flakes
płatki śniadaniowe breakfast cereal
płatność payment
płatny 1. payable 2. due
płaz amphibian
płciowy 1. sexual 2. sex
płeć sex
płetwa 1. fin 2. paddle
płetwonurek frogman
płodność fertility
płodny fertile
płodzić procreate
płomień 1. blaze 2. flame
płonąć 1. burn 2. be on fire
płot 1. fence 2. hedge
płotek hurdle
płowieć 1. fade 2. discolour
płód fetus
płótno linen
płuco lung
pług plough
płukać 1. rinse 2. wash 3. gargle
płyn 1. liquid 2. wash
płynąć flow
płynnie fluently
płynny 1. liquid 2. fluent
płyta plate
płytki shallow

pływać swim
pływać na desce surf
pływak 1. swimmer 2. float (u wędki)
pływalnia swimming pool
po 1. after 2. on 3. past 4. for 5. at
pobić defeat
pobłażliwy 1. indulgent 2. lenient
pobocze shoulder
pobory 1. salary 2. pay 3. wages
pobożny pious
pobrudzić soil
pobudzać stimulate
pobyt stay
pocałować kiss
pocałunek kiss
pochlebiać flatter
pochłaniać 1. absorb 2. assimilate
pochmurny 1. cloudy 2. dark 3. gloomy
pochodnia torch
pochodzenie 1. origin 2. descent
pochodzić 1. descend 2. come
pochować bury
pochód procession
pochówek burial
pochwa vagina
pochwała praise
pociąg train
pociągający attractive
pociągły oval
po cichu softly
pocić się 1. perspire 2. sweat
pociecha consolation
po ciemku in the dark
pocisk missile
po co what for
początek beginning
początkowo originally
poczciwy 1. good 2. good-hearted 3. kind
poczekalnia waiting room
poczta 1. post office 2. mail

poczta lotnicza airmail
pocztowy postal
pocztówka postcard
pod 1. under 2. below
pod dachem indoors
podanie 1. application 2. petition
podarować present
podarty 1. torn 2. worn
podarunek 1. present 2. gift
podatek tax
podatnik tax-payer
podaż supply
podbój conquest
podbródek chin
podchodzić approach
podciąć cut
podczas during
poddasze 1. attic 2. garret
poddawać się surrender
podejmować się undertake
podejrzenie suspicion
podejrzewać suspect
poderwać pick up
podeszwa sole
podglądać peep
podgórze highland
podgrzewać heat up
podium stage
podkoszulek undershirt
podkowa horseshoe
podkreślać underline
podlegać be subordinate
podległy 1. subject 2. subordinate
podlewać water
podliczać add up
podłoga floor
podły mean
podmuch blast
podniebienie palate
podniecający 1. stimulating 2. exciting
podniecony excited
podnosić 1. lift 2. raise

podnosić się rise
podnoszenie lifting
podobać się 1. please 2. appeal
podobieństwo 1. resemblance 2. likeness 3. similarity
podobnie likewise
podobny 1. resembling 2. like 3. alike 4. similar
podpalenie arson
podpis signature
podpisany signed
podpis pod zdjęciem caption
podpisywać sign
podrażnienie 1. irritation 2. excitement
podręcznik 1. handbook 2. coursebook
podrobiony 1. forged 2. counterfeit
podróż journey
podróżny passenger
podróżować travel
podróżować autostopem hitchhike
podrywać pick up
podrzeć tear up
podrzędny 1. subordinate 2. secondary
podrzucać 1. toss 2. fling up
podskakiwać hop
podskok 1. jump 2. leap
podsłuchiwać overhear
podstarzały elderly
podstawa base
podstawowy 1. basic 2. elementary 3. fundamental
podstęp 1. ruse 2. trick
podsumowywać sum up
podtrzymywać 1. support 2. sustain 3. maintain
poduszka 1. cushion 2. pillow
podwajać double
podwodny underwater

podwyżka 1. rise 2. increase
podwórze 1. courtyard 2. yard
podział 1. partition 2. division
podziałka scale
podziemny underground
podziękować thank
podziw admiration
podziwiać admire
poemat poem
poemat liryczny lyric
poeta poet
poezja poetry
pogarda contempt
pogarszać worsen
pogawędka chat
pogląd 1. view 2. opinion 3. outlook
pogłębiać deepen
pogmatwać confuse
pogniewać się get angry
pogoda weather
pogorszenie 1. worsening 2. deterioration 3. aggravation
pogorszyć aggravate
pogróżka treat
pogrzeb funeral
pogrzebacz poker
poinformować inform
poinformować się inquire
pojazd vehicle
pojedynczo individually
pojedynczy single
pojedynek duel
pojemność capacity
pojęcie notion
pojmać capture
pojmować 1. comprehend 2. understand
pojutrze the day after tomorrow
pokarm food
pokaz 1. exhibition 2. display 3. show 4. demo
pokazywać 1. show 2. exhibit 3.

demonstrate
pokład deck
pokojowy 1. pacific 2. peaceful
pokojówka 1. chambermaid 2.
  maid
pokolenie generation
pokonać defeat
pokorny humble
pokój peace
pokój room
pokój gościnny living-room
pokój przyjęć parlour
pokrewieństwo relationship
pokrewny cognate
pokrywa cover
pokrywać cover
pokrzywa nettle
pokusa temptation
pokwltować receipt
pokwitowanie receipt
polana glade
polarny polar
pole field
polecać recommend
polecenie 1. recommendation 2.
  order
polegać rely
polepszenie 1. improvement 2. advancement
polerować polish
policja police
policjant policeman
policzek cheek
polisa policy
politechnika polytechnic
polityczny political
polityka politics
polityka zagraniczna foreign
  policy
polować hunt
polowanie hunting
Polska Poland
polski Polish

poła lap
połączenie 1. connection 2. link
połączyć 1. connect 2. unite 3. join
  4. combine
połowa half
położenie situation
położna midwife
położnictwo obstetrics
położnik obstetrician
położyć 1. lay 2. put 3. put down
położyć się lie down
południe 1. midday 2. noon 3. south
południowo-wschodni southeast
południowo-zachodni southwest
południowy southern
połykać swallow
pomagać 1. help 2. aid 3. assist
pomarańcza orange
pomidor tomato
pomieszczenie 1. accommodation
  2. space 3. room
pomieszczenie klasowe classroom
pomieścić 1. put up 2. accommodate
pomiędzy 1. among 2. between
pomijać 1. omit 2. overlook 3.
  neglet
pomimo 1. in spite of 2. despite
pomimo że although
pomnik 1. memorial 2. monument
pomnożyć multiply
pomoc 1. help 2. aid 3. assistance
pomocniczy auxiliary
pomocnik assistant
pomocny helpful
pompa pump
pompować pump
pomylić się mistake
pomyłka mistake
pomysł idea
pomysłowy ingenious
pomyśleć think

pomyślnie successfully
pomyślność welfare
pomyślny 1. successfull 2. fortunate
ponad 1. above 2. over
ponaddźwiękowy supersonic
ponadto moreover
ponadwymiarowy king-size
ponawiać renew
poniedziałek Monday
ponieważ because
poniżej 1. below 2. beneath
ponownie 1. again 2. anew
ponowny 1. newed 2. repeated
ponton pontoon
pontyfikat pontificate
ponury 1. gloomy 2. dreary
pończocha stocking
poparcie backing
popatrzeć 1. look 2. glance
popełniać commit
popełniać samobójstwo commit suicide
popielaty 1. ashen 2. pale gray
popielec Ash Wednesday
popielniczka ashtray
popierać 1. support 2. back 3. advocate
popierać przykładami exemplify
popiół ash
popisywać się 1. display 2. show off
poplamić 1. stain 2. spot
popołudnie afternoon
poprawiać 1. correct 2. improve 3. better 4. reform
poprawka correction
poprawny correct
poprosić ask
po prostu simply
poprzeczny transversal
poprzedni 1. former 2. previous
poprzednik predecessor

poprzednio previously
poprzedzać precede
poprzestawać 1. cease 2. stop
poprzez 1. over 2. across 3. through
popsuć spoil
popsuty spoiled
populacja population
popularność popularity
popularny popular
popyt demand
pora 1. season 2. time
poranek morning
porażenie słoneczne sunstroke
porcelana china
poręcz 1. banister 2. rail
poręczny handy
poręczać guarantee
pornografia pornography
poronienie miscarriage
porozumienie 1. agreement 2. understanding
porozumiewać się communicate
porozumiewanie się communication
poród 1. childbirth 2. delivery
porównanie comparison
porównywać compare
port 1. harbour 2. port
port morski seaport
portfel wallet
portier porter
portmonetka purse
portret portrait
Portugalia Portugal
portugalski Portuguese
porucznik lieutenant
poruszać move
poruszenie commotion
porwać 1. abduct 2. kidnap 3. snatch away
porwanie 1. abduction 2. kidnapping 3. hijack

porywacz 1. kidnapper 2. hijacker
poryw wiatru gust
porządek order
porządkować put in order
porządkowy ordinal
porzeczka currant
porzucać 1. abandon 2. leave 3. drop
posada 1. situation 2. post 3. position
posądzać suspect
posąg statue
posiadać 1. possess 2. own
posiadacz holder
posiadłość 1. possession 2. property
posiłek meal
poskramiać subdue
posłaniec messenger
posłuchać listen
posługiwać się use
posłuszeństwo obedience
posłuszny obedient
posmak flavour
posmarować 1. smear 2. grease
pospolity common
post fast
postać 1. person 2. character (w powieści)
postanawiać 1. decide 2. make up one's mind
postanowienie decision
postarać się try
postawa 1. attitude 2. posture
postawić 1. put 2. place
poste-restante 1. poste restante 2. general delivery
posterunek post
postęp 1. progress 2. advance
postępowy progressive
postulować postulate
posunięcie move
posuwać 1. move 2. shift 3. advance
posyłać send
poszanowanie 1. respect 2. esteem 3. consideration
poszczególny 1. individual 2. particular
poszerzać 1. widen 2. broaden
poszewka pillow-case
poszkodowany 1. injured 2. harmed
poszukiwać search
poszukiwanie 1. search 2. research
poszukiwany wanted
pościel bed-clothes
pościg 1. chase 2. pursuit
pośladek buttock
poślizg skid
pośliznąć się slip
poślubiać marry
pośpiech 1. haste 2. hurry
pośredni indirect
pośrednik broker
pośród among
poświadczać 1. testify 2. confirm 3. certify
poświęcać 1. consecrate 2. sacrifice
poświęcający się devoted
poświęcenie devotion
pot 1. sweat 2. perspiration
potajemny secret
potem 1. then 2. afterwards
potencjalny potential
potęga power
potępiać condemn
potępienie condemnation
potężny 1. mighty 2. powerful
potknięcie stumble
potoczny colloquial
potok 1. stream 2. brook
potomek offspring
potop deluge

potrawa dish
potrawy rybne seafood
potrącenie deduction
po trochu little by little
potrójny triple
potrząsać shake
potrzeba 1. need 2. necessity
potrzebny 1. necessary 2. wanted 3. needed
potrzebować need
potwierdzać 1. endorse 2. confirm 3. verify
potwierdzający affirmative
potworny monstrous
potwór monster
potykać się stumble
pouczenie instruction
poufny confidential
powaga 1. seriousness 2. gravity
poważanie 1. respect 2. esteem
poważny serious
powąchać 1. smell 2. sniff
powiadamiać 1. inform 2. let know 3. advise
powiat county
powiedzieć 1. say 2. tell
powieka 1. eyelid 2. lid
powielać duplicate
powierzchnia 1. area 2. surface
powierzchowny superficial
powiesić hang
powieściopisarz novelist
powieść novel
powieść się succeed
powiększać 1. enlarge 2. magnify 3. amplify
powiększenie 1. enlargement 2. increase
powinien 1. should 2. ought to
powinszować congratulate
powitać 1. greet 2. welcome
powitanie welcome
powodować 1. cause 2. provoke

powodzenie 1. success 2. prosperity
powoli slowly
powolny 1. phlegmatic 2. slow
powołanie vocation
powód 1. cause 2. reason
powódź flood
powracać 1. return 2. come back
powrotny return
powrót return
powstanie uprising
powstawać 1. rise 2. arise 3. revolt
powstrzymywać się refrain
powszechny 1. general 2. universal
powszedni 1. everyday 2. daily 3. common
powtarzać repeat
powtórka repetition
powtórnie 1. again 2. anew
powyżej above
powyższy above
poza pose
poza 1. beyond 2. behind 3. off 4. out
pozbawiać deprive
pozbywać się get rid of
pozdrawiać 1. greet 2. salute
pozdrowienie 1. greeting 2. salutation 3. regards
pozew sądowy 1. lawsuit 2. citation 3. summons
poziom level
poziomka wild strawberry
poziomy horizontal
poznawać 1. get to know 2. recognize
pozornie apparently
pozostawać remain
pozostawiać leave
pozować pose
pozór 1. appearance 2. pretence

pozwalać 1. allow 2. let 3. permit
pozwalać sobie afford
pozwany defendant
pozwolenie 1. permission 2. permit
pozycja 1. position 2. item
pozyskiwać 1. gain 2. win
pozytywny positive
pożar fire
pożądany desirable
pożegnać take leave
pożegnać się say good-bye
pożegnanie farewell
pożyczać 1. borrow 2. lend
pożyczka loan
pożyczka hipotetyczna mortgage
pożyteczny useful
pożywienie food
pożywny nourishing
pójść go
póki until
pół half
pół ceny half-price
pół etatu 1. half-time 2. part-time
półfabrykat half-product
półfinał semi-final
półka shelf
północ 1. midnight 2. north
północno-wschodni northeast
północno-zachodni northwest
północny northern
półwysep peninsula
później 1. later 2. afterwards
późno late
praca 1. work 2. job 3. labour
praca zespołowa teamwork
pracodawca employer
pracować work
pracownia 1. laboratory 2. studio
pracownik 1. employee 2. worker
pracujący na własną rękę self-employed
pragnąć desire

pragnienie thirst 2. desire
praktyczny practical
praktyka 1. practice 2. training
praktykować practice
pralka 1. washing-machine 2. washer
pralnia laundry
pralnia automatyczna launderette
pranie laundry
pranie chemiczne dry-cleaning
prasa press
prasować iron
prasowy press
prawda truth
prawdopodobny probable
prawdziwy 1. genuine 2. real 3. true
prawidłowy 1. correct 2. regular
prawie 1. almost 2. hardly 3. nearly
prawnik lawyer
prawny 1. legal 2. lawful
prawo 1. law 2. right
prawosławny orthodox
prawowity legitimate
prawy 1. right 2. honest
prąd 1. current 2. flow 3. stream
precyzować 1. specify 2. precise
precyzyjny precision
precz! 1. away! 2. off!
premia bonus
premier 1. prime minister 2. premier
prenumerata subscription
prenumerować subscribe
prestiż prestige
pretekst 1. pretext 2. excuse
pretensja 1. pretension 2. claim
prezent 1. present 2. gift
prezydent president
prędki 1. quick 2. fast 3. rapid
problem problem
procedura procedure
procent 1. percentage 2. interest

proces 1. process 2. trial
procesować się be engaged in a lawsuit
proch powder
prochy dope
producent manufacturer
produkcja production
produkować produce
produkt 1. product 2. produce
profesor professor
profil profile
prognoza prognosis
program program
projekt 1. scheme 2. design 3. plan 4. project
projektować 1. plan 2. design
prolog prologue
prom ferry
promieniować 1. radiate 2. beam
promieniowanie radiation
promień ray
promocja promotion
propaganda propaganda
proponować 1. propose 2. suggest
proporcja 1. proportion 2. rate
propozycja 1. proposal 2. offer 3. suggestion
prosić 1. ask 2. beg 3. request
prosię piglet
prospekt prospect
prosto 1. straight 2. directly
prostokąt rectangle
prostota simplicity
prostować straighten
prosty 1. simple 2. straight
proszek powder
prośba request
protekcja 1. patronage 2. protection
protest 1. protest 2. protestation
protestant Protestant
protestować protest

prowadzić 1. conduct 2. lead 3. guide
prowadzić dochodzenie investigate
prowincja province
prowizja 1. commission 2. percentage
próba 1. test 2. trial
próba teatralna rehearsal
próbka sample
próbować 1. try 2. taste
próg threshold
próżnia vacuum
próżny 1. empty 2. void 3. vacant 4. vain
prymas primate
prymitywny 1. primitive 2. rough
pryncypał 1. principal 2. boss
pryskać 1. spray 2. splash
pryszcz 1. pimple 2. boil
prysznic shower
prywatny private
prząść spin
przebaczać 1. forgive 2. pardon
przebaczenie 1. forgiveness 2. pardon
przebicie puncture
przebieg 1. course 2. mileage
przebiegły cunning
przebierać sort
przebierać się disguise
przebijać 1. pierce 2. puncture
przebiśnieg snowdrop
przebłagać conciliate
przebłysk flash
przebój hit
przebudowywać rebuild
przebudzony awaken
przebywać 1. stay 2. reside
przechadzać się stroll
przechodzić 1. pass 2. come by
przechodzień 1. passer-by 2. pedestrian

przechowalnia 1. cloakroom 2. baggage room
przechowywać 1. keep 2. conserve 3. preserve
przechwalać się brag
przechwytywać seize
przechylać lean
przeciąg 1. lapse 2. span 3. draught
przeciąganie liny tug of war
przeciążony overloaded
przeciek leakage
przeciekać leak
przecież after all
przeciętnie approximately
przeciętny 1. average 2. mediocre 3. mean
przecinać 1. cut 2. slice
przecinek comma
przeciskać się force through
przeciw 1. against 2. anti-
przeciwciało antibody
przeciwnatarcie counterattack
przeciwnie on the contrary
przeciwnik 1. adversary 2. opponent 3. foe
przeciwny 1. adverse 2. opposite
przeczekać 1. wait 2. stay out
przeczenie negation
przeczesać brush
przecznica side street
przeczucie premonition
przeczulony oversensitive
przeczuwać forebode
przeczyć deny
przeczyszczać 1. cleanse 2. purge
przeć push forward
przed 1. before 2. in front of 3. ahead of
przedawkowywać overdose
przede wszystkim first of all
przedkładać 1. submit 2. present

przedłużać 1. extend 2. prolong
przedłużenie extension
przedmieścia suburb
przedmiot 1. object 2. subject
przedmowa 1. foreword 2. preface
przedni 1. front 2. fore
przednia szyba windshield
przedostawać się get through
przedostatni last but one
przedpołudnie morning
przedramię forearm
przedrostek prefix
przedruk reprint
przedrzeźniać mock
przed siebie 1. ahead 2. forward
przedsiębiorca 1. entrepreneur 2. businessman
przedsiębiorstwo 1. company 2. concern 3. business
przedsięwziąć undertake
przedsięwzięcie enterprise
przedsionek lobby
przedstawiać 1. represent 2. present 3. introduce
przedstawiciel 1. representative 2. agent
przedstawicielstwo agency
przedstawienie performance
przedstawienie poranne matinee
przedszkole 1. preschool 2. kindergaten
przedtem before
przedterminowy premature
przedterminowe zwolnienie parole
przedwczesny 1. premature 2. before time
przedyskutować discuss
przedział division
przedziałek parting
przedział kolejowy compartment
przedzielać 1. divide 2. part
przedziurawiać 1. perforate 2.

punch
przegapiać 1. overlook 2. miss
przegląd 1. inspection 2. review
przegrywać loose
przegub 1. wrist 2. joint
przejaśniać się clear up
przejaw 1. manifestation 2. sign 3. symptom
przejazd 1. clearance 2. passage
przejażdżka 1. ride 2. trip 3. drive
przejąć take over
przejeżdżać drive through
przejęcie kontroli takeover
przejęzyczenie 1. lapse 2. slip of tongue
przejmować take over
przejmować się 1. be impressed 2. be moved
przejście crossing
przejść na emeryturę retire
przekaz 1. draft 2. transmission
przekaz pieniężny money order
przekąska 1. appetizer 2. snack 3. refreshment
przekątna diagonal
przeklinać 1. damn 2. curse 3. swear
przekład translation
przekładnia 1. gear 2. switch
przekonanie conviction
przekonywać convince
przekraczać 1. cross 2. pass
przekrajać cut in two
przekręcać 1. turn 2. twist
przekroczenie 1. violence 2. offence
przekroczenie rachunku overdraft
przekrój section
przekształcać transform
przekupić 1. bribe 2. corrupt
przelatywać fly over
przelew transfer
przelewać się overflow

przelew krwi bloodshed
przelęknąć się be frightened
przelicytować 1. overbid 2. overcall
przelot flight
przelotny transient
przeludnienie overpopulation
przeładowywać 1. reload 2. overload
przełaj short cut
przełamywać break through
przełączać switch
przełęcz 1. pass 2. col
przełożony superior
przełyk gullet
przełykać swallow
przemalowywać repaint
przemawiać speak
przemęczać się overwork
przemiana transformation
przemieniać się turn into
przemienny alternate
przemieszczać 1. dislocate 2. displace
przemijać pass
przemilczać keep secret
przemoc 1. force 2. violence
przemoczyć 1. soak 2. drench 3. get wet
przemóc overbear
przemówienie speech
przemycać smuggle
przemykać hurry by
przemysł industry
przemysłowy industrial
przemyśleć think over
przemyt 1. smuggling 2. contraband
przemywać 1. bathe 2. wash
przenajświętszy 1. most holly 2. blessed
przenikać penetrate
przenosić transfer

przenośny portable
przeoczenie oversight
przeoczyć overlook
przeor prior
przeorać plough
przepakowywać repack
przepaść abyss
przepełniony overcrowded
przepierzenie partition
przepis 1. formula 2. recipe 3. regulation
przepisywać 1. copy 2. rewrite 3. prescribe
przepłacać overpay
przepływ 1. flow 2. passage
przepowiadać foretell
przepowiednia prophecy
przepracować się overwork
przepraszać 1. apologize 2. be sorry
przeprawa 1. crossing 2. passage
przeprosiny apology
przeprowadzać carry through
przepuklina 1. hernia 2. rupture
przepuszczać let through
przepych splendour
przepychać push through
przerabiać 1. remodel 2. alter
przerastać overgrow
przerażać 1. terrify 2. horrify
przerażenie 1. terror 2. dread
przerębla air hole
przerost outgrowth
przeróbka 1. alteration 2. adaptation
przerwa 1. break 2. recess
przerywać interrupt
przerzedzać thin
przesada exaggeration
przesadzać 1. exaggerate 2. overdo
przesąd 1. superstition 2. prejudice
przesiadać się change

przesiedlać 1. deport 2. migrate
przeskakiwać jump over
przesłona screen
przesłuchanie 1. interrogation 2. examination 3. hearing
przesłuchanie aktorskie audition
przesłyszeć się mishear
przesmyk pass
przespacerować się take a walk
przespać się take a nap
przestarzały out-of-date
przestawać 1. stop 2. cease 3. break off
przestawiać rearrange
przestępca 1. criminal 2. outlaw
przestrajać tune up
przestraszyć 1. scare 2. frighten
przestrzegać 1. observe 2. warn
przestrzenny spacious
przestrzeń 1. space 2. area
przestudiować 1. study 2. examine
przestudzić cool
przesuwać 1. move 2. shift
przesyłać 1. send 2. forward
przesyłka shipment
przeszczepiać transplant
przeszkadzać 1. disturb 2. hinder 3. trouble
przeszkoda 1. hurdle 2. obstacle
przeszkolenie training
przeszłość 1. past 2. background
przeszukiwać search
prześcieradło sheet
prześladowanie 1. harassment 2. persecution
przeświadczenie conviction
prześwietlać X-ray
przetarg auction
przetłumaczyć translate
przetransportować transport
przetrawić digest
przetrwać last

przetrząsać search
przetrzymywać keep up
przetwarzać transform
przewaga 1. predominance 2. advantage 3. superiority
przeważnie 1. mainly 2. mostly
przewidywać 1. anticipate 2. foresee 3. predict
przewietrzać air
przewinienie 1. offence 2. misdemeanour 3. delinquency
przewlekły 1. lasting 2. chronic
przewodni leading
przewodniczący chairman
przewodniczyć 1. chair 2. preside
przewodzić 1. lead 2. head
przewozić 1. transport 2. carry 3. convey
przewoźnik carrier
przewód 1. conduit 2. wire
przewóz transportation
przewracać 1. turn over 2. upturn
przewrażliwiony oversensitive
przewrót 1. overturn 2. revolution
przewyższać 1. exceed 2. surpass
przewyższać liczebnie outnumber
przez 1. across 2. through 3. via 4. over
przeziębić się catch cold
przeznaczenie 1. destiny 2. fate
przeznaczać 1. devote 2. intend
przez noc overnight
przezorny provident
przezroczysty transparent
przezwisko nickname
przezwyciężyć 1. overcome 2. surmount
przeźrocze slide
przeżegnać się cross oneself
przeżycie 1. experience 2. survival
przeżyć survive
przędza yarn

przęsło span
przodek ancestor
przód front
prztykać 1. flip 2. snap
przy 1. at 2. by 3. near 4. close to 5. beside
przybijać nail to
przybliżać się 1. get closer 2. come near
przybrany adopted
przybycie arrival
przybywać 1. arrive 2. come
przychodnia outpatient clinic
przychodzić come over
przychylny 1. favourable 2. friendly
przyciągać 1. attract 2. draw
przyciskać 1. press 2. keep down
przyczepa trailer
przyczepa mieszkalna caravan
przyczepiać attach
przyczyna 1. cause 2. reason
przyczyniać się contribute
przyczynowość causality
przyćmiony dim
przydarzać się happen
przydatny useful
przydrożny 1. wayside 2. roadside
przydział finansowy allowance
przydział obowiązków assignment
przyglądać się 1. observe 2. gaze
przygnębienie 1. low spirits 2. gloom
przygniatać 1. crush 2. oppress
przygoda adventure
przygotowanie preparation
przygotowywać 1. prepare 2. get ready
przygwoździć nail down
przyjaciel 1. friend 2. pal 3. boyfriend
przyjazd arrival
przyjazny 1. friendly 2. amicable
przyjaźń friendship

przyjemność 1. enjoyment 2. pleasure
przyjemny 1. pleasant 2. pleasing
przyjezdny stranger
przyjeżdżać 1. arrive 2. come
przyjęcie 1. reception 2. party 3. admission
przyjmować 1. accept 2. receive 3. adopt
przyjść come
przykazanie commandment
przykład 1. example 2. instance
przykręcać screw up
przykrość annoyance
przykry 1. disagreeable 2. unpleasant
przykrywka 1. cover 2. lid
przykucać squat
przylądek cape
przylegać 1. adjoin 2. cling 3. adhere
przyległy adjacent
przylepiać 1. stick 2. affix 3. glue
przylot arrival
przyłapać catch
przyłączyć 1. attach 2. add 3. join
przymiarka fitting
przymierzać try on
przymierze alliance
przymiotnik adjective
przymocowywać 1. attach 2. bind 3. fasten 4. fix to
przymus 1. compulsion 2. obligation
przymusowy 1. compulsory 2. obligatory
przynaglać urge
przynajmniej at least
przynależność membership
przynęta bait
przynosić 1. bring 2. fetch 3. yield
przypadać fall
przypadek 1. chance 2. accident 3. case

przypadkowo 1. incidentally 2. occasionally
przypadkowy 1. accidental 2. casual
przypatrywać się 1. observe 2. look at
przypiekać 1. broil 2. toast 3. grill
przypilnować see to
przypinać pin
przypływ 1. inflow 2. flow 3. tide
przypominać 1. remind 2. recall
przypowieść parable
przyprawa 1. spice 2. dressing 3. seasoning
przypuszczać 1. admit 2. guess 3. suppose
przypuszczenie 1. supposition 2. presumption
przyroda nature
przyrodni foster
przyrodni brat 1. half-brother 2. stepbrother
przyrost naturalny birth rate
przyrząd 1. instrument 2. device 3. tool
przyrządzać prepare
przyrzekać promise
przysięga oath
przysięgać swear
przysięgły sworn
przysłaniać cover
przysłowie proverb
przysłówek adverb
przysługa service
przysługiwać be entitled to
przysmażyć fry
przysposobić 1. train 2. adopt
przystanek stop
przystań 1. boathouse 2. wharf
przystępować 1. join 2. approach 3. enter
przystojny 1. good-looking 2. handsome

przystosowywać adapt
przystosowany compatible
przystosowanie adaptation
przystrzyc trim
przysunąć pull up
przyswajać 1. assimilate 2. acquire
przyszłoroczny next year's
przyszłość future
przyszły future
przyszywać sew on
przyśpieszać 1. speed up 2. accelerate
przyśrubowywać screw down
przytaczać quote
przytłaczający overwhelming
przytomny conscious
przytulać 1. cuddle 2. snuggle 3. hug
przytulny cosy
przytułek shelter
przywiązywać 1. tie to 2. attach 3. bind to
przywidzieć się appear
przywilej privilege
przywitać 1. welcome 2. greet
przywitanie greeting
przywołać 1. call in 2. summon
przywozić 1. bring 2. import
przywódca 1. leader 2. chief
przywracać restore
przywyknąć get used to
przyznawać 1. grant 2. admit
przyznawać się confess
przyzwoitość decency
przyzwoity decent
przyzwyczajenie habit
przyzwyczajony 1. accustomed 2. used to
przyzywać 1. page 2. call
psalm psalmody
psałterz Book of Psalms
psikus trick

pstrąg trout
psuć 1. spoil 2. damage 3. waist 4. deteriorate
psychiatra psychiatrist
psychoanaliza psychoanalysis
psychologia psychology
pszczelarz beekeeper
pszczoła bee
pszenica wheat
ptak bird
publiczny 1. public 2. common
publikować publish
puchar 1. cup 2. bowl
puchnąć swell
pudel poodle
pudełko box
puder powder
pukać knock
pula pool
pulower pull-over
pulpit 1. desk 2. stand
puls pulse
pułap ceiling
pułapka trap
pułk regiment
pułkownik colonel
puma puma
punkt 1. point 2. mark
punkt orientacyjny landmark
punktualny punctual
pupa buttocks
purpura 1. crimson 2. purple
pustelnik hermit
pustka 1. vacancy 2. blank
pusty 1. empty 2. void 3. vacant
pustynia desert
puszcza jungle
puszczać 1. let 2. let go 3. let loose
puszczać w ruch launch
puszka 1. can 2. tin
pycha pride
pył dust
pyszny delicious

pytać 1. ask 2. question 3. inquire

R

rabat discount
rabin rabbi
rabować rob
rabunek 1. robbery 2. holdup
rachmistrz accountant
rachunek 1. bill 2. account 3. check
raczej 1. rather 2. in fact
rad glad
rada 1. advice 2. council 3. board
radar radar
radca prawny solicitor
radio 1. radio 2. wireless 3. broadcasting
radiostacja radio station
radny 1. alderman 2. councillor
radosny 1. cheerful 2. merry
radość joy
radzić 1. advise 2. suggest
radzić się consult
rafa reef
rafineria rafinery
raj paradise
rajstopy pantyhose
rak cancer
Rak Cancer
rakieta 1. racket 2. rocket
rama 1. frame 2. framework
ramię shoulder
rampa ramp
rana 1. wound 2. cut 3. bruise
randka date
randka z nieznajomym blind date
ranek morning
ranga rank
ranić 1. wound 2. hurt
ranny 1. injured 2. wounded
rano morning
raport report

rasa 1. race 2. breed
rasista racist
rata instalment
ratować 1. rescue 2. save
ratownik lifeguard
ratunek rescue
ratusz 1. town hall 2. city hall
ratyfikować ratify
raz once
razem together
razowiec brown bread
rażący glaring
rąbać chop
rdza rust
rdzeń core
rdzewieć 1. corrode 2. rust
reagować 1. react 2. respond
reakcja reaction
reaktor reactor
realistyczny realistic
reasumować recapitulate
rebeliant rebel
recenzja review
recepcja reception
recepcjonistka receptionist
recepta 1. prescription 2. recipe
recital recital
recytować recite
redagować 1. edit 2. compose
redakcja editor's office
redaktor editor
redukcja reduction
refleks reflex
reflektor 1. reflector 2. spotlight
reforma reform
regał shelf
regaty boat race
regulacja 1. regulation 2. adjustment 3. control
regulamin 1. regulation 2. rule
regularny regular
regulować 1. regulate 2. adjust 3. control

reguła 1. rule 2. formula
rehabilitacja rehabilitation
reinkarnacja reincarnation
rejestr 1. ledger 2. register
rejestrować 1. record 2. register
rejestrować się enroll
rejon region
rejs cruise
rekin shark
reklama 1. advertisement 2. publicity 3. commercial
reklamacja complaint
reklamować advertise
rekomendować recommend
rekompensata compensation
rekonstrukcja restoration
rekonwalescencja convalescence
rekord record
rekordzista champion
rekrutować recruit
rektor 1. president 2. rector
relacja report
religia religion
religijny religious
remanent inventory control
remis tie
remont repair
renifer reindeer
renta pension
rentgen X-ray
reorganizować reorganize
reperować 1. fix 2. repair 3. mend
reportaż coverage
reporter reporter
reprezentacja representation
reprezentować represent
reprodukcja reproduction
republika republic
reputacja reputation
resort 1. department 2. agency
respekt respect
restauracja restaurant
reszta 1. change 2. rest 3. remain-

der
reumatyzm rheumatism
rewanż 1. return 2. revenge
rewelacja revelation
rewolucja revolution
rewolwer revolver
rewolwerowiec gunman
rezerwować 1. book 2. reserve
rezolucja resolution
rezultat 1. result 2. consequence 3. outcome
rezydencja 1. residence 2. mansion
rezygnować resign
reżyser director
ręcznik towel
ręczny 1. manual 2. hand
ręka 1. hand 2. arm
rękaw sleeve
rękawica mitten
rękawiczka glove
rękopis manuscript
robak worm
robiący wrażenie impressive
robić 1. do 2. make
robić na drutach knit
robić zakupy shop
robot robot
robota 1. work 2. job
robotnik 1. worker 2. workman
robotnik fabryczny blue-collar worker
rocznica anniversary
roczny 1. annual 2. yearly
rodak 1. fellow-citizen 2. countryman
rodowity native
rodowód genealogy
rodzaj 1. gender 2. kind 3. sort
rodzaj męski masculine
rodzajnik article
rodzaj żeński feminine
rodzeństwo siblings

rodzic parent
rodzić 1. bear 2. give birth to
rodzina family
rodzinny 1. family 2. native 3. home
rodzynek raisin
rogalik croissant
rok year
rok szkolny school-year
rola role
rolnictwo agriculture
rolnik farmer
romans 1. romance 2. love-affair
romantyczny romantic
romantyzm romanticism
rondo circus
ropa petroleum
ropucha toad
rosa dew
Rosja Russia
rosnąć grow
rosół 1. broth 2. bouillon
rosyjski Russian
roślina plant
roślinność 1. flora 2. vegetation
rower 1. bicycle 2. bike
rowerzysta cyclist
rozbić 1. break 2. shatter 3. smash
rozbierać się undress
rozbitek shipwrecked man
rozbrajać disarm
rozbrojenie disarmament
rozbrzmiewać resound
rozbudowa 1. enlargement 2. extension
rozbudować 1. enlarge 2. develop
rozchodzić się 1. spread 2. get about
rozchód 1. expense 2. expenditure
rozciągać 1. stretch 2. extend 3. spread
rozcieńczyć dilute
rozcierać 1. crush 2. grind
rozcinać cut

rozczarowywać 1. disappoint 2. disillusion
rozczarowanie 1. disappointment 2. disillusionment
rozczulać 1. move 2. touch 3. affect
rozdawać 1. distribute 2. give out 3. give away
rozdawać karty deal
rozdrażnienie irritation
rozdroże crossroads
rozdział 1. distribution 2. separation 3. division 4. chapter
rozdzielać 1. separate 2. divide 3. distribute 4. part 5. split
rozdzielnie apart
rozdzierać 1. rend 2. tear up 3. split
rozdzierający serce heartbreaking
rozerwać się have a good time
rozglądać się look around
rozgłos 1. publicity 2. renown
rozgłośnia broadcasting station
rozgniatać crush
rozgniewać 1. anger 2. make angry
rozgorączkowany 1. hectic 2. hot
rozgoryczenie embitterment
rozgraniczać 1. delimit 2. demarcate
rozgrzeszenie absolution
rozgrzewać warm up
rozgrzewka warm-up
rozjaśniać 1. clear up 2. brighten
rozjemca arbiter
rozjemczy arbitrary
rozjuszać 1. enrage 2. infuriate
rozkapryszony 1. capricious 2. whimsical
rozkaz 1. order 2. command
rozkazywać 1. order 2. command
rozkład 1. disposition 2. timetable
rozkładać 1. dispose 2. place apart
rozkosz 1. delight 2. zest

rozkoszny delightful
rozkwitać 1. blossom 2. flourish
rozlać spill
rozlegać się 1. resound 2. ring
rozległy 1. extensive 2. vast
rozlewać 1. spill 2. shed 3. pour
rozliczać 1. count 2. settle accounts
rozliczenie settlement
rozluźniać 1. loosen 2. relax
rozładowywać 1. discharge 2. unload
rozłączać 1. disconnect 2. separate 3. disjoin
rozłąka separation
rozłam 1. breach 2. split 3. disruption
rozmach 1. impetus 2. dash 3. swing
rozmaity various
rozmawiać 1. talk 2. converse 3. chat
rozmiar 1. size 2. dimension 3. extent
rozmieniać change
rozmieszczać 1. dispose 2. locate 3. arrange
rozmijać się 1. miss 2. cross one another
rozmnażać multiply
rozmowa 1. conversation 2. talk
rozmówić się 1. have a talk 2. speak
rozmyślać 1. meditate 2. reflect
rozmyślić się change one's mind
rozniecać ogień make a fire
roznosiciel carrier
roznosić 1. carry about 2. spread 3. distribute
rozpacz despair
rozpaczać despair
rozpaczliwy desperate
rozpad 1. decay 2. decomposition

rozpadać się 1. fall to pieces 2. collapse 3. break down
rozpakowywać unpack
rozpalać 1. kindle 2. make a fire
rozpatrywać 1. consider 2. examine
rozpęd 1. impetus 2. start
rozpędzać 1. disperse 2. scatter 3. break up 4. start
rozpieszczać pamper
rozpiętość spread
rozpinać 1. undo 2. unbutton
rozpoczynać 1. begin 2. start 3. initiate
rozpogadzać się clear up
rozporek fly
rozporządzać 1. dispose 2. order
rozporządznie 1. decree 2. disposal 3. order
rozpowszechniać 1. propagate 2. spread 3. diffuse
rozpowszechniony widespread
rozpoznanie diagnosis
rozpoznawać 1. distinguish 2. recognize 3. diagnose
rozpraszać się disperse
rozprawa naukowa dissertation
rozprawiać 1. debate 2. discuss
rozpuszczać dissolve
rozpuszczalnik solvent
rozpychać się jostle
rozpylać spray
rozróżniać 1. distinguish 2. discern
rozróżnienie distinction
rozrusznik starter
rozrywać 1. tear 2. rend 3. break 4. disrupt
rozrywka 1. amusement 2. entertainment 3. pastime 4. recreation
rozrzewniający touching
rozrzucać 1. scatter 2. disperse
rozrzutny 1. extravagant 2. waste-

ful

rozsądek sense

rozsądny 1. sensible 2. reasonable

rozszerzać expand

rozstanie 1. separation 2. braking up

rozstawać się part

rozstawiać 1. place apart 2. space

rozstrój 1. disharmony 2. discord 3. disorganization

rozstrzeliwać shoot

rozstrzygać 1. decide 2. determine

rozstrzygający decisive

rozszarpywać tear to pieces

rozszerzać 1. widen 2. broaden 3. enlarge 4. expand

rozśmieszać make laugh

roztargniony 1. absent-minded 2. distracted

roztkliwiać move to pity

roztropny 1. prudent 2. thoughtful

roztrwonić 1. squander 2. waste

roztrzaskiwać smash

roztrzepany scatter-brained

roztwór solution

rozum 1. mind 2. reason 3. understanding 4. intellect

rozumieć understand

rozumny 1. reasonable 2. sensible

rozumowy rational

rozwaga 1. prudence 2. consideration

rozważać 1. consider 2. contemplate 3. speculate 4. reflect

rozważny prudent

rozwiązanie solution

rozwiązywać 1. undo 2. untie 3. solve

rozwidniać się 1. dawn 2. brighten

rozwiedziony divorced

rozwijać 1. unfold 2. unwrap 3.

develop 4. evolve

rozwodzić się divorce

rozwolnienie diarrhoea

rozwozić 1. deliver 2. transport 3. convey

rozwód divorce

rozwój 1. development 2. evolution

rożen 1. barbecue 2. spit

ród 1. family 2. stock 3. breed 4. origin 5. kin

róg 1. corner 2. horn

rów ditch

równanie equation

równie as

również 1. also 2. too 3. as well

równik equator

równina plain

równo even

równoczesny 1. simultaneous 2. contemporary

równoległy parallel

równoleżnik parallel

równorzędny equivalent

równość equality

równouprawnienie equality of rights

równowaga balance

równowartość equivalent

równoważyć 1. balance 2. compensate

równoznaczny synonymous

równy 1. equal 2. even 3. flat

róż rouge

róża rose

różaniec rosary

różnica difference

różnić się 1. differ 2. vary

różnorodny 1. miscellaneous 2. varied

różny 1. different 2. various

różowy pink

rtęć 1. mercury 2. quicksilver

rubin ruby

ruch 1. motion 2. movement 3. traffic
ruchliwość mobility
ruchliwy 1. mobile 2. active
ruchomy mobile
ruda ore
rudy 1. brownish-red 2. rusty 3. red-haired
ruina 1. ruin 2. downfall
rujnować 1. devastate 2. ruin
rum rum
rumienić się 1. become ruddy 2. blush
runąć 1. collapse 2. tumble down
rupiecie 1. lumber 2. stuff 3. trash
rura pipe
ruszać 1. move 2. stir
ruszt grill
rusztowanie scaffold
rutyna routine
rwać tear
ryba fish
rybak 1. fisher 2. fisherman
Ryby Pisces
rycerz knight
ryczeć 1. roar 2. moo
rygiel bolt
rygor rigour
ryk roar
rym rhyme
rynek market
rynna gutter
rysa 1. flaw 2. crack
rysopis description
rysować 1. draw 2. sketch
rysunek drawing
rytm rhythm
rywal 1. rival 2. competitor
rywalizować 1. rival 2. compete
ryzyko 1. risk 2. hazard
ryzykować risk
ryzykowny 1. risky 2. hazardous
ryż rice

rzadki 1. rare 2. scarce
rzadko 1. seldom 2. rarely
rzadkość rarity
rząd 1. row 2. rank 3. file 4. government
rządowy federal
rządzić 1. govern 2. rule
rzecz thing
rzecznik 1. representative 2. spokesman 3. ombudsman
rzeczownik noun
rzeczownikowy nominal
rzeczoznawca expert
rzeczpospolita republic
Rzeczpospolita Polska the Republic of Poland
rzeczywistość reality
rzeczywisty 1. real 2. actual
rzeczywiście 1. actually 2. indeed 3. really
rzeka river
rzekomo allegedly
rzekomy 1. pretended 2. alleged 3. supposed
rzemieślnik craftsman
rzemiosło 1. craft 2. trade
rzepa turnip
rześki 1. brisk 2. lively
rzetelny 1. honest 2. fair 3. reliable
rzeź 1. slaughter 2. massacre
rzeźba sculpture
rzeźbić carve
rzeźnik butcher
rzęsa eyelash
rzodkiewka radish
rzucać 1. throw 2. fling 3. cast
rzucać się toss
rzut throw
Rzym Rome
rzymski Roman
rżeć neigh

S

sabotaż sabotage
sad orchard
sadza soot
sadyzm sadism
sadzić plant
sadzony fried
sakrament sacrament
saksofon saxophone
sala 1. hall 2. room
sala gimnastyczna gymnasium
saldo balance
salon 1. salon 2. saloon 3. living-room
salon fryzjerski barber's shop
salon kosmetyczny beauty parlour
salut salute
sałata lettuce
sałatka salad
sałatka owocowa fruit salad
sam 1. alone 2. oneself
samica female
samiec male
samobójstwo suicide
samochód 1. car 2. automobile
samoczynnie 1. automatically 2. by itself
samodzielny independent
samogłoska vowel
samogon moonshine
samogwałt onanism
samokontrola self-control
samokształcenie self-education
samolot 1. aeroplane 2. plane 3. aircraft
samolot myśliwski fighter
samolubny selfish
samoobrona self-defense
samopoczucie 1. feeling 2. mood
samorząd 1. self-government 2. autonomy
samotnie alone

samotny 1. alone 2. lonely
samouk self-taught
samowystarczalny self-supporting
sanatorium 1. convalescent hospital 2. sanatorium
sandał sandal
sanitariusz 1. paramedic 2. hospital attendant
sanki sledge
sapać 1. gasp 2. pant
sardynka sardine
sarkastyczny sarcastic
sarna deer
sataniczny satanic
satelita satellite
Saturn Saturn
satyra satire
satysfakcja satisfaction
sauna sauna
sączyć drain
sąd court
sąd najwyższy supreme court
sąd ostateczny Last Judgement
sądownictwo 1. jurisdiction 2. judicature
sądzić 1. judge 2. try
sąsiad neighbour
sąsiedztwo neighbourhood
scena 1. stage 2. scene
scenariusz script
scenarzysta scriptwriter
schemat 1. blueprint 2. scheme 3. diagram
schlebiać flatter
schludny neat
schnąć dry
schodek 1. step 2. stair
schody stairs
schody ruchome escalator
schodzić go down
schorzenie disease
schronisko shelter

schylać się 1. bend 2. bow
scyzoryk 1. penknife 2. pocket-knife
seans 1. show 2. performance
sedes toilet seat
segment segment
segregować segregate
sejf safe
sejm parliament
sekret secret
sekretarka secretary
seksualny sexual
sekta sect
sekunda second
selekcja selection
seler celery
semestr 1. semester 2. term
seminarium seminar
sen 1. sleep 2. dream
senat senate
senator senator
senior senior
sennik dream book
sens sense
sensacja 1. sensation 2. big news
sensowny reasonable
sentyment affection
sentymentalny sentimental
separacja separation
ser cheese
Serbia Serbia
serbski Serbian
serce heart
serdecznie cordially
seria 1. series 2. chain
serial serial
serweta tablecloth
serwetka napkin
serwis service
serwować serve
sesja session
set set
sezon season

sędzia 1. judge 2. arbiter 3. referee
sędziowski judicial
sęp vulture
sfałszować falsify
sfera sphere
siać sow
siadać 1. sit 2. sit down
siano hay
siarka sulphur
siatka net
siatkówka volleyball
sieć net
sieć elektryczna grid
sieć połączeń network
siedem seven
siedemdziesiąt seventy
siedemnaście seventeen
siedzenie seat
siedzieć sit
siekać chop
siekiera axe
sierociniec orphanage
sierota orphan
sierp sickle
sierpień August
sierść hair
sierżant sergeant
sięgać 1. reach 2. range
sikać piss
silnik engine
siła 1. power 2. strength 3. force
siniak bruise
siodło saddle
siostra sister
siostra miłosierdzia sister of mercy
siostrzenica niece
siostrzeniec nephew
siódmy seventh
sitko strainer
siusiać 1. pee 2. piss
siwy gray
skakać 1. jump 2. skip 3. hop

skakanka jumping rope
skala scale
skaleczyć 1. hurt 2. cut
skała 1. rock 2. cliff
skamielina fossil
skandal scandal
skandynawski Scandinavian
skarb treasure
skarbnik treasurer
skarbonka piggy bank
skarga complaint
skarpeta sock
skarżyć sue
skarżyć się complain
skaza 1. flaw 2. defect
skazany convict
skazywać 1. sentence 2. condemn
skażenie pollution
skąd from where
skąpy stingy
skierować 1. direct 2. address
skierować niewłaściwie misdirect
skinąć głową nod
sklep 1. store 2. shop
sklep spożywczy grocery
sklepienie łukowe arch
skład 1. composition 2. depot 3. storage 4. storehouse
składać compose
składać się consist
składany folding
składka collection
składnia syntax
składnik 1. component 2. element 3. ingredient
skłamać tell a lie
skłonność 1. inclination 2. tendency
sknocić screw up
skojarzenie 1. association 2. connotation
skok 1. jump 2. leap
skok o tyczce pole-vault

skomleć whine
skończony 1. finished 2. finite
skoro since
Skorpion Scorpio
skorumpować corrupt
skorupa shell
skorzystać get advantage
skos slant
skowronek skylark
skowyt yelp
skóra 1. leather 2. skin
skórka crust
skórny dermatic
skórzany leather
skracać 1. shorten 2. cut short
skraj 1. edge 2. brink
skrajność extreme
skrawek scrap
skręcać 1. turn 2. twist
skrępowany embarrased
skręt 1. twist 2. torsion
skrobać 1. scrape 2. rasp
skromny modest
skroń temple
skrót 1. short cut 2. abbreviation
skrucha penitence
skrupulatny scrupulous
skrypt script
skrytka pocztowa post office box
skryty secret
skrzep blood clot
skrzydło wing
skrzynia chest
skrzynka pocztowa mailbox
skrzypce 1. fiddle 2. violin
skrzypieć creak
skrzyżowanie 1. crossroad 2. junction
skulić się cuddle up
skunks skunk
skup purchase
skupiać 1. concentrate 2. focus
skupienie concentration

skurcz 1. cramp 2. contraction
skurczyć się shrink
skuteczny effective
skutek 1. consequence 2. effect
skuter scooter
skutkować have effect
skwer square
slajdy slides
slalom slalom
slipy slips
slumsy slums
słabość weakness
słaby 1. frail 2. weak 3. feeble
sława 1. fame 2. reputation
sławna osoba celebrity
sławny famous
słodka bułka bun
słodki sweet
słodycze 1. sweets 2. candy
słoik jar
słomka straw
słonecznik sunflower
słoneczny sunny
słony salty
słoń elephant
słońce sun
Słowenia Slovenia
Słowianin Slav
słowiański Slavic
słowik nightingale
słownictwo vocabulary
słowniczek glossary
słownik dictionary
słowo word
słuch hearing
słuchacz listener
słuchać listen
słuchawki headphones
słup 1. post 2. pole
słuszny right
służący servant
służba service
służyć serve

słyszeć hear
smaczny tasty
smak taste
smalec lard
smar grease
smarować 1. spread 2. grease 3. lubricate
smażony fried
smażyć fry
smoczek pacifier
smok dragon
smoking tuxedo
smoła 1. tar 2. pitch
smród 1. stench 2. fetor
smucić się be sad
smukły 1. slender 2. slim
smutek 1. grief 2. sadness 3. sorrow
smutny 1. sad 2. downhearted
smycz 1. leash 2. lead
smyczek 1. bow 2. fiddlestick
snajper sniper
snop sheaf
sobota Saturday
soból sable
socjalizm socialism
socjalny social
soczewka lens
soczysty juicy
soda soda
sojusz alliance
sojusznik ally
sok juice
sok jabłkowy 1. apple juice 2. cider
sokół falcon
solenizant birthday boy
solić salt
solidarność solidarity
solidny 1. solid 2. reliable
solista soloist
solniczka salt shaker
sopel icicle

sos sauce
sosna pine
sos pieczeniowy gravy
sowa owl
sójka jay
sól salt
spacerować 1. take a walk 2. stroll
spać sleep
spadać 1. fall 2. drop
spadek inheritance
spadkobierca heir
spadkobierczyni heiress
spadochron parachute
spakować się pack up
spalać burn
spalina fume
spalony 1. burned 2. offside
sparzyć się burn
spawać weld
spazm convulsion
specjalista specialist
specjalnie especially
specjalność speciality
specjalny special
spektakl 1. performance 2. show
spełniać 1. fulfil 2. satisfy
spędzać spend
spieniężać cash
spierać się 1. argue 2. dispute
spieszyć się hurry
spiker announcer
spinacz clip
spinka 1. hairpin 2. cuff-link
spirytus spirit
spis 1. list 2. register
spisek conspiracy
spiżarka pantry
splunąć spit
spłacać 1. repay 2. pay off
spłata payment
spławik float
spocić się sweat
spoczywać rest

spodek saucer
spodnie 1. pants 2. slacks 3. trousers
spodziewać się 1. expect 2. hope for
spojrzeć 1. look at 2. glance at
spojrzenie look
spokojny 1. quiet 2. calm
spokój 1. peace 2. calm
społeczność community
społeczny social
sport sport
sportowiec athlete
sportowy athletic
sposobność opportunity
sposób 1. manner 2. way
sposób postępowania policy
spostrzec 1. notice 2. perceive
spostrzeżenie 1. observation 2. remark
spotkanie 1. meeting 2. appointment
spotkanie partyjne caucus
spotykać meet
spowiadać się confess
spowiedź confession
spowodować cause
spoza from behind
spożycie consumption
spożytkować utilize
spożywać consume
spód bottom
spódnica skirt
spódniczka miniskirt
spódniczka szkocka kilt
spójnik conjunction
spółdzielnia co-operative
spółgłoska consonant
spółka 1. corporation 2. partnership
spór 1. argument 2. controversy
spóźniać się be late
spóźnienie delay

spóźniony 1. late 2. delayed
spragniony thirsty
sprawa 1. affair 2. case 3. matter
sprawdzać 1. check 2. inspect 3. test
sprawdzać dokładnie double-check
sprawiać cause
sprawiedliwość justice
sprawiedliwy just
sprawny 1. efficient 2. deft 3. skilful
sprawozdanie report
sprawozdawca reporter
sprężyna spring
sprosotowanie rectification
sprowadzać bring
sprytny clever
sprzątać clean up
sprzeciw objection
sprzeciwiać się 1. object 2. oppose 3. resist
sprzeczka 1. brawl 2. feud
sprzeczność contradiction
sprzedawać sell
sprzedawca 1. salesman 2. vendor
sprzedaż sale
sprzedaż detaliczna retail sale
sprzedaż hurtowa wholesale
sprzęgło clutch
sprzęt equipment
sprzyjający favourable
sprzymierzony allied
sprzymierzyć się ally
spuchnąć swell
spuchnięty swollen
spuszczać drop
spychacz bulldozer
srebro silver
srogi 1. grim 2. severe
sroka magpie
ssać suck

ssak mammal
stabilizacja stabilization
stacja station
stacja benzynowa gas-station
stacyjka ignition switch
stać stand
stać w kolejce queue
stadion stadium
stado 1. flock 2. herd
stajnia stable
stal steel
stały 1. constant 2. permanent 3. solid
stan 1. state 2. condition
stanąć stop
standard standard
stanie na rękach handstand
stanik bra
stanowczy firm
stanowisko position
stan zagrożenia emergency
starać się 1. try 2. endeavour
starczać be enough
starość old age
staroświecki old-fashioned
starożytność antiquity
starożytny ancient
starsza osoba old-timer
starszy elder
start start
stary old
starzeć się grow old
statek 1. ship 2. vessel
statek kosmiczny spaceship
statua statue
statystyka statistics
staw 1. pond 2. joint
stawać 1. stop 2. halt
stawiać 1. bet 2. put
stawiać czoła face
stawka stake
staż training period
stąd 1. hence 2. thus

stek steak
stempel stamp
stenografia shorthand
ster 1. rudder 2. control
sterować 1. steer 2. control 3. manipulate
sterta stack
steward steward
stewardessa stewardess
stękać groan
stępiać blunt
stęskniony za domem homesick
stłuc break
sto hundred
stocznia shipyard
stodoła barn
stoisko stand
stojak rack
stok slope
stokrotka daisy
stolarz 1. joiner 2. cabinetmaker
stolica capital
stołek stool
stołówka cafeteria
stop 1. melt 2. stop!
stopa foot
stopa procentowa rate
stopień 1. degree 2. grade 3. step
stopniowo gradually
storczyk orchid
stos pile
stosować apply
stosowny 1. suitable 2. appropriate
stosunek 1. relation 2. intercourse
stowarzyszenie 1. society 2. association
stół table
strach fear
stracić lose
strajk strike
strajkować go on strike
straszny 1. awful 2. dreadful 3. terrible

straszyć frighten
strata loss
strategia strategy
straż guard
strażak 1. fireman 2. fire-fighter
strażnik security officer
strażnik osobisty body-guard
strefa zone
streszczać summarize
streszczenie summary
striptiz strip-tease
stroić się dress up
stromy steep
strona 1. side 2. page
strój 1. outfit 2. attire
stróż 1. keeper 2. watchman 3. caretaker
strumień 1. creek 2. stream
struna cord
strych 1. attic 2. loft
stryj uncle
strzał shot
strzałka arrow
strzec 1. guard 2. protect
strzec się beware
strzelać 1. shoot 2. fire
Strzelec Sagittarius
strzyc cut
strzykawka syringe
strzyżenie włosów haircut
student student
studiować study
studnia well
stukać 1. tap 2. knock
stulecie century
stwarzać create
stworzenie creation
styczeń January
stykać się contact
styl 1. fashion 2. style
stypendium 1. scholarship 2. fellowship

sublokator 1. subtenant 2. sublet
substancja substance
substancja niezamarza-jąca antifreeze
subtelny subtle
suchy dry
sufit ceiling
sugerować suggest
sugestia suggestion
suka bitch
sukces success
sukienka 1. dress 2. frock
suknia gown
sułtan sultan
suma sum
sumienie conscience
sumienny conscientious
supersam supermarket
surfing surfing
surowiec raw material
surowy 1. raw 2. severe
surówka salad
susza drought
suszarka dryer
suszony dried
suszyć dry
suterena basement
suwak zipper
sweter sweater
swędzić itch
swoboda 1. liberty 2. freedom
Sycylia Sicily
sycylijski Sicilian
syczeć hiss
sygnał signal
sylaba syllable
Sylwester New Year's Eve
sylwetka figure
symbol symbol
symfonia symphony
sympatyczny nice
syn son
synowa daughter-in-law

sypać scatter
sypialnia bedroom
syrena siren
Syria Syria
syrop syrup
syryjski Syrian
system system
systematyczny systematic
sytuacja situation
syty full
szabla sword
szachy chess
szacować 1. estimate 2. value
szacunek respect
szafa 1. closet 2. chest
szafa grająca juke-box
szafir sapphire
szafka na ubranie locker
szajka gang
szakal jackal
szaleniec madman
szalik scarf
szalony 1. crazy 2. frantic 3. mad
szampan champagne
szanować 1. respect 2. honour
szansa 1. chance 2. odds
szantażować blackmail
szarańcza locust
szarlatan quack
szarlotka apple-pie
szarpać 1. jerk 2. tear
szarpiący nerwy nerve-racking
szary grey
szatnia 1. cloakroom 2. locker-room
szczątki debris
szczególnie specially
szczególny 1. particular 2. peculiar
szczegół detail
szczekać bark
szczelina slot
szczelny hermetic

szczepić vaccinate
szczepionka vaccine
szczery 1. frank 2. sincere
szczęka jaw
szczęście 1. luck 2. happiness
szczęśliwie fortunately
szczęśliwy 1. happy 2. lucky
szczodry open-handed
szczoteczka do zębów toothbrush
szczotka brush
szczotka do włosów hairbrush
szczupak pike
szczupły 1. slender 2. slim
szczur rat
szczypać pinch
szczypce 1. tongs 2. pliers
szczyt 1. top 2. peak 3. summit
szef 1. boss 2. chief
szeptać whisper
szereg row
szeregowiec private
szermierka fencing
szeroki 1. broad 2. wide
szerokość width
szerokość geograficzna latitude
szerszeń hornet
szeryf 1. marshal 2. sheriff
szerzyć spread
szesnaście sixteen
sześcian cube
sześcienny cubic
sześć six
sześćdziesiąt sixty
szew 1. stitch 2. suture
szewc shoemaker
szkalować slander
szkatułka chest
szkic 1. outline 2. draft
szkicować sketch
szkielet skeleton
szklanka glass
szklarnia 1. greenhouse 2. hot-

house
szkło glass
Szkocja Scotland
szkocki Scotch
szkoda 1. harm 2. damage
szkodliwy harmful
szkodzić harm
szkolić train
szkoła school
szkoła podstawowa elementary
 school
szkoła średnia 1. secondary
 school 2. high school
szkoła zawodowa vocational
 school
szlaban barrier
szlachetność nobility
szlachetny noble
szlafrok nightgown
szlak 1. route 2. track
szlochać 1. weep 2. sob
szmaragd emerald
szmata rag
szmelc junk
szmer murmur
szminka lipstick
sznur 1. rope 2. string
sznurowadło shoelace
sznycel chop
szofer 1. chauffeur 2. driver
szok shock
szop pracz raccoon
szorować scrub
szorstki rough
szorty shorts
szosa 1. road 2. highroad
szósty sixth
szpachla spatula
szpadel spade
szpak starling
szpalta column
szpanerski flashy
szpara 1. slit 2. crack

szpiczasty pointed
szpieg spy
szpiegostwo espionage
szpiegować spy
szpik kostny marrow
szpilka do włosów hairpin
szpinak spinach
szpital hospital
szpon claw
szpulka 1. spool 2. reel
szrama scar
szron white frost
sztab staff
sztaba bar
sztaluga easel
sztandar banner
sztorm 1. storm 2. gale
sztuczka trick
sztuczna szczęka denture
sztuczne ognie fireworks
sztuczny artificial
sztućce cutlery
sztuka 1. art 2. piece
sztuki piękne fine arts
szturchać poke
szturm 1. storm 2. assault 3. attack
sztylet dagger
sztywny stiff
szubienica gallows
szufla shovel
szuflada drawer
szukać 1. seek 2. search 3. look for
szum 1. noise 2. buzzing
szumowiny scum
szwagier brother-in-law
szwagierka sister-in-law
Szwajcaria Switzerland
szwajcarski Swiss
Szwecja Sweden
szwedzki Swedish
szwindel 1. swindle 2. trickery

szwindlować swindle
szyb pit
szyba 1. pane 2. glass
szyba przednia 1. windshield 2. windscreen
szybki 1. fast 2. speedy 3. quick
szybkościomierz speedometer
szybkość speed
szybowiec glider
szyć sew
szydzić mock
szyja neck
szyk elegance
szympans chimpanzee
szyna rail
szynka ham
szyszka cone

Ś

ściana wall
ściągać pull down
ścieg stitch
ściek 1. gutter 2. sewer 3. drain
ściemniać się get dark
ścierać 1. rub off 2. wipe away
ścieżka path
ścigać 1. chase 2. pursue
ścigać się race
ściskać 1. clench 2. compress 3. squeeze 4. press
ścisłość accuracy
ścisły 1. exact 2. accurate 3. strict
ślad 1. trace 2. track
śledzić 1. watch 2. spy 3. follow 4. tail
śledztwo 1. inquiry 2. investigation
śledź herring
ślepa uliczka cul-de-sac
ślepota blindness
ślepy blind
śliczny 1. lovely 2. beautiful 3. cute
ślimak snail

ślina saliva
śliski slippery
śliwka plum
ślizgać się slide
ślizgawka skating-rink
ślub 1. wedding 2. marriage
ślusarz locksmith
śmiać się laugh
śmiały 1. brave 2. daring 3. bold
śmiech laughter
śmieci 1. litter 2. garbage 3. trash
śmieć dare
śmiercionośny lethal
śmierć death
śmierdzący stinking
śmierdzieć stink
śmiertelnik mortal
śmiertelny 1. deadly 2. fatal
śmieszny 1. funny 2. ridiculous
śmietana sour cream
śmietanka cream
śmigło propeller
śmigłowiec helicopter
śniadanie breakfast
śnić 1. dream 2. have a dream
śniedź tarnish
śnieg snow
śnieżka snowball
śnieżyca snowstorm
śnieżyć snow
śpiący 1. sleepy 2. sleeping
śpiączka coma
śpieszyć się hurry
śpiew 1. song 2. singing
śpiewaczka singer
śpiewać sing
śpiewak singer
śpiwór sleeping-bag
średnia medium
średnica diameter
średnik semicolon
średniowiecze Middle Ages
średniowieczny medieval

środa Wednesday
środek middle
środek czyszczący detergent
środek lata midsummer
środek ostrożności precaution
środek przeciwbólowy painkiller
środki przekazu media
środkowy 1. central 2. middle
środowisko 1. environment 2. milieu
środowisko naturalne environment
śródmieście downtown
śródziemnomorski Mediterranean
śruba screw
śrubokręt screwdriver
świadczyć testify
świadectwo certificate
świadek witness
świadek naoczny eye-witness
świadomość 1. consciousness 2. awareness
świadomy 1. aware 2. conscious
świat world
światło light
światło dzienne daylight
światło księżyca moonlight
światowy 1. world 2. worldly
świąteczny 1. festive 2. holiday-
świątynia temple
świecić 1. light 2. shine
świeczka candle
świecznik candlestick
świergot chirp
świerk 1. fir 2. spruce
świerszcz cricket
świetny 1. splendid 2. excellent 3. fine
świeży fresh
święto holiday
świętować celebrate
święty saint
świnia 1. pig 2. swine
świnka morska guinea-pig

świst whistle
świt 1. dawn 2. daybreak
świtać dawn

T

tabela 1. table 2. list 3. index
tabernakulum tabernacle
tabletka 1. pill 2. tablet
tablica board
tablica rozdzielcza switchboard
tablica szkolna blackboard
tabliczka 1. plate 2. bar
taboret stool
tabu taboo
taca tray
taczka wheelbarrow
taić 1. hide 2. conceal
tajać 1. thaw 2. melt
tajemnica 1. secret 2. mystery
tajemniczy mysterious
tajfun typhoon
tajny secret
tak 1. yes 2. so 3. such
taki 1. such 2. so
tak jak as...as
taksówka 1. cab 2. taxi
takt 1. tact 2. beat
taktowny tactful
taktyka tactic
także 1. too 2. also
talent talent
talerz plate
talia waist
talia kart deck
talk talcum powder
talon coupon
tam 1. there 2. over there
tama dam
tamować block
tampon tampon
tamte those
tamten that

tandeta 1. rubbish 2. trash
tango tango
tani cheap
taniec dance
tańczyć dance
tapczan couch
tapeta wallpaper
tapicerstwo upholstery
taras terrace
tarcza 1. shield 2. target
targ 1. market 2. fair
targi fair
targować się bargain
tarka grater
taryfa tariff
tarzać roll
tasak chopper
tasować shuffle
taśma 1. band 2. tape
tato dad
tatuaż tattoo
tatuś daddy
tawerna 1. tavern 2. pub
tchórz coward
te these
teatr theatre
techniczny technical
technik technician
technika technique
teczka briefcase
tekst text
tektura cardboard
telefon 1. telephone 2. phone
telefonistka operator
telefonować 1. phone 2. give a call
telegram 1. telegram 2. wire
teleskop telescope
telewizja 1. television 2. TV
temat 1. subject 2. theme 3. topic
temblak sling
temperament temperament
temperatura temperature
temperówka pencil sharpener

tempo speed
temu ago
ten this
tendencja 1. trend 2. tendency
tenis tennis
tenisówki sneakers
tenor tenor
teologia theology
teoretyczny theoretical
teoria theory
teraz 1. now 2. at present
teraźniejszy present
teren 1. area 2. ground 3. territory
termin 1. term 2. deadline
termometr thermometer
terror terror
terrorysta terrorist
test test
testament will
teściowa mother-in-law
teść father-in-law
też 1. too 2. also
tęcza rainbow
tęczówka oka iris
tędy this way
tępić exterminate
tępy blunt
tęsknić 1. yearn 2. miss 3. long for
tęsknota longing
tętnica artery
tętno pulse
tkacz weaver
tkać weave
tkanina fabric
tkanka tissue
tkwić stick
tlen oxygen
tło background
tłoczyć się crowd
tłok 1. jam 2. crowd
tłuc 1. break 2. smash 3. pound
tłum 1. mob 2. crowd
tłumacz 1. interpreter 2. translator

tłumaczenie translation
tłumaczyć 1. interpret 2. translate
tłumić 1. stifle 2. muffle
tłumik 1. muffler 2. silencer
tłusty fat
tłuszcz 1. fat 2. grease
to 1. it 2. this 3. that
toaleta 1. toilet 2. rest room 3. lavatory
toaletka dresser
toast toast
tobołek bundle
toczyć roll
toga 1. robe 2. gown
tok course
tokarka lathe
toksyczny toxic
tolerancja tolerance
tolerancyjny 1. easygoing 2. tolerant
tolerować tolerate
tom volume
ton tone
tona ton
tonąć 1. sink 2. drown
topaz topaz
topić się drown
topnieć melt
topola poplar
topór 1. axe 2. chopper
tor 1. line 2. track
torba bag
torebka 1. handbag 2. purse
tornister backpack
torpeda torpedo
tors trunk
tort cake
tortura torture
tor wyścigowy race-course
tory kolejowe railroad
totalitarny totalitarian
totalny total
towar 1. merchandise 2. goods
towary psujące się perishables

towarzystwo 1. society 2. association
towarzysz 1. companion 2. comrade
towarzyszyć accompany
tożsamość identity
tracić 1. lose 2. waste
tracić wartość depreciate
tradycja tradition
tradycyjny traditional
traf 1. chance 2. fortune
trafiać hit
trafny 1. right 2. accurate
tragarz porter
tragedia tragedy
tragiczny tragic
traktat treaty
traktor tractor
traktować treat
traktowanie treatment
tramwaj 1. streetcar 2. tram
tran whale-oil
trans trance
transakcja transaction
transfuzja transfusion
transmisja transmission
transmitować broadcast
transport 1. transportation 2. transport
tranzyt transit
trap gangway
trasa route
tratwa raft
trawa grass
trawić digest
trawienie digestion
trawnik lawn
trąba trumpet
trąba powietrzna tornado
trącać knock
trąd leprosy
trądzik acne
trefl club

trema stage fright
trener 1. coach 2. trainer
trenować 1. train 2. practise
tresować 1. train 2. drill
treść content
triumfować triumph
trochę 1. a little 2. a bit
trojaczki triplets
tron throne
trop 1. track 2. trace
tropić 1. trace 2. track
tropikalny tropical
troska care
troskliwy careful
troszczyć się care
trotuar pavement
trójca trinity
trójkąt triangle
trójwymiarowy three-dimensional
trucht jog
trucizna poison
trud hardship
trudność difficulty
trudny 1. difficult 2. hard
trujący poisonous
trumna 1. coffin 2. casket
trup corpse
truskawka strawberry
trwać 1. last 2. continue
trwały 1. permanent 2. steady 3. lasting 4. durable
trwoga fright
tryb postępowania 1. mode 2. policy
trybuna 1. tribune 2. platform
trykotarze hosiery
trykoty tights
tryskać 1. gush 2. jet 3. spout
trywialny ordinary
trzask crash
trząść się 1. shake 2. tremble
trzeba it is necessary
trzcina cane
trzeci third

trzeć 1. grate 2. rub 3. grind
trzeszczeć crackle
trzeźwy sober
trzęsienie ziemi earthquake
trzmiel bumblebee
trzoda 1. flock 2. herd
trzon shaft
trzustka pancreas
trzy three
trzydzieści thirty
trzykrotny threefold
trzymać 1. hold 2. keep
trzynaście thirteen
tulić 1. hug 2. cuddle
tulipan tulip
tułów trunk
tuman zombie
tunel tunnel
tuńczyk tuna
tura turn
turbina turbine
Turcja Turkey
turecki Turkish
turniej tournament
turysta tourist
tutaj here
tuzin dozen
twardy 1. hard 2. tough
twarz face
twierdzący affirmative
tworzyć 1. create 2. compose 3. make
twój your
twór creature
twórca 1. creator 2. maker
twórczy constructive
ty you
tyczka pole
tyć become fat
tydzień week
tygodnik weekly
tygodniówka wages
tygrys tiger

tylko 1. only 2. just
tył 1. rear 2. back
tymczasem meantime
tymczasowy temporary
tynk plaster
tynkować plaster
typ 1. type 2. character
typowy typical
tyran tyrant
tyrania tyranny
tysiąc thousand
tysiąclecie millennium
tytoń tobacco
tytuł title
tytuł naukowy academic degree
tytułować 1. entitle 2. address

U

u 1. at 2. by 3. beside 4. with
uaktualniać update
ubezpieczenie insurance
ubiegać się 1. contend 2. solicit 3. compete
ubiegły 1. past 2. last
ubierać się dress
ubikacja 1. water-closet 2. W.C. 3. lavatory 4. rest room
ubiór 1. attire 2. dress
ubliżać 1. offend 2. disparage
ubogi poor
ubolewać 1. be sorry 2. feel sympathy
ubolewanie 1. sympathy 2. condolence
ubóstwo poverty
ubranie clothes
ubywać 1. decrease 2. diminish
ucho ear
uchodźca 1. refugee 2. exile 3. fugitive
uchwalać decree
uchwała 1. resolution 2. decision

uchwyt handle
uchylać 1. put aside 2. remove 3. lift
uchylony ajar
ucieczka 1. flight 2. escape
uciekać 1. flee 2. escape 3. run
uciekinier 1. refugee 2. fugitive
ucieszyć 1. delight 2. gladden 3. make glad 4. be glad
uciskać press
uciszyć calm
uczciwość honesty
uczciwy honest
uczelnia 1. university 2. college
uczennica schoolgirl
uczeń 1. learner 2. schoolboy
uczestniczyć 1. participate 2. take part
uczestnik 1. participant 2. partner
uczęszczać 1. attend 2. frequent
uczony 1. scholar 2. learned
uczta feast
uczucie feeling
uczuciowy 1. sensitive 2. emotional
uczulony allergic
uczyć 1. teach 2. instruct
uczyć się 1. learn 2. study
uczynek 1. act 2. deed
uczynny 1. kind 2. obliging
udawać 1. pretend 2. simulate
udawać się 1. go 2. proceed 3. resort
uderzać 1. strike 2. hit 3. attack
uderzenie 1. blow 2. strike 3. impact
udo thigh
udogodnienie 1. convenience 2. facility
udoskonalenie 1. improvement 2. perfection 3. finement
udostępniać make accessible
udowadniać prove
udusić 1. strangle 2. suffocate

udział 1. share 2. part
udziałowiec 1. partner 2. shareholder 3. stockholder
ufać trust
ufność confidence
ufny confident
uginać 1. bow 2. bend
ugoda agreement
uhonorować honour
ujadać yap
ujawniać 1. reveal 2. manifest 3. disclose
ująć 1. seize 2. grasp 3. catch
ujednolicać 1. make uniform 2. standardize
ujemny negative
ujście mouth
układ 1. arrangement 2. pact
układać arrange
ukłon 1. bow 2. regards
ukłonić się bow
ukłuć 1. prick 2. sting
ukochany 1. darling 2. sweetheart 3. dear
ukojenie relief
ukołysać lull
ukończyć 1. complete 2. finish 3. graduate
ukośny oblique
ukradkiem 1. furtively 2. stealthily
Ukrainiec Ukrainian
ukraiński Ukrainian
ukraść steal
ukrywać 1. conceal 2. hide
ukryty hidden
ukrzyżować crucify
ukrzyżowanie crucifixion
ul hive
ulegać 1. give way 2. yield 3. succumb
uległość submission
ulepszać improve
ulewa downpour

ulga relief
ulica street
ulotka 1. leaflet 2. flier
ulubiony 1. favourite 2. beloved
ulżyć relieve
ułamek fraction
ułatwiać 1. facilitate 2. make easier
ułatwienie facility
ułomność 1. infirmity 2. disability
ułożyć 1. arrange 2. put in order
umarły 1. deceased 2. dead
umawiać się 1. make an arrangement 2. agree
umiar moderation
umiarkowany 1. moderate 2. mild
umieć 1. know 2. be able
umiejętność 1. ability 2. skill
umiejscawiać 1. locate 2. localize
umierać 1. die 2. expire 3. pass away
umieszczać 1. place 2. put 3. locate 4. set
umieszczony situated
umowa 1. agreement 2. contract
umowny conventional
umożliwiać 1. make possible 2. enable
umówione spotkanie appointment
umysł 1. mind 2. wit
umysłowy mental
umyślnie 1. on purpose 2. intentionally 3. specially
umywalka wash-basin
uncja ounce
unieszczęśliwiać 1. distress 2. make unhappy
unieść 1. lift 2. carry up
unieważniać 1. annul 2. nullify 3. invalidate
uniewinnić acquit
unikać avoid
unikalny unique

uniwersalny universal
uniwersytet university
unosić się 1. heave 2. float 3. hover
unowocześniać upgrade
uogólniać generalize
uogólnienie generalization
uosabiać impersonate
upadać 1. fall down 2. drop
upadek fall
upadły fallen
upalny 1. torrid 2. hot
upał heat
upaństwawiać nationalize
uparty 1. stubborn 2. obstinate
upewniać assure
upierać się persist
upiększyć 1. embellish 2. beautify
upijać się get drunk
upiór ghost
upływ 1. flow 2. discharge 3. flux
upływ czasu lapse of time
upływać 1. flow away 2. pass 3. elapse
upojenie intoxication
upokorzenie humiliation
upokorzać 1. humiliate 2. humble
upominać 1. admonish 2. reprimand
upominek souvenir
upomnienie 1. admonition 2. reminder
uporać się get through
uporządkowanie adjustment
upośledzony handicapped
upośledzony społecznie underprivileged
upoważniać 1. authorize 2. empower
upoważnienie authorization
upór obstinacy
upraszać request
upraszczać simplify
uprawa culture

uprawiać cultivate
uprawniać 1. legalize 2. entitle 3. authorize
uprawniony eligible
uproszczenie over-simplification
uprowadzać 1. carry off 2. ravish 3. abduct 4. kidnap
uprząż harness
uprzedzać 1. precede 2. come before
uprzedzenie 1. bias 2. prejudice
uprzejmie kindly
uprzejmość 1. kindness 2. favour
uprzejmy 1. kind 2. obliging 3. courteous 4. polite
uratować 1. save 2. rescue
uraz 1. hurt 2. injury
uraza 1. resentment 2. grudge
urazić 1. hurt 2. injure 3. offend
urlop 1. leave 2. vacation
urna urn
uroczy 1. charming 2. lovely
uroczystość celebration
uroczysty 1. solemn 2. festive
uroda beauty
urodzaj abundance
urodzajny fertile
urodzenie birth
urodzić 1. give birth 2. bear
urodziny birthday
urok 1. charm 2. fascination 3. spell
urozmaicenie 1. variety 2. diversity
urozmaicać 1. vary 2. diversify
uruchamiać put in motion
urywać 1. tear off 2. pull off
urywek 1. fragment 2. extract
urząd 1. office 2. charge 3. function
urządzać 1. arrange 2. organize
urządzenie 1. appliance 2. device
urzeczywistniać 1. realize 2. make real
urzędnik 1. official 2. clerk 3. officer
urzędowy official
usiąść 1. sit down 2. take a seat
usiłować 1. attempt 2. make efforts
usługiwać serve
uspokoić 1. quiet 2. calm
usposobienie temper
usprawiedliwiać 1. excuse 2. justify
usprawnić modify
usprawnienie innovation
usta mouth
ustabilizować stabilize
ustalać 1. settle 2. determine
ustanawiać establish
ustanawiać prawa legislate
ustawa 1. act 2. law
ustawiać 1. arrange 2. place 3. dispose
ustawiczny endless
ustawodawczy legislative
ustawodawstwo legislation
usterka 1. fault 2. defect
ustęp 1. paragraph 2. lavatory
ustępować 1. concede 2. yield
ustępstwo concession
ustny oral
ustrój 1. structure 2. regime
usuwać 1. remove 2. dismiss 3. eliminate
uszanowanie respect
uszczelka 1. gasket 2. packing 3. washer
uszkadzać damage
uścisk 1. embrace 2. grasp
uściskać hug
uścisk dłoni handshake
uśmiech smile
uśmiechać się smile
uśpiony asleep
uświadamiać 1. instruct 2. en-

lighten
uświęcać 1. hallow 2. sanctify
uświęcony 1. holy 2. sacred
utalentowany 1. talented 2. gifted
utknąć 1. stick 2. become fixed
utonąć be drowned
utrudniać 1. make difficult 2. impede
utrzymanie 1. living 2. maintenance
utrzymywać 1. keep 2. hold 3. maintain
utwór 1. work 2. composition
utykać limp
uwaga 1. attention 2. remark
uwalniać 1. free 2. release
uważać pay attention
uważny attentive
uwielbiać 1. adore 2. worship
uwięzić imprison
uwikłać involve
uwłaczać defame
uwodzić seduce
uwolnienie 1. liberation 2. release
uwypuklać emphasize
uzależniać make dependent
uzdolniony 1. gifted 2. capable
uzdrawiać 1. heal 2. cure
uzdrowisko 1. health-resort 2. spa
uznanie 1. acknowledgment 2. recognition
uznawać 1. acknowledge 2. recognize
uzupełnienie 1. supplement 2. completion
uzyskiwać obtain
użycie use
użyteczność utility
użyteczny useful
użytkownik user
używać use
używany 1. used 2. second-hand

V

vademecum vade mecum
varia varia
verte over
vice versa vice versa
video video

W

w 1. in 2. into 3. at 4. by 5. for 6. on
wabić 1. decoy 2. allure 3. lure
wachlarz fan
wada 1. defect 2. fault 3. vice
wadliwy faulty
wafel wafer
waga 1. weight 2. scales
Waga Libra
wagary truancy
wagon 1. carriage 2. coach 3. waggon
wahać się hesitate
wahadło pendulum
wakacje 1. holidays 2. vacation
walc waltz
walczyć 1. struggle 2. fight
walec 1. cylinder 2. roller
waleczny 1. valiant 2. brave
walet 1. knave 2. jack
walić 1. demolish 2. pull down
walizka suitcase
walka 1. struggle 2. fight
walka byków bullfight
waluta currency
wampir vampire
wandal vandal
wandalizm vandalism
wanna 1. bathtub 2. tub
wapno lime
wapń calcium
warcaby 1. draughts 2. checkers
warczeć growl
warga lip
wariacki 1. mad 2. crazy 3. insane

wariant variant
wariat 1. madman 2. lunatic
wariować be mad
warkocz 1. braid 2. tress
warstwa layer
Warszawa Warsaw
warsztat workshop
wart worth
warta guard
warto it is worth
wartościowy valuable
wartość 1. worth 2. value
warunek 1. condition 2. term
warunkowy conditional
warzywa 1. greens 2. vegetables
warzywniak greengrocer
wasz 1. your 2. yours
wata cotton-wool
waza bowl
wazon 1. vase 2. bowl
ważność 1. importance 2. validity
ważny 1. important 2. valid
ważyć weigh
wąchać 1. smell 2. sniff
wąs moustache
wąski narrow
wątek 1. plot 2. matter 3. motif
wątły 1. frail 2. delicate
wątpić doubt
wątpliwość doubt
wątpliwy doubtful
wątroba liver
wąż snake
wąż gumowy hose
wbijać drive into
wbrew 1. in spite of 2. despite
WC water-closet
wcale 1. quite 2. fairly
wchłaniać absorb
wchodzić 1. come in 2. enter
wchodzić na pokład board
wciągać na listę list
wciąż 1. continually 2. still

w ciąży pregnant
wcielać 1. embody 2. incarnate
wczasy holidays
wczesny early
wcześnie early
wczoraj yesterday
w dodatku else
wdowa widow
wdowiec widower
w dół down
wdrapywać się climb up
wdrażać implement
wdychać inhale
wdzięczność gratitude
wdzięczny 1. grateful 2. thankful
wdzięk grace
w dzisiejszych czasach nowadays
według 1. after 2. by 3. according to
według zegara o'clock
wegetarianin vegetarian
weekend weekend
wejście entrance
wejść 1. enter 2. come in
welon veil
wełna wool
wentyl vend
wentylator ventilator
weranda 1. porch 2. veranda
werbować 1. enrol 2. enlist
wersja version
weryfikować verify
wesele wedding
wesołość 1. merriment 2. gaiety
wesoły 1. jolly 2. joyful 3. merry
westchnąć sigh
westchnienie sigh
wesz louse
weteran veteran
weterynarz 1. veterinary surgeon 2. vet
wewnątrz 1. in 2. inside 3. within
wewnętrzny 1. inside 2. inner 3.

internal
wezwanie call
węch smell
wędka fishing rod
wędkarstwo fishing
wędkarz angler
wędlina pork-meat
wędrować 1. wander 2. stroll 3. roam 4. hike
wędrowiec globetrotter
wędzić 1. smoke 2. cure
węgiel coal
węgierski Hungarian
węgorz eel
Węgry Hungary
węszyć 1. scent 2. nose
węzeł 1. knot 2. tie
wglądać 1. look into 2. inspect
w górę upwards
wiać blow
wiadomo it is known
wiadomość 1. message 2. news
wiadomy 1. given 2. known
wiadro 1. bucket 2. pail
wiadukt viaduct
wiara 1. belief 2. faith
wiarygodny 1. credible 2. authentic
wiatr wind
wiatrąk windmill
wiąz elm
wiązać 1. bind 2. tie
wiązanka 1. bunch 2. nosegay
wiązka bunch
wibracja vibration
wice- 1. vice- 2. deputy-
widelec fork
widły pitchfork
widmo 1. spectre
widnokrąg horizon
widocznie apparently
widoczny visible
widok 1. view 2. sight 3. prospect

widokówka postcard
widowisko 1. spectacle 2. pageant 3. show
widownia audience
widz 1. spectator 2. viewer
widzenie 1. sight 2. view 3. vision
widzialny visible
widzieć see
wiec 1. meeting 2. rally
wiecznie zielony evergreen
wieczność eternity
wieczny eternal
wieczór evening
wiedza knowledge
wiedzieć know
wiedźma witch
wiejski 1. country 2. rustic
wiek 1. age 2. century
wielbłąd camel
wiele 1. much 2. many
Wielkanoc Easter
wielki 1. great 2. large 3. grand
wielkość 1. dimension 2. greatness 3. size
wielokrotny 1. manifold 2. multiple
wieloryb whale
wieniec 1. wreath 2. crown
wieprz hog
wieprzowina pork
wiercić 1. drill 2. bore
wierność fidelity
wierny faithful
wiersz 1. verse 2. line 3. poem
wiertarka drill
wierzba willow
wierzch 1. top 2. surface
wierzchołek 1. top 2. summit
wierzyciel creditor
wierzyć believe
wieszać hang
wieszak 1. hanger 2. rack
wieś village
wietrzny windy

wietrzyk breeze
wiewiórka squirrel
wieźć 1. carry 2. convey
wieża tower
więc 1. now 2. well 3. therefore
więcej more
więdnąć 1. wither 2. fade
większość majority
więzić 1. detain 2. imprison 3. jail
więzienie 1. prison 2. jail
więzień 1. inmate 2. prisoner
wigilia eve
Wigilia Wszystkich Świętych
  Halloween
wikary vicar
wilgoć 1. moisture 2. humidity
wilgotny 1. moist 2. wet 3. humid
wilk wolf
wilkołak werewolf
willa villa
wina 1. blame 2. fault
winda 1. lift 2. elevator
winić blame
winien guilty
winnica vineyard
winny guilty
wino wine
winogrono grape
winowajca 1. culprit 2. offender
wiosło 1. oar 2. paddle
wiosłować 1. row 2. paddle 3. oar
wiosna spring
wir 1. whirl 2. whirlpool
wirować 1. whirl 2. rotate
wirus virus
wisieć hang
wisiorek pendant
wiśnia cherry
witać 1. greet 2. welcome
witamina vitamin
witraż stained glass
witryna shopwindow
wiza visa

wizerunek 1. effigy 2. portrait 3.
  image
wizja vision
wizyta visit
wizytator 1. visitor 2. inspector
wizytować 1. inspect 2. visit 3. call
wjazd 1. entrance 2. gateway
wjeżdżać 1. drive in 2. enter
wkleić stick into
wklęsły concave
wkład 1. investment 2. deposit
wkładać 1. put in 2. invest
wkładka insertion
wkoło round
wkrótce soon
wlać pour in
wlec drag
wliczać include
wlot inlet
władza power
władza kierownicza authority
włamywać się break into
włamanie burglary
włamywacz burglar
własnoręcznie with one's own
  hand
własność 1. property 2. possession
własny own
właściciel 1. owner 2. proprietor
właściciel nieruchomości landlord
właściwy 1. proper 2. peculiar 3.
  right 4. specific
właśnie 1. just 2. exactly
włączać 1. include 2. switch on
włącznie inclusively
Włochy Italy
włoski Italian
włosy hair
włoszczyzna greens
włożyć put in
włóczęga 1. ramble 2. tramp 3.
  vagabond 4. bum

włóczyć 1. drag 2. shuffle
włóczyć się 1. roam 2. stroll
wmieszać się involve
wnętrze interior
wnętrzności 1. bowels 2. intestines
wniosek conclusion
wnioskować 1. conclude 2. infer
wnosić 1. conclude 2. infer 3. move 4. propose
wnuczka granddaughter
wnuk grandson
wobec 1. in the fact of 2. before
woda water
Wodnik Aquarius
wodny water
wodospad waterfall
wodoszczelny waterproof
wodór hydrogen
wojenny 1. martial 2. war
województwo province
wojna war
wojna domowa civil war
wojownik warrior
wojsko 1. troops 2. army
wojskowy military
wokalista vocalist
wokół around
wola will
woleć prefer
wolno slowly
wolność 1. freedom 2. liberty
wolny 1. free 2. vacant
wolny czas leisure
wolny etat vacancy
wołać call
wołowina beef
woń 1. aroma 2. fragrance 3. odour
worek 1. sack 2. bag
wosk wax
woskować wax
wozić 1. carry 2. convey
wódka vodka

wódz 1. leader 2. commander
wół ox
wówczas 1. at the time 2. then
wóz 1. cart 2. carriage 3. waggon
wózek trolley
wózek dziecinny pram
wózek inwalidzki wheel-chair
wpadać fall in
wpatrywać się stare
wpisywać 1. register 2. write down
wpisowe entrance fee
wpłata payment
wpływ 1. influence 2. affect
wpływać 1. flow in 2. influence
wpływowy influential
w pobliżu nearby
w poprzek across
w porządku okay
w pół drogi halfway
wprawa 1. skill 2. practice
wprawić w zakłopotanie embarrass
wprowadzać introduce
w przebraniu incognito
wpuszczać let in
wracać 1. return 2. come back
wrak wreck
wrażenie impression
wrażliwy sensitive
wreszcie at last
wręczać 1. hand in 2. deliver
wrodzony inborn
wrogi hostile
wrona crow
wrotki roller skates
wróbel sparrow
wróg enemy
wróżba omen
wróżyć tell fortunes
wrzask 1. scream 2. bawl
wrzeć boil
wrzesień September
wrzeszczeć 1. scream 2. bawl 3.

yell
wrzos heather
wrzód ulcer
wschodni 1. eastern 2. oriental
wschód east
wschód słońca sunrise
wsiadać get in
wskazówka 1. clue 2. hint 3. suggestion
wskazywać indicate
wskaźnik 1. index 2. pointer
wskutek 1. on account of 2. in consequence of
wspaniały magnificent
wsparcie 1. support 2. assistance
wspinać się climb
wspominać 1. mention 2. recollect
wspólnie jointly
wspólnik 1. partner 2. associate
wspólnota 1. community 2. partnership 3. commonwealth
wspólny common
współczesny contemporary
współczucie sympathy
współczujący sympathetic
współdziałać co-operate
współistnieć co-exist
współmałżonek spouse
współmieszkaniec roommate
współpraca cooperation
współpracować collaborate
współudział participation
współzawodnictwo competition
wstawiać insert
wstawka insertion
wstążka ribbon
wstecz backwards
wsteczny 1. reactionary 2. backward 3. reverse
wstęp 1. admission 2. introduction 3. beginning
wstępny 1. preliminary 2. introductory 3. initial

wstępować 1. enter 2. come in 3. drop in
wstępować do organizacji 1. affiliate 2. enroll
wstrętny disgusting
wstrząs shock
wstrząsać 1. shock 2. stir 3. shake
wstrzykiwać inject
wstrzymywać 1. stop 2. hold up 3. suspend 4. withhold
wstyd 1. shame 2. disgrace
wstydliwy 1. bashful 2. shy
wstydzić się be ashamed
wszechmocny 1. almighty 2. mighty 3. omnipotent
wszechświat universe
wszerz broadways
wszędzie everywhere
wszyscy 1. everybody 2. all
wszystko 1. all 2. everything
wścibski 1. meddling 2. interfering
wścieklizna rabies
wściekły furious
wśród 1. among 2. amid
wtajemniczać initiate
wtargnąć invade
wtedy then
wtorek Tuesday
wtórny secondary
wtrącać 1. put in 2. insert
wtyczka plug
wujek uncle
wulgarny vulgar
wulkan volcano
wy you
wybaczać 1. excuse 2. forgive
wybawiać 1. redeem 2. save
wybijać 1. knock 2. beat out 3. break
wybielać bleach
wybierać 1. choose 2. select 3. elect 4. pick
wybitny 1. outstanding 2. promi-

nent

wyborca 1. elector 2. voter

wybory election

wybór 1. choice 2. option 3. selection

wybredny 1. fastidious 2. particular

wybryk excess

wybrzeże 1. coast 2. seaside

wybuch 1. explosion 2. outbreak 3. eruption

wybuchać 1. explode 2. burst

wybuchowy explosive

wychłostać flog

wychodzić 1. go out 2. come out

wychowanie 1. education 2. upbringing

wychowawca tutor

wychowywać 1. bring up 2. educate

wyciągać 1. draw out 2. stretch out 3. extract

wycieczka 1. excursion 2. tour 3. trip

wycieraczka 1. doormat 2. wiper

wycierać 1. wipe 2. mop

wycinać 1. cut out 2. clip

wyciskać 1. squeeze 2. extort

wycofywać withdraw

wyczerpany exhausted

wyczuwać 1. sense 2. feel

wyczuwalny sensible

wyć howl

wyćwiczyć train

wydajność 1. productivity 2. efficiency

wydajny 1. productive 2. efficient

wydalać eject

wydanie 1. edition 2. issue

wydarzać się 1. happen 2. occur

wydarzenie 1. event 2. occurrence 3. incident

wydatek expense

wydawać 1. publish 2. issue 3. spend

wydawać się 1. seem 2. appear

wydawca 1. editor 2. publisher

wydawnictwo publishing house

wydłużać 1. lengthen 2. prolong

wydma dune

wydobycie output

wydobywać bring out

wydostawać 1. bring out 2. take out

wydział 1. department 2. section

wydzierżawiać lease

wygasły extinct

wygasić 1. put out 2. extinguish

wygląd appearance

wyglądać 1. look out 2. appear

wygłosić 1. pronounce 2. express

wygnanie exile

wygodny 1. comfortable 2. convenient

wygrana 1. win 2. prize

wygrywać win

wygwizdywać 1. hiss off 2. boo

wyjaławiać sterilize

wyjaśniać 1. clarify 2. explain

wyjaśnienie explanation

wyjawiać 1. reveal 2. disclose

wyjazd departure

wyjątek exception

wyjątkowy 1. special 2. unique 3. exceptional

wyjście 1. exit 2. way out

wykałaczka tooth-pick

wykaz register

wykluczać exclude

wykład lecture

wykładzina carpet

wykolejać derail

wykonany made

wykonawca 1. performer 2. executor

wykonywać 1. execute 2. perform

3. accomplish

wykorzystywać 1. take advantage of 2. utilize

wykradać steal

wykres 1. chart 2. diagram

wykręcać 1. turn round 2. unscrew 3. twist

wykręcać numer dial

wykręt shift

wykroczenie 1. offence 2. misdemeanour

wykrywać 1. reveal 2. detect

wykrzyknik exclamation

wykształcenie education

wykwalifikowany skilled

wyleczyć 1. cure 2. heal

wylew 1. flood 2. inundation 3. stroke

wylewać 1. pour out 2. overflow

wylęgać się hatch

wyliczać 1. enumerate 2. count out 3. number

wylot 1. flight 2. departure 3. outlet

wyładowywać 1. unload 2. discharge

wyłaniać się emerge

wyłącznik switch

wyłączny exclusive

wyłudzać trick

wyłudzający haracz racketeer

wymagać 1. require 2. demand

wymawiać pronounce

wymazywać erase

wymeldowywać 1. check out 2. announce departure

wymiana 1. exchange 2. interchange

wymiar dimension

wymieniać exchange

wymijać pass

wymiotować 1. vomit 2. throw up

wymowa pronunciation

wymuszać enforce

wymysł 1. invention 2. fiction

wynagradzać reward

wynajmować 1. hire 2. rent

wynalazca inventor

wynalazek invention

wynik 1. effect 2. outcome 3. result

wyobraźnia 1. fantasy 2. imagination

wyobrażać imagine

wypadać fall out

wypadać z szyn derail

wypadek accident

wyparowywać evaporate

wypełniać fill up

wypiekać bake

wypierać się deny

wyplenić weed out

wypluwać spit out

wypłacać 1. pay out 2. pay off

wypłata 1. payment 2. remittance

wypoczynek rest

wypoczywać 1. rest 2. take a rest

wypogadzać się clear up

wyposażać equip

wyposażenie 1. endowment 2. equipment

wypowiedź 1. utterance 2. statement

wypożyczać lend out

wypracować elaborate

wypracowanie composition

wyprawa 1. expedition 2. voyage

wyprostować straighten

wyprostowany upright

wyprowadzać się move out

wypróbowywać 1. test 2. try

wypróżniać empty

wyprzedaż 1. clearance-sale 2. sale

wyprzedzać 1. pass 2. precede

wypuszczać let out

wypychać push out
wypytywać interrogate
wyrabiać 1. manufacture 2. make
wyrachowany 1. scheming 2. calculating
wyraz 1. word 2. expression
wyraźny 1. distinct 2. marked 3. conspicuous
wyrażać express
wyrażenie expression
wyrobnik labourer
wyroby cukiernicze pastry
wyrok 1. sentence 2. judgement 3. verdict
wyrostek robaczkowy appendix
wyrozumiały indulgent
wyrób product
wyróżniać distinguish
wyrywać 1. pull out 2. tear out 3. extract
wyrzekać się 1. renounce 2. recant
wyrzucać throw out
wyrzucać z pracy fire
wysiadać get out
wysięk lymph
wysiłek effort
wysłać 1. send 2. dispatch
wysłannik 1. envoy 2. messenger
wysmukły slender
wysoki 1. high 2. tall
wysokość 1. altitude 2. height
wyspa island
wystarczający 1. enough 2. sufficient
wystawa 1. display 2. exhibition
wystawa sklepowa shop-window
wystawiać 1. exhibit 2. expose
występ 1. projection 2. appearance
występek offence
występowanie occurrence
wystraszać frighten
wystrzał 1. pop 2. shot

wysyłać 1. send 2. ship
wysyłać pocztą mail
wysyłka 1. shipment 2. dispatch
wysypisko śmieci dump
wysypka rash
wyszarpać yank
wyszczególnić specify
wyszukać find out
wyścig 1. race 2. competition
wyświetlać 1. project 2. screen
wytępić exterminate
wytłumaczyć explain
wytrawne wino dry wine
wytrawny 1. experienced 2. consummate
wytrącać 1. push out 2. knock out
wytrwać 1. hold out 2. endure
wytrzymały 1. resistant 2. durable
wytrzymywać 1. stand 2. endure 3. hold out
wytwarzać 1. make 2. manufacture
wytworny 1. distinguished 2. elegant
wytwórnia 1. factory 2. plant
wywiad interview
wywiad wojskowy intelligence
wywiązać się acquit oneself
wywietrzyć 1. air 2. ventilate
wywracać overturn
wyzdrowieć recover
wyznaczać assign
wyznanie confession
wyzwanie challenge
wyzwolić 1. liberate 2. set free
wyzysk exploitation
wyzyskiwać exploit
wyzywający provocative
wyżej 1. higher 2. above
wyższość superiority
wyżywienie 1. living 2. maintenance
wzajemny 1. mutual 2. reciprocal

w zamian in exchange
wzbraniać się refuse
wzbudzać 1. excite 2. cause 3. inspire
wzburzony 1. stirred 2. rough
wzdłuż along
wzdrygać się shrink
wzdychać sigh
wzgląd sake
wzgardzać 1. despise 2. spurn
wzgląd 1. regard 2. respect
względny relative
wzgórze hill
wziąć take
wzmacniać 1. consolidate 2. reinforce 3. strengthen
wzmianka mention
wznawiać resume
wznosić 1. raise 2. lift 3. erect
wznosić się 1. rise 2. mount
wznoszenie się ascent
wzór pattern
wzrastać increase
wzrok sight
wzrokowy 1. optical 2. visual
wzrost 1. growth 2. development
wzruszać 1. move 2. affect 3. touch
wzruszenie emotion
wzywać 1. bid 2. order 3. call

Z

z 1. with 2. from 3. off 4. out of 5. through 6. by 7. off
za 1. for 2. behind 3. after 4. by 5. in 6. on
zaabonować subscribe
zaaklimatyzować acclimatize
zaalarmować give the alarm
zabandażować bandage
zabarwienie colouring
zabawa 1. amusement 2. play 3. party 4. fun
zabawiać 1. amuse 2. entertain
zabawka toy
zabawny 1. amusing 2. funny 3. humorous
zabezpieczenie security
zabezpieczać secure
zabieg chirurgiczny surgery
zabierać 1. take 2. take off
zabijać kill
zabijać prądem electrocute
zabójca 1. killer 2. homicide 3. murderer 4. assassin
zabójstwo 1. murder 2. homicide 2. manslaughter
zabór 1. conquest 2. occupation 3. anexation
zabraniać 1. forbid 2. prohibit
za burtą overboard
zaburzać violate
zaburzenie 1. disorder 2. trouble
zabytek 1. monument 2. relic
zachęcać encourage
zachęta 1. encouragement 2. incentive
zachłanny greedy
zachmurzać się cloud
zachodni 1. western 2. west
zachodzić 1. arrive 2. happen 3. occur 4. set
zachorować fall ill
zachowanie 1. behaviour 2. conduct
zachowywać 1. preserve 2. keep
zachowywać się behave
zachowywać się źle misbehave
zachód west
zachód słońca sunset
zachrypnięty hoarse
zachwycać 1. charm 2. enchant 3. fascinate
zachwycający admirable
zachwyt 1. enchantment 2. rapture

3. admiration

zaciekawiać 1. intrigue 2. puzzle

zaciemnienie blackout

zacierać 1. efface 2. obliterate

zacięty 1. obstinate 2. stubborn

zacinać 1. cut 2. notch 3. slit

zaciskać 1. press together 2. compress 3. tighten up

zacofany 1. backward 2. reactionary 3. underdeveloped

zaczekać wait

zaczepka attack

zaczynać 1. begin 2. start

zaćmić 1. obscure 2. eclipse

zadanie task

zadawać 1. give 2. put

zadławić się choke

zadośćuczynić give satisfaction

zadowalać 1. satisfy 2. please

zadowalający satisfactory

zadowolenie 1. satisfaction 2. contentment

zadowolony 1. glad 2. pleased 3. satisfied 4. content

Zaduszki All Souls' Day

zadziwiać 1. astonish 2. surprise 3. amaze

zadziwiający 1. astonishing 2. amazing

zagadka 1. riddle 2. puzzle

zagadkowy 1. enigmatic 2. mysterious

zagadnienie 1. question 2. problem

zagęszczać 1. condense 2. compress

zaginać fold

zaglądać 1. look 2. peep

zagłada 1. destruction 2. extinction 3. extermination

zagłuszać 1. deafen 2. stun 3. jam

zagniewany angry

za granicą abroad

zagraniczny foreign

zagrażać 1. threaten 2. menace

zagrożenie 1. menace 2. threat

zaimek pronoun

zainteresowanie interest

zajazd inn

zając hare

zajęcie 1. occupation 2. business 3. job 4. seizure

zajęty 1. busy 2. engaged

zajmować 1. occupy 2. capture 3. fill

zajmować się 1. occupy oneself 2. deal 3. handle

zakaz prohibition

zakazywać 1. ban 2. prohibit 3. forbid

zakażać infect

zakaźny 1. infectious 2. contagious

zakażenie infection

zakąska snack

zakład 1. establishment 2. bet

zakładać 1. establish 2. found 3. assume

zakładać się bet

zakładnik hostage

zakłopotany embarrassed

zakłócać 1. trouble 2. disturb 3. interfere

zakłócenie disturbance

zakochać się fall in love

zakochany in love

zakomunikować 1. announce 2. communicate

zakon order

zakonnica nun

zakonnik monk

zakończenie 1. conclusion 2. end

zakończyć 1. end 2. finalize

zakopywać bury

zakres 1. range 2. sphere 3. domain 4. scope

zakreślać 1. outline 2. mark

zakręcać 1. turn 2. twist 3. screw up
zakręt 1. turning 2. bend
zakup purchase
zakurzony dusty
zakuwać w kajdanki handcuff
zakwaterowanie accommodation
zalecać 1. recommend 2. advise
zalecenie recommendation
zaledwie 1. merely 2. scarcely 3. hardly
zalegać be behind
zalegalizować 1. legalize 2. make legal
zaległość 1. arrears 2. due payment
zaleta 1. virtue 2. advantage
zalewać 1. pour over 2. flood
zależeć depend
zależny dependent
zaliczać 1. reckon 2. advance 3. pay in advance 4. classify
załamać break down
załamanie 1. breakdown 2. collapse 3. fiasco
załatwiać 1. settle 2. arrange
załączać enclose
załącznik enclosure
załoga crew
założenie 1. foundation 2. presumption 3. assumption
założyciel founder
zamach coup
zamachnięcie stroke
zamarzać 1. freeze up 2. get frozen up
zamawiać order
zamek castle
zamek błyskawiczny zipper
zameldować 1. report 2. register
zamglony 1. hazy 2. foggy 3. misty 4. cloudy
zamiana 1. exchange 2. change

zamiar 1. purpose 2. aim 3. design 4. intention
zamiast instead of
zamiatać sweep
zamieć śnieżna blizzard
zamieniać 1. change 2. exchange
zamienny exchangeable
zamierzać 1. intend 2. mean
zamieszać stir
zamieszanie 1. ado 2. confusion 3. fuss
zamieszki riot
zamiłowany fond of
zamorski overseas
zamożny 1. wealthy 2. well-off 3. well-to-do
zamówienie order
zamrażać 1. freeze 2. refrigerate
zamrożony frozen
zamsz suede
zamykać 1. close 2. lock 3. shut
zanadto 1. too 2. too much 3. too many
zanieczyszczać pollute
zanieczyszczenie contamination
zaniedbanie negligence
zaniedbywać 1. default 2. neglect
zaniepokojony 1. anxious 2. afraid
zanikać 1. decline 2. fade 3. disappear
zanim 1. before 2. by the time
zanosić 1. take 2. carry
zanurzyć 1. deep 2. submerge
zaopatrywać supply with
zaopatrzenie 1. supply 2. delivery
zaopiekować się take care of
zaorać plough
zaostrzyć sharpen
zaoszczędzić save
zapach 1. fragrance 2. smell 3. odour
zapalenie 1. ignition 2. inflammation

zapalenie płuc pneumonia
zapalenie wyrostka robaczkowego appendicitis
zapalić light
zapalniczka lighter
zapał enthusiasm
zapałka match
zapas 1. stock 2. store 3. reserve
zapasowy spare
zapasy wrestling
zapaść collapse
zapewnienie assurance
zapinać 1. buckle 2. button up
zapis registration
zapisać 1. write down 2. note 3. prescribe
zapłata payment
zapłodnić impregnate
zapłon ignition
zapobiegać prevent
zapobieganie prevention
zapoczątkować initiate
zapominać forget
zapomnienie oblivion
zapomoga 1. aid 2. subsidy
zapora 1. obstacle 2. bar 3. dam
zapotrzebowanie 1. demand 2. requirement
zapowiadać 1. announce 2. forecast
zapowiedź announcement
zapoznawać 1. acquaint 2. introduce
zapraszać invite
zaproszenie invitation
zaprzeczać 1. deny 2. negate
zaprzeczenie denial
zaprzestawać 1. cease 2. discontinue
zaprzyjaźnić się make friends
zapychać 1. stuff 2. cram 3. clog
zapytać ask
zapytanie quesiton

zarabiać earn
zaradny resourceful
zaraz 1. at once 2. directly
zaraza plague
zarazek germ
zarazem at the same time
zarażać infect
zaręczony engaged
zaręczać się become engaged
zaręczyny engagement
zarodek 1. germ 2. embryo
zarozumiałość conceit
zarozumiały conceited
zarówno jak as well as
zarumienić się flush
zarys 1. draft 2. outline
zarząd 1. administration 2. management
zarządzać 1. administer 2. manage
zarządzenie 1. disposition 2. order
zarzucać 1. cast 2. throw 3. reproach
zarzucić 1. give up 2. quit 3. put on
zarzut 1. reproach 2. objection
zasada principle
zasadniczy 1. essential 2. substantial 3. fundamental
zasadzka ambush
zasiedlenie occupancy
zasięg 1. domain 2. scope
zasiłek 1. aid 2. subsidy
zaskakiwać 1. surprise 2. startle
zaskarżać sue
zaskoczenie surprise
zasłona 1. cover 2. veil 3. screen 4. curtain
zasługa merit
zasługiwać 1. deserve 2. merit
zasłużony well-deserved
zasób 1. store 2. stock 3. supply

zaspa 1. dune 2. snow-drift
zaspać oversleep
zaspokajać 1. satisfy 2. appease
zastanawiać się 1. reflect 2. wonder
zastaw security deposit
zastawiać 1. bar 2. block
zastępca 1. deputy 2. substitute
zastępować 1. replace 2. substitute
zastosowanie 1. application 2. usage
zastosowywać 1. apply 2. adapt
zastój stagnation
zastraszać 1. intimidate 2. frighten
zastrzegać reserve
zastrzeżenie 1. provision 2. reservation
zastrzyk injection
zasuwa 1. bar 2. bolt
zasuwać zip
zaszczepiać implant
zaszczyt honour
zaświadczać 1. certify 2. attest
zaświadczenie 1. certificate 2. attestation
zaświaty underworld
zatajać conceal
zatarg conflict
zatem 1. then 2. therefore 3. so
zatłoczony crowded
zatoka 1. bay 2. gulf
zatonąć sink
zatrucie poisoning
zatrudniać employ
zatrudnienie employment
zatruwać poison
zatrzymywać 1. stop 2. halt 3. keep
zatwardzenie constipation
zatwierdzać 1. approve 2. confirm 3. sanction
zatwierdzenie confirmation
zaufanie 1. confidence 2. trust 3. credit

zaufany reliable
zaułek backstreet
zauważać notice
zawada 1. nuisance 2. obstruction
zawalić się break down
zawał heart condition
zawartość 1. content 2. contents
zawczasu in good time
zawdzięczać 1. be indebted 2. owe
zawiadamiać 1. inform 2. let know 3. notify
zawias hinge
zawiązywać oczy blindfold
zawierać 1. contain 2. include
zawieszać 1. suspend 2. adjourn
zawieszenie suspension
zawieszenie broni cease-fire
zawijać wrap
zawiły intricate
zawinić be guilty
zawistny 1. envious 2. invidious
zawodnik competitor
zawodny 1. deceptive 2. delusive 3. unreliable
zawodowiec professional
zawody 1. competition 2. contest
zawodzić 1. deceive 2. disappoint 3. fail
zawód 1. profession 2. disappointment
zawór valve
zawracać turn back
zawrócenie U-turn
zawstydzać shame
zawstydzony ashamed
zawsze 1. always 2. ever
zawszony lousy
zawzięty persistent
zazdrosny jealous
zazdrościć envy
zazdrość 1. jealousy 2. envy
zaziębić się catch cold

zaznaczać mark
zaznajamiać acquaint
zazwyczaj 1. generally 2. usually
zażalenie complaint
zażarty furious
zażądać 1. demand 2. require
zażyły intimate
ząb tooth
zbawca saviour
zbawiać 1. save 2. redeem
zbawienie salvation
zbędny superfluous
zbić 1. beat up 2. break
zbiec run away
zbieg 1. fugitive 2. refugee
zbiegać się coincide
zbieg okoliczności coincidence
zbiegowisko gathering
zbierać 1. collect 2. pick
zbierać się gather
zbiornik 1. container 2. tank
zbiorowy collective
zbiór collection
zbliżać się 1. approach 2. come close
zbocze slope
zboczenie deviation
zboczeniec pervert
zbombardować bomb
zboże 1. corn 2. grain
zbrodnia 1. crime 2. felony
zbroja armour
zbyt too
zbyt towarów sale
zbyteczny dispensable
zdalny remote
zdanie 1. sentence 2. opinion
zdarzać się 1. happen 2. occur 3. take place
zdawać pass
zdawać się 1. rely 2. seem
zdecydować decide
zdejmować take off

zdenerwowany irritated
zderzać się 1. collide 2. knock
zderzak bumper
zderzenie 1. collision 2. crash 3. clash
zdezorganizować disorganize
zdjęcie 1. photograph 2. picture
zdobywać 1. conquer 2. capture 3. achieve 4. score
zdolność 1. ability 2. talent 3. skill
zdolny 1. capable 2. able
zdołać manage
z domu nee
zdrada 1. treachery 2. treason 3. betrayal
zdradzać betray
zdrajca traitor
zdrętwiały 1. numb 2. stiff
zdrobnienie diminutive
zdrowie health
zdrowy 1. healthy 2. sound 3. sane
zdrzemnąć się take a nap
zdumiewać 1. amaze 2. astonish
zdychać die
zdzierać tear down
zdziwiony 1. surprised 2. puzzled
zebra zebra
zegar clock
zegarek watch
zegarmistrz watchmaker
zelówka sole
zemdleć faint
zemsta revenge
zenit zenith
zepsuć 1. spoil 2. damage 3. break
zepsuty 1. damaged 2. bad 3. broken 4. spoilt
zerkać 1. peep 2. squint
zero 1. zero 2. null
zespół 1. team 2. group 3. assembly
zestaw 1. set 2. kit
zestawienie rachunkowe balance

sheet
zestaw stereofoniczny stereo
zeszłoroczny last year's
zeszyt 1. notebook 2. exercise book
ześlizgiwać się slip
zewnątrz 1. outdoors 2. outside
zewnętrzny 1. exterior 2. external
zeznanie 1. testimony 2. deposition
zezowaty 1. crosseyed 2. squint
zezwalać 1. permit 2. allow
zezwolenie permission
zęby teeth
zgadzać się agree
zgaga heartburn
zginać 1. bend 2. bow 3. fold
zginąć 1. be lost 2. perish
zgłaszać 1. notify 2. declare 3. announce
zgłoszenie application
zgnieść crush
zgniły rotten
zgoda 1. concord 2. agreement 3. consent
zgodność 1. agreement 2. correspondence 3. harmony
zgodny 1. harmonious 2. consistent
zgon decease
zgromadzenie 1. gathering 2. assembly
zgryz bite
zgrzeszyć sin
zgrzytać screech
zguba loss
ziarno 1. grain 2. bean
zidentyfikować identify
zielony green
ziemia 1. earth 2. ground 3. land 4. soil
ziemniak potato
ziewać yawn

zięć son-in-law
zima winter
zimny cold
zioło herb
zjawa phantom
zjazd congress
zjazd absolwentów reunion
zjednoczenie union
zjeżdżać go down
zjeżdżać na bok pull over
zlecenie order
zlew sink
zlinczować lynch
zlot 1. jamboree 2. gathering
złamać break
złamanie fracture
złamany broken
złapać catch
złącze joint
zło evil
złodziej thief
złom scrap-iron
złościć irritate
złość 1. irritation 2. anger
złośliwość malice
złośliwy 1. malicious 2. vicious
złoto gold
złotówka zloty
złoty golden
złowić catch
złoże deposit
złudzenie illusion
zły 1. bad 2. evil
zmagać się struggle
zmarły 1. dead 2. deceased
zmarszczka wrinkle
zmartwienie 1. grief 2. sorrow
zmartwiony 1. upset 2. worried
zmartwychwstanie resurrection
zmartwychwstawać rise from the dead
zmarznąć freeze
zmęczenie fatigue

zmęczony tired
zmiana 1. change 2. shift
zmielony ground
zmieniać 1. change 2. modify 3. alter
zmienny variable
zmierzch 1. dusk 2. twilight
zmieszany 1. mixed 2. confused
zmiękczyć soften
zmiłowanie mercy
zmniejszać 1. lessen 2. reduce 3. minimize
zmniejszać się decrease
zmora nightmare
zmowa conspiracy
zmrok 1. nightfall 2. twilight
zmuszać 1. compel 2. force
zmysł sense
zmysłowy sensual
zmyślać 1. invent 2. make up
zmywac wash out
znachor 1. quack 2. witch-doctor
znaczący 1. meaning 2. significant 3. important
znaczenie 1. importance 2. meaning 3. significance 4. sense
znaczny considerable
znaczyć mean
znać know
znad from above
znajdować find
znajomość 1. knowledge 2. acquaintance
znajomy 1. acquaintance 2. familiar
znak 1. sign 2. mark
znak handlowy trademark
znak zapytania question-mark
znakomitość celebrity
znaleźć find
znamię 1. mole 2. mark
znany 1. well-known 2. known
znawca expert

zniechęcać discourage
znieczulenie 1. anesthesia 2. painkiller
zniekształcenie 1. malformation 2. deformation
zniesławiać defame
znieść abolish
zniewaga insult
znieważać insult
znikać 1. disappear 2. vanish
znikąd from nowhere
zniszczenie 1. destruction 2. demolition
zniszczyć destroy
zniżać lower
znosić 1. bear 2. endure 3. tolerate
znowu again
znudzony bored
znużony 1. fatigue 2. weary
zobaczyć see
zobowiązać oblige
zobowiązać się commit
zobowiązanie 1. obligation 2. bond
zobowiązany 1. indebted 2. obliged
zodiak zodiac
zoo zoo
zoologia zoology
zorganizować organize
zostać 1. remain 2. stay
zostawiać leave
z pewnością surely
zranić 1. hurt 2. injure
zraz meatball
zrażać discourage
zresztą 1. after all 2. moreover
zrewidować 1. search 2. revise
zręczny skilful
zrobić 1. make 2. do
zrozumieć understand
zrozumienie comprehension
zrównać level

zryw 1. dart 2. burst
zrządzenie losu fate
zrzekać się 1. renounce 2. waiver
zrzeszać się associate
zsiadać dismount
z tyłu behind
zuchwały impudent
zupa soup
zupełnie 1. quite 2. completely 3. wholly 4. pretty
zupełny 1. total 2. complete
zużycie consumption
zużyty worn out
zwabić decoy
zwalczyć overcome
zwalić pull down
zwalniać slow down
zwalniać z posady 1. fire 2. dismiss
zwarcie short circuit
zwariować go mad
zwariowany 1. mad 2. crazy
zwarty 1. compact 2. coherent
zważać mind
zwężać 1. narrow 2. take in
zwiad reconnaissance
związany 1. connected 2. related
związek 1. connection 2. relation 3. league 4. union
związek małżeński wedlock
związek zawodowy trade union
zwichnięcie dislocation
zwiedzać 1. visit 2. see
zwiedzanie sightseeing
zwierciadło 1. looking-glass 2. mirror
zwierzę 1. animal 2. beast
zwierzę domowe pet
zwierzyna game
zwierzchnictwo dominion
zwiędnąć wither
zwiększać 1. increase 2. maximize
zwięzły 1. concise 2. laconic

zwijać roll
zwilżyć damp
zwinny agile
zwłaszcza especially
zwłoka delay
zwłoki corpse
zwodzić 1. deceive 2. double-talk
zwolennik follower
zwolnienie lekarskie sick leave
zwoływać call together
zwracać 1. return 2. give back 3. throw up
zwracać uwagę pay attention
zwrot 1. turn 2. refund
zwycięstwo victory
zwycięzca winner
zwyczaj 1. custom 2. habit
zwyczajny ordinary
zwyczajowy 1. customary 2. habitual
zwykły 1. common 2. mere 3. usual 4. ordinary
zwymiotować 1. vomit 2. throw up
zwyrodnieć degenerate
zygzak zigzag
zysk profit
zyskiwać gain
zza from behind

Ź

źdźbło blade
źle 1. badly 2. wrong 3. wrongly 4. ill
źrebak 1. colt 2. foal 3. pony
źrenica pupil
źródło 1. source 2. spring
źródło dochodów source of income
źródłowy 1. source 2. original

Ż

żaba frog
żaden 1. none 2. no 3. any 4. neither
żagiel sail
żaglowiec sailing ship
żaglówka sailing boat
żakiet jacket
żal 1. sorrow 2. regret 3. grief
żalić się complain
żaluzja 1. blind 2. shutter
żałoba mourning
żałosny 1. miserable 2. pathetic 3. pitiful
żałować 1. regret 2. be sorry
żałujący sorry
żargon 1. jargon 2. slang
żarłoczny greedy
żarówka bulb
żart 1. joke 2. gag 3. jest
żartować 1. joke 2. be kidding 3. jest
żądać 1. demand 2. claim
żądanie 1. demand 2. claim
żądło sting
żądza 1. lust 2. desire
żbik wild cat
że that
żeberka ribs
żebrać beg
żebrak 1. beggar 2. bum
żebro rib
żeby 1. to 2. so as 3. in order that
żeglarstwo 1. yachting 2. sailing
żeglować sail
żegnać się 1. say goodbye 2. farewell
żel gel
żelazko iron
żelazo iron
żelbeton reinforced concrete
żenić się 1. marry 2. get married

żeński female
żerować raven
żeton 1. token 2. chip
żłobek 1. nursery 2. crib
żmija viper
żniwa harvest
żołądek stomach
żołądź 1. acorn 2. head 3. club
żołd pay
żołnierz 1. soldier 2. trooper
żona wife
żona prowadząca dom housewife
żonaty married
żonkil daffodil
żółtko yolk
żółty yellow
żółw 1. turtle 2. tortoise
żrący harsh
żuć chew
żuraw crane
żurawina cranberry
żurek sour soup
żurnal journal
żużel 1. speedway 2. slag
żwir gravel
życie 1. life 2. life time
życiorys 1. biography 2. curriculum vitae 3. CV
życiowy vital
życzenie 1. wish 2. desire
życzenia 1. greetings 2. congratulations
życzliwy 1. friendly 2. favourable
życzyć wish
żyć 1. live 2. exist
Żyd Jew
żydowski Jewish
żyła vein
żyrafa giraffe
żyrandol chandelier
żyrant 1. cosigner 2. endorser
żyrować 1. co-sign 2. endorse
żyto rye

żywić 1. feed 2. nourish
żywioł element
żywopłot hedge
żywotny vital
żywy 1. alive 2. living
żyzny fertile

Irregular Verbs
Czasowniki nieregularne Perfect
Simple

Infinitive	Past Tense	Past Participle
abide	abode, abided	abode, abided
arise	arose	arisen
awake	awoke	awake, awoke
be	was	been
bear	bore	borne, born
beat	beat	beaten
become	became	become
befall	befell	befallen
beget	begot	begotten
begin	began	begun
behold	beheld	beheld
bend	bent	bent, bended
bereave	bereaved, bereft	bereaved, bereft
beseech	besought	besought
beset	beset	beset
bet	bet, betted	bet, betted
bid	bade, bid	bidden, bid
bide	bode, bided	bided
bind	bound	bound
bite	bit	bitten, bit
bleed	bled	bled
blend	blended	blended
bless	blessed, blest	blessed, blest
blow	blew	blown
break	broke	broken
breed	bred	bred
bring	brought	brought
broadcast	broadcast	broadcast
build	built	built
burn	burnt, burned	burnt, burned
burst	burst	burst
buy	bought	bought
cast	cast	cast
catch	caught	caught
chide	chid	chidden, chid
choose	chose	chosen
cleave	clove, cleft	cloven, cleft

cling	clung	clung
clothe	clothed	clothed
come	came	come
cost	cost	cost
creep	crept	crept
crow	crowed	crowed
cut	cut	cut
dare	dared	dared
deal	dealt	dealt
dig	dug	dug
do	did	done
draw	drew	drawn
dream	dreamed, dreamt	dreamed, dreamt
drink	drank	drunk
drive	drove	driven
dwell	dwelt	dwelt
eat	ate	eaten
fall	fell	fallen
feed	fed	fed
feel	felt	felt
fight	fought	fought
find	found	found
flee	fled	fled
fling	flung	flung
fly	flew	flown
forbear	forbore	forborne
forbid	forbade, forbad	forbidden
forecast	forecast, forecasted	forecast, forecasted
foresee	foresaw	foreseen
foretell	foretold	foretold
forget	forgot	forgotten
forgive	forgave	forgiven
forsake	forsook	forsaken
forswear	forswore	forsworn
freeze	froze	frozen
get	got	got, gotten
gild	gilded, gilt	gilded
gird	girded, girt	girded, girt
give	gave	given
go	went	gone
grind	ground	ground
grow	grew	grown
hamstring	hamstrung	hamstrung

hang	hung, hanged	hung, hanged
have	had	had
hear	heard	heard
heave	heaved, hove	heaved, hove
hew	hewed	hewed, hewn
hide	hid	hidden, hid
hit	hit	hit
hold	hold	held
hurt	hurt	hurt
inlay	inlaid	inlaid
keep	kept	kept
kneel	knelt	knelt
knit	knitted, knit	knitted, knit
know	knew	known
lay	laid	laid
lead	led	led
learn	learnt, learned	learnt, learned
leave	left	left
lend	lent	lent
let	let	let
lie	lay	lain
light	lighted, lit	lighted, lit
lose	lost	lost
make	made	made
mean	meant	meant
meet	met	met
melt	melted	melted, molten
mislay	mislaid	mislaid
mislead	misled	misled
misspell	misspelt	misspelt
mistake	mistook	mistaken
misunderstand	misunderstood	misunderstood
mow	mowed	mown, mowed
outdo	outdid	outdone
overcome	overcame	overcome
overdo	overdid	overdone
overhang	overhung	overhung
overhear	overheard	overheard
overlay	overlaid	overlaid
override	overrode	overridden
overrun	overran	overrun
oversee	oversaw	overseen
overshoot	overshot	overshot

oversleep	overslept	overslept
overtake	overtook	overtaken
overthrow	overthrew	overthrown
overwork	overworked	overworked, overwrought
partake	partook	partaken
pay	paid	paid
prove	proved	proved, proven
put	put	put
read	read	read
rebind	rebound	rebound
rebuild	rebuilt	rebuilt
recast	recast	recast
redo	redid	redone
relay	relaid	relaid
remake	remade	remade
rend	rent	rent
repay	repaid	repaid
rerun	reran	rerun
reset	reset	reset
retell	retold	retold
rewrite	rewrote	rewritten
rid	rid, ridden	rid, ridden
ride	rode	ridden
ring	rang	rung
rise	rose	risen
run	ran	run
saw	sawed	sawn, (sawed)
say	said	said
see	saw	seen
seek	sought	sought
sell	sold	sold
send	sent	sent
set	set	set
sew	sewed	sewn
shake	shook	shaken
shave	shaved	shaved, shaven
shear	sheared	shorn, sheared
shed	shed	shed
shine	shone	shone
shoe	shod	shod
shoot	shot	shot
show	showed	shown, showed

shred	shredded	shredded
shrink	shrank, shrunk	shrunk, shrunken
shrive	shrove, shrived	shriven, shrived
shut	shut	shut
sing	sang	sung
sink	sank	sunk, sunken
sit	sat	sat
slay	slew	slain
sleep	slept	slept
slide	slid	slid, slidden
sling	slung	slung
slink	slunk	slunk
slit	slit	slit
smell	smelt	smelt
smite	smote	smitten
sow	sowed	sown, sowed
speak	spoke	spoken
speed	sped, speeded	sped, speeded
spell	spelt, spelled	spelt, spelled
spend	spent	spent
spill	spilt, spilled	spilt, spilled
spin	spun, span	spun
spit	spat	spat
split	split	split
spoil	spoilt, spoiled	spoilt, spoiled
spread	spread	spread
spring	sprang	sprung
stand	stood	stood
stave	staved, stove	staved, stove
steal	stole	stolen
stick	stuck	stuck
sting	stung	stung
stink	stank, stunk	stunk
strew	strewed	strewn, strewed
stride	strode	stridden
strike	struck	struck, stricken
string	strung	strung
strive	strove	striven
swear	swore	sworn
swear	swore	sworn
sweep	swept	swept
swell	swelled	swollen, swelled
swim	swam	swum

swing	swung	swung
take	took	taken
teach	taught	taught
tear	tore	torn
tell	told	told
think	thought	thought
thrive	throve, thrived	thriven, thrived
throw	threw	thrown
thrust	thrust	thrust
tread	trod	trodden
understand	understood	understood
undertake	undertook	undertaken
undo	undid	undone
upset	upset	upset
wake	woke	woken
waylay	waylaid	waylaid
wear	wore	worn
weave	wove	woven
wed	wedded	wedded, wed
weep	wept	wept
win	won	won
wind	winded, wound	winded, wound
withdraw	withdrew	withdrawn
withhold	withheld	withheld
withstand	withstood	withstood
work	worked	worked
wring	wrung	wrung
write	wrote	written

Common abbreviations
Popularne skróty

a adjecitve; are
A-bomb atomic bomb
AA Alcoholics Anonymous; Automobile Association
AAA Amateur Athletics Association; Amercian Automobile Association
abbr abbreviation
a/c or **acct** account
ad(vt) advertisement
AD *Anno Domini* in the year of the Lord
addnl additional
AGM Annual General Meeting
am *ante meridiem* before noon
amp ampere(s)
anon anonymous
appro approval
approx approximately
appt appoinl, appointed; appointment
Apr April
APR annual percentage rate
apt apartment
archeol archeology
arr arrival; arrives
ASEAN Association of South East Asian Nations
assoc associate; association
asst assistant
attn attention
Aug August
AV Audio-Visual; Authorised Version (of Bible)
Av(e) Avenue
b&b bed and breakfast
BA Bachelor of Arts; British Airways
BBC British Broadcasting Corporation
BC Before Christ; British Council
bldg(s) building(s)
bo body odour; box office
Br Brother
Brit Britain; British
Bro(s) Brother(s)
B Sc Bachelor of Science
BST British Summer Time

C Centigrade; Roman 100
c cent(s); century; *circa* about; cubic
ca *circa* about, approximately
Capt Captain
Cath Catholic
cc cubic centimetre(s)
cc *capita* chapters; centuries
CD *Corps Diplomatique* Diplomatic Service; compact disk
cert certificate; certified
cf *confer* compare with
cg centigram
ch central heating
ch(ap) chapter
chw constant hot water
CIA Central Intelligence Agency
CID Criminal Investigation Department
cl class; centilitre(s)
cm centimetre(s)
Co (commerce) Company
c/o care of
COD cash on delivery; carrier onboard delivery; collect on delivery
C of E Church of England
COI Central Office of Information
Coll College
concl concluded; conclusion
Cons Conservative
cont contents; continued
Co-op Co-operative (Society)
Corp Corporation
cp compare with
Cres(c) Crescent
cu cubic
cwt hundredweight
D Roman 500
DD Doctor of Divinity
DDT (dichloro-diphenyl-trichloroethane)
Dec December
dec deceased
deg degree(s)
dep departs; departure; deputy
Dept Department
diag diagram
diff difference; different

Dip Diploma
Dip Ed Diploma in Education
Dir Director
DJ dinner jacket; disc jockey
DOB date of birth
doc document
doz dozen
D Phil Doctor of Philosophy
Dr Doctor; Drive
dr dram(s)
E east
EEC European Economic Community (the Common Market)
EFTA European Free Trade Association
eg *exempli gratia* for example, for instance
encl or **enc** enclosed; enclosure
ENE east norhteast
Eng Engineer(ing); England; English
ESE east southeast
ESP Extra-Sensory Perception
Esq Esquire
eta estimated time of arrival
et al *et alii* and other people; *et alia* and other things
etc *et cetera* and the rest; and all the others
etd estimated time of departure
eve evening
excl excluding; exclusive
F Fahrenheit; Fellow
f foot; feet; female; feminine
FA football Association
FAO Food and Agricultural Organisation
FBI Federal Bureau of Investigation; Federation of British Industries
Feb February
Fed Federal; Federated; Federation
fem female; feminine
fig figurative; figure
fl fluid; floor
FO Foreign Office
fol(l) following
for foreign
Fr Father; France; French
Fri Friday
ft foot; feet
fur furlong

furn furnished
fwd forward
gal(l) gallon(s)
Gdn(s) Garden(s)
GI enlisted soldier
gm gram(s)
GMT Greenwich Mean Time
gov(t) government
GP General Practitioner (Medical Doctor)
GPO General Post Office
gr grain
gt great
ha hectare
H-bomb Hydrogen bomb
H of C House of Commons
H of L House of Lords
Hon Honorary; Honorable
hosp hospital
HP Hire Purchase; Horse Power
HQ Headquarters
hr hour(s)
HRH His/Her Royal Highness
I Island; Roman 1
i e *id est* which is to say, on other words
IMF International Monetary Fund
in inch(es)
Inc Incorporated
incl including; inclusive
Inst Institute
int interior; internal; international
intro introduction
IOU I owe you
IQ *Intelligence Quotient*
Is Islands
Jan January
Jnr; Jr Junior
Jul July
Jun June; Junior
kg kilogram(s)
km kilometre(s)
kph kilometres per hour
kw kilowatt(s)
L lake; little;

Lab Labour (political party/
lang language
Lib Liberal (political party); Liberation
lb pound
LP long-playing (record)
LSD *lysergic acid diethylamide*
Ltd Limited
lux luxury
m male; married; metre(s); mile(s); million
MA Master of Arts
Mar March
masc masculine
math mathematics
maths mathematics
max maximum
METO Middle East Treaty Organisation
mg milligram(s)
MI5 National Security Division of Military Intelligence
min minimum
misc miscellaneous
mkt market
ml mile(s), millilitre(s)
mm millimetre(s)
MO Mail Order; Medical Officer; Money Order
mod moderate; modern
Mon Monday
MOT Ministry of Transport
MP Member of Parliament (House of Commons); Military Police
mpg miles per gallon
mph miles per hour
M Sc Master of Science
Mt Mount
N north
NATO North Atlantic Treaty Organisation
NB *nota bene* take special note of
NE northeast
NHS National Health Service
NNE north northeast
NNW north northwest
no(s) numbers(s)
Nov November
nr near
NSPCC National Society for the Prevention of Cruelty to Children

NT New Testament
NW northwest
OAU Organisation for African Unity
Oct October
ono or nearest offer
opp opposite
OT Old Testament
oz ounce(s)
p page; penny, pence; per
pa *per annum* (for) each year
para(s) paragraph(s)
PC Police Constable; Privy Councillor; Peace Corps
pd paid
PDSA People's Dispensary for Sick Animals
PE physical education
PG Paying Guest
Ph D Doctor of Philosophy
Pk Park
pkt packet
Pl Place
PM Prime Minister
pm *post meridiem* after noon; per month
PO Post Office; Postal Order
PO Box Post Office Box
pop popular; population
poss possible; possibly
pp pages
pr pair; price
PR Public Relations
Pres President
pro professional
pro tem *pro tempore* for the time being
Prof Professor
pron pronounced; pronunciation
Prov Province
Ps Psalm
PS Postcript
pt part; payment; pint; point
PT Physical Training
PTO Please turn over
qt quart
Qu Queen; Question
qv *quod vide* which may be referred to

R River; Royal
r radius; right
RAF Royal Air Force
RC Red Cross; Roman Catholic
Rd Road
rec(d) received
ref referee; reference; refer(red)
Rep repertory; Representative; Republic(an)
ret(d) retired
rev revolution
Rev(d) Reverend
RIP *requiescat/requiescant in pace* may he/they rest in peace
rm room
RM Royal Marines
RN Royal Navy
rpm revolutions per minute
RSVP *repondez s'il vous plait* please reply
RSPCA Royal Society for the Protection of Cruelty to Animals
rt right
Rt Hon Right Honourable
Rt Rev Right Reverend
S south
sae stamped addressed envelope
SALT Strategic Arms Limitation Talks
Sat Saturday
s/c self-contained
Sch School
SE shoutheast
SEATO South East Asia Treaty Organisation
sec second(ary); secretary
Sen Senate; Senator; Senior
Sept September
SF Science Fiction
sgd signed
Sn(r) Senior
Soc Society
Sq Square
Sr Sernior; Sister
SRN State Registered Nurse
SSE south southeast
SSW south southwest
St Saint; Street
Str Strait; Street

sub(s) subscription; substitute
Sun Sunday
Supt Superintendent
SW southwest
TB Tuberculosis
Tech Technical (College)
tel telephone
temp temperature; temporary
Ter(r) Terrace; Territory
Thurs Thursday
TNT (Tri-nitro-toluene)
trans translated
TU Trade Union
TUC *(GB)* Trades Union Congress
Tues Tuesday
TV television
UFO unidentified flying object
UK United Kingdom
UN United Nations
UNCTAD United Nations Conference on Trade Development
UNESCO United Nations Educational, Scientific and Cultural Organisation
UNICEF United Nations International Children's Emergency Fund
UNO United Nations Organisation
US *ubi supra* where above mentioned; United States; *ut supra* as above
USA United States Army; United States of America
usu usual, usually
util utility
v vector; verb; versus; very; vice; voice; volume; vowel
VAT value-added tax
vb verb, verbal
VD vapor density, various dated, veneral desease
veg vegetable
ver verse
vi verb intransitive; *vide infra* see below
VIP very important person
vis visibility; visible, visual
viz *videlicet* namely
voc vocational; vocative
vocab vocabulary
vol volume
vs versus

VSO Voluntary Service Overseas
vt verb transitive
VTR videotape recorder
vv verses; vice versa
W west
w watt(s); week; width; with
wc water closet
WCC World Council of Churches
wf wrong font
wh which; white
WHO World Health Organization
whsle wholesale
wk week; work
wkly weekly
WNW west northwest
w/o without
WP word processing; word processor
wpm words per minute
WRAC Women's Royal Army Corps
WRAF Women's Royal Air Force
WRNS Women's Royal Naval Service
wrnt warrant
WSW west southwest
wt weight
wtd wanted
X a kiss; an unknown number, thing, name, etc; cross; ex; experimental; extra
Xmas Christmas
y yard; year; yeoman
YHA Youth Hostels Association
YMCA Young Man's Christian Association
YOB year of birth
yr year; younger; your
YWCA Young Women's Christian Association

Numbers, weights and measures
Liczby, wagi i miary

Cardinal		Ordinal	
1	one	1st	first
2	two	2nd	second
3	three	3rd	third
4	four	4th	fourth
5	five	5th	fifth
6	six	6th	sixth
7	seven	7th	seventh
8	eight	8th	eighth
9	nine	9th	ninth
10	ten	10th	tenth
11	eleven	11th	eleventh
12	twelve	12th	twelfth
13	thirteen	13th	thirteenth
14	fourteen	14th	fourteenth
15	fifteen	15th	fifteenth
16	sixteen	16th	sixteenth
17	seventeen	17th	seventeenth
18	eighteen	18th	eighteenth
19	nineteen	19th	nineteenth
20	twenty	20th	twentieth
21	twenty-one	21st	twenty-first
22	twenty-two	22nd	twenty-second
23	twenty-three	23rd	twenty-third
24	twenty-four	24th	twenty-fourth
30	thirty	30th	thirtieth
40	forty	40th	fortieth
50	fifty	50th	fiftieth
60	sixty	60th	sixtieth
70	seventy	70th	seventieth
80	eighty	80th	eightieth
90	ninety	90th	ninetieth
100	a/one hundred	100th	a/one hundredth
1000	a/one thousand	1000th	a/one thousandth
10 000	ten thousand	10 000th	ten thousandth
100 000	a/one hundred thousand		
1 000 000	a/one million		

The Metric system
System metryczny

METRIC   **GB and US**

lenght - dĆugoAě

10 millimetres	= 1 centimetre	= 0.3937 inches
100 centimetres	= 1 metre	= 39.37 inches
1000 metres	= 1 kilometre	= 0.62137 miles

surface - powierzchnia

100 square metres	= 1 are	= 0.0247 acres
100 ares	= 1 hectare	= 2.471 acres
100 hectares	= 1 square kilometre	= 0.386 square miles

weight - cićşar

10 milligrams	= 1 centigram	= 0.1543 grains
100 centigrams	= 1 gram	= 15.4323 grains
1000 grams	= 1 kilogram	= 2.2046 pounds
1000 kilograms	– 1 tonne	= 1. 9684 cwt

capacity - pojemnoAě

1000 millilitres	= 1 litre	= 1.75 pints
10 litres	= 1 dekalitre	= 2. 1997 gallons

Avoirdupois weight

GB and US   **METRIC**

	1 grain	= 0.0648 grams
437˝ grains	= 1 ounce	= 28.35 grams
16 drams	= 1 ounce	= 28.35 grams
16 ounces	= 1 pound	= 0.454 kilograms
14 pounds	= 1 stone	= 6.356 kilograms
2 stone	= 1 quarter	= 12.7 kilograms
4 quarters	= 1 hundredweight	= 50.8 kilograms
112 punds	= 1 cwt	= 50.8 kilograms
100 punds	= 1 short cwt	= 45.4 kilograms
20 cwt	= 1 ton	= 1016.04 kilograms
2000 pounds	= 1 short ton	= 0.907 metric tons
2240 pounds	= 1 long ton	= 1.016 metric tons

Linear measure

GB and US		METRIC
	1 inch (in)	= 25.3995 millimetres
12 inches	= 1 foot (ft)	= 30.479 centimetres
3 feet	= 1 yard	= 0.9144 metres
5″ yards	= 1 rod, pole	= 5.0292 metres
22 yards	= 1 chain	= 20.1168 metres
220 yards	= 1 furlong (fur)	= 201.168 metres
8 furlongs	= 1 mile	= 1.6093 kilometres
1760 yards	= 1 mile	= 1.6093 kilometres
3 miles	= 1 league	= 4.8279 kilometres

Time
Czas

60 seconds	= 1 minute
60 minutes	= 1 hour
24 hours	= 1 day
7 days	= 1 week
4 weeks or 28 days	= 1 lunar month
52 weeks&1 day	= 1 year
13 lunar months&1 day	= 1 year
365 days and 6 hours	= 1 (Julian) year

Alphabet - Alfabet

A [ej]	**H** [ejcz]	**O** [ou]	**V** [wi]
B [bi]	**I** [aj]	**P** [pi]	**W** [dablju]
C [si]	**J** [dżej]	**Q** [kju]	**X** [eks]
D [di]	**K** [kej]	**R** [ar]	**Y** [łaj]
E [i]	**L** [el]	**S** [es]	**Z** [zi]
F [ef]	**M** [em]	**T** [ti]	
G [dżi]	**N** [en]	**U** [ju]	

Women's names
Imiona żeńskie

A

Abigail
Ada
Adah
Adelaide
Adeline
Adriana
Agatha
Agnes
Aileen
Alberta
Alethea
Alexa
Alexandria
Alice
Alison
Allegra
Alma
Alva
Amanda
Amity
Anastasia
Andrea
Angela
Ann
Anna
Anne
Annabel
Antoinette
April
Arabella
Ariadne
Arlene
Athena
Audrey
Augusta
Aurora
Ava

B

Barbara
Beatrice
Bella
Benita
Bernadette
Bernadine
Bernice
Bertha
Beryl
Betty
Beulah
Beverly
Blanche
Blossom
Bonita
Brenda
Bridget
Buena

C

Camilla
Candace
Candita
Cara
Carla
Carlotta
Carmen
Carol
Caroline
Cassandra
Catherine
Cecelia
Celia
Celeste
Charis
Charity
Charlotte
Charmian
Chenoa
Cherry
Cheryl
Chloe
Christabel
Chirstina
Christine
Cindy
Clara
Clare
Clarissa
Claribel
Claudette
Claudia
Clematis
Clemence
Clementine
Cleopatra
Clotilda
Colette
Colleen
Columbia
Columbine
Concordia
Constance
Consuela
Cora
Corinne
Coral
Coralie
Cordelia
Cornelia
Crystal
Cymbaline

Cynthia

D

Dagmar
Dahlia
Daisy
Dama
Damaris
Daphne
Darlene
Daryl
Dawn
Deanna
Deborah
Debra
Deidre
Deirdre
Delia
Della
Delicia
Delight
Denise
Desiree
Diane
Dinah
Dolores
Donna
Dora
Dorcas
Doris
Dorothy
Dulcia

E

Easter
Eda
Edith
Eden
Edna
Effie
Eileen
Elaine
Eleanor

Electra
Elissa
Eliza
Elizabeth
Ella
Ellen
Elma
Eloise
Elsa
Elsie
Emerald
Emily
Emma
Enid
Enrica
Erica
Ermentrude
Ernestine
Esme
Esmeralda
Estelle
Esther
Ethel
Etta
Eunice
Euphemia
Eva
Eve
Evangeline
Evelyn

F

Faith
Fanny
Fay
Felicia
Felipa
Fifi
Flavia
Flora
Florence
Florenda
Frances

Francesca
Freda
Frederica
Frieda

G

Gabrielle
Gail
Gale
Gay
Genevieve
Georgia
Geraldine
Germaine
Gertrude
Gladys
Gloria
Godiva
Grace
Greta
Gretchen
Guenevere
Gwynne
Gwendolyn

H

Hannah
Harriet
Hazel
Heather
Hedda
Helen
Helga
Hephzibah
Hermione
Hester
Hilda
Hildegarde
Holly
Hope
Hyacinth

I

Ida

Ileana
Imogene
Inez
Ingrid
Iona
Irene
Iris
Irma
Irvette
Isabel
Ivy

J

Jackie
Jacqueline
Jane
Janet
Jean
Jemima
Jennifer
Jenny
Jessica
Jewel
Jill
Joan
Johanna
Jocelyn
Josephine
Joyce
Judith
Judy
Julia
Juliet
June
Justine

K

Karen
Karla
Katharine
Kathleen
Kay
Kirsten

L

Lana
Laura
Laurel
Loretta
Lee
Leila
Leilani
Lenora
Leslie
Letitia
Lillian
Lily
Linda
Lisa
Lois
Lola
Lorl
Lotus
Louisa
Louise
Lucia
Lucille
Lucy
Lulu
Lydia
Lynn

M

Mabel
Madeline
Mae
May
Mamie
Margaret
Maria
Marian
Marilyn
Marie
Marjorie
Marlene
Martha

Mary
Matilda
Maud
Maxine
Melanie
Melissa
Melody
Mercedes
Merle
Mildred
Millicent
Millie
Minnette
Miranda
Muriel
Myrtle

N

Nancy
Nanette
Naomi
Natalie
Nellie
Nita
Nola
Nora
Norah
Norma

O

Octavia
Olga
Olive
Olivia
Ophelia

P

Pamela
Pansy
Patricia
Paula
Pauline
Pearl
Peggy

Penelope
Phoebe
Phyllis
Priscilla
Prudence

Q

Queenie
Quintina

R

Rachel
Rebecca
Regina
Rhea
Rhoda
Rita
Roberta
Rosa
Rose
Rosalie
Rosamond
Rosemary
Ruby
Ruth

S

Sabina
Sally
Sandra
Sapphira
Sara
Sarah
Selma
Sharon
Sheila
Shirley
Sibyl
Silvia

Sonja
Sonya
Stella
Susan
Suzanne
Sylwia

T

Teresa
Theresa
Thelma

U

Una
Ursula

V

Valerie
Vanessa
Vera
Veronica
Viola
Virginia
Vivian

W

Wanda
Wendy
Wilhelmina
Wilma
Winifred

X

Xenia

Y

Yolande
Yvette
Yvonne

Z

Zandra
Zena

Men's names
Imiona męskie

A

Aaron
Abel
Abner
Abraham
Adam
Adolf
Adolph
Adrian
Alan
Allan
Alastair
Albert
Alden
Aldric
Alexander
Allister
Alfonso
Alonzo
Alphonso
Algernon
Aloysius
Ambrose
Amos
Andrew
Angus
Anthony
Archibald
Argus
Arno
Arnold
Arthur
Asa
Asher
Ashley
Aubrey
August
Austin
Avery

B

Baldwin
Barnabas
Barrett
Barry
Bartholomew
Basil
Benedict
Benjamin
Bentley
Berman
Bernard
Bert
Bertram
Blaine
Blair
Blake
Boris
Bradley
Brant
Brent
Brian
Bruce
Bruno
Bryan
Byrne
Byron

C

Caesar
Caleb
Calvert
Calvin
Carl
Carlton
Carlyle
Carol
Casey
Caspar
Cecil
Cedric
Charles
Chauncy
Chester
Christian
Christopher
Clarence
Clark
Claude
Clayton
Clement
Clifford
Clinton
Clyde
Colin
Conrad
Constantine
Cornelius
Craig
Curtis
Cuthbert
Cyril
Cyrus

D

Dale
Damon
Dan
Dana
Daniel
Daryl
David
Dean
Denis

Dennis
Derek
Derrick
Dexter
Dirk
Doane
Dominic
Donald
Dougal
Douglas
Dudley
Duff
Duke
Duncan
Dunstan
Durward
Dwight

E

Earl
Earle
Ebenezer
Eden
Edgar
Edmund
Edsel
Edward
Edwin
Egbert
Egmont
Elbert
Eli
Ely
Elias
Elijah
Eliot
Ellis
Elmer
Elmo
Eldson
Elson
Elwin
Emanuel

Emery
Emory
Emil
Emile
Emmet
Enoch
Enos
Erasmus
Eric
Ernest
Errol
Esmond
Ethelbert
Eugene
Eustace
Evan
Evelyn
Everett
Ewan
Ewen
Ezra

F

Fabian
Farley
Felix
Ferdinanad
Fergus
Flavian
Flobert
Floyd
Francis
Frank
Franklin
Frederick

G

Gabriel
Garland
Garrett
Garrick
Garth
Gary

Gascon
Gaston
Geoffrey
Geordie
George
Gerald
Gerard
Gilbert
Giles
Gilroy
Glen
Godfrey
Godwin
Gordon
Graham
Grant
Granville
Gregory
Griffith
Grover
Gustav
Guy

H

Hamilton
Harley
Harold
Harrison
Harry
Harvey
Hector
Henry
Herbert
Herman
Hilary
Hiram
Hobart
Hubert
Homer
Horace
Hosea
Howard
Hugh

Hugo
Humphrey
Hyman

I

Ian
Ichabod
Ira
Irving
Isaac
Isidore
Ivan

J

Jack
Jacob
James
Jarvis
Jasper
Jefferson
Jeffrey
Jerome
Jerrold
Jesse
Jethro
Joel
John
Jonathan
Jonas
Joseph
Joshua
Joslyn
Julius
Junior
Justin

K

Karl
Keith
Kelvin
Kenneth
Kent
Kermit
Kerwin

Kevin
Kirby

L

Laird
Lambert
Lars
Laurence
Lawrence
Leander
Lee
Leland
Leo
Leon
Leonard
Leopold
Leroy
Leslie
Lester
Lewis
Lincoln
Llewellyn
Lloyd
Loren
Louis
Luis
Lowell
Lucius
Luke
Luther
Lyle
Lyman
Lynn

M

Malcolm
Manuel
Marcus
Mark
Mario
Marlin
Marmaduke
Marshall

Martin
Marvin
Matthew
Maurice
Max
Maximillian
Melvin
Merle
Merton
Meyer
Michael
Miles
Milo
Milton
Monroe
Morgan
Morris
Morton
Moses
Murray
Myron

N

Nathan
Nathaniel
Neil
Nelson
Neville
Newton
Nicholas
Noel
Norman
Norval

O

Olaf
Oliver
Oran
Orin
Orval
Orville
Osbert
Oscar

Otto
Owen

P

Patrick
Paul
Percy
Peregrine
Peter
Philbert
Philip
Pierre
Prescott

Q

Quentin
Quincy

R

Radford
Ralph
Ramsey
Randal
Randolph
Raphael
Raymond
Reginald
Reuben
Rex
Richard
Robert
Robin
Roderick
Rodney
Roger
Roland
Rolf
Rollo
Ronald
Roosevelt
Roscoe
Roy
Rudolph
Rufus

Russell

S

Samson
Samuel
Sanders
Sanford
Saul
Scott
Sebastian
Selwyn
Septimus
Seth
Sewell
Sextus
Shelby
Sheldon
Sherman
Sidney
Sigfried
Sigmund
Silas
Simeon
Simon
Soloman
Stanislas
Stanley
Stephen
Steven
Stewart
Stuart

T

Terrence
Theodore
Theodoric
Thomas
Timothy
Titus

U

Ulric
Ulysses

V

Valentine
Vaughn
Vernon
Victor
Vincent

W

Wallace
Walter
Ward
Washington
Wayne
Wendell
Wesley
Whitney
Wilbur
Willard
William
Willis
Winston
Woodrow

X

Xavier
Xerxes

Y

Yates

Z

Zaccheus
Zebulun
Zenas

United States
Stany USA

State Stan	Capital Stolica	Postal Abbr. Skróry pocztowe
Alabama	Montgomery	AL
Alaska	Juneau	AK
Arizona	Phoenix	AZ
Arkansas	Little Rock	AR
California	Sacramento	CA
Colorado	Denver	CO
Connecticut	Hartford	CT
Delaware	Dover	DE
District of Columbia	----------	DC
Florida	Tallahassee	FL
Georgia	Atlanta	GA
Hawaii	Honolulu	HI
Idaho	Boise	ID
Illinois	Springfield	IL
Indiana	Indianapolis	IN
Iowa	Des Moines	IA
Kansas	Topeka	KS
Kentucky	Frankfort	KY
Louisiana	Baton Rouge	LA
Maine	Augusta	ME
Maryland	Annapolis	MD
Massachusetts	Boston	MA
Michigan	Lansing	MI
Minnesota	St. Paul	MN
Mississippi	Jackson	MS
Missouri	Jefferson City	MO
Montana	Helena	MT
Nebraska	Lincoln	NE
Nevada	Carson City	NV
New Hampshire	Concord	NH
New Jersey	Trenton	NJ
New Mexico	Santa Fe	NM
New York	Albany	NY
North Carolina	Raleigh	NC
North Dakota	Bismarck	ND
Ohio	Columbus	OH
Oklahoma	Oklahoma City	OK

Oregon	Salem	OR
Pennsylvania	Harrisburg	PA
Rhode Island	Providence	RI
South Carolina	Columbia	SC
South Dakota	Pierre	SD
Tennessee	Nashville	TN
Texas	Austin	TX
Utah	Salt Lake City	UT
Vermont	Montpelier	VT
Virginia	Richmond	VA
Washington	Olympia	WA
West Virginia	Charleston	WV
Wisconsin	Madison	WI
Wyoming	Cheyenne	WY

POPULARNE IDIOMY W PRAKTYCZNYCH PRZYKŁADACH

EVERYDAY IDIOMS

Co to są idiomy?

Każdy język zawiera pewne frazy wyrazowe, które nie mogą być rozumiane dosłownie. Nawet jeśli zna się pojedyncze słowa użyte w takiej frazie i rozumie jej układ gramatyczny, znaczenie nadal może pozostać tajemnicą. To właśnie jest najczęściej nazywane idiomem. Np. w:

It's raining cats and dogs.

rozumiemy słowa **rain**, **cat**, **dog**, ale nic nam to nie pomoże, dopóki nie nauczymy się, że jest to bliski odpowiednik polskiego:

Leje jak z cebra.

Idiomy w każdym języku, biorą się najprawdopodobniej z potrzeby nazywania nowych zjawisk i pojęć. Ale zamiast wymyślania nowych słów, ludzie wolą użyć pojęcie istniejące, nadając mu nowy sens. Tego typu zjawisko można zaobserwować niemal w każdym języku świata.

Największa grupa idiomów to frazy kilkuwyrazowe, typu **to kick the bucket**, czyli polski sens *umierać*, który akurat w tym przypadku można wyrazić blisko popularnym polskim wyrażeniem *kopnąć w kalendarz*.

Inna duża grupa idiomów, to czasowniki dwuwyrazowe typu **get up**, **turn off**, czy **put away**. Pod względem "ilościowym" są one bliskie wyrażeniom rzeczownikowym, takim jak **hot dog** czy **bottom line** - mogą one występować także w funkcjach przymiotnikowych. Jeszcze inna grupa to wyrażenia przysłówkowe typu **like mad**, czy **like crazy**. No i oczywiście powiedzenia oraz przysłowia, których w języku angielskim rzeczywiście nie brakuje, np.

Don't count your chickens before they're hatched,

czyli dosłownie *Nie licz swoich kurczaków, zanim się one nie wyklują*, a "po polsku": *Nie dziel skóry na niedźwiedziu*.

No właśnie, ten ostatni przykład pokazuje metodę tłumaczenia przyjętą w tym słowniku - przykłady angielskie są tłumaczone literacko lub opisowo. Znaczy to, że nie należy się przejmować "dosłownym" znaczeniem angielskim, które przecież byłoby dla Polaka albo śmieszne albo wręcz niezrozumiałe, a jedynie tym co jest najbardziej potrzebne, to znaczy właściwym przekazem znaczeniowym. Jeśli nie było możliwe znalezienie odpowiednika "codziennego", czy wręcz "żargonowego", idiom został przetłumaczony literacko. (Przy niektórych hasłach w nawiasach jest podane inne ujęcie znaczenia.)

A

A-1

This hunters' stew is really <u>A-1</u>!
Ten bigos jest naprawdę <u>pierwsza klasa</u>!

about time

It's <u>about time</u> you got up!
<u>Najwyższa pora</u> żebyś wstał!

about to

We were <u>about to </u>leave when the snow began.
Mieliśmy <u>właśnie</u> wyjść, kiedy zaczął padać śnieg.

above all

Children need many things, but <u>above all</u> they need love.
Dzieci potrzebują wiele rzeczy, ale <u>ponad wszystko</u> potrzebują miłości.

above oneself

You're a bit <u>above yourself</u>, my dear.
Masz o sobie trochę <u>zbyt dobre zdanie</u>, moja droga.

ace in the hole

The lawyer's <u>ace in the hole</u> was a secret witness who saw the accident.
<u>Asem w rękawie</u> adwokata był tajemniczy świadek, który widział wypadek.

accidentally-on-purpose

I was sure it was done <u>accidentally-on-purpose.</u>
Jestem pewien, że to zostało zrobione tylko <u>niby przypadkowo</u>.

ace out

Boeing Co. aces out General Dynamics for the first big defense deal.

Firma Boeing przebija General Dynamics w pierwszym dużym kontrakcie obronnym.

across the board

The President wanted taxes lowered across the board.

Prezydent chciał obniżenia podatków dla każdego bez wyjątku..

act up

The dog acted up as the mailman came to the door.

Pies zachowywał się jak szalony, kiedy listonosz podszedł do drzwi.

add fuel to the flame

By laughing at Ted, Bob added fuel to the flame.

Śmiejąc się z Teda, Bob dolał oliwy do ognia.

afraid of one's shadow

She won't stay here at night; she's afraid of her own shadow.

Ona nie zostanie tutaj w nocy; ona boi się własnego cienia.

after all

Bob thought he couldn't go to the party; but he went after all.

Bob myślał, że nie będzie mógł pójść na prywatkę; ale jednak poszedł.

against the clock

It was a race <u>against the clock</u> when the doctor tried to save the injured man.

To był wyścig <u>z czasem</u>, kiedy lekarz próbował uratować tego rannego.

ahead of the game

Study hard now; it'll put you <u>ahead of the game</u> in college.

Ucz się pilnie; to <u>da ci przewagę</u> w szkole wyższej.

a hell of

He made <u>a hell of</u> a shot in the basketball game.

Wrzucił <u>fantastycznego</u> kosza w czasie meczu.

alive and kicking

My grandpa is still <u>alive and kicking.</u>

Mój dziadek ciągle <u>trzyma się dobrze</u>.

all along

I knew <u>all along</u> that we would win.

Wiedziałem <u>przez cały czas</u>, że wygramy.

all but

The hikers were <u>all but</u> frozen when they were found.

Turyści byli <u>niemal</u> zamarznięci, kiedy ich znaleziono.

all ears

Go ahead with your story; we're <u>all ears</u>.

Opowiadaj swoją historię; <u>zamieniamy się w słuch</u>.

all of a sudden

<u>All of a sudden</u> we heard a shot and our English teacher fell to the ground.

<u>Nagle</u> usłyszeliśmy strzał i nasz nauczyciel angielskiego upadł na ziemię.

all out

We went <u>all out</u> to win the game.
Zrobiliśmy <u>wszystko, co w naszej mocy</u>, żeby wygrać mecz.

all over

I have looked <u>all over</u> for my glasses.
Szukałem swoich okularów <u>wszędzie</u>.

all right for you

<u>All right for you</u>! I'm not playing with you anymore!
<u>Między nami koniec</u>! Nie bawię się z tobą więcej!

all set

Your tire is fixed. You are <u>all set</u>.
Twoja opona jest naprawiona. Masz <u>wszystko gotowe</u>.

(all) shook up

What are you so <u>shook up</u> about?
Co cię tak <u>wkurza</u>?

all systems go

After he did it, it was <u>all systems go</u> for the party.
Kiedy już to zrobił, wszystko było <u>dopięte na ostatni guzik</u> do przyjęcia.

all the same

Everyone opposed it, but they got married <u>all the same</u>.
Każdy się temu sprzeciwiał, ale oni się pobrali <u>pomimo wszystko</u>.

all the way

Joe played <u>all the way</u> in the soccer game.

Joe grał <u>od początku do końca</u> meczu piłki nożnej.

all wet

If you think I can do it, you're <u>all wet</u>.

Jeśli myślisz, że ja mogę to zrobić, to ciężko się mylisz.

and then some

It would cost all the money he had <u>and then some</u>.

To by kosztowało go wszystkie pieniądze <u>i jeszcze trochę</u>.

answer for

The Secret Service has to <u>answer for</u> the safety of the President.

Tajna Służba musi <u>odpowiadać za</u> bezpieczeństwo Prezydenta.

arm and leg

To get a decent apartment in New York you have to pay <u>an arm and a leg</u>.

Żeby dostać przyzwoite mieszkanie w Nowym Jorku, trzeba wyłożyć <u>straszne pieniądze</u>.

armed to the teeth

The paratroopers were <u>armed to the teeth</u>.

Spadochroniarze byli <u>uzbrojeni po zęby</u>.

around the clock

The factory operated <u>around the clock</u> until the order was filled.

Fabryka działała <u>na okrągło</u>, dopóki zamówienie nie zostało zrealizowane.

around the corner

Your new adventure is just <u>around the corner</u>.

Nowa przygoda czeka cię za rogiem.

Thag Anderson becomes the first fatality <u>as a result of</u> falling asleep at the wheel.

Thag Anderson staje się pierwszą ofiarą śmiertelną <u>w wyniku</u> zaśnięcia za kółkiem.

as a rule

<u>As a rule</u>, things get less busy after Christmas.

<u>Z reguły</u>, jest mniej zamieszania po Bożym Narodzeniu.

as a matter of fact

I'm not lazy. <u>As a matter of fact</u>, I'm a hard-working person.

Nie jestem leniwy. <u>W zasadzie</u>, jestem ciężko pracującą osobą.

ask for

He drives so fast; he's <u>asking for</u> trouble.

On prowadzi samochód tak szybko; <u>sam prosi się</u> o kłopoty.

as luck would have it

<u>As luck would have it</u>, no one was in the building when the bomb went off.

<u>Szczęśliwym zbiegiem okoliczności</u>, nikogo nie było w budynku, kiedy wybuchła bomba.

as soon as

He will see us <u>as soon as</u> he can.

Przyjmie nas <u>jak tylko</u> będzie mógł.

as to

There is no doubt <u>as to</u> his honesty.
Nie ma żadnych wątpliwości <u>co do</u> jego uczciwości.

as well as

He was my doctor <u>as well as</u> my friend.
Był moim lekarzem, <u>jak również</u> moim przyjacielem.

at all

It was December, but it was not <u>at all</u> cold.
Był grudzień, ale <u>w ogóle</u> nie było zimno.

at all costs

Barbara is determined to succeed in her new job <u>at all costs</u>.
Barbara jest zdecydowana odnieść sukces w swojej nowej pracy <u>za wszelką cenę</u>.

at a loss

A good salesman is never <u>at a loss</u> for words.
Dobremu sprzedawcy nigdy nie <u>brakuje słów</u>.

at bay

The policeman held the thief <u>at bay</u>.
Policjant przycisnął złodzieja <u>do muru.</u>

at death's door

I was so ill that I was <u>at death's door</u>.
Byłem tak chory, że <u>stałem u progu śmierci</u>.

at ease

You can't feel <u>at ease</u> with a toothache.
Nie można <u>się odprężyć</u> z bólem zęba.

at fault

The driver who didn't stop at the red light was <u>at fault</u>.
<u>Winny</u> był kierowca, który nie zatrzymał się na czerwonym świetle.

at first glance

<u>At first glance</u>, the problem appeared quite simple.
<u>Na pierwszy rzut oka</u>, problem wydawał się całkiem prosty.

at full speed

The engine was running <u>at full speed</u>.
Silnik działał <u>na pełnych obrotach</u>.

at hand

I don't happen to have your application <u>at hand </u>at the moment.
Akurat nie mam twojego podania <u>pod ręką</u> w tej chwili.

at large

There is a murderer <u>at large</u> in the city.
W mieście jest morderca <u>na wolności</u>.

at last

The school is over <u>at last</u>!
<u>Nareszcie</u> skończyła się szkoła!

at least

You should brush your teeth <u>at least</u> twice a day.
Powinno się myć zęby <u>przynajmniej</u> dwa razy dziennie.

at odds

John and his father are always <u>at odds</u>.
John i jego ojciec mają zawsze <u>różne zdania</u>.

at once

When his mother called him to lunch, Paul came <u>at once</u>.

Kiedy matka zawołała go na lunch, Paul <u>od razu</u> przyszedł.

at one's beck and call

A good mother isn't necessarily <u>at the child's beck and call</u>.

Dobra matka nie jest koniecznie <u>na każde zawołanie dziecka</u>.

at one's fingertips

The pilot of a plane has many controls <u>at his fingertips</u>.

Pilot samolotu ma wiele urządzeń sterujących <u>w zasięgu ręki</u>.

at present

We can lend you money next week, but not <u>at present</u>.

Możemy pożyczyć ci pieniądze w przyszłym tygodniu, ale nie <u>teraz</u>.

at random

Sally picked four names <u>at random</u> from the telephone directory.

Sally wybrała <u>na chybił, trafił</u> cztery nazwiska z książki telefonicznej.

at sea

The job was new to him, and for a few days he was <u>at sea</u>.

Ta praca była dla niego nowa i przez kilka dni <u>był kompletnie zagubiony</u>.

at sixes and sevens

The house is always <u>at sixes and sevens</u> when he is home by himself.

W domu jest zawsze <u>poplątanie z pomieszaniem,</u> kiedy on zostaje sam.

at stake

Remember! Your job is <u>at stake</u>!

Pamiętaj! <u>Stawką</u> jest twoja praca.

at (on) the tip of one's tongue

I have his name <u>on the tip of my tongue</u>.

Mam jego nazwisko <u>na końcu języka</u>.

at this rate

Hurry up! We'll never get there <u>at this rate</u>.

Pospiesz się! Nigdy tam nie dotrzemy <u>w takim tempie</u>.

at times

<u>At times</u> I wish I had never come here.

<u>Czasami</u> wolałbym, żebym tutaj nigdy nie przyszedł.

B

back and forth

The chair is rocking <u>back and forth</u>.

Fotel kiwa się <u>tam i z powrotem</u>.

back off

It was better to <u>back off</u> than to risk getting shot.

Lepiej było <u>się wycofać</u>, niż ryzykować postrzelenie.

back out

He agreed to help me, but <u>backed out</u>.
Zgodził się mi pomóc, ale <u>wycofał się z obietnicy</u>.

back to the salt mines

It's eight o'clock. <u>Back to the salt mines</u>!
Jest ósma. <u>Z powrotem do kieratu</u>!

back up

The principal <u>backs up</u> the faculty.
Dyrektor szkoły <u>popiera</u> grono pedagogiczne.

bad-mouth someone

It's not nice to <u>bad-mouth people</u>.
To nieładnie <u>obgadywać ludzi</u>.

bag and baggage

She showed up at our door <u>bag and baggage</u>.
Zjawiła się u naszych drzwi <u>ze wszystkimi swoimi gratami</u>.

bank on

You can <u>bank on</u> my word.
Możesz <u>polegać</u> na moim słowie.

bargain for

It was far more that I <u>bargained for</u>.
To było o wiele więcej, niż się <u>spodziewałem</u>.

barge in

I'm sorry for <u>barging in</u> just like that, but have we met before?
Przepraszam, że się tak <u>wtrącam</u>, ale czy my się nie znamy?

bark up the wrong tree

If he thinks he can fool me, he is <u>barking up the wrong tree</u>.

Jeśli on myśli, że uda mu się mnie oszukać, to <u>puka do niewłaściwych drzwi</u>.

bat an eye

I told him my price without <u>batting an eye</u>.

Powiedziałem mu swoją cenę bez <u>drgnienia powieki</u>.

(be) bad news

I knew this kid was <u>bad news</u>!

Wiedziałem, że ten dzieciak to <u>same kłopoty</u>!

bear out

I hope that the facts will <u>bear your story out</u>.

Mam nadzieję, że fakty <u>potwierdzą twoją historię</u>.

bear up

She <u>bore up</u> well at the funeral.

<u>Trzymała się</u> dobrze w czasie pogrzebu.

bear with

She's sick. Try to <u>bear with</u> her when she cries.

Ona jest chora. Spróbuj <u>okazać jej wyrozumiałość</u> kiedy płacze.

beat about the bush

Stop <u>beating about the bush</u> and answer my question.

Przestań <u>kręcić</u> i odpowiedz na moje pytanie.

beat one's brains out

He <u>beat his brains out</u> to get the answer.

<u>Wysilał głowę</u>, żeby zdobyć odpowiedź.

beat one's head against a wall

You're <u>beating your head against a wall</u> trying to get him to behave properly.

<u>Walisz głową w mur</u> próbując skłonić go do właściwego zachowania.

beat to

I was waiting to buy the last ticket but another guy <u>beat me to</u> it.

Czekałem, żeby kupić ostatni bilet, ale inny facet <u>wyprzedził mnie w</u> tym.

beat up

The robber <u>beat me up</u> and took my money.

Rabuś <u>pobił mnie</u> i zabrał moje pieniądze.

bed of roses

Living with Pat can't be a <u>bed of roses</u>.

Życie z Pat nie jest <u>usłane różami</u>.

beef up

The government decided to <u>beef the army up</u> by buying new tanks.

Rząd zadecydował <u>wzmocnić armię</u> poprzez zakupienie nowych czołgów.

bee in one's bonnet

My wife has a <u>bee in her bonnet</u> about going to the dance.

Moja żona <u>ma świra</u> na punkcie pójścia na tańce.

beg off

Father told John to rake the yard, but John tried to <u>beg off</u>.

Ojciec powiedział Johnowi, żeby zagrabił podwórko, ale John próbował <u>się wykręcić</u>.

behind bars

He was a pickpocket and had spent many years <u>behind bars</u>.

Był kieszonkowcem i spędził wiele lat <u>za kratkami</u>.

behind one's back

Say it to his face, not <u>behind his back</u>.

Powiedz mu to w twarz, a nie <u>za jego plecami</u>.

behind the scenes

John was the president of the club, but <u>behind the scenes</u> Lee told him what to do.

John był prezesem klubu, ale <u>poza pierwszym planem</u> Lee mówił mu co robić.

believe it or not

<u>Believe it or not</u>, I'm over fifty years old.

<u>Możesz w to nie wierzyć</u>, ale mam ponad pięćdziesiąt lat.

believe one's ears

Did you say that? I could hardly <u>believe my ears</u>.

Czy ty to powiedziałeś? Z trudem mogłem <u>uwierzyć własnym uszom</u>.

believe one's eyes

Is that a plane? Can I <u>believe my eyes</u>?

Czy to jest samolot? Czy mogę <u>wierzyć własnym oczom</u>?

below the belt

It was really hitting <u>below the belt</u>!

To naprawdę było uderzenie <u>poniżej pasa</u>.

bent on

The bus was late, and the driver was <u>bent on</u> reaching the station on time.

Autobus był spóźniony i kierowca <u>dokładał wszelkich wysiłków</u>, żeby dojechać na dworzec na czas.

bet one's bottom dollar

This horse will win. I would <u>bet my bottom dollar</u> on it.

Ten koń wygra. <u>Postawiłbym na niego ostatniego dolara</u>.

better half

This is my <u>better half</u>, Janet.

To jest moja <u>lepsza połowa</u>, Janet.

better late than never

I wish you had come here sooner, but <u>better late than never</u>.

Żałuję, że nie przyszedłeś tutaj wcześniej, ale <u>lepiej późno niż wcale</u>.

be through with something

Are you <u>through with</u> your dinner, now?

Czy <u>skończyłeś</u> już obiad?

be up to something

Those kids are <u>up to something</u>. They're too quiet.

Te dzieciaki <u>coś knują</u>. Są za spokojne.

beyond the pale

Your swearing is <u>beyond the pale</u>.

Twoje przeklinanie <u>przekracza wszelkie granice</u>.

beyond the shadow of a doubt

We accepted her story as true <u>beyond the shadow of a doubt</u>.

Przyjęliśmy jej historię jako prawdziwą, bez cienia wątpliwości.

big deal

So you're a storeroom manager? Big deal!

A więc jesteś kierownikiem magazynu? Nic wielkiego!

big head

When Jack was elected captain of the team, it gave him a big head.

Kiedy Jack został wybrany kapitanem drużyny, to woda sodowa uderzyła mu do głowy.

big shot

Bill was a real big shot in his company.

Bill był naprawdę ważniakiem w swojej firmie.

big time

I had a big time at the club last night.

Świetnie się bawiłem w klubie wczoraj wieczorem.

birds and the bees

My father tried to teach me about the birds and bees.

Mój ojciec próbował mnie nauczyć skąd się biorą dzieci.

birthday suit

The boys were swimming in their birthday suits.

Chłopcy pływali tak jak ich Pan Bóg stworzył.

bite the bullet

I didn't want to go to the doctor, but I bit the bullet and went.

Nie chciałem iść do lekarza, ale przemogłem się i poszedłem.

bite the dust
A bullet hit the cowboy in the chest and he bit the dust.
Kula trafiła kowboya w pierś i zwalił się na glebę.

bitter pill to swallow
Robert was not invited to the party and it was a bitter pill for him to swallow.
Robert nie został zaproszony na prywatkę i była to dla niego gorzka pigułka do przełknięcia.

black and blue
The policeman was black and blue after falling out of the tree.
Policjant był cały posiniaczony po spadnięciu z drzewa.

black and white
He insisted on having the agreement down in black and white.
Uparł się, żeby mieć umowę zapisaną czarno na białym.

black out
Sally blacked out just before the crash.
Sally straciła świadomość na chwilę przed zderzeniem.

black sheep
He's always in trouble with the police – he's the black sheep of the family.
On ma zawsze kłopoty z policją - jest czarną owcą w rodzinie.

blessing in disguise
Our missing the train was a blessing in disguise. It was involved in a crash.
Nasze spóźnienie się na pociąg było szczęściem w nieszczęściu. On brał udział w zderzeniu.

blind alley

John didn't take the job because it was a <u>blind alley</u>.
John nie podjął tej pracy, ponieważ była to <u>ślepa uliczka</u>.

blood runs cold

The horror movie made the children's <u>blood run cold</u>.
Ten film grozy spowodował, że dzieciom <u>krew zastygła w żyłach</u>.

blow one's top

Mr. Crupa <u>blew his top</u> when his son got married.
Pan Crupa <u>wściekł się</u>, kiedy jego syn się ożenił.

blow one's brains out

The robber grabbed the gun and <u>blew her brains out</u>.
Rabuś chwycił za broń i <u>rozwalił jej głowę</u>.

blow the lid off

The police <u>blew the lid off</u> the smuggling ring.
Policja <u>zdemaskowała</u> szajkę przemytników.

blow the whistle on

The police <u>blew the whistle on</u> hotrodding.
Policja <u>uderzyła na alarm</u> z powodu nieostrożnej jazdy młodocianych kierowców.

blow up

He <u>blew up</u> the plane by means of a concealed bomb.
<u>Wysadził</u> w powietrze samolot przy pomocy ukrytej bomby.

bone of contention

The question of a fence between the houses has become a <u>bone of contention</u>.

Problem płotu pomiędzy domami stał się <u>kością niezgody</u>.

bore to tears
The lecture <u>bored everyone to tears</u>.
Wykład <u>zanudził wszystkich na śmierć</u>.

born with a silver spoon in one's mouth
Sally was <u>born with a silver spoon in her mouth</u>.
Sally jest <u>w czepku urodzona</u>.

bottom line
I know about all the problems, but what is the <u>bottom line</u>?
Wiem o wszystkich problemach, ale jaka jest <u>ostateczna decyzja</u>?

branch out
First John sold television sets; then he <u>branched out</u> and began selling computers too.
Najpierw John sprzedawał odbiorniki telewizyjne; potem <u>się rozwinął</u> i zaczął sprzedawać także komputery.

break down
The car <u>broke down</u> after half an hour's driving.
Samochód <u>się zepsuł</u> po półgodzinnej jeździe.

break even
I made a bad investment, but I <u>broke even</u>.
Zrobiłem złą inwestycję, ale <u>wyszedłem na swoje</u>.

break ground
The school <u>broke new ground</u> with senior courses.
Szkoła <u>położyła podwaliny</u> pod nową działalność kursami

dla emerytów.

break into
The robber <u>broke into</u> the house at night.
Rabuś <u>włamał się do</u> domu w nocy.

break into tears
She was so sad that she <u>broke into tears</u>.
Była tak smutna, że <u>wybuchła płaczem</u>.

break off
The speaker was interrupted so often that he <u>broke off</u> and sat down.
Tak często przeszkadzano mówcy, że <u>przerwał</u> i usiadł.

break one's heart
Sally <u>broke John's heart</u> when she refused to marry him.
Sally <u>złamała serce Johnowi</u>, gdy odmówiła poślubienia go.

break one's neck
John nearly <u>broke his neck</u> trying not to be late for school.
John omal <u>nie złamał karku</u> próbując nie spóźnić się do szkoły.

break one's word
If you <u>break your word</u>, she won't trust you again.
Jeśli <u>złamiesz swoje słowo</u>, to ona ci drugi raz nie zaufa.

break the ice
Tom is so outgoing; he's always the first one to <u>break the ice</u> at parties.
Tom jest taki towarzyski; zawsze jest pierwszym, który <u>przełamuje lody</u> na przyjęciach.

break through

Jim finally broke through onto the dean's list.

Jim wreszcie przebił się na dziekańską listę najlepszych studentów.

break up

Tom broke up with Mary yesterday!

Tom zerwał wczoraj z Mary!

breath easily

Now that the big bills were paid, he breathed more easily.

Teraz, kiedy duże rachunki były już popłacone, odetchnął z większą ulgą.

bright and early

He came down bright and early to breakfast.

Zszedł na dół na śniadanie w dobrym nastroju i na czas.

bring about

The war brought about great changes in living.

Wojna przyniosła wielkie zmiany w sposobie życia.

bring down

The funeral brought me down completely.

Pogrzeb zupełnie mnie przygnębił.

bring home

The accident caused a death in his family, and it brought home to him the evil of drinking while driving.

Wypadek spowodował śmierć w jego rodzinie i uświadomił mu zło picia w czasie prowadzenia.

bring out

His report <u>brought out</u> the foolishness of the plan.

Jego raport <u>wykazał</u> głupotę tego planu.

bring round

The boxer was knocked out, but the trainer <u>brought him round</u>.

Bokser został znokautowany, ale trener <u>postawił go na nogi</u>.

bring to light

His enemies <u>brought to light</u> some foolish things he had done while young, but he was elected anyway.

Jego wrogowie <u>wyciągnęli na wierzch</u> kilka głupich rzeczy, które on zrobił gdy był młody, ale i tak został wybrany.

bring up

Joe was born in Texas but <u>brought up</u> in Oklahoma.

Joe urodził się w Teksasie, ale <u>wychowywał się</u> w Oklahomie.

brush off

John <u>brushed off</u> Bill's warning that he might fall from the tree.

John <u>zlekceważył</u> ostrzeżenie Billa, że może spaść z drzewa.

brush up

He <u>brushed up</u> on his target shooting.

<u>Szlifował umiejętność</u> strzelania do tarczy.

build castles in the air

He liked to <u>build castles in the air</u>, but never succeeded in anything.

<u>Budował zamki na piasku</u>, ale nigdy nic mu się nie udało.

build up
Fred exercised to <u>build up</u> his muscles.
Fred ćwiczył, żeby <u>rozwinąć</u> swoje mięśnie.

burn a hole in one's pocket
Money <u>burns a hole in Linda's pocket</u>.
Pieniądze <u>palą Lindę w kieszeni</u>.

burn one's bridges
When Dorothy became a nun, she <u>burned her bridges</u> behind her.
Kiedy Dorothy została zakonnicą, <u>spaliła za sobą wszystkie mosty</u>.

burn one's fingers
He had <u>burned his fingers</u> in the stock market once, and didn't want to try again.
On kiedyś <u>sparzył sobie palce</u> na rynku giełdowym i nie chce jeszcze raz próbować.

burn up
The house <u>burned up</u> before the firemen got there.
Dom <u>spalił się do fundamentów</u>, zanim dotarli tam strażacy.

bury the hatchet
The two men had been enemies a long time, but after the flood they <u>buried the hatchet</u>.
Tych dwóch mężczyzn było wrogami przez długi czas, ale po powodzi <u>zakopali topory wojenne</u>.

butter up
He began to <u>butter up</u> the boss in hope of a better job.
Zaczął <u>podlizywać się</u> szefowi w nadziei na lepszą pracę.

buy off

When the police threatened to stop the gambling business, the owner <u>bought them off</u>.
Kiedy policja zagroziła, że położy kres hazardowi, właściciel ich <u>przekupił.</u>

buy out

Mr. Harper <u>bought out</u> a nearby hardware store.
Pan Harper <u>wykupił</u> wszystkie towary w pobliskim sklepie gospodarstwa domowego.

by and large

There were bad days, but is was a pleasant summer, <u>by and large</u>.
Były złe dni, ale <u>ogólnie rzecz biorąc</u>, było to przyjemne lato.

by chance

Tom met Bill <u>by chance</u>.
Tom spotkał Billa <u>przypadkowo</u>.

by heart

The pupils learned many poems <u>by heart</u>.
Uczniowie nauczyli się wielu wierszy <u>na pamięć</u>.

by hook or by crook

The team was determined to win that last game <u>by hook or by crook</u>.
Drużyna była zdeterminowana, żeby wygrać ostatni mecz <u>czysto albo nie</u>.

by virtue of

Plastic bags are useful for holding many kinds of food, <u>by virtue of</u> their transparency, toughness, and low cost.

Torby plastikowe są użyteczne do trzymania wielu rodzajów żywności <u>z powodu takich zalet jak</u> przeźroczystość, wytrzymałośc i taniość.

by word of mouth
The news got around <u>by word of mouth</u>.
Wiadomość obiegła świat przykazywana <u>z ust do ust</u>.

C

call a halt
The town council <u>called a halt</u> to the building project.
Rada miejska <u>wstrzymała</u> projekt budowlany.

call a meeting
The mayor <u>called a meeting</u> to discuss the problem.
Burmistrz <u>zwołał zebranie</u>, aby przedyskutować ten problem.

call a spade a spade
I believe it's time to <u>call a spade a spade</u>.
Wydaje mi się, że nadszedł czas aby <u>rzeczy nazwać po imieniu</u>.

call it a day
I'm tired. Let's <u>call it a day</u> even though it's only three o'clock.
Jestem zmęczony. <u>Na dzisiaj starczy</u>, chociaż jest dopiero trzecia.

call of nature
Stop the car here! I have to answer the <u>call of nature</u>.
Zatrzymaj tutaj samochód. Muszę oddać <u>daninę naturze</u>.

call back

I'll call the doctor back in the morning.
Oddzwonię do lekarza rano.

call off

Because of rain, they called off the game.
Z powodu deszczu odwołali mecz.

call the dogs off

Please call of your dogs! I plan to resign anyway.
Proszę przestań mnie prześladować. Zamierzam zrezygnować tak czy owak.

can't do anything with

Our new dog is such a problem! I can't do anything with him.
Nasz nowy pies to taki kłopot! Nie mogę sobie z nim poradzić.

can't see beyond the end of one's nose

John is a very poor planner. He can't see beyond the end of his nose.
John jest bardzo złym organizatorem. Nie widzi nic poza końcem swojego nosa.

can't stand

Mr. Jones can't stand the sight of blood.
Pan Jones nie może znieść widoku krwi.

care about

It's hard to believe, but Bill cares about Jane.
Trudno w to uwierzyć, ale Billowi zależy na Jane.

care for

Tom cares for his dog and keeps it healthy.

Tom <u>dba o</u> swojego psa i utrzymuje go w dobrym zdrowiu.

carry on

The children always <u>carry on</u> when the teacher's out of the room.

Dzieci zawsze <u>rozrabiają</u>, kiedy nauczyciel jest poza klasą.

carry off

It was a huge affair, but the hostess <u>carried it off</u> beautifully.

Było to duże wydarzenie, ale gospodyni pięknie <u>sobie z tym poradziła</u>.

cash in on

It's too late to <u>cash in on</u> that particular clothing fad.

Jest już zbyt późno, żeby <u>zarobić na</u> tym kaprysie mody.

cast around for

John is <u>casting around for</u> a new cook.

John <u>rozgląda się za</u> nową kucharkę.

cast doubt

The police <u>cast doubt</u> on my story.

Policja <u>poddała pod wątpliwość</u> moją historię.

cast pearls before swine

To sing operatic arias for them is to <u>cast pearls before swine</u>.

Śpiewanie arii operowych dla nich jest jak <u>rzucanie pereł między świnie</u>.

cast the first stone

Well, I don't want to be the one to <u>cast the first stone</u>, but she sang horribly.

Cóż, nie chcę być tym, który <u>rzuca pierwszy kamień</u>, ale ona śpiewała okropnie.

catch cold

Please close the window or we'll all <u>catch cold</u>.
Proszę, zamknij okno, albo <u>złapiemy przeziębienie</u>.

catch fire

Keep your coat away from the flames, or it will <u>catch fire</u>.
Trzymaj swój płaszcz z dala od płomieni, albo <u>zajmie się on ogniem</u>.

catch one's breath

I don't have time to <u>catch my breath</u>. I have to start work immediately.
Nie mam czasu, żeby <u>złapać oddech</u>. Muszę natychmiast zacząć pracować.

catch someone in the act

I <u>caught Tom in the act</u> of stealing a car.
<u>Złapałem Toma na</u> kradzieży samochodu.

catch someone red-handed

Tom was stealing the car when the police drove by and <u>caught him red-handed</u>.
Tom kradł samochód, kiedy nadjechała policja i <u>złapała go na gorącym uczynku</u>.

catch up with

He had to run to <u>catch up with her</u>.
Musiał biec, żeby <u>ją dogonić</u>.

cause a stir

When Bob appeared without his evening jacket, it
caused quite a stir in the dining-room
Kiedy Bob się pojawił bez wieczorowej marynarki,
spowodował pewne poruszenie w pokoju jadalnym.

change hands

How many times has this house changed hands in the
last ten years?
Ile razy ten dom przechodził z rąk do rąk w ciągu
ostatnich dziesięciu lat?

change someone's mind

I can change my mind if I want to. I don't have to stick to an
idea.
Mogę zmienić swoją decyzję jeśli będę chciał. Nie muszę
się trzymać tego pomysłu.

change someone's tune

The teller was most unpleasant until she learned that
I'm a bank director. Then she changed her tune.
Kasjerka była bardzo nieprzyjemna, dopóki się nie
dowiedziała, że jestem dyrektorem banku. Potem
zmieniła ton.

change the subject

They changed the subject suddenly when the person
whom they had been discussing entered the room.
Nagle zmienili temat, kiedy osoba, o której rozmawiali
weszła do pokoju.

chase after

The dog chased after the car.
Pies poleciał za samochodem.

check in

I'll call you just after I <u>check in</u> the hotel.

Zadzwonię, jak tylko <u>zamelduję się</u> w hotelu.

check on

I'll have to <u>check on</u> your facts.

Będę musiał <u>sprawdzić</u> twoje fakty.

check out

What time do you have to <u>check out</u> of the hotel?

O której godzinie musisz <u>się wymeldować</u> z hotelu?

check up on

The police are <u>checking up on</u> my story.

Policja <u>sprawdza wiarygodność</u> mojej historii.

cheer up

When Bill was sick, Ann tried to <u>cheer him up</u> by reading to him.

Kiedy Bill był chory, Anna próbowała <u>dodać mu otuchy</u> czytając mu.

chicken out

Jane was going to go parachuting with us, but she <u>chickened out</u> at the last minute.

Jane miała poskakać ze spadochronem z nami, ale w ostatniej chwili <u>stchórzyła</u>.

child's play

The exam was <u>child's play</u> to her.

Dla niej ten egzamin był <u>dziecinną igraszką</u>.

chilled to the marrow

I was <u>chilled to the marrow</u> in that snowstorm.

<u>Przemarzłem do szpiku kości</u> w tej śnieżycy.

chip in

Would you care to <u>chip in</u> some money towards a gift for the teacher?

Czy chciałbyś <u>złożyć się na</u> prezent dla nauczyciela?

choose sides

Let's <u>choose sides</u> and play ball.

<u>Wybierzmy strony</u> i zagrajmy w piłkę.

clean up

This house is a mess. Let's <u>clean it up</u>.

W domu jest bałagan. <u>Wysprzątajmy go</u>.

clear someone's name

I was accused of theft, but I <u>cleared my name</u>.

Byłem oskarżony o kradzież, ale <u>oczyściłem swoje imię</u>.

clear up

I think that we can <u>clear this matter up</u> without calling in the police.

Myślę, że możemy <u>wyjaśnić tę sprawę</u> bez wzywania policji.

clear the air

All right, let's discuss this frankly. It'll be better if we <u>clear the air</u>.

W porządku, przedyskutujmy to szczerze. Będzie lepiej, jeśli <u>oczyścimy atmosferę</u>.

close one's eyes to

You can't <u>close your eyes</u> to the hunger in the world.

Nie możesz <u>udawać, że nie widzisz</u> głodu na świecie.

close down

The police <u>closed the factory down</u>.
Policja <u>zamknęła fabrykę na cztery spusty</u>.

close to someone

Tom is very <u>close to Mary</u>. They may get married.
Tom jest bardzo <u>blisko z Mary</u>. Może się pobiorą.

cold turkey

Tom stopped smoking <u>cold turkey</u>.
Tom przestał palić <u>za jednym zamachem</u>.

come about

How did this <u>come about</u>?
Jak to się <u>zdarzyło</u>?

come across

In Scotland, I <u>came across</u> this beautiful little stream full of fish.
W Szkocji <u>natknąłem się</u> na ten mały piękny strumień pełen ryb.

come along

All right. I'll <u>come along</u> with you.
W porządku. <u>Pójdę</u> z tobą.

come at

The dog snarled and <u>came at</u> me, but I didn't get bitten.
Pies warknął i <u>rzucił się na</u> mnie, ale nie zostałem ugryziony.

come away empty-handed

All right, go gambling if you must. Don't <u>come away empty-handed</u>, though.
W porządku. Idź uprawiać hazard. Jednak <u>nie odchodź z pustymi rękami</u>.

come between

I'll stay at home. I don't want to <u>come between</u> Tom and his brother.

Zostanę w domu. Nie chcę <u>wchodzić pomiędzy</u> Toma i jego brata.

come down to earth

You have very good ideas, John, but you must <u>come down to earth</u>.

Masz bardzo dobre pomysły John, ale musisz <u>zejść na ziemię</u>.

come hell or high water

I'll be there tomorrow, <u>come hell or high water</u>.

Będę tam jutro, <u>niech się wali, niech się pali</u>.

come in handy

A good reference book <u>comes in handy</u>.

Dobra książka z informacjami <u>przydaje się</u>.

come of age

When Jane <u>comes of age</u>, she will buy her own car.

Kiedy Jane <u>dojdzie do pełnoletności</u>, kupi sobie własny samochód.

come off

I was very surprised when the marriage <u>came off</u>.

Byłem bardzo zdziwiony, kiedy to małżeństwo <u>doszło do skutku</u>.

come on

<u>Come on</u>! I'm in a hurry.

<u>Szybciej</u>! Spieszę się.

come out of one's shell

Ann, you should <u>come out of your shell</u> and spend more time with your friends.

Ann, powinnaś <u>wyjść ze swojej dziupli</u> i spędzać więcej czasu ze swoimi przyjaciółmi.

come out with

Jane <u>came out with</u> a long string of swear words.

Jane nagle <u>wyskoczyła z</u> długą wiązką przekleństw.

come round

Why don't you <u>come round</u> about eight? I'll be home then.

Może byś <u>wpadł</u> około ósmej? Będę w domu.

come to standstill

The party <u>came to a standstill</u> until the lights were turned on again.

Przyjęcie <u>znalazło się w martwym punkcie</u>, dopóki znowu nie włączono światła.

come to an end

The party <u>came to an end</u> at midnight.

Przyjęcie <u>dobiegło końca</u> o północy.

come to an understanding

I spent an hour trying to <u>come to an understanding</u> with Tom.

Spędziłem godzinę próbując <u>dojść do porozumienia</u> z Tomem.

come to blows

They got excited about the accident, but they never actually <u>came to blows</u> over it.

*Zdenerwowali się wypadkiem, ale w zasadzie nigdy nie
doszło do wymiany ciosów z jego powodu.*

come to life

The child <u>comes to life</u> only when she is listening to
music.

To dziecko <u>ożywia się</u> tylko wtedy, gdy słucha muzyki.

come to light

If too many bad things <u>come to light</u>, you may lose your
job.

*Jeśli zbyt dużo spraw <u>wyjdzie na światło dzienne</u>, możesz
stracić swoją pracę.*

come to mind

Another idea <u>comes to mind</u>.

<u>Przyszedł mi do głowy</u> inny pomysł.

come to nothing

So all my hard work <u>comes to nothing</u>.

A więc cała moja praca <u>na nic się nie przyda</u>.

come to one's senses

I hope Mary <u>comes to her senses</u> and breaks off her
engagement.

*Mam nadzieję, że Mary <u>odzyska zdrowy rozsądek</u> i
zerwie swoje zaręczyny.*

come to terms with

She had to <u>come to terms with</u> the loss of her sight.

Musiała <u>się pogodzić z</u> utratą wzroku.

come to the point

Stop wasting time! <u>Come to the point</u>!

Przestań marnować czas. <u>Przejdź do sedna sprawy</u>.

come to think of it

Come to think of it, I know someone who can help.
Właśnie sobie przypomniałem, że znam kogoś, kto może pomóc.

come true

When I got married, all my dreams came true.
Kiedy ożeniłem się, spełniły się wszystkie moje marzenia.

come up

I'm sorry, I cannot come to your party. Something has come up.
Przepraszam, nie mogę przyjść na twoje przyjęcie. Coś mi niespodziewanie wypadło.

confide in

Sally always confided in her sister Ann.
Sally zawsze zawierzała się swojej siostrze Ann.

conk out

I usually conk out just after the late news at 11:00 P.M..
Zwykle padam spać po wieczornych wiadomościach o 11.

cook someone's goose

I cooked my own goose by not showing up on time.
Sam sobie nawarzyłem piwa nie zjawiając się na czas.

cook up

Let me see if I can cook up a way to get you some money.
Pozwól mi zobaczyć czy mogę coś wykombinować, żeby dać ci trochę pieniędzy.

Cool it!

Don't get angry, Bob. <u>Cool it</u>!
Nie złość się Bob. <u>Uspokój się</u>.

cool off

I'm sorry I got angry. I'll <u>cool off</u> in a minute.
Przepraszam, że się zdenerwowałem. Zaraz się <u>uspokoję</u>.

cost a pretty penny

I'll bet that diamond <u>cost a pretty penny</u>.
Założę się, że ten diament <u>kosztuje niezły grosz</u>.

cost an arm and a leg

It <u>cost an arm and a leg</u> so I didn't buy it.
To <u>kosztowało o wiele więcej niż było warte</u>, zatem nie kupiłem tego.

couldn't care less

John <u>couldn't care less</u> whether he goes to the party or not.
Johnowi <u>w ogóle nie zależy</u> czy pójdzie na przyjęcie, czy nie.

count on someone

Can I <u>count on</u> you to be there at twelve o'clock?
Czy mogę <u>liczyć</u> na ciebie, że będziesz tam o dwunastej?

count one's chickens before they are hatched

Don't <u>count your chickens before they are hatched</u>.
Nie <u>dziel skóry na niedźwiedziu</u>.

count someone out

Please <u>count me out</u> for the party next Saturday. I have other plans.
Proszę, <u>wyłącz mnie</u> z przyjęcia na następną sobotę. Mam inne plany.

cover for

If I miss class, please <u>cover for</u> me.
Jeśli nie zdążę na lekcję, proszę <u>kryj</u> mnie.

crack up

The class <u>cracked up</u> when I told my joke, but the teacher didn't like it.
Klasa <u>lała ze śmiechu</u>, kiedy powiedziałem swój dowcip, ale nauczycielowi on się nie podobał.

crazy about

Ann is <u>crazy about</u> John.
Anna <u>szaleje na punkcie</u> Johna.

crop up

Bad luck will often <u>crop up</u> when you aren't ready for it.
Nieszczęście często <u>pojawia się znienacka</u>, kiedy nie jesteś na nie gotowy.

cross-examine someone

The police <u>cross-examined the suspect</u> for three hours.
Policja <u>przesłuchiwała podejrzanego</u> przez trzy godziny.

cross swords

I don't want to <u>cross swords</u> with Tom.
Nie chcę <u>krzyżować mieczy</u> z Tomem.

cry one's eyes out

She <u>cried her eyes out</u> after his death.
Po jego śmierci, <u>wypłakała oczy</u>.

cry over spilled milk

There is nothing that can be done now. Don't <u>cry over spilled milk</u>.

*Nic teraz nie można zrobić. I nie ma co <u>płakać nad
rozlanym mlekiem</u>.*

cry wolf

Pay no attention. She's just trying to <u>cry wolf</u> again.
*Nie zwracaj uwagi. Ona znowu po prostu próbuje
<u>wywołać wilka z lasu</u>.*

cue in

Let's not forget to <u>cue in</u> Joe on what has been happening.
Nie zapomnijmy <u>wprowadzić</u> Joe w to co się dzieje.

cut a deal

She never tried to <u>cut a deal</u> with prosecutors to avoid a
prison sentence.
*Nigdy nie próbowała <u>pójść na układ</u> z oskarżycielami,
aby uniknąć kary więzienia.*

cut back

Suddenly, the bull <u>cut back</u> in our direction and began chas-
ing us.
*Nagle ten byk <u>zawrócił w miejscu</u> w naszą stronę i zaczął
nas gonić.*

cut corners

You cannot <u>cut corners</u> when you are dealing with public safety.
*Nie możesz <u>liczyć na każdego grosza</u>, kiedy zajmujesz
się bezpieczeństwem publicznym.*

cut down

The doctor told Jane to <u>cut down</u> on sweets.
*Lekarz powiedział Jane, żeby <u>ograniczyła</u> jedzenie
słodyczy.*

cut in

The telephone operator <u>cut in</u> on our call.
Telefonistka <u>wtrąciła się</u> do naszej rozmowy.

cut loose

Jane is finding it hard to <u>cut loose</u> from her family.
Jane stwierdziła, że trudno jej jest <u>rozłączyć się</u> z rodziną.

cut someone in

I don't think we should <u>cut anybody in</u>.
Nie sądzę, że powinniśmy <u>dopuszczać kogokolwiek do</u> tego.

D

daily dozen

She would rather do a <u>daily dozen</u> than go on a diet.
Ona raczej zacznie <u>się codziennie gimnastykować</u>, niż pójdzie na dietę.

dance to another tune

After failing the exam, Ann <u>danced to another tune</u>.
Po oblaniu egzaminu Ann zaczęła <u>inaczej śpiewać</u>.

dark horse

Dave is a <u>dark horse</u> in this matter as far as we are concerned.
Jeśli chodzi o nas, w tej sprawie Dave jest <u>czarnym koniem</u>.

dash off

I'll <u>dash a quick note off</u> to Aunt Mary.
<u>Naskrobię szybki liścik</u> do cioci Mary.

date back

This record <u>dates back</u> to the sixties.
Ta płyta <u>datuje się wstecz</u> do lat sześćdziesiątych.

dawn on

It just <u>dawned on</u> me that I forgot my books.
Właśnie <u>mi zaświtało w głowie</u>, że zapomniałem swoich książek.

day after day

He wears the same clothes <u>day after day</u>.
<u>Dzień po dniu</u> on nosi to samo ubranie.

day and night

The doctor was with her <u>day and night</u>.
Lekarz był z nią <u>dzień i noc</u>.

day-to-day

They update their accounts on a <u>day-to-day</u> basis.
Oni uaktualniają swoje rachunki <u>z dnia na dzień</u>.

daylight robbery

The cost of renting a car at that place is <u>daylight robbery</u>.
Koszt wynajmu samochodu w tamtym miejscu to <u>rabunek w biały dzień</u>.

dead centre

When you put the flowers on the table, put them <u>dead centre</u>.
Kiedy będziesz kładł kwiaty na stole, połóż je <u>na samym środku</u>.

death to

This road is terribly bumpy. It's <u>death to</u> tires.

Ta droga jest strasznie wyboista. To <u>zabójstwo dla</u> opon.

desert a sinking ship

I hate to be the one to <u>desert a sinking ship</u>, but I can't stand it around here any more.

Nie chcę być tym, który <u>opuszcza tonący statek</u>, ale nie mogę dłużej znieść tego tutaj.

die a natural death

I expect that all this excitement about computers will <u>die a natural death</u>.

Spodziewam się, że całe zamieszanie wokół komputerów <u>umrze śmiercią naturalną</u>.

die laughing

The joke was so funny that I almost <u>died laughing</u>.

Ten żart był tak śmieszny, że omal nie <u>umarłem ze śmiechu</u>.

die of boredom

We sat there and listened politely, even though we almost <u>died of boredom</u>.

Siedzieliśmy tam i słuchaliśmy grzecznie, chociaż prawie nie <u>umarliśmy z nudów</u>.

die out

All this talk about war will eventually <u>die out</u>.

Cała ta gadanina o wojnie w końcu <u>powoli się uspokoi</u>.

dig in

There is a long agenda today. We better <u>dig in</u> for a long meeting.

Dzisiaj jest długa lista spraw do załatwienia. Lepiej przygotujmy się na długie zebranie.

dig one's own grave

The manager tried to get rid of his assistant, but he <u>dug his own grave</u>.

Kierownik próbował pozbyć się swojego zastępcy, ale <u>sam sobie wykopał grób</u>.

dig something

I really <u>dig rock music</u>.

Naprawdę <u>czuję</u> muzykę rockową.

dirty one's hands

The mayor would not <u>dirty his hands</u> by accepting bribes.

Burmistrz nie <u>zabrudziłby sobie rąk</u> przyjmując łapówki.

dirty word

You are not allowed to use <u>dirty words</u> in your school essays.

Nie wolno używać <u>brzydkich słów</u> w wypracowaniach szkolnych.

dirty work

My boss does all the travelling. I get all the <u>dirty work</u> to do.

Mój szef bierze wszystkie wyjazdy. Ja dostaję do zrobienia całą <u>czarną robotę</u>.

do one's best

Just <u>do your best</u>. That's all we can ask of you.

<u>Postaraj się jak najlepiej</u>. To wszystko o co możemy cię prosić.

do one's duty

Please don't thank me. I'm just <u>doing my duty</u>.

Proszę, nie dziękuj mi. <u>Wykonam tylko swój obowiązek</u>.

do someone good

A nice hot bath really <u>does me good</u>.

Miła ciepła kąpiel naprawdę <u>dobrze mi zrobi</u>.

do someone in

That tennis match really <u>did me in</u>.

Ten mecz tenisa naprawdę <u>dał mi w kość</u>.

do over

We <u>did over</u> our living-room for the celebration.

<u>Przerobiliśmy</u> nasz pokój dzienny na tę uroczystość.

do someone's heart good

It <u>does my heart good</u> to hear you talk that way.

<u>Ciepło mi się robi na sercu</u> słysząc ciebie mówiącego w ten sposób.

(do) something by hand

The computer was broken so I had to <u>type the document by hand</u>.

Komputer był zepsuty, więc musiałem <u>przepisać ten dokument na maszynie ręcznie</u>.

(do) in person

I know the money should be in his account. I saw him <u>put it there in person</u>.

Wiem, że te pieniądze powinny być na jego koncie. Widziałem go <u>wpłacającego je osobiście</u>.

do the dishes

Why am I always the one who has to <u>do the dishes</u>?

Dlaczego zawsze ja jestem tym, który musi <u>pozmywać naczynia</u>?

do the honours

The president stood up and addressed the people at the dinner: "I'm delighted to <u>do the honours</u> this evening".

Prezydent wstał i zwrócił się do osób siedzących przy obiedzie: "Jest mi niezwykle miło <u>czynić honory domu</u> tego wieczoru".

do without

I suppose I'll just have to <u>do without</u> a car.

Przypuszczam, że będę po prostu musiał <u>obejść się bez</u> samochodu.

double-cross someone

If you <u>double-cross me</u> again, I'll kill you.

Jeżeli jeszcze raz <u>mnie oszukasz</u>, zabiję cię.

double up

We don't have enough books. Tom, will you <u>double up</u> with Jane?

Nie mamy wystarczającej ilości książek. Tom, czy zechcesz <u>podzielić się</u> z Jane?

down and out

John gambled away all his fortune and is now completely <u>down and out</u>.

John przegrał cały swój majątek i jest teraz <u>bez grosza przy duszy</u>.

522

down the tube

His political career went <u>down the tube</u> after the scandal.

Jego kariera polityczna <u>załamała się</u> po tym skandalu.

down to earth

Her ideas for the boutique are always very <u>down to earth.</u>
Jej pomysły na butik zawsze <u>trzymają się ziemi</u>.

down with (a disease)

Tom isn't here. He's <u>down with a cold</u>.
Toma nie ma tutaj. Jest <u>powalony przeziębieniem.</u>

doze off

When the room gets warm, I usually <u>doze off</u>.
Kiedy w pomieszczeniu robi się ciepło, zwykle <u>zasypiam</u>.

drag out

Why do lawyers have to <u>drag trials out</u> like this?
Dlaczego prawnicy muszą <u>przewlekać sprawy sądowe</u> w ten sposób?

draw up

You should <u>draw a will up</u> as soon as you can.
Powinieneś <u>napisać testament</u> tak szybko jak możesz.

dream come true

Going to Hawaii is like having <u>a dream come true</u>.
Wyjazd na Hawaje jest jak <u>spełnienie marzeń</u>.

dress someone up

Sally's mother likes to <u>dress up</u> her daughter.
Matka Sally lubi <u>stroić</u> swoją córkę.

drink up

Come on, Billy. <u>Drink up</u> your milk.
Pospiesz się Billy. <u>Dopij</u> swoje mleko.

drive someone crazy

This itch is <u>driving me crazy</u>.
To swędzenie <u>doprowadza mnie do szaleństwa</u>.

driving force

Money is the <u>driving force</u> behind most businesses.
Pieniądze są <u>siłą napędową</u> większości biznesów.

drop a brick

You certainly <u>dropped a brick</u> when you mentioned that her ex-boyfriend had married.
Z pewnością <u>popełniłeś nietakt</u> wspominając, że jej były chłopak ożenił się.

drop in

You're welcome to <u>drop in</u> at any time.
Jesteś zaproszony, żeby <u>wpaść z wizytą</u> kiedykolwiek.

drop in the ocean

But $1 isn't enough! That's just <u>a drop in the ocean.</u>
Ale $1 dolar nie wystarczy! To <u>kropla w morzu</u>.

drop off

The patient <u>dropped off</u> in his sleep.
Pacjent <u>zszedł</u> w czasie snu.

drop out

I'm working part-time so that I won't have to <u>drop out</u> of college.
Pracuję na część etatu, a zatem nie będę musiał <u>rzucać</u> kolegium.

drop something off

If you're going to the bank, please <u>drop off</u> my check on the way.

Jeśli idziesz do banku, proszę <u>podrzuć po drodze</u> mój czek.

drown one's sorrows

Bill is in the bar <u>drowning his sorrows</u>.

Bill jest w barze <u>topiąc swoje smutki</u>.

dry run

We had better have <u>a dry run</u> for the official ceremony tomorrow.

Lepiej, żebyśmy zrobili <u>próbę na sucho</u> do jutrzejszej oficjalnej ceremoni.

Dutch treat

"It's nice of you to ask me out to dinner," she said, "but could we make it <u>a Dutch treat</u>?"

"To miło, że zapraszasz mnie na obiad", powiedziała, "ale czy moglibyśmy <u>podzielić koszt na pół</u>".

dying to do something

I'm just <u>dying to go</u> sailing in your new boat.

<u>Umieram z niecierpliwości, żeby pójść</u> pożeglować na twojej nowej łodzi.

E

each and every

The captain wanted <u>each and every</u> man to be here at eight o'clock.

Kapitan kazał <u>każdemu bez wyjątku</u>, żeby był tutaj o ósmej.

early bird catches the worm

When Billy's father woke him up for school he said: "The early bird catches the worm".

Kiedy ojciec Billa obudził go do szkoły, powiedział: "Kto rano wstaje, temu Pan Bóg daje".

earn (one's) living

He had to earn his living as a private lawyer.

Musiał zarabiać na życie jako prywatny adwokat.

ear to the ground

The city manager kept an ear to the ground for a while before deciding to raise the city employees' pay.

Kierownik miejski najpierw przez jakiś czas badał nastroje przed decyzją, żeby podnieść płace pracownikom miejskim.

ease off

When the boss realized that John had been overworking, he eased off his load.

Kiedy szef zdał sobie sprawę, że John się przepracowuje, dał mu mniej roboty.

easy come, easy go

Grandpa thought Billy should have to work for the money dad gave him, saying: "Easy come, easy go."

Dziadek sądził, że Bill powinien był zapracować sobie na pieniądze, które dał mu tato, mówiąc: "Łatwo przyszło, łatwo poszło".

eat away

Rust was eating away the pipe.

Rdza zżerała rurę.

eat crow

John had boasted that he would play on the first team, but when the coach did not choose him, he had to <u>eat crow</u>.

John przechwalał się głośno, że będzie grał w pierwszej drużynie, ale kiedy trener go nie wybrał, musiał <u>przełknąć żabę</u>.

eat dirt

Mr. Johnson was so much afraid of losing his job that he would <u>eat dirt</u> whenever the boss got mean.

Pan Johnson tak bardzo obawiał się utraty pracy, że <u>wszystko przełknął</u>, kiedy tylko szef stawał się złośliwy.

eat out

Fred <u>ate out</u> often, even when he wasn't out of town.

Fred często <u>jadał poza domem</u>, nawet kiedy nie był poza miastem.

eat up

Jim told Martha that she was as smart as she was beautiful and Martha <u>ate it up</u>.

Jim powiedział Marcie, że jest tak mądra jak piękna i Marta <u>przełknęła to gładko</u>.

end of one's rope

Frank was out of work and broke, and he was at <u>the end of his rope</u>.

Frank był bez pracy i bez forsy, i był <u>u kresu wytrzymałości</u>.

end up

How does the story <u>end up</u>?

Jak ta opowieść się <u>zakończyła</u>?

eye for an eye a tooth for a tooth
This was the rule of <u>an eye for an eye and a tooth for a tooth</u>.
To była zasada <u>oko za oko i ząb za ząb</u>.

eyes are bigger than one's stomach
Annie took a second big helping of pudding but her <u>eyes were bigger than her stomach</u>.
Annie wzięła dużą repetę budyniu ale <u>jadła oczami</u>.

eyes in the back of one's head
Mother must have <u>eyes in the back of her head</u>, because she always knows when I do something wrong.
Matka musi <u>mieć oczy z tyłu głowy</u>, ponieważ ona zawsze wie, kiedy zrobię coś złego.

eyes pop out
Mary's <u>eyes popped out</u> when her mother entered her classroom.
Mary <u>zrobiła duże oczy</u>, kiedy jej matka weszła do klasy.

F

face the music
The boy was caught cheating in an examination and had to <u>face the music</u>.
Ten chłopiec został złapany na ściąganiu w czasie egzaminu i musiał <u>za to zapłacić</u>.

face up to
The boy knew he should tell his neighbor that he broke the window, but he couldn't <u>face up to it</u>.

Ten chłopiec wiedział, że powinien powiedzieć swojemu sąsiadowi, że wybił okno, ale nie mógł <u>się do tego zmusić</u>.

facts of life

His father told him <u>the facts of life</u> in answer to his questions.

Jego ojciec powiedział mu <u>skąd się biorą dzieci</u> w odpowiedzi na jego pytania.

fair play

The visiting team did not get <u>fair play</u> in the game.

Drużyna gości nie spotkała się z <u>czystą grą</u> w czasie meczu.

fair sex

Better not use that word in front of a member of the <u>fair sex</u>.

Lepiej nie używaj tego słowa w obecności przedstawiciela <u>płci pięknej</u>.

fair shake

Joe has always given me <u>a fair shake</u>.

Joe zawsze traktował mnie <u>uczciwie</u>.

fall behind

When the campers took a hike in the woods, two boys <u>fell behind</u> and got lost.

Kiedy obozowicze wyszli na wycieczkę do lasu, dwóch chłopców <u>zostało w tyle</u> i się zgubiło.

fall flat

The party <u>fell flat</u> because of the rain.

Przyjęcie <u>całkiem się nie udało</u> z powodu deszczu.

fall for

Helen was a very pretty girl and people were not surprised that Bill fell for her.

Helena była ładną dziewczyną i ludzie nie byli zdziwieni, że Bill ją pokochał.

fall from grace

The boy fell from grace when he lied.

Ten chłopiec popadł w niełaskę, kiedy skłamał.

fall in love with

Eventually they fell in love with the same girl.

W końcu oni zakochali się w tej samej dziewczynie.

fall out

The thieves fell out over the division of the loot.

Złodzieje pożarli się przy podziale łupów.

fall short

The movie fell short of expectations.

Ten film nie spełnił oczekiwań.

fall to

The boys fell to and quickly cut the grass.

Chłopcy zabrali się do roboty i szybko ścięli trawę.

far and wide

The wind blew the papers far and wide.

Wiatr porozwiewał papiery na wszystkie strony.

far cry

His last statement was a far cry from his first story.

Jego ostatnie oświadczenie było zupełnie różne od jego pierwszej historii.

far-out

Susan did not like some of the paintings at the art show, because they were too <u>far-out</u> for her.

Susan nie podobały się niektóre obrazy na wystawie sztuki, ponieważ były one dla niej zbyt <u>niezwykłe</u>.

fast buck

You can make <u>a fast buck</u> at the golf course by fishing balls out of the water trap.

Można zarobić <u>szybki pieniądz</u> na polu golfowym wyławiając piłki z pułapki wodnej.

fast talker

I wouldn't trust uncle Noan if I were you; he is <u>a fast talker</u>.

Nie ufałbym wujkowi Noanowi na twoim miejscu; on jest <u>naciągaczem</u>.

fat chance

Jane is pretty and popular; you will have <u>a fat chance</u> of getting a date with her.

Jane jest ładna i popularna; będziesz miał <u>małe szanse</u>, żeby się z nią umówić na randkę.

fed up

People get <u>fed up</u> with anyone who brags all the time.

Ludzie <u>mają powyżej uszu</u> każdego, kto cały czas się przechwala.

feel up to

Do you <u>feel up to</u> jogging a mile a day?

Czy <u>jesteś na tyle silny</u>, żeby przebiec dziennie jedną milę?

feet on the ground
John has his <u>feet on the ground</u>; he knows he cannot learn everything at once.
John <u>myśli realnie</u>; on wie, że nie może się nauczyć wszystkiego od razu.

fifty-fifty
When Dick and Sam bought a used car, they divided the cost <u>fifty-fifty</u>.
Kiedy Dick i Sam kupili używany samochód, podzielili koszt <u>pół na pół</u>.

figure on
We did not <u>figure on</u> having so many people at the picnic.
Nie <u>myśleliśmy o</u> przyjęciu tylu ludzi na pikniku

figure out
Tom couldn't <u>figure out</u> the last problem on the arithmetic test.
Tom nie mógł <u>znaleźć odpowiedzi na</u> ostatnie zadanie na teście z arytmetyki.

fill in
You should <u>fill in</u> all the blanks on an application for a job.
Powinieneś <u>wypełnić</u> wszystkie puste miejsca na podaniu o pracę.

fill one's shoes
When Jack got hurt, the coach had nobody to <u>fill his shoes</u>.
Kiedy Jack odniósł kontuzję, trener nie miał nikogo, żeby <u>go zastąpić</u>.

fill out

After Tom passed his driving test, he <u>filled out</u> an application for his driver's license.

Tom, po zdaniu testu z jazdy, <u>wypełnił</u> podanie o prawo jazdy.

find out

He wrote to <u>find out</u> about a job in Alaska.

Napisał, żeby <u>dowiedzieć się</u> o pracę na Alasce.

first come, first served

Get in line for your ice cream, boys. <u>First come, first served</u>.

Ustawcie się w kolejce po wasze lody, chłopcy. <u>Kto pierwszy, ten lepszy</u>.

fit as a fiddle

The man was almost 90 years old but <u>fit as a fiddle</u>.

Ten człowiek miał prawie 90 lat, ale był <u>zdrowy jak rydz</u>.

fix someone's wagon

Stop that right away or I'll <u>fix your wagon</u>!

Przestań natychmiast, albo <u>zaraz cię urządzę</u>!

flare up

The mayor <u>flared up</u> at the reporter's remark.

Burmistrz <u>dostał furii</u> na uwagę reportera.

flat-out

The student told his teacher <u>flat-out</u> that he was not listening to her.

Uczeń powiedział nauczycielce <u>prosto z mostu</u>, że jej nie słuchał.

flesh and blood

Such an answer from her - and she's my own <u>flesh and blood</u>, too!

Taka odpowiedź od niej - a ona również <u>to moja krew</u>!

flip one's lid

When that pushy salesman came back, Mom really <u>flipped her lid</u>.

Kiedy natrętny sprzedawca wrócił, Mama naprawdę <u>starciła cierpliwość</u>.

flip out

It is impossible to talk to Joe today - he must have <u>flipped out</u>.

Dzisiaj niemożliwe jest porozmawianie z Joe - on musiał <u>zwariować</u>.

flying high

Jack <u>was flying high</u> after his team won the game.

Jack <u>wariował ze szczęścia</u>, kiedy jego drużyna wygrała mecz.

follow in one's footsteps

He <u>followed in his father's footsteps</u> and became a doctor.

<u>Poszedł w ślady ojca</u> i został lekarzem.

follow up

The doctor <u>followed up</u> Billy's operation with x-rays and special exercises to make his foot stronger.

Lekarz <u>poparł następnie</u> operację Billa prześwietleniami i specjalnymi ćwiczeniami, żeby wzmocnić jego stopę.

fool around

If you go to college, you must work, not <u>fool around</u>.
Jeśli pójdziesz do kolegium, musisz pracować a nie <u>*wygłupiać się*</u>.

for all

<u>For all</u> his city ways, he is a country boy at heart.
<u>*Pomimo wszystkich*</u> *swoich miejskich zachowań, w sercu on jest nadal wiejskim chłopcem.*

for all the world

I would not change places with him <u>for all the world</u>.
Nie zamieniłbym z nim miejsc <u>*za nic w świecie*</u>.

for a song

He sold the invention <u>for a song</u> and its buyers were the ones who got rich.
Sprzedał wynalazek <u>*za pół darmo*</u> *i jego kupcy byli tymi, którzy się wzbogacili.*

forever and a day

We waited <u>forever and a day</u> to find out who won the contest.
Czekaliśmy <u>*bez końca*</u>, *żeby się dowiedzieć kto wygrał konkurs.*

fork over

He had to <u>fork over</u> fifty dollars to have the car repaired.
Musiał <u>*wyłożyć*</u> *50 dolarów, żeby naprawić samochód.*

for love or money

I wouldn't give him my dog <u>for love or money</u>.
Nie dałbym mu swojego psa <u>*za nic w świecie*</u>.

for sure

He couldn't tell <u>for sure</u> from a distance whether it was George or Tom.

Nie mógł powiedzieć <u>na pewno</u> na odległość, czy to był George czy Tom.

for that matter

I don't know, and <u>for that matter</u>, I don't care.

Nie wiem, <u>a poza tym</u>, nie obchodzi mnie to.

freak out

Joe <u>freaked out</u> last night.

Joe <u>oszalał</u> wczoraj wieczorem.

free and easy

The teacher was <u>free and easy</u> with his students.

Ten nauczyciel był <u>na pełnym luzie</u> wobec swoich uczniów.

from hand to hand

The box of candy was passed <u>from hand to hand</u>.

To pudełko słodyczy przechodziło <u>z rąk do rąk</u>.

from scratch

Dick built a radio <u>from scratch</u>.

Dick zbudował radio <u>całkiem od zera</u>.

from the bottom of one's heart

John thanked his rescuer <u>from the bottom of his heart</u>.

John podziękował swojemu wybawcy <u>z głębi serca</u>.

from time to time

Even though the Smiths have moved, we still see them <u>from time to time</u>.

Chociaż rodzina Smithów się przeprowadziła, nadal ich widujemy <u>od czasu do czasu</u>.

from way back

Mr. Jones said he knew my father <u>from way back</u>.
Pan Jones powiedział, że zna mojego ojca <u>z dawnych czasów</u>.

fuck off

Can't you see you're bothering me? <u>Fuck off</u>!
Nie widzisz, ze mi przeszkadzasz? <u>Odpieprz się</u>!

fuck up

Because he was totally unprepared, he <u>fucked up</u> his exam.
Ponieważ był zupełnie nieprzygotowany, <u>całkiem spieprzył</u> swój egzamin.

fun and games

There were <u>fun and games</u> after the office closed.
Po zamknięciu biura, była <u>dobra zabawa</u>.

G

gain ground

Under Lincoln, the Republican party <u>gained ground</u>.
Za rządów Lincolna, partia republikańska <u>rozrosła się</u>.

get across

Mr. Brown is a good coach because he can <u>get across</u> the plays.
Pan Brown jest dobrym trenerem, ponieważ potrafi <u>łatwo wytłumaczyć</u> grę.

get after

Ann's mother <u>gets after</u> her to hang up her clothes.
Matka Anny <u>ciągle chodzi za nią</u>, żeby wieszała swoje ubrania.

get a load of

<u>Get a load of</u> that pretty girl!
<u>Przyjżyj się dobrze</u> tamtej ładnej dziewczynie.

get along

The policeman told the boys on the street corner to <u>get along</u>.
Policjant powiedział chłopcom na rogu, żeby <u>sobie poszli</u>.

get along with

We don't <u>get along with</u> the Jones family.
Nie <u>żyjemy dobrze</u> z rodziną Jonesów.

get a rise out of

The boys <u>get a rise out of</u> Joe by teasing him about his girlfriend.
Chłopcy <u>doprowadzili Joe'go do szału</u> drażniąc go z powodu jego dziewczyny.

get around

Mary knows how to <u>get around</u> her father.
Mary wie jak <u>podejść</u> swojego ojca.

get at

What was Betty <u>getting at</u> when she said she knew our secret?
Do czego Betty <u>zmierzała</u>, kiedy powiedziała, że zna nasz sekret?

get away

Someone left the door open, and the puppy got away.
Ktoś zostawił drzwi otwarte i szczeniak uciekł.

get away with

Some students get away with not doing their homework.
Niektórym uczniom udaje się przemknąć bez odrabiania lekcji.

get behind

The post office got behind in delivering Christmas mail.
Poczta spóźnia się z dostarczaniem korespondencji bożonarodzeniowej.

get by

The cars moved to the curb so that the fire engine could get by.
Samochody zjechały do krawężnika, tak aby straż pożarna mogła przejechać.

get down to

Joe wasted a lot of time before he got down to work.
Joe zmarnował dużo czasu zanim zabrał się do pracy.

get even

Jack is waiting to get even with Bill for tearing up his notebook.
Jack czeka, żeby wyrównać rachunki z Billem za podarcie jego zeszytu.

get going

The boys' teasing gets John going.
Kpiny chłopców wkurzają Johna.

get hold of

Mr. Thompson spent several hours trying to <u>get hold of</u> his lawyer.

Pan Thompson spędził kilka godzin <u>próbując znaleźć</u> swojego adwokata.

get lost

<u>Get lost</u>! I want to study.

<u>Spadaj</u>! Chcę się uczyć.

get off

The bus stopped, the door opened, and father <u>got off</u>.

Autobus się zatrzymał, drzwi się otworzyły i <u>wysiadł</u> ojciec.

get off one's back

<u>Get off my back</u>! Can't you see how busy I am?

<u>Odwal się ode mnie</u>! Nie widzisz, jak jestem zajęty?

get off the ground

Our plans for a party didn't <u>get off the ground</u>, because no one could come.

Nasze plany na przyjęcie nie <u>ruszyły nawet z miejsca</u>, ponieważ nikt nie mógł przyjść.

get one's feet wet

It's not hard to dance once you <u>get your feet wet</u>.

Nie jest trudno tańczyć, jak już <u>raz się ośmielisz</u>.

get one's rear in gear

I'm gonna have to <u>get my rear in gear</u>.

Będę musiał szybko <u>się zebrać</u>.

get one's teeth into

After dinner, John got his teeth into the algebra lesson.
Po obiedzie, John wgryzł się w lekcje z algebry.

get on one's nerves

His noisy eating habits get on your nerves.
Jego zwyczaj głośnego jedzenia, działa ci na nerwy.

get over

The man returned to work after he got over his illness.
Ten człowiek wrócił do pracy po przezwyciężeniu choroby.

get the ax

Poor Joe got the ax at the office yesterday.
Biedny Joe został wczoraj wywalony z roboty.

get (start) the ball rolling

George started the ball rolling at the party by telling a new joke.
George tak naprawdę zaczął zabawę na prywatce opowiadając nowy dowcip.

get the eye

The pretty girl got the eye as she walked past the boys on the street corner.
Ta ładna dziewczyna przyciągnęła spojrzenia, kiedy przeszła obok chłopców na rogu ulicy.

get the feel of

John had never driven a big car, and it took a while for him to get the feel of it.
John nigdy nie prowadził dużego samochodu i zajęło mu to chwilę zanim się w niego wczuł.

get the message

Mary hinted to her boyfriend that she wanted to break up, but he didn't <u>get the message</u>.

Mary dała do zrozumienia swojemu chłopcu, że chce z nim zerwać, ale on nie <u>złapał o co chodzi</u>.

get the sack

John <u>got the sack</u> at the factory.

John <u>wyleciał z pracy</u> w fabryce.

get through one's head

Jack couldn't <u>get it through his head</u> that his father wouldn't let him go to camp if his grades didn't improve.

Jack nie mógł <u>przyjąć do wiadomości</u>, że jego ojciec nie pozwoli mu pojechać na obóz, jeśli jego stopnie się nie poprawią.

get to

On a rainy day, Sally <u>got to</u> looking around in the attic and found some old pictures of her father.

W pewien deszczowy dzień, Sally <u>zaczęła</u> rozglądać się po strychu i znalazła stare zdjęcia swojego ojca.

get together

Mother says I should finish my arithmetic lesson, and father says I should mow the lawn. Why don't you two <u>get together</u>?

Mama mówi, że powinienem skończyć lekcje z arytmetyki, a ojciec mówi, że powinienem skosić trawnik. Może wy dwoje byście <u>się zgodzili co do jednej rzeczy</u>?

get under one's skin

The students <u>get under Mary's skin</u> by talking about her freckles.

Uczniowie <u>zaszli Mary za skórę</u> rozmawiając o jej piegach.

get up

John's mother told him that it was time to <u>get up</u>.

Matka Johna powiedziała mu, że czas <u>wstawać z łóżka</u>.

get up on the wrong side of the bed

Henry <u>got up on the wrong side of the bed</u> and wouldn't eat breakfast.

Henry <u>wstał z łóżka lewą nogą</u> i nie zje śniadania.

get wind of

The police <u>got wind of</u> the plans to rob the bank.

Policja <u>zwąchała</u> plany obrabowania banku.

get wise

If you don't <u>get wise</u> to yourself and start studying, you will fail the course.

Jeśli nie <u>zaczniesz zdawać sobie sprawy</u> ze swojego lenistwa, oblejesz ten przedmiot.

give a hard time

Jane <u>gave her mother a hard time</u> on the bus by fighting with her sister and screaming.

Jane <u>dała swojej matce popalić</u> w autobusie bijąc się z siostrą i wrzeszcząc.

give away

Mrs. Jones has several kittens to <u>give away</u>.

Pani Jones ma kilka kotków <u>do rozdania</u>.

give in

After Bill proved that he could ride a bicycle safely, his father <u>gave in</u> to him and bought him one.
Kiedy Bill udowodnił, że umie jeździć na rowerze, jego ojciec mu <u>się poddał</u> i kupił mu rower.

give off

Rotten eggs <u>give off</u> a bad smell.
Zgniłe jajka <u>wydają</u> przykry zapach.

give oneself away

The thief <u>gave himself away</u> by spending so much money.
Ten złodziej <u>sam się wsypał</u> wydając tak dużo pieniędzy.

give out

Mary <u>gave out</u> that she and Bob were going to get married.
Mary <u>ujawniła</u>, że ona i Bob zamierzają się pobrać.

give rise to

John's black eye <u>gave rise to</u> rumors that he had been in a fight.
Podbite oko Johna <u>dało początek</u> plotkom, że brał on udział w bójce.

give the ax

She <u>gave me the ax</u> last night.
Wczoraj wieczorem <u>zerwała ze mną stosunki</u>.

give to understand

Mr. Johnson <u>gave Billy to understand</u> that he would pay him if he helped him clean the yard.
Pan Johnson <u>dał Billy'emu do zrozumienia</u>, że mu zapłaci, jeśli on mu pomoże posprzątać podwórko.

give up

Jimmy is <u>giving up</u> his job as a newsboy when he goes back to school.

Jimmy <u>rzuci</u> swoją pracę gazeciarza, kiedy wróci do szkoły.

give up the ghost

After a long illness, the old woman <u>gave up the ghost</u>.

Po długiej chorobie, ta stara kobieta <u>oddała ducha</u>.

give way

The children <u>gave way</u> and let their mother through the door.

Dzieci <u>odsunęły się</u> i przepuściły swoją matkę przez drzwi.

go about

Bobby is <u>going about</u> his homework very seriously to-night.

Bobby jest <u>bardzo poważnie zajęty</u> swoim zadaniem domowym dziś wieczorem.

go after

First find out what job you want and then <u>go after it</u>.

Najpierw uświadom sobie jaką chcesz pracę, a potem <u>spróbuj ją dostać</u>.

go ahead

"May I ask you a question?" - "<u>Go ahead</u>."

"Czy mogę ci zadać pytanie?" - "<u>Nie krępuj się</u>".

go along

If the other boys do something bad, you don't have to <u>go along</u> with it.

Jeśli inni chłopcy zrobią coś złego, ty nie musisz z tym się zgadzać.

go around

Don't go around telling lies like that.
Nie włócz się po ludziach opowiadając takie kłamstwa.

go at

The dog and the cat are going at each other again.
Ten pies i ten kot znowu zamierzają skoczyć na siebie.

go back on

Many of the man's friends went back on him when he was sent to prison.
Wielu przyjaciół tego człowieka odwróciło się od niego, kiedy wsadzili go do więzienia.

go broke

The inventor went broke because nobody would buy his machine.
Wynalazca poszedł z torbami, ponieważ nikt nie chciał kupić jego maszyny.

go Dutch

Sometimes boys and girls go Dutch on dates.
Czasami chłopcy i dziewczęta płacą rachunki po połowie na randkach.

go for

Our team is going for the championship in the game tonight.
Nasza drużyna spróbuje zdobyć mistrzostwo w czasie meczu dziś wieczorem.

go in for
Mrs. Henry <u>goes in for</u> simple meals.
Pani Henry <u>stara się przygotowywać</u> proste posiłki.

going through changes
"What's the matter with Joe?" - "He's <u>going through changes</u>."
"Co się dzieje z Joe?" - "<u>On ma kłopoty</u>".

go jump in the lake
George was tired of Tom's advice and told him to <u>go jump in the lake</u>.
George był zmęczony radami Toma i powiedział mu, <u>żeby się utopił</u>.

gone with the wind
Joe knew that his chance to get an "A" <u>was gone with the wind</u> when he saw how hard the test was.
Joe wiedział, że jego szanse, żeby dostać "piątkę" <u>rozwiały się</u>, kiedy zobaczył jak trudny jest test.

good deal
George spends <u>a good deal</u> of his time watching television.
George spędza <u>dużą część</u> swojego czasu oglądając telewizję.

go off
The firecracker <u>went off</u> and scared Jack's dog.
Ognie sztuczne <u>wypaliły</u> i wystraszyły psa Jacka.

goof off
Tom didn't get promoted because he <u>goofed off</u> all the time and never did his homework.

Tom nie otrzymał promocji, ponieważ przez cały czas
się obijał i nigdy nie odrabiał swoich lekcji.

go on

Mr. Scott heard the noise and went to see what was
going on in the hall.
Pan Scott usłyszał hałas i poszedł zobaczyć co się dzieje
w korytarzu.

go one's way

Joe just wants to go his way and mind his own business.
Joe po prostu chce iść własną drogą i zajmować się
tylko swoimi sprawami.

go over

The police went over the gun for fingerprints.
Policja zbadała broń na odciski palców.

go through

I went through the papers looking for Jane's letter.
Przeglądnąłem te papiery szukając listu Jane.

go to pieces

The man went to pieces when the judge said he would
have to go to prison for life.
Ten człowiek stracił nad sobą panowanie, kiedy sędzia
powiedział, że pójdzie on do więzienia na resztę życia.

go to pot

The motel business went to pot when the new highway
was built.
Interes motelarski zszedł na psy, kiedy została
zbudowana nowa autostrada.

go up in smoke
The barn full of hay <u>went up in smoke</u>.
Stodoła pełna siana <u>poszła z dymem</u>.

go without saying
It <u>goes without saying</u> that children should not be given knives to play with.
To <u>rozumie się samo przez się</u>, że dzieciom nie powinno się dawać noży do zabawy.

grease one's palm
Some politicians will help you if you <u>grease their palms</u>.
Niektórzy politycy ci pomogą, jeśli <u>posmarujesz im rękę</u>.

green with envy
Alice's girl friends were <u>green with envy</u> when they saw her new dress.
Przyjaciółki Alicji <u>pozieleniały z zazdrości</u>, kiedy zobaczyły jej nową sukienkę.

gun for
The man is <u>gunning for</u> first prize in the golf tournament.
Ten człowiek <u>poluje na</u> pierwszą nagrodę w turnieju golfowym.

H

had better (do) something
You <u>had better do</u> your homework right now!
<u>Lepiej zrób</u> lekcje teraz!

had rather (do)
I'<u>d rather go</u> to town than sit here all evening.

Raczej wolę pójść do miasta, niż siedzieć tutaj przez cały wieczór.

hale and hearty

Doesn't Ann look <u>hale and hearty</u> after the baby's birth?
Czy Anna nie wygląda <u>zdrowo</u> po urodzeniu dziecka?

hammer out

The lawyers sat down to <u>hammer out</u> a contract.
Adwokaci zasiedli, żeby <u>wypracować</u> kontrakt.

hand it to

I must <u>hand it to you</u>. You did a fine job.
Muszę <u>ci to przyznać</u>. Zrobiłeś dobrą robotę.

hand down

John <u>handed his old shirts down</u> to his younger brother.
John <u>przekazał swoje</u> stare koszule swojemu młodszemu bratu.

hand in

Did you <u>hand your application form in</u>?
Czy <u>złożyłeś swoje podanie</u>?

hand out

Please <u>hand out</u> these papers to everyone.
Proszę <u>rozdać</u> te papiery każdemu.

handle with kid gloves

Bill has become so sensitive. You really have to <u>handle him with kid gloves</u>.
Bill stał się taki przeczulony. Naprawdę musisz <u>go traktować w jedwabnych rękawiczkach</u>.

Hands off!
Don't touch that wire. <u>Hands off</u>!
Nie dotykaj tego przewodu. <u>Ręce przy sobie</u>!

Hands up!
<u>Hands up</u>! I've got you covered.
<u>Ręce do góry</u>. Mam cię na muszce.

hang around
John <u>hangs around</u> with Bill a lot.
John <u>trzyma</u> z Billem.

hang back
Walk with the group, Bob. Don't <u>hang back</u>.
Idź z grupą, Bob. Nie <u>zostawaj w tyle</u>.

hang in there
I know things are tough, John, <u>but hang in there</u>.
Wiem, że jest trudno, John, <u>ale nie poddawaj się</u>.

hang on
<u>Hang on</u>, I won't be a minute.
<u>Poczekaj chwilę</u>, nie będzie mnie tylko minutkę.

hang out
Why do you have to <u>hang out</u> near a house?
Dlaczego musisz <u>trzymać się blisko</u> domu?

hang together
If our group <u>hangs together</u>, we can accomplish a lot.
Jeżeli nasza grupa <u>trzyma się razem</u>, możemy wiele dokonać.

hang up
If you have called a wrong number, you should apologize before you <u>hang up</u>.

Jeśli zadzwoniłeś pod zły numer, powinieneś przeprosić zanim <u>odwiesisz słuchawkę</u>.

hard nut to crack
This problem is getting me down. It's <u>a hard nut to crack</u>.
Ten problem gnębi mnie. To <u>twardy orzech do zgryzienia</u>.

hard put to
I'm <u>hard put to</u> come up with enough money to pay the rent.
<u>Bardzo trudno</u> zebrać mi wystarczającą ilość pieniędzy, żeby zapłacić czynsz.

hard up for
Ann was <u>hard up for</u> the cash to pay bills.
Anna <u>na gwałt potrzebowała</u> gotówki, żeby zapłacić rachunki.

hardly have time to breathe
This was such a busy day. I <u>hardly had time to breathe</u>.
To był taki pracowity dzień. <u>Trudno mi było znaleźć chwilę, żeby złapać oddech</u>.

hate someone's guts
Oh, Bob is terrible. I <u>hate his guts</u>!
Oh, Bob jest okropny. <u>Nie cierpię go</u>.

haul in
The police <u>hauled the crook in</u>.
Policja <u>przymknęła</u> tego oszusta.

have a big mouth
Mary <u>has a big mouth</u>. She told Bob what I was getting him for his birthday.
Mary <u>jest plotkara</u>. Powiedziała Bobowi, co mu daję w prezencie urodzinowym.

have a bone to pick

I <u>had a bone to pick with her</u>, but she was so sweet that I forgot about it.

Miałem z nią do pogadania, ale była taka słodka, że zapomniałem o tym.

have a clear conscience

I didn't do it. I <u>have a clear conscience</u> about it.

Nie zrobiłem tego. Mam czyste sumienie w tej sprawie.

have a close shave

I almost got struck by a speeding car. What a <u>close shave I had</u>!.

O mało nie zostałem uderzony przez pędzący samochód. O włos uniknąłem niebezpieczeństwa.

have a fit

The teacher <u>had a fit</u> when the dog ran through the classroom.

Nauczyciel się wkurzył, kiedy pies przebiegł przez klasę.

have (get) a good head
on one's shoulders

Mary doesn't do well in school, but she's <u>got a good head on her shoulders</u>.

Mary nie idzie dobrze w szkole, ale ona ma głowę na karku.

have a heart

Oh, <u>have a heart</u>! Give me some help!

Oh, miej serce! Pomóż mi trochę!

have a heart of gold

Mary is such a lovely person. She <u>has a heart of gold</u>.

Mary to taka urocza osoba. Ma złote serce.

have a heart of stone

Sally <u>has a heart of stone</u>. She never smiles.
Sally <u>ma serce z kamienia</u>. Nigdy się nie uśmiecha.

have a heart-to-heart talk

I <u>had a heart-to-heart talk</u> with my father before I went off to college.
<u>Miałem ze swoim ojcem rozmowę od serca</u>, zanim poszedłem do kolegium.

have a lot on one's mind

He forgot to go to his appointment because he <u>had a lot on his mind</u>.
Zapomniał pójść na umówione spotkanie ponieważ <u>miał dużo spraw na głowie</u>.

have (a) right

You don't <u>have the right</u> to enter my home without my permission.
Nie <u>masz prawa</u> wchodzić do mojego domu bez mojego pozwolenia.

have a rough time

Since his wife died, Mr. Brown <u>has been having a rough time</u> of it.
Od kiedy zmarła jego żona, pan Brown <u>przeżywa ciężki okres</u>.

have a screw loose

What's the matter with you? Do you <u>have a screw loose</u> or something?
Co się z tobą dzieje? <u>Poluzowała ci się klepka</u>, czy co?

have a smoke

Can I <u>have a smoke</u>? I'm very nervous.
Czy mogę <u>zapalić</u>? Jestem bardzo zdenerwowany.

have a soft spot for

John <u>has a soft spot for</u> Mary.
John <u>ma ciepły kącik w sercu dla</u> Mary.

have a sweet tooth

I <u>have a sweet tooth</u>, and if I don't watch it, I'll really get fat.
<u>Jestem łasuchem</u> i jeśli nie będę na to uważał, zrobię się naprawdę gruby.

have a try

I can't seem to get this computer to work right. Would you like to <u>have a try</u> at it?
Nie wydaje mi się, żebym właściwie uruchomił komputer. Czy chciałbyś <u>spróbować</u> go?

have a weakness

John <u>has a weakness</u> for Mary. I think he's in love.
John <u>ma słabość</u> do Mary. Myślę, że on jest zakochany.

have a word

John, could I <u>have a word</u> with you?
John, czy mógłbym z tobą <u>zamienić słówko</u>?

have an accident

Traffic is very bad. I almost <u>had an accident</u>.
Ruch samochodowy jest straszny. Prawie <u>miałem wypadek</u>.

have an eye on

Please <u>have an eye on</u> the baby.
Proszę, <u>miej oko na</u> dziecko.

have an out

He's very clever. No matter what happens, he always <u>has an out</u>.
On jest bardzo sprytny. Nie ważne co się stanie, on <u>ma zawsze wymówkę</u>.

have ants in one's pants

Sit still! <u>Have you got ants in your pants</u>?
Siedź spokojnie! <u>Czy masz mrówki w spodniach</u>?

have been around

They all know a lot about life. They'<u>ve been around</u>.
Oni wszyscy wiedzą dużo o życiu. <u>Dużo przeszli</u>.

have been had

They were cheated out of a thousand dollars. They'<u>ve really been had</u>.
Oszukali ich na 1000 dolarów. <u>Naprawdę ich wpuszczono</u>.

have clean hands

Don't look at me. I <u>have clean hands</u>.
Nie patrz na mnie. Ja <u>mam czyste ręce</u>.

have come a long way

Tom <u>has come a long way</u> in a short time.
Tom <u>dużo zdziałał</u> w krótkim czasie.

have growing pains

Governments <u>have terrible growing pains</u>.
Rządy <u>mają duże kłopoty organizacyjne</u>.

have had enough
Stop shouting at me. I've had enough.
Przestań na mnie krzyczeć. Mam dosyć.

have mixed feelings
I have mixed feelings about my trip to England. I love the people, but the climate upsets me.
Mam mieszane uczucia co do mojej podróży do Anglii. Lubię tamtejszych ludzi, ale denerwuje mnie klimat.

have money to burn.
If I had money to burn, I'd just put it in the bank.
Gdybym miał pieniądze do wyrzucenia, po prostu włożyłbym je do banku.

have no business
You have no business spending money like that!
Nie jest mądrze z twojej strony wydawać pieniądze w ten sposób.

have no use for
I have no use for John. I can't see why Mary likes him.
Niezbyt lubię Johna. Nie mogę zrozumieć, dlaczego Mary go lubi.

have nothing on
The police had nothing on Bob, so they let him loose.
Policja nie miała nic na Boba, więc puściła go wolno.

have nothing to do with
I will have nothing to do with Ann.
Nie chcę mieć nic do czynienia z Anną.

have one's hands full
You have your hands full with the shop.

Masz pełne ręce roboty ze sklepem.

have one's hands tied
I can't help you. I was told not to, so I have my hands tied.
Nie mogę ci pomóc. Przykazano mi, żebym nie, więc mam związane ręce.

have (with) one's head in the clouds
She walks around all day with her head in the clouds. She must be in love.
Kręci się cały dzień z głową w chmurach. Musi być zakochana.

have one's nose in a book
Bob has his nose in a book every time I see him.
Bob siedzi z nosem w książce za każdym razem jak go widzę

have one's nose in the air
Mary always seems to have her nose in the air.
Mary zawsze wygląda jakby zadzierała nosa.

have one's tail between one's legs
John seems to lack courage. Whenever there is an argument, he has his tail between his legs.
Wydaje się, że Johnowi brakuje odwagi. Kiedykolwiek jest jakaś kłótnia, chowa ogon pod siebie.

have reason
Tom has reason to act like that.
Tom ma powody, żeby tak działać.

have seen better days
This coat <u>has seen better days</u>. I need a new one.
Ten płaszcz <u>widział lepsze dni</u>. Potrzebuję nowy.

have (got) someone in one's pocket
John will do just what I tell him. I<u>'ve got him in my pocket</u>.
John zrobi dokładnie to, co mu powiem. <u>Mam go w kieszeni</u>.

have someone on a string
Yes, it sounds like she <u>has him on the string</u>.
Tak, to brzmi tak, jakby <u>ona trzymała go w niepewności</u>.

have in one's hands
You <u>have the whole project in your hands</u>!
<u>Masz cały projekt w swoich rękach</u>!

have on
You can't be serious. You're <u>having me on</u>!
Nie mówisz poważnie. <u>Robisz mnie w konia</u>!

have on mind
John <u>has Mary on his mind</u> every minute.
John <u>myśli o Mary</u> przez cały czas.

have against
Do you <u>have something against</u> North Americans?
Czy <u>masz coś przeciwko</u> Północnym Amerykanom?

have at hand
I try to <u>have everything I need at hand</u>.
Próbuję <u>mieć wszystko co potrzebuję w zasięgu ręki</u>.

have something hanging over one's head

I have a history essay which <u>is hanging over my head</u>.
Mam wypracowanie z historii, które <u>wisi mi nad głową</u>.

have in common

Bob and Mary <u>have a lot in common</u>.
Bob i Mary <u>mają wiele wspólnego</u>.

have in mind

Do you <u>have something in mind</u> for your mother's birth-day?
Czy <u>masz jakiś pomysł</u> na urodziny swojej matki?

have in stock

Do you have extra-large sizes <u>in stock</u>?
Czy macie duże rozmiary <u>na składzie</u>?

have out

I'm glad we are <u>having this out</u> today.
Cieszę się, że <u>pogodziliśmy się</u> dzisiaj.

have something to do with

Does Waterloo <u>have something to do with</u> water?
Czy Waterloo <u>ma coś wspólnego z</u> wodą?

have something up one's sleeve

He hasn't lost yet. He <u>has something up his sleeve</u>.
On jeszcze nie przegrał. <u>Ma coś w rękawie</u>.

have sticky fingers

The shop assistant - who <u>had sticky fingers</u> - got sacked.
Ten sprzedawca - który <u>miał lepkie ręce</u> - został wyrzucony z pracy.

have the edge on
I can't beat you at tennis, but I <u>have the edge on</u> you at ping-pong.
Nie mogę cię pobić w tenisa, ale <u>mam nad tobą przewagę</u> w ping-ponga.

have the feel of
This plastic <u>has the feel of</u> fine leather.
Ten plastik <u>przypomina w dotyku</u> miękką skórę

have the time of one's life
What a great party! I <u>had the time of my life</u>.
Co za wspaniałe przyjęcie! <u>Bawiłem się jak nigdy w życiu</u>.

have to live with
We don't like the new carpeting in the living-room, but we'll <u>have to live with it</u>.
Nie podoba nam się nowa wykładzina w pokoju dziennym, ale <u>musimy z tym jakoś żyć</u>.

head and shoulders above
This wine is <u>head and shoulders above</u> that one.
To wino <u>bije na głowę</u> tamto.

head for
She waved good-bye as she <u>headed for</u> the door.
Pomachała ręką na pożegnanie i <u>skierowała się do</u> drzwi.

hear from
I haven't <u>heard from</u> my cousin in ten years.
Nie <u>miałem wiadomości</u> od swojego kuzyna przez 10 lat.

hear of
I've <u>heard of</u> Mr. Smith, but I've never met him.
<u>Słyszałem o</u> panu Smith, ale nigdy go nie poznałem.

heavy going

Talking to Mary is <u>heavy going</u>. She has nothing to say.

Rozmawianie z Mary <u>to trudne zadanie</u>. Ona nie ma nic do powiedzenia.

help out

Please <u>help out</u> my son with his geometry.

Proszę, <u>dopomóż</u> mojemu synowi w geometrii.

here and there

We find rare books in used-bookshops <u>here and there</u>.

Znajdujemy rzadkie książki w antykwariatach, <u>tu i tam</u>.

hide one's face in shame

She could only <u>hide her face in shame</u>.

Mogła tylko <u>schować twarz ze wstydu</u>.

hinge on

This all <u>hinges on</u> how much risk you're willing to take.

To wszystko <u>zależy od</u> tego ile ryzyka chcesz podjąć.

hit and miss

There was no planning. It was just <u>hit and miss</u>.

Nie było żadnego planowania. To było po prostu <u>działanie na ślepo</u>.

hit bottom

Our profits have <u>hit bottom</u>. This is our worst year ever.

Nasze zyski <u>sięgnęły dna</u>. To jest nasz najgorszy rok do tej pory.

hit below the belt

You really <u>hit me below the belt</u> when you told my sister about my health problems.

562

Naprawdę zadałeś mi cios poniżej pasa, kiedy powiedziałeś mojej siostrze o moich problemach zdrowotnych.

hit the bull's-eye
Your idea really <u>hit the bull's-eye</u>. Thank you!
Twój pomysł trafił w dziesiątkę. Dziękuję!

hit the ceiling
My father <u>hit the ceiling</u> when I damaged the car.
Mój ojciec dostał szału, kiedy rozwaliłem samochód.

hit the hay
Look at the clock. It's time to <u>hit the hay</u>.
Popatrz na zegar. Czas uderzyć w kimono.

hit the jackpot
Bob <u>hit the jackpot</u> three times in one night.
Bob rozbił bank trzy razy jednej nocy.

hold a meeting
We'll have to <u>hold a meeting</u> to make a decision.
Będziemy musieli zorganizować zebranie, aby podjąć decyzję.

hold all the cards
How can I beat him when he <u>holds all the cards</u>?
Jak mogę go pobić, kiedy on trzyma wszystkie karty?

Hold it!
<u>Hold it</u>, Tom! You're going the wrong way.
Zatrzymaj się, Tom. Idziesz w złym kierunku.

hold on

Hold on for a minute.
Poczekaj jedną minutę.

hold one's fire

Hold your fire, Bill. You're too quick to complain.
Powstrzymaj się, Bill. Zbyt szybko zaczynasz narzekać.

hold one's own

Mary is still seriously ill, but she is holding her own.
Mary jest ciągle poważnie chora, ale się trzyma.

hold one's tongue

I felt like scolding her, but I held my tongue.
Miałem ochotę nakrzyczeć na nią, ale ugryzłem się w język.

hold down

I still think you're trying to hold him down.
Nadal uważam, że ty nie dajesz mu się wykazać.

Hold your horses!

Don't get so angry. Just hold your horses!
Nie denerwuj się tak. Daj sobie na wstrzymanie.

honour check

The foreign bank refuses to honour your check.
Zagraniczny bank odmawia honorowania twojego czeku.

hook up

I bought a computer, but I can't hook it up.
Kupiłem komputer, ale nie umiem go podłączyć.

horse sense

Jack is no scholar but he has a lot of horse sense.
Jack nie jest naukowcem, ale ma dużo zdrowego rozsądku.

hot on

Jean is <u>hot on</u> modern ballet just now.

Jean akurat teraz <u>napaliła się</u> na nowoczesny balet.

hot under the collar

I get <u>hot under the collar</u> every time I think about it.

<u>Robi mi się gorąco</u> za każdym razem jak o tym pomyślę.

hurt someone's feelings

It <u>hurts my feelings</u> when you talk that way.

To <u>rani moje uczucia</u>, kiedy mówisz w ten sposób.

hush up

Watching television <u>hushes the children up</u>.

Oglądanie telewizji <u>ucisza dzieci</u>.

I

if worst comes to worst

<u>If worst comes to worst</u> and Mr. Jones loses the house, he will send his family to his mother's farm.

<u>Jeśli zdarzy się najgorsze</u> i pan Jones straci dom, on wyśle swoją rodzinę na farmę swojej matki.

in circles

The committee debated for two hours, just talking <u>in circles</u>.

Komitet debatował przez dwie godziny, po prostu gadając <u>w kółko bezużytecznie</u>.

in a hole

When the restaurant cook left at the beginning of the busy season, it put the restaurant owner <u>in a hole</u>.

Kiedy kucharz restauracyjny odszedł na początku ruchliwego sezonu, postawiło to właściciela restauracji w kłopotliwej sytuacji.

in and out

He was very busy Saturday and was <u>in and out</u> all day.
On był bardzo zajęty w sobotę i <u>wychodził tam i z powrotem</u> cały dzień.

in any case

It may rain tomorrow, but we are going home <u>in any case</u>.
Może jutro padać, ale jedziemy do domu tak, <u>czy owak</u>.

in a way

I like Jane <u>in a way</u>, but she is very proud.
Lubię Jane <u>na swój sposób</u>, ale ona jest bardzo dumna.

in a world of one's own

They are <u>in a little world of their own</u> in their house on the mountain.
Oni są <u>w swoim własnym małym świecie</u>, w swoim domu na górze.

in case

The bus is usually on time, but start early, just <u>in case</u>.
Autobus jest zwykle na czas, ale wyjdź wcześniej, tak <u>na wszelki wypadek</u>.

in charge

If you have any questions, ask the boss. He's <u>in charge</u>.
Jeśli masz jakieś pytania, zapytaj szefa. On jest <u>odpowiedzialny</u>.

in the charge of

Mother puts the baby <u>in the charge of</u> the babysitter while she is out.

Matka zostawia dziecko <u>pod opieką</u> opiekunki, kiedy wychodzi.

in cold blood

The bank robbers planned to shoot <u>in cold blood</u> anyone who got in their way.

Rabusie bankowi zaplanowali zastrzelić <u>z zimną krwią</u> każdego, kto wejdzie im w drogę.

in common

The four boys grew up together and have a lot <u>in common</u>.

Tych czterech chłopców dorastało razem i ma wiele <u>wspólnego ze sobą</u>.

in fact

It was a very hot day; <u>in fact</u>, it was 100 degrees.

To był bardzo gorący dzień; <u>prawdę mówiąc</u>, było ponad 100 stopni.

in hand

The principal was happy to find that the new teacher had her class <u>in hand</u>.

Dyrektor szkoły był bardzo zadowolony stwierdzając, że nowa nauczycielka ma swoją klasę <u>w ręku</u>.

in the light of

The teacher changed John's grade <u>in the light of</u> the extra work in the workbook.

Nauczyciel zmienił stopień Johna <u>w świetle</u> dodatkowej pracy w zeszycie do ćwiczeń.

in love

John <u>is in love</u> with Helen.

John <u>jest zakochany</u> w Helenie.

in luck

Bill <u>was in luck</u> when he found the money on the street.

Bill <u>miał szczęście</u>, kiedy znalazł te pieniądze na ulicy.

in memory of

The building was named Ford Hall <u>in memory of</u> a man named James Ford.

Budynek został nazwany Ford Hall <u>dla upamiętnienia</u> człowieka o imieniu James Ford.

in no time

When the entire class worked together they finished the project <u>in no time</u>.

Kiedy cała klasa pracowała razem, skończyli zadanie <u>błyskawicznie</u>.

in one's mind's eye

<u>In his mind's eye</u> he saw again the house he had lived in when he was a child.

<u>Oczyma pamięci</u> zobaczył znowu dom, w którym mieszkał, kiedy był dzieckiem.

in (into) one's shell

After Mary's mother scolded her, she went <u>into her shell</u>.

Kiedy matka Mary nakrzyczała na nią, ona zamknęła się <u>w swojej skorupce</u>.

in one's shoes

How would you like to be <u>in a lion tamer's shoes</u>?

Jak by ci się podobało, gdybyś się znalazł <u>na miejscu</u> tresera lwów?

568

in order to
In order to follow the buffalo, the Indians often had to move their camps.

W celu śledzenia bizonów, Indianie często musieli przesuwać swoje obozowiska.

inside out
Mother turns the stockings inside out when she washes them.

Matka odwraca pończochy na lewą stronę, kiedy je pierze.

in spite of
In spite of the bad storm, John delivered his papers on time.

Pomimo okropnej burzy, John dostarczył swoje dokumenty na czas.

in stock
The store had no more red shoes in stock, so Mary chose brown ones instead.

Sklep nie miał więcej czerwonych butów na składzie, więc Mary wybrała brązowe zamiast nich.

in the air
The war filled people's thoughts every day; it was in the air.

Wojna wypełniała myśli ludzi każdego dnia; czuło się ją w powietrzu.

in the bag
We thought we had the game in the bag.

Myśleliśmy, że mamy mecz wygrany.

in the clouds

Mary is looking out the window, not at the chalkboard; her head is <u>in the clouds again</u>.

Mary patrzy przez okno, a nie na tablicę; znowu <u>ma głowę w chmurach</u>.

in the dark

John <u>was in the dark</u> about the job he was being sent to.

John <u>nie miał żadnego pojęcia</u> o pracy, do której został wysłany.

in the line of duty

The policeman was shot <u>in the line of duty</u>.

Policjant został postrzelony <u>w czasie wykonywania swoich obowiązków</u>.

in the long run

John knew that he could make a success of the little weekly paper <u>in the long run</u>.

John wiedział, że <u>na dłuższą metę</u> może doprowadzić do sukcesu małą tygodniową gazetę.

in the red

A large number of American radio stations operate <u>in the red</u>.

Duża liczba amerykańskich stacji radiowych działa <u>na minusie</u>.

in the saddle

Mr. Park <u>was in the saddle</u> when he had over half the company's stock.

Pan Park <u>poczuł się w siodle</u>, kiedy miał ponad połowę akcji firmy.

in the same boat

Dick was disappointed when Fern refused to marry him, but he knew others were <u>in the same boat</u>.

Dick był rozczarowany, kiedy Fern odmówiła poślubienia go, ale wiedział, że inni są <u>na tej samej łódce</u>.

in time

We got to Washington <u>in time</u> for the cherry blossoms.

Dotarliśmy do Washingtonu <u>w porę</u> na kwitnienie wiśni.

into thin air

When Bob returned to the room, he was surprised to find his books had vanished <u>into thin air</u>.

Kiedy Bob wrócił do swojego pokoju, zdziwił się stwierdzając, że jego książki rozpłynęły się <u>całkiem w powietrzu</u>.

in touch

John kept <u>in touch</u> with his school friends during the summer.

John pozostawał <u>w kontakcie</u> ze swoimi szkolnymi kolegami w czasie lata.

in turn

Each man <u>in turn</u> got up and spoke.

Każdy człowiek, <u>po kolei</u>, wstawał i przemawiał.

in vain

The drowning man called <u>in vain</u> for help.

Tonący człowiek <u>na darmo</u> wzywał pomocy.

in view of

Schools were closed for the day <u>in view of</u> the heavy snowstorm.

Szkoły były zamknięte na cały dzień, <u>ze względu na</u> ostrą burzę śnieżną.

itchy palm

The bellboys in that hotel seem always to have <u>itchy palms</u>.

Bagażowi w tym hotelu wydają się mieć zawsze <u>swędzące dłonie</u>.

J

jack up

Just before Christmas, some stores <u>jack up</u> their prices.

Tuż przed Bożym Narodzeniem, niektóre sklepy <u>windują do góry</u> swoje ceny.

jazz up

The party was very dull until Pete <u>jazzed it up</u> with his drums.

Prywatka była bardzo nudna, dopóki Peter <u>jej nie rozkręcił</u> grając na swoich bębnach.

joking aside

<u>Joking aside</u>, the film also required enormous emotional effort.

<u>Odkładając żarty na bok</u>, ten film także wymagał ogromnego wysiłku emocjonalnego.

jump at

Johnny <u>jumped at</u> the invitation to go swimming with his brother.

Johnny <u>chętnie przyjął</u> zaproszenie, żeby pójść popływać ze swoim bratem.

jump down one's throat

The teacher <u>jumped down Billy's throat</u> when Billy said he did not do his homework.

Nauczyciel <u>rzucił się Billemu do gardła</u>, kiedy Billy powiedział, że nie odrobił zadania domowego.

jump out of one's sking

The lightning struck so close to Bill that he almost <u>jumped out of his skin</u>.

Piorun uderzył tak blisko Billa, że on niemal <u>nie wyskoczył ze strachu ze skóry</u>.

jump to a conclusion

Jerry saw his dog limping on a bloody leg and <u>jumped to the conclusion</u> that it had been shot.

Jerry zobaczył swojego psa kulejącego na zakrwawionej nodze i <u>szybko doszedł do wniosku</u>, że został on postrzelony.

junked up

You can't talk to Billy, he's all <u>junked up</u>.

Nie da się porozmawiać z Billym, jest całkiem <u>naćpany</u>.

just about

<u>Just about</u> everyone in town came to hear the mayor speak.

<u>Prawie</u> wszyscy w mieście przyszli posłuchać jak przemawia burmistrz.

just so

In order to raise healthy African violets you must treat them <u>just so</u>.

W celu wyhodowania zdrowych afrykańskich fiołków, musisz je traktować z dużą troską.

just what the doctor ordered

"Ah! Just what the doctor ordered!" exclaimed Joe when Mary brought him a cold soda.
*"A! To właśnie to, czego mi najbardziej potrzeba",
wykrzyknął Joe, kiedy Mary przyniosła mu zimną wodę sodową.*

K

keel over

It was so hot in the room that two people just keeled over.
W pokoju było tak gorąco, że tych dwoje ludzi po prostu padło.

keep a stiff upper lip

Now, Billy, don't cry. Keep a stiff upper lip.
No już, Billy, nie płacz. Nie daj nic po sobie poznać.

keep an eye on

Keep an eye on the stove in case the coffee boils.
Miej oko na kuchenkę, na wypadek, gdyby gotowała się kawa.

keep at

Don't give up now. Keep at it!
Nie poddawaj się teraz. Próbuj dalej.

keep body and soul together

I hardly have enough money to keep body and soul together.

Z trudem wystarcza mi pieniędzy, żeby <u>utrzymać ciało przy duszy</u>.

keep house

I hate to <u>keep house</u>. I'd rather live in a tent than <u>keep house</u>.

Nienawidzę <u>prowadzić domu</u>. Wolałbym raczej mieszkać w namiocie, niż <u>prowadzić dom</u>.

keep off

You had better <u>keep off</u> my property.

Lepiej <u>trzymaj się z daleka</u> od mojej własności.

keep on

I have to <u>keep on</u> painting the house until I'm finished.

Muszę <u>kontynuować</u> malowanie domu, dopóki nie skończę.

keep one's chin up

<u>Keep your chin up</u>, John. Things will get better.

<u>Głowa do góry</u>, John. Będzie lepiej.

keep one's eye on the ball

If you want to get along in this office, you're going to have to <u>keep your eye on the ball</u>.

Jeśli chcesz poradzić sobie w tym biurze, będziesz musiał <u>mieć oczy szeroko otwarte</u>.

keep one's eyes open

Okay. I'll <u>keep my eyes open</u>.

W porządku. Będę <u>trzymał oczy otwarte</u>.

keep one's mouth shut

They told me to <u>keep my mouth shut</u> about the problem or I'd be in big trouble.

Powiedzieli mi, żebym <u>trzymał gębę na kłódkę</u> w tej sprawie, albo znajdę się w dużym kłopocie.

keep one's nose clean

John, if you don't learn how to <u>keep your nose clean</u>, you're going to end up in jail.

John, jeśli nie nauczysz się <u>nie wtykać nosa w nie swoje sprawy</u>, skończysz w więzieniu.

keep one's nose to the grindstone

The manager told me to <u>keep my nose to the grindstone</u> or be sacked.

Kierownik powiedział mi, żebym <u>zabrał się do roboty</u>, albo wylecę z pracy.

keep one's own counsel

Jane is very quiet. She tends to <u>keep her own counsel</u>.

Jane jest bardzo spokojna. <u>Robi swoje i nikomu nic nie mówi</u>.

keep one's word

I told her I'd be there to collect her, and I intend to <u>keep my word</u>.

Powiedziałem jej, że tam będę, żeby ją zabrać i zamierzam <u>dotrzymać słowa</u>.

keep from (doing)

Her father <u>kept her from going</u> to the party.

Jej ojciec <u>powstrzymał ją przed</u> pójściem na prywatkę.

keep in line

The teacher had to struggle to <u>keep the class in line</u>.
Nauczyciel musiał toczyć boje, żeby <u>utrzymać klasę w dyscyplinie</u>.

keep at a distance

I used a stick to <u>keep the angry dog at a distance</u>.
Użyłem kija, żeby <u>utrzymać tego rozwścieczonego psa na odległość</u>.

keep (hold) in check

I was so angry I could hardly <u>hold myself in check</u>.
Byłem tak rozgniewany, że z trudem <u>mogłem nad sobą zapanować</u>.

keep in mind

As you leave home, <u>keep in mind</u> that your family needs you.
Kiedy opuścisz dom, <u>nie zapominaj</u>, że twoja rodzina potrze-buje cię.

keep quiet

Can you please <u>keep the baby quiet</u>?
Czy możesz proszę <u>uspokoić dziecko</u>?

keep posted

<u>Keep her posted</u> about the patient's condition.
<u>Informuj ją</u> o stanie pacjenta.

keep to oneself

I'm leaving my job, but please <u>keep that to yourself</u>.
Rzucam swoją pracę, ale proszę <u>zatrzymaj to dla siebie</u>.

keep under one's hat

Keep this under your hat, but I'm getting married.

Pamiętaj, że to tajemnica, ale ja się żenię.

keep time

This watch doesn't keep time.

Ten zegarek nie odmierza dobrze czasu.

keep up

I don't make enough money to keep up with your spending.

Nie zarabiam wystarczająco dużo pieniędzy, żeby dotrzymać kroku twoim wydatkom.

keep watch

Keep watch on Bill. I think he's taking too much time off.

Obserwuj Billa. Wydaje mi się, że on bierze za dużo wolnego.

keyed up

I don't know why I'm so keyed up all the time. I can't even sleep.

Nie wiem dlaczego jestem tak poddenerwowany przez cały czas. Nie mogę nawet spać.

kick a habit

I used to drink coffee every morning, but I kicked the habit.

Pijałem kawę każdego ranka, ale pozbyłem się tego przyzwyczajenia.

kick into high gear

Stella's band kicks into high gear with a new CD.

Zespół Stelli wchodzi na wysokie obroty dzięki nowej płycie.

kick off

We <u>kicked off</u> the Polish festival with an announcement on television.

<u>Wystartowaliśmy</u> polski festiwal ogłoszeniem w telewizji.

kick oneself

James felt like <u>kicking himself</u> when he missed the train.

James chciał <u>sam dać sobie po gębie</u>, kiedy spóźnił się na pociąg.

kick out

I lived at home until I was eighteen and my father <u>kicked me out</u>.

Mieszkałem w domu do skończenia 18 roku życia, kiedy mój ojciec <u>wyrzucił mnie</u>.

kick the bucket

When James <u>kicks the bucket</u>, his daughter gets the estate.

Kiedy James <u>uderzy w kalendarz</u>, jego córka otrzyma posiadłość.

kid's stuff

Driving an automatic car is <u>kid's stuff</u>.

Prowadzenie samochodu z automatyczną skrzynią biegów jest <u>dziecinnie łatwe</u>.

kill the goose that laid the golden egg

If you sack your best office worker, you'll be <u>killing the goose that laid the golden egg</u>.

Jeśli wyrzucisz swojego najlepszego pracownika biurowego, <u>zabijesz kurę, która znosi złote jajka</u>.

kill time

Stop killing time. Get to work!

Przestań marnować czas. Zabierz się do pracy!

kill two birds with one stone

I have to cash a check and make a payment on my bank loan. I can kill two birds with one stone.

Muszę rozmienić na gotówkę czek i zrobić wpłatę na swoją pożyczkę bankową. Mogę upiec dwie pieczenie na jednym ogniu.

kiss and make up

They were very angry, but in the end they kissed and made up.

Byli bardzo rozgniewani, ale w końcu się pogodzili i podali sobie ręce.

kiss goodbye

If you leave your camera on a park bench, you can kiss it goodbye.

Jeśli zostawisz swój aparat fotograficzny na parkowej ławce, możesz się z nim już pożegnać.

kiss someone's ass

John kissed his boss's ass for the promotion.

John prawie że całował swojego szefa w tyłek, żeby dostać awans.

knock it off

Knock it off, Joe. You're not making any sense at all.

Daj sobie spokój, Joe. Twoje gadanie zupełnie nie ma sensu.

knock on wood

My stereo has never given me any trouble - knock on wood.

Mój sprzęt stereofoniczny nigdy nie sprawiał mi żadnego kłopotu - <u>odpukać w niemalowane</u>.

knock off

I <u>knocked off</u> the last chapter of my book in four hours.
<u>Wykończyłem</u> ostatni rozdział swojej książki w cztery godziny.

knock out

He accidentally <u>knocked the guard out</u>.
On przypadkowo <u>zwalił z nóg strażnika</u>.

know a thing or two

I <u>know a thing or two</u> about cars.
<u>Wiem to i owo</u> o samochodach.

know better

Mary should <u>have known better</u> than to accept a lift from a stranger.
Mary powinna <u>być mądrzejsza</u>, kiedy przyjęła propozycję podwiezienia od obcego.

know one's place

I <u>know my place</u>. I won't speak unless spoken to.
<u>Znam swoje miejsce</u>. Nie odezwę się, jeśli nie zwrócą się do mnie.

know by sight

I've never met the man, but I <u>know him by sight</u>.
Nigdy nie poznałem tego człowieka, ale <u>znam go z widzenia</u>.

know like the back of one's hand

Of course I know John. I <u>know him like the back of my hand</u>.
Oczywiście, że znam Johna. <u>Znam go jak własną dłoń</u>.

know inside out

I studied and studied for my driver's test until I <u>knew the rules inside out</u>.

Uczyłem się i uczyłem do mojego egzaminu na prawo jazdy, aż <u>poznałem przepisy na wylot</u>.

knuckle down

It's time you <u>knuckled down</u> to your studies.

Czas, żebyś <u>poważnie przysiadł</u> do swojej nauki.

knuckle under

You have to <u>knuckle under</u> to your bosses if you expect to keep your job.

Musisz <u>słuchać się</u> swoich szefów, jeśli spodziewasz się utrzymać tę pracę.

L

lady killer

Joe is a regular <u>lady killer</u>.

Joe to prawdziwy <u>uwodziciel</u>.

lash out

The senator <u>lashed out</u> at the administration.

Senator <u>przejechał się</u> po administracji.

last but not least

And <u>last but not least</u>, here is the owner of the firm.

I <u>na końcu, ale nie na ostatnim miejscu</u>, przedstawiam właściciela firmy.

last straw

Bill had a bad day in school yesterday, and when he broke a shoelace, that was <u>the last straw</u> and he began to cry.

Bill miał wczoraj w szkole zły dzień, a kiedy zerwał sznurówkę, była to <u>kropla, która przelała dzban</u> i zaczął płakać.

last word

I never win an argument with her. She always has <u>the last word</u>.

Nigdy nie wygrywam z nią sporu. Ona ma zawsze <u>ostatnie słowo</u>.

lay a finger on

Don't you dare <u>lay a finger on the vase</u>!

Nie śmiej <u>dotknąć tego wazonu nawet palcem</u>!

lay away

She <u>laid a little of her pay away</u> each week.

<u>Odkładała</u> trochę ze swojej płacy w każdym tygodniu.

lay eyes on

She knew he was different as soon as she <u>laid eyes on him</u>.

Wiedziała, że on jest inny jak tylko <u>spoczął na nim jej wzrok</u>.

lay hands on

If the police can <u>lay hands on him</u>, they will put him in jail.

Jeśli policja będzie mogła <u>położyć na nim rękę</u> wsadzi go do więzienia.

lay into

The two fighters <u>laid into</u> each other as soon as the bell rang.

Dwóch zawodników <u>skoczyło na</u> siebie jak tylko zabrzmiał gong.

lay off

The company lost the contract for making the shoes and laid off half its workers.

Firma straciła umowę na wyrób butów i zwolniła połowę pracowników.

lay one's cards on the table

In talking about buying the property, Peterson laid his cards on the table about his plans for it.

Rozmawiając o kupieniu tej posiadłości, Peterson wyłożył swoje karty na stół co do jego planów wobec niej.

lay over

We had to lay over in St. Louis for two hours, waiting for a plane to Seattle.

Musieliśmy zrobić przerwę w podróży w St. Louis na dwie godziny, czekając na samolot do Seattle.

lead a dogs life

A new college student of long ago led a dog's life.

Dawniej nowy student w kolegium miał pieskie życie.

lead on

We were led on to think that Jeanne and Jim were engaged to be married.

Daliśmy się zwieść, myśląc że Jeanne i Jim są zaręczeni żeby się pobrać.

lead the way

The boys need someone to lead the way on their hike.

Chłopcy potrzebują kogoś, żeby pokazywał drogę w czasie wędrówki.

leave a bad taste in one's mouth

His rudeness to the teacher <u>left a bad taste in my mouth</u>.

Jego bezczelność wobec nauczyciela <u>zostawiła mi niesmak</u>.

leave no stone unturned

The police will <u>leave no stone unturned</u> in their search for the bank robbers.

Policja <u>zaglądnie pod każdy kamień</u> w swoich poszukiwaniach za rabusiami bankowymi.

leave off

There is a high fence where the school yard <u>leaves off</u>.

Gdzie <u>kończy się</u> szkolne podwórko jest wysoki płot.

leg work

Joe, my research assistant, does a lot of <u>leg work</u> for me.

Joe, mój asystent do badań, musi się dla mnie dużo <u>nachodzić</u>.

let bygones be bygones

After a long, angry quarrel the two boys agreed to <u>let bygones be bygones</u> and made friends again.

Po długiej zażartej kłótni, tych dwóch chłopców zgodziło się <u>puścić urazy w niepamięć</u>, i znowu stało się przyjaciółmi.

let down

The team felt they had <u>let the coach down</u>.

Drużyna miała uczucie, że <u>zawiodła</u> swojego trenera.

let go

The old water pipe suddenly <u>let go</u> and water poured out of it.

Stara rura wodna nagle <u>puściła</u> i wylała się z niej woda.

let loose

The farmer opened the gate and <u>let the bull loose</u> in the pasture.

Farmer otworzył bramę i <u>wypuścił</u> byka na pastwisko.

let off

Willie accidentally <u>let off</u> his father's shotgun and made a hole in the wall.

Willie przypadkowo <u>wypalił</u> z broni swojego ojca i zrobił dziurę w ścianie.

let out

The guard <u>let the prisoners out</u> of jail to work in the garden.

Strażnik <u>wypuścił więźniów</u> z więzienia żeby pracowali w ogrodzie.

let sleeping dogs lie

Don't tell your father that you broke the window. <u>Let sleeping dogs lie</u>.

Nie mów swojemu ojcu, że wybiłeś okno. <u>Lepiej nie kusić licha</u>.

lie low

After holding up the bank, the robbers <u>lay low</u> for a while.

Po obrabowaniu banku, rabusie przez jakiś czas <u>siedzieli cicho</u>.

lift a finger

We all worked hard except Joe. He wouldn't <u>lift a finger</u>.

Wszyscy oprócz Joe pracowali. On <u>nie kiwnął nawet palcem</u>.

like father, like son

Frank's father has been on the city council and Frank is likely to be class president. <u>Like father, like son</u>.

Ojciec Franka zasiada w radzie miejskiej, a Frank prawdopodobnie będzie przewodniczącym klasy. <u>Niedaleko pada jabłko od jabłoni</u>.

like hell

As soon as they saw the cops, they ran <u>like hell</u>.

Jak tylko zobaczyli gliniarzy, zaczęli uciekać <u>jak diabli</u>.

line up

The boys <u>lined up</u> and took turns diving off the springboard.

Chłopcy <u>ustawili się w ogonku</u> i po kolei dawali nurka z trampoliny.

little frog in a big pond

In a large company, even a fairy successful man is likely to feel like <u>a little frog in a big pond</u>.

W dużej firmie nawet osoba odnosząca sukcesy, raczej będzie się czuła jak <u>mały pionek na dużej szachownicy</u>.

live it up

Joe had had a hard winter in lonesome places; now he was in town <u>living it up</u>.

Joe spędził ciężką zimę w samotnych miejscach; potem znalazł się w mieście, <u>starając się to nadrobić</u>.

live up to

So far as he could, John had always tried to <u>live up to</u> the example he saw in Lincoln.

Dotychczas jak tylko mógł, John zawsze próbował <u>naśladować</u> wzór jaki widział w Lincolnie.

long shot
The horse <u>was a long shot</u>, but it came in and paid well.
Stawianie na tego konia było ryzykowne, ale przyszedł on pierwszy i dobrze za niego płacili.

look a gift horse in the mouth
John gave Joe a ball but Joe complained that it was old. His father told him not <u>to look a gift horse in the mouth</u>.
John dał Joe'mu piłkę, ale Joe narzekał, że jest ona stara. Jego ojciec powiedział mu, że <u>darowanemu koniowi nie zagląda się w zęby</u>.

look at the world through rose-colored glasses
When Jean graduated from high school, she <u>looked at the world through rose-colored glasses</u>.
Kiedy Jean ukończyła szkołę średnią, <u>patrzyła na świat przez różowe okulary</u>.

look down on
Mary <u>looked down on</u> her classmates because she was better dressed than they were.
Mary <u>patrzyła na swoje koleżanki z klasy z góry</u>, ponieważ była ubrana lepiej niż one.

look for
Fred spent all day <u>looking for</u> a job.
Fred spędził cały dzień, <u>szukając</u> pracy.

lood forward to
Mario <u>was looking forward</u> to that date.
Mario <u>niecierpliwie czekał</u> na tę randkę.

looke like a million dollars
John came back from Florida driving a fine new car, tanned, and glowing with health. He <u>looked like a million dollars</u>.

John wrócił z Florydy prowadząc piękny nowy samochód, opalony i tryskający zdrowiem. <u>Wyglądał, jakby miał milion dolarów w kieszeni</u>.

look out
"<u>Look out</u>!" John called, as the car came toward me.

"<u>Uważaj!</u>", zawołał John, kiedy samochód zbliżył się w moim kierunku.

look to
The child <u>looks to</u> his mother to cure his hurts.

Dziecko <u>szuka pomocy u</u> swojej matki, kiedy się skaleczy.

look up
It is a good habit to <u>look up</u> new words in a dictionary.

ubiegłym miesiącu; przyjechał do domu z $10,000 w gotówce.

lucky stars
Ted was unhurt in the car accident; he thanked his <u>lucky stars</u>.

Ted wyszedł cało z wypadku samochodowego; dziękował swojej <u>szczęśliwej gwieździe</u>.

M

made for (doing)
She's just <u>made for designing</u> furniture.

Ona jest po prostu <u>stworzona do projektowania</u> mebli.

made for each other
Bill and Jane <u>were made for each other</u>.
Bill i Jane <u>są dla siebie stworzeni</u>.

make a bee-line for
Billy came into the kitchen and <u>made a bee-line for</u> the biscuits.
Billy wszedł do kuchni i <u>ruszył prosto w stronę</u> biszkoptów.

make a big deal about
I only stepped on your toe. Don't <u>make a big deal about it</u>.
Tylko nadepnąłem ci na palec. Nie <u>rób z tego wielkiej sprawy</u>.

make a dent in
Get busy! You haven't even <u>made a dent in</u> your work.
Zabieraj się do roboty! Nie <u>ruszyłeś nawet swojej pracy</u>.

make a face
Mother, Billy <u>made a face</u> at me!
Mamo, Billy <u>zrobił do mnie minę</u>.

make a fool out of someone
John <u>made a fool out of himself</u> at the party.
John <u>zrobił z siebie durnia</u> na przyjęciu.

make a go of it
It's a though situation, but Ann is trying to <u>make a go of it</u>.
To trudna sytuacja, ale Anna próbuje <u>znaleźć z niej wyjście</u>.

make a hit

John <u>made a hit</u> with my parents last night.
John <u>zrobił fantastyczne</u> wrażenie na moich rodzicach wczoraj wieczorem.

make a living

Mary <u>made a living</u> selling second-hand clothes.
Mary <u>zarabiała na życie</u> sprzedając używane ubrania.

make a long story short

If I can <u>make a long story short</u>, let me say that everything worked out fine.
<u>Żeby długo nie mówić</u>, powiem tylko że wszystko poszło dobrze.

make a mess

You certainly <u>have made a mess</u> of your life!
Bez wątpienia <u>zabałaganiłeś</u> sobie życie.

make a mountain out of molehill

Come on, don't <u>make a mountain out of a molehill</u>.
Daj spokój, <u>nie rób z igły widły</u>.

make a name for oneself

It's hard to <u>make a name for oneself</u> without a lot of talent and hard work.
Trudno <u>wyrobić sobie nazwisko</u> bez dużego talentu i ciężkiej pracy.

make a note of something

This is important. <u>Make a note of it</u>.
To ważne. <u>Zapisz to sobie</u>.

make a point

He spoke for an hour without <u>making a point</u>.
Przemawiał przez godzinę bez <u>przejścia do sedna sprawy</u>.

make (create) a scene

When John found a fly in his drink, he started to <u>create a scene</u>.
Kiedy John znalazł muchę w swoim drinku zaczął <u>robić scenę</u>.

make an appointment

I <u>made an appointment</u> with the doctor for late today.
<u>Umówiłem się na wizytę</u> u lekarza dzisiaj na później.

make an arrangement

I <u>made an arrangement</u> with John to come to his house and collect him.
<u>Umówiłem się</u> z Johnem, że przyjadę do jego domu i zabiorę go.

make an exception

Please <u>make an exception</u> just this once.
Proszę, ten jeden raz <u>zrób wyjątek</u>.

make an impression

Tom <u>made a bad impression</u> on the banker.
Tom <u>zrobił złe wrażenie</u> na bankierze.

make an issue of

Please, don't <u>make an issue of</u> John's comment. He didn't mean to be rude.
Proszę, <u>nie rób sprawy</u> z komentarza Johna. On nie zamierzał być niegrzeczny.

make (both) ends meet

It's hard these days to <u>make ends meet</u>.

Trudno jest w dzisiejszych czasach <u>związać koniec z końcem</u>.

make do

You'll have to <u>make do</u> with less money next year. The economy is very weak.

Będziesz musiał <u>poradzić sobie</u> z mniejszą ilością pieniędzy w przyszłym roku. Gospodarka jest bardzo słaba.

make for

When I got out of class, I <u>made for</u> the gym.

Kiedy wyszedłem z klasy, <u>ruszyłem w kierunku</u> sali gimnastycznej.

make free

Please do not <u>make free</u> with my car while I'm gone.

Proszę nie <u>pozwalaj sobie</u> z moim samochodem, kiedy wyjadę.

make fun of

Please stop <u>making fun of me</u>. It hurts my feelings.

Przestań <u>się ze mnie naśmiewać</u>. To rani moje uczucia.

make good money

I don't know what she does, but she <u>makes good money</u>.

Nie wiem co ona robi, ale <u>zarabia duże pieniądze</u>.

make love

The actress refused to <u>make love</u> on stage.

Aktorka odmówiła <u>uprawiania miłości</u> na scenie.

make no difference

It makes no difference to me what you do.
Nie robi mi żadnej różnicy, co robisz.

make no mistake about it

This car is a great buy. Make no mistake about it.
Ten samochód to wspaniały zakup. Nie ma co do tego żadnych wątpliwości.

make off with

The robber made off with the jewellery.
Rabuś zabrał klejnoty i uciekł.

make one's way

Slowly, she made her way through the woods.
Powoli przedarła się przez las.

make oneself at home

Please come in and make yourself at home.
Proszę wejdź i czuj się jak u siebie w domu.

make peace

Don't you think it's time to make peace with your brother?
Czy nie uważasz, że nadszedł czas, żeby pogodzić się z twoim bratem.

make sense out

I'm trying to make some sense out of what John is saying.
Próbuję znaleźć sens w tym co mówi John.

make someone eat crow

Because Mary was completely wrong, we made her eat crow.
Ponieważ Mary zupełnie się myliła, kazaliśmy jej wszystko odszczekać.

make available

I <u>made my car available</u> to Bob.
<u>Udostępniłem swój samochód</u> Bobowi.

make sure

Just <u>make sure</u> he is there tomorrow!
Po prostu <u>upewnij się</u>, że on tam jutro będzie.

make up

That's not true! You just <u>made that up</u>!
To nieprawda! Po prostu <u>to sobie wymyśliłeś</u>.

make one's hair stand on end

The horrible scream <u>made my hair stand on end</u>.
Okropny wrzask <u>sprawił, że włosy stanęły mi dęba</u>.

make one's mind up

Please <u>make your mind up</u>. Which one do you want?
Proszę <u>zdecyduj się</u>. Który chcesz?

make someone's position clear

I don't think you understand what I said. Let me <u>make my position clear</u>.
Wydaje mi się, że nie rozumiesz tego co powiedziałem. Pozwól mi <u>wyjaśnić moje stanowisko</u>.

make from scratch

We <u>made the cake from scratch</u>, not using a cake mix.
<u>Zrobiliśmy tort od zera</u>, nie używając ciasta w proszku.

make out

What does this say? I can hardly <u>make it out</u>.
Co tam pisze? Trudno mi <u>to odcyfrować</u>.

make up to

I'm so sorry I've insulted you. How can I <u>make it up to you</u>?

Przepraszam, że cię obraziłem. Jak mogę <u>ci to wyrównać</u>.

make the arrangements

I'm <u>making the arrangements</u> for the convention.

<u>Robię plany organizacyjne</u> do zjazdu.

make the bed

I <u>make my bed</u> every morning.

Codziennie rano <u>ścielę swoje łóżko</u>.

make the best of

It's not good, but we'll have to <u>make the best of it</u>.

To nie jest najlepsze, ale spróbujemy <u>to wykorzystać jak najlepiej</u>.

make the distinction

He can <u>make the destinction</u> between fiction and realty.

On potrafi <u>rozróżnić</u> pomiędzy fikcją a rzeczywistością.

make use of

Can you <u>make use</u> of an extra helper?

Czy <u>przydałby ci się</u> dodatkowy pomocnik?

make way

Is this project <u>making any way</u>?

Czy to przedsięwzięcie <u>robi jakieś postępy</u>?

man in the street

<u>The man in the street</u> has little interest in literature.

<u>Przeciętny człowiek</u> mało interesuje się literaturą.

manna from heaven

The offer of a new job just as she had been sacked <u>was manna from heaven</u> to Joan.

Oferta nowej pracy, zaraz potem jak została zwolniona, <u>spadła Joan jak manna z nieba</u>.

mark down

I'm going to the party. Please <u>mark me down</u> as attending.

Przyjdę na to przyjęcie. <u>Zapisz mnie</u> jako uczestnika.

matter of life and death

We must find a doctor. It's a <u>matter of life and death</u>.

Musimy znaleźć lekarza. To <u>sprawa życia i śmierci</u>.

mean to

Did you <u>mean to</u> do that?

Czy <u>miałeś zamiar</u> to zrobić?

meet one's end

The dog <u>met his end</u> under the wheels of a car.

Pies <u>spotkał swoją śmierć</u> pod kołami samochodu.

meet half-way

No, I won't give in, but I'll <u>meet you half-way</u>.

Nie, nie ustąpię, ale <u>pójdę z tobą na kompromis</u>.

meet the requirements

Sally was unable to <u>meet the requirements</u> for the job.

Sally nie była w stanie <u>sprostać wymaganiom</u> tej pracy.

melt in one's mouth

This cake is so good it'll <u>melt in your mouth</u>.

Ten tort jest tak dobry, że <u>rozpuszcza się w ustach</u>.

mend fences

I think I had better get home and <u>mend my fences</u>. I had an argument with my daughter this morning.

Myślę, że lepiej pójdę do domu i <u>naprawię swoje układy</u>. Pokłóciłem się ze swoją córką dzisiaj rano.

mess around

Will you please stop <u>messing around</u> with that old car!

Czy możesz przestać, proszę, <u>marnować czas</u> przy tym starym samochodzie!

mess up

You really <u>messed this place up</u>!

Naprawdę <u>narobiłeś tutaj bałaganu</u>!

method in one's madness

What I'm doing may look strange, but there is <u>method in my madness</u>.

To co robię może się wydawać dziwne, ale <u>w tym szaleństwie jest metoda</u>.

millstone about one's neck

This huge and expensive house is <u>a millstone about my neck</u>.

Ten ogromny i kosztowny dom jest <u>kamieniem młyńskim na mojej szyi</u>.

mind one's own business

Leave me alone, Bill. <u>Mind your own business</u>.

Zostaw mnie w spokoju Bill. <u>Zajmij się swoimi sprawami</u>.

miss out

I'm sorry I <u>missed out</u> on the party.

Przepraszam, że <u>nie zjawiłem się</u> na tym przyjęciu.

miss by a mile

Ann shot the arrow and <u>missed the target by a mile</u>.
Ann wystrzeliła strzałę i <u>chybiła w tarczę o kilometr</u>.

miss the point

I'm afraid you <u>missed the point</u>. Let me explain it again.
Obawiam się, że <u>nie zrozumiałeś sedna sprawy</u>. Pozwól mi wytłumaczyć to jeszcze raz.

mistake someone for

I'm sorry. I <u>mistook you for</u> John.
Przepraszam. <u>Wziąłem cię za</u> Johna.

mix it

John is always <u>mixing it</u>. There's trouble wherever he is.
John zawsze <u>pędzi zadymę</u>. Gdziekolwiek się pojawi, są kłopoty.

mix up

Please don't <u>mix these ideas up</u>. They are quite distinct.
Proszę nie <u>mieszaj</u> tych pojęć. One są zupełnie różne.

money is no object

Please show me your finest car. <u>Money is no object</u>.
Proszę, pokaż mi swój najlepszy samochód. <u>Pieniądze nie grają roli</u>.

money talks

Don't worry, I have a way of getting things done. <u>Money talks</u>.
Nie martw się, mam sposób, żeby to załatwić. <u>Pieniądze robią swoje</u>.

monkey business

There's been some <u>monkey business</u> in connection with the firm's accounts.

Pojawiły się jakieś <u>dziwne sprawy</u> w związku z kontami firmy.

more often than not

This kind of dog will grow up to be a good watch-dog <u>more often than not</u>.

Ten gatunek psa <u>zazwyczaj</u> wyrasta na dobrego stróża.

more or less

We'll be there at eight, <u>more or less</u>.

Będziemy tam <u>mniej więcej</u> o ósmej.

move heaven and earth

I had to <u>move heaven and earth</u> to get there on time.

Musiałem <u>poruszyć niebo i ziemię</u>, żeby dotrzeć tam na czas.

move in

I hear you have a new place to live. When did you <u>move in</u>?

Słyszę, że masz nowe mieszkanie. Kiedy się <u>wprowadziłeś</u>?

move on

I've done all that I can do in this town. It's time to <u>move on</u>.

Zrobiłem wszystko co mogłem zrobić w tym mieście. Czas <u>ruszać dalej</u>.

move out

We didn't like our apartment, so we <u>moved out</u>.

Nie podobało nam się nasze mieszkanie, więc <u>się wyprowadziliśmy</u>.

N

nail down
Joe had a hard time selling his car, but he finally <u>nailed down</u>
Dieta i gimnastyka zrobiły z niego <u>nowego człowieka</u>.

nip in the bud
The police <u>nipped the plot in the bud</u>.
Policja <u>zdusiła spisek w zarodku</u>.

no doubt
<u>No doubt</u> Susan was the smartest girl in her class.
<u>Bez wątpienia</u>, Susan była najmądrzejszą dziewczyną w swojej klasie.

no end to
There was <u>no end to</u> the letters pouring into the post office.
<u>Nie było końca</u> listom napływającym na pocztę.

no matter
She was going to be a singer <u>no matter</u> what difficulties she met.
Zamierzała zostać śpiewaczką <u>bez względu</u> na trudności jakie napotka.

nose in
He always had his <u>nose in</u> other people's business.
On zawsze <u>wtykał nos</u> w sprawy innych ludzi.

no sweat
That job was <u>no sweat</u>.
To była <u>łatwa robota</u>.

not for the world
I wouldn't hurt his feelings <u>for the world</u>.
Nie zraniłbym jego uczuć <u>za nic w świecie</u>.

not on your life
I wouldn't drive a car with brakes like that - <u>not on your life</u>.
Nie prowadziłbym samochodu z takimi hamulcami - <u>nigdy w życiu</u>.

number one
He was well known for his habit of always looking out for <u>number one</u>.
Był dobrze znany ze swojego zwyczaju dbania o <u>swoje własne sprawy</u>.

nurse a grudge
Tom <u>nursed a grudge</u> against John because John took his place on the basketball team.
Tom <u>nosił w sobie urazę</u> do Johna, ponieważ John zajął jego miejsce w drużynie koszykarskiej.

nutty as a fruitcake
He looked all right but when he began talk we saw that he was as <u>nutty as a fruitcake</u>.
Wyglądał w porządku, ale kiedy zaczął mówić zobaczyliśmy, że był <u>głupi jak but</u>.

O

object to
Tom realizes that many will <u>object to</u> his argument.
Tom zdaje sobie sprawę, że wiele osób <u>sprzeciwił się</u> jego argumentom.

of age

Mary will be <u>of driving age</u> on her next birthday.
Mary będzie <u>w odpowiednim wieku do prowadzenia samochodu</u> na swoje następne urodziny.

off and on

Joan wrote to a pen pal in England <u>off and on</u> for several years.
Joan pisywała do swojej przyjaciółki korespondencyjnej w Anglii, <u>od czasu do czasu</u>, przez kilka lat.

off balance

The teacher's surprise test caught the class <u>off balance</u>, and nearly everyone got a poor mark.
Niespodziewana klasówka nauczyciela zastała klasę <u>nieprzygotowaną</u>, i prawie każdy dostał słabą ocenę.

off duty

Sailors like to go sight-seeing when they are <u>off duty</u> in a foreign port.
Marynarze lubią zwiedzać, kiedy <u>mają wolny czas</u> w zagranicznym porcie.

offer clues

Her bones <u>offered clues</u> to her sex.
Jej kości <u>dostarczyły wskazówek</u> co do jej płci.

off guard

Timmy's question caught Jean <u>off guard</u>, and she told him the secret before she knew it.
Pytanie Timmy'ego złapało Jean <u>z zaskoczenia</u> i powiedziała mu tajemnicę, zanim zdała sobie z tego sprawę.

off one's back

The singer was so popular with teenagers that he took a secret vacation, to keep them <u>off his back</u>.

Ten piosenkarz był tak popularny wśród nastolatków, że po kryjomu wziął wakacje, żeby trzymać ich <u>od siebie z daleka</u>.

off one's hands

Ginny was glad to have the sick dog taken <u>off her hands</u> by the doctor.

Ginny była zadowolona, że mogła <u>przekazać opiekę</u> nad swoim chorym psem lekarzowi.

off the cuff

Some presidents like to speak <u>off the cuff</u> to newspaper reporters.

Niektórzy prezydenci lubią rozmawiać <u>nieprzygotowani</u> z reporterami.

off the hook

Thelma found she had made two dates for the same night; she asked Sally to get her <u>off the hook</u> by going out with one of the boys.

Thelma stwierdziła, że umówiła się na dwie randki w jeden wieczór; poprosiła Sally, żeby ją <u>wybawiła z kłopotu</u> idąc na randkę z jednym z chłopców.

off the record

The President told the reporters his remarks were strictly <u>off the record</u>.

Prezydent powiedział reporterom, że jego uwagi <u>nie są absolutnie do wiadomości publicznej</u>.

old hat

By now, putting satellites in orbit is <u>old hat</u> to space scientists.
Obecnie, umieszczanie satelit na orbicie nie jest <u>niczym niezwykłym</u> dla naukowców.

on a shoestring

The couple was seeing Europe <u>on a shoestring</u>.
Ta para zwiedzała Europę <u>niemal bez grosza</u>.

on call

This is Dr. Kent's day to be <u>on call</u> at the hospital.
Dzisiaj przypada dzień dr Kenta, żeby <u>był gotowy na wezwanie</u> do szpitala.

once in a blue moon

Coin collecting is interesting, but you find a valuable coin only <u>once in a blue moon</u>.
Zbieranie monet jest interesujące, ale cenną monetę znajduje się <u>bardzo rzadko</u>.

on edge

He was <u>on edge</u> about the results of his test.
Był doprowadzony <u>do kresu wytrzymałości</u> co do wyników swojego testu.

one foot in the grave

The dog is fourteen years old, blind, and feeble. He has <u>one foot in the grave</u>.
Ten pies ma 14 lat, jest ślepy i osłabiony. Jest <u>jedną nogą w grobie</u>.

one up

John graduated from high school; he is <u>one up</u> on Bob, who dropped out.

John ukończył szkołę średnią; ma <u>przynajmniej jedną przewagę</u> nad Billem, który rzucił szkołę.

on faith
He said he was twenty-one years old and the employment agency took him <u>on faith</u>.
Powiedział, że ma 21 lat i ta agencja zatrudnienia uwierzyła mu <u>na słowo</u>.

on hand
Always have your dictionary <u>on hand</u> when you study.
Zawsze miej swój słownik <u>pod ręką</u>, kiedy się uczysz.

on one's back
My wife has been <u>on my back</u> for weeks to fix the front door.
Moja żona siedzi mi <u>na głowie</u> od wielu tygodni, żebym naprawił drzwi frontowe.

on one's chest
You look sad - what's <u>on your chest</u>?
Wyglądasz na zmartwionego - co ci <u>leży na sercu</u>?

on one's feet
Jack is back <u>on his feet</u> after a long illness.
Jack <u>stanął z powrotem na nogi</u> po długiej chorobie.

on one's last leg
The blacksmith's business is <u>on its last leg</u>.
Interes kowalski jest już <u>na ostatnich nogach</u>.

on pins and needles
Jane's mother was <u>on pins and needles</u> because Jane was very late getting home from school.
Matka Jane <u>siedziała jak na szpilkach</u>, ponieważ Jane bardzo się spóźniała wracając do domu ze szkoły.

on the air

His show is <u>on the air</u> at six o'clock.

Jego program <u>wchodzi na antenę</u> o godzinie szóstej.

on the blink

Bob's car went <u>on the blink</u>, so he rode to school with John.

Samochód Boba <u>popsuł się</u>, więc pojechał on do szkoły z Johnem.

on the dot

Susan arrived at the party at 2:00 p.m. <u>on the dot</u>.

Susan przybyła na prywatkę o 2 po południu, <u>co do minuty</u>.

on the go

Successful people in business are <u>on the go</u> most of the time.

Ludzie sukcesu w biznesie przez większość czasu są <u>w ruchu</u>.

on the house

At the opening of the new hotel, the champagne was <u>on the house</u>.

Przy otwarciu nowego hotelu, szampan był <u>na koszt firmy</u>.

on the move

The candidate promised that if the people would make him President, he would get the country <u>on the move</u>.

Kandydat obiecał, że jeśli ludzie wybiorą go prezydentem, to <u>ruszy on kraj z miejsca</u>.

on the one hand

<u>On the one hand</u>, it is bad for his family, but on the other hand it may make him wealthy.

*Z jednej strony, to jest złe dla jego rodziny, ale z drugiej
strony może go uczynić bogatym.*

on the sly
The boys smoked <u>on the sly</u>.
Chłopcy <u>skrycie</u> palili papierosy.

on the spot
The news of important events is often broadcast <u>on the
spot</u> over television.
*Wiadomości z ważnych wydarzeń są często
transmitowane <u>na miejscu</u> przez telewizję.*

on the spur of the moment
John had not planned to take the trip; he just left <u>on the
spur of the moment</u>.
*John nie planował udania się w podróż; wyjechał <u>pod
wpływem chwilowego nastroju</u>.*

on top
Although John had been afraid that he was not prepared
for the exam, he came out <u>on top</u>.
*Chociaż John się obawiał, że nie jest przygotowany do
egzaminu, wyszedł z niego <u>zwycięsko</u>.*

open one's heart
Mary <u>opened her heart</u> to her mother and told her about Michael.
*Mary <u>otworzyła swoje serce</u> przed matką i powiedziała
jej o Michaelu.*

open secret
It is an <u>open secret</u> that Mary and John are engaged.
*To <u>znana wszystkim tajemnica</u>, że Mary i Tom są
zaręczeni.*

out in the cold

All the other children were chosen for parts in the play,
but Johnny was left <u>out in the cold</u>.

*Wszystkie inne dzieci zostały wybrane do ról w sztuce,
ale Johnny <u>został na lodzie</u>.*

out of line

Little Mary got <u>out of line</u> and was rude to Aunt Elizabeth.

*Mała Mary <u>zapomniała o dobrym wychowaniu</u> i była
niegrzeczna dla ciotki Elizabeth.*

out of one's hair

Harry got the boys <u>out of his hair</u> so he could study.

*Harry zdjął sobie <u>z głowy</u> chłopców, tak żeby mógł
studiować.*

out of order

Our television set is <u>out of order</u>.

Nasz telewizor <u>nie działa właściwie</u>.

out of place

Joan was the only girl who wore a long gown at the
party, and she felt <u>out of place</u>.

*Joan była jedyną dziewczyną, która nosiła długą suknię
na prywatce, i czuła się <u>nie na miejscu</u>.*

out of step

Just because you don't smoke, it doesn't mean you are
<u>out of step</u> with other boys and girls your age.

*Tylko dlatego, że nie palisz papierosów, nie znaczy, że
<u>nie dotrzymujesz kroku</u> innym chłopcom i dziewczętom
w swoim wieku.*

out of the blue

At the last minute Johnny came <u>out of the blue</u> to catch the pass and score a goal.

W ostatniej chwili Johnny zjawił się <u>ni stąd, ni z owąd</u>, żeby przejąć podanie i strzelić gola.

out of the frying pan and into the fire

The movie cowboy was <u>out of the frying pan and into the fire</u>.

Filmowy cowboy <u>wpadł z deszczu pod rynnę</u>.

out of thin air

The teacher scolded Dick because his story was concocted <u>out of thin air</u>.

Nauczyciel nakrzyczał na Dicka, ponieważ jego historia <u>była wyssana z palca</u>.

out of tune

What Jack said was <u>out of tune</u> with how he looked; he said he was happy, but he looked unhappy.

To co Jack powiedział <u>nie pasowało</u> do tego jak on wyglądał; powiedział, że jest zadowolony, ale wyglądał na nieszczęśliwego.

over with

They were <u>over with</u> the meeting by ten o'clock.

Przed 10-tą <u>mieli skończone</u> zebranie.

own up

When Mr. Jones asked who broke the window, Johnny <u>owned up</u>.

Kiedy pan Jones zapytał, kto wybił okno, Johnny <u>się przyznał</u>.

P

packed like herring in a barrel

The bus was full. The passengers were <u>packed like herring in a barrel</u>.

Autobus był pełny. Pasażerowie byli <u>stłoczeni jak śledzie w beczce</u>.

pain in the neck

This assignment is <u>a pain in the neck</u>.

To zadanie to <u>prawdziwy ból głowy</u>.

palm off

My brother <u>palmed off</u> his old clothes on me.

Mój brat <u>pozbył się</u> swoich starych ubrań na moją korzyść.

par for the course

I worked for days on this project, but it was rejected. That's <u>par for the course</u> around here.

Pracowałem całymi dniami nad tym projektem, ale został on odrzucony. To <u>nic nowego</u> tutaj.

part and parcel

This point is <u>part and parcel</u> of my whole argument.

Ten punkt to <u>niezbędna część</u> mojego całego wywodu.

part with

Tom was sad to <u>part with</u> Ann, but that's the way it had to be.

Tomowi było smutno <u>rozstać się</u> z Ann, ale tak właśnie musiało być.

pass away
My aunt <u>passed away</u> last month.
Moja ciotka <u>zmarła</u> w ubiegłym miesiącu.

pass muster
I tried my best, but my efforts didn't <u>pass muster</u>.
Robiłem co mogłem, ale moje starania nie <u>były</u> <u>zadowalające</u>.

pass out
When he got the news, he <u>passed out</u>.
Kiedy otrzymał tę wiadomość, <u>zemdlał</u>.

pass over
The storm <u>passed over</u> us.
Ta burza nas <u>ominęła</u>.

pass off
Don't try to <u>pass that fake off</u> on me!
Nie próbuj <u>wcisnąć mi kitu</u>!

pass the buck
Don't try to <u>pass the buck</u>! It's your fault, and everybody know it.
Nie próbuj <u>zwalać winy</u>! To twój błąd i każdy o tym wie.

pass the time
I never know how to <u>pass the time</u> when I'm on holiday.
Nigdy nie wiem jak <u>spędzać czas</u>, kiedy jestem na wakacjach.

pat on the back
We <u>patted Ann on the back</u> for a good performance.
<u>Pochwaliliśmy</u> Ann za dobre wykonanie.

pave the way

The public doesn't understand the metric system. We need to <u>pave the way</u> for its introduction.

Ludzie nie rozumieją systemu metrycznego. Musimy <u>utorować drogę</u> dla jego wprowadzenia.

pay an arm and a leg

I hate to have to <u>pay an arm and a leg</u> for a tank of gas.

Nie podoba mi się, że muszę <u>zapłacić jak za zboże</u> za ten zbiornik benzyny.

pay as you go

If you <u>pay as you go</u>, you'll never spend too much money.

Jeśli <u>płacisz na bieżąco</u>, nigdy nie wydasz zbyt dużo pieniędzy.

pay attention

<u>Pay attention</u> to me!

<u>Zwróć na mnie uwagę</u>!

pay for

The criminal will <u>pay for</u> his crimes.

Przestępca <u>odpłaci</u> za swoje zbrodnie.

pay in advance

I want to make a special order. Will I have to <u>pay in advance</u>?

Chciałbym złożyć specjalne zamówienie. Czy będę musiał <u>płacić z góry</u>?

pay one's debt to society

The judge said that Mr. Simpson had to <u>pay his debt to society</u>.

Sędzia powiedział, że pan Simpson musi <u>zapłacić swój dług wobec społeczeństwa</u>.

pay one's dues
How many people have <u>paid their dues</u>?
Ilu ludzi <u>zapłaciło składkę</u>?

pay a visit
I think I'll <u>pay Mary a visit</u>.
Myślę, że <u>złożę Mary wizytę</u>.

pay off
The lawyer <u>paid off</u> the witness for services rendered.
Adwokat <u>przepłacił</u> świadka za wyświadczone usługi.

pay top dollar
They promised to <u>pay top dollar</u>.
Obiecali <u>dać dobrą cenę</u>.

Pay up!
You owe me $200. Come on, <u>pay up</u>!
Jesteś mi winien $200. Dalej, <u>wypłać</u> mi!

peter out
When the fire <u>petered out</u>, I went to bed.
Kiedy ogień <u>zgasł</u>, poszedłem spać.

pick a quarrel
Are you trying to <u>pick a quarrel</u> with me?
Czy próbujesz <u>zacząć kłótnię</u> ze mną?

pick and choose
You must take what you are given. You cannot <u>pick and choose</u>.
Musisz brać, co ci dają. Nie możesz <u>przebierać</u>.

pick on
Why are you always <u>picking on</u> the office clark?
Dlaczego ciągle <u>się czepiasz</u> tego urzędnika?

pick out
I don't know which one to choose. You <u>pick one out</u> for me.
Nie wiem który wybrać. <u>Wybierz jeden</u> za mnie.

pick up
I have to <u>pick up</u> Billy at school.
Muszę <u>odebrać</u> Billy'ego ze szkoły.

pie in the sky
The firm has promised him a large reward, but I think it's just <u>pie in the sky</u>.
Firma obiecała mu dużą nagrodę, ale ja myślę, że to tylko <u>gruszki na wierzbie</u>.

piece of cake
No, it won't be any trouble. It's <u>a piece of cake</u>.
Nie, nie będzie żadnych kłopotów. To jest <u>małe piwo</u>.

pile up
The newspapers <u>are pilling up</u>. It's time to get rid of them.
<u>Nagromadził się stos</u> gazet. Czas, żeby się ich pozbyć.

pin down
Try to <u>pin her down</u> on what she expects us to do.
Spróbuj <u>ją przycisnąć</u>, w tym czego ona się spodziewa, żebyśmy zrobili.

pipe-dream

Your hopes of winning a lot of money are just a silly pipe-dream.

Twoje nadzieje na wygranie dużych pieniędzy są po prostu niemądrą mrzonką.

pipe up

Billy piped up with a silly remark.

Billy wychylił się głośno z niemądrą uwagą.

pitch in

Why don't some of you pitch in? We need all the help we can get.

Może któryś z was by się przyłączył do roboty? Potrzebujemy każdej pomocy, jaką możemy dostać.

plan on

I'm planning on inviting four people for dinner.

Planuję zaproszenie czterech osób na obiad.

play ball

Look, friend, if you play ball with me, everything will work out all right.

Słuchaj przyjacielu, jeśli pobawisz się w to razem ze mną wszysko pójdzie dobrze.

play cat and mouse

The police played cat and mouse with the suspect until they had sufficient evidence to make an arrest.

Policja bawiła się w kotka i myszkę z podejrzanym dopóki nie miała wystarczających dowodów, aby dokonać aresztowania.

play fair

John won't do business with Bill any more because Bill doesn't play fair.

John nie będzie więcej prowadził interesów z Billem, ponieważ Bill nie gra czysto.

play into one's hands

John is doing exactly what I hoped he would do. He's playing into my hands.

John robi dokładnie to, na co liczyłem, że zrobi. Tańczy jak mu zagrałem.

play it cool

No one will suspect anything if you play it cool.

Nikt niczego nie będzie podejrzewał, jeśli rozegrasz to na zimno.

play one's cards right

If you play your cards right, you can get whatever you want.

Jeśli dobrze to rozegrasz, możesz dostać cokolwiek zechcesz.

play second fiddle

I'm tired of playing second fiddle to John.

Jestem już zmęczony graniem drugich skrzypiec wobec Johna.

play down

They tried to play down her part in the crime.

Oni próbowali zmniejszyć jej udział w przestępstwie.

play something up

John really <u>played up his own part</u> in the rescue.
John rzeczywiście <u>odegrał swoją ważną rolę</u> w akcji ratunkowej.

play up

The child <u>played me up</u>. He was naughty all day.
To dziecko <u>zagrało mi na nerwach</u>. Było niegrzeczne przez cały dzień.

play up to

Bill is always <u>playing up to</u> the teacher.
Bill zawsze <u>podlizuje się</u> nauczycielowi.

play with fire

I wouldn't talk to Bob that way if I were you - unless you like <u>playing with fire</u>.
Nie rozmawiałbym tak z Billem na twoim miejscu - chyba że lubisz <u>igrać z ogniem</u>.

plough into

The car <u>ploughed into</u> the ditch.
Samochód <u>wylądował w</u> rowie.

pluck up courage

Fred <u>plucked up courage</u> and asked Jean for a date.
Fred <u>zebrał się trochę na odwagę</u> i zaprosił Jean na randkę.

plug in

This television set won't work unless you <u>plug it in</u>!
Odbiornik telewizyjny nie będzie działał, jeśli nie <u>podłączysz go do prądu</u>.

point out

She <u>pointed out</u> the boy who took her purse.
<u>Wskazała na</u> chłopca, który zabrał portmonetkę.

point the finger at

Don't <u>point the finger at</u> me! I didn't take the money.
Nie <u>pokazuj na mnie palcem</u>! Ja nie zabrałem tych pieniędzy.

point up

I'd like to <u>point up</u> the problems by telling of my own experiences.
Lubię <u>wykazywać</u> problemy opowiadając o moich własnych doświadczeniach.

poke one's nose into

I wish you'd stop <u>poking your nose into</u> my business.
Chciałbym, żebyś przestał <u>wtykać nos w</u> moje sprawy.

polish off

Bob <u>polished off</u> the rest of the pie.
Bob <u>zmiótł</u> resztę ciasta.

pop up

Billy <u>popped up</u> out of nowhere and scared his mother.
Billy <u>pojawił się</u> jak duch i wystraszył swoją matkę.

pour cold water on

When my father said I couldn't have the car, he <u>poured cold water on</u> my plans.
Kiedy ojciec powiedział, że nie mogę wziąć samochodu, <u>wylał kubeł zimnej wody na</u> moje plany.

pour oil on troubled waters

That was a good thing to say to John. It helped <u>pour oil on troubled waters</u>.

Dobrze, że to powiedziałeś Johnowi. To pomogło <u>uspokoić sytuację</u>.

practise what you preach

If you'd <u>practise what you preach</u>, you'd be better off.

Jeśli byś <u>robił to, co radzisz innym</u>, wiodłoby ci się lepiej.

praise to the skies

He wasn't very good, but his friends <u>praised him to the skies</u>.

Nie był zbyt dobry, ale jego przyjaciele <u>wychwalali go pod niebiosa</u>.

presence of mind

Jane had <u>the presence of mind</u> to phone the police when the child disappeared.

Jane wykazała <u>przytomność umysłu</u> dzwoniąc na policję, kiedy dziecko zniknęło.

prey on someone

Watch out for swindlers who <u>prey on elderly people</u>.

Uważaj na oszustów, którzy <u>żerują na starszych osobach</u>.

promise the moon

Bill will <u>promise you the moon</u>, but he won't live up to his promises.

Bill <u>obieca ci gwiazdkę z nieba</u>, ale nie dotrzyma swoich obietnic.

psych out

All that bright light <u>psyched me out</u>. I couldn't think straight.

To jasne światło <u>wybiło mnie z równowagi</u>. Nie mogłem myśleć jasno.

pull in

Okay, I'll <u>pull in</u> and get some gas.

W porządku, <u>zajadę tam</u> i wezmę trochę benzyny.

pull over

Okay, <u>pull over</u> right here. I'll get out here.

W porządku, <u>zjedź na pobocze</u> w tym miejscu. Wysiądę tutaj.

pull one's leg

You don't mean that. You're just <u>pulling my leg</u>.

Nie masz tego na myśli. Po prostu <u>robisz mnie w konia</u>.

pull out of a hat

This is a serious problem, and we just can't <u>pull a solution out of a hat</u>.

To jest poważna sprawa, i nie możemy <u>wyciągnąć rozwiązania tak sobie z kapelusza</u>.

pull strings

Is it possible to get anything done around here without <u>pulling strings</u>?

Czy jest możliwe zrobienie czegokolwiek tutaj bez <u>pociągania za odpowiednie sznurki</u>.

pull the plug

Jane <u>pulled the plug</u> on the whole project.

Jane <u>zatrzymała</u> całe przedsięwzięcie.

pull the rug out from under

The news that his wife had left him <u>pulled the rug out from under him</u>.

Wiadomość, że jego żona go opuściła <u>zbiła go z nóg</u>.

pull the wool over one's eyes

You can't <u>pull the wool over my eyes</u>. I know what's going on.

Nie możesz <u>mi zasypywać oczu</u>. Wiem co się dzieje.

pull through

She's very ill, but I think she'll <u>pull through</u>.

Ona jest bardzo chora, ale myślę, że <u>stanie na nogi</u>.

pull up

The car <u>pulled up</u> at the garage.

Samochód <u>zatrzymał się</u> w garażu.

push for

The government was going to <u>push for</u> a stiff punishment.

Rząd zamierzał <u>nalegać na</u> surową karę.

push one's luck

You're okay so far, but don't <u>push your luck</u>.

Do tej pory dobrze ci idzie, ale <u>nie przeginaj</u>.

push someone to the wall

My creditors have ruined my business. They <u>pushed me to the wall</u>.

Moi kredytodawcy zrujnowali mój biznes. <u>Przycisnęli mnie do muru</u>.

push the panic button

I do all right in exams as long as I don't <u>push the panic button</u>.

Radzę sobie dobrze na egzaminach, dopóki nie <u>zacznę panikować</u>.

put a stop to

I want you to <u>put a stop to</u> all this bad behavior.

Chcę, żebyś <u>położył kres</u> temu złemu zachowaniu.

put behind

The kids think it's proper to <u>put this behind</u> us right now.

Dzieci uważają, że najlepiej <u>zapomnieć</u> o tym od razu.

put ideas into one's head

Jack can't afford a holiday abroad. Please don't <u>put ideas into his head</u>.

Jacka nie stać na wakacje za granicą. Proszę, nie <u>kładź mu takich pomysłów do głowy</u>.

put on weight

I have to go on a diet because I've been <u>putting on a little weight</u> lately.

Muszę iść na dietę, ponieważ ostatnio trochę <u>przybrałem na wadze</u>.

put one across

He tried to <u>put one across</u> the old lady by pretending to be her long-lost nephew.

Próbował <u>wykiwać</u> tę starszą panią udając jej zaginionego od dawna siostrzeńca.

put one over

They really <u>put one over</u> on me!

Ale oni <u>mnie zrobili</u>!

put one's cards on the table

Why don't we both <u>put our cards on the table</u> and make our intentions clear?

Może obydwoje <u>wyłożymy nasze karty na stół</u> i wyjaśnimy swoje zamiary.

put one's hands on

If I could put my hands on that book, I could find the information I need.

Gdybym mógł położyć rękę na tej książce, mógłbym znaleźć informacje, których potrzebuję.

put on the spot

We put Bob on the spot and demanded that he do everything he had promised.

Wzięliśmy Billa w obroty i zażądaliśmy, żeby zrobił wszystko, co obiecał.

put away

Billy, please put away your toys.

Billy, proszę pochowaj swoje zabawki.

put off

I had to put off my appointment with the doctor.

Musiałem odłożyć swoją wizytę u lekarza.

put on hold

I'll have to put you on hold while I look up the information.

Będę musiał poprosić, żebyś poczekał na linii, kiedy ja będę wyszukiwał tę informację.

put out

Put out the fire before you go to bed.

Wygaś ogień zanim pójdziesz spać.

put to bed

Come on, Billy, it's time for me to put you to bed.

Chodź, Billy, już czas, żebym położył cię do łóżka.

put up

It's time to <u>put the Christmas decorations up</u>.
Już czas, żeby <u>zawiesić</u> świąteczne dekoracje.

put to the test

I think I can jump that far, but no one has ever <u>put me to the test</u>.
Wydaje mi się, że mogę skoczyć tak daleko, ale nikt nigdy nie <u>poddał mnie takiej próbie</u>.

put by

I put some money by for <u>a rainy day</u>.
Odłożyłem trochę pieniędzy na <u>gorsze czasy</u>.

put something down to

I <u>put his bad humor down</u> to his illness.
<u>Kładę jego zły humor na karb</u> jego choroby.

put in

I <u>put in</u> a request for a new typewriter.
<u>Złożyłem</u> prośbę o nową maszynę do pisania.

put in order

I'll <u>put your papers in order</u> as soon as possible.
<u>Uporządkuję</u> twoje papiery, tak szybko jak to będzie możliwe.

put into print

It's true, but I never believed you'd <u>put it into print</u>.
To prawda, ale nigdy nie wierzyłem, że <u>oddasz to do druku</u>.

put into words

I can hardly <u>put my gratitude into words</u>.
Trudno mi <u>wyrazić moją wdzięczność słowami</u>.

put over

This is a very hard thing to explain to a large audience. I hope I can <u>put it over</u>.
Jest bardzo trudno wytłumaczyć to dużemu zgromadzeniu. Mam nadzieję, że uda mi się <u>tego dokonać</u>.

put right

I'm sorry that we overcharged you. We'll try to <u>put it right</u>.
Przepraszam, że policzyliśmy ci zà dużo. Postaramy się <u>to wyrównać</u>.

put straight

He has made such a mess of this report. It'll take hours to <u>put it straight</u>.
On narobił tyle zamieszania w tym sprawozdaniu. Zajmie całe godziny, żeby to <u>uprościć</u>.

put together

I bought a model aeroplane, but I couldn't <u>put it together</u>.
Kupiłem model samolotu, ale nie umiałem <u>go poskładać</u>.

put the blame on

Don't <u>put the blame on</u> me. I didn't do it.
Nie <u>zwalaj winy na</u> mnie. Ja nie zrobiłem tego.

put two and two together

Well, I <u>put two and two together</u> and came up with an idea of who did it.
Cóż, <u>dodałem dwa do dwóch</u> i wpadłem na pomysł, kto to zrobił.

put up with

She couldn't <u>put up with</u> the smell, so she opened the window.

Nie mogła <u>wytrzymać</u> tego zapachu, a zatem otworzyła okno.

put words into one's mouth

Stop <u>putting words into my mouth</u>. I can speak for myself.

Przestań <u>wkładać słowa w moje usta</u>. Mogę mówić za siebie.

Q

queue up

Will you please <u>queue up</u>?

Czy zechcecie proszę <u>ustawić się w kolejce</u>?

quite a few

Do you need one? I have <u>quite a few</u>.

Potrzebujesz jeden? Ja mam <u>dość dużo</u>.

quite a number

-"How many?" -"Oh, <u>quite a number</u>."

-"Ile?" - "Oh, <u>całkiem dużo</u>."

quite something

You should see their new house. It's <u>quite something</u>!

Powinieneś zobaczyć ich nowy dom. <u>To już coś</u>!

R

rack one's brain

Bob racked his brain trying to remember where he left the book.

Bob wysilał swój umysł próbując sobie przypomnieć, gdzie zostawił książkę.

rain cats and dogs

In the middle of the picnic it started to rain cats and dogs, and everybody got soaked.

W środku pikniku zaczęło lać jak z cebra, i każdy przemókł.

rat out

Joe ratted out on Sue when she was 7-months pregnant.

Joe chyłkiem uciekł od Sue, kiedy była ona w siódmym miesiącu ciąży.

read between the lines

Some kinds of poetry make you read between the lines.

Niektóre gatunki poezji zmuszają do czytania pomiędzy liniami.

rest on one's laurels

Getting an A in chemistry almost caused Mike to rest on his laurels.

Otrzymanie piątki z chemii niemal spowodowało, że Mike spoczął na laurach.

rhyme or reason

Don could see no rhyme or reason to the plot of the play.

Don nie widział żadnego ładu i składu w wątku sztuki.

rid of

I wish you'd <u>get rid of</u> that cat!
Chciałbym, żebyś <u>pozbył się</u> tego kota!

right out

When the mother asked who broke the window, Jimmie told her <u>right out</u> that he did it.
Kiedy matka zapytała się, kto wybił okno, Jimmie powiedział jej <u>bez wahania</u>, że to on.

rip off

The hippies <u>ripped off</u> the grocery store.
Hippisi <u>obrabowali</u> sklep spożywczy.

rock the boat

The other boys said that Henry <u>was rocking the boat</u> by wanting to let girls into their club.
Inni chłopcy powiedzieli, że Henry <u>stwarza zagrożenie</u> chcąc dopuścić dziewczęta do ich klubu.

roll around

When winter <u>rolls around</u>, out come the skis and skates.
Kiedy <u>wraca zima</u>, są wyciągane ze schowków narty i łyżwy.

rolling stone gathers no moss

Uncle Willie was <u>a rolling stone that gathered no moss</u>. He worked in different jobs all over the country.
Wujek Willie <u>nigdzie nie zagrzał miejsca</u>. Wykonywał różne prace po całym kraju.

roll up one's sleeves

He <u>rolled up his sleeves</u> and went to work.
<u>Zakasał rękawy</u> i zabrał się do pracy.

rope into

Jerry let the big boys <u>rope him into</u> stealing some apples.
Jerry dał się <u>skusić</u> dużym chłopcom do ukradzenia kilku jabłek.

rough up

Three boys were sent home for a week because they <u>roughed up</u> a player on the visiting team.
Trzech chłopców zostało odesłanych na tydzień do domu, ponieważ <u>pobili</u> oni zawodnika z drużyny gości.

round up

Dave <u>rounded up</u> many names for his petition.
Dave <u>zgromadził</u> wiele nazwisk pod swoją petycją.

rub elbows

City people and country people, old and young, <u>rub elbows</u> at the horse show.
Ludzie z miasta i ludzie ze wsi, młodzi i starzy, <u>ocierają się o siebie</u> na tym pokazie koni.

rub off

The teacher <u>rubbed the problem off</u> the chalkboard.
Nauczyciel <u>zmazał</u> zadanie z tablicy.

rub out

The gangsters <u>rubbed out</u> four policemen before they were caught.
Gangsterzy <u>wykończyli</u> czterech policjantów zanim zostali złapani.

run around

Ruth <u>runs around</u> with girls who like to go dancing.
Ruth <u>prowadza się</u> z dziewczynami, które lubią chodzić na tańce.

run away with

A thief <u>ran away with</u> grandma's silver teapot.

Złodziej <u>ukradł</u> babci srebrny dzbanek do herbaty.

run down

Jack rode his bicycle too fast and almost <u>ran down</u> his little brother.

Jack jechał na swoim rowerze zbyt szybko i nieomal <u>najechał na</u> swojego małego brata.

run for

Who is going to <u>run for</u> governor next year?

Kto zamierza <u>ubiegać się o</u> urząd gubernatora w przyszłym roku?

run in

The policeman <u>ran the man in</u> for pedding without a license.

Policjant <u>przymknął</u> tego mężczyznę za handel uliczny bez pozwolenia.

run into

Joe lost control of his bike and <u>ran into</u> a tree.

Joe stracił kontrolę nad swoim rowerem i <u>wjechał na</u> drzewo.

run out

The car <u>ran out</u> of gas three miles from town.

W samochodzie <u>zabrakło</u> benzyny na trzy mile od miasta.

run short

Bob asked Jack to lend him five dollars because he <u>was running short</u>.

Bob poprosił Jacka, żeby pożyczył mu pięć dolarów, ponieważ <u>zabrakło mu</u>.

run up

Karl <u>ran up</u> a big bill at the bookstore.
Karl <u>nabił</u> duży rachunek w księgarni.

run wild

The new supervisor lets children <u>run wild</u>.
Nowy kierownik pozwala dzieciom <u>robić co chcą</u>.

S

sack in

Where are you guys going to <u>sack in</u>?
Gdzie wy ludzie będziecie <u>spali</u>?

    (...zamierzacie znaleźć miejsce do spania...)

sacred cow

Motherhood is <u>a sacred cow</u> to most politicians.
*Macierzyństwo jest <u>świętą krową</u> dla większości
polityków.*

save face

The policeman was caught accepting a bribe; he tried
to <u>save face</u> by claiming it was money owed to him.
*Ten policjant został złapany na przyjmowaniu łapówki;
próbował <u>uratować swoją twarz</u> twierdząc, że te
pieniądze były jemu winne.*

save one's breath

<u>Save your breath</u>; the boss will never give you the
day off.
*<u>Szkoda śliny na gadanie</u>; szef nigdy nie da ci wolnego
dnia.*

save one's skin

Betty <u>saved Tim's skin</u> by typing his report for him; without her help he could not have finished on time.

Betty <u>uratowała Timowi skórę</u> przepisując za niego jego raport; bez jej pomocy on by nigdy nie skończył na czas.

say the word

Just <u>say the word</u> and I will lend you the money.

<u>Powiedz tylko słowo</u> a ja pożyczę ci te pieniądze.

school of hard knocks

He never went to high school; he was educated in <u>the school of hard knocks</u>.

Nigdy nie poszedł do szkoły średniej; <u>chowało go życie</u>.

scratch one's back

You <u>scratch my back</u> and I'll scratch yours.

<u>Podaj mi rękę</u>, a ja podam tobie.

screw around

You guys are no longer welcome here; all you do is <u>screw around</u> all day.

Wy panowie nie jesteście już tutaj mile widziani; cała wasza robota to <u>obijanie się</u> przez cały dzień.

screw up

The treasurer <u>screwed up</u> the accounts of the Society so badly that he had to be fired.

Skarbnik <u>namieszał w</u> rachunkach Towarzystwa tak bardzo, że musiał zostać wyrzucony.

see about

If you are too busy, I'll <u>see about</u> the train tickets.
Jeśli jesteś zbyt zajęty, ja <u>dopilnuję</u> biletów pociągowych.

see off

His brother went to the train with him to <u>see him off</u>.
Jego brat wyszedł z nim na pociąg, żeby <u>go odprowadzić</u>.

see red

Whenever anyone teased John about his weight, he <u>saw red</u>.
Kiedykolwiek ktoś drażnił Johna z powodu jego wagi, on <u>dostawał białej gorączki</u>.

see stars

When Ted was hit on the head by the ball, he <u>saw stars</u>.
Kiedy Ted został uderzony w głowę piłką, <u>zobaczył wszystkie gwiazdy</u>.

see the light of day

The party was a failure, and Jean wished her plan had never <u>seen the light of day</u>.
To przyjęcie było tak nieudane, że Jean żałowała, że jej plan kiedykolwiek <u>ujrzał światło dzienne</u>.

see to

While Donna bought the theatre tickets, I <u>saw to</u> the parking of the car.
Podczas gdy Donna kupowała bilety do kina, <u>zająłem się</u> parkowaniem samochodu.

see to it

We <u>saw to it</u> that the child was fed and bathed.
<u>Zadbaliśmy o to</u>, żeby dziecko zostało nakarmione i wykąpane.

sell short

Don't <u>sell the team short</u>; the players are better than you think.

Nie <u>lekceważ</u> tej drużyny; zawodnicy są lepsi, niż myślisz.

serve one right

He failed his exam; it <u>served him right</u> because he had not studied.

Oblał swój egzamin; <u>dostał za swoje</u>, ponieważ się nie uczył.

set back

The cold weather <u>set back</u> the planting by two weeks.

Zimna pogoda <u>opóźniła</u> sadzenie o dwa tygodnie.

set foot

She would not let him <u>set foot</u> across her threshold.

Nie pozwoliłaby mu <u>przekroczyć</u> swojego progu.

set forth

The President <u>set forth</u> his plans in a television talk.

Prezydent <u>wyjaśnił szczegółowo</u> swój plan w rozmowie telewizyjnej.

set in

Before the boat could reach shore, a storm had <u>set in</u>.

Zanim statek dotarł do brzegu, <u>zaczęła się</u> burza.

set off

On July 4 we <u>set off</u> firecrackers in many places.

4 lipca <u>wystrzeliliśmy</u> ognie sztuczne w wielu miejscach.

set out

Columbus <u>set out</u> for the New World.
Kolumb <u>wyruszył w podróż</u> do Nowego Świata.

settle for

Jim wanted $2,000 for his old car, but he <u>settled for</u> $1,000.
Jim chciał $2000 za swój stary samochód, ale <u>poszedł na ugodę</u> na $1000.

set up

The men <u>set up</u> the new printing press.
Ludzie <u>ustawili</u> nową prasę drukarską.

shake a leg

<u>Shake a leg</u>! The bus won't wait.
<u>Rusz nogą</u>! Autobus nie będzie czekał.

shape up

If the new boy doesn't begin to <u>shape up</u> soon, he'll have to leave school.
Jeśli nowy chłopiec się nie <u>przysposobi</u> szybko, będzie musiał opuścić tę szkołę.

shoot straight

You can trust that salesman; he <u>shoots straight</u> with his customers.
Można zaufać temu sprzedawcy; <u>gra uczciwie</u> ze swoimi klientami.

shot in the dark

It was just <u>a shot in the dark</u>, but I got the right answer to the teacher's question.
<u>Strzelałem w ciemno</u>, ale znalazłem właściwą odpowiedź na pytanie nauczyciela.

show one's colors

We thought Toby was timid, but he showed his colors when he rescued the ponies from the burning barn.

Myśleliśmy, że Toby jest strachliwy, ale on pokazał co umie ratując kucyki z płonącej stajni.

show the door

Ruth was upsetting the other children, so I showed her the door.

Ruth denerwowała inne dzieci, więc pokazałem jej drzwi.

show up

We had agreed to meet at the gym, but Larry didn't show up.

Zgodziliśmy się spotkać w sali gimnastycznej, ale Larry nie pokazał się.

shut off

Please shut off the hose before the grass gets too wet.

Proszę wyłącz wąż, zanim trawa stanie się zbyt mokra.

shut up

Shut up and let Joe say something.

Przymknij się i pozwól Joe'mu coś powiedzieć.

sick and tired

Jane was sick and tired of always having to wait for Bill.

Jane miała po dziurki w nosie tego, że ciągle musiała czekać na Billa.

side with

Adam always sides with Johnny in an argument.

Adam zawsze bierze stronę Johnny'ego w kłótni.

sing a different tune

Charles said that all smokers should be expelled from the team, but he <u>sang a different tune</u> after the coach caught him smoking.

Charles mówił, że wszyscy palacze powinni być wykluczeni z drużyny, ale <u>zaczął śpiewać inaczej</u>, po tym jak trener złapał go na paleniu.

sit back

<u>Sit back</u> for a minute and think about what you have done.

<u>Usiądź wygodnie</u> na chwilę i pomyśl o tym co zrobiłeś.

sit in

We're having a conference and we'd like you to <u>sit in</u>.

Mamy konferencję i chcielibyśmy, żebyś <u>się przyłączył</u>.

sit up

Mrs. Jones will <u>sit up</u> until both of her daughters get home from the dance.

Pani Jones <u>zostanie na nogach</u> dopóki jej dwie córki nie wrócą do domu z potańcówki.

size up

Give Joe an hour to <u>size up</u> the situation and he'll tell you what to do next.

Daj Joe'mu godzinę na <u>przemyślenie</u> tej sytuacji, a on ci powie co dalej robić.

skate on thin ice

You'll be <u>skating on thin ice</u> if you ask Dad to increase your allowance again.

Zaczniesz <u>stąpać po niepewnym gruncie</u>, jeśli znowu poprosisz Tatę, żeby podniósł twoje kieszonkowe.

638

skeleton in the closet

The skeleton in our family closet was Uncle Willie. No
one mentioned him because he drank too much.
*Starannie ukrywaną tajemnicą rodzinną był wujek Willie.
Nikt o nim nie wspominał, ponieważ zbyt dużo pił.*

skin alive

Mother will skin you alive when she sees your torn pants.
*Matka obedrze cię żywcem ze skóry, kiedy zobaczy twoje
podarte spodnie.*

skin and bones

Have you been dieting? You're nothing but skin and
bones!
*Czy jesteś na diecie? Nie zostało z ciebie nic, jak tylko
skóra i kości?*

skip it

When Jack tried to reward him for returning his lost dog,
the man said to skip it.
*Kiedy Jack próbował nagrodzić go za oddanie jego
zagubionego psa, ten człowiek powiedział, żeby dał sobie
spokój.*

sleep a wink

I didn't sleep a wink all night.
Nie zmrużyłem oka przez całą noc.

sleep on

We asked Judy if she would join our club and she an-
swered that she would sleep on it.
*Zapytaliśmy Judy, czy nie zapisałaby się do naszego
klubu a ona powiedziała, że się nad tym prześpi.*

slip of the tongue

No one would have known our plans if Kay hadn't made <u>a slip of the tongue</u>.

Nikt by nie znał naszych planów, gdyby Kay się wtedy nie <u>przejęzyczyła</u>.

slow down

The road was slippery, so Mr. Jones <u>slowed down</u> the car.

Droga była śliska, więc Mr. Jones zmniejszył szybkość samochodu.

smell a rat

Every time Tom visits me, one of my ashtrays disappears. I'm beginning to <u>smell a rat</u>.

Za każdym razem, kiedy Tom mnie odwiedza, znika jedna z moich popielniczek. Zaczynam <u>podejrzewać coś złego</u>.

smooth over

Bill tried to <u>smooth over</u> his argument with Mary by making her laugh.

Bill próbował <u>uładzić</u> swoją kłótnię z Mary, rozśmieszając ją.

so far, so good

<u>So far, so good</u>; I hope we keep on with such good luck.

<u>Póki co, nie jest źle</u>. Mam nadzieję, że nadal będzie nam dopisywało szczęście.

sound off

If you don't like the way we're doing the job, <u>sound off</u>!

Jeśli nie podoba ci się sposób, w jaki wykonujemy tę pracę, <u>powiedz to głośno</u>.

speak for

At the meeting John <u>spoke for</u> the change in the rules.
Na zebraniu John <u>przemawiał za</u> zmianą przepisów.

split hairs

John is always <u>splitting hairs</u>; he often starts an argument about something small and unimportant.
John zawsze <u>dzieli włos na dwoje</u>; często zaczyna kłótnię o coś małego i nie ważnego.

square away

The living room was <u>squared away</u> for the guests.
Pokój dzienny był <u>wyszykowany</u> na przyjęcie gości.

stab in the back

Owen <u>stabbed his friend Max in the back</u> by telling lies about him.
Owen <u>zadał swojemu przyjacielowi Maxowi cios w plecy</u>, opowiadając o nim kłamstwa.

stand by

The policeman in the patrol car radioed the station about the robbery, and then <u>stood by</u> for orders.
Policjant w samochodzie patrolowym przesłał na posterunek wiadomość przez radio o rabunku, a potem <u>czekał w pobliżu</u> na polecenia.

stand for

John always <u>stands for</u> what is right.
John zawsze <u>broni</u> tego co jest słuszne.

stand off

At parties, Mr. Jones goes around talking to everyone, but Mrs. Jones is shy and <u>stands off</u>.

Na prywatkach pan Jones kręci się wszędzie z każdym rozmawiając, ale pani Jones jest nieśmiała i stoi na uboczu.

stand over

Ted's mother had to stand over him to get him to do his homework.

Matka Teda musiała nad nim stać, żeby zmusić go do odrobienia lekcji.

stand to reason

If you have a driver's license, it stands to reason you can drive.

Jeśli masz prawo jazdy to rozumie się samo przez się, że umiesz prowadzić samochód.

stand up and be counted

The equal rights movement needs people who are willing to stand up and be counted.

Ruch równych praw potrzebuje ludzi, którzy chcą stawić czoła wyzwaniom.

stand up to

Mary stood up to the snarling dog that leaped toward her.

Mary stawiła czoła warczącemu psu, który skoczył w jej kierunku.

start up

The conductor waved his baton, and the band started up.

Dyrygent machnął pałeczką i orkiestra zaczęła grać.

stay put

Harry's father told him to stay put until he came back.

Ojciec Harrego powiedział mu, żeby nie ruszał się z miejsca dopóki on nie wróci.

step down
When the judge became ill, he had to <u>step down</u>.
Kiedy sędzia się rozchorował, musiał <u>ustąpić ze swojego stanowiska</u>.

step on it
<u>Step on it</u>, or we'll be late for school.
<u>Dodaj gazu</u>, albo się spóźnimy do szkoły.

step on one's toes
If you break in when other people are talking, you may <u>step on their toes</u>.
Jeśli się wtrącasz, kiedy inni ludzie rozmawiają, możesz <u>nastąpić im na odciski</u>.

stick around
John's father told him to <u>stick around</u> and they would go fishing.
Ojciec Johna powiedział mu, żeby <u>kręcił się w pobliżu</u> i pojadą na ryby.

stick one's neck out
When I was in trouble, Paul was the only one who would <u>stick his neck out</u> to help me.
Kiedy miałem kłopoty Paul był jedyną osobą, która <u>nadstawiła karku</u>, żeby mi pomóc.

stick up
When the messenger left the bank, a man jumped out of an alley and <u>stuck him up</u>.
Kiedy goniec wyszedł z banku, jakiś człowiek wyskoczył z alejki, i <u>obrabował go grożąc bronią</u>.

stir up a hornet's nest
The principal <u>stirred up a hornet's nest</u> by changing the rules.
Dyrektor szkoły <u>włożył kij w mrowisko</u>, zmieniając przepisy.

stop off
We <u>stopped off</u> after school at the soda fountain before going home.
<u>Zatrzymaliśmy się na chwilę</u> po szkole przy budce z wodą sodową zanim poszliśmy do domu.

stop over
When we came back from California, we <u>stopped over</u> one night near the Grand Canyon.
Kiedy wracaliśmy z Kaliforni, <u>zatrzymaliśmy się na jedną noc</u> w pobliżu Wielkiego Kanionu.

straight from the horse's mouth
They are going to be married. I got the news <u>straight from the horse's mouth</u> - their minister.
Oni się pobierają. Mam tę wiadomość <u>z najlepszego źródła</u> - ich księdza.

sum up
The teacher <u>summed up</u> the lesson in three rules.
Nauczyciel <u>podsumował lekcję</u> w trzech regułach.

swear off
Mary <u>swore off</u> candy until she lost ten pounds.
Mary <u>wyrzekła się</u> słodyczy do chwili gdy straci dziesięć funtów wagi.

swear out
The policeman <u>swore out</u> a warrant for the suspect's arrest.
Policjant <u>zaprzysiągł</u> nakaz aresztowania podejrzanego.

644

sweat out
Karl was <u>sweating out</u> the results of the college exams.
Karl <u>z niepokojem czekał</u> na wyniki egzaminów do kolegium.

swim against the current
The boy who tries to succeed today without an education is <u>swimming against the current</u>.
Chłopiec, który stara się dzisiaj odnieść sukces bez edukacji, <u>napotyka na swojej drodze wiele przeszkód</u>.

T

tail between one's legs
The boys on the team had boasted they would win the tournament, but they went home with their <u>tails between their legs</u>.
Chłopcy z drużyny chwalili się, że wygrają turniej, ale wrócili do domu <u>z podkulonymi ogonami</u>.

take after
He <u>takes after</u> his father in mathematical ability.
On <u>odziedziczył po</u> swoim ojcu zdolności matematyczne.

take a leak
I'm gonna hit the can to <u>take a leak</u>.
Idę do klopa, żeby <u>się odsikać</u>.

take back
I <u>take back</u> my offer to buy the house, now that I've had a good look at it.
<u>Wycofuję</u> swoją ofertę kupienia tego domu teraz, kiedy mu się dobrze przyjrzałem.

take care of

She stayed home to <u>take care of</u> the baby.
Została w domu, żeby <u>zaopiekować się</u> dzieckiem.

take down

I will tell you how to get to the place; you had better <u>take it down</u>.
Powiem ci jak dotrzeć do tego miejsca; lepiej to sobie <u>zapisz</u>.

take effect

It was nearly an hour before the sleeping pill <u>took effect</u>.
Minęła prawie godzina, zanim tabletka nasenna <u>zaczęła działać</u>.

take for

Do you <u>take me for</u> a fool?
Czy <u>bierzesz mnie</u> za głupca?

take for granted

Mr. Harper <u>took for granted</u> that the invitation included his wife.
Pan Harper <u>przyjął to za pewnik</u>, że zaproszenie dotyczy również jego żony.

take in

This waist band is too big; it must be <u>taken in</u> about an inch.
Pas biodrowy jest za duży; trzeba go <u>zwęzić</u> o około jeden cal.

take it easy

<u>Take it easy</u>. The roads are icy.
<u>Uważaj na siebie</u>. Drogi są pokryte lodem.

take it out on

The teacher was angry and <u>took it out on</u> the class.
Nauczyciel był zdenerwowany i <u>wyżył się na</u> klasie.

take liberties

She <u>took liberties</u> rearranging her friend's furniture.
<u>Pozwoliła sobie</u> poprzestawiać meble swojej przyjaciółki.

take off

The six boys got into the car and <u>took off</u> for the drug-store.
Sześciu chłopców wsiadło do samochodu i <u>ruszyło</u> w kierunku apteki.

take on

The factory has opened and is beginning to <u>take on</u> new workers.
Fabryka się otworzyła i zaczęła <u>przyjmować</u> nowych pra-cowników.

take one's time

He liked to <u>take his time</u> over breakfast.
Lubił się <u>nie spieszyć</u> przy śniadaniu.

take over

He expects to <u>take over</u> the business when his father retires.
On spodziewa się <u>przejąć</u> ten biznes, kiedy jego ojciec przejdzie na emeryturę.

take place

The accident <u>took place</u> only a block from his home.
Wypadek <u>miał miejsce</u> zaledwie jedną ulicę od jego domu.

take steps

The city <u>is taking steps</u> to replace its street cars with buses.

Miasto <u>podejmuje odpowiednie kroki</u>, żeby zastąpić swoje tramwaje autobusami.

take the bull by the horns

He decided to <u>take the bull by the horns</u> and demand a raise in salary even though it might cost him his job.

Postanowił <u>złapać byka za rogi</u> i zażądać podwyżki pensji nawet gdyby miało to kosztować go posadę.

take the words out of one's mouth

-"Let's go to the beach tomorrow." -"<u>You took the words right out of my mouth</u>."

-"Chodźmy jutro na plażę." -"<u>Wyjąłeś mi to z ust</u>."

take to

He <u>took to</u> repairing watches in his spare time.

<u>Zabrał się za</u> naprawianie zegarków w wolnym czasie.

take to the cleaners

Watch out if you play poker with Joe; he'll <u>take you to the cleaners</u>.

Uważaj jeśli grasz w pokera z Joe; on cię <u>wyczyści z pieniędzy</u>.

take turns

In class we should not talk all at the same time; we should <u>take turns</u>.

W klasie nie powinniśmy mówić wszyscy na raz; powinniśmy <u>robić to po kolei</u>.

take up

All his evenings were <u>taken up</u> with study.
Wszystkie jego wieczory były <u>zajęte</u> nauką.

talk back

When the teacher told the boy to sit down, he <u>talked back</u> to her and said she couldn't make him.
Kiedy nauczycielka powiedziała chłopcu, żeby usiadł, <u>odpyskował</u> jej i powiedział, że ona nie może go zmusić.

talk down

Sue tried to give her ideas, but the other girls <u>talked her down</u>.
Sue próbowała przedstawić swoje pomysły, ale inne dziewczyny <u>ją zagadały</u>.

talk into

Bob <u>talked us into</u> walking home with him.
Bob <u>namówił nas</u> na pójście do domu z nim.

talk out of

Mary's mother <u>talked her out of</u> quitting school.
Matka Mary <u>odwiodła ją</u> od rzucenia szkoły.

talk over

Tom <u>talked his plan over</u> with his father before he bought the car.
Tom <u>omówił swoje plany</u> z ojcem zanim kupił samochód.

tear down

The workmen <u>tore down</u> the old house and built a new house in its place.
Robotnicy <u>zburzyli</u> stary dom i zbudowali nowy dom na jego miejscu.

649

tell it like it is
Joe is the leader of our commune; he <u>tells it like it is</u>.
Joe jest przywódcą naszej społeczności; <u>nic nie owija w bawełnę</u>.

that'll be the day
Joe wanted me to lend him money. <u>That'll be the day</u>!
Joe chciał, żebym mu pożyczył pieniądze. <u>Czekaj tatka latka</u>.

think aloud
"I wish I had more money for Christmas presents", the father <u>thought aloud</u>.
"Żałuję, że nie mam więcej pieniędzy na prezenty świąteczne", <u>pomyślał głośno</u> ojciec.

think little of
John <u>thought little of</u> Ted's plan for the party.
John <u>miał złe zdanie na temat</u> planów Teda w sprawie prywatki.

think out
Bill wanted to quit school, but he <u>thought out</u> the matter and decided not to.
Bill chciał rzucić szkołę, ale <u>przemyślał</u> dogłębnie sprawę, i zdecydował, że nie.

think over
When Charles asked Betty to marry him, she asked him for time to <u>think it over</u>.
Kiedy Charles poprosił Betty, żeby wyszła za niego, ona go poprosiła o czas, żeby to <u>przemyśleć</u>.

think twice

The teacher advised Lou to <u>think twice</u> before deciding to quit school.

Nauczyciel poradził Lou, żeby <u>pomyślał dwa razy</u> zanim zdecyduje się rzucić szkołę.

think up

Mary <u>thought up</u> a funny game for the children to play.

Mary <u>wymyśliła</u> śmieszną zabawę dla dzieci, żeby się bawiły.

through the mill

He won't be surprised by anything on the new job. He's been <u>through the mill</u>.

Jego już nic nie zaskoczy w nowej pracy. On <u>swoje przeszedł</u>.

throw away

She <u>threw away</u> a good chance for a better job.

<u>Odrzuciła</u> dobrą okazję na lepszą posadę.

throw the baby out with the bath

There are weaknesses in the program, but if they act too hastilly they may <u>throw the baby out with the bath</u>.

Są słabe punkty w tym programie, ale jeśli będą oni działali zbyt pospiesznie, mogą <u>wylać dziecko z kąpielą</u>.

throw the book at

Because it was the third time he had been caught speeding that month, the judge <u>threw the book at him</u>.

Ponieważ został złapany po raz trzeci w tym miesiącu za przekroczenie szybkości, sędzia <u>wymierzył mu najwyższą karę</u>.

throw to the wolves

The general knew the attack was doomed, but he <u>threw his men to the wolves</u> anyway.

Generał wiedział, że atak jest z góry przegrany, ale jednak <u>rzucił swoich ludzi wilkom na pożarcie</u>.

throw up

The heat made him feel sick and he thought he would <u>throw up</u>.

Od gorąca zrobiło mu się niedobrze i myślał, że <u>zwymiotuje</u>.

tick off

The teacher <u>ticked off</u> the assigments that Jane had to do.

Nauczyciel <u>wypunktował</u> zadania, które Jane musiała zrobić.

tie down

Mrs. Brown can't come to the party. She's <u>tied down</u> at home with the children sick.

Pani Brown nie może pójść na przyjęcie. Jest <u>uwiązana</u> w domu chorym dzieckiem.

tied to one's mother's apron strings

Even after he grew up he was still <u>tied to his mother's apron strings</u>.

Nawet kiedy już dorósł, ciągle <u>trzymał się matczynego fartucha</u>.

tie in

The teacher <u>tied in</u> what she said with last week's lesson.

Nauczyciel <u>powiązał</u> to co ona powiedziała z ubiegłotygodniową lekcją.

tie one's hands

Charles wanted to help John get elected president of the class, but his promise to another boy <u>tied his hands</u>.
Charles chciał pomóc Johnowi w wybraniu go na przewodniczącego klasy, ale jego obietnica dana innemu chłopcu <u>wiązała mu ręce</u>.

tie up

He can't see you now. He's <u>tied up</u> on the telephone.
On nie może cię teraz przyjąć. Jest <u>bardzo zajęty</u> rozmową przez telefon.

tighten one's belt

When father lost his job we had to <u>tighten our belts</u>.
Kiedy ojciec stracił pracę musieliśmy <u>zacisnąć pasa</u>.

tighten the screws

When many students still missed class after he began giving daily quizzes, the teacher <u>tightened the screws</u> by failing anyone absent.
Kiedy wielu uczniów nadal opuszczało lekcje po rozpoczęciu przez niego codziennych klasówek, nauczyciel <u>docisnął śrubę</u> oblewając każdego nieobecnego.

time and again

I've told you <u>time and again</u> not to touch the vase!
Mówiłem ci <u>sto razy</u>, żebyś nie dotykał tej wazy.

time is ripe

The Prime Minister will hold elections when <u>the time is ripe</u>.
Premier przeprowadzi wybory kiedy <u>nadejdzie odpowiednia pora</u>.

time of one's life

John had <u>the time of his life</u> at the party.

John <u>bawił się jak nigdy w życiu</u> na prywatce.

tip off

The thieves did not rob the bank as planned because someone <u>tipped them off</u> that it was being watched by the police.

Złodzieje nie obrabowali banku jak planowali ponieważ ktoś <u>dał im cynk</u>, że jest on obserwowany przez policję.

tit fot tat

Billy hit me, so I gave him <u>tit for tat</u>.

Billy uderzył mnie, więc odpłaciłem mu <u>pięknym za nadobne</u>.

to a fault

Aunt Mary wants everything in her house to be exactly right; she is neat <u>to a fault</u>.

Ciotka Mary chce, żeby wszystko w jej domu było na swoim miejscu; jest <u>do przesady</u> schludna.

to a man

The workers voted <u>to a man</u> to go on strike.

Robotnicy głosowali <u>co do jednego</u>, żeby zacząć strajk.

to and fro

Buses go <u>to and fro</u> between the center of the city and the city limits.

Autobusy <u>jeżdżą tam i z powrotem</u> pomiędzy centrum miasta i granicami miasta.

to date

<u>To date</u> twenty students have been accepted into the school.

Do chwili obecnej dwudziestu uczniów zostało przyjętych do szkoły.

together with

John, <u>together with</u> his brother, has gone to the party.
John <u>wraz ze</u> swoim bratem poszedł na prywatkę.

too bad

It is <u>too bad</u> that we are so often lazy.
<u>Szkoda</u>, że tak często jesteśmy leniwi.

to one's face

I told him <u>to his face</u> that I didn't like the idea.
Powiedziałem mu <u>prosto w twarz</u>, że nie podoba mi się ten pomysł.

to one's feet

When Sally saw the bus coming, she jumped <u>to her feet</u> and ran out.
Kiedy Sally zobaczyła nadjeżdżający autobus, <u>skoczyła na równe nogi</u> i wybiegła.

to one's heart's content

She told them they could eat cake to their <u>heart's content</u>.
Powiedziała im, że mogą jeść tort <u>do syta</u>.

to order

The manufacturer built the machine <u>to order</u>.
Producent zbudował maszynę <u>według zamówienia</u>.

top off

Mary hadn't finished her home work, she was late to school, and to <u>top it all off</u> she missed a surprise test.

Mary nie dokończyła zadania domowego, spóźniła się do szkoły i <u>na domiar wszystkiego</u> opuściła niespodziewany test.

to speak of
– "Did it rain yesterday?" – "Not to speak of."
– "Czy padało wczoraj?" – "Nie tak, <u>żeby o tym mówić</u>."

to the best of one's knowledge
He has never won a game, to <u>the best of my knowledge</u>.
<u>*Z tego co wiem,*</u>*on nigdy nie wygrał meczu.*

to the bitter end
Although Mrs. Smith was bored by the lecture, she stayed <u>to the bitter end</u>.
Chociaż pani Smith była znudzona wykładem, została <u>do samego końca</u>.

to the contrary
Although Bill was going to the movies, he told Joe <u>to the contrary</u>.
Chociaż Bill szedł do kina, powiedział Joe <u>coś przeciwnego</u>.

to the effect that
He made a speech <u>to the effect that</u> we would all keep our jobs even if the factory were sold.
Przemówił, żeby <u>dać do zrozumienia</u>, że my wszyscy utrzymamy nasze posady nawet jeśli fabryka zostanie zamknięta.

to the eye
That girl looks <u>to the eye</u> like a nice person, but she is really rather mean.

656

Ta dziewczyna wygląda na pierwszy rzut oka jak miła osoba, ale tak naprawdę jest raczej złośliwa.

to the good
After I sold my stamp collection, I was ten dollars to the good.
Po sprzedaniu kolekcji moich znaczków byłem dziesięć dolarów do przodu.

to the letter
He carried out his orders to the letter.
Wykonywał swoje rozkazy co do joty.

touch and go
At one time while they were climbing the cliff it was touch and go whether they could do it.
Pewnego razu, gdy wspinali się na skałę, nie było pewne czy uda im się to zrobić.

touch on
The speaker touched on several other subjects in the course of his talk but mostly kept himself to the main topic.
Mówca poruszył kilka innych tematów w czasie swojego przemówienia, ale przeważnie trzymał się głównego tematu.

touch up
I want to touch up that scratch on the fender.
Chcę pokryć farbą tę rysę na błotniku.

track down
The hunters tracked down game in the forest.
Myśliwi wytropili zwierzynę w lesie.

trade in

The Browns <u>traded their old car in</u> on a new one.
Rodzina Brownów <u>oddała swój stary samochód jako część zapłaty za</u> nowy.

trial and error

John found the short circuit by <u>trial and error</u>.
John znalazł spięcie metodą <u>prób i błędów</u>.

trick of the trade

Mr. Olson spent years learning <u>the tricks of the trade</u> as a carpenter.
Pan Olson spędził wiele lat ucząc się <u>tajemnic zawodu</u> cieśli.

try on

She <u>tried on</u> several pairs of shoes before she found one she liked.
<u>Przymierzyła</u> kilka par butów zanim znalazła tę, która jej się podobała.

try one's hand

I thought I would <u>try my hand</u> at bowling, although I had never bowled before.
Myślałem, że <u>spróbuję swoich sił</u> w kręglach, chociaż nigdy przedtem w kręgle nie grałem.

try out

The scientists <u>tried out</u> thousands of chemicals before they found the right one.
Naukowcy <u>przebadali</u> tysiące chemikalii, zanim znaleźł ten jeden właściwy.

tune in

Tom <u>tuned in</u> to Channel 11 to hear the news.
Tom <u>nastroił odbiornik</u> na kanał 11, żeby posłuchać wiadomości.

tune up

He took his car to the garage to have the engine <u>tuned up</u>.
Zabrał swój samochód do warsztatu, żeby <u>wyregulować</u> silnik.

turn a blind eye to

The corrupt police chief <u>turned a blind eye to</u> the open gambling in the town.
Skorumpowany szef policji <u>przymknął oko na</u> otwarte uprawianie hazardu w mieście.

turn a deaf ear to

Mary <u>turned a deaf ear to</u> Jane's asking to ride her bicycle.
Mary <u>udawała, że nie słyszy</u> Jane proszącej, żeby mogła się przejechać na jej rowerze.

turn a hand

When we were all hurrying to get the house ready for company, Mary sat reading and wouldn't <u>turn a hand</u>.
Kiedy wszyscy spieszyliśmy się, żeby przygotować dom na przyjęcie towarzystwa, Mary siedziała czytając i nie <u>ruszyła nawet ręką</u>.

turn down

His request for a raise was <u>turned down</u>.
Jego prośba o podwyżkę została <u>odrzucona</u>.

turn in

She <u>turned them in</u> to the police for breaking the street light.
<u>Doniosła na nich</u> na policję za zbicie lampy ulicznej.

turn over

He intended to <u>turn the job over</u> to Mr. Molaro.
Zamierzał <u>przekazać</u> pracę panu Molaro.

turn over in one's grave

If your grandfather could see what you're doing now, he would <u>turn over in his grave</u>.
Gdyby twój dziadek widział, co teraz robisz <u>przewróciłby się w grobie</u>.

turn on

Who <u>turned the lights on</u>?
Kto <u>włączył</u> światła?

turn one's back on

He <u>turned his back on</u> his own family when they needed help.
<u>Pokazał plecy</u> swojej własnej rodzinie, kiedy ona potrzebowała pomocy.

turn on one's heel

When John saw Fred approaching him, he <u>turned on his heel</u>.
Kiedy John zobaczył Freda zbliżającego się do niego, <u>odwrócił się na pięcie</u>.

turn out

The noise <u>turned out</u> to be just the dog scratching at the door
Ten hałas <u>okazał się</u> tylko drapaniem psa do drzwi.

turn over

He's going to <u>turn over</u> the page.
On zamierza <u>odwrócić</u> stronę.

turn the clock back

Mother wished she could <u>turn the clock back</u> to the days before the children grew up and left home.
Matka żałuje, że nie może <u>cofnąć wskazówek zegara</u> do czasów zanim jej dzieci dorosły i opuściły dom.

turn the tide

We were losing the game until Jack got there. His coming <u>turned the tide</u> for us, and we won.
Przegrywaliśmy mecz dopóki nie pojawił się tam Jack. Jego wejście <u>zawróciło bieg wydarzeń</u> na naszą korzyść i wygraliśmy.

turn turtle

The car skidded on the ice and <u>turned turtle</u>.
Samochód wpadł w poślizg na lodzie i <u>wywinął orła</u>.

turn up

The police searched the house hoping to <u>turn up</u> more clues.
Policja przeszukała dom mając nadzieję <u>odnaleźć</u> więcej wskazówek.

twist around one's little finger

Sue can <u>twist any of the boys around her little finger</u>.
Sue potrafi każdego z tych chłopców <u>owinąć wokół swojego małego palca</u>.

U

under a cloud

Joyce <u>has been under a cloud</u> since her roommate's bracelet disappeared.

Joyce <u>była podejrzana</u> od kiedy zniknęła bransoletka jej współlokatorki.

under age

Rose was not allowed to enroll in the Life Saving Course because she was <u>under age</u>.

Rose nie pozwolono zapisać się na kurs ratowania życia ponieważ była <u>za młoda</u>.

under arrest

The man believed to have robbed the bank was placed <u>under arrest</u>.

Mężczyzna, uważany za tego, który obrabował bank, został <u>zatrzymany przez policję</u>.

under cover

The prisoners escaped <u>under cover</u> of darkness.

Więźniowie uciekli <u>pod osłoną</u> ciemności.

under fire

The principal was <u>under fire</u> for not sending the boys home who stole the car.

Dyrektor szkoły był <u>pod obstrzałem</u> za nie wysłanie do domu chłopców, którzy ukradli samochód.

under one's breath

I told Lucy the news <u>under my breath</u>, but Joyce overheard me.

Powiedziałem Lucy nowiny <u>ściszonym głosem</u>, ale Joyce podsłuchała mnie.

under one's nose

The thief walked out of the museum with the painting, right <u>under the nose</u> of the guards.

Złodziej wyszedł z muzeum z obrazem <u>pod samym nosem</u> strażników.

under one's own steam

The boys got to Boston <u>under their own steam</u> and took a bus the rest of the way.

Chłopcy dotarli do Bostonu <u>na własną rękę</u>, a na resztę drogi wzięli autobus.

under one's thumb

The Jones family is <u>under the thumb</u> of the mother.

Rodzina Jonesów jest <u>trzymana mocną ręką</u> matki.

under one's wing

Helen took the new puppy <u>under her wing</u>.

Helen wzięła nowego szczeniaka <u>pod swoje skrzydła</u>.

under the circumstances

<u>Under the circumstances</u>, the stagecoach passengers had to give the robbers their money.

<u>W tej sytuacji</u>, pasażerowie dyliżansu musieli oddać rabusiom swoje pieniądze.

under the counter

That book has been banned, but there is one place you can get it <u>under the counter</u>.

Ta książka została zakazana, ale jest jedno miejsce, gdzie możesz ją dostać <u>spod lady</u>.

under the hammer

The picture I wanted to bid on came <u>under the hammer</u> soon after I arrived.

*Obraz, który chciałem licytować poszedł <u>pod młotek</u>
zaraz po tym jak przyjechałem.*

under the sun

The President's assassination shocked everyone <u>under the sun</u>.
Mord na prezydencie zaszokował wszystkich <u>pod słońcem</u>.

up a tree

The dog drove the bear <u>up a tree</u> so the hunter could shoot him.
*Pies wpędził niedźwiedzia <u>na drzewo</u>, tak że myśliwy
mógł go zastrzelić.*

up for grabs

When the captain of the football team moved out of
town, his place was <u>up for grabs</u>.
*Kiedy kapitan drużyny futbolowej wyprowadził się z
miasta, jego miejsce było <u>do wzięcia</u>.*

up front

Sue was completely <u>up front</u> about why she didn't want
to see him anymore.
*Sue zupełnie <u>niczego nie ukrywała</u>, dlaczego nie chce
go więcej spotykać.*

up in arms

Robert is <u>up in arms</u> because John said he was stupid.
*Robert jest <u>gotowy do walki</u>, ponieważ John powiedział,
że on jest głupi.*

up in the air

My father went straight <u>up in the air</u> when he heard
damaged the car.
*Mój ojciec całkiem <u>się wściekł</u>, kiedy usłyszał, ż
zniszczyłem samochód.*

up one's sleeve

The crooked gambler hid aces <u>up his sleeve</u> during the card game so that he would win.

Ten oszukujący hazardzista ukrył asy <u>w rękawie</u> podczas gry w karty tak, żeby wygrać.

upper hand

In the third round the champion got <u>the upper hand</u> over his opponent and knocked him out.

W trzeciej rundzie mistrz zdobył <u>przewagę</u> nad swoim przeciwnikiem i zwalił go z nóg.

upset the applecart

We are planning a surprise party for Bill, so don't let Mary <u>upset the applecart</u> by telling him before it.

Planujemy przyjęcie niespodziankę dla Billa, więc nie pozwól Mary <u>zrujnować naszych planów</u> przez to, że mu powie wcześniej.

upside down

Don't turn it <u>upside down</u>!

Nie obracaj tego <u>do góry nogami</u>!

up the creek without a paddle

Father said that if the car ran out of gas in the middle of the desert, we would be <u>up the creek without a paddle</u>.

Ojciec powiedział, że jeśli w samochodzie zabraknie benzyny na środku pustyni, <u>wpadniemy po uszy w bagno</u>.

up to

Pick any number <u>up to</u> ten.

Wybierz jakąś liczbę <u>poniżej</u> dziesięciu.

up to par

I have a cold and don't feel <u>up to par</u>.
Jestem przeziębiony i nie czuję się <u>za dobrze</u>.

used to

People get <u>used to</u> smoking and it is hard for them to stop.
Ludzie <u>przyzwyczajają się</u> do palenia papierosów i trudno ich powstrzymać.

used to be

Dick <u>used to be</u> the best pitcher on the team last year; now two other pitchers are better than he is.
Dick <u>był</u> najlepszym rzucającym w drużynie w ubiegłym roku; teraz dwóch innych rzucających jest lepszych niż on.

use one's head

If you <u>used your head</u> you wouldn't be in trouble now.
Gdybyś <u>ruszył głową</u>, nie byłbyś teraz w kłopotach.

use up

Don't <u>use up</u> all the soap. Leave me some to wash with.
Nie <u>zużyj</u> całego mydła. Zostaw mi trochę do umycia.

V

vanish into thin air

My money gets spent so fast. It seems to <u>vanish into thin air</u>.
Moje pieniądze tak szybko się wydają. Wydaje się, że <u>rozpływają się w powietrzu</u>.

Variety is the spice of life.

Mary reads all kinds of books. She says <u>variety is the spice of life</u>.

Mary czyta wszystkie rodzaje książek. Ona mówi, że <u>różnorodność jest solą życia</u>.

vent one's spleen

Jack <u>vented his spleen</u> at not getting the job by shouting at his wife.

Jack <u>wyładował swój gniew</u> z powodu nie otrzymania pracy krzycząc na żonę.

very thing

The vacuum cleaner is <u>the very thing</u> for cleaning the stairs.

Odkurzacz to jest <u>dokładnie to czego potrzeba</u> do wysprzątania schodów.

very well

<u>Very well</u>. You may go.

<u>Zgoda</u>. Możesz iść.

vicious circle

One problem after another - it's <u>a vicious circle</u>.

Jeden kłopot za drugim - to jest <u>zaklęty krąg</u>.

vote of confidence

The government easily won <u>the vote of confidence</u> called for by the opposition.

Rząd łatwo wygrał <u>głosowanie nad wotum zaufania</u>, zwołane przez opozycję.

vote in

The town <u>voted in</u> the same mayor year after year.
Miasto <u>wybierało głosując,</u> tego samego burmistrza rok po roku.

vote out

Mr. Williams was a poor president, so they <u>voted him out</u> in the following club election.
Pan Williams był słabym przewodniczącym a zatem <u>został przegłosowany</u> w kolejnych wyborach klubowych.

W

wade in

The house was a mess after the party, but the mother <u>waded in</u> and soon had it clean again.
Dom był zabałaganiony po przyjęciu, ale matka <u>zabrała się do pracy</u> i wkrótce go wysprzątała.

wait at (on) table

Mrs. Lake had to teach her new maid to <u>wait on table</u> properly.
Pani Lake musiała nauczyć swoją nową służącą, jak właściwie <u>obsługiwać przy stole</u>.

wait on

Sue has a summer job <u>waiting on</u> an invalid.
Sue ma pracę na lato <u>przy obsłudze</u> inwalidy.

wait on hand and foot

Sally is spoiled because her mother <u>waits on her hand and foot</u>.
Sally jest zepsuta, ponieważ jej matka <u>wszystko za nią robi</u>.

walk away with

How can a thief walk away with a safe in broad day-light?

Jak złodziej mógł ukraść sejf w biały dzień?

walking papers

The boss was not satisfied with Paul's work and gave him his walking papers.

Szef nie był zadowolony z pracy Paula i dał mu wymówienie.

walk on air

Sue has been walking on air since she won the prize.

Sue chodzi cała szczęśliwa od kiedy zdobyła nagrodę.

walk out

When the company would not give them higher pay, the workers walked out.

Kiedy firma nie chciała dać im wyższej płacy, robotnicy poszli na strajk.

"OK, Johnson - we've got a deal. We'll let your people and my people work out the details."

"W porządku Johnson - umowa stoi. Teraz pozwolimy twoim i moim ludziom opracować szczegóły.

warm up

The dancers began to warm up fifteen minutes before the performance.

Tancerze zaczęli się rozgrzewać piętnaście minut przed występem.

wash one's hand of

We washed our hands of politics long ago.

Umyliśmy ręce od polityki dawno temu.

waste one's breath
The teacher saw that she <u>was wasting her breath</u>; the children refused to believe her.
Nauczycielka zobaczyła, że <u>mówi na darmo</u>; dzieci nie chciały jej uwierzyć.

watch it
You'd better <u>watch it</u>. If you get into trouble again, you'll be expelled.
Lepiej <u>uważaj</u>. Jeśli znowu wpadniesz w kłopoty zostaniesz wyrzucony.

watch one's smoke
Offer Bill a dollar to shovel your sidewalk, and <u>watch his smoke</u>!
Zaproponuj Billowi dolara za odśnieżenie twojego chodnika i patrz jak <u>się pod nim pali ziemia</u>.

water over the dam
Since the sweater is too small already, don't worry about its shrinking; that's <u>water over the dam</u>.
Ponieważ sweter jest i tak już za mały nie martw się o to, że się kurczy; i tak <u>już po ptakach</u>.

way the wind blows
Most senators find out which <u>way the wind blows</u> in their home state before voting on bills in Congress.
Większość senatorów dowiaduje się <u>skąd wieje wiatr</u> w ich rodzimych stanach przed głosowaniem ustaw w Kongresie.

ways and means
The boys were trying to think of <u>ways and means</u> to go camping for the weekend.

Chłopcy próbowali pomyśleć nad <u>sposobem i środkami</u> na pojechanie na obóz w czasie weekendu.

wear down

My pencil is so <u>worn down</u>; it is too small to write with.
Mój ołówek jest tak <u>zużyty</u>; jest zbyt mały, żeby nim pisać.

wear on

Having to stay indoors all day long is tiresome for the children and <u>wears on</u> their mother's nerves.
Konieczność zostania w domu przez cały dzień jest męcząca dla dzieci i <u>działa na nerwy</u> ich matki.

wear one's heart on one's sleeve

She <u>wears her heart on her sleeve</u>. It's easy to see if she is sad or happy.
Ona <u>nosi serce na wierzchu</u>. Łatwo jest zobaczyć, czy jest smutna czy szczęśliwa.

wear out

One shoe <u>wore out</u> before the other.
Jeden but <u>znosił się</u> przed drugim.

wear the pants

Mr. Wilson is henpecked by his wife; she <u>wears the pants</u> in that family.
Pan Wilson jest pod pantoflem swojej żony; to ona <u>nosi spodnie</u> w tej rodzinie.

wear well

Grandfather <u>wears his years well</u>.
Dziadek <u>dobrze znosi</u> swoje lata.

weed out

Mother <u>weeded out</u> the library because there were too many books.

Matka <u>przebrała</u> książki w biblioteczce, ponieważ było zbyt dużo książek.

weigh down

The family is <u>weighed down</u> by sorrow.

Ta rodzina jest <u>przytłoczona</u> smutkiem.

weigh on

Sadness <u>weighed on</u> Mary's heart when her kitten died.

Smutek <u>zaciążył</u> na sercu Mary, kiedy jej kotek zdechł.

weigh one's words

When a teacher explains about religion, he must <u>weigh his words</u> because his pupils may be of several different faiths.

Kiedy nauczyciel tłumaczy na temat religii, musi <u>dobrze ważyć swoje słowa</u>, ponieważ jego uczniowie mogą być kilku różnych wyznań.

weight of the world on one's shoulder

Don't look as if you had <u>the weight of the world on your shoulders</u>, Henry, just because you have to mow the lawn.

Nie zachowuj się tak, jakby <u>na twoich barkach spoczywał ciężar całego świata</u> Henry, tylko dlatego, że musisz skosić trawnik.

well and good

If my daughter finishes high school, I will call that <u>well and good</u>.

Jeśli moja córka skończy szkołę średnią, mnie <u>to zadowoli</u>.

672

well-to-do
John's father owns a company and his family is <u>well-to-do</u>.

Ojciec Johna posiada firmę i jego rodzina jest <u>zamożna</u>.

wet behind the ears
The new student is still <u>wet behind the ears</u>; he has not yet learned the tricks that the boys play on each other.

Nowy uczeń ma jeszcze <u>mleko pod nosem</u>; nie nauczył się sztuczek, które chłopcy sobie nawzajem robią.

wet blanket
The teenagers don't invite Bob to their parties because he is <u>a wet blanket</u>.

Nastolatki nie zapraszają Boba na swoje prywatki, ponieważ jest on <u>odludkiem</u>.

wet one's whistle
Uncle Willie told John to wait outside for a minute while he went in to the cafe to <u>wet his whistle</u>.

Wuj Willie powiedział Johnowi, żeby poczekał przez chwilę na zewnątrz, kiedy on poszedł do kawiarni, żeby sobie <u>zwilżyć gardło</u>.

whale away
Mary has been <u>whaling away</u> on the typewriter for an hour.

Mary przez godzinę <u>wali</u> w maszynę do pisania.

what for
The teacher gave me <u>what for</u> because I was late.

Nauczyciel dał mi <u>nauczkę</u> ponieważ się spóźniłem.

what have you
The store sells big ones, small ones, medium ones, or <u>what have you</u>.
Ten sklep sprzedaje wymiary duże, małe, średnie, <u>co tylko sobie pomyślisz</u>.

what if
<u>What if</u> you go instead of me?
<u>A co by było, gdybyś</u> poszedł za mnie?

what's the big idea
The Smith family painted their house red, white, and blue. <u>What's the big idea</u>?
Rodzina Smithów pomalowała swój dom na czerwono, biało, niebiesko. <u>Co to za pomysł</u>?

what's up
"<u>What's up</u>?", asked Bob as he joined his friends.
"<u>Co słychać</u>?", zapytał Bob kiedy dołączył do swoich przyjaciół.

what's what
The weeds and the flowers are coming up together, and we can't tell <u>what is what</u>.
Chwasty i kwiaty wyrastają razem i trudno nam powiedzieć <u>jaki jest jaki</u>.

what's with
Mary looks worried. <u>What's with her</u>?
Mary wygląda na zmartwioną. <u>Co z nią</u>?

when hell freezes
I'll believe you <u>when hell freezes over</u>.
Uwierzę ci <u>jak mi tutaj kaktus wyrośnie</u>.

where the shoe pinches

Johnny thinks the job is easy, but he will find out <u>where the shoe pinches</u> when he tries it.

Johnny myśli, że ta praca jest łatwa, ale dowie się <u>gdzie raki zimują</u>, kiedy jej spróbuje.

which is which

Joe's coat and mine are so nearly alike that I can't tell <u>which is which</u>.

Płaszcze Joe'go i mój są tak bardzo podobne, że trudno mi powiedzieć, <u>który jest który</u>.

while ago

I laid my glasses on this table <u>a while ago</u>, and now they're gone.

Położyłem <u>przed chwilą</u> moje okulary na stole, a już zniknęły.

whip up

The reporter <u>whipped up</u> a story about the fire for his paper.

Reporter <u>wysmażył prędko</u> historię o pożarze dla swojej gazety.

whispering campaign

A bad man has started <u>a whispering campaign</u> against the mayor, saying that he isn't honest.

Zły człowiek zaczął <u>szeptaną kampanię</u> przeciwko burmistrzowi mówiąc, że jest on nieuczciwy.

whistle for

Mary didn't even thank us for helping her, so the next time she needs help she can <u>whistle for it</u>.

Mary nawet nie podziękowała nam za pomoc, a więc następnym razem jak będzie potrzebowała pomocy może długo o nią prosić.

who's who

It is hard to tell <u>who is who</u> in the parade because everyone in the band looks alike.

Trudno jest powiedzieć <u>kto jest kto</u> w tej paradzie, ponieważ wszyscy w orkiestrze wyglądają podobnie.

wide of the mark

You were <u>wide of the mark</u> when you said I did it, because Bill did it.

<u>Bardzo się pomyliłeś</u>, kiedy powiedziałeś, że ja to zrobiłem, ponieważ zrobił to Bill.

will not hear of

I want to go to the show tonight, but I know my mother <u>will not hear of it</u>.

Chcę pójść na koncert dziś wieczorem, ale wiem, że moja matka <u>nie będzie chciała o tym słyszeć</u>.

wind up

Before Jim knew it, he had spent all his money and he <u>wound up</u> broke.

Zanim Jim się zorientował, wydał wszystkie swoje pieniądze i <u>wylądował</u> bez grosza przy duszy.

win in a walk

Joe ran for class president and <u>won in a walk</u>.

Joe ubiegał się o stanowisko przewodniczącego klasy i <u>wygrał z biegu</u>.

win one's spurs

Edison <u>won his spurs</u> as an inventor while rather young.
*Edison <u>zdobył swoje ostrogi</u> wynalazcy będąc całkiem
młodym.*

win out

Frank was a poor boy but he <u>won out</u> and became rich
by hard work.
*Frank był biednym chłopcem, ale <u>pokonał trudności</u> i
stał się bogaty dzięki ciężkiej pracy.*

wipe out

The earthquake <u>wiped out</u> the town.
Trzęsienie ziemi <u>zmiotło</u> z powierzchni to miasto.

with a whole skin

The boy was lucky to escape <u>with a whole skin</u> when
the car went off the road.
*Ten chłopiec miał szczęście, że wyszedł z tego <u>bez
zadraśnięcia</u>, kiedy samochód zjechał z drogi.*

with flying colors

Mary came through the examination <u>with flying colors</u>.
Mary przeszła przez egzamin <u>bez najmniejszego kłopotu</u>.

within an ace of

Tim came <u>withing an ace of</u> losing the election.
Tim <u>o mały włos</u> nie przegrał wyborów.

within an inch of one's life

The bear clawed the hunter <u>within an inch of his life</u>.
*Niedźwiedź poszarpał szponami myśliwego <u>prawie na
śmierć</u>.*

within bounds

He succeeded in keeping his temper <u>within bounds</u>.
Udało mu się utrzymać swój temperament <u>w ryzach</u>.

within reason

I want you to have a good time tonight, <u>within reason</u>.
Chcę, żebyś się dobrze dziś wieczorem zabawił, <u>w granicach rozsądku</u>.

with open arms

When Grandmother came to visit us at Christmas, we welcomed her <u>with open arms</u>.
Kiedy babcia przyjechała nas odwiedzić na Boże Narodzenie przywitaliśmy ją <u>z otwartymi ramionami</u>.

without fail

Be here at 8 o'clock sharp, <u>without fail</u>.
Bądź tutaj dokładnie o 8 godzinie, <u>bez nawalenia</u>.

wolf in sheep's clothing

Mrs. Martin trusted the lawyer until she realized that he was <u>a wolf in sheep's clothing</u>.
Pani Martin ufała prawnikowi, dopóki sobie nie zdała sprawy, że był to <u>wilk w owczej skórze</u>.

word for word

Joan repeated the conversation <u>word for word</u>.
Joan powtórzyła rozmowę <u>słowo po słowie</u>.

work in

The nurse told Mary to put some cream on her skin and to <u>work it in</u> gently with her fingers.
Pielęgniarka powiedziała Mary, żeby położyła sobie trochę kremu na twarz i <u>wtarła go</u> delikatnie palcami.

work off
John worked off the fat around his waist by doing exercises every morning.
John pozbył się tłuszczu w talii, ćwicząc każdego ranka.

work on
Some pills work on the nerves and make people feel more relaxed.
Niektóre pigułki wpływają na nerwy i powodują, że ludzie czują się bardziej odprężeni.

work one's fingers to the bone
Mary and John worked their fingers to the bone to get the house ready for the party.
Mary i John wylewali z siebie siódme poty, przygotowując dom na to przyjęcie.

work out
Mary worked out a beautiful design for a sweater while John worked out in the gym two hours every day.
Mary opracowała piękny projekt swetra kiedy John ćwiczył w sali gimnastycznej dwie godziny dziennie.

world is one's oyster
When John won the scholarship, he felt as though the world was his oyster.
Kiedy John otrzymał stypendium czuł się jakby cały świat należał do niego.

worth a cent
The book was old and it was not worth a cent.
Ta książka była stara i nie była warta jednego centa.

wrapped up in

John has no time for sports because he is all <u>wrapped up in</u> his work.

John nie ma czasu na sport, ponieważ <u>siedzi po uszy w</u> swojej pracy.

wrap up

Mother told Mary to <u>wrap up</u> before going out into the cold.

Matka powiedziała Mary, żeby <u>się ciepło otuliła</u> przed wyjściem na zimno.

write off

Mr. Brown had so much trouble with the new TV set that he finally <u>wrote it off</u> and bought a new one.

Pan Brown miał tyle kłopotu ze swoim nowych odbiornikiem telewizyjnym, że w końcu <u>pogodził się ze stratą</u> I kupił nowy.

X

x-double minus

Patsy gave <u>an x-double minus</u> performance at the audition and lost her chance for the lead role.

Patsy dała występ <u>poniżej krytyki</u> w czasie przesłuchania i straciła szansę na główną rolę.

x-rated

My son celebrated his 21st birthday by going to an <u>x-rated</u> movie.

Mój syn uczcił swoje 21 urodziny idąc na film <u>porno</u>.

Y

yak-yak

Tom sat behind two girls on the bus, and he got tired of their silly <u>yak-yak</u>.

Tom siedział za dwiema dziewczynami w autobusie i zmęczył się ich głupim <u>paplaniem</u>.

year-round

Colorado is a <u>year-around</u> resort; there is fishing in the summer and skiing in the winter.

Kolorado jest uzdrowiskiem <u>otwartym cały rok</u>; latem jest łowienie ryb, a zimą jeżdżenie na nartach.

yellow-bellied

Joe Bennett is <u>a yellow</u>-bellied guy, don't send him on such a tough assignment!

Joe Bennett to <u>cykor</u>, nie wysyłaj go na tak trudne zadanie!

year in, year out

I seem to have hay fever <u>year in, year out</u>. I never get over it.

Wygląda na to, że mam gorączkę sienną <u>rok po roku</u>. Nigdy się z niej nie wyleczę.

yes-man

John tries to get ahead on his job by being <u>a yes-man</u>.

John próbuje robić karierę w swojej pracy zawsze <u>potakując przełożonym</u>.

You bet!

- "Coming to the meeting next Saturday?" - "<u>You bet</u>!"
- *"Przychodzisz na zebranie w przyszłą sobotę?" - "<u>Nie ma sprawy</u>!"*

you can say that again

- "That sure was a good show." - "You can say that again!"
- "To z pewnością było dobre przedstawienie." - "Nie ma dwóch zdań!"

You can't take it with you.

My uncle is a wealthy miser. I keep telling him, "you can't take it with you."

Mój wujek jest bogatym skąpcem. Powtarzam mu, "nie możesz zabrać wszystkiego ze sobą do grobu."

yours truly

There's nobody here right now but yours truly.

Nie ma tutaj nikogo teraz poza niżej podpisanym.

Z

zero hour

On the day of the championship game, as the zero hour came near, the players got nervous.

W dniu meczu o mistrzostwo, kiedy zbliżyła się godzina zero, zawodnicy stali się nerwowi.

zero in on

The Senate zeroed in on the Latin-American problems.

Senat skoncentrował się na problemach Ameryk. Łacińskiej.

zonk out

You won't get a coherent word out of Joe, he has zonked out.

Nie uda ci się wydobyć z Joe jednego sensownego słowa, zupełnie już padł.

Notatki

Notatki

Notatki

Notatki